本书第2版是国家社科基金重大项目“欧洲生命哲学的新发展研究”（批准号14ZDB018）的部分成果

中国当代学术思想文库·高宣扬作品系列

后现代论

（第 2 版）

高宣扬 著

中国人民大学出版社
·北京·

巨大椭圆形的北京南站，由英国后现代建筑师特里·法列尔 (Terry Farrell, 1938—) 领衔设计建造。

德国斯图加特州立新画廊 (Neue Staatsgalerie)，被公认为后现代建筑的典范，由英国后现代建筑师詹姆斯·斯特林 (James Stirling, 1926—1992) 设计，于 1970 年代建筑施工，并于 1984 年正式向公众开放。

深圳京基大楼，由特里·法列尔设计。

英国赫尔市深海水族馆 (The Deep Aquarium, Hull)，由特里 · 法列尔设计。

香港九龙车站扩建工程，由特里 · 法列尔领衔于 1998 年至 2010 年设计。

香港联合广场 (Union Square) 的后现代建筑国际商业中心大厦 (International Commerce Centre)，由特里·法列尔集团设计建造。

代自序：在哲学与非哲学中迂回

我的哲学生涯，就是我个人的整个生命历程。生活使我喜欢哲学，哲学使我懂得了生活；浪迹天涯的生活历练以及惊涛骇浪的“文化大革命”的洗礼，又加深了我对哲学的理解，并时时推进我的思想情感，穿越人文社会科学及文学艺术的各个领域，通过在各种文本中的循环迂回反思，试图探索生命的奥秘。从十五岁到今天，整整半个世纪的岁月，在国内外颠沛流离的游牧生活命运，我始终同哲学打交道，并在同哲学的交往中，不断地改变对哲学的看法，而我的命运本身，也渗透着哲学的神秘力量，使我品尝了生命过程的酸甜苦辣滋味。哲学作为生存的一种实践智慧，以其对生命本身的关照和澄明，见证了它无愧是生命的灵魂。

正如海德格尔所说，哲学无非是一种无止境的感恩和怀念。当尼采在晚年穿透历史而发出“重估一切价值”的豪迈口号时，他仍然以感恩的心情，由衷地称叔本华为他的最早的“教育者”(als Erzieher)(参见尼采 *Unzeitgemäße Betrachtungen*，1873—1876)，从而一览无余地展现出尼采的“永恒回归”的广阔理论视野。

在我的哲学生涯中，时时伴随我思想脉动的内在力量，来自我生命历程中的各种遭遇。而在我所遭遇的关键人物当中，与我的生命融为一体的，就是五个人：我的母亲、毛泽东、马克思、康德和尼采。他们分别地出现在我生命转折的不同时期，使我在亲身经历的不同生活时空中，从出生入死、苦乐交替的动荡不定生活和深沉反思中，懂得了哲学与生存之间的血肉交融关系，体会到哲学的开放性及其在人生历程、人文社会科学以及文学艺术领域中进行流连忘返的极端重要性。

1939年初，在阴历虎年岁末，在第二次世界大战的隆隆炮火声中，我出生在一个漂泊海外多年的华侨教师家庭。我的父母靠他们所获得的暨南大学和杭州女子师范学校的文凭，四十多年如一日，始终任教于华侨教育界。他们从来没有属于自己的不动产，永远都以任教的学校为家。如同萨特从小就在其外祖父的带领下看书一样，我也从懂事的时候起，就在身为华侨学校教师的父母的教导下，培养出以看书写字为乐的生活习惯。从这个意义上说，父母不但给了我肉体生命，尤其还赋予我精神生命和哲学灵魂。

打从童年时代起，每当夜幕降临，我就偎依在母亲身边，陪同她批改学生作业，殷切期盼她在夜深人静、改完学生作业之后，字字句句带我习读动人的神话。妈妈耐心地指导我看书，并在阅读中，启发我敞开想象的大门，训练我最初的超越现实的能力，还教我学会查《王云五四角号码字典》和看地图。爸爸则几乎天天在晚饭后的散步中，向我讲述一个又一个动人的历史故事，并严厉地要求我熟背欧阳修的《醉翁亭记》，试图让我从人类经验中，体验人生的艺术。从此，查字典和看地图，成为童年时代最吸引我的游戏活动；学校图书馆和挂在教室墙上的各种大地图，也成为我的玩伴和游戏场所。每当我在字典里亲自发现一个新词汇，认出一个新国家、河流、山脉或港口，就喜出望外地向妈妈报告，于是，妈妈就把我紧紧地抱在怀里。由此，我慢慢地懂得了一个具有哲学意义的生活道理：以寻求智慧的好奇，扩大自己的人生视野，是真正回报母爱的最好途径，也是享尽令人陶醉的人生飨宴的珍贵机遇。

七岁那年，妈妈教我从头到尾系统地看书的最初读本，是当时学校图书馆藏的《苦儿努力记》和《岳传》。前一本是法国作家马洛（Hector Malot）所写的 *Sans famille*（原文直译为《无家可归》）的中文译本，为中国作家夏丏尊所译；后一本是属于商务印书馆《万有文库》的历史普及丛书。这两本书所散发出来的精神魔力，对我的思想和生命成长的影响是如此深远，它们不仅一直伴随着我的心灵成长过程，而且还在某种程度上，简直可以说，它们不折不扣地成为我一生命运的镜子和缩影：我本人所经受的大跨度时空变迁，大起大落，以及一切令人刻骨铭心的生活煎熬和情感震荡，都活生生地重演了两本书的情节。

当我第一次阅读《苦儿努力记》时，首先使我佩服的，是译者夏丏尊先生：他竟把原来法文的著作流畅地译成中文！我当时就暗自立志，长大后要像他那样，成为懂得多国语言的作家。事隔三十一年之后，1978 年，我移居法国巴黎，竟然在巴黎地铁网上，找到了《苦儿努力记》所提到过的巴黎东南郊城镇 Boissy-Saint Léger。我兴奋地多次访问这座城镇，东张西望试图发现小说主人公雷米（Rémy）随同抚养他的民间杂艺表演老艺人的历史踪迹。

以后，我又特地两次到《苦儿努力记》所讲述的法国东南弗朗斯孔泰（Franche-Comté）地区度假，来往于瑞士和法国边界，抱着缅怀、同情和鉴赏的态度，反复沉思流浪儿雷米当时徒步穿越这一地区山川大地的哲学意义，因为我已经从我个人亲身经历的哲学炼狱与人生沧桑沉浮的过程中，体会到我同雷米一样，不由自主地在不同舞台上，演出了类似的充满戏剧性的游牧生活遭遇。同样地，《岳传》给予我的爱国主义精神，后来一直成为我的不可磨灭的情结之一，每当世界上发生重大事件，不管我身在国外何处，也不管我在地球的哪个角落，这一情结如同一股神秘不可测的力量，影响着我的思路和情绪的起伏；而岳飞晚年遭受陷害的悲剧，也在“文化大革命”对我的“隔离审查”和一再地“批斗”中，活灵活现地重演着：人们当时竟然对我的华侨爱国之心，抱着怀疑、鄙视，甚至嘲弄否弃的态度！

这一切，就是我的哲学思想的基础和起点。随后，即使哲学把我带到古希腊、古罗马或古典时期的德国以及当代法国，都脱离不开少年时期母爱和母文化对我的熏陶；同样也无法抚平被残酷无情的现实生活所刻烙留下的沉痛创伤，它们时时申饬着我的心灵，根深蒂固，挥之不去，并以顽强的精神，渗透到我所吸收的一切文化当中；反过来，我的喜怒哀乐情感越是起伏不平，面临的新鲜文化越是层出不穷，我对生活和哲学的“流浪”、“迂回”、“永恒轮回”的性质，就感受得越深。

1952年，十三岁，是《岳传》所传授的爱国主义精神，使我决定离开在印尼的温暖家庭，只身归国求学，并选择享有“老革命根据地”荣誉的东北，作为我在祖国的落脚点。从热带零上二十多度的印尼到北温带寒冬零下二十度，从天天吃大米到顿顿吃高粱和窝窝头，不但没有使我对自己的选择有所悔恨，反而更加深了参与轰轰烈烈的革命事业的决心。

正是在东北，我在母文化的基础上，如饥似渴地阅读了中国古典名著《水浒传》、《三国演义》、《西游记》、《红楼梦》、《儒林外史》等，同时又大量地阅读了奥斯特洛夫斯基的《钢铁是怎样炼成的》等苏联和其他国家的文学作品，使我从十三岁到十五岁的少年青春期，被丰富的人类文化遗产所充实。在此基础上，十五岁那年，高中一年级，第一次阅读了毛泽东的《实践论》和《矛盾论》，成为我的处女哲学读物。

毛泽东教给了我第一个哲学概念：哲学是自然科学和社会科学的最高理论总结。这个哲学定义长久地指导我的人生观和哲学立场，促使我在十八岁高中毕业时，报考了北京大学哲学系，把研究哲学当成我的终身第一志愿。为此，我要永远感恩和怀念毛泽东。

在北京大学哲学系，马克思和康德先后激发和加深了我对哲学的理解。确切地说，在大学和研究生时期，我首先是以毛泽东的哲学定义解读马克思和康德。接着，马克思的哲学让我进一步学会将人的激情与哲学的反思结合起来，使辩证法的精神与生活的逻辑扭结合一，以大无畏的探索实践，寻求自然、社会和生活的真理。到了研究生阶段，在我的导师郑昕教授的亲自指导下，我用了三年半的时间，阅读康德的《纯粹理性批判》、《实践理性批判》及《判断力批判》三大著作，给了我关于人的认识、道德和审美三大基本能力的教育，让我领悟到“人作为目的自身”的最高尊严；同时也明白了人的理性及其界限，启发我要善于在生活中，依据具体情况，独立自主但又恰如其分地使用自己的理性。

1966 年春天，我手持北京大学哲学系研究生毕业文凭，到中国科学院报到工作，但迎接我的，是“文化大革命”的浩劫。这时，也只有这时，我对毛泽东、马克思和康德的哲学理解，才真正地受到了检验，我也受到了终生难忘的哲学教育。

马克思在《路易·波拿巴的雾月十八日》中指出，“人们自己创造自己的历史，但是他们并不是随心所欲地创造”。个人的和亿万人的历史实践，像火焰翻滚的熔炉，熔化掉一切虚幻的理念和天真的情怀。我的个人命运同无情的权力争斗、亿万人的生离死别铰链在一起。这是我一生中最悲惨，但又最丰富、最珍贵、独一无二的经历。具有讽刺意味的是，在“文化大革命”以前，我虽然身在号称马克思主义理论基地的北大哲学系，但我始终得不到机会认真系统地研读马克思的《资本论》。“文化大革命”对我长达八年的“隔离审查”，在门窗紧闭、暗无天日的戒备森严的环境中，我反倒获得了机会，让我反复阅读了《毛泽东选集》四大卷及《资本论》三大卷。我有生以来第一次，在反复穿越毛泽东和马克思本人的文本的字里行间中，感受到思想、语言论述、历史、生活逻辑、生命情感和现实世界之间的神秘交错结构；同时，人类社会也以最典型的形态，暴露出它的正反两面性；历史的悲剧与喜剧，特别是迄今为止人们试图千方百计加以掩盖的那些最丑陋、最肮脏、最虚伪的正式情节，正如马克思所说的那样，都赤裸裸地同时生动地上演出来了。从这个意义上说，这场历史浩劫，又是人性和兽性联合同场演出的历史狂欢节。我在“文化大革命”中所获得的生存实践智慧，比我在任何时候所累积的经验都更深地扎根于灵魂的核心中，时时牵动着我的哲学思路。后来，即使到巴黎或台北，“文化大革命”的经验，经常从无意识的底层冒现出来，影响着我对世界和哲学的看法。

从1978年离开中国大陆以来，我先后在香港地区、法国和台湾地区居住，也多次横渡过大西洋和太平洋，足迹遍布欧、亚、美。同我的生活经历一样，我的哲学研究领域，涉及存在主义、实证主义、实用主义、结构主义、新马克思主义、弗洛伊德主义、后结构主义及后现代主义等。其实，我的学术领域的转移，同以往亲身经历的生活历程一样，一方面并非单向性和一次性的，而是循环的和重复的；另一方面也是“人在江湖，身不由己”，因为它是由三方面的因素共同决定的。首先是我的哲学研究本身，由于我对哲学持有开放的态度，促使我不由自主地从一个领域走到另一个领域；其次，思考本身的无形力量，特别是其中来自生命活动本身的非理性的情感和意志力量，超出我的主体意识，推动我不断越出学科的界限，不仅在不同哲学派别的文本中间穿梭，也深入到语言学、人类学、社会学、心理学、文学艺术理论等方面，试图在多向和多维的时空中，寻求新的自由可能性；最后，当代哲学、人文社会科学的理论和方法论的变革和不断转向过程，也引导我不断突破原有的范围。

在法国的二十五年，当代法国哲学家不断逾越传统哲学的边界，并与多学科的人文社会科学及文学艺术进行无拘无束的对话式的创新过程，使我心花怒放，带领我跨入无限自由的哲学新天地。

从1978年起，历经颠沛漂泊而进入“不惑之年”的我，终于领会到尼采为什么要以“超人”（der Übermensch）的激情，宣告人的生存的“权力意志”（der Wille zur Macht）的本质。“文化大革命”所刻印的伤痕，早已见证了尼采的论断。其实，要真正实现康德所说的“作为目的自身”的人的最高尊严，不仅要靠理性和仁慈善心，而且还要凭借超人的权力意志及灵活机动的生存艺术策略，以鉴赏人生艺术的豪迈态度，敢于面对和逾越一切障碍和界限，大无畏地迎接人生的暴风骤雨，向一切“不可能”挑战，时时超越实际生活的范围，开辟新的生命境界。不能只是从“权力”和“意志”的字面意义来理解尼采的哲学。权力意志是一种永不满足、永远自我更新、自我充实、自我扩大的逾越欲望，是彻底摆脱自然状态的、真正的人的永不枯竭的生活动力，又是具有最高尊严的人，历练人生的纵横驰骋，泰然自若地出生入死，精通生死艺术，确信自己将“同这太阳、同这地球、同这雄鹰、同这条蛇一样”，“永恒地回归到同一个自身的生命”的崇高情操。人是在不断创造中实现自由超越的特殊生命体。哲学家只有达到这种境界，才真正地将自身的思想同生活情感、同人类历史、同他人的各种文本连成一片。

实际上，没有一种真正的哲学思维是可以脱离实际的生命情感的。思维并不是只发生在某个孤立的主体意识之中；没有生活激情的思想是死板的，不同他人的文本进行来回交往的思索是贫乏的。在真正的哲学思考中，如同生活本身，理性、意识、情感、意志、欲望以及无意识等复杂因素，甚至包含一些无法说出、难于确定、不可预测的神秘力量，永远都混合在一起，而且也紧密地同思考者本身的生命律动及其生活世界相交错。哲学只有在同非哲学的比较、交往和对话中才能存在。哲学所追求的思想自由，使它本身永无止境地进行自我超越和超越一切。

然而，超越本身也是一种生活的艺术。“超越”并不简单地意味着永不平静，更不归结为胡作非为。超越过程，包含了生活中必要的平静和节制，集中了生活和思维的艺术性。在我最近研究的福柯的生存美学中，我再次感受到超越过程的审美意义。

在出国流浪的四分之一世纪中，我通过穿越哲学、人文社会科学以及文学艺术各个领域的文本的迂回，在陆续总结生活经验和哲学思考心得的过程中，撰写出《存在主义》、《结构主义》、《实用主义和语用论》、《罗素哲学概论》、《弗洛伊德主义》、《新马克思主义》、《哈贝马斯论》、《解释学简论》、《德国哲学的发展》、《罗素传》、《毕加索传》、《萨特传》、《利科的反思诠释学》、《布尔迪厄》、《鲁曼社会系统理论与现代性》、《流行文化社会学》、《当代社会理论》、《论后现代艺术的不确定性》、《后现代论》、《当代法国思想五十年》、《当代法国哲学导论》及《福柯的生存美学》等二十五本专著。由五百余万字所交织而成的文本，并不全是我本人所要说出的话语，因为生活和哲学思考所经受的体验和其中的情感，是无论如何都不能如实地通过语言文字表达出来的。重要的是它们毕竟以折射镜的方式，表现了我的生命律动和情感。但是，问题还不仅仅是这些书同我个人之间的关系。更具有本质意义的，在于它们是“他人”的文本的交响乐似的回音，隐含着现实与历史、过去与未来、生与死、可能与不可能之间的永恒回归历程的和声。它们还不仅仅在形式上，更在内容方面，体现了生活和哲学生涯的流浪特质。

今后，只要我一息尚存，我绝不会放下笔，要不停顿地继续在广阔的哲学、人文社会科学和文学艺术文本间进行游泳穿梭。哲学没有界限，也不应该有终点；它同生命之间的永恒回归，正是哲学本身无可逃脱的命运及其生命力的源泉。

高宣扬谨识

上海交通大学欧洲文化高等研究院

目　录

第 2 版前言 ……………………………………………………………… (1)
初版前言 ……………………………………………………………… (3)

第一章　从后现代主义的不可界定性谈起 …………………………… (1)

第一节　后现代主义的模糊性 ………………………………………… (1)
（一）超越传统文化的后现代主义 …………………………………… (2)
（二）后现代性的不可表达和非表达特质 …………………………… (2)
（三）后现代主义的多元性 …………………………………………… (4)
（四）跨学科和多流派构成的思潮 …………………………………… (6)
（五）后现代思想队伍的复杂性 ……………………………………… (7)
（六）后现代主义的非同构性 ………………………………………… (9)
（七）后现代主义同现代主义以及同传统文化的交错性和对立性 …… (10)
（八）后现代自由创作的不确定性原则及其多种可能性 …………… (12)
第二节　作为一个历史范畴的“后现代” …………………………… (19)
（一）“后现代”的历史意义 ………………………………………… (19)
（二）后现代历史观的结构主义和后结构主义基础 ………………… (20)
（三）“后现代”对传统历史观的批判 ……………………………… (22)
（四）“后现代”与“现代”之间的三重结构关系 ………………… (23)
（五）对“后现代”的历史界限的不同论述 ………………………… (23)
（六）“现代”历史界限的不确定性 ………………………………… (26)
（七）资本主义总危机与“后现代” ………………………………… (27)
（八）“后现代”历史意义的象征性 ………………………………… (28)
第三节　作为一个社会范畴的“后现代” …………………………… (29)

（一）“后现代”社会的特征 ……………………………… （29）
（二）“后现代”社会理论的主要内容及其特征 …………… （32）
（三）“后现代”社会理论的多元性 ……………………… （33）
（四）现代市民社会的基本观念 ………………………… （34）
（五）哈贝马斯的“市民社会”观念 ……………………… （35）
（六）后现代社会的市民社会特殊结构 ………………… （37）
（七）晚期资本主义社会中的个人自由 ………………… （39）
（八）后现代理论家对现代社会的主要挑战 …………… （39）
（九）后现代主义对现代社会意识形态的批判 ………… （40）
（十）后现代社会中的语言游戏 ………………………… （41）
第四节　作为一个文化范畴的“后现代” ……………… （43）
（一）“后现代”的文化意义 ……………………………… （43）
（二）作为大众文化意识形态的后现代 ………………… （44）
（三）人类文化的自我批判及其内在动力 ……………… （46）
（四）“后现代”文化的创造性游戏活动 ………………… （47）
（五）“后现代”在“现代性”中的诞生 ………………… （48）
（六）波德莱尔“现代性”创作中的“后现代”因素 …… （49）
（七）“现代性”创作推动下的“后现代性” …………… （51）
（八）“现代性”在理论界的扩散 ………………………… （52）
（九）“后现代”概念的系谱学 …………………………… （53）
（十）“后现代”在建筑学的发轫 ………………………… （54）
（十一）“后现代”文学艺术评论的争论浪潮 …………… （58）
（十二）后现代的“反文化”原则 ………………………… （60）
（十三）后现代文化的游戏性质 ………………………… （62）
（十四）后现代文化对自由的无限追求 ………………… （63）
第五节　作为一种心态和思维模式的“后现代” ……… （63）
（一）“不可捉摸”和“不可表达”的后现代心态 ……… （63）
（二）思考和生活的共同心态模式 ……………………… （64）
（三）“一看就信”和“一看就照做”的后现代心态 …… （66）
（四）不再关心真理的后现代思考方式 ………………… （68）
第六节　作为一种生活方式的后现代 ………………… （70）

（一）后现代生活的游戏化 ……………………………………（70）
（二）后现代游戏生活方式的社会基础 …………………………（70）
（三）后现代游戏生活的特征 …………………………………（72）
第七节　作为一种表达方式和论述策略的“后现代” ……………（74）
（一）“不可表达性”的一种表达方式 …………………………（74）
（二）对传统语言表达方式的抗议和挑战 ………………………（76）
（三）话语和论述的现实力量 …………………………………（77）
（四）作为一种存在的话语 ……………………………………（78）
（五）后现代主义所批判的传统论述 ……………………………（79）
（六）后现代社会各种话语的增殖和散播特征 …………………（81）
（七）后现代话语和论述的基本策略 ……………………………（81）
第八节　作为一种“去正当化”程序的后现代 …………………（82）
（一）正当化问题的重要性 ……………………………………（83）
（二）正当化的基本含义 ………………………………………（84）
（三）正当化在西方社会和文化发展中的不同模式 ……………（85）
（四）正当化模式及其双重程序：确认和排斥 …………………（90）
（五）韦伯的正当化理论 ………………………………………（91）
（六）知识在资本主义正当化中的重要地位 ……………………（92）
（七）后现代“去正当化”的基本问题 …………………………（92）
（八）哈贝马斯关于当代社会正当化的独特论述 ………………（94）
第九节　简单的结论 ……………………………………………（95）

第二章　“后现代主义”对现代性的批判和超越 ………………（98）

第一节　现代性自启蒙运动以来的发展及其特征 ………………（98）
（一）作为后现代批判的出发点的“现代性” …………………（98）
（二）对“现代性”的最初批判 ………………………………（102）
（三）早期空想社会主义思想家对“现代性”的批判 …………（103）
（四）米歇·福柯对现代性的批判 ……………………………（105）
（五）现代性在启蒙运动中的历史特征 …………………………（108）
（六）作为现代性心态核心的个人自主性和自觉性 ……………（110）
（七）启蒙运动对于知识的崇尚 ………………………………（112）

（八）“现代性”高度成熟的晚期资本主义 …………………………（114）
（九）贝尔对现代性的批判 …………………………………………（116）
（十）哈贝马斯对现代性的批判 ……………………………………（118）
第二节 “后现代”对现代人文主义的批判和超越 ……………………（119）
（一）作为西方传统文化核心的人文主义 …………………………（119）
（二）作为“现代性”主要构成部分的新人文主义 ………………（120）
（三）现代新人文主义所遭受的历史批判 …………………………（121）
（四）马克思对于新人文主义的批判 ………………………………（122）
（五）尼采对于人文主义的批判及其对后现代性的影响 …………（123）
（六）由“此在”出发批判人文主义的海德格尔 …………………（127）
（七）以“此在”的日常生活结构批判人文主义 …………………（128）
（八）以诠释学途径解构人文主义传统 ……………………………（130）
（九）以“死亡”概念重构人文主义 ………………………………（132）
（十）通过“语言论述”理解和重构人生 …………………………（133）
（十一）对“说话”的人生结构的分析 ……………………………（136）
（十二）德里达对于人文主义的解构 ………………………………（139）
（十三）福柯新尼采主义的反人文主义解构原则 …………………（140）
（十四）利奥塔的后现代“非人性”新概念 ………………………（141）
第三节 “后现代”对于现代科学知识的批判和超越 ………………（142）
（一）启蒙运动以来对知识的推崇 …………………………………（142）
（二）后现代主义批判现代知识的意义 ……………………………（144）
（三）对知识的信息化的批判 ………………………………………（147）
（四）后现代社会知识的信息化 ……………………………………（150）
（五）当代信息的独特社会地位 ……………………………………（150）
（六）信息的符码化及其社会意义 …………………………………（152）
（七）知识真理标准客观性的丧失 …………………………………（153）
（八）后现代信息的媒体化 …………………………………………（154）
（九）知识论述和信息系统的权力功能 ……………………………（155）
（十）信息化对于伦理价值体系的冲击 ……………………………（156）
第四节 “后现代”对于现代批判精神的批判 ………………………（158）
（一）后现代主义同现代主义批判精神的双重关系 ………………（158）

（二）“批判”在古希腊的意义 ……………………………………（159）
（三）理性中心主义批判原则的确立 ………………………………（160）
（四）康德的批判精神和基本原则 …………………………………（162）
（五）康德对人类认知能力的批判 …………………………………（162）
（六）康德对人类行动道德性条件的批判 …………………………（164）
（七）人类品味判断的理性原则 ……………………………………（165）
（八）康德批判精神在德国古典哲学中的发展 ……………………（167）
（九）马克思对于现代批判精神的批判 ……………………………（167）
（十）现代理性批判精神的危机 ……………………………………（168）
（十一）法兰克福学派新马克思主义的批判精神 …………………（169）
（十二）尼采批判精神的再发扬 ……………………………………（171）
（十三）福柯的永恒批判态度 ………………………………………（172）

第三章　从符号批判、话语解构到拟像游戏……………………………（176）

第一节　符号和话语解构对于后现代主义的极端重要性………………（176）
（一）符号是文化生产和再生产的关键中介因素 …………………（177）
（二）当代社会文化再生产中的符号游戏 …………………………（178）
（三）当代符号区分化中意义结构的特殊运作 ……………………（179）
第二节　乔治·巴岱对语言的批判…………………………………（181）
（一）在语言批判中同时探索生命和创作的奥秘 …………………（181）
（二）在创作中批判语言和逾越生命的界限 ………………………（183）
（三）文学是“恶”的基本表现形式 …………………………………（184）
（四）在神秘的内心经验中逾越语言的界限 ………………………（185）
（五）语言和死亡的神秘性及其本体论意义 ………………………（188）
（六）情欲就是对于生死的最高赞许 ………………………………（190）
第三节　拉康对人的心态和语言的符号批判……………………………（191）
（一）对潜意识结构进行语言分析的历史基础 ……………………（191）
（二）潜意识是语言运用多元结构的内在基础 ……………………（194）
（三）对传统主体论的重建 …………………………………………（196）
（四）拉康精神分析学语言研究的重要意义 ………………………（199）
第四节　罗兰·巴特所开创的符号批判……………………………（201）

（一）罗兰·巴特符号论的后现代意义 …………………………（201）
（二）罗兰·巴特基本著作的符号论意义 ………………………（203）
（三）作为符号解构学的文学评论活动 …………………………（204）
（四）符号的神秘化及其意识形态性质 …………………………（206）
（五）将符号和话语神秘化的符号神话学 ………………………（209）
（六）对社会文化进行符号解码的典范 …………………………（214）
（七）语言学符号与符号论符号的区别 …………………………（216）
（八）巴特符号论的后现代意义 …………………………………（219）
第五节 鲍德里亚拟像游戏理论和基本策略……………………（221）

第四章 德里达的解构主义…………………………………………（230）

第一节 从结构主义到后结构主义的过渡………………………（230）
（一）结构主义的两大发展方向 …………………………………（230）
（二）后结构主义对索绪尔结构语言学的批判 …………………（232）
（三）后结构主义对于结构主义的超越 …………………………（234）
（四）后结构主义对话语论述的解构 ……………………………（235）
（五）对传统话语论述策略的解构 ………………………………（237）
（六）话语论述散播和增殖的社会机制 …………………………（238）
（七）作为“事件”的话语和论述 ………………………………（239）
（八）在解构知识论述中批判传统知识论和真理论 ……………（241）
（九）将自由创作的运动引向语言文字以外的场域 ……………（243）
第二节 德里达对传统话语的解构策略…………………………（245）
第三节 在书写的“延异”中进行创造游戏 ……………………（268）
第四节 在超语言的符号游戏中开拓自由………………………（274）

第五章 福柯对“现代性”的后结构主义批判 ……………………（279）

第一节 福柯在后现代文化中的特殊性…………………………（279）
（一）对后现代的重大影响 ………………………………………（279）
（二）处于怪异时代的怪异人物 …………………………………（280）
（三）福柯对前代批判成果的继承 ………………………………（282）
（四）福柯自由观与萨特自由观的异同点 ………………………（286）

（五）从知识史到知识考古学的转折 …………………………………（288）
第二节　知识考古学的性质 ………………………………………………（293）
（一）知识考古学研究的基本内容 …………………………………（293）
（二）知识考古学研究三大历史阶段的特征 ………………………（295）
（三）知识考古学同权力系谱学的相互关联 ………………………（298）
（四）对于语言论述形成和扩散过程的社会分析 …………………（299）
第三节　对于主体的解构 …………………………………………………（302）
（一）对三种主体模式的“人文科学考古学”研究 ………………（302）
（二）认知主体与生活主体建构的一致性 …………………………（304）
（三）主体化同思想的相互关系 ……………………………………（307）
第四节　对于自身实际技术的批判 ………………………………………（309）
（一）对现代知识论述实际运用技术的揭露 ………………………（309）
（二）集中批判关于政权实际运作的法规论述 ……………………（313）
第五节　权力系谱学的策略 ………………………………………………（315）
（一）福柯对于传统权力观的批判 …………………………………（315）
（二）在力量关系网络中分析权力 …………………………………（319）
（三）在权力运作及其策略中分析权力 ……………………………（320）
（四）全面批判不同领域中的权力网络 ……………………………（321）
第六节　对于身体和性的生命权力的分析 ………………………………（322）
（一）关于生命权力的运作 …………………………………………（322）
（二）对于“自身的技巧”的历史本体论研究 ……………………（326）
（三）“身体”的规训及其主体化 …………………………………（329）
（四）性的道德权力系谱学 …………………………………………（333）

第六章　后现代女性主义 ……………………………………………………（336）

第一节　后现代女性主义的史前史 ………………………………………（336）
第二节　对“性”的传统论述的批判 ……………………………………（356）
第三节　后现代女性主义在各学科的扩散 ………………………………（367）
第四节　关于女性躯体的论述 ……………………………………………（372）

第七章　后现代主义的文学批评 ……………………………………………（381）

第一节　后现代主义文学批评的先驱 ……………………………………（381）

（一）后现代主义文学批评的多元性 …………………………（381）
（二）后现代文学批评的两大历史先驱 ………………………（382）
（三）对尼采美学的超越 ……………………………………（384）
第二节　从伽达默尔到德里达的诠释学转折…………………（387）
（一）“诠释学转折”的后现代意义 …………………………（387）
（二）“接受美学”对于后现代文学评论的启示 ……………（391）
（三）从“诠释学转折”到“解构”…………………………（392）
（四）诠释的双重本体论意义 ………………………………（393）
（五）作为模糊化原则的解构 ………………………………（394）
（六）把模糊化当成自由创造可能性的基础 ………………（395）
（七）通过符号不断差异化发扬模糊化 ……………………（396）
（八）在痕迹中诠释并发扬符号差异化 ……………………（397）
（九）阅读和诠释是创作游戏的起点 ………………………（398）
（十）在不断的诠释延异中使文学类型不确定化 …………（400）
第三节　耶鲁学派的崛起及发展………………………………（401）
（一）耶鲁学派的“解构”式阅读 …………………………（401）
（二）作为耶鲁学派前身的新批评派 ………………………（402）
（三）“不可阅读性”的重要意义 …………………………（405）
（四）耶鲁学派的哲学特征 …………………………………（407）
（五）追求阅读中的修辞和特殊文风 ………………………（408）
（六）追求不可化约的“特殊性”的“文学化哲学” ………（410）
（七）对于“美学的意识形态”的批判 ……………………（411）
（八）寻求文学的不确定性 …………………………………（412）
第四节　欧美后现代文学批评新浪潮…………………………（413）
（一）苏珊·朗格的“情感象征论” …………………………（414）
（二）克里斯蒂娃的“文本间性”概念 ……………………（416）

第八章　后现代艺术的反文化性质……………………………（421）

第一节　荒谬的普遍性与艺术的荒谬性………………………（421）
（一）世界和人生的荒谬是艺术荒谬性的基础 ……………（421）
（二）语言的荒谬性加剧了生活和艺术的荒谬性 …………（424）

（三）古希腊神话所表现的艺术荒谬性 …………………………（427）
（四）现代性发展中的荒谬性与反荒谬 …………………………（429）
（五）以荒谬反荒谬的后现代艺术 ………………………………（432）
第二节　从“荒谬剧”到“反艺术”的发展 ……………………（434）
（一）后现代主义“荒谬剧”的产生过程 ………………………（434）
（二）荒谬剧和其他后现代剧的多元化美学基础 ………………（435）
第三节　作为“反艺术”基本范畴的“荒谬” …………………（438）
（一）“解构”就是艺术荒谬化和非语言化 ……………………（438）
（二）生活中实际荒谬的极端化 …………………………………（440）
（三）通过艺术“色情化”达到荒谬化 …………………………（443）
（四）反艺术荒谬创作的中介性和象征性 ………………………（446）
（五）以“嘉年华式”酒醉狂欢模式呈现荒谬 …………………（449）
（六）作为创作自由的反艺术荒谬原则 …………………………（453）
第四节　从现代美学到后现代反美学的过渡 ……………………（454）
（一）本雅明的混沌美学 …………………………………………（455）
（二）阿多诺的“无调”美学的吊诡性 …………………………（466）
第五节　艺术的非定义和无定义 …………………………………（472）
（一）后现代“反艺术”对艺术定义的探讨 ……………………（472）
（二）艺术定义化的形而上学基础 ………………………………（475）
（三）贬低和扭曲艺术的传统艺术定义 …………………………（477）
（四）艺术和生活一样是不可定义的 ……………………………（478）
（五）后现代反艺术对艺术定义的特殊态度 ……………………（483）
（六）艺术和自由一样都是不可界定的 …………………………（485）
第六节　关于艺术的形式美 ………………………………………（498）
第七节　在“反艺术”中实现后现代艺术的创新游戏 …………（502）
（一）在游戏中创作的后现代艺术 ………………………………（502）
（二）后现代艺术游戏的形式性及其超形式化 …………………（502）
（三）作者死亡化的创作游戏 ……………………………………（503）
（四）后现代艺术游戏的象征化 …………………………………（505）
第八节　后现代艺术的正当化问题 ………………………………（515）
（一）后现代艺术的“去正当化”性质 …………………………（515）

（二）后现代艺术同“大众文化”的双重矛盾 ……………………（517）

参考文献 ……………………………………………………………（520）
2004 年简体字版跋 ……………………………………………………（562）

第2版前言

从20世纪70年代末法国思想家利奥塔（Jean-François Lyotard，1924—1998）发表《后现代的条件》（*La Condition Postmoderne*）至今，本人接受后现代主义的过程以及它所处的时代背景，都明显地带有特殊的历史特征，它一方面衬托出后现代主义本身的零碎性、不稳定性及其时空结构的虚拟性，另一方面又突出了重评后现代主义的迫切性、反复性及其现实意义。后现代主义是历史的产物，但后现代主义却否认历史本身的合法性。所以，这本《后现代论》的再版，给作者提供一个难得的机会，借用历史在回忆中的再现，重新返回自己最初接受后现代主义思想洗礼的岁月，也因此给予本人重评及重新消化后现代主义的良机。我们将会看到：后现代主义的形成、发展和演变的过程，恰好成为后现代主义的历史性悖论的结码和解码的自然场所。

对于个人来说，返回历史并不意味着重述以往的过程，而是恰好通过历史的重现，提供我们审查自身主体化能力的时机，借此检验我们自身经历社会迅速变迁时的思维能力和思想创造能力。为此，法国思想家福柯（Michel Foucault，1926—1984），作为历史考古学和系谱学的倡导者，向我们提供了深刻的启示。

福柯认为，任何具有创造精神的历史研究，都只能是为加强和提升自身的主体化能力开创新的可能性。真正的主体化，不是使自身被动地顺应不同时代占统治地位的权力系统所规定的标准，而是抓住历史旋转的每一个瞬间，重新塑造自身的能力和扩大自身的权力维度，超越当时当地自身所接受的知识结构，发挥思维及生存的潜力，向特定时代中占统治地位的权力结构发出挑战，对其颁发的法律、道德及各种标准提出质疑，使之成为不合法的问题。从哲学的角度来说，这意味着“不是论证已经现有存在的事物，而是尽可能把握究竟怎样以完全不同的态度和方法进行思维”①。

① Foucault, History of Sexuality, Vol. 3, *The Use of Pleasure*, London: Penguin, 1985: 9.

后现代主义的重要性，不在于它的各个代表人物所提出的具体概念或命题，而是在于其中蕴涵的思想创造启示，为自身“以完全不同的态度和方法进行思维”提供历史的范例。因此，历经40多年而传播于世的后现代主义，实际上也是它本身历经多次变迁的虚拟性思维模式的一再重生过程，是在不稳定的世界局势中不断更新的思想创造范例。

显然，此书的再版，不是鼓励读者原封不动地重读文本，而是以21世纪新视野，对后现代主义的批判本身进行再批判，在全球化新环境中重新反思后现代主义的基本命题及其思路，由此对自身在场的权力关系进行再评价，开创社会发展的新前景。

我们衷心感谢中国人民大学出版社学术出版中心的杨宗元主任和符爱霞女士及其编辑团队，她们为本书的再版给予充分的支持和真诚的帮助。

高宣扬

上海交通大学欧洲文化高等研究院

2016年元旦

初版前言

现在摆在读者面前的这本书，其准备、资料搜集、整理、分析、撰写、修订和定稿的过程，整整经历二十年。

1979 年，后现代主义思想家利奥塔发表了其名著《后现代的条件》，我也正好在那一年从香港移居法国巴黎。那时“后现代”的哲学概念刚刚被利奥塔锻造“出炉”；而由后现代建筑学家罗杰斯（Richard Rogers，1933—）和皮阿诺（Renzo Piano，1937—）设计，并象征着“后现代”高科技精神的“蓬皮杜艺术文化中心”（Centre national d'art et de culture Georges Pompidou）的高大建筑物，也已经整整两年屹立于巴黎市政府大厦附近的“布堡平台地”（le plateau Beaubourg）。整个西方人文和社会科学界，经历了从第二次世界大战后到 20 世纪 60 年代多次争论和危机的震荡，存在主义、精神分析学、新马克思主义、结构主义、符号论、诠释学、“后经验”和“后分析”的科学哲学、后结构主义和后现代主义等各种思潮，相互渗透和不断分化，构成了一幅由危机和希望、批判和创造交错构成的激荡人心的历史文化景象。经历二三百年发展而极端成熟化的“现代主义”（le modernisme），正当其内涵理论能量和创造精神得到充分发挥的同时，其中的各种内在矛盾及其吊诡性也充分地暴露出来了。“后现代主义”就是如此地在现代主义不知不觉的发展和危机中，在现代资本主义社会和文化内部逐渐地生长出来的。

我刚到法国的最初 5 年中，罗兰·巴特（Roland Barthes，1915—1980）、萨特（Jean-Paul Sartre，1905—1980）和拉康（Jacques Lacan，1901—1981）先后死去，列维-斯特劳斯（Claude Lévi-Strauss，1908—　）从法兰西学院退休，而后现代主义思想家德里达（Jacques Derrida，1930—　）、米歇·福柯、德勒兹（Gilles Deleuze，1925—1995）、利奥塔、布尔迪厄（Pierre Bourdieu，1930—　）和鲍德里亚（Jean Baudrillard，1929—　）等人如日中天。他们发表的著作充斥于理论界，从各个角度向现代经典理论挑战。这是“现代性”和“后现代性”相互交接，“现代性”通过“后现代性”进行深刻反省，“后现代性”正不断吞噬和超越“现代性”的时代。

从1979年到1989年的十年间，后现代主义以其创造性和批判性相结合的精神，不仅在人文社会科学各学科中迅速传布，而且也渗透到社会文化生活的各个领域，甚至影响到西方人日常生活方式及其品味风格。不管人们对后现代主义采取什么样的不同态度，后现代主义确实已经全面冲击整个西方社会和文化以及生活的结构，特别是影响到人们的精神面貌和生活风格，迫使人们不得不重新思考有关西方社会和文化的各种重大问题。在西方社会和文化发展史上，这可以说是启蒙运动之后最深刻的一次精神革命、思想革命和生活革命。时代精神和氛围，促使我更集中深入地研究当代各种社会思潮，并从中自然地感受到“现代性”和“后现代性”的内在关联及其相互冲突。从一定意义上说，这本书的酝酿和撰写过程，几乎是同后现代主义的成长和扩散过程同步进行的。

由后现代主义思想家们开创的多学科综合研究的态度和批判方法，还同我近三十年来所从事的多学科人文社会科学研究方式相一致。这一切，使我不得不在各个思潮、各个学科领域中反复穿梭学习和思考，使我有可能逐渐地从各个角度搜集和研究“现代性”和“后现代性”的各种资料及其争论问题，也进一步深入地了解了当代社会人文科学的基本问题。

正如本书在第一章末所简单概括的，后现代主义是一种非常复杂的社会文化现象。它集中地体现了当代西方社会政治、经济、文化和生活方式的一切正面和反面因素的矛盾性质；它既表现了西方文化的积极成果，又表现出它的消极性；它既包含创造性，又隐含着破坏和颠覆的因素；它是希望和绝望共存并相互争斗的一股奇妙的社会文化力量。

后现代主义是产生于现代资本主义社会内部的一种心态、一种社会文化思潮、一种生活方式。它旨在反省、批判和超越现代资本主义的“现代性”，即资本主义社会内部已占统治地位的思想、文化及其所继承的历史传统，提倡一种不断更新、永不满足、不止于形式和不追求固定结果的自我突破创造精神，试图为彻底重建人类的现有文化探索尽可能多元的创新道路。

“后现代社会”是信息和科学技术膨胀泛滥的新时代。在这种社会中，如前所述，凭借高效率的经济生产和商业销售能力，靠高科技力量符号化、信息化、复制化的人为文化因素，越来越压倒自然的因素，科学技术不但试图征服和宰制自然，而且也咄咄逼人地试图控制人本身；人与人之间、各种事物之间的差异界线模糊化，因果性和规律性逐渐被偶然性和机遇性所取代，休闲和消费优先于生产，娱乐和游戏也有取代规则化和组织化活动的趋势；原来传统社会中以一夫一妻为基础的社会基本单位"家庭"，正在逐步瓦解和松解；公民个人自由极端化和自律化的同时，社会加速进行自我分化和自我参照化，各种社会组织也逐渐失去其稳定性，各种组织原则不断地受到批判，作为整个社会和文化制度维系基础的中心结构越来越松动，"去中心"的松散结构正迅速蔓延，社会风险性也因而增高（Goldfarb，J. C. 1998）。所有这一切，当然是同现代性发展过程中的中心化、组织化、专业化和制度化的趋势相对抗、相挑战的。

后现代主义作为一种历史和社会范畴，作为一种心态、思维模式和文化范畴，作为一种生活方式和人类活动的新模式，作为一种表达方式和论述策略，同时也是对新的社会和新的文化正当化方式和程序的一种质疑和挑战。后现代主义以其自身的涌现、存在和不断批判活动，以其向现代社会和文化的挑战和渗透，特别是通过它对于当代人精神活动和心态领域的扩张，不断地实现和完成它自身的自我证成和自我正当化，但也同时逐渐显露出其弱点和局限性。

后现代主义，作为一种实践，也是一种反传统的策略游戏，是对西方文化所经历的整个路程的彻底反思，是对历史上已经完成了的各种"启蒙"的"再启蒙"；其根本诉求，是在摧毁传统文化的过程中，寻求思想上和生活上的最大限度的自由，尤其达到精神活动的最大自由，达到他们所期望的不断超越的目标。然而，他们不断超越的目标本身，又是在不断更新中被改变。因此，严格地说，他们的超越活动并没有固定的明确目标。从这个意义上说，后现代主义本身是一个正在成长，并不断更新的当代思潮和社会文化实践，它是以不确定性作为基本特征的。

然而，后现代主义对现代性的批判和超越，在许多方面并没有真正地完成；在相当多的方面甚至可以说，后现代主义的理论在实际上只是对现代性中所失落的东西的哀怨（Wheeler，W. 1999）。后现代主义理论的某些方面，由于不可避免地沾染上时代本身的"快餐文化"特征，甚至不如现代性理论深刻。

本书共分八章。第一章从总体上分析和说明后现代主义的不确定性，旨在开宗明义地揭示后现代主义的基本特征。第二章主要分析后现代主义对现代主义的批判和超越，指明后现代主义和现代主义的相互关系，揭示两者的相互穿插及其基本区别。第三章集中分析作为后现代主义立论基础的符号批判和话语论述解构的策略及其历史理论基础。因此，本章内分别论述乔治·巴岱（Georges Bataille，1897—1962）、拉康、罗兰·巴特和鲍德里亚的语言符号批判理论对于后现代主义的决定性意义。第四和第五两章分别论述被称为解构主义或后结构主义的思想家德里达和福柯的基本思想及其贡献。第六章集中论述后现代女性主义的理论与实践及其策略。第七章集中分析后现代文学批评理论的发展及其特征。第八章集中论述后现代文学和艺术的反艺术性质。

后现代主义的产生和发展，给我们提供了一个难得的机会，使我们有可能借助于这场具有创造性和批判性双重特征的运动，同时地探索西方文化的基本精神及其隐含的各种复杂问题，并进一步探索与整个人类命运密切相关的一系列重大社会文化问题。

正因为这样，本书对于后现代主义的研究，并不打算为后现代主义勾画一幅完美的图画，也无意为后现代主义作出最后结论；本书只将后现代主义放在 20 世纪末特定的西方社会文化环境中，将它作为新世纪整个人类文化发展和重建的一个重大问题而提出来加以研究和批判。希望这本书的出版，不仅有助于推动对于后现代主义的分析和批判，而且也有助于思考和分析东西方文化的协调以及整个人类文化在 21 世纪的重建。

其实，后现代主义并不单纯属于西方社会和文化的范畴。人类社会和文化在 20 世纪末的发展趋势及其全球化过程，使后现代主义成为一种全球性的文化现象。后现代主义在全球的迅速扩张，向发展中国家的现代化过程，提出了许多挑战性的问题。东方各国的文化工作者和思想家，可以也应该从对于后现代主义的研究中得到启发，并从本国本民族的特殊文化传统中找出西方学者所不能提出和解决的问题。

高宣扬

于台北外双溪东吴大学

1999 年 1 月 23 日

第一章　从后现代主义的不可界定性谈起

第一节　后现代主义的模糊性

要对“后现代主义”（post-modernism；post-modernisme）或“后现代性”（post-modernity；post-modernité）进行说明和分析，首先就遇到如何说明的难题，遇到进行这种说明和分析本身的许多困难。按照传统的做法和我们日常生活的习惯，靠我们的语言以及各种通用的表达方式和分析手段，总是可以对我们所要论述的论题和对象给予适当的说明。但是，对于现在所要谈论的“后现代主义”，情况就完全不一样了。后现代主义本身就是一种极其含糊不清的文化（Bauman，Z. 1993）。这里遇到的难处就在于：“后现代主义”不但同传统文化相对立，而且也从根本上与传统语言及其正常表达方式相对立；不但靠语言表达和说明遇到了前所未有的困难，而且甚至可以说，“后现代主义”本身就包含着许多不可言说和不可表达的方面；它恰恰正是以某种不可言说和不可表达的特征，显示其反传统的彻底性及其与传统文化之非同构型。当然，这并不意味着“后现代主义”是什么带有神秘性质的事物，而是显示出“后现代主义”已经远远超出传统人类文化和知识的范围，甚至超出了迄今为止人类所使用的语言的范围。也正是这一点，突显出“后现代主义”同传统语言和传统文化以及传统知识的断裂性和对立性。问题还在于：尽管“后现代主义”具有某种不可言说和不可表达的特征，但深受传统文化教育和传统语言影响的这一代人，又不能超出传统语言，不能不通过语言的中介去理解它和表达它；这就好像生活在地球上的人，由于自陷于银河系中，而无法从银河系之外去观察银河系本身一样。这就等于说：明知语言限制了我们，我们仍然不得不通过语言去理解和分析不可言说和不可表达的“后现代主义”。其实，后现代主义者也和我们这一代人一样，都遇到了这种令人矛盾和吊诡的窘境。

（一）超越传统文化的后现代主义

“后现代主义”在表述和说明方面的上述困难，一点都不能从传统观点和传统方法论去加以理解和解释；任何试图从传统观点和方法论去理解和说明“后现代主义”的做法，不但无法解决困难，而且都不可避免地导致对于“后现代主义”的片面理解。“后现代主义”同传统文化的不一致性（inconformity；inconformité）和非同构性（heterogeneity；hétérogénéité），使传统文化和传统语言丧失了对“后现代主义”进行说明的正当性和有效性，也使“后现代主义”同传统文化之间自然地存在一种“不可通约性”（incommensurability；incommensurabilité）和“不可翻译性”（untranslatability；intraduisible）。

“不可通约性”和“不可翻译性”是后现代主义形成和产生过程中，由后现代主义者及其启蒙者所提出的新概念。最早，是米歇·福柯（Michel Foucault，1926—1984）在知识考古学的研究中，发展其导师冈格彦（Georges Canguilhem，1904—1995）的知识发展“断裂性”和“中断性”的概念，强调不同时代人类知识之间的不一致性、不同结构性和非同构型（Foucault，M. 1966；1969）。与此同时，美国后现代科学哲学家库恩（Thomas Kuhn，1922—1996）和费耶阿本德（Paul Feyerabend，1924—1994）分别在他们的著作中使用“不可通约性”和“不可翻译性”的概念，以便说明不同时代、不同“典范”（paradigm）的科学知识之间的根本区别（Kuhn，Th. 1962，1977；Feyerabend，P. 1975，1987）。

由后现代主义者所创造出来的“不可通约性”和“不可翻译性”的概念，本来是他们用来揭示传统理论不同历史阶段思想观念体系之间的非同质关系及其不可化约性，现在，这些概念倒集中表达了其自身思想理论体系的基本特征，显示出其自身同他者之间的绝对断裂性。

（二）后现代性的不可表达和非表达特质

对于超越传统文化的后现代主义，不能像对待传统文化中的任何问题那样，简单地依据传统分类法和归纳法加以分类和界定，也同样不能靠比较法和对比法进行区分。在后现代主义的构成因素中，除了包含可以依据传统逻辑和表达方式加以分类的一小部分以外，还包含着大量含糊不清，而又无法加以归纳的不稳定因素；不仅其中包含大量跨类别的、相互交叉的边缘性因素，而且也包含瞬时即变，而又无法把握其变化方向的因素，甚至包含着更多潜伏的、待变的和待生的因素。同时，后现代性中还包含着正常感知和认识方式所无法把握和表达的因素。传统正常逻辑的因果关系分析法和普通语言论述的表达法，都无法准确概括和表达后现代性中那些超出传统文化的因素。后现代性中所有这些无法通过一般表达方法和途径加以表达和说明的因素，只能诉诸隐喻（metaphor）、换喻（metonymy）、借喻和各种象征（symbol）的方式。这就是为什么后现代主义者非常重视并不断发明各种符号、信号和象征，而对于传统语言及其论述方式，他们则采取严厉批判的态度，或者，在不得已的情况下，也只将他们自己的语言论述当做某种隐喻、换喻、借喻和各种象征。

伽达默尔（Hans-Georg Gadamer，1900—2002）在其哲学本体论诠释学中曾经强调：人类所面临的各种待诠释的现象，包含着一些“不可表达性”（Unausdrückbarkeit）和“不表达性”（Unausdrücklichkeit）的复杂因素。他认为，经过严格训练的科学意识，本来就包含“正确的、不可学的和不能效仿的机敏”（Gadamer，H.-G. 1986. Vol. I：20）。他说：“所谓机敏，我们是把它理解成一种对于情境及其中的行为的特定敏感性和感受能力。但我们不能按一般原则去理解机敏的运作状况。因此，不表达性和不可表达性都属于机敏的特质。我们可以完满而得体地说某事，但这只是表示：我们是很机敏地使某事被略过而不被表达；而不机敏地说某事，则表示说出了人们只能略过的东西。在这里，略过并不意味着不看某物，而是不正面地去直接看它，却只是转弯抹角地、旁敲侧击地触及它。因此，机敏就有助于我们保持距离，它避免了对私人领域的冒犯、侵犯和伤害。”（Ibid.：21—22）后现代主义者在其论述和批判中，不仅运用他们自己所创造的语词和概念，而且也使用语言以外的象征、信号、图形及各种时空结构，以达到象征性地表达那些“不可表达性”的目的。他们的思想观念及其表达方式中所包含的那些不可表达的东西，本来就属于他们的思想本身，并始终伴随着他们的论述和表达过程。

人类诠释活动的复杂性是同诠释对象和诠释者内在心理活动本身的复杂性紧密联系的。但是，传统诠释学由于深受传统认知论和逻辑学的影响，同时深受理性中心主义和语言中心主义的影响，总是一方面把诠释的对象设想成为理性和语言所能够掌握和表达的事物，同时另一方面又把理性和语言的表达能力及其精确度加以夸大。与此同时，传统方法论又把各种比喻当做不精确的表达法而加以排斥。

实际上，现实世界和日常生活本身，除了存在着一些可被认识和被表达的事物以外，还同时存在大量不可被认识，也不可被表达的因素；既存在确定不移的因素，也存在大量偶然的、含糊不清的和杂乱的因素。所有这些不可被认识和不可表达的因素，实际上一直同那些被认识和被表达的事物混杂在一起，不但存在于客观的对象中，也隐藏在人的情感活动和认识活动中，影响着人类认识活动本身，同时也影响人的生存和人的命运，影响人类文化的发展。因此，问题不是简单地否认那些不可表达的因素，也不是将它们简单地等同于或归结为可表达的东西；而是深入研究其特征及其与可认识、可表达事物的复杂关系。

原籍德国的美国存在哲学家蒂利希（Paul Tillich，1886—1961）在研究人的生存和文化问题的时候，曾经深刻地指出：人的思想、生活和行为方式中，有时出现“不顾一切”的状态和现象。理性和正常逻辑是无法解释和处理的。蒂利希把这种状况及其处理方式称为“‘不管（in spite of）……’的模式”。例如，“不管是死是活，我也要……”；“不管是真是假，我也相信……”如此等等。不但在诸如宗教信仰和爱情生活等充满着非理性因素起作用的领域中，而且在认知和科学活动中，都同样可能出现这类“不管……”的模式（Tillich，P. 1952；1958）。它显示出人类生活不同领域中的复杂现象，使人经常出现无法说明和难以避免的固执态度和情绪，而这些固执和不顾一切的态度，是事物和生活本身训练人类的自然结果，使人学会进行必要和适当的反应。

（三）后现代主义的多元性

对于后现代主义进行说明和分析的难处，主要是指：不论就它本身内容和基本精神的复杂性，还是从后现代主义同“现代性”的复杂关系，从后现代主义同其所包含的传统文化的复杂关系，以及从后现代主义自由创造精神的不稳定性等各个不同角度来分析，都是很难以确定的论述方式说明清楚的。

首先，从后现代主义本身内容和基本精神的复杂性来看。后现代主义是集社会、文化、历史、气质、品味、思想心态以及生活方式等多种因素于一身的复杂新事物。它在内容方面的这种非同构性和复杂性，使后现代主义同时地兼有历史性、社会性、文化性、思想性和生活性，因而它也可以同时成为历史范畴、社会范畴、文化范畴、思想范畴和生活范畴（Winquist，C. E. / Taylor，V. E. 1998. Vol. I：8—12；Woods，T. 1999）。它的内容的复杂性和多样性，也使其成为哲学、社会学、政治学、语言学、心理学以及美学等人文科学和社会科学诸学科进行科际研究的跨学科领域，同时又成为文学艺术的一个组成部分。因此，后现代主义的思想家们以及对"后现代"发生深刻影响的思想家，包括了不同派别的哲学家、社会学家、人类学家、语言学家和政治学家等各个学科和领域内的学者以及文学艺术领域的著名作者们。显然，这是一群包括各个领域和各种思想观点的复杂理论队伍。

例如，米歇·福柯从来未曾说过自己是"后现代主义者"，但他本人的思想、写作态度和生活风格，不仅同"后现代主义者"相类似，而且直接成为他同时代的"后现代主义者"的启蒙者和鼓舞者（详见本书专论福柯的第二、五章的有关部分）。

作为米歇·福柯的亲密朋友，德勒兹（Gilles Deleuze，1925—1995）同样也对后现代思潮的发展作出了重要贡献。德勒兹也和米歇·福柯一样，自己从来没有认定是"后现代主义者"；同时，他的研究领域和批判方向也是多方面的，以至于人们很难把他说成一个专业的哲学家。人们只能从他的多种多样批判当代西方社会和文化的著作中，发现他在哲学领域之外的心理学、精神分析学、文学艺术、美学、语言学和科学理论等方面，都具有深刻的造诣（Deleuze，G. 1990；1991；1996）。因此，他也可以说是多才多艺的当代思想家。而他对于后现代思潮的发展的影响，也是多方面和跨领域的。

被人们称为"解构"思想家的德里达（Jacques Derrida，1930—2004），也从未宣称是"后现代主义者"。但他的"解构"（Deconstruction）策略和方法，他对于语言论述和整个西方传统方法论所进行的"解构"，简直成了后现代主义批判现代社会的方法论基础，同时也是后现代主义者进行自由创造的重要原则和新策略。严格说来，德里达本人也不只是一位哲学家。他在巴黎高等师范学院所受到的教育，本来就是多学科和多领域的。后来，在德里达的相当多的著作中，他所论述的问题和批判的范围，涉及哲学、语言学、文字学、图形学、符号学、人类学、教育学、建筑学、美学、法学以及文学艺术的许多重要问题。也正是他在这些多领域的“解构”，不仅为后现代文学评论和艺术评论以及美学，而且也为后现代女性主义的兴起和发展，提供了最好的理论上和方法论上的准备。

作为后现代思想家的利奥塔（Jean-François Lyotard，1924—1998），也不只是一位哲学家。正如罗杰克（Charles Rojek）等人所指出的，利奥塔已无可怀疑地被公认为“后现代主义之父”（Rojek，Ch. /Turner，B. S. 1998）。他所探讨的后现代问题，涉及社会学、政治学、心理学和建筑学以及文学艺术领域内的诸多问题。他对多领域的深刻探讨，使后现代主义进一步涉及多方面和多学科的复杂问题。

作为后现代思潮组成部分的当代女性主义，涵盖了包括哲学、心理学、生理学、社会学、政治学、人类学和文学艺术等许多领域；而且，当代女性主义者即使是在探讨某一个专门领域的问题时，也不再遵循传统分类学和方法论的基本原则，从不限定在该专门领域中，而是自由自在地、以打破旧文化分类和传统二元对立区分法为己任，从事跨领域和多学科的探讨，使女性的问题彻底走出“男/女二元区分和对立”思考模式，成为后现代主义者向传统文化挑战的重要领域。

（四）跨学科和多流派构成的思潮

对于社会和文化问题开展多元性、多学科和跨领域的综合性和交叉性研究，本来早就存在于东方和西方的文化传统研究过程中。这不仅是因为研究过程本身经常要求从多方面和多领域的角度来进行，而且，作为研究对象的各种客观事物，本来就包含着多种性质和多方面的特征。

在西方文化发展中，只是在苏格拉底（Socrates，469 B. C. —399 B. C. ）和柏拉图（Plato，427 B. C. —347 B. C. ）的传统方法论确立其统治地位之后，才不断地强调研究过程中主体和客体的分立及其主次关系。同时，对于各种事物的分类，长期以来，也依据以主体为中心的原则，人为地将客观研究对象分割成符合主观逻辑分类原则的各个组成部分。这样一来，西方文化就慢慢地演变成为以主体为中心的多学科和多专业的分工体系。启蒙运动以后，由于理性进一步工具化和主体中心化，各个专业和各个领域的分工便进一步僵化和绝对化。这种趋势也成了现代社会和文化发生异化和危机的一个重要原因。后现代思想家在批判现代社会和文化的时候，为了彻底瓦解现代社会和文化立足于其上的传统分工基本原则，自然地进行了多学科和综合性的多元研究和探讨，并把这种多元和多学科的探讨和批判，也当成对于现代西方社会和文化进行“解构”的基本程序和策略。

后现代思想家所进行的多学科和多元的研究批判方法，虽然也可以在西方文化史上找到许多光辉的先例，但是，它同历史上的各种多学科和多元的研究批判方法不同，其目的不是为了延续和巩固原有的文化发展路线及其成果，不是巩固和加强学科间的分工和专业体系，而是为了彻底摧毁它们，并在一种高度自由的创作精神指导下，打破各种规则和形式的约束，寻求创造新文化的多种可能性（Grillo，R. 1998；Winquist，C. E./Taylor，V. E. 1998. Vol. I）。

后现代主义的产生和发展，是近一百多年来西方各国各个领域和各个学科的思想家和理论家，以不同观点和不同方法，不断地进行争论、切磋和相互交流的一个重要历史文化成果。因此，同后现代主义的产生和发展发生关联的思想家和理论家，不仅其组成成分是很复杂的，而且他们在后现代主义发展中所处的地位也是很不相同的。

（五）后现代思想队伍的复杂性

要将同后现代主义的产生和发展发生关联的思想家和理论家加以分类是很困难的。但是，为了对后现代主义这个思潮和这个流派有一个全面的认识，也可以大致将这些思想家分成三大类：第一类是对于后现代主义的产生和发展作出理论贡献的思想家们。但他们又不完全归属于“后现代主义”的行列。他们只是在理论和方法论上，为后现代的发展提供重要的理论模式、关键概念或主要思考方向，但他们的卓越思想和理论贡献，又往往远远超出后现代主义的范围。第二类是组成后现代主义这个思潮的基本成员。他们不仅对后现代主义整个思想的形成及其传播作出了贡献，而且他们自己也声称是“后现代主义者”。这一类思想家包括在建筑和文学艺术创作中创造出优秀“后现代”作品的那些建筑学家、作家和艺术家们。第三类是与后现代流派“擦边”或部分地相交错的思想家。其研究成果虽然不如第一类思想家那样为后现代主义提供基本理论和方法，但对后现代主义的发展也在客观上作出了重要贡献。

属于第一类的思想家包括：德国哲学家、本体论诠释学家和美学家伽达默尔；德国哲学家兼美学家阿多诺（Theodor W. Adorno，1903—1969）和本雅明（Walter Benjamin，1892—1940）；法国哲学家、符号论者、语言学家、文学评论家和社会学家罗兰·巴特；法国哲学家米歇·福柯和德里达；德国哲学家、社会学家、伦理学家、人类学家和政治学家哈贝马斯（Jürgen Habermas，1929—）；法国哲学家、精神分析学家和艺术评论家德勒兹和瓜塔里（Felix Guattari，1930—1992）；美国科学哲学家库恩和费耶阿本德；法国社会学家、人类学家和社会哲学家布尔迪厄（Pierre Bourdieu，1930—2002）；法国社会学家阿兰·图雷纳（Alain Touraine，1925—）；美国哲学家罗蒂（Richard Mckay Rorty，1931—2007）等。

属于第二类的思想家，由于后现代主义思潮本身的复杂性、多样性和跨学科性，往往涉及后现代主义在各行各业各学科的许多杰出代表人物。显然，在这里，不可能详尽列出他们的名单，而只能点出某些最有影响的人物。这些人包括：法国哲学家利奥塔和鲍德里亚（Jean Baudrillard，1929—2007）；美国哲学家、文化研究专家詹姆森（Fredric Jameson，1934—）；美国社会学家、文化研究专家贝尔（Daniel Bell，1919—2011）；英国社会学家鲍曼（Zygmunt Bauman，1925—）；美国文学评论家、哲学家斯潘诺斯（William V. Spanos，1931—）；美国文学评论家和符号论者乔纳森·卡勒（Jonathan Culler，1944—）、艾布拉姆斯（M. H. Abrams）、布蒂吉格（J. A. Buttigieg）、纽曼（John Henry Newman，1801—1890）、布朗（Norman O. Brown，1913—2002）、卡拉梅洛（Charles Caramello）、琳达·哈钦（Linda Hutcheon，1947—）；德国哲学家、美学家韦尔默（Allbrecht Wellmer，1933—）；德国文学评论家和美学家尧斯（Hans Robert Jauss，1921—1997）和沃尔夫冈·伊塞尔（Wolfgang Iser，1926—2007）；美国文学评论家保罗·德·曼（Paul de Man，1919—1983）、布鲁姆（Harold Bloom，1930—）、哈特曼（Geoffrey H. Hartman，1929—）、海登·怀特（Hayden White，

1928—）、米勒（Jonathan Hillis Miller，1928—）、米哈伊尔·巴赫金（Mikhail Bakhtin，1895—1975）、伊格尔顿（Terry Eagleton，1943—）、哈桑（Ihab Hassan，1925—）和乌尔默（Gregory Ulmer，1944—）等人；法国社会思想家比岱（Jacques Bidet，1935—）；法国文学作家和女性主义思想家克里斯蒂娃（Julia Kristiva，1941—）、西克苏（Hélène Cixous，1937—）和伊里加雷（Luce Irigaray，1930—）；美国建筑学家和建筑美学家迈耶（Richard Meier，1934—）、艾森曼（Peter Aisenman，1932—）、格瑞夫斯（Michael Graves，1934—）、赫依德克（John Hejduk，1929—2000）、格瓦思米（Charles Gwathmey，1938—2009）和弗兰克·格雷（Frank Gehry，1929—）等人；意大利建筑学家皮阿诺（Renzo Piano，1937—）、罗伯特·文丘里（Robert Venturi，1925—）和英国建筑学家罗杰斯（Richard Rogers，1933—）；美国音乐家凯奇（John Milton Cage，1912—1992）；音乐评论家汤姆金斯（Calvin Tomkins，1925—）和道恩豪尔（B. P. Dauenhauer）；舞蹈家特里莎·布朗（Trisha Brown，1936—）、坎宁安（Merce Cunningham，1919—2009）；诗人罗伯特·克里利（Robert Creely，1926—2005）；小说家兼剧作家贝克特（Samuel Beckett，1906—1989）；剧作家兼导演格罗托夫斯基（Jerzy Grotowski，1933—1999）等等。

属于第三类的思想家，由于同后现代主义只保持“擦边”的关系，其成员更为复杂而不确定。就生活年代而言，这些同后现代主义保持“擦边”关系的重要人物，可能与“后现代”有一定间隔；但我们仍然可以择其要而列出最有影响的人物。他们包括：法国哲学家和精神分析学家拉康（Jacques Lacan，1901—1981）；德国思想家阿多诺；法国作家阿尔托（Antonin Artaud，1896—1948）；意大利哲学家、符号论者、作家和评论家艾柯（Umberto Eco，1932—）；美国美学家苏珊·桑塔格（Susan Sontag，1933—2004）。

以上分类既不完备，又不精确，同时也不是一成不变的。从不同的角度，仍然可以打破上述分类的标准和原则，已被分类的思想家和理论家也可以重新编入不同范畴。上述所列，一方面只是为了勾勒出关于“后现代”的一个轮廓，另一方面也仅仅是配合本书所涉及的各主要人物。

（六）后现代主义的非同构性

那么多不同种类的思想家，不同程度地直接或间接地被卷入到后现代主义的洪流中去，不管这些思想家的个人意愿如何，都说明了后现代主义在当代思想和文化界的重要地位。

从后现代主义的实际性质及其组成特征来看，它既是理论，又是实践；既是学术性探讨，又是日常生活的实际行为方式；既是语言论述，又是策略性的技艺游戏和符号游戏；既涉及现实的因素，又关系到可能的领域；既是可以表达出来的语言论述，又是不可表达的各种不稳定象征结构。后现代主义就是这样一种充满着矛盾、充满着吊诡的复合体。后现代主义的多质性实际上是现代性在当代的自我分化的恶性膨胀的结果。

（七）后现代主义同现代主义以及同传统文化的交错性和对立性

后现代性的上述特征在很大程度上是来自现代性本身的矛盾性。

对于现代性批判最严厉的马克思（Karl Marx，1818—1883）最早揭示了现代性所内含的矛盾性："资产阶级的生产关系和交换关系，资产阶级的所有制关系，这个曾经仿佛用法术创造了如此庞大的生产资料和交换手段的现代资产阶级社会，现在像一个魔法师一样不能再支配自己用法术呼唤出来的魔鬼了。几十年来的工业和商业的历史，只不过是现代生产力反抗现代生产关系、反抗作为资产阶级及其统治的存在条件的所有制关系的历史。只要指出在周期性的重复中越来越危及整个资产阶级社会生存的商业危机就够了。在商业危机期间，总是不仅有很大一部分制成的商品被毁灭掉，而且有很大一部分已经造成的生产力被毁灭掉。在危机期间，发生一种在过去一切时代看来都好像是荒唐现象的社会瘟疫，即生产过剩的瘟疫。社会突然发现自己回到了一时的野蛮状态；仿佛是一次饥荒、一场普遍的毁灭性战争，使社会失去了全部生活资料；仿佛是工业和商业全被毁灭了，——这是什么缘故呢？因为社会上文明过度，生活资料太多，工业和商业太发达。社会所拥有的生产力已经不能再促进资产阶级文明和资产阶级所有制关系的发展；相反，生产力已经强大到这种关系所不能适应的地步，它已经受到这种关系的阻碍；而它一着手克服这种障碍，就使整个资产阶级社会陷入混乱，就使资产阶级所有制的存在受到威胁。资产阶级的关系已经太狭窄了，再容纳不了它本身所造成的财富了。——资产阶级用什么办法来克服这种危机呢？一方面不得不消灭大量生产力，另一方面是夺取新的市场，更加彻底地利用旧的市场。这究竟是怎样的一种方法呢？这不过是资产阶级准备更全面更猛烈的危机的办法，不过是使防止危机的手段越来越少的办法。资产阶级用来推翻封建制度的武器，现在却对准资产阶级自己了。但是，资产阶级不仅锻造了置自身于死地的武器；它还产生了将要运用这种武器的人——现代的工人，即无产者。”（Marx，K. 1848）

但是，马克思只揭露了现代性内含的矛盾性的一个面向罢了；或者说，他只是揭示了现代性矛盾的一个特征。其实，现代性矛盾是多方面的。现代性矛盾中最自相矛盾的矛盾就是“现代性同后现代性之间的并存及其相互穿插”。

从后现代主义同现代性的复杂关系来看，后现代主义一方面从现代性中孕育出来，并有条件地肯定和发展现代性的成果，另一方面又批判、摧毁和重建现代性；换句话说，后现代主义一方面与现代性对立，另一方面又渗透到现代性的内部去解构、消耗和吞噬它，从它那里吸收养料和创造力量，并与之进行无止境的来回循环的游戏运动，以达到超越现代性和重建人类文化的目的。后现代主义在相当大的程度上脱离不开现代性，这是因为后现代主义虽然以彻底批判和解构现代性为己任，但后现代主义充分意识到它的任何批判和重建的活动，都以同现代性对立作为基本出发点。在这个意义上说，没有现代性就没有后现代主义。在下一节探讨后现代的历史范畴性质的时候，将从历史发展的复杂关系进一步探讨“后现代”同“现代”的相互关系。实际上，“后现代”同“现代”的相互关系，远不只是历史性质的，而是直接关系到后现代本身的产生和发展特征，关系到组成“后现代”的各种内在因素本身的根源和性质。

在谈到后现代同现代的相互交叉关系时，利奥塔明确地说：“一部作品只有当它首先成为后现代的条件下，才能够成为现代的。如此理解的后现代主义，并不是在其结果中的现代主义，而是在其诞生状态中，而且这种诞生状态又是持续不断的。”（une oeuvre ne peut etre moderne que si elle est d'abord postmoderne. Le postmodernisme ainsi entendu n'est pas le modernisme ɑ̀ sa fin, mais ɑ̀ l'état naissant, et cet état est constant.）（Lyotard，J. -F. 1988b：24）暂且不管利奥塔这段关于“后现代主义”的定义的争议性，但至少可以看出：后现代主义者所论述和主张的后现代主义，不能单纯从它同现代主义的对立性，而是要把两者在对立中连贯起来，发现其中相互渗透和相互交错的性质，同时也揭示两者之间的矛盾性和吊诡性，并将两者的相互关系放置在动态中去分析。英国的惠勒（W. Wheeler）在其最近的著作中指出：后现代主义的理论并不是现代性终结的信号，而是对现代性中丧失掉的东西的哀怨（Wheeler，W. 1999）。关于现代性与后现代性的复杂关系，本书将在第二章从历史发展的角度，从后现代同启蒙运动以来现代化过程的复杂关系，从后现代对于现代人文主义的批判和超越，从后现代对于现代科学知识和技术的批判，以及从后现代同现代批判精神的相互比较中，全面地加以探讨。

从后现代主义同传统文化的相互关系的复杂性来看，后现代主义当然竭力批判一切传统因素，同传统势不两立，但是，作为一种社会历史的存在，后现代主义又无法逃脱传统的阴影。这就使它在批判传统的过程中，呈现出许许多多吊诡和自相矛盾的现象。这一复杂性，显示出人类历史传统的顽强性、历史性和社会性以及现实性，同时也显示了后现代主义对于如此顽强而又复杂的传统力量进行挑战的特殊态度。后现代主义同传统的这种复杂关系，一方面显示了分析和说明后现代主义的难点，另一方面也向我们提供了许多有关对待传统的有益启示。

后现代主义同传统语言的关系的复杂性，可以典型地表现出后现代和传统文化之间的高度复杂的关系。后现代主义对于西方文化的、以语音中心主义为核心的传统原则的彻底批判，使后现代主义陷入了同传统语言论述相矛盾的状态。这就是说，后现代主义既批判传统语言论述的正当性，又不得不借助于语言论述，去表达和实现其本身在性质上根本不可言说和不可表达的东西。

（八）后现代自由创作的不确定性原则及其多种可能性

后现代主义的高度复杂性，不仅应从其外在表现，如同前述，从其社会历史文化的多种具体展现形态，而且更重要的，还应从其自身内在本质及其模糊的思考模式加以考察。实际上，造成后现代主义高度复杂性的最根本因素，是后现代主义者在其创作和批判过程中所表现的高度自由精神。这种高度自由是一种高度不确定性、可能性、模糊性、超越性和无限性的总和。正如费耶阿本德所指出的，后现代主义高度自由的创作精神，甚至不需要任何方法，排斥一切固定不变的指导原则（Feyerabend，P. 1975；1987）。正因为这样，后现代主义也是以“反方法”作为其基本特征（Taylor, V. E. 1998: xii）。一切传统的旧有方法论及各种研究方法，在后现代主义者看来，表面上，是为了指导各种创作活动，但是实际上，它们都不同程度地约束了创作的自由，特别是带有强制性地引导自由创作继续沿着传统的道路前进。反方法，就是为了获得彻底的自由。正是在这里，体现了后现代主义者对于“自由”的理解已经彻底超越传统自由概念，使他们有可能以其新的自由概念作为指导原则，从事高度自由的创造活动。

毫无疑问，人的自由永远都是在现实和可能、有限和无限、相对和绝对的统一中实现的。但是，后现代主义所强调的，正是自由的这种内在矛盾本身的绝对性和无限性，也就是强调人类创作自由中所包含的“可能性”因素的强大威力及其珍贵性。

自由，就其本性而言，就是不受任何限制。关于这点，任何一位传统哲学家和思想家都不加否认。英国16至17世纪伟大思想家霍布斯（Thomas Hobbes, 1588—1679）指出：“自由，就其语词的本来意义来理解，就是缺乏外部障碍。”（By liberty is understood, according to the proper signification of word, the absence of external impediments.）（Hobbes, T. 1651, in Burtt, E. A. 1967: 163）自由，本来只是隶属于人，只有对人才有意义。对于人以外的其他任何事物，自由是毫无意义的。自由之所以只隶属于人，是因为它就其本性而言，源自人的意识自由，源自人的模糊的思想模式，源自人的意志和无限的欲望。意识、思想、意志和无限的欲望是人所特有的本性，就此而言，自由在本质上是来自人内在的力量，来自人精神内部的权力意志。尽管霍布斯未能更具体地说明自由的真正的人的本质，但他起码天才地看到了自由的唯一障碍是来自外部的限制。因此，他显然看到了自由来自人的精神内部的无限欲求的重要方面。但是霍布斯把自由界定为“不存在外部障碍”，实际上还只是看到了自由的表面表现出来的条件。要对自由有更深刻的认识和分析，必须深入了解产生自由的人类精神的发展和存在趋势，必须首先研究作为自由的基础的人类精神的真正本质。人类精神所寻求的自由，是人类精神试图排除一切外在条件而无限地自我超越和自我实现的愿望和力量的自然表现。排除外部条件的人类精神，只有在排除外部存在的时空条件的情况下，才有可能无条件地和随时随地提出自由的欲望和需求。没有时空条件的自由，也就是脱离一切外在限定的自由；而这种真正的自由，只能是一种或各种各样的可能性。换句话说，真正的自由就是可能性。

传统西方文化，长期受到自古希腊以来确定下来的主客体分离和对立统一的基本原则的限制，总是把自由理解为在各种各样时空条件下，也就是各种各样历史条件下的人类具体活动的最大限制。由传统原则所决定的有关现实和可能、有限和无限、物质和精神、主观和客观、原因和结果等等对立性范畴，为人们研究和实际实现自由提出了种种限制性的条件。这些传统的自由观念，即使是在启蒙运动之后，即使是在西方社会进入到自由民主制的时代之后，仍然一直限制着思想家的自由创造精神。

后现代思想家的杰出贡献，就是大胆地将自由纯粹理解成为"可能性"。为了彻底摆脱传统西方文化和社会制度的限制，后现代主义者把对于自由的探讨从现实转移到"可能性"的领域，转移到传统社会和文化所无法干预的自由领域中。后现代主义者不再把"可能性"当成同"现实性"相对立而又同它不可分割的一个范畴。后现代主义者为了凸显"自由发自人类精神内部"的本质特征，将表现为可能性的自由从现实中抽离出来。显然，他们将自由归结为可能性，首先就是为了摆脱现实的传统力量，为了否弃传统的自由观念，同时也是为了真正地实现自由的创造精神。

作为一种或多种可能性，自由不应该是现实存在和成形的东西。反过来，凡是现实的，都是不自由的，因为一切现实的，都存在于有限的时空条件中，都受到实际的各种条件的限制。现实的东西，都只能是自由的结果或中介。现实可以成为自由的条件，但它永远都不是自由本身。

作为可能性的自由，既脱离一切现实，又与现实相关。作为可能性的自由，究竟有什么意义呢？

首先，如前所述，后现代主义者将自由看做是"可能性"，就是为了针对传统文化和各种社会制度，就是为了同现实的各种传统力量直接相对立，并摆脱传统力量的限制。在现实中，传统是有力量和权力的。作为一种不断地追求自由的新生力量，后现代主义者为了回避现实传统的实际限制，只能在一种或各种可能性中发挥其批判的威力，并不时地在现实之外的各种可能性的"暗处"，趁传统之不备，向现实的传统放各种暗箭，以击中其要害。后现代主义者为了给自己的创造活动提供最大的自由，总是避免使自身陷于现实中，尽可能不使自身在现实中停顿，也从不以"实现"作为其活动目标；它要尽可能使自身处于朝向现实的变动过程中，处于各种可能性之中。

换句话说，后现代主义者并不想使自己成为“什么”，而是永远处于“成为”的过程和状态中。实际上，在现实中存在的传统，虽然掌握实力，但唯其生活于现实中，就不可避免地受现实本身的约束，使传统本身陷于被动甚至僵化之中。后现代主义者从现实转向可能的策略，最有利于正处于新生中的后现代主义者发挥其自由创造和自由出击的有利条件，在现实以外无可预防的任何一个可能性领域中，创造出各种批判传统的观念和实际力量。

其次，后现代主义者所追求的自由，作为一种可能性，虽然永远是可能的，但同时又永远威胁着现实的力量，永远处于可能变化的新生状态中，永远处于向有利于自身方向发展的可能演变中，永远是一种开发自己和批判传统的发展趋势。在这个意义上说，作为可能性的后现代主义的自由，并不是纯粹的消极被动的趋势，而是同各种可能的创造、可能的批判和可能的更新相联系的潜在力量。作为可能性的自由，唯其是可能性，才有希望发挥出向各种方向发展的有利因素。

再次，作为可能性的后现代主义的自由，是不拘于形式，同时也不追求形式化的创造原则和生存方式。虽然一切形式都同内容紧密相连，形式有时也为内容提供积极的存在方式，但是，后现代主义者总结了人类社会和文化的发展经验和教训，透彻地看到了各种形式的消极性质及其对于自由的限制。后现代主义者为了摆脱传统文化的限制，宁愿牺牲形式中的积极因素，把追求形式和各种形式表现看做是否定力量加以抛弃，以便在丧失形式和脱离形式的各种自由可能性中，最大限度地维持不断创造和不断更新的可能性状态。没有形式的更新和创造虽然是脆弱的，经不起时空的摧残，但这是处于纯粹自然状态中的自由更新和创造，是成为各种可能的形式的“前形式”。在这个意义上说，后现代主义为了永远处于自由中，只要求自己成为“前形式”，而避免成为这样或那样的形式。

作为可能性的后现代主义的自由，乃是思想意识的范畴（详见以下第五节“作为一种心态和思维模式的‘后现代’”）。它是不可捉摸的，然而又是最有潜力和最具现实化可能性的东西。

作为后现代主义的自由，“可能性”既然是可能的，就意味着它永远是不确定的、可变动的、可更新的、无定向的、模糊的，因而是最具有潜力的。

世界上没有任何事情是不可能的。可能性是最有生命力和最有希望的事物。凡是存在于现实中的事物，都是受到限制的，都是有条件的和相对的。一切事物，只要在现实中存在，就成为现实的事物而丧失其多种多样的可能性。在这个意义上说，现实的事物比可能的事物更缺乏可能性。现实性劣于可能性的地方，就在于它的受规定性。凡是在现实中存在的事物，都是在特定时空结构中获得规定性，因而具有某种稳定性、不变性和僵化性。同现实性相比，可能性却不受任何现实规定性的限制。因此，可能性同现实性相比，不承受任何负担，没有任何压力，没有包袱；相反，它只有完全自由的自我解放的能力，无须借助外在的任何条件，也无须顾及外在的任何限制或外来负担。

从这个意义上说，现代主义者所追求的可能性，作为各种自由，永远是属于未来的，永远是待发展和待新生的。利奥塔在谈到后现代主义的基本精神时说："艺术家和作家们没有规则地工作，而且是为了实现未来即将被实现的那些原则。……后现代主义是先于未来的未来的一种吊诡。"（Lyotard, J. -F. 1988b：27）简单地说，作为可能性的后现代主义的自由，实际上是预先在自由创作中实现未来的可能性，但同时，这种预先实现的未来又不完全限定在正在进行的后现代主义创作中。因此，这是正在被实现的一种充满着吊诡的未来。后现代主义者既不愿意肯定现实，也不愿意肯定未来。在他们看来，如果未来可以肯定的话，那么，这种未来也必定和现实一样是不可取的，因为这种未来具有同现实一样的形式化特征。

从可能性同现实性的关系来看，实际上可以从两个角度进行不同的观察。西方传统文化只提出了一种关于"可能/现实"的关系的模式。如前所述，这就是在以主体为中心的主客体同一原则基础上所建立的模式。按照这种模式，可能性与现实性相比，总是将现实性列于优先地位，可能性总是隶属于现实性；在这种情况下，可能性始终以现实性为中心，并围绕着现实性而旋转，为现实性服务。可能性的潜在发展维度及其前景，完全受到了现实性的限制。这种模式显然有利于已经掌握现实条件优势地位的统治者，有利于巩固以统治者为中心的现实秩序。后现代主义所提出的有关现实性和可能性的相互关系的模式，是完全与前述传统模式相对立的。

按照后现代主义的模式，可能性作为一种可能的事物，既不应该以自身为中心，也不应该围绕着在它之外的任何"他物"而存在。后现代的这种模式本身就是反对传统的各种"中心/边缘"两分法，反对任何类型的主从关系。反对两分法和任何主从关系，是后现代反对传统的最基本原则，而这个原则又唯有在论述可能性的概念中，才能达到最大限度的论证力量。这是因为可能性的概念是一切概念中最具潜力，并无须靠任何其他对立概念而可以任意存在的。在前述提起“可能性”的概念时，曾经论述可能性的各种属性和本质。可能性在本质上是绝对自由的。同时，可能性又比其他任何概念或范畴更具有自我生成、自我分裂和自我转变的可能性。这就是说，任何可能性中都包含着多种多样待产的和待生的可能性。可能性是唯一具有自我包含、自我重叠，又自我生成的性质的概念。在这个意义上说，可能性的自我生成和自我再生产也是完全靠其自身的自我分裂。

后现代主义把对于人类自由的观点转移到对于人类自由的可能性方面，并把这个方面当做是人的自由的最本质内容。既然人类自由在本质上就是一种可能性，所以，后现代主义本身也就投入到这种高度可能性的自由游戏的冒险之中，因而也为我们把握后现代主义的基本精神增加了许多难度。

后现代主义是一种非常复杂的社会历史文化现象。如前所述，它的复杂性首先就在于它的不确定性。它的不确定性是它本身作为集社会、历史、文化和思想心态的因素于一身的复杂新事物所固有的性质。而后现代主义的内在性质的复杂性，又使它具有不可界定的性质。

它之所以不可界定，是因为从一开始产生，它就呈现出多元的、多面向的和多层次的问题。而且，后现代主义的创始者、提倡者和推广者本身，也对它的确切内容和含义不清楚；或者，更确切地说，他们根本不愿意对它作出明确的界定，不愿意遵循传统文化的规矩去对它“下定义”。他们宁愿保持后现代主义的不确定性，一方面以此维持和显现其与传统文化的对立性和不可调和性，另一方面也以此凸显其本身的思想模式、思想方法以及其他各方面的“不确定性”。利奥塔在一次谈话中说：“当我出版《后现代的条件》一书的时候，我并不抱有引起争论的意图；我一点都不想、一点都没有理由去发动一场争论。……这项研究甚至并非是由我引起的，因为这是由魁北克大学向我委托提出的：我必须为他们研究发达社会的知识的状况。因此，我可以很容易地肯定说，‘后现代性’这个概念，首先并不确定任何固定的定义，也不确定任何一个历史时代的期限；其次，它只是表明这个词本身，也就是说，这是一个没有连贯性的词。正是因为这个原因，我才选择使用它。它只起着一个警世告示的作用。这个字是用来表明：在‘现代性’之中存在着某种正在颓废的事物。”（Lyotard, J. -F. 1985：43）这也就是说，“不确定性”是后现代主义本身所固有的特征。因此，后现代主义者从来就对其所主张和贯彻的思想观点和原则，表现出模棱两可、莫衷一是的态度。因此，后现代主义比其他任何社会历史文化现象都更不确定。

同样地，后现代主义的著名思想家詹姆森也指出，后现代主义抹杀过去的一切；在后现代主义所主张的世界中，任何一种文风上的发明都不再是可能的，而一切左的倾向都是模仿死去的文风，都是通过假面具说话，而且，以想象中的博物馆里的文风的语气说话（Jameson, F., in Foster, H. 1983：115—117）。

后现代主义的评论家哈桑指出：“后现代主义对于西方的论述进行抗争，因此，也使后现代主义的修正自身陷入繁琐不定之中。连它自己都不再可能把它自己的论战词汇当做自己的词汇，并使用自己的语汇。”（Hassan, I. 1987：xvii）

如前所述，后现代主义的“不确定性”是其自身用以同传统文化相区别的重要特征。如果说，一切传统文化都以其严谨而精确的定义来自我界定，并以此同他物相区别的话，那么，后现代主义就恰恰以其“不确定性”来自我界定，并以此同他物相区别。或者，换句话说，后现代主义是以其“不可界定性”来自我界定。

实际上，后现代主义既是一个历史范畴，也是一种社会范畴，同时又是一个文化范畴、意识形态范畴和思想范畴。它集多种含义于一身，表现出人类社会和文化历经几千年长期演变之后，在达到高度发达的现代资本主义阶段，由于其政治、经济、文化以及创造这些文化的“人”本身的高度自律及其内在矛盾性，才有可能从文化自身内部，产生着一种试图自我突破、自我超越和自我否定的需求和能力，某种试图借此彻底重建迄今为止一切人类文化，以求得绝对自由境界的精神力量。这种力量本身，是正在成长中的，是始终处于未完满状态的，也是不断探索中的待充实的力量。唯其如是，“后现代”本身并不急于确定下来，也不急于自我确定（Hassan, I. 1987）。美国文化研究专家克莱顿·科尔伯（Clayton Koelb）正确地指出：“‘后现代’这个词还处于形成阶段，并未在运用方面达到前后一贯的程度。”（Koelb, C. 1990：1）

总之，“后现代”的上述各种特性，使“后现代性”本身成为不可界定的事物。“不可界定”，一方面意味着它不需要靠它之外的“他物”来为其下定义；另一方面也意味着它是靠其“不可界定”本身来自我界定。

后现代的重要思想家鲍德里亚在谈到“不确定性”时指出：所谓不确定性（L’incertitude），具有多方面的含义。首先指的是那些“不能预知的不确定性质”（caractère de ce qui ne peut etre déterminé，connu à l’avance）；其次是指“不能确定地实现，因而引起怀疑的那些事物”（ce qui ne peut etre établi avec exactitude，ce qui laiss place au doute）；再次是指“不可预见的事物”（chose imprévisible）；最后是指“个人所做出的不确定状态”（état d’une personne incertaine de ce qu’elle fera）。总之，“不确定性”本来就是因为这个社会到处充满着不确定性；换句话说，“不确定性”倒真正成为本社会中唯一最确定的事物（Baudrillard，J. 1998：80）。

我们在考察后现代主义的基本特征及其对传统文化的批判意义时，必须紧紧抓住后现代主义的上述不可界定性的特征，因为只有从其不可界定性出发对后现代主义进行研究，才有可能依据其自身的原本自我表现及其原有自身特征进行分析，才有可能摆脱后现代主义之外其他传统原则的干扰。但同时，对于后现代主义的研究，又不能单纯孤立地围绕着后现代主义自身的不可界定性，必须将后现代主义的各种论述，哪怕是种种不可界定和含糊不清的论述方式，同各种思潮和各种流派的观点和理论加以多方面的比较和分析，达到以多种迂回的反思途径进行分析的最高程度。这样，当我们依据后现代自我表现进行分析时，又能不陷入其局限性。把上述两个方面加以灵活的结合，又在两者之间反复来回运动和反思，便可尽可能地把握后现代的基本原则。

第二节　作为一个历史范畴的“后现代”

（一）“后现代”的历史意义

作为一个历史范畴，它试图意指一个新的历史时代的到来。但这个新的历史时代的时间上下限及其历史含义，却很不确定。同时，作为一个历史范畴，后现代主义者并不打算依据传统历史时期划分法，单纯从时间连续发展的角度去看待问题。后现代主义者除了对历史的时间结构有完全不同于传统的理解以外，还主要从历史内容的复杂性和不确定性，说明他们所说的“后现代”的特殊历史意义。

后现代主义者都是反历史主义的，一方面他们否认传统文化所确认的历史秩序，否认存在着某种有方向、有目的和有意义的历史过程，另一方面他们也反对启蒙运动以来基于历史主义所提出的“进步”（progress）的口号和基本原则，反对将历史看做“规律性”的事物。在此基础上，后现代主义者也往往反对传统的时空观，反对各种将历史和时间当成连续不断的流程的基本观点。

历史是人为的。所谓编年史、断代史、经济史、政治史和各种知识学科史，都是经逻辑加工而系统化的论述体系或“大叙述”。真正的历史已经是种种被积压的“档案”。作为历史范畴的“后现代”，不是已经过去了的时代，而是一种“现在”，一种“将来的过去”。作为一种“现在”，“后现代”并不一定发生于特定的时刻，而是可以发生于任何时代的事件。所以，作为特定历史事件的“后现代”，可以发生在任何一个历史时代，只要它符合后现代的基本特征。在这个意义上说，作为历史事件的后现代，曾经零星地，因而是偶然地和无规则地发生于古代、中世纪、文艺复兴和启蒙运动时期及其后，也发生于现代资本主义社会形成之后的“现代”。但是，只是到了资本主义现代阶段，产生符合后现代特征的典型历史事件才成群地出现，因而，也只有在资本主义的现代社会中，才有可能出现包括大量后现代历史事件的时段；一般地说，20 世纪 60 年代之后的西方社会，就是这种“后现代阶段”。因此，作为历史范畴的“后现代”，一般地说，具有两个意涵：一方面是指人类历史发展中曾经发生过符合“后现代”特征的任何一个历史时段；如前所述，这一时段可以是在古代、中世纪或其他任何一个历史阶段。另一方面，是特指 20 世纪 60 年代后，由于资本主义现代性高度发展而产生一系列典型后现代事件的西方当代社会历史阶段。关于后一个意涵的“后现代”，在许多方面同下一节所要论述的社会范畴相重叠，因此，其内容有待下一节再深入探讨。

（二）后现代历史观的结构主义和后结构主义基础

对于后现代主义时空观和历史观发生深刻影响的，是结构主义和后结构主义的基本观点。法国结构主义者列维-斯特劳斯（Lévi-Strauss，1908—2009）强调观察任何人类社会和文化现象，都必须首先把“结构”概念放在时空概念之上，并因而认为：人类社会和文化都是以特定的“结构”而存在。在这种情况下，时空的变化是隶属于结构的。由于具有特定结构的社会和文化现象都是具有特定结构的人类心灵运作模式的产物和具体表现，而人类心灵运作模式本身又是稳定不变的，所以，社会和文化现象的特定结构也是基本上稳定不变的。不同历史阶段的社会和文化现象的不同结构之间的差异和区别，是不同社会的人类心灵运作模式之间的差异的反映和表现。因此，不同历史阶段的社会和文化现象之间的差异，不能单纯从时空结构的差异性去说明。严格地说，历史的时间结构并不是连续的和历时的，更谈不上有先有后的必然顺序；而是相互间隔和断裂的。时间的结构实际上也是人类心灵运作模式的表现，因此，时间结构基本上是共时的；而且时间结构在很大程度上受到个人主观精神状态的影响。例如，当个人处于空乏无事状态，或处于精神烦恼阶段，时间延续性显得相对地缓慢；而在忙碌充实阶段，时间连续性加快。在历史发展中所呈现的事物连续性及其时间结构的历时性，不过是时间的真实共时结构的外部表现。另外，关于时间连续性和历时性的各种表现，实际上是历史学家主观时间连续结构对于历史事件的叙述性运用，同时也是日常生活中的各种现象连续表演的习惯性反射。历史学家需要将各种历史事件纳入连续的时间结构中加以具体分析。这是历史学不同于人类学研究的主要特征。但是，历史学家上述时间连续性和有先后顺序的时代划分法，只有利于对具体事物的观察和分析，却不利于从总体上和从内在本质方面对于人类社会和文化现象的理解和把握（Lévi-Strauss, C. 1977：1—25）。

在列维-斯特劳斯上述结构主义时间观和历史观的影响下，从20世纪50年代起，不仅历史学界，而且整个人文和社会科学以及文学艺术研究部门，都纷纷以“共时性”、“中断性”和“断裂性”的新概念去探索社会和文化各个领域的问题及其发展过程。列维-斯特劳斯的结构主义时间观使史学和社会科学以及文学艺术的研究方法发生了一场根本性的变革。后现代主义的新史观正是在这样的理论背景下，首先由后结构主义思想家米歇·福柯和解构主义思想家德里达提出其最初的概念模式。米歇·福柯和德里达等人将结构主义的上述时空观同尼采（Friedrich Nietzsche，1844—1900）的反传统系谱学研究方法结合起来，同时又集中地围绕着作为社会文化现象基础的语言论述的特定结构，系统地为后现代的时空观和历史观奠定了理论基础。后现代主义者进一步将结构主义、后结构主义和解构主义的时空观同“不确定性”和“多元性”结合起来，完成了后结构主义对于传统历史观的彻底批判。

（三）“后现代”对传统历史观的批判

后现代的哲学家利奥塔指出：任何想要确定现代和后现代以及其他历史分期的努力，都是注定要失败的。在他看来，一切传统文化都是以论述者所处的那个时代作为“现在”的基点，并把这个“现在”作为其历史分期和各种分类的正当化标准。既然这样，那么一切关于后现代的论述实际上只是一种象征性的论述模式，丝毫同历史性的时间先后顺序毫无关系。其实，关于这一点，古希腊思想家亚里士多德（Aristotle，公元前384—前322）也充分地意识到了。他在《物理学》（*Physics*）第四卷明确地指出：如果不把事件的流程从一个“现在”作为基准加以排列，就无法区分已经发生的那些事情和以后将要发生的事情。但是，被判为基准的“现在”始终都是同某个主体所处的时代，同某个主体承认的意识形态体系密切相关联的。所以，利奥塔指出，后现代所标明的那个“后”，只是相对于他所要批判的“前”。“前”是什么？对于后现代来说，“前”就是现代性。然而，在利奥塔看来，作为“前”的现代性，也曾经是作为“后”，出现在中世纪的历史事件之后。后现代主义者所感兴趣的，不是作为整体的“后现代主义”，而是在这个“后现代主义”中的那个“后”。在什么之“后”并不重要，重要的是要永远成为“之后”。这个“之后”，不是通常意义上所说的那种“在某种事物之后”，也就是说，“落后”于某事物；而是以“后”达到超越某事物。因此，后现代所说的“后”，是要永远保持对于现有事物和现有秩序的超越态度；换句话说，永远“后”的后现代主义，就是永远在一切现有事物之“前”（Lyotard，J.-F. 1988b：26）。这样一来，后现代主义以其“后”的优越地位，永远居“前”，“超越”现代主义的一切规范。

后现代主义者反对传统历史观和各种历史主义，但他们却很关心人类历史，并对历史重新进行研究和探讨，对历史进行“解构”和再评估。

（四）“后现代”与“现代”之间的三重结构关系

如果要从历史的角度说明后现代主义的话，唯一可以明确的，只是它同现代资本主义的关系，也就是同“现代性”的关系。它是由现代资本主义内部孕育和产生的，它位阶于被称为“现代”的资本主义的历史时代之后。但是，另一方面，它同“现代”资本主义的关系，又不能以它们之间在历史上的精确时间界限来划分。

实际上，即使是从历史角度去考察“后现代”同“现代”的相互关系，也不能像传统历史主义那样，单纯从历史发展的时间顺序，也就是单纯从历史时间连续性和先后关系进行考察。因此，作为一个历史范畴，在考察后现代同现代的相互关系时，也必须超出时间维度，从更多的方面和因素去探讨。

但是，不管怎样，作为一个历史范畴，“后现代”所表现的是一种同“现代”相关的历史现象。而考察“后现代”同“现代”的相互关系，就不能回避从历史时间的维度去考察。

把“后现代”同“现代”的相互关系纳入到历史时间的结构中去，便可以发现“后现代”同“现代”之间在时间结构上的复杂关系。这种复杂关系，既然超出传统历史观的原则之外，就表现为“先后持续”、“断裂性的间距”及“相互重叠和相互交错”的三重关系结构。这种结构，也表示“现代”同“后现代”之间，在时间界限方面存在着某种既确定，又不确定的相互关系。

上述三重结构表明：时间结构并非是单向连续的；而是单向、逆向、多向的重叠。

（五）对“后现代”的历史界限的不同论述

自从后现代主义这个思潮出现以后，关于“现代”同“后现代”之间的时间界限存有多种论述方式。一种比较普遍的论述方式，就是简单地认为“后现代”必定是在“现代之后”；而且认为，在现代之后的“后现代”，可以以某一个确定的年代或时期作为分水岭和分界线。当然，即使是这种比较普遍的简单论述方式，也有多种分期法。在这种论述方式中，比较普遍的是以第二次世界大战以后，特别是以 20 世纪五六十年代作为历史分界线。当然，也有的是以 19 世纪 70 年代作为分界线，把 1870 年以前称为“现代”，而把 1870 年以后称为“后现代”。佐默维尔（D. C. Sommervell，1885—1965）在将英国历史学家汤因比（Arnold Toynbee，1889—1975）的 12 卷本历史巨著《历史研究》（*A Study of History*）改写成简缩本时指出：“后现代”指的是西方文化的当代阶段（Sommervell，D. C. 1947：39）。就此意义而言，“后现代”的界标年是 1875 年，因为这一年被认为是西方国家从民族国家的观念过渡到全球互动的政策的转折点。

还有个别的论述，则把 20 世纪初至第一次世界大战期间作为“现代”和“后现代”的分界线，或者是把 20 世纪 30 年代作为“现代”和“后现代”的分界线。

任何历史范畴，都不是抽象的，也不是毫无具体内容的。这就是说，作为历史范畴，总是要包含特定历史时期内所发生的主要历史事件。但是，任何历史事件，又可以按照其事件的性质和过程加以分类。从这个角度来说，作为历史范畴的“后现代”，也可以按历史事件的不同系列和不同性质，确定其历史分界线。在这种情况下，作为一个历史范畴的后现代，可以按其历史事件内容所属的系列，而具体确定其开创和产生的历史时期。例如，按历史事件的性质和系列，可以按建筑学、文学、艺术和其他各种不同类型的系列，确定“后现代”的上限开创的明确年代。

伯曼（M. Berman，1943—）倾向于以某个历史阶段内所发生的重大历史事件以及生活在该历史阶段内的人们的基本精神面貌的特征来划分不同的历史时代。谈到现代和后现代历史时代的特征时，伯曼说：“标志着现代性的时代特征的是‘确定性’（certainty）和‘进步’（progress）。而现代主义者的基本态度是庆贺存在于历史、艺术、科学和政治以及人类成果中的那些潜在力（potentiality）。然而，现代主义者同时又发现近代化的过程背叛了它对于人类的承诺。因此，现代主义者追求更深刻和更极端的革新。也就是说，现代的男人和女人必须同时成为现代化过程的主体和客体；他们必须学会去改变那个改变了他们的世界，同时也创造他们自己。”（Berman，M. 1993：33）显然，在伯曼看来，现代主义者的态度就是背弃承诺和庆贺同时存在的含糊态度。也正因为这样，那些研究现代社会的经典社会学家，齐美尔（Georg Simmel，1858—1918）和韦伯（Max Weber，1864—1920）等人以相对悲观的态度去揭露社会关系的理性化过程，而马克思和涂尔干（Emile Durkheim，1858—1917）则以相对乐观的态度看待未来。韦伯比较多地看到现代社会通过工具化理性的发展而不断加强被控制的过程，在他的论述中呈现出理性化命定工具化的论述。与他相反，马克思更多地看到资本主义的理性工具化过程导致社会革命和变革的可能性。在古典社会学家的影响下，美国实用主义社会学家米尔斯（Charles Wright Mills，1916—1962）认为“现代”（the Modern Age）是由人类社会发展的“第四时代”所取代，而这第四时代就是后现代：“确实，一个时代的结束和另一个时代的开始就是一种定义。但是，正如一切社会事件一样，定义是具有历史特殊意义的。而现在，我们关于社会和关于我们自己的定义，是通过一系列新的事实来确定的。……我的意思是指：当我们力图控制我们自己朝向某一个特定方向时，我们就发现我们过去一切期待和朝向都同历史相关联。”（Mills，Ch. W. 1970［1959］：184）米尔斯在这里所强调的基本观念是从启蒙运动以来流传于西方社会科学家中的有关理性和个人自由的观念（Ibid.：186）。而他所说的社会和人的改变，主要是指有关人类本性和我们的反应能力的界限的问题。米尔斯总结的现代化过程中所贯穿的矛盾性，就是近代化过程的两大主要因素，专门化（specialization）和理性化（rationalization）的相互关系。正如涂尔干所指出的，近代社会的专门化导致社会劳动分工的复杂化，以便达到社会连带的目的；而这种专门化和劳动分工又要求社会整合的一种新形式。社会在整个过程中还不是某种自律的主体，而只是起着超越的角色和功能。因此，在那个时期，权威和自由并不是相互对立的。

同样的道理，在确定现代历史阶段的特征时，哈贝马斯也很重视现代社会进化的过程及其特征。在哈贝马斯看来，现代社会的进化过程依赖于贯穿生活世界的一系列规范基础。然而，现代社会的发展却加强了作为中介力量的权力和金钱对于社会进化的干预，而权力和金钱本来是在生活世界中缺乏基础的。哈贝马斯把现代性的这些特征同启蒙运动以来的社会文化发展联系在一起加以考察，终于得出“现代性所承诺的任务尚未完结”的结论。

同古典社会学家以及像哈贝马斯那样的部分社会学家一样，后现代思想家也主张以现代和后现代不同历史时代的社会特征以及人们对于社会和对自己的基本态度作为划分“现代”和“后现代”的基本标准（Lyotard，J.-F. 1979；1988b）。

但是，这样一来，由于社会学家、历史学家和其他研究社会文化的思想家对于现代社会和后现代社会的社会文化特征有不同的看法，他们对于“现代”和“后现代”两个历史时代的区分标准也就不可能一致（Ashenden，S./Owen，D. 1999）。

（六）“现代”历史界限的不确定性

其实，“现代”同“后现代”之间的时间界限的不确定性，从一般历史发展的角度来看，首先来自“现代”的不确定性。许多历史学家和社会学家，围绕着“现代”和“现代性”的准确内容，发表了不同的意见（Giddens，A. 1971，1990，1991；Pierson，Ch. 1998）。因此，有必要先从“现代”的时间上限和下限的不确定性谈起。

一般地说，“现代”（modern）指的是工业革命成功后的资本主义社会历史阶段，它是相对于西方中世纪历史时代而言。在这个意义上说，“现代”几乎等同于“工业资本主义”阶段；而大多数学者往往同意，这是指 1830 年以后的时代。因为只有在经历 1830 年前后的工业革命之后，由尼德兰、英国和法国资产阶级革命所开创的资本主义社会才真正地实现了工业化，并在确立工业化和完成资本主义经济基础的稳固发展之后，资本主义才真正进入典型的和稳定的资本主义时代。

但是，也有一些史学家把现代史的开端上溯到 17 世纪，把尼德兰和英国的资产阶级革命当做现代史的开端。与此相平行，也有的人以近代思想在 16 世纪末和 17 世纪初的萌芽作为近代史的起点（Braudel，F. 1949；1951；1979；1985；1986；1990［1969］）。照此说法，近代史起于文艺复兴时代末和宗教改革时期，起于笛卡儿（René Descartes，1596—1650）和培根（Francis Bacon，1561—1626）的时代。马克思主义历史学家则把上述从笛卡儿以来到 19 世纪末为止的资本主义社会称为“近代史时期”，而把“现代”等同于“帝国主义阶段的资本主义”，主要指 19 世纪末 20 世纪初以后的资本主义；或者，也指第一次世界大战和俄国十月社会主义革命后的资本主义。列宁（Lenin，V. I. 1870—1924）在其《帝国主义论》一书中曾为此明确地说，帝国主义是资本主义的最后阶段。在帝国主义阶段的资本主义国家中所发生的无产阶级社会主义革命开辟了世界现代史的新一页。

显然，作为一个历史范畴，“后现代”的界定，不仅关系到“后现代”同“现代”的关系，而且也关系到“后现代”同“近代”（the Modern Time; le Temps moderne; die moderne Zeit）的关系。但是实际上，对于后现代主义来说，关于近代与现代的上述历史界限，并不要求过分精确地加以界定。对于多数的后现代主义思想家来说，他们所关心的是整个资本主义阶段的社会和文化所表现出来的“现代性”。所以，后现代主义者所说的现代性，一般就是指从笛卡儿以降的资本主义精神和文化。

（七）资本主义总危机与“后现代”

作为一个历史阶段，资本主义社会只是到了20世纪以后才发生根本性的总危机。所谓总危机，指的是资本主义社会中政治、经济、文化和社会生活各个方面的危机的总和。这个总危机的最重要的标志，就是第一次世界大战末期发生在俄国的十月社会主义革命和1933年希特勒（Adolf Hitler, 1889—1945）法西斯政权在德国的执政。在这一时期内，资本主义文化体系中出现了“达达主义”、“现代派”、“新艺术派”、“纳比派”、“野兽派”、“后期印象派”、“分离派”和“超现实主义”等文学艺术派别。本书将在以下第六章第二节更详尽地论述后现代主义同当代西方文化的密切关系。

由于资本主义上述总危机，也由于资本主义社会内部政治、经济、文化和社会生活各领域内各主要关系所发生的根本变化，资本主义社会从第二次世界大战以后进入了新的历史阶段。对于这个新的历史阶段的资本主义社会，人们从各个观点和各个角度给予了不同的名称：“后资本主义”、“晚期资本主义”、“后工业社会”、“消费社会”、“休闲社会”和“福利社会”等等。“后现代社会”就是与这些不同的名称同时出现，用来指称第二次世界大战后，特别是20世纪60年代后的西方当代社会。后现代主义理论家詹姆森曾经把后现代主义同经典资本主义的第三发展阶段相联系，并且，詹姆森还把这一阶段的资本主义的政治特征确定为“新保守主义”（Jameson, F. 1991：405）。

所以，一般地说，作为历史范畴的“后现代”，它同“现代”的时间分界是在20世纪的60年代。后现代主义的几位主要思想家，如提出“后工业社会”的贝尔和阿兰·图雷纳以及系统论述后现代条件的利奥塔，都主张以60年代作为后现代历史阶段的起点（Lyotard, J.-F. 1979：11）。

20世纪60年代，是西方历史经历了第一次和第二次世界大战的激烈动荡之后，经历了20世纪半个多世纪在政治、经济和文化的激烈变革之后，走向新的全面改革的时代的分水岭。在这个意义上说，60年代一方面表示西方政治经济和文化发展的顶峰时期，另一方面又是其深重危机面临总爆发的关键年代。在60年代所发生的席卷欧美各国的学生运动、社会风潮和越南战争危机，表明这种历史转折的不可避免性。当然，西方历史从现代到后现代的过渡，如前所述，一方面是不确定的，充满着相互重叠的含糊历史因素；另一方面，又是一个可以延续到20世纪七八十年代的漫长过渡时期。因此，上述20世纪60年代，只能作为从“现代”到“后现代”过渡的一个象征性的时代标志。

（八）“后现代”历史意义的象征性

综合以上各方面的问题和论述，作为一个历史范畴，“后现代”的界定，迄今为止，史学界和整个学术界仍然未有定论。有相当多的学者并不接受这个概念。他们认为：现代（Modern），作为一个时代，迄今仍未结束。更何况“后现代”本身的历史意涵仍很模糊。有一部分学者认为：后现代，作为一个历史范畴，并非如传统史学所称的“历史阶段”那样；它的含义，与其说具有明确而实证的历史意义，不如说更多地包含象征的意义。正如哈桑所指出的，后现代主义者所强调的“历史的改变”本身就不断地在变化着（Hassan, I. 1987：26）。作为区分“后现代”同“现代”的历史分界线的“改变”本身，既然永远都在变，也就不可能固定在一个确定的时间上。后现代主义者本身就持有此一观点。所以他们倒宁愿始终保持其不确定而含糊的内容。

因此，作为一个历史范畴，“后现代”这个概念，毋宁是一种象征性的假设或预设，它只是为探讨自20世纪60年代迄今的西方社会性质、结构及其转变的假设性概念，其内容及含义，甚至其正当性，仍待讨论和进一步确定。

第三节 作为一个社会范畴的“后现代”

（一）“后现代”社会的特征

作为一个社会范畴的“后现代”，主要是从社会制度、社会组织、国家体制、经济生活基本模式、公共领域、私人领域、社会结构、行动者的行动模式以及人与人之间基本互动关系等方面，从社会理论和社会学的基本观点和方法，观察和概括后现代社会的基本特征。

尽管后现代思想家对于后现代社会的论述是多元的、不一致的，甚至是相互矛盾的，但从中仍然可以看到：在后现代思想家的笔下，“后现代社会”是信息和科学技术膨胀泛滥的新时代（Lyotard, J. -F. 1979）。在这种社会中，靠高科技力量符号化、讯息化、复制化的人为文化因素越来越压倒自然的因素（Robins, K. 1999），各种事物之间的差异的界限模糊化，因果性和规律性为偶然性和机遇性所取代，休闲和消费优先于生产，娱乐和游戏取代规则化和组织化的活动，生活形式日益多元化（Giddens, A. /Beck, U. /Lash, S. 1994；Wagner, P. 1995；Schulze, G. 1993；Mueller, H. P. 1993），社会风险性增高（Vail, J. /Wheelock, J. /Hill, M. 1999），原来传统社会中以一夫一妻为基础的社会基本单位“家庭”正在逐步瓦解和松散（Primoratz, I. 1999）。公民个人自由极端化，各种社会组织也逐渐失去其稳定性，各种组织原则不断地受到批判（Goldfarb, J. C. 1998；Friedman, L. M. 1999；Holstein, J. /Gubrium, J. F. 1999）。

由于信息和科学技术膨胀泛滥，隐含于信息和科学技术的空前未有的自我增生和自我更新的力量，使社会永远处于不稳定的变动之中。构成社会稳定的原有基本因素，诸如（1）社会经济和政治结构中维持基本组成网络的各传统阶层和阶级力量对比关系；（2）以传统道德理念为基础的人际关系的基本原则；（3）协调社会运作的传统文化观念，所有这一切，都受到猛烈冲击，甚至再也不存在了。与此同时，由信息和科学技术膨胀泛滥所造成的新兴力量和新兴因素不断地涌现，其势不但迅猛异常，而且简直不可预测，出现越来越多的风险（Jervis, R. 1999；Lupton, D. 1999；Beck, U. 1986；Bauman, Z. 1992; Buranen, L./Roy, A. M. 1999)。

由此可见，被不同派别的后现代思想家所共同重视的后现代社会的基本特征，首先是从它同现代社会的区别性出发的。这就是说，要把握后现代社会的特征，必须首先将它同现代社会的基本特征区分开来。

现代社会的基本特征是什么呢？从19世纪中叶和下半叶以来，不论是创立和奠定现代社会学基础的古典社会学家马克思、涂尔干和韦伯等人，还是在20世纪对现代社会学理论的发展作出重大贡献的帕森斯（Talcott Parsons, 1902—1979）和米德（George Herbert Mead, 1863—1931）等人，都曾经先后对被称为资本主义的现代社会的基本特征进行了分析和概括。由于他们的观点和结论并不一致，为了简便起见，我们以马克思、涂尔干、韦伯、帕森斯和米德五大社会学家的基本观点进行比较并在比较的基础上概括现代社会的基本特征。

马克思是从现代社会的生产力和生产关系的资本主义性质分析现代社会的基本特征。在他看来，以资本家私人占有制为基础的生产关系基本上是同以大规模机械工业为动力的生产力相适应的，而在这种资本主义生产关系和生产力所构成的经济基础上建立起来的整个资本主义上层建筑，也是基本上符合现代社会的发展要求的。他在《资本论》一书中所描述和分析的资本主义商品生产和消费过程，生动地体现了现代资本主义社会在政治、经济和文化领域中所贯彻的资本主义基本精神原则。

涂尔干在观察现代社会的基本特征时，更集中考虑个人和社会整体的相互关系方面区别于传统社会的历史特征。他认为，传统社会是以机械连带的模式解决个人和社会整体的相互关系，而现代社会则是考虑到劳动分工的进一步发展以及个人自由的因素而采取有机连带的模式。涂尔干高度重视现代社会个人自由发展的社会意义。他认为，现代社会中个人自由的发展不仅影响到整个社会结构和社会连带的性质，而且也深深影响到指导个人间、个人与团体间、个人与社会整体间相互关系的基本道德精神原则。作为一位社会学家，涂尔干肯定由于个人自由的发展而引起的现代社会在制度和组织方面的历史性进步，肯定个人自由的发展对于合理协调由复杂分工所产生的各种新社会关系的积极价值，并在此基础上对于个人自由所造成的现代社会象征性价值体系和文化体系进行了深入的分析。与此同时，涂尔干也深刻地分析了个人自由的发展对于传统宗教和道德所造成的冲击，并深入分析了与此相关的社会秩序问题。

韦伯在分析现代资本主义社会的基本特征时，强调了它的合理化历史过程的特点，集中分析了整个资本主义社会在社会制度、社会行动和文化生活各个领域所贯彻的合理化过程及其制度化成果。韦伯对于资本主义科层制度的分析，典型地揭示了现代社会在社会组织方面的基本特征。韦伯对于现代社会所进行的社会学分析的最大贡献，就在于深入揭示了现代社会中个人行动者进行合理行动的基本机制。在这里，他区分了生活在现代社会中的个人行动者的个人自由价值观、行动动机和整个社会合理化要求的界限及其相互关系，从而通过社会行动的典范分析而凸显了现代社会的合理化和个人自由的特征。

生活在高度发达的美国资本主义社会的帕森斯，比以上三位古典社会学家更全面地看到了现代社会制度法制化、专业化和合理化的成果，因而也试图更系统地解决具有个人自由意志的行动者在高度组织化的社会制度内进行社会行动的基本原则。他的研究成果在一定程度上显示了现代社会中个人同社会的相互关系的特征，同时也表现了现代社会中个人和社会相互关系中的危机。同帕森斯生活在同一时代和同一国度中的米德，虽然也看到了个人和社会的相互关系中所存在的问题，但他更多地考虑到了个人心理发展和语言使用方面的特征，试图从个人心理发展和社会制度相协调以及行动者间在社会范围内的语言使用的方面寻求解决个人和社会相互关系的基本问题。

如果我们从更一般的观点来分析现代社会，那么基本上可以说，由美国和法国大革命所开创的现代社会基本上是“市民社会”（civil society）。市民社会有两个意涵。广义的市民社会是摆脱了旧制度的约束，形成为一种以个人自由民主为基础所组成的法制社会，这是现代资本主义社会的总称。黑格尔（Georg Wilhelm Friedrich Hegel，1770—1831）的《精神现象学》以及马克思的《黑格尔法哲学批判》，正是在这个意义上探讨市民社会的（Hegel，G. W. 1929［1830］；Marx，K. 1843）。狭义的市民社会，是特指由市民或公民所组成的非官方社会，某种纯粹由民间力量，并以民间性、群体性和社团性的利益为目的的社会组织。这种狭义的市民社会，也可称之为民间社会或公民社会。这样的狭义的市民社会，只有在给予公民个人以充分自由民主权利的社会中才能形成、存在和发展。依据这样的原则而建立起来的市民社会，既然是以个人自由和民主为基础，在其中实行的各种社会制度和组织原则，都是依据承认人人具有平等基本人权的自然法和社会契约论。

因此，现代社会的基本特征就是把社会看做是具有自由平等权的个人，依据其个人意愿和基本利益而按照协商民主方式达成共识的途径所建构起来的。对于这样的现代社会，从启蒙运动以来的各派思想家，都曾经根据他们的不同观点进行分析和论述。哈贝马斯在《关于现代性的哲学论述》（*Der Philosophische Diskurs der Moderne*，1985）一书中认为：黑格尔可算作第一位最深刻论述现代性概念的哲学家（Habermas，J. 1985：4）。按照黑格尔的观点，现代社会具有两个最明显的特征。第一个特征是“主体性”概念的胜利，强调个人自由，强调每个人都可以自由地运用其批判的理性，自由地为其行动承担责任，自由地观察和分析社会和政治制度。第二个特征是“国家和经济这两个秩序的分离”，也就是说，自由地依据各种法制而进行的商品交换所构成的资本主义经济体系，摆脱了政治统治系统的约束，而通过交换价值和权力的中介，这两种在功能上相互补充的社会行动体系，即政治和经济行动体系又在整个社会中相互区分地运作起来。

（二）“后现代”社会理论的主要内容及其特征

如前所述，作为一个社会范畴的“后现代”，主要是从社会制度、组织、国家体制、公共领域、私人领域、社会结构以及个人和团体之间、个人和社会共同体之间的相互关系等不同角度进行观察和分析。在这方面，从 20 世纪 60 年代之后，西方社会学界便出现了许多不同的社会理论家和社会学家，对于后现代的社会性质和社会制度以及在其中生活的个人和群体的特征，进行了深入的分析（Bauman，Z. 1992；Baudrillard，J. 1981；Bourdieu，P. 1979；Bell，D. 1973；Touraine，A. 1997）。因此，从 60 年代之后，在西方社会理论和社会学界中，便出现了不同种类有关“后现代社会”的社会理论。

所以，本书所要论述的“后现代”社会理论，包含了各种各样当代社会理论家的重要观点，尤其集中地分析他们对于第二次世界大战后西方社会基本特征的重要论点。简单地说，后现代社会的基本特征是信息和科学技术膨胀泛滥，符号化和讯息化的人为文化因素压倒自然的因素，各种事物之间的差异的界限模糊化，休闲和消费优先于生产，社会风险性增高，以一夫一妻为基础的原有社会基本单位“家庭”正在瓦解和松散，社会和文化生活的

“全球化”（Hitt, W. D. 1998），等等。

由此可见，后现代社会理论本身就是一种很含糊不清的社会理论：一方面它所分析的社会原本就是含糊的和不确定的，另一方面，进行分析和论述的那些理论家又属于多种类型的多种派别的思想观点。

如果从后现代社会理论的论述特征来看，可以看出，其特征之一就是以“新”的反传统观点和“新”的论述策略去分析“新”的社会现象（Owen, D. 1997）。尽管上述多种多样的后现代社会理论家分属于不同的理论阵营，采用不同的概念体系和论述风格，但他们几乎都承认社会理论和当代其他各种知识论述一样，是某种“语言游戏”。因此，后现代社会理论的最基本特征又可以归结为：对于当代西方“新”社会进行分析批判的语言游戏。

（三）“后现代”社会理论的多元性

本书论述的后现代社会理论，涉及多位当代社会理论家的社会思想及其理论著作。这些思想家虽然并非全部都可以归纳成“后现代主义者”，其中有些思想家甚至还不同程度地批判“后现代主义”的各种理论，但他们在论述和分析当代西方社会的时候，却又在许多方面同“后现代主义者”所谈论的“后现代社会”的基本特征相吻合。

例如，法国思想家布尔迪厄从来不承认自己是“后现代主义者”，但他在深刻分析当代西方社会的时候，指出了当代西方社会的多元性、不确定性和象征性（Labbé, Y. 1998），使他在这方面同后现代主义者利奥塔有关后现代社会基本特征的论题相类似。

又例如，德国思想家哈贝马斯也批判“后现代主义”，但他在分析第二次世界大战后西方社会的特征时，强调当代西方社会在政治、文化和社会结构等重要方面不同于自 18 世纪以来发展起来的古典资本主义社会，并指出当代西方社会是一种“晚期资本主义”的社会，在政治上具有新的“正当化问题”，在社会结构方面出现了“合理沟通”的根本问题，而在文化方面呈现出多元化的倾向。哈贝马斯所分析的当代西方社会上述特征，实际上也已经被后现代主义者加以分析。

再例如，法国社会理论家阿兰·图雷纳曾反复指出当代西方社会面临着信息爆炸的严重问题，导致一切事物之间的差异的界限进一步“模糊化”，

“一切都相互混合”（tout se mélange）（Touraine，A. 1997：13）。在阿兰·图雷纳看来，当代西方社会是“一种世界化和全球化的社会”（une société mondialisée，globalisée）（Ibid.），人们的绝大部分私人生活和公共生活领域也被“全球化”，因而，“成千成万的个人都看同样的电视节目，都喝同样的饮料，都穿戴同样的服装，而为了从一个国家到另一个国家进行沟通，甚至又使用同样的语言”（Ibid.：13—14）。因此，当代西方社会的基本特征是一种全球化，也就是现代技术、仪器设备和讯息无所不在。阿兰·图雷纳所分析的这些特征，同美国所谓“后工业社会”理论家丹尼尔·贝尔早在20世纪六七十年代所提出的观点相类似（Bell，D. 1973；1976）。

（四）现代市民社会的基本观念

从市民社会的基本观点来观察西方社会从“现代”到“后现代”的转变，就可以更集中地围绕个人和社会的相互关系这个主轴，将后现代社会的基本特征进一步显示出来（Gibbins，J. R. 1999）。

其实，市民社会的观念已经有很长的历史，而且，在当代的各种争论中，也产生过许多不同的论述方式（Cohen，J. L./Arato，A. 1992；Gellner，E. 1996；Hall，J. A. 1995）。在当代政治学界和社会学界中，各派思想家在探讨现代社会和后现代社会的基本特征时，之所以特别强调现代社会的“市民社会”性质，正是因为它是以自由民主和尊重个人基本人权为基本原则的现代社会的社会基础，是同一种具有极权倾向的国家制度完全相反的，也就是同法西斯主义完全对立。作为市民社会的现代社会，其优越之处及其生命力之所在，正是在于承认：在这种社会中，由完全自由的个人所组织和参与的各种多元团体和协会的存在的正当性。由多元的自由群体和协会所构成的社会网络，正是对抗各种具有极权倾向的国家主义的强大社会力量；通过各种由个人所自由组织和参与的团体和协会，才有可能粉碎和抵制试图把每一个公民和社会成员化约成由国家所控制的权力机器的一部分的专制倾向。所以，在目前的情况下，强调市民社会正是为了牵制国家权力的膨胀，重视公民的“自我”同社会之间的相当大程度的相互依存性（Interdependence of self and society）（Twine，F. 1994），同时也是为了发展公民的各种权利，扩大民主制的社会基础（Friedman，M. 1962；Nozick，R. 1974；Friedman，M./

Friedman, R. 1980; Gilder, G. 1982; Berger, P. /Berger, B. 1983; Murray, C. 1984; Mead, L. 1986; Berger, P. 1987; Butler, S. /Kondratis, A. 1987; Novak, M. 1987; Bell, D. 1976; Mishra, R. 1984; Levitas, R. 1986; Block, F. 1987; Jordan, B. 1987, 1989; Loney, M. 1987; Gamble, A. 1988; Flynn, N. 1989; Esping-Anderson, G. 1990; Handler, J. /Hasenfeld, Y. 1990; Andrews, G. 1991; Coote, A. 1992; Pierson, Ch. 1991; Vogel, U. /Moran, M. 1991; Plant, R. 1992; Roche, M. 1992)。

在17至18世纪的时候，正当现代社会处于刚刚形成的阶段，由现代思想家所论述的市民社会，主要强调它的（1）个人主义性质，（2）商业性和生产性，（3）和平协商性（Hume, D. 1994; Ferguson, A. 1995; Kant, I. 1991）。康德（Immanuel Kant, 1724—1804）特别强调市民社会的个人主义性质，并明确指出："一位公民所具备的最起码的本性，就是他必须成为他自己的主人（he must be his own master），同时他必须握有某些财产（must have some property），以便支持和维护他自身"（Kant, I. 1991: 78）。弗格森（Adam Ferguson, 1723—1816）也说："对于古代希腊或罗马来说，个人什么也不是，而公权力却高于一切。对于现代来说，在欧洲如此众多的民族中，个人高于一切，而公权力才什么也不是。"（Ferguson, A. 1995: 57）

相对于古代社会，现代社会中的市民社会在处理个人间和团体间的各种争论时，主张尊重每个人自由民主权利的容忍和竞争并行的制度，主张以和平协商和讨论的方式而取代并避免暴力介入（Machan, T. R. 1998）。卡尔·波普尔（Sir Karl Raimunel Popper, 1902—1994）指出："对于民主，我并不把它理解为'人民统治'或'多数人统治'这样一些含糊不清的东西，而是把它理解为一种无须使用暴力就能够授予或罢免统治权的制度。"（Popper, K. R. 1956. Vol. II: 151）因此，把市民社会和民主制简单地归结为"主权在民"是非常模糊的，不但不能显示市民社会和民主制的本质特征，而且有可能将它同其他社会混淆起来。

（五）哈贝马斯的"市民社会"观念

在当代对于市民社会的争论中，哈贝马斯的观点最引人瞩目。他最重要的观点可以归结为两大方面：一方面是关于市民社会舆论的公众性（publicity）和各种讨论、决策过程的公开性（openness）；另一方面是市民社会中有关个人与社会相互关系的各种意见、舆论、观点和政策的形成过程，都是在公民个人间自由平等合理沟通（rational communication）基础上所进行的论述竞争（discoursive competition）。哈贝马斯指出："这一切将任意和专制的意志转变成为理性，而这种理性又经过各种特殊论述的论证过程的公开竞争，为实现社会大众一般利益的实际需要，逐步达到一种共识和协议。"（Habermas，J. 1993［1962］：153）

为了确保民间社会对于国家公共权威的监督，并保障所有具有自由平等权利的私人公民对于公共决策的参与，哈贝马斯特别强调市民社会中的"公共舆论"（public opinion）。他说："所谓公共舆论是指一个公共的公民团体非正式地对以国家形式组织起来的统治结构进行批评和监督。要求某些程序必须公开化的各项规定，例如公开审理案件的规定，也是同公共舆论这一功能密切相关的。公共领域是一个介于社会和国家之间，并对两者进行调停的领域；在那里，公众将自身组织成为公共舆论的载体。与公共舆论相应的是讯息公开的原则。公共领域的这一原则，过去曾经是在同君主政体的秘密政治斗争中确立起来的，而自那时以来，它使得公众有可能对国家活动实行民主监督。"（Ibid.）

这样一来，市民社会中各种舆论、媒介、传播、争论、决策和政策实行过程，在原则上都不容许有任何"黑箱作业"，不允许任何不透明的讨论、决策和政策施行过程。这一过程是为了保障市民社会不仅存在建立于公众自由平等协商基础上所产生的共识和协议，并通过这种协议而协调个人间、个人与团体间的共同普遍利益，而且，使市民社会真正变成具有思想自由的公民个人所共同建构的"有思想的社会"（sociétés de pensée）。

哈贝马斯比古典资本主义时期的思想家更加强调市民社会的透明性、公众性、沟通性、自由思想性和语言论述的自由竞争性（Habermas，J. 1993［1962］）。他说："'公共领域'首先意指我们社会生活中的一个领域，在该领域中，我们能够形成某种类似于公共舆论的东西。凡是公民都享有参与该领域之活动的充分保证。不同的私人个体通过交谈行为集合在一起，形成一个公共团体。在他们之间的每一次交谈活动中，都产生出公共领域的一部分。因此，他们既不像商业人士或专业人士在处理私人事务时那样行事，也不像一个立宪秩序中的成员那样在国家科层组织的法令制约下活动。当公民们不受任何限制地，也就是在集会、结社自由以及表达和发表意见的自由得到保障的条件下，就大家共同关心的事情进行交谈时，他们便是以一个公共团体的身份在活动。若要在一个大型的公共团体内进行这类沟通活动，那就需要有特定手段来传播讯息，并对讯息接受者施加影响。在目前情况下，报纸杂志、广播电视便是公共领域的传播媒体。当公共讨论指向与国家活动有关的问题时，就进入政治的公共领域，而它是不同于诸如文学的公共领域的。虽然国家可称为政治的公共领域的执行机关，但它却不是公共领域的一个组成部分。诚然，国家权威通常都被看做是'公共'权威，但它主要是从政治的公共领域那里领承其促进全体公民之福利的任务。只有当政治权威的运作有效地受制于全体公民皆能获得民主讯息这一民主要求时，政治的公共领域才能通过立法机构对政府施加制度化的影响。"（Habermas，J. 1973：1—5）

正因为这样，在哈贝马斯关于现代社会的上述基本观点中，不仅已将经典思想家有关现代社会的论述提升一步，而且，也实际上深深地触及了自第二次世界大战以来已经发生深刻变化，并逐步进入"后现代社会"的西方社会的许多新特征。正是在这个意义上说，哈贝马斯的上述论述，既是有关现代社会的，又是有关后现代社会的。

（六）后现代社会的市民社会特殊结构

同现代社会相比较，后现代社会的市民社会结构，并不是古典资本主义市民社会的简单翻版，但又不是它的简单继续和发展。在后现代社会中，只是原有市民社会的基本精神，也就是尽可能高度发挥市民个人的自由创造精神和自由表达以及自由参与社会事务的特征，发展到最大限度；也就是说，在后现代社会中，具有固定组织形式和职能的各种社会组织、管理机构和国家政权，都纷纷被否弃和被不断批判，以便尽可能减少它们对于公民个人的约束。在这个意义上说，后现代社会具有某种无政府主义的性质。

由于后现代社会中个人自由和自律的无限膨胀，原来在古典资本主义社会中发展起来的市民社会和民间社会，作为一种个人对抗整体社会和国家政权的形式，不论在组织制度和活动形态方面，都表现出极端无政府主义的特征。后现代社会中的市民社会和民间社会是个人自由的真正王国，是追求极端自由的后现代个人回避和对抗国家和社会约束的一种特殊领域。正是在社会和公权力无法顾及的领域中，高度自律的个人可以蔑视法制和道德规范的存在而任意行动。这种领域，以多种多样的存在和活动形式，例如采取夜间活动的酒吧和家庭联欢会等形式而渗透于社会的各个角落。

正是在这个意义上说，极端自由主义经济学家诺齐克（Robert Nozick，1938—2002）在他的《无政府主义、国家和乌托邦》（*Anarchy*，*State and Utopia*，1974）一书中所论述的社会状态及其自由竞争模式，在一定程度上，表达了后现代主义者的后现代社会的理想境界。在这本书中，诺齐克一方面论证了"最低限度国家"（minimal state）的正当性及一切非"最低限度国家"的非正当性，另一方面，也论证了分配的正义（distributive justice）的基本原则。诺齐克的论述当然只是发挥了极端自由主义的理念，而且他所依据的基本原则和出发点也是古典的洛克式的"自然权利论"，但是，由于诺奇克所追求的极端自由主义包含着后现代主义者的"不确定性"概念的基本因素，所以，在这个意义上说，不但极端自由主义同后现代主义的自由理念具有许多共同之处，而且，作为古典自由主义理论基础的自然权利论，也同样包含了后现代主义对于人的自由理念的因素。尽管后现代主义者不断地批判古典自由主义，尤其是批判作为现代社会和现代国家建构基础的自然权利论和社会契约论，但是，在这里，我们又看到了后现代主义在追求绝对自由的不断批判中，实际上又不断地同它所批判的经典理论相遭遇，同时，他又在某种程度上返回经典理论的基本观点，类似于重复经典理论的基本精神。为了对这种反复回溯经典理论的尴尬状态进行辩解，后现代主义者可以用尼采的"永恒回归"的口号加以说明，同样也可以用游戏理论中所强调的"自由来回运动"的原则来掩饰。这也说明，自然权利论作为现代社会的理论基础，由于肯定个人自然权利的不可替代性和不可化约性，由于肯定每个社会成员都具有社会契约所必须保障的神圣不可侵犯的自然权利，同样可以作为后现代主义论述后现代社会的一个出发点。在这里，再次看到：后现代社会尽管具有其自身的特征，但这些特征在许多方面又已经隐含于现代社会之中。

后现代社会无政府状态的特征，当然从另一方面否定了国家机器和统一政权的必要性。这一基本特征，又同后现代主义者反中心、反大一统和主张多中心、边缘化以及不断区分的基本原则相一致。绝大多数后现代社会理论家都批判国家政权的正当性，都主张以高度自由和多元性的社会共同体取代现代社会中由高度组织化的国家机器所控制的现代市民社会。也正因为这样，后现代主义所主张的无政府状态，又是他们批判现代市民社会基本模式的结果。

(七) 晚期资本主义社会中的个人自由

资本主义的社会制度和资本主义社会中的个人，一方面实现了空前的自律，另一方面又因社会的高度分化和发展而受到相互制约（Infantino, L. 1998）。历史的发展已经证明：社会整体同个人的关系，在不同的社会历史阶段，表现出不同的形态。因此，社会整体同个人的关系、其表现形式以及社会整体同个人本身究竟自由到何等程度，可以标示该社会及其文化的发展水平。越是简单的社会，社会整体同个人两者越是不自由；它们两者不但各自都不自由，而且，两者之间越是相互依赖。反之，越是发展的，因而更加复杂的社会中，社会和个人两者越是自由；它们两者之间的高度自由不但没有削弱，反而有助于两者的互动和相互制约。

但是，个人自由越发展，越加剧个人间的竞争，越导致社会中贫富间的分化，使越来越多的竞争失败者被排除到社会的边缘，甚至使社会不知不觉地演变成一个“排除的社会”（The Exclusive Society）（Young, J. 1999）。

资本主义社会中，个人与社会之间的上述新关系，为资本主义文化的发展提供了无穷无尽的创造动力，同时也加强了社会整体对于个人的限制。在这种情况下，资本主义现代文化才面临着“后现代”的挑战（Bertens, H. 1995; Scott, A. 1990; White, S. K. 1991）。

(八) 后现代理论家对现代社会的主要挑战

简单地说，后现代理论家对于现代社会所提出的挑战主要表现为以下四大方面：

第一，对于一切有关现代社会的“大叙述”论述体系提出根本性的质疑，并对这些长期被认为有利于现代社会的传统意识形态的正当性进行批判。“大叙述”论述体系所论证的有关“善的社会”的理想以及它们所设计出来的达到这些理想的种种方案和程序，统统被否弃。各种大叙述论述体系总是千方百计论证：存在着某种达到现代社会理想境界的普遍指导原则。但后现代思想家否认这些基本指导原则的必要性及其正当性，并以实际过程证实：这些基本指导原则不过是用来排斥和否定各种不同意见，甚至有可能导致以这些原则为基础所建立的各种专制主义。

第二，后现代思想家否认任何单一政党或是社会运动的普遍代表性。现代社会中各种政党和社会运动，总是标榜它们可以代表社会大多数人的意见和利益，甚至标榜它们自己可以引导社会走向理想的“善的社会”。后现代思想家们认为，多元主义和歧义性才是当代社会的基本特征，而任何试图将多元和歧义统一到一个统治中心或统一到单一的社会秩序中的努力，都是要失败的。

第三，后现代思想家主张鼓励各种各样新的社会运动，并尽可能保持和发展这些社会运动的多元性、分裂性、竞争性、零碎性、变化性和不确定性。在他们看来，后现代社会是以断裂和各种无中心的碎片所组成的结构。后现代思想家反对经典的现代社会中遗留下来的各种以官僚形式所组成的政党，他们所追求的是不断分裂和不断产生的新社会运动，并期望这些多元的和不断变化的新社会运动进一步促进社会的多元化和变动性。

第四，对现代社会的科技知识的信息化进行彻底的揭露和批判。后现代思想家们认为：科技及其信息化使当代社会的性质和结构发生了根本的变化。当代社会的变动性、不确定性及其不可预测性，正是源于当代科技的强大创造力量和控制力量。

（九）后现代主义对现代社会意识形态的批判

后现代主义在批判现代社会意识形态的时候，尤其批判它们所标榜的“批判”、“观点”和“代表性”。一般说来，现代社会意识形态总是强调它们所具有的“批判精神”、“客观的观点”和“普遍代表性”。后现代主义者不相信任何具有客观和普遍精神的理性，也不承认具有标准化和规范化的语言论述的正当性，更不相信会有任何一个社会团体或阶层，可以成为历史发展的“主要动力”或“社会普遍利益”的代表者。在后现代思想家看来，任何大叙述体系，都是作为社会部分阶层或团体的意识形态，它们所宣称的客观性都是虚假的。即使靠所谓客观的理性和规范化的语言论述所表达出来的各种观点和政策，也缺乏其正当性。

后现代思想家利奥塔认为：整个社会其实是靠掌握不同财富和文化资本的个人或集团之间的语言游戏而构成。语言游戏将相互分裂或对立的各个成员或派别联结成一个虚假的社会整体。因此，在语言游戏中的各个成员都没有资格声称自己是代表全社会说话或进行论述。他说："所谓社会主体本身也在语言游戏的这种散播中不断解体。社会连带是语言性的，但它不是靠单一的线而联结织成。它是靠遵循不同规则的语言游戏中至少两个成员之间的相互交错而形成的交织物。"（Lyotard, J. -F. 1979：32）

后现代思想家利奥塔在说明这个社会的性质时，强调指出：现阶段资本主义的经济发展，在各种技术剧烈演变的支持下，是同国家功能的根本转变相辅相成的。在这种情况下，对于经济和整个社会的协调和再生产的功能，越来越集中在行政管理技术人员和各种自动化机械设备（automates）。整个社会的各重大事件和重大决策过程，都越来越依赖对于信息的掌握，而各种信息的掌握和处理又越来越集中在各种类型的专家集团中。所以，现代社会中的领导阶层同时又是决策阶层。他们不再是单靠传统政治集团来构成，而是靠各企业主、高级公务员、各专业机构的领导层级以及工会、政治和宗教团体的高级干部。每个人都回到其自身，但每个人都知道这种自身本身又是很微弱的。自身是微弱的，但不是被完全隔离，而是被纳入一个前所未有的高度复杂和高度运动着的关系网中；每个自身都被放置在复杂的沟通网络的各个纽结中（Ibid.：29—31）。

（十）后现代社会中的语言游戏

在这种情况下，虽然不能说整个社会问题都可归结为"语言游戏"，但是，语言游戏至少是后现代社会的存在及其运作的一个最低限度条件，它构成后现代社会各种社会关系的基础。在这个社会中，任何一个人，哪怕在他出生以前，就已经依据早已进行的语言游戏规则而被放置在特定的社会人际关系中；而且，由此出发，每个人也在现实生活中，依据语言游戏的原则和实际进行过程，从一种社会关系转移到另一种新的社会关系中。总之，"社会联结的问题，作为问题，是语言的一种游戏，也是不断地发问、不断地提问题和语言指涉的问题；而这些问题，实际上已经就构成为社会联结本身”(Lyotard, J, -F. 1979: 32)。

为此，为了深入理解后现代社会的社会关系的性质，不仅要依据沟通理论，而且也要遵循游戏的理论。整个社会就是靠语言沟通和语言论述的相互关联和相互转化的游戏构成和不断再生产的。

现代社会中的语言游戏之所以重要，是因为只有语言游戏才能充分表现社会自由的本质，才能显示被投入到社会关系网中的每个公民的高度自由。不仅如此，语言游戏还进一步显示游戏本身的多样性和多元性及其相互之间的不可化约性。语言游戏的这个特点，集中显示了其本身的多质性，也就是它的不可统一性和不可同一性。语言游戏的这个特点正是对抗传统社会寻求统一性和同一性的最大力量。语言游戏的多质性，还不仅表现在语言游戏本身所呈现的形式方面，而且也表现在投入到语言游戏的任何一个个人的高度独立性、特殊性和不可取代性。所以，后现代社会的各种语言游戏，不但不会导致传统社会的统一性和有利于统治阶级进行控制的那种共识，而且有利于促进和推动社会中的各个成员的特殊性，有利于社会多元化的发展。

同利奥塔相类似，阿兰·图雷纳也认为后现代社会是一种“计算机程序化的社会” (la société informatisée)、“后工业社会” 和 “全球化的社会”(Touraine, A. 1997: 13—17)。

由此看来，后现代思想家对于当代社会的各种论述，主要是强调后现代社会的语言论述的结构的特殊性、由各种语言论述所组成的知识的中心地位以及靠语言游戏所进行的各种社会正当化程序。同现代社会的市民社会结构相比较，后现代社会并不是彻底破坏原有的市民社会，而是将其改造成为既没有统治中心，又没有稳定秩序的多元化和变动性的社会。这样的后现代社会必须靠对于语言游戏的分析和解剖才能揭示清楚。所以，关于后现代社会的各种特征都进一步同语言游戏和语言论述的新特征相联系。这就是为什么后现代社会具有“象征性”、“游戏性”、“自我生成性”、“正义/非正义界限的模糊化”、“裂变性” 以及 “不确定性” 等特征的原因。

在当代的社会理论家中，对于后现代社会的上述各种特征进行深入研究的，除了前述几位思想家以外，还包括德国的鲁曼 (Nikles Luhmann, 1927—1998) 和英国的季登斯 (Anthony Giddens, 1938—)。后两者当然不属于后现代主义者，但他们对于当代社会的“反思性”、“全球性”、“象征性”、“风险性”和“多变性”都进行了深入的分析（Giddens，A. 1991，1994；Luhmann，N. 1982）。

第四节　作为一个文化范畴的“后现代”

（一）“后现代”的文化意义

后现代文化在表面看来，似乎完全同现代文化相对立，它所贯彻的是与现代性针锋相对的“反文化”原则。但确切地说，“后现代”之所以产生于资本主义内部，主要是因为资本主义的文化具有前所未有的自由创造精神（McGuigan，J. 1999）。

作为一个文化范畴，后现代主义所表示的，是对现代文化和以往传统文化的批判精神以及重建人类文化的新原则。以“后现代”思想的起源和基本内容而言，后现代主义本来就是自现代文化诞生以来，发生于现代文化创作、欣赏和实践中的一种新生文化（Bonnell，V. E. /Hunt，L. 1999；Wheeler，W. 1999）。正因为这样，“后现代性”一般的是指由现代文化中所隐含，又为后现代思想家和艺术家所发扬的新批判精神和创造精神。

问题在于：后现代在文化上的批判精神和创造原则，从一开始出现，就面临着高度发展和成熟的西方现代文化的挑战。这也就是说，当后现代主义者高举批判和创造的旗帜时，它所遭遇的，不是一般的普通文化，不是原始的、野蛮的、古代的和不发达的文化，而是从文艺复兴以来，经历启蒙运动、浪漫主义和自由主义时代，不断造就、不断充实和不断更新的现代资本主义文化。因此，后现代主义作为一种文化形态，它本身又兼有自我批判和批判他者的双重实践活动，正如詹姆森所指出的，这是一种由群体间协力关系网的形式所构成的革命性创造活动。它不只是由具有专门知识的多学科专家，而且也由亲身享用资本主义文化成果，并对资本主义文化怀有矛盾心理的人民大众所共同参与。不仅如此，在实现了全球化过程的历史时刻，后现代主义所进行的自我批判和批判资本主义文化的活动，也自然要吸引西方文化以外的其他地区文化的协同批判。所以，作为文化形态的后现代主义，不论从其开始或在扩散过程中，都是一种世界范围内的文化革命运动。

经历了两千多年的曲折发展，到20世纪末，西方文化已经达到很成熟的程度。这种成熟性主要表现在西方文化的不断自我反思和自我批判。人类文化只有达到自我批判和自我否定的意识，也就是说只有不断清醒地意识到其自身的不足之处，意识到其自身的虚无本质，才真正地把握了其自身生命的本质。生命之最本质，就在于不断地自我创造和自我超越；一旦自我否定和自我超越之能力丧失掉，生命就枯谢而终止。然而，没有缺欠，没有虚无，就不会自我超越和自我否定。自满自足的所谓真理体系，一向成为传统文化追求的目标；殊不知，一旦形成这种体系，一切精神活动和文化产品就僵化了，也就是等于自杀。西方文化在发展过程中，能够自我跳出对绝对真理体系的追求的窠臼，是在现代文化发展到顶点之后，也就是在现代文化的优点和缺点同时暴露以后，才真正地实现的。后现代主义的整个基调，就是对于西方传统文化的不断批判和摧毁，其批判的彻底性，直指完全颠覆西方传统文化的基础和核心。后现代的这种精神，常被人们误解为消极的虚无主义。人们看不到后现代主义的彻底否定精神，不仅指向传统文化，也指向后现代主义本身。正是这种自我否定的彻底精神，显示了后现代主义追求真理的大无畏气魄，也表现了其自身彻底跳出自身自我利益的最高原则。这一切，都可以在后现代艺术的旺盛生命力中显示出来。无所畏惧和放弃自我，是后现代艺术创作生命的真正基础。有了这种精神，它才有勇气去探索一切可能性，并且使这种探索不仅停留在理论上和言谈上，而且也表现在冒险的实际行动中。

后现代主义的艺术无疑是现代资本主义社会发展及其文化影响的产物。它的成长和传播，都和现代资本主义社会及其文化的命运息息相关。但是，作为一种艺术形式，作为人的精神活动的积极产品，它又独立于社会的发展，以其自律的创造活动形式，成为资本主义发展中的一种特殊精神力量，不仅在批判资本主义及其文化中起着积极作用，而且也为资本主义社会及其文化的发展，开辟新的可能的前景。

（二）作为大众文化意识形态的后现代

作为文化范畴的后现代主义，不但发生于严格意义的现代文化的创作领域中，而且也发生于专业文化领域之外的社会大众文化运动之中。现代资本主义的产生和发展，虽然造成握有财富和权力的资产阶级对于社会大众个人的控制局面，但同时也在客观上推动和促进了处于社会中下层的人民大众的个人自由的发展。在现代资本主义文化发展过程中，资产阶级连同附属于它的文化贵族集团，显然从整体上控制和垄断了文化的生产和再生产过程。其结果，一方面导致上层文化或所谓“高级文化”同中下层的“大众文化”的分化和对立，另一方面却为大众文化的独立发展和创造提供了一定的空间。在人民大众个人自由发展的基础上，大众文化就有可能在“高级文化”的生产和再生产的循环过程之外，进行一种具有相对独立性的创造运动（Freccero，C. 1999）。所以，随着现代性标准化和专业化的高级文化发展的同时，在社会中下层也逐渐兴起和发展大众文化的创造和发展过程。

在典型的资本主义国家英国，上述同标准化和专业化文化相对抗的大众文化，早从16世纪就开始发展（Harris，T. 1995；Barry，J. /Brooks，C. 1995；Yeo，E. /Yeo，S. 1981）。如前所述，大众文化发展过程，一方面是同现代性标准文化的发展相平行，而又相对抗，另一方面又是中下层社会人民大众追求个人自由的一种特殊文化产物。所以，从文化的性质来分析大众文化是产生于人民大众中的文化叛逆运动，也因此具有大众批判高级文化的意涵。在这种情况下，大众文化的性质从一开始就具有反标准文化的倾向，因而也具有一般性的“反文化”的倾向。显然，为了对抗和批判传统标准文化，大众文化势必采取与传统标准文化相对立的各种创作原则，以其颠倒文化原有定义的姿态而出现。也就是说，凡是被传统标准文化规定为创作规范的地方，大众文化就要反其道而提出针锋相对的原则。大众文化就这样以“反文化”的行事而在标准文化之外的广大社会生活领域中生存下来并不断发展。也正因为这样，大众文化也是最早实现“文化生活化”和“文化游戏化”的领域。

社会中下层人民大众从中寻求个人自由的大众文化领域，同时也就成为他们摆脱上层宰制的新天地，成为同国家和公权力机构争夺自由权的民间社会的文化基础。人民大众利用大众文化的工具和成果，一方面同传统上层标准文化相抗争和争夺文化生产的控制权，另一方面又同国家和公权力争夺越来越多的个人自由权。

大众文化在现代性文化之旁和在资本主义现代社会之中的生存和发展，只有到了晚期资本主义阶段，在资本主义生产力、科学技术和管理能力高度发达的时代，才有可能不断地进行和实现其正当化的程序。大众文化在正当化过程中，免不了促进了一系列有关大众文化反艺术和反文化创作原则的理论化过程。在这个意义上说，后现代主义的出现正是符合了大众文化的正当化的需求。

大约是在现代性文化和艺术发生创作和生产危机的20世纪初时期，从所谓标准和专业文化的危机中脱胎而来的各种具有后现代倾向的文学艺术创作，不约而同地同在社会中下层迅速发展起来的大众文化创作运动相遭遇，甚至相汇合（Strinati，D. 1995：221—227）。

从此以后，大众文化的创作和发展过程同后现代主义思潮的兴起和酝酿过程息息相关。大众文化的创作和实践，为后现代主义各种反传统原则和策略的确立提供了丰富的历史经验；同时，大众文化的发展及其正当化的过程，也为60年代后的后现代主义的整个运动催生。

后现代主义在理论和策略上的创造，实际上为大众文化的正当化铺平了道路。

然而大众文化的发展过程，又在客观上为其批判的资本主义现代性的进一步泛滥推波助澜。如果说在其兴起的早期阶段，大众文化是作为资本主义标准专业文化的对立面而存在的话，那么，在资本主义标准文化无法抑制大众文化的发展的今天，上层社会连同它的高级文化，就巧妙地利用大众文化的发展成果及其无可抗拒的社会功能，将大众文化纳入符合上层统治集团利益的方向发展，使大众文化的发展同受上层社会控制的商业化、技术化和全球化的进程相协调。大众文化也在不知不觉的商业化、技术化和全球化的过程中，同整个社会的文化再生产活动相渗透，一方面形成后现代社会中高级文化和大众文化之间区隔化界限的模糊，另一方面又为大众文化本身的更新和自由创造吸取更多的文化养料。后现代主义作为大众文化的一种意识形态，就是在这样充满矛盾和模糊的状态中不断地发展起来。

（三）人类文化的自我批判及其内在动力

人类文化的发展本来就不是纯自发的和完全自然的。文化发展的任何阶段，文化发展中从旧的形态到新的形态的过渡和转变，文化发展中内容和形式的不断创新，都要经历人类精神的自我反思和对于外在事物的反思过程。

不管是自我反思还是对外在事物的反思，都不是直线的、单向的和一次完成的。人类精神在文化创造中的主体和中心地位，也不是一成不变的和稳定的。人类精神一方面总是积极主动地自我超越，同时也需要外在的他物对于它的反复刺激和互动，才能产生和不断发展其本身的创造能力。总体说来，文化的创造和发展在很大程度上，决定于生活在社会中的人类创造者本身的状态和能力。社会给予人的创造自由提供更多的发挥条件，社会给予创造的个人的自由越多，文化创造的动力及其可能性就越强，而创造出来的文化也就包含着更多的个人创造自由的因素和成分。就个人自由的发展限度而言，资本主义社会是人类历史中达到最高程度的阶段。现代资本主义文化并不是西方传统文化的自然继续和发展，而是自笛卡儿、培根以来，经历斯宾诺莎（Baruch Spinoza，1632—1677）、霍布斯、洛克（John Locke，1632—1704）、莱布尼茨（Gottfried Wilhelm Leibniz，1646—1716）、康德、黑格尔和密尔（John Stuart Mill，1806—1873）等思想大师的反思性创造而建构起来的。这些思想大师们，对于以往和同时代的所有文化成果，从不盲从和满足，而是以自由创造的精神去不断超越和批判。康德曾经给启蒙运动下了这样一个定义："启蒙运动是人走出由其自身造成的不成熟性。所谓不成熟性就是没有别人的指示就没有能力使用自己的理智。这种不成熟性之所以是自己造成的，是因为它的原因并不是缺乏理智，而是没有别人的指示就没有决心和勇气使用自己的理智。鼓起勇气吧！勇敢地使用你自己的理智！这就是启蒙运动的基本口号。"（Kant，I. 1784. In Kant，I. 1977：132）

所以，近现代西方文化是高度成熟的人类文化。后现代的思想家们想要超越近代西方文化是非常困难的。后现代思想家的珍贵和伟大之处，就在于他们明知超越的困难性，却仍然要以超越和批判近现代文化为己任。

（四）"后现代"文化的创造性游戏活动

在资本主义社会中所产生和发展的近现代文化，本来已经表现出个人创造精神的高度自由。在这种情况下，寻求和超越原本已经具有高度自由的现代文化创造精神，对于后现代主义者来说，是一件非常困难并充满吊诡的冒险活动。

在冒险中创造，又在创造中冒险，这就是后现代文化创作的基本原则，也是后现代主义者寻求最大限度创作自由的基本方式。在人类实践的漫长历史过程中，人们已经在不断创造和不断扩大自由的行动中，找到了把创造和冒险结合在一起的基本模式，这就是所谓“游戏”。在这个意义上说，后现代主义者也把文化当做“实践”本身（culture as praxis，Bauman，Z. 1998）。在人类总体的历史发展过程中，不论是从最原始的人类祖先到近现代的社会阶段，还是个人从儿童时代到成年的成长过程中，都不断地通过社会和行动主体自身的反复实践，学会了在游戏中进行创造和冒险，完成不断的自我超越和对于他物的超越，不断地扩大自由的限度和范围。因此，游戏原本是人类实践的一种基本模式。后现代主义者在游戏活动中，特别发挥了自由创造的基本精神，将原本属于人类一般实践基本模式的游戏，自觉地提升成为超越和批判传统文化以及创造新文化的最高活动。因此，后现代思想家超越近现代西方文化的最自由的途径，一方面是在游戏中不断创造和冒险，另一方面又是对原有的文化抱着游戏的态度，这就是所谓游戏文化或“玩”文化。在这一点上，后现代的思想家们比以往任何时代的思想家更深刻地把握了文化的游戏本质，也就是把握了文化的自由本质。

（五）“后现代”在“现代性”中的诞生

事情可以上溯到19世纪30年代。那个时候，西方现代文化已经发展到一个新的转折点。浪漫主义和自由主义把从文艺复兴以来所兴起的自由创造精神推到了一个新的高峰，以至于当时的经典西方文化遭遇到来自外部和内部两方面的不可承受的新矛盾。

所以，正如胡伊森（A. Huyssen，1942—）所指出的，后现代主义就其最深刻的层面而言，并不单纯地表现出现代性文化中最能显示现代性文化特征的那些永恒的，或者以不断耗尽和重生的方式，在表面上循环着的危机。它是现代性文化自身的一种新类型的危机（Huyssen，A. 1986：217）。胡伊森的看法虽然并不完全正确，但他至少深刻地看到了：后现代主义的产生是同现代性文化自身的内在深刻矛盾密切相关联的，而且，就其性质而言，它不同于现代性文化所经历过的各种旧有的矛盾，它是一种完全新型的内在危机的表现。

近代经典文化（the classics）当然累积和总结了此前西方文化的精华，

使得经典时代出现了一大批在文学艺术及其他各个领域的大师和明星。他们的作品也确实作为人类文化的宝贵成果和典范而名垂青史。但是，这样一种高度成熟的文化形态，其内部正好又隐含了自我破裂和自我发展的种子，而在外部又面临着来自整个社会各种矛盾的挑战。

矛盾首先在文化领域中最敏感的文学艺术界爆发出来。1830 年左右，先是英国和法国，接着是德国、美国和意大利的一批最有创造精神的作家和文学艺术家们，首先举起突破经典文化的旗号。这就是现代派文化所兴起的自由创造运动。

后现代文化是在现代文化的母体中孕育出来的；同时，后现代文化的基本原则也渗透着现代性文化的自由创造精神。为了深入了解后现代文化，有必要对孕育着后现代性的现代文化的基本精神进行深入分析。

（六）波德莱尔“现代性”创作中的“后现代”因素

在法国，现代主义的文化浪潮，是从诗人波德莱尔（Charles Baudelaire，1821—1867）开始的。他是一位孤独、抑郁和多愁善感的天才诗人，从 19 世纪 30 年代起就开始了其突破现代诗歌模式的自由创作。接着，在 40 年代他连续发表向现代文学挑战的文学评论《1845 年的沙龙》（*Salon de 1845*）和《1846 年的沙龙》（*Salon de 1846*）。波德莱尔同巴黎的青年才子们，把 17 世纪以来被富豪和贵夫人所控制的文艺沙龙，从市中心的豪华府邸转移到浪漫的塞纳-马恩省河畔和贫穷艺人聚集的蒙马特高地（Montmartre）的咖啡店里。他们以“嬉水者”、“黑猫”、“颓废者”、“蓬头垢面者”和“醉汉”等名义自称并建立文艺社团。他们借此发泄出一种愤世嫉俗和玩世不恭的情绪，把文学艺术的创作当做人生娱乐的最好场所。他们第一次实现了将艺术游戏化，并通过艺术的游戏化而达到将生活游戏化的目的，以便达到生活游戏化中的绝对自由。

波德莱尔认为：“诗歌的最终目的，不是将人提高到庸俗的利害之上；如果是这样的话，那显然是荒谬的。我是说，如果诗人追求一种道德目的，他就减弱了诗的力量。……诗不能等于科学和道德，否则诗就会衰退和死亡。诗不以真实为对象，它只是以自身为目的。”“诗歌不可能有它自身以外的其他目的，唯有那种单纯为了写诗的快乐而写出来的诗，才会那样伟大、那样高贵、那样真正地无愧于诗的名称。”“正是由于诗歌，同时也通过诗歌，由于音乐，同时也通过音乐，灵魂会见了坟墓后面的光辉。一首美妙的诗可以使人热泪盈眶，但这眼泪并非一种极度快乐的证据，而是表明一种发怒的忧郁，一种精神的追求，一种在不完美之中流徙的天性，它想立即在天上获得被展示出来的天堂。”“诗的本质，不过是，也仅仅是人类对一种最高的美的向往。这种本质就表现在热情之中，表现在对灵魂的占有之中。这种热情是完全独立于情感的，是一种心灵的迷醉；它同时也完全独立于真实，是理性的数据。”（Baudelaire，C. 1976）

波德莱尔作为现代派诗人的代表人物，是以他的作品《恶之花》（*Fleurs du mal*，1855）而著称的。这本书出版的时候，由于他公开和大胆地藐视道德和传统文化，被戴上了“淫秽”和“妨害公共道德”的罪名。波德莱尔在他的《恶之花》一书的献词中说，这些诗歌是他的病态的精神所开出的最美的花朵，是他的最隐讳的心灵深处的不加掩饰的呼声。在《恶之花》这本书中，有一首“腐烂的尸体”的诗，诗文如下：

> 爱人，想想我们曾经见过的东西，
> 在凉夏的美丽的早晨。
> 在小路拐弯处，一具丑态的腐尸
> 在铺石子的床上横陈，
> 两腿翘得很高，像个淫荡的女子，
> 冒着热腾腾的毒气，
> 显出随随便便、恬不知耻的样子
> 敞开充满恶臭的肚皮。
> …………

波德莱尔所开创的，就是文化的现代性。这种现代性，并不是上述从文艺复兴和笛卡儿以来的近代资产阶级文化的一般性代名词，而是其中的内在矛盾发展到一定的尖锐程度，再也不可能继续以同样形态发展下去的一种结果。也正因为这样，波德莱尔所开创的“现代性”，已经隐含了后来的“后现代主义”对于传统西方文化的批判的精神（详见本书第二章第一节第二项和第四节第四项）。也是在这个意义上，可以说，从波德莱尔开始的“现代性”是充满着“现代性”和“后现代性”的过渡性文化。

（七）“现代性”创作推动下的“后现代性”

在波德莱尔的带动下，法国的一群文人，包括保罗·魏尔伦（Paul Verlaine，1844—1896）、兰波（Arthur Rimbaud，1854—1891）、马拉美（Stéphane Mallarmé，1842—1898）、洛特雷阿蒙（Comte de Lautreamont，1846—1870）、莫雷亚斯（Jean Moréas，1856—1910）、古尔蒙（Remy de Gourmond，1858—1915）、拉弗格（Jule Laforgue，1860—1887）、巴雷斯（Maurice Barres，1862—1963）、雷尼耶（Henre de Regnier，1864—1936）、克洛岱尔（Paul Claudel，1868—1955）和瓦莱里（Paul Valéry，1871—1945）等人，在将现代派文化推进到新的高峰的同时，也发展了“后现代”的精神。

与此同时，爱尔兰诗人叶芝（William Butler Yeats，1865—1939）、拉塞尔（George Russel，1867—1935）、辛格（John Millington Syinge，1871—1909）、西蒙斯（Arthur Symons，1865—1945）、艾略特（Thomas Stearns Eliot，1888—1965）、休姆（Thomas Ernest Hulme，1883—1917）、弗林特（Frank Stuart Flint，1885—1960）、奥尔丁顿（Richard Aldington，1892—1962），以及美国的史蒂文斯（Wallas Stevens，1879—1955）、威廉斯（William Carlos Williams，1883—1963）、卡明斯（Edward Estlin Cummings，1894—1962）、克兰（Hart Crane，1899—1932）、杜利特尔（Hilda Doolittle，1886—1961）、弗莱彻（John Gould Fletcher，1886—1950）、洛威尔（Amy Lowell，1874—1925）、庞德（Ezra Pound，1885—1973）、莫尔（Marianne More，1887—1972），还有德国的豪普特曼（Gerhart Hauptmann，1862—1946）、格奥尔格（Stefan Georg，1868—1933），奥地利的霍夫曼斯塔尔（Hugo von Hofmannsthal，1874—1929）、里尔克（Rainer Maria Rilke，1875—1926），俄国的索洛古勃（Phedor Kouzimitz Sologoup，1863—1927）、梅列日柯夫斯基（Dmitrie Sergeivitz Merezkowski，1865—1941）、吉皮乌斯（Ginaida Nicolaiewa Gibbius，1869—1945）、巴尔蒙特（Constantin Dmitrielitz Balemont，1867—1942）、勃留索夫（Valery Yakolevitz Briousov，1873—1924）、勃洛克（Alexander Alexandrovitz Block，1880—1921）、叶赛宁（Sergei Alexandrovitz Esenin，

1895—1925）及日本的蒲原有明（1876—1952）和薄田泣堇（1877—1945）等人，将现代性的文学艺术创作园地经营得更加繁荣；“后现代性”也不知不觉地在其内部发展起来。在这一时期，文学中的现代性，可以称为现代性文化的典型代表。

（八）“现代性”在理论界的扩散

现代性文化从一开始在 19 世纪中叶产生，就远远超过文学的范围。它首先在文学的最近邻——艺术界蔓延开来。在艺术界的绘画、版画、造型艺术和音乐的各个领域，先后出现了一大批现代派的大师。这就是前述法国的印象派、后印象派以及在欧洲各国的新艺术派、纳比派和野兽派等等。

现代性文化甚至和 19 世纪社会科学和人文科学的发展相互影响。首先在哲学领域，德国的叔本华（Arther Schopenhauer，1788—1860）和尼采，把丹麦思想家克尔恺郭尔（Soren Kierkegaard，1813—1855）在 19 世纪 30 年代举起的反理性主义的旗子举得更高。尼采尤其成为了现代派文化向传统西方文化挑战的最杰出的思想家。他对于传统理性主义、阿波罗精神和基督教道德的彻底批判，为现代派文化的发展，甚至后现代文化的产生开辟了道路。

在尼采的影响下，奥地利心理学家弗洛伊德（Sigmund Freud，1856—1939）所创立的潜意识理论和法国哲学家伯格森（Henri Bergson，1859—1941）的生命哲学进一步在哲学上，为从现代派到后现代派的过渡，做好了理论上的准备。

在哲学、社会科学和人文科学领域中，对于传统文化的批判，实际上，是同 19 世纪 30 年代欧洲所完成的工业革命所推动的批判精神相联结的。正因为这样，马克思和他的学派从 19 世纪 30 年代末展开的对于近代资本主义制度及其文化的批判，也可以看做是现代派的文化的一个组成部分。马克思主义作为反资本主义的意识形态，从它产生的第一天起，便严厉地批判了资本主义的文化。它对资本主义文化的批判，与同一时期刚刚兴起的现代派对于资本主义文化的批判有异曲同工之妙。所以，马克思的理论，有时也被某些理论家看做是现代派文化的一个组成部分；同时又因为马克思的理论批判了资本主义的文化，使它兼有了后现代派批判现代派的某些精神，从而使马克思的理论同时兼有现代派和后现代派文化的特点。当然，马克思主义仍然属于理性主义的派别，而且，它和传统理论一样，试图建构一个体系化的意识形态理论。正因为这样，马克思主义，就其理论体系和基本概念而言，是属于传统文化中的现代派；就其批判和反思的原则而言，它又包含了后现代主义的创造性精神。

19 世纪下半叶到 20 世纪初，整个西方社会科学和人文科学处在一个新的转折时期。人们往往把这一时期的思想和理论建设，看做是现代文化的哲学和理论基础的重建阶段。在这一时期的西方社会科学和人文科学，出现了令人鼓舞的百家争鸣、百花齐放的繁荣景象，也是一个推陈出新的革命时代。这就不仅成为了现代派文化自身不断自我完善和自我充实的思想理论源泉，也隐含了从现代派向后现代派过渡的潜在精神动力。

综观从 19 世纪 30 年代到 20 世纪初近百年的西方文化发展史，可以隐约看到在现代文化创建发展过程中所包含的后现代文化的孕育过程。后现代主义虽然是对于现代文化的彻底批判，但是，它又是在现代文化的发展脉络中逐渐形成的一种革命精神力量。

（九）“后现代”概念的系谱学

“后现代”这个语词和概念的出现和被广泛运用过程，构成为“后现代”概念系谱学的研究对象。“后现代”这个语词和概念的出现和被广泛运用过程，并不等同于“后现代性”本身的产生和发展史，但它至少表现了“后现代性”近一百年来在当代社会中的影响及其在理论界和学术界的研究状况。

1870 年英国画家查普曼（John Watkins Chapman，1832—1903）在他举行的个人画展中，首先提出了“后现代”油画的口号。查普曼用“后现代”表示超越当时的“前卫”画派——法国的印象派——的一种批判和创造精神（Higgins，D. 1978：7）。

“后现代”这个词的第二次出现，在文化界是德国作家鲁道夫·潘魏茨（Rudolf Pannwitz，1881—1969）的著作《欧洲文化的危机》再次提出来（Rudolf Pannwitz，1917：67）。

到了 20 世纪 30 年代，西班牙诗人菲德里柯·德·奥尼斯（Federico de Oniz，1888—1966）在《美洲西班牙语系西班牙诗人文集》（*Antologia de la*

Poesia Espanola e Hispanoamericana，1934）一书中，进一步明确地使用了“后现代”的概念来表示从 1905 年到 1914 所出现的欧洲文化。他认为后现代主义是 1896 到 1905 的现代主义文化（Modernismo）发展的结果，而从 1914 年到 1932 年的文化则属于“超现代主义”（Ultramodernismo），因此“后现代”不过是介于现代主义和超现代主义之间的过渡性文化（Federico de Oniz，1934. XVIII）。1942 年，当菲茨（Dudley Fitts）出版《当代拉丁美洲诗歌资料集》的时候，他立即引用了奥尼斯的“后现代”的概念。所以，哈桑加以评论说：“后现代主义是对于它在其中隐含的现代主义的一个小小的反动。”（Hassan，I. 1980. In Garvin，H. R. 1980：117）

利奥塔在谈到后现代文化同现代文化的相互关系时，曾经指出：“后现代就是隐含在现代性的表现本身中的那些不可表现（imprésentable）的部分；也是现代性中拒绝凝固成某种‘好的形式’、并同样拒绝成为符合某种口味的共识的那些成分。它之所以寻求新的表现，不是为了达到某种享受，而是为了更好地感受到其中包含的不可表现的成分。”（Lyotard，J. -F. 1988b：26）

因此，后现代文化本来就隐含于并伴随着正处于创作和诞生时期的现代性作品中。但是，后现代性是在现代性的表现形式背后的“不可表现的东西”。在现代性文化中那些“引而不发”的因素，正是推动现代性文化的诞生的力量，又是后现代性文化极力延续，并使之不凝固于表现形式的那些东西。这是一些含苞待放的创作花朵，又是不急于悬挂于固定形式的永生创作动力。它包含于现代性中，但又要超越和优先于现代性；它造成了现代性，但又要批判现代性，因为现代性一旦产生，便完全扭曲了导致现代性出生的那些活力。随着现代性的发展，在现代性中所包含的后现代性创造精神也不断膨胀，最后导致对整个现代性的体系的批判。

所以，后现代主义与其说是界定一个历史阶段的时代性范畴，不如说是社会文化范畴。

（十）“后现代”在建筑学的发轫

“后现代”作为一个文化范畴，严格地说，是从文学艺术和建筑界开始出现的。后现代启蒙者之一，法国著名作家乔治·巴岱（Georges Bataille，1897—1962）深刻地指出：“建筑是社会的灵魂的表现，正如人的体形是每个人的灵魂的表现一样。特别是对于官方人士来说，上述比喻更是有效。实际上，只有官方权威人士所允许和禁止的那些社会心灵的理念，才在严格意义上表现在建筑的构成部分中。因此，那些巨大的纪念碑就好像堤坝一样矗立着，用来对抗一切与官方权威的逻辑和基本精神相对立的干扰因素。正是在大教堂和重要广场上，教会或国家向公众表态说话或沉默地向他们发布强制性规定。”（Bataille, G. 1929: 171）美国社会学家帕诺夫斯基（Erwin Panofsky, 1892—1968）和法国当代社会学家布尔迪厄也高度重视建筑所隐含的社会意义。他们俩都深入研究了作为中世纪社会心态表现的哥特式建筑（Panofsky, E. 1957; Bourdieu, P. 1967）。后现代建筑学家和美学家艾森曼（Eisenman, P., 1932—）也赋予建筑以深刻的社会文化意义。他认为现代和后现代建筑都肩负着进行社会文化改革的重要使命。他说：“建筑面临着一个困难的任务，这就是将它所放置的事物进行移位。”（Eisenman, P. 1988: 7）这就是说，建筑向人们在当时当地所呈现的构成形象，隐含着未来它将变动的可能方向。建筑本身包含着革命的生命，因为它是建筑学家凝聚时代的精神和社会心态而建造出来的，同时，在建筑中象征化地表现出来的心态本身，也始终充满着生命力，充满着随时变动的可能性。正因为这样，德里达说：“解构不是，也不应该仅仅是对于话语、哲学论述或概念以及与医学的分析；它必须向制度、向社会的和政治的结构、向最顽固的传统挑战。由此可见，既然不可能存在不隐含某种政治学的建筑学论述，不可能存在不考虑经济、技术、文化和其他因素所介入的建筑学论断，那么，一种有效的或根本的解构，就必须通过建筑来传达和表现出来，必须通过建筑师同政治权力、文化权力以及建筑教学所进行的极其困难的交易来传达。总之，所有哲学和所有西方形而上学，都是铭刻在建筑上的。这不仅仅指石头的纪念碑，而且还指建筑总体上所凝聚的那些有关社会的所有政治、宗教和文化的诠释”（Derrida, J. 1987）。因此，德里达高度重视建筑方面的各种解构冒险，并认为：后现代建筑师们所从事的建筑结构解构活动，是在同我们生活中最顽固的文化、哲学和政治中的传统进行较量中最富有意义的创造性工作（Ibid.）。

在西方的建筑界，后现代建筑的产生是同德国和瑞士的一批著名画家和建筑学家所组成的“包豪斯”（Bauhaus）学派密切相关联的。“包豪斯”是由著名建筑学家格罗皮乌斯（Walter Gropius, 1883—1969）创立于1919年的建筑和运用艺术学派。这个学派先是在德国魏玛（Weimar）建立研究和设计基地，后来于1925年至1932年迁至德国德绍市（Dessau）。包豪斯学派包括德国和瑞士画家约翰内斯·伊顿（Johannes Itten，1888—1967）、法宁格（Lyonel Feininger，1871—1956）、克莱（Paul Klee，1879—1940）、奥斯卡·施莱默（Oskar Schlemmer，1888—1943）、康定斯基（Wassily Kandinsky，1866—1944）、约瑟夫·艾伯斯（Josef Albers，1888—1976）和莫霍伊-纳吉（Laszlo Moholy-Nagy，1895—1946）等人，还包括著名的瑞士建筑学家汉斯·迈耶（Hannes Meyer，1889—1954）、密斯·范·德·罗（Ludwig Mies van der Rohe，1886—1969）、布鲁尔（Marcel Breuer，1902—1981）以及奥地利著名版画家赫伯特·贝耶尔（Herbert Bayer，1900—1985）等。包豪斯建筑学派为现代派建筑奠定了基础，也为现代派建筑过渡到后现代建筑做好了充分的准备。

正是在包豪斯学派的影响下，建筑学界不仅创造和推出了一系列被称为"现代派"的建筑设计产品，而且也酝酿着超出现代派的"后现代"建筑风格。正如一位建筑美学家赫德纳特（Joseph Hudnut）所指出的：在建筑业，从20世纪40年代起，就陆陆续续兴起了后现代主义的设计思潮。他在1949年发表的《建筑学与人的精神》（Hudnut，J. 1949）一书中，偶尔地使用"后现代的房屋"（The Post-Modern House）一词，开启了建筑领域"后现代"的新时代。接着，一批又一批的建筑学家试图打破经典的现代建筑艺术，创建和新建具有高度自由风格的后现代建筑物。最早一批兴起的后现代建筑学家，是从现代派建筑中脱胎而来的"十人建筑集团"（Team Ten Architects），其中最有名的是建筑学家阿尔多·范·艾克（Aldo van Eyck，1918—1999）。这个派别首先改革了传统建筑中的空间概念，以一种抽象的空间概念为指导，设计出高浓度压缩的层级空间高楼，被称为后现代主义建筑学中的"批判的区域主义"的典范。正是由此出发，才产生了以博塔（Mario Botta，1943—）为代表的瑞士后现代主义的区域主义建筑学派。由博塔设计的瑞士弗莱堡国家银行大厦就是这一派的杰作。

这股后现代建筑的浪潮，从20世纪60年代以后进一步发展。美国著名建筑学家巴恩斯（Edwards Larrabee Barnes，1915—2004）在20世纪60年代初设计的海斯塔克山艺术工艺学校（Haystack Mountain School of Arts and Crafts）成为美国建筑进入后现代阶段的重要标志。正如美国著名建筑学家仲尼斯（Alexander Tzonis，1937—）等人所指出的："巴恩斯对他的这幢建筑物的说明所使用的关键概念是‘连续性’。关于连续性，他首先把它描述成为整合到一个社区的个人同他那个社区之间的连续性，以此来同分裂成碎片的、瞬时消失的和经常飞逝而去的现代社会相对立。其次，连续性是指时间中的连续性，而这样一来，每个建筑都是一个过程的一部分，而不是一个世界本身……最后，他又谈到空间上的连续性，指的是在尺度、色彩和气质方面不同而且分离的建筑之间，通过其间的适当距离显示它们间的间隔空间的重要性。……与此同时，由另一位建筑师惠特克（Moore Lyndon Turnbull Whitaker）所设计的海边农庄别墅（the Sea Ranch）也显示出对于自然环境的关怀，并在设计中尊重建筑物同自然环境之间的协调关系。所有这一切，显示出建筑设计对于社会互动和适应自然环境的关怀，而这些特点是 20 世纪 50 年代的建筑所没有的。这些特点也使后来的建筑不论在形式上和在建筑材料上都迥然不同。”（Tzonis，A./Lefaivre，L./Diamond，R. 1995：17）巴恩斯和惠特克等人所开创的上述建筑风格，继续发展了上述瑞士建筑学家博塔和意大利建筑学家罗杰斯（Ernesto Nathan Rogers，1909—1969）以及美国建筑学家芒福德（Lewis Mumford，1895—1990）的“区域主义”建筑学派的后现代建筑风格。英国建筑艺术评论家佩夫斯（Nikolaus Pevsner，1902—1983）把后现代的建筑比做“反先锋”（Anti-Pioneers）。

但是，只有到了 20 世纪 70 年代，后现代建筑才达到了它的新的高峰。后现代建筑的杰出代表，意大利的皮阿诺和英国的罗杰斯于 1977 年在巴黎市中心设计建造的蓬皮杜国家艺术文化中心，就是后现代建筑的新典范。它突出地显示出后现代建筑所追求的那种符合后现代人不断变化的多元“品味”（taste）的“风格”（style）。“风格”成为了后现代建筑首屈一指的最重要特征，是后现代建筑在后现代社会和文化中显现其特有文化生命和气质的关键因素。从那以后，后现代的建筑师们迅速地在西方各国设计和建造了成群的多种多样的后现代大厦。在西方建筑史上，1972 年由世界各国电视网广泛转播的、发生于美国圣路易斯市的旧建筑群“普律特·伊果”（Pruitt-Igoe）的爆破图景，被看做是西方现代派建筑死亡、后现代建筑挺身而起的时间标志。

现代和后现代建筑的发展，从 20 世纪初以来，经历了四大阶段，也表现出四种不同的风格：功能主义、折衷主义、现代主义和后现代主义。在最早的功能主义阶段，各种建筑基本上是一种经济现象，推动着建筑发明的动力是商业。在这个时期各种大型建筑的投资者都是大银行家，建筑创作的灵感受到成本效力的约束。在这种情况下，建筑成为了工程的附属品，而设计创造被压制在最底层。整个的设计和创造原则都是功利主义的。例如，在19世纪末20世纪初建造的芝加哥摩纳特诺克建筑物、共和国建筑物等等，就是这时期的建筑风格的典型表现。在第二时期的折衷主义阶段，设计出一大批有特殊风格的摩天大楼，综合了哥特式（Gothic）、古希腊神殿式（Mega-Greek temples）、新意大利康巴尼里派（Neo-Italian Campanili）、文艺复兴巴拉其派（Renaissance Palazzi）以及中世纪各种城堡式的各种特色。这一时期的建筑物中，有纽约的神殿大院摩天楼（temple court）、标准石油公司建筑大楼（standard oil building）以及自由大楼（liberty tower）等等。现代派建筑综合了现代技术的各种成果，并以高度的建筑技巧创造出矗立于20世纪大都会中的成群的美观大楼。现代派建筑家在设计的过程中，充分考虑到从艺术到人类生活条件的各个领域的重大变革，同时又依据技术和文化发展的最新成果，设计出一系列在结构上高度符合美学原则、具有简而美双重特性的楼群。例如在第二次世界大战后，纽约市的列维大厦、芝加哥的联邦政府中心以及芝加哥的全国钢铁公司大厦等等，都表现了这一时期现代派建筑的特点。后现代的建筑把各种建筑的技巧和风格推进到新的高度，以至于可以说它兼并了人类智慧发展的优点和缺点两方面的因素，体现了人类创造自己的文化的无限能力及其内在危机。例如，建造于1978年至1983年的纽约AT&T大厦、建造于美国路易斯威尔的休马纳总公司（Humana Inc.）大楼以及建筑于1981年的芝加哥西北的交通运输中心大厦（Northwestern Terminal Building），等等。

（十一）"后现代"文学艺术评论的争论浪潮

与后现代建筑同时发展的，是在文学艺术界，由美国作家欧文·豪（Irving Howe，1920—1993）发起的关于"后现代"的文学艺术评论的争论浪潮。他在《大众社会和后现代小说》一文中指出："现代的伟大文学作品，以叶芝、艾略特、庞德和乔伊斯（James Joyce，1882—1941）的作品为代表，是通过他们伟大的自由创造精神，为后现代的创作提供了思想方面的启示。"（Irving Howe，1959：420—436）

在豪之后不久，美国作家哈里·莱文（Harry Levin，1912—1994）发表了《什么是现代主义》（What Was Modernism，1966）一文，同豪就“后现代”同“现代文学”的关系展开了争论（Harry Levin，1966［1960］：271—295）。就这样，在文学评论界展开了一场关于后现代派文学的论战。1969年美国作家菲德勒（Leslie A. Fiedler，1917—2003）发表著名论文《穿越边界——填满缝隙》。他在这篇文章中强调：从1955年以来，现代文学陷入了垂死挣扎的阶段，而后现代文学却方兴未艾（Fiedler，L. A. 1969：151，230，252—254）。

实际上，文学艺术界的这场论战，在欧洲的法国，由于存在主义文学和美学的发展，早已经围绕着“精英文化”和“大众文化”的关系而开始激烈地展开了。

从第二次世界大战结束到20世纪50年代中期，在存在主义思想家萨特、西蒙·德·波伏娃（Simone de Beauvoir，1908—1986）和加缪（Albert Camus，1913—1960）的影响下，法国文学出现了“荒诞派”和“新小说”以及“新批评派”。他们都对现代主义文学艺术表示了极大的不满。他们认为：现代主义虽然对传统古典文学进行了批判，但是并不彻底。现代主义的不彻底性就在于：第一，没有彻底破坏传统文化的理性中心主义原则；第二，他们继续延续传统的语言表达风格以及语言形式主义；第三，现代主义仍然不敢彻底打破传统道德的约束，也不敢向传统的社会规范进行挑战；第四，现代主义醉心于创建“划时代的”作品，醉心于“大体系”的建构。

在存在主义的影响下，这些文学艺术评论家和作家纷纷退回到尼采和海德格尔（Martin Heidegger，1889—1976）那里，试图从这两位反传统的思想家的思想宝库之中，吸取彻底批判传统文化的精神养料。同时，20世纪50年代前后在社会和人文科学中兴起的结构主义和符号论以及诠释学的浪潮，又进一步为这批离经叛道的文人们推波助澜。

正是在这个转变的时刻，贝克特、尤内斯库（Eugene Ionesco，1912—1994）和阿达莫夫（Arthur Adamov，1908—1970）等人的荒诞派戏剧，在后现代文学艺术的创作中，树立了最好的榜样。他们的荒诞戏剧，实际上是“反戏剧”。“反戏剧”的出现，是后现代文化艺术“反文化”和“反艺术”的最早模本。尤内斯库在1949年发表的《秃头女歌唱家》（*La Catatrice Chauve*）、阿达莫夫在1949年发表的《滑稽模仿》（*La Parodie*）以及贝克特在 1953 年发表的《等待戈多》(*En Attendant Godot*)，都一反传统戏剧的传统，没有故事情节，不要有个性的人物，将人物非人性化，忽略对话，否定语言，采取奇特而怪异的表演方法和舞台艺术，赤裸裸地表现剧本的“反文化”的原则，旨在破坏传统戏剧，完成戏剧的革命。

(十二) 后现代的“反文化”原则

后现代文化的“反文化”原则，也集中在它对于传统语言的彻底否定。它一方面批判传统语言的语音中心主义，破坏传统语言体系的“意义指涉系统”；另一方面用毫无规则、任意发明和不断重复地进行的符号游戏去代替文化的创造，并在这种符号游戏中实现他们所追求的最大限度的创作自由。这就导致以游戏的基本精神指导下的后现代艺术和当代文学批评运动的恶性发展。

后现代艺术所要扬弃的是长期限制自由思想的传统语言、意义系统、形式和道德原则等，他们所寻求的是没有权力关系的平面化、无特定深度的典型表象呈现，以便通过各种炫目的符号、色彩和光的多重组合去建构唤不起原物的幻影或影像，满足感官的直接需求。因此，一切传统文化的创作原则，都被后现代主义者看成为限制、宰制，甚至破坏其创作自由的桎梏。

在美国文学评论界，以保罗·德·曼为代表的耶鲁学派主张：文学艺术创作不应该把重点放在语言的表达能力上，而是应该注重于表达思想创造自由的高度灵活的文风的造就和运作。不是语言约束文风，而应该是思想的高度自由创造出多种多样变化不定的文风。作家的文风的不定性，还表现在：作品完成以后，文风的生命和运作就完全脱离了作者本人。在这个意义上说，只有“作者死去”(the death of author)，才能够使公之于世的作品，真正地成为作者和读者不断重新创造的新出发点。

在英美文学界由兰塞姆 (John Crowe Ransom，1888—1974)、布鲁克斯 (Cleanth Brooks，1906—1994) 和华伦 (Robert Penn Warren，1905—1989) 等人为代表的“新批评派”，将对于作品文本的分析放在中心地位。他们不再重视作者个人生平、心灵和社会历史脉络的影响，而是在强调文本分析的同时提出了“封闭阅读”(close reading) 的基本口号。“封闭阅读”就是只考虑作为文本的文本，只分析文本本身。新批评派的封闭阅读方法虽然一方面试图遵循德里达的“解构主义”原则，但另一方面，它并没有彻底贯彻

“解构”的基本精神。然而，新批评派毕竟将解构主义引进了文学批评运动，而且也对耶鲁学派的彻底解构文本给予了深刻的启发。

以保罗·德·曼为代表的耶鲁学派文学批评家们，把法国后结构主义思想家米歇·福柯和德里达的“解构主义”应用于文学批评，使后现代文学批评注重于文本的“解构”，并在文本的解构中进行最自由的新创造。保罗·德·曼等人不再贯彻新批评派的原则，不在文本结构中突出寻求语音上、语意上和语句上的一贯性和系统性，而是特意寻求文本中各种不可化约和不可重复的矛盾性、含糊性和吊诡性。保罗·德·曼等人最感兴趣的是在文本结构中所隐含的“不可阅读性”（unreadability）。这种“不可阅读性”与其说属于文学性质，不如说属于某种道德性，某种隶属于伦理义务的因素。在米勒看来，对于一个“好读者”来说，发现文本中的不可阅读性是很容易的。他认为，阅读的伦理原则并不是实行某种系统的理论分析原则，也不是为了将文本结构纳入到所谓正常的观念性论述系统中，而是有意识地去发现文本的矛盾性质及其不可阅读性，以便使阅读本身导致失败。这就意味着，任何阅读活动是一种新的创作游戏，不是要重复文本本身的创作原则和创作途径，而是破坏它们，并从中走出一条原本意想不到的新出路。

后现代主义的反文化性质也是高度发展的信息和讯息社会的产物。由于后现代社会计算机和数据库的广泛运用，人类知识空前膨胀，也反过来约束着人类的心理运作机制和行为模式，也影响着人们在日常生活和艺术创作中的品味取向。信息化和讯息化加强了文化及其产品的符号化，更加强了文化产品复制的速度和节奏。同时，由高科技高效率生产出来的产品，在使商品化渗透到社会生活各领域的同时，也加强了人们的消费意识，高雅文化和低俗文化之间的差异在商品化和消费化中逐步消失，从而改变了人们的审美观点和品味，导致某种反文化、反艺术和反美学的倾向。

但是，从正面来讲，后现代在文化上所追求的那种绝对自由的精神，如前所述，势必导向“反文化”和“反艺术”。在实质上，后现代文化所进行的反文化和反艺术创造，只是意欲使文化变为实现思想自由的最高境界。要实现思想自由，不仅要超越现实的社会物质条件和各种文化制度，而且也要打破一切形式的约束。由于文学艺术自古以来都是以各种各样的形式来表达不同内容的创造活动，所以传统文学艺术始终都是脱离不了一定的形式的。在文学艺术发展的过程中，它的任何一个历史成果和创作经验，都以某种形式固定下来，并由此成为后世各种文学艺术创作的典范。在这种情况下，文学艺术的形式，一方面是文学艺术创作必须采取的表达方式，另一方面又成为了各种传统文学艺术对于后世文学艺术创作的约束性力量。文学艺术形式的这个特点，自然地成为了追求绝对自由的后现代派争相摆脱的主要批判对象。所以，后现代派所进行的反文化和反艺术，归根结底就是要彻底打破传统文学艺术的各种形式。而这样一来，反艺术和反文化，就成为了一种反形式的游戏（详见本书第八章）。

（十三）后现代文化的游戏性质

其实，任何反形式的游戏，本身又是形式游戏；只不过它是一种旨在破坏形式约束的、不以追求固定的形式为目标的形式游戏。

根据后现代文化理论家伽达默尔的意见，真正的游戏本来就是绝对自由的来回运动。任何一种真正的游戏，其游戏的主体绝非陷入游戏的游戏者，而是游戏本身。也正因为如此，任何真正的游戏都是无目的的、不追求形式的自由运动，是不受到任何一种固定形式所约束的。达到了这样的真正自由状态的游戏活动，才是确实地进入艺术创作的领域。

由此看来，后现代艺术所追求的反形式的艺术创造活动，是一种无规则、无主体和无目的的游戏活动，是为了创建人类文化史上从未有过的一种崭新艺术。然而，后现代主义所追求的这种艺术游戏，确实又受到了现实社会条件的限制。只不过后现代思想家们并不把这种限制看做他们从事艺术游戏的障碍，反而看做是进行一场艺术创作的冒险游戏的真正动力。后现代派对于艺术的这种态度，是他们对待生活的游戏态度的集中表现，也是他们力争使生活变得高度自由的表现。

后现代文化的游戏性质，又可以集中地体现在后现代社会条件下的语言游戏和符号游戏。如果说，任何社会的语言论述和话语运用都是采取语言游戏的基本形式的话，那么后现代社会文化条件下的语言游戏，才是真正意义的语言游戏。这是因为一方面后现代社会文化形成前的一切语言游戏，都避免不了受到权力和其他社会中介力量的干预，因而那些语言游戏都或多或少地偏离了真正自由的语言游戏模式；另一方面，只有在后现代社会和文化的条件下，文化的高度发展和个人自由的无限追求，使社会正当化不得不采取语言游戏的基本模式，因此，语言游戏才成为后现代社会人们公认的生活模式和思考行为模式，也成为处理相互关系的基本模式。

后现代思想家利奥塔等人反复强调：后现代社会人类知识和思考行为方式都已充分纳入信息化和符号化的系列。因此，后现代的语言游戏实际上已把游戏中的语言逐步转变成为各种具有文化生命力的符号（Lyotard, J. -F. 1979）。在此情况下，后现代社会的真正自由的语言游戏，实际上也就是具有高度文化创造自由的人所进行的各种多元化符号游戏（Baudrillard, J. 1976；1981；1990）。

（十四）后现代文化对自由的无限追求

在这样的自由创作原则的指导下，后现代派思想家和文学艺术家试图用一种自由而潇洒的态度去对待冷酷而异化的现实世界，以乐观和自然的无所谓态度去迎接各种创造活动中的冒险，去品尝创作的困难中所隐含的各种复杂的酸甜苦辣滋味，也就是在一种精神炼狱中寻求最大的自由。

所以，后现代之所以是一种社会文化范畴，恰恰是因为资本主义的文化自由创造精神是基于真正的思想自由。后现代作为文化范畴，必须具备一种比资本主义的自由更高的自由精神，才能完成它的使命。这就要求在“后现代”条件下把这种自由推向最高点，甚至发挥到极端。在这种情况下，它除了以“不确定”、“模糊”、“偶然”、“不可捉摸”、“不可表达”、“不可设定”及“不可化约”的词来表达以外，除了采用象征性的形式以外，再也无法采用其他的表达方法。只有采用“不确定”才能表达和运作的那种文化，才是实现了高度自由的文化。

所以，“后现代”与其说是一种社会文化性的范畴，不如说是表示某种时代精神的思想性范畴和表达心态的范畴。

第五节　作为一种心态和思维模式的“后现代”

（一）“不可捉摸”和“不可表达”的后现代心态

作为一种表示时代精神的思想性范畴，“后现代”所要表达的是一种

“不确定”、“模糊”、“偶然”、“不可捉摸”、“不可表达”、“不可设定”及“不可化约”的精神状态、思想模式、品味模式和事物状态。

这首先是指在后现代文化自由创造过程中所表现的那种特殊心态模式；同时，又是生活在后现代社会条件下，面临当代社会各种矛盾和危机以及各种吊诡的后现代文化产品的人们的一种生活心态。它既是创作心态，又是品味模式；既是思考模式，又是行动样态；既是观看直觉方式，又是生活心态；既是自律方式，又是评判他人及处理与他人关系的标准；既是理论的准则，又是实践的原则；两者是相互渗透和相互转化的。

后现代社会的形成和后现代文化泛滥的结果，早已把生活和文化创造活动紧密地相互渗透在一起。如前所述，后现代社会充满着空前未有的人为和非自然的文化因素，而且这些文化因素也已经渗透到社会结构的各个方面，已经同人类各种类型的活动紧密结合在一起。创作贯穿于生活中，生活又充满着创作活动。这一切，使后现代社会的“后现代人”产生出将创作思维模式和生活模式结合在一起的条件。

实际上，大量的人类学研究资料和文化史考察证明：人的思考和思想的基本模式是含糊性的。“混沌”（Chaos）不仅是世界客观事物存在的基本形式，也是人类思考和心态的一种原本模式。经过长期发展并为社会文化统治者所控制和操纵的传统文化，在确立了其统治地位之后，就逐渐地以种种有利于统治者继续维持优先地位的各种人为方式，将人类原始本性中的模糊思考方式，逐渐地改造成为逻辑精确化和表达精确化的模式。所以，后现代所追求的“模糊”思考模式，是经历了长期文化发展曲折，而又最终返回原始自然文化形态的人类思考模式。正如斯潘诺斯所指出的，后现代主义的特征是“复制”，而它的基本世界观是重视偶然性，重视各种不确定的“机遇”（Spanos, W. V. 1979）。

（二）思考和生活的共同心态模式

将创作模式和生活模式结合在一起，对于后代现人来说，既是一种快乐和愉悦，同时又是一种痛苦和烦恼。这种具有双重结构的心态模式，同时又是后现代人在生活和创作各个领域中进行游戏的一种精神状态。

思考和生活模式的一致性，本来是人类生存和文化的基本特征。人类生存不同于其他动物生命活动的地方，就在于将自身的生活逐渐地并不断地纳入文化形式。反过来，不断发展的文化形式，又渗透于人的生存方式之中，并不断使人的生活复杂化、丰富化和象征化，也为生活和文化同时不断发展，并不断更新创造了条件。可是，人类社会和文化发展的结果，导致一层又一层的社会分工，而且，占据优势地位的统治者，又试图不断扩大和巩固各种社会分工，并使之制度化和固定化。随着社会分工的扩大和巩固，上述原有的生活和文化之间的渗透和共时发展模式，逐渐地被破坏了。文化越来越脱离生活，并被统治者有意地不断加深与生活的割裂，最后导致两者之间的对立。也就是说，依据传统的社会分工原则，只有统治阶级及其所附属的优势社会力量，才有权力甚至是特权掌握或垄断文化及其再生产。这样一来，原来普遍存在的生活和思考的共同心态模式，逐渐地被破坏；而使生活与思考分离并对立的思考模式和基本心态，逐渐地被传统文化正当化，也因此成为了“合理”和“正常”的心态和思考模式。

既然是“不可表达”的“不确定”，因此，试图以各种方式，哪怕是以什么样的“新”方式，包括以“后现代”这个新词来“表达”，其本身就已经是一种不得已的矛盾和吊诡。

追求“不确定性”，作为后现代的心态和思考模式，是同传统和现代的思考模式根本对立的，因为传统和现代的思考模式是以追求“确定性”为最高目标的。

自古希腊以来，逻辑中心主义和语音中心主义的思考模式总是把“确定性”当做“真理”、“善”和“正义”的标准理想形式。第一个以逻辑中心主义和语音中心主义设立“确定性”作为真理标准的西方传统思想家就是柏拉图。柏拉图认为现实世界中的各种现象都是虚幻的，因为它们都是变动的和不确定的。在柏拉图看来，凡是不确定的就是不可靠的。为了寻求可靠的真理标准，柏拉图宁愿到变动着的现实世界之外的“理念世界”，把排除各种特殊性和个别性的最一般的“形式”（Idea）当做真理的标准。形式之所以可靠，之所以成为真理的标准，就是因为它是确定的，不变动的和永恒的。柏拉图之所以在现实世界之外的理念世界中寻求真理的标准，正是为了使思考和行动的主体在主体之外找到进行正确思考和正确行动的“客观”标准。这样一来，一方面为传统的主客体统一的思考模式的正当化找到了根据，另一方面又奠定了这种思考模式的客观基础。

从那以后，经历近两千年的巩固和发展，这种传统思考模式不仅指导了西方的文化创造活动，而且也规定了西方人的整个生活方式。值得注意的是从文艺复兴以后，特别是 18 纪启蒙运动以后，由于自然科学和生产技术的蓬勃发展，这种主客体统一的思考模式和生活方式，更加巩固地普及开来，使之成为了西方社会各种制度和法制所赖于建立和巩固的思想基础。

但是，20 世纪西方社会的迅速变化，特别是思想和文化创造活动方面的激烈变动，使西方人越来越感受到上述以逻辑中心主义和语音中心主义为基础的主客体统一的思考模式的僵化性和宰制性。在客观上，自然世界和社会世界的进一步发展，显示出世界本身本来就充满着不确定性和偶然性。因此，不确定性本身不是现实世界中的不正常现象；相反，否定不确定性，反而是违背世界现实状况的，因而是不正常的现象。就人的思想运作过程而言，思想和表达思想的任何话语本身，也是充满着不确定性。这种不确定性不仅不是不利于思想的自由开放，反而是思想自由的绝对条件。正是凭借着思想和话语的不确定性，思想才有可能在更广阔的时空和超时空的维度内进行自由创造。就人类的生活和行为的方式而言，不确定性和确定性本来就是互相补充的。生活和行为的方式，固然需要一定程度的确定性，以便在确定性的形式中不断总结和传递历史的经验，但是，仅仅靠确定性，反而约束了和限制了生活和行为的方式。因此，生活和行为方式对于不确定性的需求，远远超出对于确定性的需求，因为只有通过不确定性的形式，生活和行为才得到真正的开放式的自由。

（三）“一看就信”和“一看就照做”的后现代心态

反对传统思维模式的结果，使后现代人，特别是被称为“新新人类”的年轻一代，不再顾忌逻辑思维和反思等严谨的和系统性的理性活动，只注重“当下”立即可以达到欢乐目的并直接得到验证而生效的感性活动。问题已不在于追求复杂曲折的真理或各种抽象的理念，而在于能否及时满足个人的欲望，特别是满足随社会激烈变动而不断改变的个人欲望。同时，后现代社会和文化的“复制”性质及其机遇性，一方面并不要求人们费尽心思进行思考，另一方面复制的高节奏和高效率也加强和促进了“光看不想”的倾向。

由利奥塔指导并组织的“非物质数据展览会”（l’Exposition Les immatériaux）就是以“一看就信”和“一看就照做”的后现代心态和行为模式作为指导原则。这场于1985年3月至7月在巴黎蓬皮杜国家艺术文化中心举行的后现代展览会，以五光十色、琳琅满目的后现代文化产品的自我展现，为“一看就信”和“一看就照做”的后现代心态和行为模式进行正当化的程序。

在这种情况下，行动和日常生活中不再需要过多的理性逻辑思维，只需要随时可应付急变而又高速生效的感性而已。在这个意义上说，后现代的思考和生活相统一的模式，就是“不再思考”的模式。当然，“不再思考”并不意味着真的不再思考，而是拒绝以传统的理性逻辑思维方式，代之以最适应社会文化高度变化的非确定性思考方式。以感性代替理性逻辑思考，就是其中最普遍，又能为多数“新新人类”所接受的一种思考模式。显然，后现代社会和文化已改变了“思考”本身的意义和性质。不用大脑思考，只要靠眼睛、鼻子和触觉直接辨别就够了。在这种情况下，像漫画、边唱边看边思考边玩耍的生活和思考模式，迅速地在后现代社会和文化的泛滥中扩散开来。

把视觉提到社会活动和社会生活的首位，不仅是因为后现代社会文化的高度发展，使社会成员具有足够的文化知识和文化生活的经验，足以通过视觉感官本能地或直观地判别社会文化生活中迅速涌现出来的各种新事物；而且还因为视觉在人的身体官能运作过程中始终占据重要地位。对后现代主义产生深刻思想影响的法国哲学家梅洛－庞蒂（Maurice Merleau-Ponty，1908—1961），在研究身体和精神活动的相互关系以及身体感官的现象学的时候，早就深刻指出：人的眼睛和视觉是人生存的首要条件。他说：“只有当观看和可见到、触觉和被触摸、一只眼睛和另一只眼睛、手与手之间相互交错的时候，人的身体才存在在那儿。”（Merleau-Ponty，M. 1964：16—17）眼睛和视觉不但保障了人的身体的存在，也为身体在自然界和社会中的运作提供了最重要的条件。在这方面梅洛－庞蒂进一步指出：“我所看到的一切，基本上就是我的能力所及的范围，至少是在‘我能够’的图景中所显示的‘我的视觉的范围’。我所看到的那个图景和‘我能够’的图景是相互补充的，构成为我的存在的整体。可看到的世界和我所能完成的计划的世界，就是我的自身存在的整个部分。”（Ibid.：17）其实，人类学研究也指出：任何生物和人的生命活动的最早时期，都是通过视觉和听觉的美感而同生活在其中的世界进行沟通和协调的。达尔文（Charles Darwin，1809—1882）在《物种起源》（*On the Origin of Species by Means of Natural Selection*，1859）一书中指出，生存竞争首先就是“性选择”；而性选择又是首先通过视觉的美感来完成的（Darwin，Ch. 1859）。到了后现代社会，后现代人的生活方式又重新恢复到原始人的那种自然生活状态。通过观看和视觉，可以实现和完成社会和文化生活中的大部分事情。而视觉和观看所具有的另一个重要优点，就是活生生地和自然地保存着客观对象的本来面目。这对于追求“按自然方式生活”的后现代人来说是非常重要的。

（四）不再关心真理的后现代思考方式

传统文化一向认为：只有依靠理性逻辑思考，才能掌握真理。后现代社会文化现象的高度不确定性、后现代社会文化现象高度象征化的结构特征，使追求固定的真理体系的各种认识活动失去了意义。信息化的后现代文化，首先采取各种形象的象征结构，以感性可以直接接受的赤裸裸图形化方式，特别是以直接给予感官愉悦效果的形象结构显示出来。其次，后现代文化借助于高科技力量和各种管道，使信息化的结构高效率地自我复制和自我区分，造成信息化产品在社会中的泛滥和不断重复，也造成生活在后现代社会中的人民大众，身不由己地生活在这些不断复制和不断区分化的信息结构中，不仅把它们当做其自身生活世界的外在条件和客观对象，也不知不觉地成为了他们的精神生活的内在组成部分。换句话说，高效率自我复制和区分化的信息文化，不只是停留在社会大众的外在世界中，而且已经不断地内在化，成为他们精神活动和肉体活动的指导原则。

以感性活动代替逻辑思考，同时就是对于主体中心本位主义的传统思考模式的彻底批判。后现代主义强调一种无中心、无主体、无体系和不确定的思考活动，并把这种思考活动直接同实际的行动，特别是同日常生活行动结合在一起，试图彻底克服传统文化将理性思考抽离出实际活动，特别是抽离出日常生活世界的倾向。在后现代思想家看来，在直接性活动中，将思考同生活结合在一起，就是不再将认识活动和思考活动神秘化，从而使各种概括、比较、综合和判断活动，将各种一向被传统逻辑中心主义垄断化和分割化的思考活动，直接体现在生活的各个领域中。

后现代思想家利奥塔在80年代初于巴黎蓬皮杜国家艺术文化中心组织召开了一次后现代文化展览。展览会不但集中显示了后现代信息化文化的多元化和不确定的具体内容，而且采取了后现代图形化和象征化的具体展现形式。利奥塔本人的意图，不只是展现和介绍后现代文化的特征，而且是使参观者通过“一看就懂”和“一看就信”的后现代思考模式直接进入后现代的文化世界，使参观者走出展览会后感受到后现代文化的内在化效果，在参观者心目中产生后现代的心态。詹姆森曾经以“认知绘图”（cognitive mapping）的概念概括后现代社会人们认知、思考、观察和行动的基本模式。他是借用地理学家凯文·林奇的《城市的想象》一书中的概念，用来描述人们认识城市周围环境现象的基本观察模式。詹姆森认为后现代的“认知绘图”基本上是一种隐喻式的思考和行动模式，用它来概括生活在高度都市化的后现代人的心态，用来描述后现代人处理个人与社会、与自然相互关系的观察和行动方式。而在“认知绘图”中，观看和视觉是最重要的一环。

后现代社会的条件和文化再生产的特征，是上述“一看就信”的思考模式得以泛滥的社会基础。造成后现代上述思考同生活相结合的思考模式的后现代社会和文化条件，包括：第一，后现代社会的高度信息化使社会文化现象几乎全部化约成为形象化和图形化的信息结构。面对形象化和图形化的信息结构，人们不再需要作复杂曲折的抽象理性思考。形象和象征结构的信息体系，将各种社会文化现象直接地显现出来，使人们“一看就懂”。第二，在文化霸权横行的后现代社会和文化条件下，掌握着信息和商业沟通资源的社会特权势力，采用在他们看来最有效的形象和象征宣传体系和沟通媒介机构，使被宰制的社会大众，不得不生活并面对被垄断的象征信息体系的再生产旋涡。第三，高度发达的后现代科技力量，有能力并有意识地以高节奏和高效率的方式，不断复制和再生产各种后现代的信息化社会文化现象，使生活在其中，并时时刻刻面对着它的社会大众，在来不及沉思或思考各种新产生的社会文化现象的时候，这些形象和象征化的信息化社会文化就发生了不确定的变化。瞬息万变的社会信息，加强和推动了“一看就信”的倾向，加强了不作系统思考和不遵守固定逻辑形式思考的倾向。

第六节　作为一种生活方式的后现代

（一）后现代生活的游戏化

法国社会学家和人类学家保罗·约纳（Paul Yonnet, 1948—2011）指出：从第二次世界大战结束以来，法国人越来越醉心于赌注性的游戏活动。他认为，这反映了法国人的一般心态，一种建立在不确定性基础上的赌注冒险心理（Yonnet, P. 1985）。

保罗·约纳列举了流行于法国社会的各种冒险性赌注游戏活动，并把这些活动同第二次世界大战后西方社会的现代性的变迁联系在一起加以分析。他认为，任何一种冒险性赌注游戏活动，已经不与传统社会中早就存在的那些赌注性游戏活动相类似，也不是它们的自然延续。在当代的每一种赌注性游戏活动中，不仅隐含着参与这些活动的人们的各种新的神秘心态，而且也隐含着同当代社会变迁紧密相关的社会历史因素，甚至包含除文化以外的政治、经济和军事等各种因素。这就是说，当代西方社会中各种赌注性游戏活动，已经不是传统意义的纯粹游戏，而是同时隐含参与者复杂心态和整个社会环境复杂因素的某种复合体，某种带有更多象征性质和象征结构的新因素。例如，保罗·约纳指出，越来越多的人的晨跑活动，实际上就是对于处在危机中的身体的一种回应；摇滚音乐无非是全球范围内心神不定而无方向地寻求出路的年轻一代的创造发明；风靡一时的养宠物活动，正是表现后现代人走近人间生活边缘时对于原始自然生活的留恋；充斥社会各角落的汽车，是动荡中的社会试图在流动中实现不流动的幻想；瞬时即变的时装表演，是在后现代紧凑生活节奏中疲劳的人们，幻想进入一种新的生活逻辑的表现；如此等等。所有这一切，不只是游戏活动形式的转变，而是生活方式、社会结构和人的心态整体发生变化，并同时整体地走向不确定的表现。

（二）后现代游戏生活方式的社会基础

在这种冒险赌注心理的指导下，基于对社会不确定性的估计，西方人越来越倾向于过着某种游戏式的生活。根据最近 20 年西方各国对于民众生活方式和风气的多次调查统计，几乎所有先进的西方国家，电视节目中属于休闲游戏的一类，特别是附有中奖机会的休闲游戏综艺活动，成为最受欢迎的节目。调查还显示，观看和参与这些节目的民众，其动机主要有三：第一，纯粹为了寻找快乐；第二，为了消磨时间；第三，为了获取中奖机会。上述三个动机的产生都同当代社会结构的变化以及当代西方人的心态特征有密切关系。

把寻找快乐当成生活的一个主要目标，是因为一方面社会生活，特别是紧张的职业活动和各种令人窒息的社会动荡以及日益隔离化的异化状态，使民众争先恐后和千方百计地在大众媒介和电视节目中寻找欢乐的机会，另一方面，是因为后现代社会和文化的多样化以及后现代消费生活的提升。上述原因，再加上当代社会日益严重的失业现象，使越来越多的成年人在失业无望的情况下难以度日，也进一步加强了民众观看这些节目的倾向。流行于后现代社会的功利主义和实用主义道德风气，也促使民众抱着投机和营利的心态，积极参与有获奖机会的各种综艺节目。在法国、德国、英国和美国以及意大利，电视中有中奖机会的综艺节目和休闲游戏活动，多数是安排在中午休息时刻和晚饭前后，主要是吸引大量的失业者和家庭妇女。大量的调查材料显示，民众甚至把一天中相当多的时间消耗在欣赏和参与这些节目的活动中，而他们自己也往往为参与活动而津津乐道。为了迎合这些民众的兴趣，节目主持者和策划者投入越来越大的奖励基金，使中奖获利的数额提升到越来越高的程度，甚至达到中奖一次便可取得相当于一到数月薪资的程度。

生产急速发展的结果，高效率地提升了经济生产能力，单位时间里所生产出来的丰富社会财富，不但有可能大大缩减整个社会的生产活动的时间，为生产以外的各种活动提供更大得多的时间空间，而且也为在经济范围之外解决再生产的开发和危机创造了新的可能性。就是在这样的社会历史条件下，要求打破生产在整个社会活动中的中心地位，打破传统旧有的“以生产为中心”的社会活动模式，要求把消费问题放在经济范围之外，也就是放在整个社会系统中，使消费不再成为单纯的经济活动的附属因素，使消费进一步同经济以外的政治和文化因素关联起来。通过消费在社会中的渗透和扩大，而使整个社会的各个领域和各个层面，包括原属于私人领域和个人精神生活领域的层面，都成为消融经济因素的汪洋大海，从而使人从原有的劳动主体的中心地位改变成为社会多元化活动的主角，成为新型的以消费休闲为主的游戏文化活动的主体。

当消费远远超出经济范围而成为社会和文化问题的时候，消费这种行为就涵盖了越来越多的社会和文化的性质。因此，后现代社会的一个重要特征就在于：消费不只是经济行为，而且也是社会行为和文化行为。新的消费行为改变了原有的消费概念，使社会中出现了一系列由消费活动所开创的新领域，这些新领域几乎横跨了社会的各个部门，例如观光、旅游和休闲问题，除了属于经济以外，还包括文化的各种复杂因素，成为经济、政治和文化相交叉的问题，也成为当代社会的一个重要问题。只有在经济和文化高度发展，同时社会中除了少数大量集中财富的富豪以外，又出现比例越来越大的中产阶级的时候，也就是说，只有在社会各阶层结构发生根本变化的时候，才有可能使观光、旅游和休闲变成为社会的一个新的基本问题。观光、旅游和休闲事业不断发展的结果，不但反过来带动了经济生产和交通运输的发展，改变了社会的城乡结构，也加速了经济与科学和文化间的相互渗透，同时也在很大程度上改变了人们的生活方式和生活风格，深深地影响着人们的日常生活方式和心理结构。

后现代社会和文化的信息化及其商业化、垄断化和全球化，又促使了休闲文化活动的膨胀，特别是导致休闲文化活动的进一步功利化和实用化。各种文化休闲活动越来越沾染上冒险赌博的游戏性质。同时，在文化休闲领域中日益泛滥的冒险赌博的游戏活动，也促成了日益众多的民众养成游戏的生活方式和风气，形成在生活中游戏或在游戏中生活的心态。

（三）后现代游戏生活的特征

这种后现代游戏式的生活表现出以下几个重要特点：

1. 不再遵守传统道德和规范所规定的协调祥和的生活，宁愿在不断突破传统规定的叛逆性生活方式中尝试各种新的生活的可能性。他们把遵守传统道德和规范看做是刻板僵化的生活模式，并把这个模式当做人生烦恼的主要来源。后现代所追求的这种生活方式，就是使生活避开规律性和规范性的约束，在不停的变动中使一生充满多元而丰富的内容。后现代主义者不喜欢安定和秩序，也不喜欢重复单调的生活，他们把固定不变的生活比做“一潭死水”。在他们看来，由不变的安定所提供的“安逸”并不是真正的幸福生活，它不但消磨人的生活和创造的意志，而且也在实际上维护着传统的规则。真正的快乐是不断重新找到以往从未有过的新事物；这尽管是一种冒险，但冒险本身所提供的快乐正是进行新的创造的精神动力。

2. 充分利用当代消费社会所提供的休闲生活条件，宁愿过着以消费旅游为基本生活方式的新“游牧式”生活。法国著名后现代思想家德里达说过：“我是一位到处流浪的哲学家。”（Je suis un philosophe érrant）德里达的话体现了古希腊早期以“无为”为乐的乐观主义哲学家们的生活理想。到处流浪的人之所以到处流浪，不是因为没有希望；恰恰相反，正是因为抱有希望，才不断地向前走。流浪的人是“旅人”（Homo viator），是开天辟地时期人类的最早原型，是最原始的人面对周遭世界寻找出路，并抱有成为“人”的希望的人。只要是在旅游中游荡，就意味着存有生活的希望。“目标”本身的具体性并不重要，因为目标越是具体，继续走下去的希望就越小和越有限。因此，后现代的人宁愿在旅游中无始无终地游荡，寻求非具体的目标，以便达到永远寻求目标、永远抱有希望的目的。德国哲学家海德格尔深刻地以“林中路”作为象征性的比喻，表示人的无目的的思考所处的理想境界。在本质上是自由的思考，本来无须任何预定的目标，也无须遵循固定的路线，唯其如此，自由的思考才有可能真正自由地展开，才有可能达到自由思考所追求的真理。林中路，就是没有方向和无目的的路。人的一生，就是在类似于“林中路”的人生道路上进行自由的探索。

3. 将生活艺术化和美学化，不但使生活充满着艺术的气息，而且使生活本身也成为艺术。这就是说，不是把艺术当做生活的附属品，当做生活的手段和工具；而是把艺术当做生活的本体，当做生命本身。在后现代的人看来，艺术的本质就是游戏。因此，艺术就是生活的原本，就是生活的典范，也是生活的真正理想场域。这样一来，后现代的生活方式，就是玩生活，或者，就是在玩中生活，在玩中寻求新的自由，在玩中不断创新。

4. 后现代的生活方式就是女性化的生活方式。在后现代主义看来，女性化的生活方式体现了人生对于生活的“引而不发”和“后发制人”的态度。后现代主义者所追求的“女性化”的生活方式，是在彻底打破传统二元化对立思考模式和男人中心主义文化生活模式的基础上提出来的。因此，他们所说的女性化生活方式，不是过着传统文化所型塑的那种女性生活方式。女性生活方式，实际上表示一种无中心、无规则、无父权中心主义道德原则、无逻辑中心主义理性原则以及追求“永远区分化”的生活方式（详见本书第六章）。

在某种意义上说，后现代主义者推崇古代中国老子和庄子的生活哲学，主张以女性化的无为精神来指导自己的生活。在他们看来，女性的优柔寡断，正是人生能屈能伸应付周在复杂变局的理想态度，也表现了一种最自由自在的生活方式。女性化也因此成为了后现代主义的一种象征，以不断的“向内折”的反思态度对待生活，以此作为自身随时“向外折”显示自由的灵活立足点。

后现代主义者所追求的女性化的生活方式，当然不能简单地以为所有的人都变成女性；后现代主义的女性化，如前所述，只是一个象征，它所要表达的是实现一种从容不迫、静中有动和随机应变的生活方式。这种生活方式的一个重要特点，就是不断地采取中介化的过程，使生活方式本身变成为内容不断丰富的多元结构，同时也实现不停地创新的过程。把女性化理解成为中介化，可以使生活避免僵化和过分直接，同时也给予生活本身越来越多的回旋的余地，并在迂回中不断地扩大自由的可能性。女性化的中介化，就是鲍德里亚的“拟像”论中所说的“掩饰”策略，用不断的化装层层地将自己潜入底层；这也就是德里达所说的那一种“延缓”和“迂回”的策略在生活中的应用。女性的一般性格的特点便是在“随和”中随机应变；善于“忍”，并在“忍”中等待时机，创造从被动转向主动的条件。德里达认为，男女做爱时女性阴道对男性阳具的策略，便是上述中介化典范模式的象征结构。

第七节　作为一种表达方式和论述策略的“后现代”

（一）“不可表达性”的一种表达方式

“后现代”是一种最新的语言或符号表达方式，也是一种论述策略，旨在表现某种不可能精确表达或难于表达的离经叛道心态、思想观念及生活方式，表达活动中的创作生命力；它不但以批判和“解构”传统观念和道德原则为目标，而且也以反传统语言的特殊表达方式进行自我表现。因此，后现代的这种特殊表达方式，既是语言性和符号式的，又是反语言和符号模糊化的综合方式。在很多时候，后现代的这种表达方式，不只是要掩饰被表达出来的事物背后的非表达结构及其模糊意义，而且也是为了采用暗指和隐喻的委婉表达方式，达到表现那些不可能直接地和精确地被表达出来的东西；同时，后现代的这种特殊表达方式，也是有意地将表达手段和方式本身转变成为一种复杂的理解和思考过程，转变成为一种再创造和精神的再生产过程。总之，所谓后现代的不可表达性，主要是指它的“不可精确表达性”，特别是一种同号称“精确”的传统论述方式相对立的、含糊不清，但本身又具有其自身生命力的表达行动。

在后现代主义者看来，表达既是隶属于思考，并为思考服务的手段，又是其本身具有创造和再创造的生命力的活动和存在方式。因此，表达并不是纯粹作为思考的附属品的一种被动性活动，也不是单纯寻求被表达的意义和表达形式之间的统一性的某种手段。表达本身不但是一种活动，一种建立各种新关系的思想扩散活动，而且也是不断再创造和不断更新的活动。正是在这个意义上说，传统文化把表达当成“意义”从“不在”转化为“在场出席”的消极过程，要求表达变成为符合人为逻辑规则的精确表述，都是从根本上扭曲了表达本身的性质。

在世界文学史上和艺术史上，那些最伟大的文学大师和艺术大师，往往都熟练地采用和运用上述后现代特殊的表达方式，尽管他们并不属于后现代主义者。这就说明，后现代主义的所谓非表达性和不表达性，并不是他们的独创，而只是被他们重视并有意加以发挥的表达方式。同时，也进一步说明，所谓非表达性和不表达性，也是文学艺术本身一种高度熟练的表达方式，唯有那些成绩卓著和富有经验的大师们才能领会和灵活运用。利奥塔在谈到后现代的上述高度熟练并近于神秘化的表达方式的时候，曾经把这种表达方式说成为“非人性”的特殊领会方式。他认为，这并不是靠契合于人类普通的感性或想象的认知能力所能达到的，只有像阿波里耐（Guillaume Apollinaire，1880—1918）、普鲁斯特（Marcel Proust，1871—1922）和乔伊斯等那样的天才文人，才熟练地运用上述委婉的暗指方式，在曲折的表达过程中，表达那些不可表达，同时又有待进一步加以发展和发挥的内涵。利奥塔说："普鲁斯特的作品和乔伊斯的作品以这种或那种方式巧妙地暗示那些不让被表现的事物。"（Lyotard, J. -F. 1988b: 24—25）

后现代中包含了许多不确定、变动、可能、潜在和待生的东西。在它的立体结构中，虽然也包含了通过语言论述所表达的内容，但作为一种基本上反传统的思潮，正如本章第一节所指出的，它的相当大的组成部分是无法通过传统语言说明的。后现代的这个特性（Lecercle, J. -J. 1985），使分析和评论"后现代"的论述，必须充分考虑到其不可表达性及其论述特征。

（二）对传统语言表达方式的抗议和挑战

对后现代主义来说，一切人类知识的正当性是值得怀疑的。首先，作为一切人类知识的基础，语言本身的生产与再生产，历来为社会和文化界的统治阶级所控制。其次，语言在建构文化和知识的运作过程中，不知不觉地变成了远比语言更复杂得多的事物。语言本来只是这样或那样的有规则的符号体系；它是为了被使用而按一定规则系统化的。但语言的规则体系本身，就是社会各种权力运作的结果；而语言一旦被运用，一旦被用来建构文化和知识，就涉及占有各种权力的各特定阶级或群体的实际利益，也涉及作为语言运用（说或写）的主体的实际利益。这一切，就不可避免地使语言及其运用过程为社会特定阶级或群体所操作，并使之为达到其本身目的及其策略而被利用和改造。

米歇·福柯在《什么是作者?》（*Quest-ce Qu'un Auteur?*, 1969）一文中指出："话语自从有了'作者'以后，便变成了为作者所有的财产。自从形成了话语的所有制以后，话语就不但同作者，而且也同引用该话语的人的势力连在一起，而变成一种特定的社会历史力量。"（Foucault, M. 1994. Vol. I: 799）接着他指出："作者的名字并不是像某个专有名词，从一种论述的内部走向实际的某个人，走向产生这些论述的外在世界；而是在某种意义上说，在作者所切割以及他所停止论述的文本范围内走动。作者表现出某个论述总体的事件，它是指涉在一个社会内部和在一种文化内的某种论述的地位。……因此，作者的功用就是表明在一个社会内部的某些论述的生存形态、循环传播及运作的特征。"（Ibid.: 798）通过对于西方文化发展史的研究，米歇·福柯指出："在我们的文化中，正如在其他许多文化中一样，论述和话语从一开始并不是一种产品、一个事物，或者一个财产。话语在过去主要是一种行为（un acte）：这是一种被放在神圣和世俗、合法和非法以及宗教和亵渎神明两个极端之间的行为。话语在历史上，在变成为某种财产，而在财产所有权的循环中被取得以前，曾经是承担着冒风险责任的某种姿态。”（Foucault，M. 1994：799）

语言符号本来就是一系列纯粹的符号。可是当它产生出来和运作以后，这些符号马上改变了性质，而成为了其使用者所拥有的社会资源和手段。为了彻底弄清语言及其实际运作的奥秘，后结构主义者首先研究作为纯粹符号的语言，研究作为符号的符号所固有的特征。这也就是为什么符号论的研究构成了从结构主义到后结构主义的过渡的重要信号（参见本书第四章）。

（三）话语和论述的现实力量

话语本身已经不是纯粹的语言因素，而是在特定的社会中根据当时当地的力量对比所产生的说话现象。因此话语的产生和增殖或散播，早已超出语言的单纯领域，而变成了话语运作过程中各种现实的社会力量进行较量和协调的总和，它本身就是一种力的关系网。因此话语在其运作过程中，不管是为了表达某种意义，还是为了达到某种目的，都充满着力的协调和交错比试。当话语进行自我调整或向外扩张而显示它的存在的时候，也就是话语赋予它本身产生意义的权力，并实际上强制性地使得接受话语的对象和整个环境承认话语所赋有的意义，实际上就是在完成它本身的权力的正当化。

后现代主义者詹姆森认为，传统叙述性论述就是一种具有社会效果的象征性行为，内含着掌权者对受话者、听话者和读者的宰制（Jameson，F. 1981）。

法国思想家利科（Paul Ricoeur，1913—2005）根据当代诠释学原理及研究成果，深刻地指出："话语"是某人、在某一环境（情况）下、就（或根据）某事、向某人、为某事而说（或写）出的"话"。

因此，"话语"是一种"事件"（L'venement；event）。作为"事件"，它是由非常复杂的因素组成的。它起码包含以下五大因素：（1）"谁"在说话，这就是所谓说话的"主体"问题；（2）"对谁"说话的问题，也就是说话的对象问题；（3）在什么情况下说话，也就是说话的周围环境，特别是社会历史条件；（4）说什么事，也就是说话所谈及的事物或问题；（5）怎么说的问题，也就是以什么策略、方式、文风或风格说话。说话的策略问题在后现代主义的文献中占据重要的地位。正是在说话的策略的分析中，可以揭示说话者在说话中如何同周围的社会历史条件相联结，又如何在说话中凸显其说话的目的以及为达成目的所采用的手段。几乎所有的后现代思想家都研究话语和论证中的策略。在对于说话和论述策略的研究中，可以揭露论述同各种权力运作的复杂关系，可以揭露各种论述如何在合理性的形式下推行赤裸裸的宰制手段。

米歇·福柯也明确地指出："话语"是一种"事件"。他说："必须将话语看做是一系列的事件，看做是政治事件——通过这些政治事件运载着政权，并由政权控制着话语本身。"（Foucault，M. *Dits et Ecrits*. 1954—1988. Vol. III：465）

既然"话语"是在特定环境中、由一个特定的人、就一个或几个特定的问题、为特定的目的、向特定的对象说出的"话"，它就如同伽达默尔所指出的，其本身就是一种"功效历史"（wirkungsgeschichte），包含着某种"历史功效意识"（wirkungsgeschichtliches Bewusstsein）。伽达默尔在其著作《真理与方法》（*Wahrheit und Methode*，1960）一书中深刻地分析了在特定历史中的人与历史本身的不可分割的关系。在他看来，在特定历史中的人不可避免地"分有"着该历史的精神及其意识，并由此提出了"历史视野"（ge-schicht-licher horizont）的概念。所以，在"话"中，已经蕴涵了产生"话"的历史中所包含的一切因素。也就是说，"话语"凝缩着其相关的历史中的一切相关因素；它是其相关历史的象征和化身。

当然，后现代主义者并不是完全照搬伽达默尔和利科的诠释学。德里达曾严厉地批判伽达默尔和利科的诠释学观点，最主要的是批判其"意义"理论，因为其中渗透着传统的逻辑中心主义的基本精神。

（四）作为一种存在的话语

语言一旦被说出或被写出，也就是说，语言一旦变成为"话语"，它就是一种"存在"，一种同在这个世界上的其他一切"存在"具有同样性质的"存在"。作为一种"存在"，变成为"话语"的语言，就具有生存的力量，具有自身的运作逻辑，具有某种自律。罗兰·巴特在1977年1月就任法兰西学院院士时，一针见血地说："语言既非反革命的，也不是进步的，因为它原本就是法西斯的（La langue n'est ni réactionnaire, ni progressiste: elle est tout simplement faciste）。"（Calvet, L.-J. 1990: 261）意思是说，任何语言具有人们无法抗拒的强制性力量，不管面对着语言的人是谁，不管这个人有没有权力或地位，都必须接受语言存在的事实，同时必须承受由语言存在所造成的一切客观力量，并接受其控制。正是在这个意义上说，语言本身等同于"法西斯"。这也就是说，语言具有征服一切和支配一切的力量，不管人的意见如何，也不管人们是否接受它。

不但如此，而且，变成为"话语"的语言，还因为同说话或写字的那个"人"相联系，同"话语"在其中发生的社会历史环境相联系，而变得更加复杂。关于这一点，后现代的理论继承和发扬了海德格尔的存在主义的语言观。

海德格尔在其著作《存在与时间》（*Sein und Zeit*, 1927）一书中，在深入批判传统西方形而上学的基础上，强调指出："语言可以被拆碎成现成的言辞物。言谈就是存在论上的语言；因为言谈按照含义勾连其展开状态的那种存在者本身的存在方式是指向世界的被抛的在世。"（Heidegger, M. 1927: 162）

美国后现代文学评论家比梅尔（Walter Biemel, 1918—）在谈到海德格尔的语言存在论时说，"逻各斯"，也就是论谈，同语词的日常运用意义完全相反，是一种具有构成能力的因素（is the constitutive moment）；而语言只是逻各斯用以表达的途径罢了。语言是逻各斯使自己成为通俗闲话的一种途径，所以，通过语言，逻各斯变成为世界的构成因素，因而逻各斯也就可以像其他建构这个世界的事物一样加以看待（Biemel, W. 1972: 70—71）。

后现代主义者把话语当成某种存在以后，就不但为他们批判传统论述和话语提供了理论基础和策略原则，而且也为他们创造和扩散后现代论述和话语及其策略开辟了道路。

（五）后现代主义所批判的传统论述

对于后现代主义者来说，对语言问题的分析和批判，不能像传统语言学所做过的那样，只是从语法和句法的观点进行分析，单纯地把语言当成一个孤立的符号体系加以分析；同样也不能像结构主义者那样，虽然也把语言同社会与文化现象相结合，但仍然把语言当做具有特定的稳定意义结构的符号体系加以分析，把语言看做是思想、文化及各种社会意义的载体。因此，后结构主义者和后现代主义者并不满足于一般性结构分析，而是把语言看做是有生命的，也就是活生生的同整个社会、同说话者的心态和行动密切相联系的现象。这样一来，后现代主义者所要批判的语言，主要指的是"话语"、"言谈"或"论谈"（discourse；le discours；diskurse）。

后现代主义者集中力量分析和批判话语，就是因为话语已经不是一般化的语言，而是同说话者及其所处的社会环境和文化脉络密切相关的一种事物，或者是一种力量——一种包含权力、意向和关系取向的力的因素。

在这种情况下，后现代主义者所批判和解析的"话语"，主要指以下三大类：第一是作为某种知识体系的论述手段的话语或论谈；这显然是以知识分子或文化人作为主体的那些人所说的"话"。第二是作为某种政治或社会力量的表达手段的话语或论谈；这主要是指由社会中占统治地位的阶层或人们所使用的那些"话"及其道德化和文字化的各种规则、禁律和法规等。在这些话中，显然包含着以统治阶级所占据的利益为基础的宰制欲望及其运作力量，也包含着为达其目的所贯穿的各种实际策略和宰制技巧。第三是指社会中各个阶层的人普遍说的"话"；这些话同说话者的日常生活、社会行为及文化活动的环境和脉络紧密相连，同样也包含着极为复杂的语言以外的因素，主要包括由说话者的社会地位所产生的某种欲望及其行动力量，也包含由这些说话者所处的社会场域所决定的各种力量的协调总和。

后现代主义者对于语言的上述态度，使他们集中力量去摧毁语言运作中所包含的各种"意义"体系，同时也揭示了语言运用中由语言本身所包含的或者渗透在语言运用中的各种"力"，主要是权力。

后现代主义对话语的批判和解构的结果，彻底粉碎了作为传统文化和传统社会价值的基础的语言体系，同时也揭露了历代统治阶级和各种社会力量借助语言扩大其本身利益和权力的策略。

后现代主义者为了深入分析和批判各种话语的奥秘，非常重视对于各种话语的运作逻辑的研究。米歇·福柯和德里达特别分析了话语在社会中"增殖"或"繁殖"（proliferation）和"散播"（difussion；disseminer）的逻辑。

在他们看来，各种话语一方面具有自我散播和增殖的能力，另一方面可以同社会上各种力量或因素相结合，实现其散播或增殖的效果。显然，话语之所以能够以这样或那样的方式进行增殖或散播，就是因为话语本身包含了某种力量或权力，同时它又能同社会的各种力量或权力相结合，增加和扩大其本身增殖和散播的能力。

（六）后现代社会各种话语的增殖和散播特征

话语的这种增殖和散播的能力，是话语本身所固有的生命力；其内在的力量是决定性的，而其本身同外在力量的结合则是附属性的。但是，在后现代社会里，由于种种因素，特别是由于后现代社会本身的结构和性质，由于高科技复制能力的加强而产生的符号化和讯息化倾向，又使话语的增殖和散播能力空前加强。这里所指的，主要是后现代社会中两大因素的特殊地位和功能：第一，在后现代社会中，科学技术的文化生产和复制的功能发生了根本的变化，使得话语获得了增殖和散播的特殊能力；第二，在后现代社会中，大众媒介的触角无所不在和无孔不入，形成了前所未有的全球文化统一结构，也使得话语能够借助这一通道迅速地和高效率地增殖和散播。

后现代社会中话语的这种特殊的增殖和散播功能，更加由于后现代社会中的统治和宰制阶级的介入和利用，特别是由于各个领域中的统治集团对于权力和高科技力量的垄断，而变得更加复杂和更加有效。在这里，后现代社会中权力和高科技力量，成为后现代社会和文化中各种话语和论述进行自我生殖和增殖以及癌症式扩散的主要依靠力量。当然，权力和高科技这两个因素同各种后现代话语相互渗透的过程以及后现代话语的自我增殖和扩散过程，都是通过后现代社会和文化结构中的多种复杂通道和中介因素实现的。因此，分析和揭露后现代话语和论述结合权力和高科技力量进行扩散的过程，必须深入透视和揭露使这一过程成为可能的各种中介力量。值得指出的是，后现代社会商业网络和消费社会生活的全球化以及大众媒介的网络化，乃是话语增殖和扩散的最重要的中介因素。

（七）后现代话语和论述的基本策略

后现代主义者不但严厉批判一切传统语言论述，不仅揭露这些论述体系的内在结构，而且也深入批判这些论述的社会基础和社会运作逻辑。但是，他们并不满足于对于传统语言论述的批判，而是进一步通过他们自己所发明和创造的特殊表达方式和论述策略，继续破坏传统语言论述的语言结构及其社会功用，并以完全不同于传统语言论述的方式，采用多种不稳定的和非体系化的符号和象征，以多种多样的方式表达他们的新思想，论证他们所采取的各种行为和生活方式的正当性。

如前所述，后现代主义者所要表达的，往往是传统文化和传统语言从来没有表达过，也不可能表达的那些新观念和新生活风格。因此，后现代主义者只能采用各种异于传统表达的特殊方式，发明和创造新概念和新的语词，采用象征和比喻的各种手段和方式，采取多种诠释、修辞和批判的方式（Brown, R. H. 1994），达到表达其不可捉摸、含糊不清、没有中心和不断更新的思想观念和生活方式。

在他们看来，传统语言论述所表现出的那种所谓“系统性”、“精确性”和“稳定性”，恰好破坏了他们所要表达的那些本来不可表达的东西。所以，作为一种语言论述和表达方式的“后现代”，也是一种反语言和反语音中心主义的运动。

首先，它在表达形式上，必然采取违背传统语言法则和破坏语言准确性结构的特殊形式。其次，后现代主义所采取的特殊表达形式是多种多样的和多元的，也是不断更新的。因此，第三，后现代尽可能采用形象、象征和比喻等含糊不清、有多变可能而又易于被理解的表达方式，例如，目前越来越流行的漫画形式。因此，总的来说，后现代特殊的表达方式是正在产生，并正在继续变动的符号和象征系列。

第八节　作为一种“去正当化”程序的后现代

正当化（legitimation）始终是西方社会和文化形成和发展中的中心问题。社会和文化，作为人与人之间、自身与他人之间、种族与种族之间以及个人和各种群体之间相互进行协调和调整的基础和基本条件，从一开始及其后的不同发展阶段中，始终都存在“正当化”的问题。但是，在历史发展的不同阶段，随着社会和文化发展中所面临的不同问题和不同条件，正当化采取不同的内容和形式，也表现出不同的程序；而且，人们对于正当化的需求和争论内容，都有所不同。因此，在西方社会和文化发展史上，不但不同的历史发展阶段，诸如在古希腊、中世纪、文艺复兴、启蒙运动和近代资本主义社会等不同的大的历史阶段，而且，在同一社会阶段的不同文化领域中，都存在着不同性质和形式的正当化问题。正当化问题，成为了西方社会和文化发展中长期争论和不断变化的问题，也反过来影响着整个西方社会和文化的发展过程。

后现代主义在批判传统文化的过程中，当然也集中批判和解构传统正当化的正当性，特别是批判传统正当化的程序问题。在这个意义上说，后现代主义所从事的，毋宁是一种与传统正当化针锋相对的“去正当化”（delegitimation）活动。后现代的“去正当化”包含两方面相互联结、相互促进的程序和效果：一方面是对于传统理论和文化的原正当化程序和结论进行批判，在这个意义上说，这是一种对传统正当化的“去正当化”；另一方面就是后现代论述本身的自我展现和自我陈述，它采取了与传统论述正相反的策略和程序，不采取，也不声称进行自我正当化，而是径直表示进行“自我去正当化”的活动，以表示对于一切正当化的鄙视和否定。因此，后现代的一切论述都是贯彻双重的“去正当化”：既对传统文化的正当化进行否定，又对后现代自身贯彻“去正当化”的策略。

（一）正当化问题的重要性

正当化问题之所以被提出来，并被不断加以讨论和证成，是因为它关系到构成社会和文化的核心问题。这个核心问题，就是人与人之间、人与自然之间、人与其所创造的文化产品之间、人与社会之间的适当和协调关系。问题正是在于这些“适当和协调关系”究竟以何种标准、以何种程序、以何种条件为社会大多数人所接受和承认。因此，正当化的核心问题，关系到不同阶段社会和文化中的基本关系，关系到这些基本关系是否能够稳定下来，关系到整个社会和文化的秩序及其命运。就社会而言，正当化问题所涉及的基本关系，当然是统治者和被统治者之间的相互关系，同时也包含个人与社会、自身与他人之间的相互关系。就文化而言，正当化问题涉及不同历史阶段的文化产品同整个社会所确认的统治秩序、道德观念、语言论述方式以及各种日常生活习俗的相互关系。

另一方面，正当化的方式和程序随不同的时代和不同的文化而有所区别。因此，正当化的方式和程序也直接表现出时代和文化的特征。

(二) 正当化的基本含义

正当化这个概念，就其原意，隶属于社会理论和政治法律理论；它所要表达的基本内容，关系到一种社会制度和政治法律的维持和巩固的基本条件及其被公众确认的程度。就此而言，正当化问题只能在一种国家制度的社会发展阶段中才被提出来。在这种情况下，正当化问题所要解决的，是论证和确认该历史阶段和该社会中所实行和维持的政治制度是否具有正义和公平的性质。虽然在上述情况下，现实地实行和被确认的社会政治制度，仍然可以被社会成员中的任何一个人或任何一个团体所质疑，但正当化所确认的基本条件，在特定的社会历史条件下，往往是为社会大多数成员所接受和确认的。由于正当化关系到社会政治制度的论证和确认，所以，正当化的核心，实际上是可被质疑的某一个正当性的论证程序。就此而言，正当化问题可以归结为具体的正当化程序问题。在西方社会和文化发展的不同阶段中，由正当化所引起的各种问题，都集中到现实建构起来的或未来即将建立起来的各种制度的合理性问题上，也就是论证不同的社会政治制度是否建立在社会大多数人所公认的基本价值观念的基础上。所以，任何一种正当化，其最终目的就是要促使社会大多数人取得共识，并在共识的基础上共同维护一种社会秩序和政治制度，共同建构和信仰一种文化。

正当化来自“正当性”(legitimity)，源自拉丁文 lex，原意是“法”。这就是说，凡是符合法的就是正当的。就严格意义的法理和法制制度而言，正当性等于“合法性”(legality)。在西方社会和文化的传统历史上，一般地说，凡是正当的，不只是符合法，而且也是符合理性以及道德伦理的。又由于西方逻辑中心主义几乎等同于语音中心主义，所以，正当性也就意味着符合当时当地由统治者和公众所确认的语言论述基本原则和基本模式。长期以来，在法律实行的范围内，往往是在有关事实的争论转移到法的争论的时候，才出现正当性的问题。也就是说，在法律争论和诉讼范围内，在有关“什么样的事实”(quid facto) 争论结束以后，便开始转向有关“什么样的法”（quid juris）的争论。在不同的社会制度中，总是存在着一系列由各种法律所构成的法制系统。在法律争论的上述过程中，正当化的争论最终要落实到任何法律行动的法律依据。只要这条法律依据是社会所确认的法制系统中的任何一条，正当化便可成立。社会理论和政治理论所探讨的正当性问题，是在上述严格法律意义的基础上发展起来的。

（三）正当化在西方社会和文化发展中的不同模式

正当化问题虽然始终贯穿于西方社会和文化发展中的各个阶段和不同领域，但在不同历史阶段和不同领域中，它采取不同的演变形式。总的来说，从古希腊到近代资本主义社会和文化为止，在正当化问题上，基本上还存在着某些共同因素和一般性质，这是一种符合西方传统的正当化模式。在这个意义上说，直到资本主义社会和文化为止，尽管这种传统模式也有不同的历史形态，例如采取过古希腊正当化形态、中世纪罗马正当化形态以及资本正当化形态等等，正当化始终采取传统的模式。后现代思想家把批判传统正当化模式当做最中心的问题，因为这不仅涉及对于传统西方社会和文化的彻底批判，也关系到后现代时期所产生的各种新文化的正当化程序。

传统的西方正当化形式，存在着两大特征。第一方面是关于正当化所关注的基本问题，这就是关于立法的基础、根据、立法者和整个社会的关系；第二方面是关于正当化过程中理性、法、神和知识之间的相互关系。第一方面的问题关系到正当化的性质，第二方面的问题主要是关于正当化的论证、证成和执行的问题，也就是正当化的程序问题。

有关正当化的性质，涉及整个社会和文化是否需要建构一个正义和公正基础的问题。这个问题，在西方社会和文化传统中，基本上又是靠法制来解决的。所以，如前所述正当化的问题就其原意是来自法律的问题，是探究法律的立法基础及其正义性。在西方法制社会中，法决定着一切有关法的执行、诉讼、争论和监督的问题。法成为了合法和不合法的基础和根据，法成为了一切合法的事物的根据。但是，由“法”所决定的“合法”并不一定是正义的和公正的。西方社会和文化中有关法、合法和正义的上述关系，表明社会和文化发展过程中寻求正义和公正的过程，始终包含着要不要建构由法制所统治的社会以及如何建构由公正的法制所保障的合理社会的问题。为了正义和公正，固然需要诉诸法制，但同时却又出现了法制本身是否公正和正义的问题。所以，关于建构一个正义和合理的社会，就同时面临着如何处理法制、正义和理性的相互关系。西方传统的原则，是把三者看做相互依赖的循环论证关系。在建构一种新的社会的时候，社会共同体所有成员所面临的基本问题和最关怀的中心问题，首先是要把大多数人所接受和确认的理想正义原则加以法制化，也就是将理想正义原则通过一系列法制系统确定下来并加以执行，同时又以符合上述原则的法制保障执行的正当性和合理性。因此，正当化的问题又自然地集中到法制及执法的问题。如前所述，法制可以决定合法性，但不能决定公正性。由此说明：正是法制的这种具有吊诡性质的问题才产生出正当性的问题。在这里，正当性的问题就集中地围绕着法制本身是否合法和合理。换句话说，正当性和合法性需要依据社会公认的法制，然而法制本身又存在着正当性的问题。所以，法制的正当性包含着两个基本的问题：为了维持社会和文化的合理发展，一方面需要靠由民意所确认的政府依据法律去判决各种事物的合法性和正当性，另一方面，又需要由民意所确认的另一个立法机构来保障政府的正当性。这样一来，法制的正当性高于法制的合法性。

关于正义、合法和正当性的相互关系，关系到人类社会最基本的建构原则。任何社会，不管是采取何种形态，建构起何种统治秩序，都回避不了整个社会共同体成员的内心意识中所产生的监督性观察和判断。尽管社会成员中对于社会秩序和法制的意识程度有所不同，但是每个社会成员实际上都是在有意识和无意识地观察着和判断着社会的问题。每个人实际上都以其内心意识中的标准和原则去观察和判断其本身所维护的事物和秩序，去观察和判断他人和整个社会所提出的各种要求。所以，在每个社会成员的意识中实际上存在一个正当性的标准，而这个标准也构成了合法的政权的最终界限。就此而言，合法性就是政治的道德界限。

由于西方社会和文化是以理性中心主义作为基本原则而发展的，所以，知识的创造和发展也成为整个西方社会文化的核心问题。也就是说，一切最重要的社会问题，一切政治、经济和文化的重大问题，都必须围绕着知识问题而展开，并获得解决。但知识是理性的产物和最高表现，又是理性本身取得中心优越地位的正当化基本途径。一切社会文化问题的正当化，都要靠理性来解决和判断，而理性本身的正当化又被归结为，并只能被归结为理性本身的知识化来解决。正当化问题也就同理性的知识化问题联系在一起。长期以来，在西方社会和文化中，正当化和理性化始终存在相互交叉、相互辩护和相互论证的循环关系，而这种双向循环又靠知识作为两者的中介，也就是靠知识而取得正当化的地位。这样一来，正当化、理性化和知识化三者之间的微妙关系，就成为了西方社会和文化的奥秘所在。

长期以来，从古希腊经中世纪基督教文化，再经过文艺复兴和启蒙运动，理性、正当性和知识的相互关系，发展得越来越复杂和越来越神秘化，以致三者之间采取越来越精致的掩饰形态，使得西方人自己也深深地被这种传统神秘形态所迷惑而不可自拔，也使得西方文化本身在这种由理性、正当性和知识三者所绞结的复杂关系中越陷越深。问题的复杂性还在于：正当性、理性和知识的三者关系一方面使西方社会和文化陷入越来越复杂的异化状态，产生出各种深刻的危机，另一方面又成为了西方社会和文化发展的内在动力，成为积极推动西方社会和文化不断进步和演变的内在矛盾。

早在古希腊时期，处于摇篮时期的西方社会和文化，在其寻求正当性基础及正当化程序的过程中，理性主义和知识以及道德问题就相互渗透和相互循环地进行论证。本来，在古希腊的史前时代，主要是靠神话的叙述，将彼岸世界神的王国的统治秩序、自然世界的客观事物和谐关系，同此岸世界中人类社会人与人之间的相互关系协调起来，从而靠神话叙述来完成此岸世界人类社会人际关系正当化的主要依据（Conger，J. A. /Kanungo，R. N. 1998）。在那个时代，神话的叙述者、创造者和诠释者，是同人类社会中人际关系的规定者、监督者和调节者自然地相同一的。该时代人类社会最简单的自然关系，把社会的统治者和被统治者之间的相互关系自然地协调起来。也就是说，当时的统治者和被统治者之间，仍然靠相当多的自然关系因素来协调，所以统治者和被统治者之间，也自然地以自然界的客观和谐关系作为依据，作为社会和谐关系的基本模式。社会关系的和谐模式也就是自然界各种客观事物间和谐模式的翻版。但是，在人类社会和自然世界之间，人们仍然需要由神话世界所建构的“神界”作为中介，作为高于两者之上的客观中立的判断标准。这样一来，人类社会的各种事物的正当性，最终靠神话制造者、叙述者和诠释者来决定，而决定的判断标准是自然界的和谐关系和超自然界的神界和谐关系。随着社会和文化的发展，自然的和超自然的和谐关系，靠越来越多的人类文化因素来诠释和调整，从而使人为的社会文化因素取得优越于自然和超自然和谐关系的特殊地位，对于神话的创造和诠释也越来越成为少数占统治地位的人的特权，人际关系的正当化的诠释和执行也集中到少数统治者手中。

随着正当化权力和执行过程越来越集中到少数统治者手中，原有的神话叙述正当化功能逐渐失去效力。统治者本身也逐渐意识到：神话叙述正当化功能的削弱，必须靠新的正当化途径来补充和加强；不仅如此，这种新的正当化必须采取比神话叙述更复杂、更为高明和更为隐蔽的形式。就是在这个条件下，理性和理性化的知识掺入到正当化的过程中，成为了正当化程序中最重要的基本环节。柏拉图论证道：智慧、勇敢、节制和正义是实现公正社会的基础和基本条件（Plato，*Republic*）。但是，在古希腊时代，理性化的知识仍然保持着同神界的密切关系，并以超自然的和谐关系作为理想模式，这就是柏拉图时代的希腊社会正当化和知识化的基本标准。柏拉图曾经提出理想的“理念世界”，不仅成为和谐的自然界的原型，而且也是人类社会的理想境界（Ibid.）。理想的理念世界也就成为正当化的标准。

从苏格拉底和柏拉图的时代开始，正当性、理性和知识三者的循环论证关系便已确立。在那个时候，知识同神话叙述相比，就其执行正当化功能而言，具有如下几个新的特征：第一，知识比神话叙述采取更理性的形态，靠理性的逻辑力量来表达、证实和传播；第二，知识需要靠更多的人为文化中介因素来创造和不断更新；第三，知识必须采取比神话叙述更加客观的经验形式来表达，必须以中立的普遍性标准来检验；第四，知识必须靠人类实践所累积的经验作为基础和证实，因此，比神话更远离虚幻的想象世界，更接近现实的经验世界；第五，知识更需要长期系统的学习和训练，需要有稳定的系统性，完全克服了神话叙述的变动性和含糊性；第六，知识的掌握和发展更需要靠学习者和掌握者的社会力量，更需要依靠特定的社会关系和社会财富；第七，任何知识都采取严谨的语言论述系统加以表达和陈述，并以经验世界中的客观对象作为语言论述意义的指涉范围。

在古希腊时代，作为正当化主要形式和手段的理性知识的优越地位，是伴随着西方文化中两大转折而建构和巩固起来的。第一个转折是由诡辩学派的智者们所完成的，其中普罗塔哥拉（Protagoras，约 490 B. C. 或 480 B. C. —420 B. C. 或 410 B. C.）所提出的“人是万物的尺度”的口号最为典型。这个转折标志着西方文化从以神话为基本形式、以自然现象为中心而转向以人为中心，并以知识为基本形式。第二个转折是由苏格拉底学派及其继承者柏拉图和亚里士多德所完成的，使西方文化从此建构起逻辑中心主义、理性中心主义和语音中心主义的文化模式。上述两大转折是相互联系和相互补充的，同时又同希腊当时社会政治制度的变革紧密联系在一起。当时的希腊社会政治制度已经完成了城邦议会民主制同国王专制相协调的重要变革，使社会统治的正当化问题，从原有神话叙述和君主专制的基本形式转变为语言逻辑叙述和民主竞争相结合的知识生产和再生产的基本形式。在当时所建立的雅典议会民主制的政府机构中，全民中最有知识的人之间的民主争论成为了社会所公认的正当化基本途径。利奥塔曾经指出："正是从柏拉图开始，科学的正当化问题同立法者的正当化问题不可分割地联结在一起。在这种情况下，决定正确事物的权力并不是独立于决定正义事物的权力，尽管分别从属于科学权威和立法权威的科学和立法命题在性质上是完全不同的。问题正是在于：在被称为科学和被称为伦理政治的两种不同类别的语言之间存在着某种类似孪生子的关系；也就是说，两者都同样地来自一个共同的背景或共同的选择，这一共同性，就叫做'西方'（l'Occident）。"（Lyotard, J. F. 1979：20）

在中世纪的罗马社会中，由于罗马基督教会和世俗国王专政政权的结合，正当化的概念及其实现途径也发生了重大的变化。作为中世纪教会和世俗政权的思想代言人，圣奥古斯丁（Saint Augustin, 354—430）重新论证理性、正当性和神学知识之间的三角关系。在这一时期，任何正当性都必须由理性和神性相结合所形成的最高代表——基督教会来审核、判决和宣告。罗马教皇是当时正当化的最高权威，不但一切社会制度和文化产品都必须经罗马教皇审核，而且欧洲各民族君主政权也必须获得教皇的"圣化"（sanctification）。由罗马教会所控制的"宗教裁判所"或"异端裁判所"是当时教会滥用正当化权力的具体机构。"异端裁判所"（Inquisition）是天主教会在13世纪建构起来用于侦察和审判异端的机构，在1220年由教皇洪诺留三世（Honorius III, 1148—1227）发布通令建立起来，并委派忠实于罗马教会的多明我会（Dominican Order）和少量方济各会（Franciscan Order）的会士主持，遍布于法国、意大利和西班牙等国。这个"异端裁判所"由教皇直接管辖，裁判官由教皇任命并直接控制，不受地方教会机构和世俗政权的监督，残酷镇压"异端"势力和人士，对被害者进行严密审讯，严刑拷打，甚至处以没收财产、监禁、流放或火刑。西班牙"异端裁判所"尤为猖狂，仅在

1483年至1820年间就迫害30万人左右。文艺复兴时期意大利哲学家兼物理学家布鲁诺（Giordano Bruno，1548—1600）因有异端思想流亡国外，1592年返回意大利，随即于威尼斯被“异端裁判所”逮捕，关押八年后被烧死在罗马。同布鲁诺一样的许多思想家和科学家，由于主张不同于罗马教会正统观点的科学思想和理论而遭迫害。只是从16世纪中叶以后，随着罗马教皇权势的衰弱，“宗教裁判所”才逐渐收敛。1908年，教皇将罗马最高“异端裁判所”改为罗马教廷“圣职部”，并亲自主持，定期公布“禁书目录”，对于参加各种异于罗马教会的教徒处以“绝罚”（开除教籍）。即使是在法国大革命之后，罗马教皇的上述“圣化”正当化功能，仍然发生一定的效力。1800年法国拿破仑（Napoléon Ier，1769—1821）称帝时，罗马教皇以最高权威的化身为拿破仑加冕，从而完成了拿破仑帝位的正当化程序。

（四）正当化模式及其双重程序：确认和排斥

任何一个历史时代的任何一种新产生的社会制度、文化形态和科学理论，在其创造和形成时期，为了其生存和巩固其社会地位，一方面要为其自身的正当化寻求合理途径和方法，另一方面又要对旧的、占统治地位的社会、文化和科学理论的原有正当性进行一番“非正当化”和“去正当化”（delegitimation）的批判斗争过程。所以，“正当化”在社会和文化的发展中，基本上经历了两大过程。第一过程往往发生在社会和文化发生重大变革的时期。在这一时期中，新旧两种类型的社会文化形态，就正当性问题，也就是围绕着正当性的内容、性质、标准及其检验和实施程序，进行激烈的辩论，甚至诉诸其他社会文化途径而可能发生暴力斗争。在这一时期中，旧的正当性标准及其程序开始受到越来越大的争议，并随着社会和文化变革的发展而逐渐失去有效性；与此同时，新产生的社会和文化形态的思想代言人，提出了新的正当性标准和实现程序，并在批判旧的正当性的过程中，逐渐地在社会共同体中扩散影响力。第二过程发生在社会和文化发展的稳定时期。在这一时期中，占统治地位的社会和文化形态以取得社会大多数人的共识为基础，确立正当性的标准及其程序，并对其他弱势社会文化力量和派别施行所谓的“核准”权和程序。这种“核准”权和程序，一方面当然是为了巩固和扩大其原有的优势，另一方面则是为了抑制，甚至排斥“异己”因素。

由此可知，正当化往往通过“巩固、扩大其原有优势”和“抑制甚至排斥‘异己’因素”的双管齐下的途径和程序进行。

西方社会自文艺复兴以来，就社会和文化的正当性问题所展开的争论，进入了一个新的历史阶段。在这以前，虽然也发生过关于正当性问题的争论，但基本上总是限定在极其有限的范围内，并被极少数人所操纵和确定；而社会大多数人，受到当时社会文化制度的影响，也对正当性问题缺乏兴趣，更没有积极主动地参与。文艺复兴以后，形势发生了根本变化。有关正当性的争论，由于资本主义自由民主制的影响，不再限定于少数占统治地位的群体及其思想家的范围之内。

（五）韦伯的正当化理论

韦伯曾经将正当性问题列为社会理论研究的中心。他把西方正当化分为三大类型，即通过卡里斯玛、通过传统和通过“法”而完成的正当化。韦伯强调，任何一种社会秩序都是建立在正当化的基础上。他认为，正当化的过程往往是那些占据统治地位的特权阶层、群体，为了维持和加强他们的“生活方式”（style of life）所实施的各种积极或消极的努力。在韦伯看来，正当化的过程往往通过权力的垄断（the monopolization of power），特别是通过经济上、政治上和宗教方面的权力垄断，以达到建造和维持有利于统治的社会间距（social distance）和排斥（exclusiveness）的目的（Weber, M. 1946: 187; 1954: 20—33）。

在韦伯的影响下，西方社会理论研究也始终重视正当化问题。而且，为了更深入研究分析正当性和正当化的不同类别，某些社会学家主张将正当的社会秩序同“被维持成为正当的秩序”区分开来；通过这种区分，强调正当化必须以对于正当性具有信念作为基础。某些新功能论社会学家则主张：凡是依据合法形式和确定的法规而行使的政权，都足以实现任何一种政治制度的正当化。

在韦伯的正当性概念中，实际上已经包含了对于现代理性知识的重视。韦伯认为，资本主义社会和文化的发生和发展，都依靠一种普遍的理性化的过程。实际上，自启蒙运动以来，由理性主义传统原则所决定的正当化过程，越来越同知识本身的发展及其基本矛盾相联结。如果说，文艺复兴和启蒙运动对于基督教社会制度和文化的深刻批判，为现代知识在整个社会生活和文化活动中取得了越来越优越的地位的话，那么，近代知识的发展就越来越将西方社会和文化卷入到知识发展的旋涡中去。正当化问题一方面越来越靠知识本身的发展，另一方面又在知识发展的矛盾和危机中显示出其基本危机。利奥塔指出，当代社会中商品信息化和信息商品化的过程，使知识已经并将变成一个主要的赌注场所，甚至可能成为世界范围内权力竞争中最重要的一个关键环节（Lyotard，J.-F. 1979：15）。

（六）知识在资本主义正当化中的重要地位

自18、19世纪以来西方资本主义社会和文化的发展，在现代知识和科学技术的推动下，已经走向高度信息化和计算机网络化的新阶段。与此同时，正当性问题也发生了根本的变化。由利奥塔所开创的对于“后现代社会”的研究，就是建立在现代知识的性质和社会地位发生根本变化的基础上（Ibid.：11）。

18世纪启蒙运动围绕着正当化问题同时实现了两大历史使命：一方面对于中世纪教会正当性地位进行了挑战，另一方面提出了以理性为中心的新社会和新文化的正当化标准。从此，一切社会和文化问题，都必须拿到理性的审判台上，由理性自身进行判断。凡是符合理性的，都是正当的。

知识是理性的系统表现，也是真理的基础。推崇知识、掌握知识、发展知识，成为了近代资本主义社会中掌握和发展一切权力的关键。正如培根所说：“知识就是权力。”（Bacon，F. 1620. In Burtt，E. A. 1967：123）知识的重要性也使培养和教育社会成员掌握知识的最重要场所——各级学校，成为了人们攀登权力阶梯的重要途径。由统治者所掌握的学校系统，不仅为学生培养和掌握知识提供条件，同时也成了统治者选择和培养未来的统治者、进行权力再分配的中介机构。不仅一切权力的正当性要靠社会中最有学问的“学者”和“学术权威”来评判，而且，在学习和受教育过程中，由法制社会所提供的机会均等和自由选择以及民主竞争的途径，又进一步使知识的客观性和神圣性得到普遍的公认。

（七）后现代“去正当化”的基本问题

由传统的逻辑中心主义和语音中心主义所指导的西方知识论发展过程，

在启蒙运动以后，更加成为整个社会和文化发展的中心环节，成为现代性实现正当化和自我正当化的关键力量。但是，知识具有其自身的发展规律和自律性，尽管知识的发展过程同社会文化的整个运作机制紧密联系在一起，但知识的上述中心优越地位，又使知识自身的自律性发挥到超出社会和知识创造者主观意图的范围之外，使知识在近一百年来几乎成为了主宰西方社会和文化发展命运的决定性因素，因而也使知识面临着种种危机（Gibbins, J. R. 1999）。

西方文化和知识发展的自律性，不仅表现在文化和知识在内在性质方面的异化，而且也表现在组成、表达和扩展文化和知识的语言论述形式方面的畸形发展。原有的逻辑中心主义和语音中心主义促使语言论述形式在符号和信号结构方面发生特殊演变，一方面，造成了语言论述形式在语音和意义双重结构上的进一步分离和对立，另一方面，也促使符号从语音系统中脱离出来，成为同社会和文化整体运作机制紧密相连的独立象征和信号体系。上述西方知识和文化发展的语言论述方面的特征，不仅决定了当代社会知识和技术形式的信息化和信号化的特征，而且也改变了当代社会政权和各种文化形式的正当化程序。研究当代社会和文化特征的思想家们，都极端重视西方文化和知识的信息化和信号化的重大变革，并强调这种知识信息化和信号化对整个社会发生的深刻影响。

大约从 20 世纪五六十年代起，贝尔、阿兰·图雷纳、米歇·福柯以及布尔迪厄等人，都先后在他们的著作中注意到西方社会和文化的信息化、符号化和象征化的趋势和特征，并指出知识的信息化和象征化对于整个社会和文化发展的深刻影响（Bourdieu, P. 1960; Bell, D. 1973, 1976; Foucault, M. 1966; Touraine, A. 1969, 1976, 1984, 1992, 1997）。20 世纪 60 年代后西方知识和科学技术性质和社会功能的根本变化，不仅使原来靠旧的知识体系而完成正当化的西方社会本身的正当性产生了质疑，而且也使正在创造和不断膨胀的新型知识及其派生的新社会的正当性成为了问题。

由知识的变革而产生的知识正当性、由知识正当性而产生的社会正当性和文化正当性，在西方社会从经典资本主义过渡到晚期资本主义的时候，越来越尖锐地被讨论和分析，成为了后现代思想家们进行论述的主要内容。他们所探讨的问题，可以归纳成以下三大方面：第一，由旧的科学知识论述所构成的知识系统，究竟是如何为启蒙运动以来的经典资本主义社会和文化进行正当化论证的？这种论证的性质和程序如何？这种正当化论证本身是不是具有可靠的正当性？这一系列的问题关系到启蒙运动以来的资本主义社会的正当性问题，实际上是对于资本主义社会和文化的正当性进行重新批判和估价，也是对于原有的正当化的否定，是后现代主义的“去正当化”过程。在探讨过程中，启蒙运动以来传统原则所确认的各种正当化原则和程序，重新被质疑、被批判和被“解构”。这一探讨有利于重新估价启蒙运动以来资本主义社会和文化的正当性。第二，由西方知识和科学技术所发展出来的当代各种最新知识和技术，具有何种性质和社会功能？其正当性如何？其正当性同旧知识的正当性的关系为何？这一探讨有利于研究60年代后西方社会和文化的特征及其正当性，同时也有利于探索当代西方社会的各种矛盾和危机。第三，旧的知识正当化和新的知识技术的正当化，作为语言论述的不同类型的社会运用，其语言论述结构和特征是什么？如果说旧的科学知识论述以“大叙述”或“元叙述”为主要形态，那么，新的知识和科学技术的语言论述是不是可以归结为各种语言游戏？知识正当化的程序是否具有语言游戏的性质？这种语言游戏的正当化程序，对于整个社会和文化的正当性问题产生了什么样的意义？

第二次世界大战以后，西方社会科学界对于正当性问题的探讨，远远超出了传统的范围，特别是超出了启蒙运动以来的传统原则，超出了韦伯探讨的模式范围。

（八）哈贝马斯关于当代社会正当化的独特论述

哈贝马斯在1976年所写的《论历史唯物主义的重建》（*Zur Rekonstruktion des Historischen Materialismus*，1976）一书中，大量地并深刻地探讨了近代国家的正当化问题，探讨了晚期资本主义的正当化的特征。他认为：“正当性意味着：依据一种相关联的政治制度的要求，以其自身精确地论证，正确地和符合法制地进行宣告。因此，正当性意味着一种政治制度的受尊重性宣告（Legitimitüt bedeutet die Anerkennungswürdigkeit einer politischen Ordnung）。”（Habermas，J. 1976：271）由此可见，哈贝马斯在正当化概念中增添了正当化论证的重要成分。也就是说，任何一种社会政治制度的正当化，不仅必须正确地和合法地（richtig und gerechtig）依据该社会政治制度的基本要求，而且必须严格遵守语言论述论证的必要程序和基本要求，必须具有论证说服力。这样一来，语言论述论证过程及其程序的有效性，便都纳入到正当化的过程中去。

哈贝马斯关于社会正当化的上述论述，对于理解后现代正当化的问题具有重要意义。这主要是指哈贝马斯第一次明确地将正当化问题归结为社会中各个成员进行平等的言论沟通，相互交换彼此不同意见，寻求某种通过沟通理性所建立的共识。哈贝马斯在强调语言论述的沟通的重要性的同时，又严厉批评现代资本主义社会“权力”和“金钱”对于语言论述沟通过程的干预和控制，从而严厉批评现代资本主义社会的正当化的不合理性和非正当性。哈贝马斯本人尽管仍然肯定现代性，他也反对各种后现代主义的论述，但是，哈贝马斯的上述正当化论述，使后现代思想家们注意到社会正当化问题同语言论述的密切关系。另一方面，继续拥护现代性计划的哈贝马斯，只醉心于建构通过和理论论述沟通所达成的“合理共识”，并把这种合理共识理想化，当成现代社会正当化的基本模式。正因为这样，后现代主义者严厉批评哈贝马斯的上述正当化理论，他们建议以自由的语言游戏模式取代语言论述沟通所建构的共识正当化模式。利奥塔在《后现代的条件》一书中强调指出，通过语言论述的沟通所要完成的正当化程序，并不是以追求某种共识为目的的，因为任何共识的建构都只是有利于统治阶级的社会统一化目的。利奥塔认为：自由的语言游戏本身具有多质性的特质，语言游戏也因此不可能导致任何社会统一性，而只能保障和促进社会的多质性和多元性。因此，后现代社会的正当化只能通过语言游戏的过程来建构。

第九节　简单的结论

总而言之，后现代主义是一种非常复杂的社会文化现象。它集中地体现了当代西方社会政治、经济、文化和生活方式的一切正面和反面因素的矛盾性质；它既表现了西方文化的积极成果，又表现了它的消极性；它既包含创新的力量，又隐含着破坏和颠覆的因素；它是希望和绝望两方面相共存而又相互争斗的文化生命体。

后现代主义是产生于现代资本主义社会内部的一种心态，一种社会文化思潮，一种生活方式。它旨在批判和超越现代资本主义的“现代性”，即资本主义社会内部占统治地位的思想、文化及其所继承的历史传统；提倡一种不断更新、永不满足、不止于形式和不追求结果的自我突破的创造精神；为彻底重建人类现有文化，探索尽可能多元的创新道路。显然，后现代主义并非单纯是一种“无中心”的、“游牧式”的语言论述；它是但也并非单纯是一种文化诉求，更不是体系化的理论知识；而是超越传统语言论述和反传统理论知识的文化革新实践活动。

后现代主义乃是一种透视现代文化的“解构”活动。后现代主义者并不同意现代主义者所提供的“苦难/救赎”模式，因为他们并不相信现代主义所承续的传统“大叙述”体系可以改变历史、改变事实或创造出“人间乐园”。后现代主义者经历了启蒙时期以来的现代资本主义的各种危机，已经清醒地意识到现代主义所承诺的“理想”的虚幻性，并从而不再对之存有幻想。

后现代主义者是一批彻底的现实主义者。他们要用“非权力话语”的新实践，去行使某种具有实践意义的权力话语；要用无规则的、不断产生差异的论述游戏，不断吞噬传统文化的阵地。

后现代主义作为一种历史和社会范畴，作为心态、思维模式和文化范畴，作为一种生活方式和人类活动的新模式，作为一种表达方式和论述策略，同时也是一种新的正当化程序。后现代主义以其自身的涌现、存在和不断的批判活动，以其向现代社会和文化的渗透，特别是通过它对于人的精神活动和心态的扩张，不断地实现和完成它自身的自我证成和自我正当化。

因此，作为一种实践，它也是一种反传统的策略游戏，是对西方文化所经历的整个道路的义无反顾和无所禁忌的反思，是对历史上已经完成了的各种“启蒙”的“再启蒙”，其根本诉求是在摧毁传统文化中达到精神活动的最大自由，尤其求得思想和生活的更大自由，达到他们所期望的不断超越的目标。

然而，不断超越的目标本身，又是在不断更新中被改变。因此，严格地说，他们的超越活动并没有固定的明确目标。他们同一切目的论者毫无共同之处。

正因为后现代主义者没有明确目标，所以他们也不打算在批判中提出任何一种具体的新方案来取代传统。但是，这是一种没有目标的目标，是“没有目的的合目的性”，因此也是达到康德所说的“一个目的的王国”（a realm of ends）的真正途径。在这个“目的的王国”里，人人都是目的自身，人人都是自身的真正主人。后现代主义所追求的理想“目的王国”，同传统社会和传统理论以及传统道德所追求的最终目标根本不同。最大的不同点，就在于后现代主义者的理想社会中，再也不存在以人为中心的“自然/社会”的二元对立世界，同样也不存在人类生活世界中的“道德/非道德”、“真理/谬误”和“美/丑”的对立生活模式。后现代主义所追求的理想社会，使个人自由达到最高程度，但又保持着复杂变换的主体间关系的网络。在这种社会中，不但个人间的关系、个人同团体的关系以及个人同整个社会的关系，而且人类共同体同自然和同历史整体的关系，都变得更加不确定而模糊。表面看来，这是一种人类返回原始状态的混沌世界；但后现代主义者期望具有高度自由创造能力的人类社会本身，最终可以在这种混沌的世界中实现真正的自由。

第二章 “后现代主义”对现代性的批判和超越

第一节 现代性自启蒙运动以来的发展及其特征

（一）作为后现代批判的出发点的“现代性”

正如本书第一章所指出的，后现代主义是孕育于现代性中，并从现代性吸取养料而又试图超越现代性的复杂事物。因此，对于后现代性的一切研究，都不可避免地涉及现代性，涉及两者之间的复杂关系。在某种意义上说，对于现代性的研究本身也构成了研究后现代性活动的一个组成部分。问题只是在于：第一，研究后现代性时所从事的现代性研究，不同于单纯的现代性研究，它是采取回溯（retrospective）和超越现代性的态度而进行研究的。第二，研究后现代性时所从事的现代性研究，是把现代性当成后现代性内部的一个充满矛盾的构成部分加以研究的。在这种情况下，后现代主义对于现代性的任何研究，都是采取反传统、反历史和反文化的态度和策略进行的。

对于“现代性”概念，并不是所有的后现代主义者都具有相同的观点或抱着相同的态度。但是，不管后现代主义思想家们赋予“现代性”什么样的内容和意涵，他们都以批判现代性为己任。如前所述，“后现代”孕育于“现代性”内部而又不断地进行自我超越。对现代性的批判，乃是后现代主义自我形成、不断自我超越的一个内在动力和重要条件，因而构成后现代主义的一个重要特征。

一般地说，所谓“现代性”是指自启蒙运动以来的资本主义历史时代及其基本原则。资本主义的诞生和发展，可以上溯到14世纪左右；但只是在16、17世纪之后，经过18世纪的欧洲启蒙运动，也就是经过一种人类历史上空前未有的精神解放运动之后，又经过美国和法国的资产阶级大革命，才使人类社会和人类文化进入到一个新的阶段，产生了特有的“现代性”精神状态和生活以及创作的态度（Braudel，F. 1979［1967］；Marx，K. 1867）。所以，也有的人把“现代性”特别限定为由资本主义的产生和发展所形成的那种精神状态和态度。然而，“现代性”的心态和文化也紧密地同资本主义政治、经济和整个社会制度相关联。所以，广义而言，“现代性”也包括同资本主义精神紧密相关的资本主义政治、经济、文化和整个社会制度、思考和行为模式以及生活方式。

文艺复兴和宗教改革所开辟的西方现代社会，不但在结构上，而且也在人的思想和基本心态方面，发生了根本的变化。从此以后，社会和人们所关心的基本问题是作为主体的人同整个社会的相互关系。关于这点，德国哲学家海德格尔提出了一个值得我们反复思考的重要观点。他认为，在中世纪漫长的历史结束之后，一种“现代性”开始出现。这种不同于中世纪和古代社会的现代性，其基本特质是把人当成支配现实社会的一种主体，而把人所生活于其中的世界，包括自然世界和社会世界，都当成作为主体的人所型构和生产出来的一种构造物。

在古代和中世纪社会中，不论是统治者或者社会的一般成员，都认为统治世界的中心和主体只有一个，这就是最高统治者（国王、皇帝等等）。文艺复兴所激发出来的人性解放运动，对于个人价值的推崇，完全改变了人们对于主体（subject）的基本观点。文艺复兴所推崇和正当化的一种基本意识形态，就是个人主义。个人主义所强调的是各个具有独立自决权的个人主体。因此，文艺复兴后所产生的现代社会就面临着如何正确处理作为个体主体的社会成员同整个社会的相互关系。正如哈贝马斯所说：“现代的首要特征在于主体自由。这在社会里表现为主体受私法保护，合理追逐个人的兴趣游刃有余。在国家权力范围内则表现为每个人原则上都有平等参与建构政治意志的权利；而在个人身上则表现为道德自律和自我实现，并在与这种私人领域密切相关的公共领域里最终表现为围绕着习得反思文化所展开的教化过程。从个人角度来看，连绝对精神和客观精神的两种形成也都具有这样一种结构，使得主观精神能够从自然状态的传统生活中解放出来。在此过程中，个人作为资产者（bourgeois）、公民（citoyen）以及人（homme）而处的不同生活领域相互之间不断分离，最终各自独立。”（Habermas，J. 1984：104—105）

为了重建主体同社会的相互关系，现代社会主要围绕着三个主轴：金钱、权力、理性。在现代性发展中，三个主轴是不可分割地相互绞结在一起的。现代性发展的过程，主要是自我分化和自我生产，不断重建“个人/社会”的双重交叉关系，使“个人/社会”在分化中实现更大的自律化。

当代的现代性中所进行的“个人/社会”的不断自律化，主要是指个人和社会两方面，都朝着（1）各自自由化及（2）各自自我规范化和被规范化的双重方向发展。由于现代性对于个人自由的高度重视，上述现代性分化的发展方向始终以个人自律为基础。

各种社会理论在对于现代性进行正当化论证或批判的时候，都不同程度地探讨了现代性中的上述三大主轴，并因而显示出各种社会理论的不同理论旨趣及其论述特色。

不管是金钱还是权力，到了近代资本主义社会，其不同于古代和中世纪的基本特征，就是高度理性化。金钱和权力的理性化，就是近现代社会的基本特征。理性显然也成为现代性的一个主轴而同金钱和权力相互渗透，构成驱动和宰制现代社会的基本力量。现代社会的理性不只是个人主体的一种认知和判断能力，而且也是社会上各种知识、道德和法制体系的基础。作为个人主体的一种官能和能力，理性是个人主体化的基础和基本保证。作为社会上各种知识、道德和法制体系的基础，理性往往采取主观化和客观化的两种普遍形态而发生作用，并由此而同金钱和权力相互绞结渗透到社会生活的各个领域。

作为知识体系的理性，在现代社会中主要又采取理论和技术两种表现形态而直接间接地渗透到主体化的个人和社会整体中去。理论化的知识又分为自然科学理论和人文社会科学理论两大类，其中自然科学理论主要是探讨主体化的个人同自然世界的相互关系的合理性，而人文社会科学理论则探讨主体化个人同社会世界的相互关系的合理性，当然也探讨了有关主体化个人的道德和法制修养的问题，也探讨社会的道德化和法制化的问题。技术化的知识除了同样探讨主体化个人与自然世界的一般关系之外，还探讨了更具体的劳动、生活和个人技巧训练的问题。

现代性的发展，使技术成为了现代社会最展现理性的实力的手段，同时也展现出理性同权力和金钱相勾结的最生动的方面。技术成为了创造财富、追求金钱和扩张权力的重要手段。在技术这方面，可以赤裸裸地表现出理性同金钱和权力之间的交换关系，它比在理论化知识中采取隐蔽得多的形态更深刻地说明了理性同金钱和权力之间的不可分割关系。知识化的理性，特别是其技术方面，从此也成为社会和文化正当化的基础和基本手段。

现代理性的又一个最重要表现就是它的法制化。近现代思想家把法制当成是理性的社会实现。因此，一方面强调主体化个人利益同法制的利益的一致性，另一方面，也强调法制在社会统治的至高无上地位。通过理性的法制化，现代社会不仅正确处理了理性同金钱和权力的相互关系，而且也确保了主体化个人的正当地位，保障了个人同社会整体之间的协调关系。在论述社会发展的不同过程并凸显现代社会发展的特征时，帕森斯指出：社会发展经历“原始的”（primitive）、“中间的”（intermediate）和“现代的”（modern）三大阶段，而过渡到现代阶段的特征是“规范化秩序的制度化符码”（the institutionalized codes of normative order），即法制的建构（Parsons, T. 1966：26）。“规范化秩序的制度化符码”即法制，一方面是社会理性化的表现，另一方面又是金钱和权力的分配和再分配原则正当化的基本保障。因此，现代社会的演化和发展基本上是采取法制不断专业化和分化的过程进行的。正因为如此，鲁曼和哈贝马斯都在其社会理论研究中高度重视现代法制的专业化和分化过程，并从中凸显现代性发展的特征。他们两者都看到了法制的专业化及其分化同当代官僚制度发展的内在关系，并由此不同程度地揭露了当代社会官僚制度同现代性危机之间的内在关系。但是，鲁曼更多地看到了法制专业化和分化所产生的社会功能性变化，并由此强调功能高度分化的现代性社会系统的自我参照性和自我生产性的特征；而哈贝马斯则注重于分析法制专业化和分化导致社会系统和生活世界相互分割的消极意义，并强调当代社会不合理的官僚制度及法制对于日常生活世界的殖民化。

现代社会处理主体化个人同社会之间的相互关系的关键，就是通过个人主体化的过程，完成个人向自律的劳动主体、说话主体、生活主体的转化。但另一方面，个人向自律的劳动主体、说话主体、生活主体的转化，又同社会整体结构中金钱、权力合理性之间的相互配合过程相适应，使得个人的主体化同社会整体、同组织起来的国家整体的整合化过程相适应，完成个人主体化同社会化的紧密结合。因此，个人自律的劳动主体、说话主体和生活主体的建构过程，实际上同时也就是权力主体、认识主体和道德主体建构的过程。

现代性在当代社会中的发展也使金钱、权力和理性的相互关系发生了根本的变化。这个变化的基本特征是三者都共同地朝着象征化的形式发展，从而不仅使三者的表现形式，而且也使三者之间的相互关系，都在象征化的过程中采取了越来越曲折的反思形式。这种变化同样导致当代社会结构及其运作逻辑以及人的基本心态都朝着象征化的反思方向而变化。这一切，都是同海德格尔所说的现代性特征密切相关。

资本主义的现代性，以其自身的内在矛盾性，孕育着批判和背叛其自身的精神力量和文化力量。后现代主义就是这股批判和叛逆力量的一个重要组成部分。它是随着现代性本身的发展而成长的文化矛盾体。

在资本主义现代社会发展过程中，只有到了19世纪三四十年代，当经济发展引起工业革命而导致资本主义全面繁荣的时候，现代性的内在矛盾才第一次公开表现出来。在经济领域，劳资间的冲突导致英、法、德等各重要工业国家工人罢工运动的兴起，并很快地发展成为席卷全欧的1848年政治革命浪潮。作为时代精神晴雨表的文学艺术创作领域，最敏感地孕育出全面批判现代性的后现代主义萌芽。从那以后，后现代主义就作为现代性母体中产生出来的一股内在批判力量而不断成长和发展。这个批判力量又随着现代性在20世纪的高度成熟而急遽增强，遂演变成为现代性内部突发出来的自我超越力量。后现代主义越批判现代性，不但就越显示了现代性的矛盾和危机，而且越推动了现代性本身的发展和自我更新，越为后现代主义本身的不断创新提供了取之不尽的精神动力。

（二）对“现代性”的最初批判

相对于中世纪封建社会，资本主义的社会文化制度具有明显的优越性和“进步性”。但它从一开始便不是作为十全十美的社会文化制度而存在的。资本主义是人类社会自产生私有制以来最自由、最民主和最完备地制度化的一种私有制社会。作为一种私有制，毕竟克服不了私有制社会的最大通病：建立在人对人的剥削的基础上。资本主义的剥削制，使其自由民主的实现和发展，充其量也只限于私有财产（包括物质、精神和文化方面的财产）占有者所容许的范围内。

对于资本主义这个历史阶段及其基本精神状态和心态，从资本主义诞生的时候起，有许多思想家就陆陆续续地进行反省、研究、分析和批判。这些反省、研究、分析和批判，显然是依据研究者本人对于资本主义这个历史现象的立场和态度而异。不同的思想家，由于不同的立场和态度，就表现出对于现代性的不同分析。

早在资本主义的原始阶段，对于资本主义的两种根本对立的立场和批判态度就明显地表现出来了。第一种立场和态度，是对资本主义的歌颂和讴歌以及对于资本主义基本原则的肯定态度。第二种立场和态度，是对于资本主义原始积累中的残酷剥削的严厉批判和鞭笞（Marx，K. 1867）。属于第一种立场和态度的思想家，包括从文艺复兴时代出现的一系列人文主义作家和思想家，也包括此后在18世纪启蒙运动中为资本主义基本原则作出重要贡献的启蒙思想家，以及在浪漫主义时代遍布于英、法、德各国的浪漫主义作家、思想家和经典主义的思想家们。从14世纪文艺复兴时代到18世纪末和19世纪初，歌颂和拥护资本主义的思想家和作家们，由于符合资本主义“正统”文化和意识形态的基本原则，一向受到整个社会的支持和推广。他们为资本主义的基本特征及其基本原则所作的许多肯定和总结工作及其论述资本主义的著作，也均已列为“经典”而被推崇。属于第二种立场和态度的思想家，则受到不公平的待遇，也常常被人们所忽略或忽视。只是到了19世纪三四十年代，对于资本主义的批判，由于取得了显著的理论成果，同时又在现实的创作中体现出它本身对于资本主义发展的积极作用，才激起对于“现代性”的批判的新浪潮，同时也就在资本主义内部产生了一股由自我批判所推动的反现代性创作运动，为此后资本主义的进一步发展增添了新的动力。

（三）早期空想社会主义思想家对“现代性”的批判

对于资本主义的批判，最早取得重大成果的，是16、17世纪至18世纪所兴起的空想社会主义运动。空想社会主义思想家们作为向刚刚诞生的资本主义进行批判和猛烈开火的先锋队，集中地揭露了资本主义作为社会和文化体系的私有制本质，揭露了资本主义将人类历史上早已存在和缓慢发展的贫富不平等现象膨胀到极点的罪行，揭露了资本家压榨工人和消灭传统个体农业劳动者的残酷性。英国的莫尔（Thomas More，1478—1535）、培根、哈林顿（James Harrington，1611—1677）、欧文（Robert Owen，1771—1858），意大利的康帕内拉（Tommaso Campanella，1568—1639）、维柯（Giambattisto Vico，1666—1744），法国的马布利（Mably，1709—1785）、梅叶（Jean Meslier，1664—1729）、卡贝（Etienne Cabet，1788—1856）、诺埃尔（François Noel，1760—1797）、圣西门（Saint-Simon，1760—1825）、傅立叶（Charles Fourier，1772—1837），德国的闵采尔（Thomas Muenzer，1489—1525），等等，都是严厉批判资本主义现代社会和现代文化的空想社会主义思想家。

空想社会主义思想家对于资本主义的批判，不只是对马克思主义发生影响，而且也对启蒙运动以来现代社会和现代文化的发展本身发生影响。从16世纪到19世纪，不论是宗教改革运动、启蒙运动、浪漫主义运动，也不论在经济领域发生的工业革命运动，在政治领域发生的1848年欧洲大革命运动、工会运动和争取社会福利的运动，都可以看到上述空想社会主义思想的影响和痕迹。作为空想社会主义运动的最后一个杰出代表，法国的圣西门对于资本主义意识形态、技术以及实证科学的批评，都直接成为由19世纪上半叶所兴起的“现代主义”的某种出发点。例如，作为现代主义意识形态之一的实证主义，就是由圣西门开始，并经孔德（Auguste Comte，1798—1857）而系统化完成的（St. Simon，1807—1808）。而对于资本主义意识形态的批判，也同样经由圣西门及其同时代的德·特拉西（Destut de Tracy，A. 1970［1824—1825］），而进一步发展成为19世纪，包括马克思主义在内的整个19世纪各种批判运动的一个起点。

同上述批判态度相对立的，是启蒙思想家、人文主义者和浪漫主义者对于现代性的各种描述和分析，其中包含着他们的肯定和歌颂的态度，寄托着他们对于现代性的各种理念，表达出他们进行、实现所谓的“人性解放”的历史诺言。所以，在现代性中，就包含着这些思想家所论述的“启蒙理性”、“人文主义理念”和有关各种现代真理体系和科学技术知识的颂歌。

因此，作为后现代的出发点，现代性从一开始就呈现出复杂的内在矛盾，同时也呈现为对于资本主义社会的矛盾态度。现代性，显然就包含着积极的一面和消极的一面，包含着其本身的自我肯定和自我批判，也包含着其对立面对之进行的批判。因此，现代性本身就是一种不断变化和不断发展的社会文化力量；它始终受到来自其本身的自我批判和来自它之外的外来批判的双重性批判（有关现代性和后现代性所固有的两种不同“批判”精神，请详见本书本章第四节）。不仅现代性本身就是在这种双重性批判中成长和发展，而且后现代性也正是从现代性的这种双重性批判中吸取了一部分养料和力量。

显然，从充满复杂矛盾的“现代性”出发的“后现代”，也必然同样包含着内在矛盾和不可克服的吊诡。后现代所要肯定和发扬的，在某种意义上说，正是早已在现代性中爆发的那种矛盾。后现代试图在这些永远发生，又永远不可一劳永逸地解决的矛盾中，寻求进行创造，并使自身永远陷入不稳定的更新状态的原动力。

（四）米歇·福柯对现代性的批判

米歇·福柯曾系统总结自启蒙以来现代性发展中的批判成果，严厉地批判现代社会和现代文化，并把现代社会和现代文化看成为传统社会和传统文化长期发展的集中表现。但是，在谈到“现代性”的时候，米歇·福柯也曾经表示一种矛盾态度，某种“踌躇犹豫”的心态。他说：“我要说，我对于所提出的有关现代性的问题感到踌躇。首先是因为我从来都不很了解，在法国，‘现代性’这个词究竟包含什么意义。当然，在波德莱尔那里，是有过这个词。但是我认为它的意义后来慢慢消失了。我不知道德国人赋予现代性什么意义。我知道美国人曾经召开过某种研讨会，哈贝马斯和我都参加了。我知道，哈贝马斯在那里提出了现代性的论题。但是我很踌躇，因为我并不了解它到底是讲什么，也不知道这个词究竟是针对什么类型的问题，同样不知道这些现代主义者同所谓的后现代主义者有什么共同点；尽管用什么词本身并不重要，因为人们永远都可以随便地使用一个词作为标签。就我所知，在人们称之为结构主义的背后，存在着某些问题，诸如关于主体和主体的消失；而我并不知道，在人们称之为后现代或后结构主义者那里，究竟存在什么共同的问题。”（Foucault，M. 1994. Vol. IV：446—447）

接着，在另一个地方谈到“现代性”时，米歇·福柯主张将“现代性”理解为某种特定的态度，而不是特指某一个特定的历史时代。他说：“借用康德的说法，我想是否可以把‘现代性’更多地当做某种态度，而不是某一个历史时期。所谓态度，我想说的是对于现实的某种关系的模式。这种对于现实的关系模式，是由某些人自愿作出的选择。同时，所谓‘现代性’也可以当做是思考和感觉的一种方式，当做是行动和举止的一种方式，它同时表示某种从属关系，并作为一种任务表现出来。所以，也很像希腊人所说的那种‘情态’、‘德性’。因此，与其想要把‘现代时期’同‘前现代’或‘后现代’时期区分开来，不如更好地探索现代性的态度，探索现代性自形成以后，以及自从它同‘反现代性’的态度发生争执以后的那种特殊态度。”（Foucault, M. 1994. Vol. IV：568）

为了更具体地分析他所说的“现代性态度”，米歇·福柯以波德莱尔为例。在波德莱尔身上显示的“现代性态度”包括三大方面。第一，就是所谓与传统断裂以及创新的情感。这是一种什么样的情感呢？这是一种在激烈变动的时代中，同传统决裂，为过去的一切感到不可忍受而精神失控，并处于酒醉昏迷状态中的情感。这又是一种不断更新并敢于创造空前未有新事物的冒险精神。波德莱尔自己曾经把这种“现代性的精神”称为“昙花一现性”、“瞬时即变性”和“偶然突发性”（le transitoire, le fugitif, le contingent）（Baudelaire, C. 1976. tome II：695）。重要的还在于：作为一个现代的人，不应该只是承认和接受这场正在进行着的激烈变动，而是对这场运动采取某种态度。这是一种发自内心的、自愿的，然而又是非常困难的态度，其目的不是要在当下即是的瞬间之外或背后，而是在当下即是的瞬间中，去把握某种永恒的东西。这就意味着，要在创作者所处的现实结构中，及时把握在其中所发生的各种多方面的变化，并将这些变化的因素以共时结构突显出其自身的特征。但这还不够。将瞬时即变的事物，以共时结构表达出来，其目的并不是使之固定下来，而是抓住其变动的特性，使之永远保持活生生的生命结构，呈现其“昙花一现性”、“瞬时即变性”和“偶然突发性”。换句话说，现代性并不想要追随时代的变动流程，也不是被动地置身于流动着的历史性结构，而是把一个一个共时存在的创造精神，纳入其自身当下即是的活生生的场面中。

第二，这是一种将当下即是的瞬时事件加以“英雄化”的态度。但是，这种“英雄化”，既不同于古代和中世纪试图将英雄永恒化和神圣化，也不同于启蒙时代和浪漫主义时代试图达到理念化的程度，而是某种带讽刺性的态度。总之，“英雄化”，不是为了维持它，也不是为了永恒化；而是为了使之永远处于“流浪活动状态”。这是一种闲逛游荡者的心态和态度，只满足于睁开眼睛，对于回忆中的一切，给予注意，并加以搜集和欣赏。波德莱尔本人曾说：“他走着，跑着，并到处搜索。这位富有想象活动能力的孤独者，确确实实地，穿越人群的沙漠，永远流浪；他心目中具有比任何一位纯粹流浪者更高傲得多的目的。这种目的，并不是满足对于周在世界的暂时欢乐，而是一种更加一般的目的。他所寻找的，就是我们可以称之为‘现代性’的那种东西。对他来说，重要的是寻求并超脱在历史中包装着诗歌的那种模式。”（Baudelaire, C. 1976. tome II：693—694）所以，表面看来，一位流浪者，不过是各种各样的好奇心的代表者；他到处寻找阳光和光明，欣赏各种诗歌，当普通人陷入对于某种奇特的美的欣赏的时刻，他寻求那些能够引起动物欲望旺盛的欢乐。但是，在波德莱尔看来，一个真正的寻求现代性的流浪者，他所看到的是完全沉睡中的世界，而他自己却面对这种世界，从事永不停息的创造活动。这种创造性活动，不是简单地否定现实，而是在关于现实的真理和自由的运作之间进行一种高难度游戏。在这种境界中，波德莱尔说，“自然的”事物变成为“比自然更自然的”事物，“美的”事物转变成为“比美更美的”事物；而所有那些富有某种激情的生命的特殊事物，也就像作者的灵魂那样，闪烁着创造的智慧光亮。因此，在米歇·福柯看来，“波德莱尔所理解的现代性，是一种实际的活动。在这种活动中，对于现实的极端的注意，实际上总是面临着寻求某种自由的实际活动。这样的实际活动，既尊重实际，又大胆地强奸它”（Foucault, M. 1994. Vol. IV：570）。

第三，对于波德莱尔来说，现代性也不只是对于现实和对于“瞬时出现”的一种关系形式，而是必须在其自身中完成和实现的那种关系的一个模式。在这种情况下，对于现代性的发自内心的态度，实际上也同不可回避的某种禁欲主义相联系。要成为一个现代主义者，就不能满足于将自身陷入正在进行中的时间流程，而是把自身当做进行某种复杂的和痛苦的创造过程的对象。所以，作为一个现代主义者，并不是单纯要发现他自己，揭开他自己的奥秘，或者揭示隐藏着的真理。他只不过是不断地创造他自身。为此目的，所谓现代性，并不是要把人从他自身中解脱出来，而是不断地强制自己去完成创造自身的任务。

所有这一切，对于波德莱尔来说，都不可能在社会和政治制度现有条件的范围内实现，而只能是在艺术领域中不断地进行；在其中，对于现实的当下表现的讽刺性的英雄化过程，就是为了改造现实而同现实进行游戏，也是某种对于自身进行禁欲主义的改造的艰苦活动。

显然，把现代性主要地当成一个从事创作的人面对“当下出现”的现实的态度，就意味着：善于对现实的“在场出现”进行反问，使之“成问题化”（problématiser）。换句话说，具有现代性的精神，就是使自身成为一个自律的主体，善于对“当下即是”的瞬时结构、对历史的生存模式以及未来的存在方式，进行不断的反问和重建。米歇·福柯特别强调指出：要具备真正的现代性态度，并不在于使自身始终忠诚于启蒙运动以来所奠定的各种基本原则，而是将自身面对上述原则的态度不断地更新，并从中获得再创造的动力。米歇·福柯把这种态度简单地归结为“对于我们的历史存在的永不平息的批评（critique permanente de notre etre historique）”（Foucault, M. 1994. Vol. IV：571）。

（五）现代性在启蒙运动中的历史特征

现代性的内容和特征，不仅在不同的思想家和思想流派中显示出其区别性和多元性，而且，也在现代性自身的历史发展的各阶段中，显示出不同的形态。

启蒙运动作为现代性历史发展的思想基础和哲学性导言，最早典型地显示出现代性精神的基本面貌和特征。这一时期的现代性，主要是面对由中世纪以来发展起来的宗教蒙昧传统而发展出来的理性自主化的运动（Schneewind, J. B. 1998）。简单地说，启蒙运动的现代性，主要表现为：（1）寻求个人独立自主性；（2）寻求理性运用的自觉性；（3）对于知识和科学的推崇。

个人的独立自主性，当然是以个人独立赋有、运用个人权利和义务为基础，因而也以承认和实行个人天赋权利义务的自然法和自然权力论为基础。个人的独立自主性，就其外在表现形式而言，就是个人独立于社会中存在的权威和权力的约束，敢于向限制个人自由的各种社会性和自然性限制力量发出挑战，并进行挣脱性的斗争；对于个人的权利和义务坚持自决和自律。这就意味着从理性出发而达到个人的彻底自由和解放。

从当时的历史脉络来看，寻求个人独立自主性的启蒙运动，是在以“世俗化”（secularization）为宗旨的社会历史运动背景下进行的。因此，在当时的历史条件下，实现个人独立自主性，就是彻底完成对于教会及其神学统治的批判，否定教会及其权威对于社会大众和个人的控制的正当性。这种批判本身，并不停留在对于愚昧迷信和盲从的口头和字面批判，而是要贯彻于实际行动的社会革命解放运动，不仅颠覆和摧毁受教会神圣庇护的各种世俗统治力量及其机构，挣脱他们的控制，开辟一个能为理性自由运用提供广阔前景的新社会体制。因此，在法国，启蒙运动所提出的个人独立自主性，马上就演变为一场轰轰烈烈的大革命运动，同时也显示为具有独立意志的个人在革命运动中的自由叛逆和自我解放活动。

从表现形态来看，个人的独立自主性，似乎只呈现启蒙理性实现的外部条件，只是从实现启蒙理性的个人同其外在社会历史条件的关系的角度而提出来的。任何个人的独立自主性，当然首先关系到个人同他人的相互关系，关系到个人同其所处社会关系网的相互关系。在启蒙时代，个人同他人以及整个社会关系的指导原则，都是由中世纪教会和神学道德体系所规定的，都是以树立教会和神权的绝对权威、要求个人无条件服从为目的的。因此，在当时的情况下，启蒙运动所提出的个人独立自主性的口号，主要是为了打破那些控制和扼杀个人自由的外部社会力量。

但实际上，要实现个人的独立自主性，除了打破外在的桎梏和枷锁以外，还要挣脱已经内在化的各种消极被动的充满宿命论色彩的心态。这些内在化的宿命论心态，从精神内部促使个人在社会生活中充分地依赖外在权威力量，不再相信自己具有决定自己命运的能力。这就是说，从心态上将自己的命运托付给他人，托付给外在的某种权威力量，也构成阻碍和破坏个人独立自主性的重要因素。

因此，在启蒙运动中，法国的思想家伏尔泰（François Marie Arouet Voltaire，1694—1778）、卢梭（Jean-Jacques Rousseau，1712—1778）和狄德罗（Denis Diderot，1713—1784）等人，都把批判的矛头指向阻碍和破坏个人独立自主性的外在和内在条件，指向进行专制统治的中世纪教会及其世俗统治代表，指向进行精神统治和控制的各种宗教信条和教义及基督教道德原则（Voltaire，1734；Rousseau，J.-J. 1762；Diderot，D. 1746）。这是一场个人肉体和精神两方面的彻底自由解放的过程。

在启蒙运动时代，由于解放的过程主要表现为挣脱基督教专制统治的外在权威力量和内在精神力量的控制，所以，由启蒙运动所开创的个人独立自主化过程，也可以称为一种“解咒”或“解魅”（disenchantment）的运动，一种从神秘状态解脱出来的“非神秘化”或“去神秘化”（demystification）的运动，一种自我理性化的过程。其实，不管是解咒或“去神秘化”的过程，都是注重于从心态上解除各种自我约束的力量，都是为了使自身从精神内部产生某种自信和自我掌握命运的能力。而且，解咒和去神秘化的过程，实际上也不能脱离整个的社会改造运动，不能脱离对于旧的社会体系和社会结构的批判和改造，也不能脱离建构新社会制度和社会组织的社会运动。

（六）作为现代性心态核心的个人自主性和自觉性

个人独立自主性，对于个人来说，就是使自己成为自己的命运的主人；也就是说，面对复杂的自然世界和社会世界，面对无法由自身完全控制的外在客观力量及其复杂变动过程，每个人在其生活和社会行动的历程中，必须随时随地独立自主地控制和运用其所遭遇的任何一个“生活机遇”。这也就是所谓“掌握自己的命运”的问题。

个人独立自主性，从社会观点来看，就是建造和型构一种建立在个人充分自由基础上的“市民社会”（参见本书第一章第三节第四项至第六项）。市民社会不但是实现个人独立自主性的理想社会组织形式，也是个人独立自主性充分发挥的社会形态。

启蒙运动所要求的个人独立自主性，只有进一步提升到个人自觉性的高度，才能彻底自我实现。启蒙运动的思想家们都充分意识到个人自觉地反思和自由思考的重要性，并认为个人反思和思考进行的深度，对于彻底完成个人独立自主性具有决定性的意义。当个人独立自主性的要求还没有同个人理性和意愿的自觉反思结合在一起的时候，不但独立自主性的行动不会坚定和彻底，而且行动的方向和目的也不够明确。更重要的是，当个人自觉性尚未提升时，任何个人的独立自主的行动，都不可能以坚定的道德责任感作为基础，就有可能重新陷入盲目状态。康德曾经将“启蒙”同人的“成熟性”联系在一起（参看第一章第四节第三项康德关于启蒙运动的定义）。康德所说的成熟性，在很大程度上就是指人的自觉性，尤其是指个人独立自主地运用理性的自觉性。

要达到个人独立自主运用理性的自觉性，就必须在消除阻止和妨碍个人独立自主性的社会外在条件之后，每个人都从精神内部，特别是从意志、情感和思考等方面，进行严格的训练和审慎的自我修养过程，不但使自己培育成具有坚强意志、高尚情操的、有生活理想的个人，而且也使自己具备实现和达到行动目标的必要智能。这就是说，实现自觉性，不仅要使自己的思考和行为“在没有别人指挥的情况下，自由运用自己的理性”，而且，也懂得“为何”以及“如何”自由地运用自己的理性。从人生观的意义来说，自觉性就意味着懂得自己为何而活，懂得自己如何为自己，而不是为别人而活；也就是说，不再盲目地生活，不再任人摆布地过着被动的生活。这一切不仅涉及对于人生目的和人生意义的认识，而且实际上也关系到对于人的本质的认识。启蒙运动是一场空前未有的人性解放运动，但这场运动是在人对自身价值的充分认识的基础上进行的。启蒙运动试图改变以往关于“人是神造的”的各种神话，主张“人是目的自身”以及“人是以追求个人自由为崇高目的的理性动物”。只有以上述人的理念作为基本原则而不断地进行自我陶冶，才能真正实现个人的自觉性。

懂得自己为什么而活，懂得个人是为自己的理念而活，并不意味着人人都变成为狭隘的个人主义者或唯我主义者。有高度自觉性的现代人，应该懂得个人的任何自由以及个人理念的实现，虽然决定于自己的努力，但丝毫不能脱离处理与他人的关系的正确原则。因此，懂得为自己而活的自觉性，也包含着对个人和对他人以及对于整个社会的责任感和义务。高度的自觉性，要求将个人利益的实现同承担对于他人和对于社会的责任感结合在一起。因此，启蒙运动思想家们也是在自然法、自然权利论和社会契约论的范围内探讨人的自觉性的问题（Hobbes，T. 1651；Locke，J. Rousseau，J. -J. 1762）。

有了对于人生价值和社会责任感的充分理解，才有可能产生实行自觉性所必需的生活勇气。所以，康德在谈到人的成熟性的时候，也强调要鼓起勇气，自由运用自己的理性。

黑格尔对于启蒙运动所提出的自主性和自觉性进行了深刻的哲学概括。他所提出的“主体性”（subjektivitaet），就是现代人的自主性和自觉性的高度结合。在黑格尔看来，古代社会所养成的“主奴关系”心态，曾经长期地使被奴役的失去自由的人，产生对于主人的恐惧感，使他们没有勇气成为自己命运的主人。从主奴关系心态转到主体性，这就是现代性的伟大胜利（Hegel，1807）。在黑格尔那里，主体性并不单纯孤立地在个人自由的范围内展开，而是同个人意识的成长、同个人与他人的关系、同个人与社会整体的关系紧密联系在一起展开的。

（七）启蒙运动对于知识的崇尚

启蒙运动所提出的人性解放和个人自由的口号，只有在不断充实和发展人类知识的条件下才能真正实现。掌握和运用知识便成为实现人性解放，并达到个人独立自主性和高度自觉性的必要条件和最关键的中介手段。康德总结了启蒙运动思想家的理论研究成果，强调人的自律性同对“感性经验世界”（the world of sense）客观规律和对“理智世界”（intelligible world）律则的充分认识的紧密关系。在谈到人的自律性的时候，康德把人放置在感性经验世界和理智世界的范围内加以考察，并根据人在世界中的地位、人对其所面对的世界的认识，以及人应用所掌握的两种世界规律的程度，深入探讨人的本质及其在实际世界中的自律地位（Kant，I. 1977：197—198）。由于人一方面隶属于感性经验世界，另一方面又属于理智世界，所以人只有充分掌握和顺从这两个世界的规律和律则，才能实现自身的自由行动，才能达到真正的自律（详见第二章第四节第四项对康德现代性批判精神的深入讨论）。

知识（knowledge）不同于意见（opinion）和信念（belief）。康德指出：“当判断只是主观上充分，而同时它又客观上不充分的时候，就叫做信念。”（Kant，I. 1781）信念同知识并不存在必然的关系；任何人可以自由地信仰任何一种观念，这些观念可以有知识基础，也可以没有知识基础，而有没有知识基础，对于信念来说并不重要。所以，知识论和逻辑学都严格地将知识同信念对立起来。当一个人说他有某种知识的时候，就意味着他所知道的是正确的。但是，当一个人信仰不管什么观念的时候，他所信仰的可以是正确的，也可以是错误的。在谈到“意见”的时候，康德说：“意见是人们意识到不管是主观上还是客观上都是不充分的那种判断。”（Ibid.）同“信念”和“意见”不同，“凡是主观上和客观上都是充分的判断，就叫做知识”（Ibid.）。

知识就是有理性的人对于世界的规律性认识。在西方文化史、知识史和哲学史上，对于知识的重视虽然从古希腊时代就开始了，但是，只有到了16至17世纪的资本主义时期，才将知识问题列为社会和人类生活的中心问题，并由此而引起西方哲学的“认识论的转折”。在此以前，西方哲学和人们的基本思考模式是“本体论式”。也就是说，一直到资本主义社会产生以前，人们思考各种事物的出发点和关怀的中心都是客观对象的本体论本质，不管这种本体论本质是否存在于经验世界中，也不管它们是否经过科学实验的检验和论证。但是，从近代资本主义开始，人们就只崇尚来自经验、经过理性推理和加工而又经过经验验证的科学知识，并把科学知识看做是维持正当的生活、维护社会法制秩序和征服自然的必要条件。由笛卡儿、斯宾诺莎（Baruch Spinoza, 1632—1677）和培根等人在哲学上所完成的“认识论的转折”，对于西方社会和文化的发展，特别是对于资本主义现代性的产生和发展，具有决定性的意义（Clarke, D. S. 1997：18）。

人的理性同知识之间具有双重的循环关系。这就是说，由于人是理性的生存物，人有可能通过自身的独立自主性和自觉性运用自己的理性，实现对于世界的规律性认识，总结出关于世界的各种各样的知识；反过来，由于知识是理性产物，是理性的理论系统性表现，掌握知识越多就越提升个人的理性能力，越推动人类理性的发展。显然，知识和理性是相辅相成的，是相互推动和互为条件的。启蒙运动在提出人性解放和个人自由的口号的过程中，在批判和摧毁旧社会和旧文化的专制权威的过程中，始终都强调知识的重要性，尽全力推动知识的推广和发展。

除了法国的启蒙思想家以外，一向具有尊重经验知识传统的英国思想家，特别是当时的苏格兰学派的思想家，对于知识的重要性及其对于启蒙精神的重要意义，都有深刻的研究。显然，对于理性的认识，不能停留在先验的和抽象的哲学或形而上学的理论认识层面上，而是要在对经验世界的进一步考察和研究中，在对于经验世界的改造活动中，实际地具体体现出来。在这一点上，狄德罗和达兰贝尔（Jean Le Rond d'Alembert, 1717—1783）等法国启蒙思想家，培根、霍布斯、休谟（David Hume, 1711—1776）和弗格森等英国启蒙思想家，都强调在知识型构和发展中，经验与理性的高度结合（Bacon, F. 1603, 1620；Hobbes, T. 1655；Hume, D. 1739—1740）；并认为：知识的发展将有助于人类进一步提升自身的自律性，有利于人类自觉地掌握和运用客观规律，而为人类造福利。总之，由启蒙运动所开创的现代性，最终落实到人类不断发展知识和应用知识，而为人类造福这一根本目标上。

由启蒙运动所提出的上述“现代性”三大基本原则（个人的独立自主性、自觉性和知识的崇高地位），在资本主义的发展过程中，最终表现为以推广、发展和运用知识为中心的社会文化实践，成为了理性化的知识自我膨胀、异化和社会化的过程。在这一过程中，原初作为人类自身发展成熟性的基本标志的独立自主性和自觉性，慢慢地成为了知识发展及其在社会中的垄断特权地位的附属品。知识不仅成为抽象的社会和文化的理性化的主要标志，而且，也成为争夺社会权力和财富的主要工具和手段，成为整个汇合文化发展的最重要的杠杆。在谈到作为知识基本问题的真理问题时，米歇·福柯深刻地指出："在像我们这样的社会中，真理的政治经济学具有五种重要的特点。真理成为了科学论述形式和产生它的制度的基本核心。真理始终隶属于经济和政治的要求。真理以多种多样的形式，成为了广泛的传播和消费的对象；真理通过社会体中相当广阔的教育和信息机器，在社会中循环着。真理是在少量巨大的政治和经济机器（大学、军队、书写和媒体等）的控制之下产生和被传播的。最后，真理是整个政治论证和社会对抗（意指意识形态的斗争）的争论焦点。"（Foucault，M. 1994. Vol. III：158—159）知识的膨胀及其在现代性发展中的特殊历程，不仅在实质上扭曲了启蒙时代所提出的现代性三大基本原则的精神，导致现代社会同真正人性解放理念的尖锐矛盾，而且也在某种意义上证实了启蒙理念的片面性，从实际上揭露了"现代性"本身的内在矛盾，酝酿和促进了内含于"现代性"的"后现代性"的成长和总爆发。

（八）"现代性"高度成熟的晚期资本主义

"现代性"自波德莱尔等人进行批判和不断重建的过程以后，从20世纪中叶开始，到了所谓"晚期资本主义阶段"（Late Capitalism），原来隐藏于社会和文化内部的各种矛盾，发展到了极其尖锐的程度，使新一代的思想家感受到了某种不得不立即加以思考和解决的精神压力；与此同时，社会和文化内部所累积的各种积极因素，也使他们感受到有可能从中获得新生的希望。因此，"晚期资本主义阶段"的现代性，作为"后现代"的最切近的出发点，一方面隐含着现代性本身的内在矛盾，彻底暴露了其内在矛盾的性质，并提供了解决这些矛盾的可能希望；另一方面，它又已经包含着比以往任何时代更多的"后现代性"因素，使其自身成为了"现代性"和"后现代性"交错并存的特殊历史过渡形态，也成为"现代性"和"后现代性"

相遭遇而又进行强烈互动的一种特殊历史共同体。

晚期或后期资本主义也被称为“先进的资本主义”（Advanced Capitalism），表示原来资本主义社会的现代性理念已经得到充分实现，使整个社会和文化都达到最先进的程度。因此，“先进的资本主义”是从肯定和积极方面对于晚期资本主义的基本评价。将晚期资本主义称为“先进的资本主义”，是有一定的历史和事实根据的。作为资本主义基本标志的“现代性”，如前所述，本来就是一个非常复杂的社会文化历史范畴。这就是说，“现代性”隐含着值得肯定的某些积极的社会文化因素；特别是相对于资本主义前的封建社会和中世纪历史时期，现代性提出和实现了个人在很大程度上的自由解放，达到现代科学技术的普及和知识教育的社会推广，实现了理性在整个社会文化领域的统治地位，完成了社会法制化和理性化。现代性给整个社会所带来的最直接和最明显的成果，就是在自由民主的社会制度下，每一个公民在法律上享有平等的权利和义务，使整个社会变成为人人可以参与管理和监督的透明化社会。而在经济上，理性化的法制也保障了市场的自由竞争，促进了整个经济的活跃，完成了以先进的知识和科学技术所装备的工业化过程，为整个社会造就了创造财富的巨大经济力量。政治和经济的理性化和法制化，也推动了公民的日常生活的改善过程，使现代人在日常生活中享受到由先进知识和技术所带来的福利，造成了空前的“休闲式”或“消费式”的、轻松愉快的日常生活结构。现代性在精神生活方面也为现代人带来了积极的创新因素和不断超越的力量。所有这一切，都是晚期资本主义时代现代性发展的重要表现，是值得肯定的。

但是，上述现代性因素同样也包含着消极的，甚至是破坏的力量。现代性的发展不可避免地带来新的矛盾：或者直接地破坏现代社会本身的和谐关系，或者间接地对于今后人类社会的发展产生负面的影响。因此，“先进的资本主义”的概念，显然不能全面概括和显示“现代性”在当代的历史表现。而且，“先进的资本主义”的概念也仅仅表述了现代性发展的一部分成果，却掩盖了现代性发展中所隐含的各种复杂问题。

在当代的社会理论和文化理论中，每当将晚期资本主义同第三世界各国社会文化制度相比较的时候，有相当多的思想家总是满足于以“先进的资本主义”称西方各发达国家，似乎第三世界在社会和文化发展上，都是“落后”或“待发展”的。这种提法掩盖了资本主义现代性在发展过程中所存在的各种问题，同时也强制性地将资本主义的现代性，当做整个世界社会和文化发展的“先进”模式。这不利于整个世界社会和文化发展的多元化倾向，也不利于整个人类社会和文化的发展和重建前景。

（九）贝尔对现代性的批判

有的理论家也把晚期资本主义称为“后工业社会”（Post-Industrial Society），这主要是指晚期资本主义社会完成了工业化的历史任务。显然，这些理论家将“工业化”当成资本主义现代性最主要的标志。美国社会学家贝尔所著《后工业社会的来临》宣告了后工业社会的到来。虽然他在书中并没有单纯强调资本主义社会的工业性质，但他仍然将工业发展的程度列为分辨资本主义社会性质的主要标志。贝尔指出，他是侧重于揭示当代西方社会正处于急剧的历史变革阶段。他认为，应该按照工业化程度将世界分为三种类型的社会。被称为后工业社会的美国，既不同于“前工业”社会的第三世界各国，也不同于正处于工业发展阶段的欧洲和日本各国。以工业发展程度相区分的上属三种社会，存在着根本的差异。属于前工业社会的国家，主要进行“同自然竞争”的活动，其社会资源的主要来源是开采自然资源，因此，社会发展在很大程度上受到“报酬递减律”的支配，造成整个社会生产率低下。属于工业社会的国家，主要进行“同人工化的自然界”的竞争活动，以人同机器之间的关系为中心，利用能源把自然界改造成为人造的技术环境。到了后工业社会，人们所进行的主要是“人与人之间的竞争”，整个社会将由信息所提供的“智能技术”同机械技术交错地应用起来，造成了当代科学技术和知识在整个社会中的特权地位（Bell，D. 1973）。

贝尔的“后工业社会理论”，虽然把工业发展的程度列为首位，成为他考察现代性发展历程的中心问题，但同时，他也看到了当代社会中由经济、政治和文化三个领域所构成的不协调社会总体的危机性矛盾。他认为，经过近二百年左右发展历程的资本主义现代性，在美国的后工业社会中，已经酿成由经济、政治和文化之间根本对立冲突的社会总危机。贝尔以“后工业社会”的文化为中心，展开了对于整个现代性文化和后现代性相互关系的深入解剖，强调社会中奇形怪状的吊诡现象：经济主宰社会生活，文化商品化日益严重，高科技咄咄逼人，各种技术专家同权力机构相互勾结，而形成当代社会特有的"科技专制"（technocracy）。

18 世纪启蒙运动对于宗教的批判，为资产阶级意识形态的扩张扫清了道路，因而也开辟了整个现代文化的"驱魔"和"解咒"的合理化过程。但是，理性替代宗教的过程，不但没有削弱宗教的社会基础，而且，还在理性的形式下助长了一种新的宗教。正如涂尔干在《论社会的劳动分工》中所指出的，资本主义社会的到来只是削弱了传统宗教的力量，但同时创造了一种将个人神化的新宗教。所以，从整个资本主义现代性的发展过程来看，宗教的式微和个人的膨胀是同时发生和同时进行的。现代性发展的过程中使自我无限膨胀，不断鼓励个人为达到个人目的和个人利益而实现"超越"，实现不断的"越轨"和"驱魔"，并在不断缩小不可侵犯的神圣领域的同时，极端地膨胀个人的神圣性。所以，将传统神圣领域加以打破的同时，却造成了个人神圣化的历史趋势。神圣领域不断缩小，仅仅是指存在于个人之外，并阻碍个人神圣化的超越界的缩小。在这个意义上说，资本主义现代性的发展所造成的世俗化的不断扩张过程，同时也就是指被神圣化的个人在世俗界中的任意膨胀。在晚期资本主义社会中，上述社会世俗化和个人膨胀神圣化的过程，以加速度向前推进着，也成为一股破坏传统社会乃至经典资本主义社会文化秩序的盲目性力量。任何妨碍自我膨胀的社会文化规则，都成为了后现代文化冲击和破坏的对象。就反宗教的意义来说，后现代文化已经将对于神圣的亵渎推进到了极点。在后现代的个人面前，已经不存在任何"神圣不可侵犯"的界限。贝尔深刻地指出，"后现代主义最令人惊奇的一点，就是他把曾经秘而不宣的东西公开宣布为自己的意识形态"，以至于当今的世界似乎再也没有任何禁忌可以约束个人的行动，同时也不存在一种禁忌可以供人逾越（Bell, D. 1976）。

从贝尔的论述中，至少可以看到：现代性的发展，不只是导致工业生产和经济领域的巨大变革和改造，造就了空前未有的强大生产力，同时也推动了政治和文化的全面发展，导致整个社会经济、政治和文化结构的不平衡，隐含着社会总危机的爆发。被哈贝马斯称为"新保守主义"（neo-conservatism）的贝尔，虽然深刻地揭露了晚期资本主义的后工业社会结构的矛盾，却未能全面地估计到晚期资本主义社会和文化中所包含的积极的改造和自我更新的力量。贝尔甚至片面强调重建社会过程中精神价值的重要性，甚至期望建立一个新宗教，完成一个新的"生命意义的革命"。

（十）哈贝马斯对现代性的批判

哈贝马斯试图克服评价现代性发展中的各种片面性，一方面批判新保守主义的观点，另一方面又批判后现代主义者的立场，提出了“未完成的现代性”的基本口号，对“现代性”重新进行历史考察，分析现代性之所以成为问题的症结所在，分析了一系列有关现代性危机的问题。他同时肯定：作为一项宏伟的历史工程的现代性，其本身并没有完成，而且，它具有开放性，不但没有结束，还在不断发展中。他同贝尔相反，不是走向新宗教，而是走向“新理性”，强调通过对于晚期资本主义正当性的批判，尤其是针对晚期资本主义的知识和意识形态的正当性展开批判，为建构一个合理沟通的合理性社会打下基础。哈贝马斯以为，他的“现代性未完成”理论，一方面抵制和批判了新保守主义对西方自由民主制的扭曲，另一方面也批判了后结构主义和各种玩世不恭的现代“昔尼克主义”（Cynicism；Habermas，J. 1981，1985）。

启蒙运动以来，理性一直成为整个社会和文化发展的基本标志，也成为社会的最高权威。但是，20 世纪以来西方社会中所发生的一系列社会文化危机，特别是在西方各国中所发生的两次世界大战，摧毁了人们对于理性所寄予的各种幻想。由启蒙运动思想家所提出的理性基本口号，开始受到了广泛怀疑和批判。但基本上，这一批判只是黑格尔对于理性批判的一个理论上的继续。黑格尔早就指出了现代性的主体性本质，并对理性的主体性在现代社会中的各种表现进行了详细的分析和批判。他的理性异化论曾经成为 20 世纪晚期资本主义社会理性危机的自我批判的理论基础。法兰克福学派的理论家们一方面受到黑格尔理性异化论的启发，另一方面结合晚期资本主义社会中各种理性异化的表现，集中批判了工具化的理性，特别是以知识形式表现出来的工具理性及其危害（Horkheimer，M. 1930，1947，1968；Horkheimer，M. /Adorno，T. W. 1944）。哈贝马斯继承和发扬了法兰克福学派对于理性的批判的基本原则，但在 60 年代以后，针对晚期资本主义各种复杂的社会文化现象，放弃和批判法兰克福学派的第一代理论家的理性异化概念，以“沟通合理性”（Kommunikative Rationalität；Communicative Rationality）作为中心概念，对现代性重新进行评价和批判。

哈贝马斯看到了晚期资本主义现代性基本矛盾的特殊性。从社会文化发展成果来看，晚期资本主义的现代性尤其显示出其矛盾性和吊诡性：一方面，社会政治、经济和文化都高度实现理性化、专业化和制度化，人们的物质和精神财富空前繁荣，社会政治生活达到了实质的民主和高度的自由，人们享受着空前未有的休闲和消费的文化生活；另一方面，社会政治、经济和文化的专业化、体系化和制度化又逐渐地脱离日常生活领域和生活世界（Lebenswelt; World of Life），造成了空前未有的“体系化”、“制度化”和“法制化”同“生活世界”的尖锐对立，造成了前者对后者的“殖民化”（Kolonialisierung; Colonialization）或“宰制”（Habermas, J. 1981）。由此，哈贝马斯提出了晚期资本主义的正当性问题（Legitimations probleme）（参见第一章第八节有关后现代的正当性问题）。结合晚期资本主义将现代性的知识因素膨胀成为当代社会信息宰制的不合理状况，针对知识及其运用过程中单纯依靠“权力”和“金钱”两个中介，而忽视具有正当自由平等权利的主体间的合理沟通，哈贝马斯提出了将体系和生活世界结合在一起的沟通合理性方案。在他看来，这就是晚期资本主义时期克服现代性的矛盾，并进一步实现现代性宏伟规划的关键步骤（Ibid.）。

总之，不但资本主义现代性内含着矛盾和危机，而且，对于现代性的矛盾和危机进行不间断批判的后现代主义本身，也充满着矛盾和危机。但值得肯定的是：后现代主义对于现代性和后现代主义内在矛盾和危机的态度，始终都是抱着积极的否定态度。后现代主义并不回避这些内在矛盾；后现代主义通过对于现代性的批判也实现了对于后现代主义自身的批判和自我超越。

第二节 “后现代”对现代人文主义的批判和超越

（一）作为西方传统文化核心的人文主义

人文主义（Humanism）构成西方传统文化的核心思想。后现代主义不论在批判传统文化，或在论述其本身的基本原则方面，都将批判人文主义，特别是近现代人文主义，当做最重要的内容（Soper, K. 1986）。

从西方文化的古希腊摇篮时期开始，西方人就致力于建构一个以人为中心的文化世界；在其中，居于中心地位的人，虽然最终仍然隶属于神界，位于超自然的神界之下，人的命运在很大程度上取决于神的安排，以至于连人类世俗社会的正义问题也必须最后诉诸神的裁定，但是，西方文化所关怀的重心仍然是人本身。希腊神殿上所刻的著名箴言“认识你自己”（Gnothi-séauton），被看成最高造物主对人的最高期望，也成为信神的西方人此后处事行事的座右铭。生活于公元前 5 世纪的希腊哲学家普罗塔哥拉所提出的“人是万物的尺度”（Der Mensch ist das Maß aller Dinge；Man is the measure of all things）的口号，从此成为了西方人从事文化生活和一切行动的基本准则，也使西方文化从此更自觉地围绕着“人”而创造和不断发展。普罗塔哥拉之后的苏格拉底、柏拉图和亚里士多德批判了普罗塔哥拉学说中的相对主义和怀疑主义成分，从哲学和理论上，论证和建构了以人为中心的西方人文主义基本原则。

从古希腊开始奠定的西方人文主义传统，只有到了 16 世纪左右，也就是经历了古希腊人文主义、基督教人文主义的演变而达到文艺复兴的时期，才更加明确地提出了以个人自由解放为基本目标的新人文主义。这种新人文主义就是现代资本主义的人文主义，是西方近现代文化的核心和基础，也构成为由启蒙运动所发展起来的现代性的基本组成部分。

（二）作为“现代性”主要构成部分的新人文主义

自从西方社会和文化进入资本主义阶段的现代性以来，上述以寻求个人自由为基本目标的新人文主义，一直成为西方各国社会和文化建设的基本指导思想，不仅成为近现代各种科学知识和技术发展的思想基础，而且也贯穿于所有的社会制度、组织原则和政策之中，体现在政治、经济和文化领域的各个方面。

由 16 世纪和启蒙运动所发展出来的现代新人文主义，严格地说，是以建构个人的主体地位为中心目标的。换句话说，现代人文主义是要从思想上和理论上，将自由的个人论证和建构成为独立自主、有自觉性和由现代知识所装备的“主体”（subject）。资产阶级的思想家们试图将资本主义制度描绘成具有意志自由的主体化个人最理想的地上乐园。贝多芬谱写的《第九交响乐》就是为了歌颂现代新人文主义的理想人间乐园。

为了使自由的个人能按照他们的自由意志而在资本主义的国度中自由地行动，新人文主义力求将个人培训成为合乎标准、有权能和有资格的"说话主体"、"劳动主体"和"道德行动主体"。所以，新人文主义所强调的个人主体地位，实际上，就是在资本主义条件下的个人，在资本主义法制正当化许可范围内，进行"言说"、"劳动"和"行为"的主体性。也就是说，新人文主义所要求的，就是在资本主义现代性条件下，使每个自由的个人都力求成为符合标准的"说话主体"、"劳动主体"和"道德行动主体"。在新人文主义看来，个人要实现真正的自由，要达到启蒙运动时期所提出的自主性和自觉性，就必须使自己变成为符合标准的"说话主体"、"劳动主体"和"道德行动主体"。主体性不但是整个人类面对自然界和社会世界时保持其中心地位的基本条件，而且也是个人实现自由，并在现代性条件下不断扩大个人自由的基本条件。

个人主体性的不断发展，果真为个人和社会带来了更大的自由吗？启蒙运动以来的近现代思想家和理论家，基本上都肯定个人主体性对于发展个人和社会自由的重要意义。但是，近一百多年来的现代社会的发展，却又以越来越多的事实揭露了现代个人主体性对个人和对社会所造成的双重危害。事实证明：现代个人主体性的发展，同时又是与整个资本主义社会和文化制度的发展相协调并互为条件的。理性化和法制化的现代资本主义社会和文化的发展，对于个人自由始终具有双重意义：一方面，它从总体上承认和赋予个人以自由的权利；另一方面它又通过越来越完善的制度化不断限制和缩小个人自由的领域，造成现代性发展对于个人自由的吊诡效果。从 19 世纪上半叶以来严厉批判现代性的思想家和理论家们，不断地揭露和批判新人文主义所鼓吹的个人主体性所隐含的反人性实质。这些思想家包括后来对"后现代主义"产生深远影响的马克思、尼采和弗洛伊德等人。

（三）现代新人文主义所遭受的历史批判

由文艺复兴和启蒙运动所开创的新人文主义，从一开始及其发展的各个历史阶段，都同时表现出对人性的推崇和对人性的新摧残两方面的特性。新人文主义的这种自相矛盾而又吊诡的性质，是同它作为资产阶级意识形态，作为"现代性"这个社会历史阶段本身的自我矛盾性密切地联系在一起的。

因此，新人文主义的产生和发展过程，不但构成“现代性”本身的产生和发展过程的精神基础，而且也使“现代性”成为不断受到批判，并不断进行自我批判的过程。

这也就是说，新人文主义在其历史发展中，不但受到了对“现代性”进行不断批判的思想家们的反复批判，同时，也经历了创建“现代性”文化的思想大师们的不断自我批判和自我反省。新人文主义的被批判和自我批判，又从另一个角度表现了作为现代性核心思想的新人文主义本身的矛盾和发展潜力，表现了新人文主义所隐含的人类文化内在矛盾的一般特性，也表现了作为人类文化产品的新人文主义具有着“人性”和“反人性”（或“非人性”）的矛盾性和悲剧性。

新人文主义自文艺复兴和启蒙运动诞生以来，始终伴随着对它自身的批判和自我批判的历史过程。这一历史过程，是探索“现代性”和“后现代性”两种文化模式相互交叉和相互渗透以及相互批判过程的重要方面，有助于理解和比较“现代性”和“后现代性”对于人性和人的本质的不同态度。

（四）马克思对于新人文主义的批判

马克思对于西方古代的人文主义和新人文主义始终采取肯定和批判的双重态度（Sayers，S. 1998）。严格地说，马克思本人也是一位传统的人文主义者。马克思在严厉批判资本主义现代性的时候，总是把普罗米修斯作为榜样，以解放全人类为己任。他不但关切人的命运，而且也维护人性的纯洁性和崇高地位，反对对于人性的任何扭曲。

马克思对于古典和现代人文主义的批判，经历了两大历史阶段。在早期的第一阶段，他基本上是以黑格尔的异化论为中心，深入批判资本主义现代性从政治、经济和文化各方面对于人性的扭曲，分析批判现代人性的异化的多种形式（Marx，K. 1932［1844］）。在晚期的第二阶段，他以阶级论取代异化论，并把人性的解放寄托于无产阶级革命和无产阶级专政的胜利（Marx，K. 1867）。马克思并不相信在阶级社会中，会存在某种统一的和抽象的人性。在阶级社会中，人只有具体的阶级性。在资本主义社会中，占有生产资料的资本家的本性，就是残酷剥削工人。因此，他在《资本论》第一版序中明确表示：“我绝不用玫瑰色描绘资本家和地主。”（Ibid.）唯有彻底消除私有制的基础，人类社会才进入无阶级的大同世界，也才有可能实现人性的彻底解放。

马克思对于资本主义整个社会制度的批判，就是以关怀人性，维护人的尊严，特别是维护资本主义条件下进行劳动的劳动者个人的尊严作为出发点（Marx，K. 1932［1844］）。在马克思看来，资本主义的自由基本上是生产资料个人占有的自由和劳动者出卖劳动力的自由（Marx，K./Engels，F. 1848）。这种自由，使资本主义社会有可能将社会生产力从封建主义奴役制度的桎梏中解放出来，同时也使劳动者有可能自由出卖自己的劳动力。因此，资本主义制度的确立，同时又把刚刚从封建制度中解放出来的劳动者个人，重新陷入新的奴役状态中。资本主义制度所保障的个人生产资料占有的自由，使占有生产资料的资本家，可以肆无忌惮地为追求最高利润和获取“剩余价值”（Plus-Value）而置出卖劳动力的劳动者于不顾。劳动者在资本主义私有制面前，只有出卖劳动力的自由，也就是只有接受被资本家剥削的自由。因此，马克思在《资本论》中尖刻地讽刺说：“资本来到世间，从头到脚，每个毛孔都滴着血和肮脏的东西。”（Marx，K. 1867）在这种情况下，马克思揭露了劳动者在出卖劳动力、从事劳动时被奴役和被“异化”的过程。这就成为马克思批判新人文主义的基本出发点。

（五）尼采对于人文主义的批判及其对后现代性的影响

尼采所提出的“超人”（Ubermensch）形象，以“神的死亡”（der Tod des Gottes）的口号，对于将人隶属于神的古典人文主义发出挑战，同时也将“人”从新人文主义的理性约束中解脱出来，开创和推动了对现代性人文主义传统的新批判运动。

尼采对新人文主义的批判，不同于马克思对新人文主义的批判，其特殊意义就在于：第一，尼采不再像马克思那样，仍然拘泥于传统理性主义的约束，而是直接向理性主义挑战，向传统的阿波罗精神挑战（Nietzsche，F. 1872；1878—1879；1883—1885）。如果说，马克思仍然作为一位狂热的理性主义者批判资本主义的人文主义，那么，尼采首先使自己成为反理性主义的狂热斗士，坚决反对将人牺牲成为理性神化的祭品，强烈主张将人回复到最自然的状态，高度肯定人的原初本能和欲望情感的正当性，反对任何抑制和控制自然欲望的教义和道德原则。第二，尼采不再像马克思那样，以总体的人性或人类作为其解放的基本目标，而是不加掩饰地鼓励具有强烈权力意志的个人，鼓励具有高度自由创造意志的“超人”（Nietzsche，F. 1883—1885）。如果说，马克思批判新人文主义的目的，是解放无产阶级，解放作为整体的全人类，那么尼采批判现代人文主义的目的，是要造就不同于芸芸众生的“超人”，是为了实现“超人”的个人权力意志。第三，在马克思的心目中，近现代科学知识是实现新社会理想的理性基础，因此，他不遗余力地鼓励和促使各种知识的发展。与此相反，尼采从现代人文主义的认识论轴心转向系谱学批判，将现代人文主义所从事的正当化理性论证转化成为对于一切价值的重新评价。第四，马克思批判新人文主义的目的，是为了实现人类历史发展的目的性，实现共产主义的理念。与马克思不同，尼采批判现代人文主义的目的，并不是要建立一种新的宗教，也不是为了将整个人类纳入某个理想的共同世界。尼采并不相信人类历史的终极目的性，也不相信历史会有什么“进步”，不相信历史存在着意义。在尼采看来，所有的个人都生活在“永远回归”（ewige Wiederkehr）的循环之中，所有的人都在永远回归中扩展和实现个人的权力意志（Nietzsche，F. 1886；1887；1887—1889；1888a；1888b；1895）。

尼采认为，人生本无抽象的传统意义上的形而上学根据。各种道德，特别是西方的基督教道德自称可成为人生的形而上学根据，但在实际上，不但不能正确地引导人们的生活，反而导致对于人生的彻底否定。正因为这样，尼采极力批判试图为人生提供形而上学根据的各种传统文化和传统道德。他在《悲剧的诞生》中说：“我们今日称做文化、教育、文明的一切，总有一天要带到公正的法官酒神面前。”（Nietzsche，F. 1872：§19）接着，他又说：“我们的宗教、道德和哲学是人的颓废形式。相反的运动：艺术。”（Nietzsche，F. 1887—1889：§794）在尼采的上述有关人生的言论中，可以看出：第一，他反对以各种形式的传统文化和道德原则作为人生的形而上学基础。在他看来，各种传统文化和传统道德都是扼杀人生真正价值的精神力量。第二，尼采反对把真理当做人生最高的价值标准。在他看来，艺术比真理更有价值。尼采的这个观点，直接同古典人文主义的奠基人柏拉图的观点相对立。柏拉图曾经明确提出艺术同真理相对立的思想。柏拉图认为，只有理念世界才是真实的，才是真理。现实世界不过是理念世界的影子和模仿，而艺术则是影子的影子，模仿的模仿。与此相反，尼采为了肯定人生的真正价值而否认理念世界的存在。尼采认为，只有一个世界的存在，这就是我们生活于其中的现实世界，而它是永恒的生成变化，“永恒的回归”。这个世界对于人来说是残酷的，是无法掌握的，也是不存在任何真理意义的。为了活得更好，人所需要的，是用艺术的“谎言”去掩盖那些可怕的真理。所以他说：“真理是丑的。我们有了艺术，就可以依靠它而不至于毁于真理。”（Nietzsche, F. 1887—1889：§822）尼采明确地说：“只有作为一种审美现象，人生和世界才显得有充足理由。”（Nietzsche, F. 1872：§24）他还说：“艺术是生命的最高使命和生命本来的形而上学活动。”

对于尼采来说，作为人生形而上学根据的艺术是由日神（太阳神）精神和酒神精神所组成的。因此，太阳神和酒神是作为人生的两位救世主而登上尼采的美学舞台的。日神精神沉湎于外观的幻觉，反对追究本体；酒神精神却要破除外观的幻觉，实现与本体的沟通融合。前者用美的面纱遮盖人生的悲剧面目，后者则揭开面纱，直观人生悲剧。前者叫人不放弃人生的欢乐，后者叫人不回避人生的痛苦。前者执著人生，后者超脱人生。前者迷恋瞬时，后者向往永恒。因此，同日神精神相比，酒神精神对于人生更具有形而上学性质，并带有浓郁的悲剧色彩。

尼采并不满足于区分日神精神和酒神精神，而是进一步要求人们，在人生道路上不断地破除日神所造成的外观的幻觉，以显露人生的可怕真相，同时也肯定人生的真正艺术价值。尼采主张把悲剧所显示出来的那个本体世界进一步艺术化，用审美眼光来看待原本毫无意义的世界的永恒生成变化过程，赋予它一种审美的意义。通过这一切，世界不断创造而又毁灭个体的生命，这才是“意志在其永远洋溢的快乐中借于自娱的一种审美游戏”（Ibid.）。这样一来，现实人生的苦难就变成为审美的快乐，而人生的悲剧就化做世界的喜剧。

尼采认为，日神精神只满足于将人生当做一场梦，满足于有滋味地去做这场梦，满足于梦中的情趣和欢乐。而酒神精神则把人生当做一幕幕悲剧，并要求我们有声有色地进入悲剧角色去勇敢地演出这场悲剧，潇洒地享受悲剧的壮丽和快慰。

尼采高度重视悲剧艺术的人生意义，认为悲剧“是肯定人生的最高艺术”（Ibid.：§4）。在他看来，现实的人生难免充满着痛苦和各种苦难，但人可以从创作和欣赏悲剧艺术的活动中，学会同痛苦和苦难进行游戏，从人生的悲剧性中获得审美快感，并由此而肯定生命本身，也肯定人生所经历的各种实际苦难。这就是为什么尼采要求人们从日神精神提升到酒神精神，以酒神精神将人生带入与痛苦反复游戏的艺术活动中，并在悲剧艺术的审美运动中，不断地提升人生的意义，实现超人的不断扩张的权力意志。

尼采颂扬以酒神的悲剧精神游戏人生的同时，也严厉批判现代科学对于人生的破坏意义。他把由酒神精神所指导的审美人生，同现代科学的和功利的人生态度相对立。他认为科学精神基本上是功利主义，单纯追求人类物质利益的增殖，满足于表面的和物质上的需求。因此，他认为，近现代科学的精神和态度，在实际上只停留在人生的表面，只满足于浮现于现实生活中的实际利益，根本看不到，也不愿意追求人生的根本问题。因此，尼采把科学精神归结为一种“浅薄的乐观主义”。这种浅薄的乐观主义，同看透人生悲剧实质的“超人”世界观是根本对立的。当代世界的危机，当代社会和文化的颓废，正是科学精神恶性发展的结果。尼采指出：现代人丧失人生根基，灵魂空虚，无家可归，惶惶不可终日，究其原因，就是科学精神泛滥的结果。要挽救当代人的人生，只有逃脱科学对于人生的约束和统治，在高度自由的艺术和审美活动中，找到重新评价人生价值的根据，也找到带领人生走向希望的出路。

在尼采看来，实现生命艺术化的最主要障碍，是各种传统道德原则。因此，实现审美的人生态度，重点是批判基督教道德。尼采所追求的审美的人生态度，首先是一种非伦理和反道德的人生态度。他认为，生命本身本来是非道德的。生命原本属于永恒生成和永恒回归的自然运动，无所谓善恶。可是，基督教却要扭曲人生意义，对于自然的生命过程进行干预，试图对于生命作出自不量力的伦理评价。基督教道德将人生看做“原罪”的延续和结果，将生命的本能看做罪恶的根源，试图使“罪恶感”泛滥，并控制人生，造成人生过程中形形色色的自我压抑。与此相反，尼采主张彻底摆脱基督教道德所造成的罪恶感的约束，超出善恶之外，真正地享受生命的欢乐和心灵创造的自由（Nietzsche，F. 1886）。尼采不仅停留在对于基督教道德的批判层面上，而且直接主张在现实的人生活动中破坏基督教道德原则，以醉汉为榜样，以破坏道德原则的实际“罪恶”活动向基督教道德挑战。在他看来，破坏传统道德原则的任何活动，就是一种人生的快乐。在这里，尼采把“超人”的创造活动同破坏各种道德原则等同起来。

尼采对于古典和近现代人文主义的批判，直接成为后现代思想家批判人文主义传统的出发点。

尼采的批判所定下的一个重要基调，就是揭露传统人文主义本身的“反人性”性质。在他看来，人文主义的泛滥，造成了“太人性化”或“过于人性”的反人性状态（Nietzsche，F. 1878—1879）。

尼采对传统人文主义的批判，概括地集中到三大方面。第一，他认为，传统人文主义将人性道德化、理性化和逻辑化，剔除了人的一切血肉、情感和欲望，使活生生的人性变成基督教文化和道德的牺牲品，成为理性主义和逻辑中心主义的工具。第二，人文主义的反自然性质，扩大和膨胀人性与自然的对立，造成人性同自然的彻底脱离，使人性沦为各种人为文化和道德规则的附属品。第三，人文主义对于知识和真理体系的追求，造成人性对于知识和真理体系的附属地位，也造成人生审美性质的丧失，恶化人生的僵化性质，使人生陷入教条的规则和原则的羁绊之中。尼采对于人文主义反人性的批判，在他的许多著作中处处呈现出来，尤其是在他对于基督教道德文化和瓦格纳音乐作品的批判中集中地呈现出来。

正是在尼采的启发下，后现代主义者将对于人文主义的批判进一步集中在其反人性的基点上，尤其是集中批判其人性概念的荒谬性和虚假性。

（六）由“此在”出发批判人文主义的海德格尔

在尼采的影响下，首先是海德格尔，以人生“此在”（Dasein）的唯一性、实际性及不确定性，再次批判传统形而上学和传统道德，试图彻底摧毁传统人文主义所建构的人生哲学的形而上学基础。

海德格尔选择了“曾使柏拉图和亚里士多德为之殚思极虑”的“生存”问题（Heidegger，M. 1979［1927］：2），作为向传统文化和传统形而上学挑战的主要战场。人到底是什么？人生有没有意义以及有什么意义？这本来是西方传统文化和传统人文主义所探讨的最基本的问题。海德格尔并不回避这些基本问题，而是同传统文化和传统形而上学针锋相对，从根本上颠覆了人的生存问题的提法，从而也改变了对“人”的根本态度和看法。

海德格尔反对沿用传统人文主义和传统形而上学的基本原则和基本方

法，反对把人当成同其他事物一样可以被“抽象化”和“一般化”的对象，主张从一个一个具体的个人的“此在”出发，去分析和解剖人的生存问题。在海德格尔看来，人生如果有什么价值的话，正是在于人生在每个不同的个人身上所呈现的不同性。人的“存在”不同于其他事物，并没有共同的形而上学本体作为人生的根据。每一个个人，在其生存的不同时刻，以“当时当地”的具体生动形式，呈现出生命的本来面貌。因此，在不同的“此时此刻”，在不同的生存环境中所呈现的人生结构，才是人生的最本真面目，是不可取代的，也是不可化约的。对于人生的这种态度，直接同逻辑中心主义和理性中心主义指导下的人文主义传统原则相对立。

在海德格尔看来，当下即是和当场出现的人生结构，也就是在具体的当时当地所呈现的人生结构，是最自然和最本真，因而也是最珍贵的“生存”。他把这样的生存结构称为“此在”。因此，揭露人生的奥秘，不是像传统人文主义和传统形而上学那样，通过逻辑方法和传统的原则，归纳和化约人的共性和一般特征，而是从一个个具体的“此在”出发。

非但如此，海德格尔还进一步认为，揭露和分析一个个不同的“此在”的本真结构，不是把“此在”当做观察和描述的外在对象，而是让“此在”本身，原原本本地进行自我展现、自我显示和自我发展（Selbstdarstellung）。这就是海德格尔分析“此在”所采用的“回到事物自身”（zu den Sachen selbst）的现象学方法，也就是同传统逻辑方法和传统形而上学根本不同的新方法。

（七）以“此在”的日常生活结构批判人文主义

让“此在”自我展现来显示人生的原本结构，在海德格尔看来，就是此在以其“首先与通常所是的那样”显示其“存在”（Heidegger，M. 1979［1927］：16）。这个所谓“首先与通常所是的那样”，就是“应当在此在的通常的日常生活中所显示的存在者”。这个日常生活的结构，就是“此在”“在世”的那种“亲在”结构。“常人是一种生存论环节，并作为原始现象而属于此在之积极状态。”（Ibid.：129）“本真的自己存在是常人的一种生存变式，而常人在本质上是一种生存论上的东西。”（Ibid.：130）

人生实际结构的日常生活性（Alltäglichkeit）进一步揭露了传统人文主

义谈论抽象人性，并将“人”主体化的荒谬性。正如海德格尔所说，“常人也不是像漂浮在许多主体上面的一个‘一般主体’那样的东西”，“常人不是个别的此在的‘类’，也不是可以在这个存在者身上找到的一种常住的现成状态。……这些依循‘人文科学’逻辑改良的做法，会徒然增加存在论的迷乱”（Heidegger, M. 1979［1927］: 128—129）。

当然，这种对于此在日常生活结构的分析，并非单纯地归结为对日常生活所提供出来的东西的一种任意的或偶然的结构分析。要达到这点，就要充分成熟地运用现象学的自我显现方法。如前所述，在海德格尔以前，胡塞尔（Edmund Husserl, 1859—1938）从19世纪末开始，就把现象学的研究从抽象的主客体对立领域转向人的日常生活世界。在这里，值得注意的是，胡塞尔的“现象学转折”，实际上是把西方近代自然科学知识和运用传统主客体对立统一思考模式的危机，同对于人的“生活世界”的忽视，同传统人文主义的抽象化，联系在一起加以批判的。

在海德格尔看来，用现象学方法所揭示的“此在”“在世”（Sein-in-der-Welt des Daseins）的本质结构，是在时间性（Zeitlichkeit）中展开的。他说：“在未经明言的领会着和解释着存在这样的东西之际，此在所由出发之域就是时间。我们必须把时间摆明为对存在的一切领悟及对存在的每一种诠释的境域。必须这样本然地理解时间。为了让人能够洞见到这一层，我们必须原始地解说时间性之为领会存在的此在的存在，并从这一时间性出发诠释时间之为存在之领域的境域。”（Ibid.: 17）

海德格尔认为此在在存在自身中的自我展现的时间结构，首先和主要的是表现在“烦恼”（Sorge）之中。海德格尔又说：“我们曾经主张烦恼就是此在机制的结构整体的整体性。……日常生活却恰恰是生与死之间的存在。如果生存规定着此在之存在，而生存的本质则是由‘能在’（Seinkönnen）参与组建起来的，那么，只要此在生存，此在就必定以‘能在’的方式，表现出努力成为它‘尚不是’的某种东西。由生存构成其本质的存在者，本质上就以对抗的态度把存在作为存在着的可能性。”（Ibid.）把此在的在世作为一个完整性的存在的结构去分析，把这样一个完整的存在性结构放在时间的本真结构中去解剖，就使我们有可能把“烦恼”放在此在机制的结构的整体性中去分析。海德格尔就是这样通过在日常生活中所表现的生死之间的生存整体结构的展示，达到对于在时间中的存在本真结构的自我显现过程。所以，海德格尔得出结论说："一切存在论问题的中心，都植根于正确看出和正确诠释时间现象以及它如何植根于这种时间现象。"（Heidegger，M. 1979［1927］：18）"此在原始的存在论上的生存状态的根据就是时间性。只有从时间性出发，烦恼这种此在之存在的区别勾连结构整体性，才能从生存论上得到理解。"（Ibid.：234）

（八）以诠释学途径解构人文主义传统

对海德格尔来说，此在在时间性结构中的自我展现，最主要的就是此在对于其所面对的在世时间结构的自我领会、自我理解和自我诠释。这是"此在"在"当下即是"的"在世"过程中所采取的首要存在结构。海德格尔强调，此在的在世过程的自我展现首先就是此在对在世结构的自我诠释（Selbstauslegung），意味着他把此在在世过程中的领会和诠释活动当成此在在世的基本方式。这也意味着，海德格尔把人的此在，当成为每一个有自由思考能力的个人对其生存结构进行独立思考的结果。人的独立思考，脱离不开对于其在世结构的理解和诠释，也脱离不开理解和诠释过程中所使用的语言和话语。因此，作为生存基本结构的烦恼，首先表现为此在的自我领会和自我诠释过程中的种种烦恼，也表现为领会和诠释过程中的此在言说的烦恼。在《存在与时间》中，海德格尔明确地指出，作为此在进行在世存在的自我展示过程的特殊结构，就是凭借着领会诠释活动而进行的自我展现。所有的作为此在的存在者的存在过程，都是这个存在者的自我领会和自我诠释活动，是这个存在者对他的存在过程的自我认识和自我展现，是"此在"在诠释过程中对自身存在的自我选择和自我确定。

此在在自我展现中的自我诠释，首先面临着此在本身对其所处环境的"生存情态"（Befindlichkeit）。在海德格尔看来，具有个人独立自主和自由思考特性的"此在"，当他面临周在世界而在世时所产生的"生存情态"，具有三大特点：第一，"此在"之处身于世是其自身选择的结果——此在之存在于世是没有任何理由，没有任何道理可言的。"此在"之存在，是一种既成事实，是"本来就已经存在那儿了"（sich-sein-in...）。"此在"在自问自身存在的意义时已经存在于世了。这是"此在"无法回避的"实际性"。海德格尔用 Faktizität 来说明这种"实际性"。

第二，“此在”之呈现于世，是一种“被抛弃性”（Geworfenheit）。“此在”存在于世是被掷出来的，因此，从历史与文化的背景而言，“此在”当它“被抛出而在世”的时候，就已经具有“有限的”性质，隐含着“死亡性”或“必死性”。“此在”只有预见到其死亡之必然性才能真正理解其存在的全部意义，才能把握其存在的“总体性”。

第三，“此在”被抛于世而存在的整个过程中，总是带有情绪的。海德格尔说：“此在永远是有情绪的。”（Heidegger, M. 1979［1927］：134）前面所说的 Befindlichkeit，实际上已经包含了“有情绪的处世状态”的意思。富有情感的自我在世表明了在世动作与“此在”的生存态度的同一性和联系性。“此在”既是活生生的有情感的处世，它就包含了对世界的看法和认识，也表现“此在”之作为存在根基的本体论性质。这样一来，“此在”虽然是“被抛于世”，但它并不甘心于现世和周在的存在状态，而是要积极筹划自己的生存可能性，所以，海德格尔干脆说：“此在作为被抛弃的此在，就是被抛入筹划活动的存在方式中。”（Ibid.：145）

这就是说，“此在”在处世的那一刹那就表现了自我确定的能力，表现出它的 Seinkönnen，即“能够存在”，简称“能在”。“此在”不愧是自我存在之本体论根基和认识论基础，因为它能领会到自己之被抛弃就意味着自身的必死性，就意味着面临着处世的种种非真正的存在的威胁，就意味着要由自己决定“成为你所存在的那种存在”（Ibid.：134）。在这种情况下，世界上的一切事物，虽然在“此在”被抛于其中时也已经存在于世，但可以通过此在的生存筹划活动而统统成为“此在”之处身于世的工具（Zeug）。被这样理解的“此在”周围一切事物，也只有在这样的背景下获得它的“意义”。

海德格尔在论述“此在”的 Befindlichkeit 的特性时，很自然地引申出“此在”对自己的存在的“理解”（Verstehen; Begreifen）概念。“此在”作为一种“能够存在”，或者，一种“有能力自我确定的存在”，总是在自身的存在可能性中筹划自己的存在方式和未来，获得自己的存在内容。此在的这一特性使“此在”带有“先行于自身的存在”（sich-vorweg-sein）的性质。“此在”的这种 vorweg，即“先于自身的存在”，是对于可能的和实际的“在世”的一种先验的反应，是对于将现世理解成存在工具的生存态度的思想准备。不言而喻，没有对现世的理解，没有从“此在”的自身存在可能性的角度去理解自己的“被抛弃状态”，“此在”是不会呈现出“预先入世”

的态度的。因此，海德格尔说，理解是在“此在”显示自身和筹划其自身存在可能性时表现出来的。“理解不只是伴随着行为的‘此在’的认识，理解还意味着筹划自身渗透到‘在世’的当下可能性中去，这就是说，理解乃是作为这种可能性来生存。”（Heidegger，M. 1979［1927］：387）

（九）以“死亡”概念重构人文主义

然而，要对存在的意义有真正的“理解”，必须深入地分析“此在”之处世过程中的“死亡”前景。在《存在与时间》的第53节中，海德格尔明确地说：“真正的存在的本体论结构，须待把先行到死中去的具体结构找出之后，才能够说明清楚。”（Ibid.：262）“死亡是此在的最本己的可能性。”（Ibid.：263）

所以说，对“此在”的分析，作为本体论建立起来的前提条件，必须深入到“此在”之死亡问题才能有所澄清。“此在”既然是具体的存在，当然是有限的，是必死的。在这里，更清楚地体现了海德格尔的“存在”与“虚无”概念的实质及他赋予“此在”以本体论意义的性质。关于这一点，翻阅一下海德格尔在弗赖堡大学任校长期间所发表的《什么是形而上学?》一书，便一目了然。海德格尔说，有限的存在只有嵌入“虚无”中的境界才能显示其自身，因为虚无原本地属于本质本身。研究虚无的问题，归根结底，就是“超越”存在物的形而上学式的、本体论的发问，是一种对存在的总体性进行理解的探究，是“先行地进入死亡”的态度，是此在对自身存在的意义的最高理解，因而也是存在之本体论研究之最高形式。

要理解死亡的根本意义，还是从对“此在”的“在世”样态的分析入手。人的存在在日常生活的表现是“非真正的存在”，其基本样态就是对前面所说的“被抛弃性”毫无自觉的认识，呈现为一种“沉沦”（Verfallen）状态。此时此地的“此在”完全沉溺于日常生活的琐碎事物之中，超越自身的趋势被掩饰成津津乐道于“混世”。这种“混世”实际上就是“那先行于自身而已经在世的存在之寄世于它所遭遇到的在者的存在”的一种状态。这个时候的“存在”对于“死亡”抱着一种“非真正的为死而在”的态度，表现为“畏惧”（Furcht）。然而，此在通过对存在与虚无的真正的理解，可采取一种“真正的为死而在”的态度。这种态度视“死亡”为“存在”的自我显示的总表现，视“虚无”为“存在”的总体性之依托，因此，它不是“惧怕”，而只是“焦虑”（Angst）——在焦虑中包含着随时随地“先行地到死中去存在”的积极态度，使“此在”呈现出随时要“超越”现世的趋势和能力。“此在”抱着焦虑的态度面对死亡，就是理解到存在的本质在于虚无。海德格尔很生动地指出，“此在”的焦虑可以突然产生一种“无家可归”的体验，因为当焦虑感侵袭着“此在”的时候，与“此在”共在的在世的一切便顿时显得毫无意义，一切存在物显示出其“空洞无物”的本质，原来被物认为存在的家的“芸芸众生”，其实不过是“不存在”的虚无。此时此地的“此在”在虚无中终于理解到自己本来没有家——虚无才是自己真正的“家”。由此，海德格尔高度评价了“焦虑”的意义——“焦虑启示着虚无”，即是说，焦虑感可以带领我们进入存在的本体论根基——虚无。存在的本质就是虚无，实际上也就是说，存在的本质是不存在的；存在没有本质。人的生存没有本质。这是对人文主义的又一次冲击。

“此在”对死亡的理解过程并非轻而易举地实现的。对死亡的理解，说到底，就是理解到“死亡”乃是“存在之根本不可能之可能性”与“最本己的、无关紧要的、不可超越而又确实的可能性”的综合体。就其“存在之根本不可能的可能性”而言，死亡使个人力图实现的一切可能性都成为不可能。然而，另一方面，既然死亡是“此在”的不可避免的可能性，它就是唯一地成为集中表达“此在”特性总体的可能性。“此在”的死亡是不可代替的，因此，“此在”只有预先地体验到死亡的意义才有可能实现“超越”。“此在”只能预先地到死中去体会存在的意义，才能产生随时超越存在的创造性和力量。“此在”不能消极地等待到真正的死去，才去理解自身存在的意义，因为死亡既然是唯一性，一旦死亡临头，“此在”也就不存在，一切可能性就化为乌有。“此在”意识到死亡之“本己性”，才主动地“预先到死中理解存在的意义”。所谓“焦虑”，就其积极意义而言，就是引导“此在”先行地理解“死”的意义，通过对死亡的反思达到对于“人生没有本质”的最高本体论的认识。

海德格尔的死亡概念同样成为后现代主义批判人文主义的导引。

（十）通过“语言论述”理解和重构人生

探索存在之所以存在的可能性，把握人类生存的“不存在”或“死亡”

本质，就是理解存在的本体论和认识论意义的先决条件。而所有这一切，关键在于解剖人的生存中对于语言的运用。分析语言及其同生存的关联，分析语言与生存的死亡本质的关联，成为了揭示人的生存奥秘的关键。

在1927年编写《存在与时间》的年代，海德格尔对于“此在”的解释还没有着重突出语言在呈现“存在”的意义中的作用。即使在《存在与时间》第一卷第32节和第33节专门论述语言和存在的关系时，海德格尔也只是把语言看做是“陈述”或“表述”（Aussage）的一个说明“关节”（Artikulation，也有“清晰地表达”的意思。但在海德格尔那里，它往往带有“描画”的含义）。海德格尔《存在与时间》第32节的标题为“理解和解释”（Verstehen und Auslegung）；而第33节的标题为“作为解释的起源性形式的陈述”（Die Aussage als abkunftiger Modus der Auslegung）。就是在这两节中，海德格尔把“解释”视为通过语言表达出来的“理解”。他说：“一切解释都基于理解。”（Alle Auslegung grundet im Verstehen）但是，基于理解和说明而表达的“陈述”已经蕴涵着这样深刻的思想，即“陈述”的首要使命并非向“他者”沟通信息，也不是像普通语法学所说的那样是为了向逻辑主语（主体）提供实词或谓词之类，而毋宁是“构成价值”、“使有成效”和“呈现”。这就是语言在现象学的解释学的显微镜下所表现的崭新功能——对于语言的这一新功能的开拓，不仅揭示了语言作为语言的人生本体论意义，也把解释学的研究更深地向前推进了一步。

在1927年发表《存在与时间》之后，海德格尔不断地在研究语言的哲学探索中揭示语言之本体论意义。他一生中关于语言的哲学著作，包括《什么是形而上学?》（*Was ist Metaphysik?*，1929）、《真理的本质》（*Vom Wesen der Wahrheit*，1930）、《论艺术作品的起源》（*Der Ursprung des Kunstwerks*，1935）、《荷尔德林与诗歌的本质》（*Holderlin und das Wesen der Dichtung*，1936）、《林中路》（*Holzwege*，1938）、《柏拉图关于真理的理论》（*Platons Lehre von der Wahrheit*，1940）、《论事物》（*Das Ding*，1950）、《论语言》（*Die Sprache*，1950）、《什么是思想?》（*Was heißt Denken?*，1952）、《关于理由律》（*Der Satz von Grund*，1955—1956）、《什么是哲学?》（*Was ist das die Philosophie?*，1955）、《语言的本质》（*Das Wesen der Sprache*，1957）、《论尼采·二卷集》（*Nietzsche*）、《同一性与区别》（*Identität und Differenz*，1957）以及《通向语言的道路上》（*Unterwegs zur Sprache*，1959。该书包含了1950年在论

语言的学术讨论会上所发表的那篇《论语言》的论文）等等。

海德格尔对于语言陈述的本体论意义的研究，是从揭示语言在“此在”的存在构成过程中的作用开始的。他说：“言谈是‘在世’（In-der-Welt-sein）的可理解结构的‘表达意义的’描述。”（Heidegger，M. 1979［1927］：200）他还说：“言谈是那些被理解的事物的描述。”（Ibid.：199）

要理解海德格尔的上述论断，仍然必须从对于“此在”的理解开始。“此在”是唯一能对自身的存在有所理解的“存在”——“此在”之区别于其他一般的“存在”，就在于它在“在出来”的过程中便已包含了对它自身的“在”的理解。因此，这样的自我理解的“在者”，即“此在”，它的在世过程，同时也就是“存在化”的它自身的自我理解过程。

“此在”的存在化及其自我理解过程是如何相同一的呢？如前所述，“此在”的存在化结构既然是一种“有情绪的处世状态”，它就有说不完、描述不完的“情态”、“态度”、“心境”、“意念”和“倾向”。海德格尔说：“处世（Befindlichkeit）是存在的一种结构，在这个存在结构中，‘此在’的那个‘存在’就包含在里面了。”（Die Befindlichkeit ist eine der existenzialen Sturkturen，in denen sich das Sein das〈Da〉hait.）（Ibid.）

在海德格尔的原文中，“存在的结构的一种”中的“一种”（eine）是以斜体字排印出来的——这是为了突出“此在”这种存在结构的独特性及其唯一性。接着，在此原文中，“在此”（Des〈Da〉）是以复数和大写形式排印出来的——这是为了强调“在世”的“此在”的“多样性”和“唯一性”的同一，而这种同一性又是以“在此”（Da）的那一种结构中确定下来的。正因为这样，在上述所引的那一句话以后，海德格尔接着说：“这些存在通过这些结构而使‘理解’同源地建构出来。”（Gleichursprunglich mit ihr konstituiert dieses Sein das Verstehen.）（Ibid.）

在上述的推论基础上，海德格尔在《存在与时间》第 32 节中，进一步论述了理解与解释、描述、勾画、概括的关系。他说：“‘此在’通过可能性把它的存在作为‘理解’而勾画出来。……理解的勾画有其自身的可能性，它是自我造就的。我们把理解的形成称为解释。”（Das Dasein entwirft als Verstehen sein Sein auf Moglichkeiten … Das Entwerfen des Verstehen hat die eigene Molichkeit，Sich auszubliden. Die Ausblindung des Verstehen mennen wir Auslegung.）（Ibid.）

这是海德格尔从“此在”到“理解”的论证过程的第二步，为他今后研究“‘此在’/‘理解’/‘言谈’”的三角或三重关系打开了新局面。在从“理解”到“言谈”的过渡中，一个最重要的因素，便是在“理解”和“解释”中所包含的“意义”（der Sinn）。海德格尔指出：“在理解中被分段的各组成部分本身以及在一般理解中可分割为各组成部分的筹划轮廓，就是意义。”（Das in der Auslegung Gegliederte als solches und im Verstehen uberhaupt als Gliederbares Vorgezeichnete ist der Sinn.）（Heidegger，M. 1979［1927］：199）

换句话说，“意义”是可以被分成各个部分的“此在”的在世筹划的概括表现——在各个构成“理解”总体的“意义”中，可以呈现出“此在”的“存在于世”的筹划概貌，可以表现“此在”的处世情态。

这样一来，作为理解的表现和解释的实施形式（Vollzugsform），“陈述”也具有其意义。“陈述”是真理的“场所”（Ort der Wahrheit）。在这一判断中包含了下述三个意义：

第一，陈述是描述、说明和指明（Aufzeigung）。

第二，陈述所表述的是指谓关系，这里所指的，不是传统意义上的主语与谓语关系，而是被说出的那个存在物自身。陈述的这种第二意义以上述第一意义为基础。在海德格尔看来，主语化（Subjektsetzung）和谓语化（Pradikatsetzung）是相互补充的一个整体。

第三，陈述意味着通告（Mitteilung）和说出来（Heraussage）。

综合上述三种意义，“陈述乃是通告的确定的描述”（Aussage ist mitteilend bestimmende Aufzeigung.）。它始终基于“在世”（immer auf der Basis des inder-Welt-Seins）。就这个意义上说，陈述也和一般解释一样，必须以“提前获有”（Vor-habe）、“预见”（vor-Sicht）和“预测”（Vor-griff）为前提条件。

综上所述，海德格尔在《存在与时间》中，只是把语言的功能和意义停留在“存在陈述”的范围内。但在他的论述中，他已经注意到把“说话”（Reden）和“讲话”（Sprechen）区别开来，并赋予前者以更高的意义。在他看来，“说话”指向说话内容的“存在的构成”，表述了被说及的事物的“在世”方式；而“讲话”则只谈及经验世界中的普遍现象。

（十一）对“说话”的人生结构的分析

正因为这样，“说话”的首要确定性因素不是“讲话”，而是“听——

不做声”这个双重因素。在这个不同寻常的分析中，海德格尔所要强调的是：一个人说话的重要性不在于他开口讲话，不在于他讲出话来；而是在于他先听到话，并在“听话”的同时完成了他的语言与外在世界和“他人”的开放关系。因此，海德格尔干脆说：“倾听是言谈的构成因素。”（Heidegger，M. 1979［1927］：201）

因此，“说话”是“此在”的“在世”之表现，是“此在”在被抛于世之后对于世界和他人的反应；这一反应不是毫无旨意、毫无目的的凭空表态，而是在“倾听”他人的话语之后的“入世”行为。从上面的比较来看，“讲话”所突出的是讲话者，即讲话的人，而“说话”所突出的是被说及的事物。

到此为止，海德格尔并没有完全解决问题，他并没有彻底解决语言同存在的本体论问题。

在1950年发表的《论语言》（*Die Sprache*）中，海德格尔所研究的，严格地说，不是一般意义上的“语言”，而是指“被讲出来的语言”。

在海德格尔看来，探讨语言的本质并不意味着寻求语言所基于其上的“另外的事物”；语言的本质不在语言之外。所以，语言的本质就是语言本身。

语言本身的强大威力及其价值，就在于能为我们人类的思维、精神活动以及一切属于人类属性的因素提供一个永无边际、永无终止线的无限广阔的维域。

海德格尔并不满足于上述见解。他进一步说：“语言就是语言。言语是惟妙惟肖的、富有表现力的。如果我们自任走向这个成语所说的那个深渊，我们并不会在一个突然陡峭的虚空深渊中丧身。我们倒是被向上抛，而唯有其高度本身才能开启一个深度。这个高度，这个深度，都双双贯彻到底测量着一个地方。我们究竟能不能被引入这个地方，以便找到我们人类自我展示之寓所？”（Heidegger，M. 1959）

海德格尔这段话比上一段话更富有深度；或毋宁说：这句话简直使我们在语言这个无底的深渊面前顿悟——原来语言是如此的浩瀚无际，以致使我们无论多少次重复说“它是无限的”这句话，也永远不会使我们感到我们自己是在重复，也不会感到我们因此而接近了语言的边际，或者使我们因此而停步不前。“语言就是语言”这句话本身就是无底的深渊；同样地，说“语言是语言这句话本身是无底的深渊”本身也是无底的深渊。深渊的深渊本来就没有底，因此，与其说我们被抛入那无底洞，不如说我们被向上抛到那同样的无限高度！“存在”在这里回归到了自己的真正寓所，就是在这个无底无高、奇妙无比、纵深无尽的寓所中，我们人类找到了自己的真正的“家”，真正的“寓所”！福兮人间！深哉美哉，思在其中，乐在其中，永无止境！

海德格尔关于语言的上述精辟思想是一切诠释学由以出发的理论基础，也是后现代主义者批判人文主义的又一个起点。如果说以往一切关于语言的研究都始终停留在表面现象的话，那么，唯有揭示语言的“存在之为存在”才能使我们人类领会到语言这个无底的深渊的无限性。

海德格尔说：“言语就是讲出来的那些话。然而，它到底讲些什么？这样一种‘讲’究竟在何处？它难道不是在它过去讲过的那个地方？谁不知正是在那个地方，讲话已经完成。但是，在那些被讲起的地方，讲话并未停息。在那些被讲起的地方，讲话仍在隐藏中。在那些被讲起的地方，言语集中着它继续自身发展的那个作风——而这种继续自身发展又是以它自身作为出发点的。这就是说，它的发展的永恒性乃是它的存在。”（Heidegger，M. 1959）

所以，很明显，海德格尔把“语言”看做是存在自身展示之所在。所以，他在《论人道主义的信》（*Humanismbrief*, 1947）中说：“语言是存在的家，在它的寓所中，居住着人。”（Die Sprache ist das Haus des Seins. In ihrer Behausung wohnt der Mensch.）（Heidegger，M. 1947）

如果说语言是存在的家的话，那么，讲话、言谈和各种语言就是“语言的存在”。换句话说，人说出来的话，是“存在的家”的“存在”，是作为“存在的家”的语言在现实世界中的存在者。也可以说，言谈、讲话和言语，是作为存在的语言。关于这一点，法国的德里达进一步作了很精辟的解析（详见第四章）。

总之，海德格尔为后现代主义批判人文主义传统打开了一条广阔的道路。当六七十年代后现代主义奋起批判近现代人文主义的时候，海德格尔上述有关“此在”、“死亡”以及“语言是存在的家”等重要论述，就成为了重要的理论出发点。后现代的主要理论家和思想家，都从海德格尔上述批判传统人文主义和理性主义的理论和现象学方法论中受到了深刻的启发。

（十二）德里达对于人文主义的解构

德里达的后结构主义对于近现代人文主义的批判，是从超越和“解构”海德格尔主义和胡塞尔现象学出发的。在德里达的整个解构理论中，发扬和重建海德格尔和胡塞尔对于人生在世、生活世界、语言论述和差异化的理论，成为了他批判传统人文主义的基础。

如果说，海德格尔是从人的生存出发，经过对于“存在”的一般结构和本体论意义的反形而上学探讨之后而达到“语言是存在的家”的结论的话，那么，德里达和福柯则恰恰相反，他们都从分析和批判人说出来的“话语”和“论述”出发，进一步揭示在“语言缺席”情况下的“不在场”的“人”的本质。这样一来，德里达和米歇·福柯以及受他们影响的整个后现代主义者，都是从批判传统语言文字的“不在场”性质及其吊诡性出发，集中批判作为资本主义现代文化核心的人文主义，彻底揭露现代人文主义将人的概念掏空、异化和扭曲的过程，尤其揭露现代人文主义作为一种特殊的论述的“非人性”（l’inhumain）实质。

德里达的整个著作，都是集中批判作为现代人文主义基础和核心的语音中心主义。整个西方文化，从古希腊摇篮时期开始，当建构以人为主体的人文主义传统的时候，就同时建构了语音中心主义的基本原则。按照这个原则，人面对自然和整个客观世界的主体地位以及面对他人和整个社会的主体地位，都是以“说话的人”和“理性的人”的基本事实作为基础的。说话的人，根据“声音/意义”的二元对立关系，将理性的原则在处理主客观关系的过程中现实化，从而保障了人的主体地位，同时也保障了人在处理主客观关系中的理性原则。

德里达在批判胡塞尔现象学和西方整个传统文化的过程中，发现上述语音中心主义和理性主义所建构的整个人文主义文化，都是以听得见，但看不见的声音符号去指涉和取代那些缺席的客观对象和客观意义。语音中心主义将人文主义所神秘化的“主体的人”带入二重化和神秘化的意义世界，并通过意义世界而最终将人本身纳入被宰制的社会制度和道德秩序中。

（十三）福柯新尼采主义的反人文主义解构原则

福柯的后结构主义对于现代性社会和文化的批判，虽然是从对于现代知识和语言论述的解构开始，但其批判方向始终是现代人文科学，特别是作为现代人文科学中心概念的“人”。

福柯对于“人”的批判，对于整个后现代主义的理论和发展方向，都是具有决定性意义的。第一，他继续发扬了尼采对于传统人文主义的批判精神，揭示了一切人文主义所隐含的非人性和反人性的因素。第二，他指明了批判现代人文主义的三个主要重点，即作为认识主体的人、作为权力运作主体的人和作为道德活动主体的人。在他看来，作为主体的人，尽管在社会生活和文化生活领域，可以表现为“劳动的人”、“说话的人”、“做事的人”、“思想的人”和“施欲的人”等，但作为现代的人，知识、权力和道德是最根本的。第三，他具体地将新人文主义分析成不同类型的资产阶级意识形态，并针对不同形态的人文主义，揭露他们的历史局限性，特别是对于人性的各种扭曲。他说：“我们对于自身的永恒批判必须避免人文主义和启蒙运动精神之间的过分简单的混淆。”（Foucault，M. 1994. Vol. IV：572）接着，福柯指出：“人文主义同启蒙运动根本不同，它是西方社会中不同历史时代多次出现的一种论题或者是一种论题的集合体。这些论题，始终都同有关价值的判断相联结，因此不论就其内容或就其采纳的价值而言，始终都有很大的变动。而且，人文主义还被用来当做区分化的批判原则。曾经有过一种人文主义，它是作为对于基督教和一般宗教的批判而呈现出来的；也有过一种基督教的人文主义（大约在 17 世纪），它是同禁欲主义的人文主义相对立的，而且它带有更多的神正论色彩；在 19 世纪也出现过一种对于科学抱着不信任、仇恨和批判态度的人文主义，与此同时又存在一种对同样的科学抱有希望的人文主义。马克思主义也曾经是一种人文主义。存在主义和人格主义也曾经是人文主义。曾经有过一段时间，人们还拥护过由希特勒国家社会主义所表现的那种人文主义价值。同样，斯大林主义者也自称是人文主义者。我们当然不能由此得出结论，把所有自称人文主义的人或思潮加以否定。但是，我们只能说，人文主义的各种论题自身对于思考是过于灵活了，而且非常多样化和缺乏一贯性。至少存在这样一个事实，从 17 世纪以来人们所说的人文主义，始终都必须以某种特定的人的概念作为基础，而为此人文主义不得不向宗教、科学和政治寻求某些观念。因此，人文主义是用来为人们所追求的那些有关‘人’的概念进行掩饰和证成的。正因为这样，我认为必须针对这样的人文主义论题提出一种批判的原则，这是一种关于‘具有自律性的我们自身’的永恒创造。这样一种原则，实际上就是启蒙运动自身所固有的那种历史意识。从这个观点看来，我宁愿看到在启蒙运动精神和人文主义之间的一种紧张关系。总之，将人文主义和启蒙运动精神混淆起来是危险的，而且，从历史上来说也是不确切的。”（Foucault，M. 1994. Vol. IV：572—573）

（十四）利奥塔的后现代“非人性”新概念

启蒙运动所追求的最高理想是个人的自由解放。但是，在后现代主义者看来，启蒙运动所追求的这个最高理想，是建立在两个最基本的逻辑错误的基础上的。首先，启蒙运动思想家假设了某种具有普遍性的人性的存在。按照启蒙运动思想家的逻辑，人具有某些普遍的共同特征，可以构成一“类”，而同非人类严格地相区分。他们将人同非人类区分开来的思想基础，仍然是自古希腊柏拉图和亚里士多德以来所确立的理性中心主义以及依据它所规定的二元对立统一原则。其次，启蒙运动思想家总是把他们自己所代表的社会阶层和社会阶级，当做全人类进行思想活动和社会文化活动的标本。由此出发，他们不仅把他们所代表的社会阶层和社会阶级加以普遍化和理想化，而且也把他们夸大成为世界的中心和历史的中心。在这种情况下，启蒙运动思想家所论证的普遍人性和个人解放的理念，实际上忽略和扼杀了实际社会中处于不同生活世界的个人的特征，忽略和剥夺了这些个人生存的实际权利，强制他们走向启蒙运动思想家所设定和鼓吹的社会文化发展方向，并以启蒙运动思想家所代表的社会阶层的实际利益作为标准，去衡量和要求生活世界中存在的每个人。

针对启蒙运动思想家上述对于普遍人性和个人解放的“后设论述”，利奥塔从多方面进行了批判。首先，利奥塔揭露了启蒙运动思想家进行普遍人性和人类解放后所论述的逻辑中心主义错误原则。他同其他后现代主义者一样，遵循现象学方法论关于“回到事物自身”的原则，反对对于活生生的个人进行逻辑的普遍归纳和抽象分析。他发扬胡塞尔和海德格尔关于生活世界中个人的现象学分析原则，强调个人生活中的不确定性和具体性，强调个人的创造性的自由本质。第二，利奥塔批判了有关人类普遍历史的错误概念。他认为，由中世纪基督教神学家和思想家所进一步加强的人类普遍历史的概念，不过是继承和发展了自古希腊以来所确立的传统人观和历史观。利奥塔指出，不管是现代社会的著名文学家拉伯雷（François Rabelais，1494—1553），还是思想家蒙田（Michel Eyquem de Montaigne，1533—1592）和笛卡儿，都是从中世纪神学家圣奥古斯丁（Aurelius Augustinus，354—430）那里借来的“人类普遍历史”的概念。而且，在利奥塔看来，整个19世纪和20世纪的思想和行动，基本上都是受到一个重要概念的指导的，而这个重要概念就是“解放”（Libération）的概念（Lyotard，J.-F. 1988b：40—41）。第三，利奥塔严厉批判现代人性论的形而上学基础。现代形而上学在歌颂和崇尚人性的同时，不仅将人性理想化和抽象化，使人性通过逻辑抽象完全脱离现实的生活世界，脱离活生生的有生命的个人，而且也将人性同非人性绝对地割裂和区分开来，甚至对立起来。现代形而上学的这种错误，不仅同上述理性中心主义及其二元对立统一原则密切相关，而且也试图否定在现实生活世界中实际存在的多元化人性表现，试图强制性地将变动着、处于潜伏状态和有待未来发展的人性加以约束，使他们成为占统治地位的论述主体和权力主体追求利益的牺牲品。第四，利奥塔从“后现代”不断区分的“延异”基本原则出发，强调人性和非人性的不断区分化过程的生命特征，强调人性和非人性的相互渗透及其不稳定性，并把人性和非人性的不稳定性当做人的基本实际存在状态。利奥塔在《非人性》一书中指出：人性是在非人性发展中隐含的。现代性以“进步”的基本概念吞并了非人性，并把非人性排除在“进步”之外，试图论证现代性的“进步”的人性本质（Lyotard，J.-F. 1988a）。

第三节　“后现代”对于现代科学知识的批判和超越

（一）启蒙运动以来对知识的推崇

自启蒙运动以来发展起来的现代性，作为核心价值概念的“自由”、

“理性”和“进步”，实际上都只能在系统化的知识论述形式中找到其最高的表现形式，同时也只有通过知识而同人的实际生活和行动联系在一起。换句话说，启蒙运动所提出的人性解放、对于自由的追求以及理性的标准和基本原则，在尚未同人的科学认知活动、追求真理和不断扩大知识的活动相关联以前，都是抽象和远离实际的生活世界的。启蒙运动思想家特别强调，人的理性和自由，只有靠理性化的科学认知活动及其成果才能得到保障。实际上，科学认知活动只能是由具有自由意志和理性指导的人所从事和进行；而认知活动的成果及其不断扩大，又反过来扩大了自由的领域并增强理性的能力。

因此，科学的认知活动，一方面体现了启蒙运动对人的理性和自由的崇尚，另一方面也表现出启蒙运动的实际精神及其功利原则，体现出启蒙运动将自由和理性的理念同实际经验生活和社会活动紧密联系在一起的基本精神。

在现代科学知识的形成和发展过程中，可以明显地表现出资本主义现代性所具备的几个重要特点。第一，资本主义现代性强调个人的独立自主性，强调个人自由的崇高价值。现代科学知识从一开始产生，始终都同个人自由和独立自主性的发展密切相关。从事科学认知活动的人，首先必须是具有自由意志和独立自主性的主体。有了自由意志和独立自主性，才有可能像康德所要求的那样：“大胆地认知吧！”任何科学认识的真理，不管其发现或者坚持，都需要勇气，需要大无畏的独立自主性。所以，作为现代哲学的开创者和现代知识的推动者，笛卡儿一向强调将怀疑一切的“我思”放在第一位，作为开展认知活动和追求真理的出发点。第二，资本主义现代性注重实际的效率和功利，要求一切社会文化活动都遵循实用的原则，强调经验的重要性。现代科学认知活动的开展，其理性原则也是紧密地与经验活动相关联的，强调认知过程中必须以经验为基础，并在经验中不断证实和实际运用。韦伯在分析资本主义精神时，强调资本主义对于经验的重视，强调实际利益的获得同自由和道德价值的一致性。在现代性文化的发展中，伴随着整个科学知识的发展，在西方文明中始终存在着理性主义和经验主义的平行发展路线。启蒙运动认为，离开经验的基础和脱离经验的生活世界，都不符合人性解放和理性主义的原则。所以，启蒙运动之后，不论是在欧陆各国，还是在英伦三岛，强调经验的经验主义原则是同整个西方文化，特别是同科学知识以及各种技术的发展相协调的。科学知识和技术的发展甚至导致经验主义的泛滥，也推动了作为资本主义国家和社会发展原则的功利主义和实用主义。第三，资本主义现代性强调对于自然界的征服和改造，并把对于自然界的征服当成扩大人类自由和提高人类主体性的主要表现，同时也当成扩大实际功利的途径。现代科学知识的发展，特别是运用性的科学知识和技术的发展，都是直接同上述资本主义现代性的特征密切相关的。实际上，现代科学知识和技术的发展及其对于自然的征服，都是同理性主义原则本身分不开的。西方理性主义不仅将理性当成标准和理念，同时更当成工具和手段。资本主义现代性的实际精神和功利原则，使理性工具化的过程渗透到整个科学认知活动中；同时，随着现代性的膨胀，上述理性工具化的倾向越来越支配着现代科学认知活动和技术的运用。在这种情况下，现代科学知识和技术的发展及其命运，也同整个资本主义现代性的命运联系在一起。

（二）后现代主义批判现代知识的意义

后现代主义在批判现代性的过程中，敏锐地看到了现代科学知识在现代性发展中所扮演的重要角色。后现代主义者一方面看到现代科学知识和技术同资本主义现代性发展的紧密关系，另一方面也看到了现代科学技术的发展为现代性的“解构”提供了条件。这是从以下两个方面来说的：第一，现代性和现代科学知识的发展是相互推动和互为条件的。因此，批判资本主义现代性就必须同时批判现代科学知识和技术。第二，现代科学知识和技术不只是停留在认知领域内，而且渗透到整个资本主义现代社会的各个领域，特别成为了资本主义现代社会政治、经济和文化的正当化手段。因此，为了批判现代资本主义的非正当性，必须同时批判现代科学知识和技术的正当化功能及其非正当性。同时，后现代主义者也在现代科学知识和技术的发展中，看到了上述正当化批判力量的根源，看到了后现代社会和文化进行自我正当化的可能性。

后现代主义对于现代科学知识和技术的批判，是从 20 世纪五六十年代开始的。当时，法国的米歇·福柯、德里达和阿兰·图雷纳等人，美国的社会学家贝尔和新马克思主义者马尔库塞（Herbert Marcuse，1898—1979）等人，德国的哈贝马斯等人，都分别开展了对于资本主义科学和技术的批判，构成他们对于资本主义社会和文化总批判的一部分。到了70年代，后现代主义思想家利奥塔全面地开展了对于资本主义科学知识和技术的批判，揭露资本主义知识的“元叙述”（metanarrativity）性质及其不正当性。从八九十年代起，后现代主义对于资本主义科学知识和技术的批判，连同他们对于资本主义文化的批判，推进到一个多元化的新阶段。在这一新阶段里，除了原有的著名思想家以外，还出现了像布尔迪厄、鲍德里亚和季登斯等新的思想家。虽然对于资本主义科学知识和技术的批判，存在着许多不同的分歧意见，同时，从事和参与这种批判的思想家也不都是清一色的后现代主义者，但是，这一批判运动毕竟构成了20世纪末人类文化重构的历史剧的一个重要组成部分。

福柯的知识考古学和道德系谱学，是后结构主义中一种非常重要的社会理论。在这种社会理论中，体现了后结构主义的社会理论所遵循的“解构”原则，也体现了它在分析当代社会的过程中，对于现代知识、道德和权力所进行的全面批判的精神。

如前所述，对福柯来说，研究西方社会，并不是为了建构系统的社会理论，而是要解析西方社会，特别是近代西方社会的形成奥秘，探索其形成过程中，究竟以何种运作机制、何种策略和手段，实现个人的主体化同整个法制化社会的协调。福柯认为，分析西方社会的这些主要问题，既不能继续遵循传统社会科学和人文科学的基本观点和方法，也不能按照通行的西方思想方式。最根本的，在他看来，是要观察和分析现代西方人主要在说什么、做什么和想什么。从当代西方人实际的说话、做事、行为举止和思想方式中，掌握西方社会的主要问题。

在福柯看来，西方社会和文化中的主要问题，包括三个方面：第一方面是知识领域，第二方面是权力的运作问题，第三方面是道德问题。在上述三方面问题中，福柯又把西方社会的建构同社会中个人主体地位的建构联系在一起加以分析。他在《性史》（*Histoire de la Sexualité*. 1984）序言中指出，他所考察的西方社会中的“性”的问题，是西方人社会生活中的一种特殊的历史经验。研究性史，就是“想要把某个知识领域、某种类型的规范性以及某种对待自身的模式三者，当做相互关联的事物加以处理；这就是说，试图解析近代西方社会是如何依据人的某种思想行为方式及其复杂经验而建构起来的；在这种复杂的经验中，一个知识的场域（连同其概念、理论以及各种学科）、一系列规则总体（这些规则区分着可允许的和被禁止的、自然的和异常的、正常的和病态的、端庄的和不端庄的等等）和个人对于他自身的关系的基本模式（通过这种模式他才能在他人中间自我认定为‘性’的主体）相互连贯在一起”（Foucault，M. 1994. Vol. IV：579）。

因此，对于现代社会的分析和考察，就是要揭示作为现代社会主体的现代人，在社会历史发展的一定阶段，是如何运用现代知识、道德和权力的相互纠结，在使自身建构成现代主体的同时，又能将社会建构成现代的法制社会。换句话说，福柯的社会理论所探讨的主题是“自身”、“知识”、“道德”及“权力”。在他看来，现代社会的问题，简单地说，就是作为“自身”的人如何变成知识的主体、道德的主体和权力的主体。

总之，在福柯看来，自近代以来，西方社会的所有变化和发展，都是同知识领域中的认知主体的建构，同行为领域中的社会和法律主体的建构，以及同自身和他人关系中道德主体的建构密切相关的。因此，对西方社会的分析，始终都是同作为社会成员的个人如何成为主体的问题密切相关。

现代知识在近代社会的建构和发展过程中，始终是一个关键的因素。福柯认为，将近代社会同古代社会加以区分的关键因素，就是近代科学知识的建构及其在社会中的运用。近代知识体系，不论其建构过程和运用领域，也不论知识的建构者或者支持和维护这些知识的社会制度，都同近代社会的历史命运紧紧地联系在一起。因此，揭示近代西方知识的建构和扩散的过程，实际上就是分析西方近代社会运作的精神动力基础。近代知识作为西方社会建构的一个重要精神支柱，一方面，其建构过程表现了特定社会制度中掌握特权的阶层的特殊需要，表现了这些特权阶层努力造就一批生产知识的精英分子的过程；另一方面，也表现了被筛选和组织起来的近代知识分子迎合社会中特定阶层利益的需要的历史过程。福柯认为，“在任何一种社会中，各种知识、各种哲学观念、各种日常生活的意见，以及各种制度、商业的和警察的实际活动、各种社会习俗和道德意识，都归化到属于这个社会的那种内含的知识。这样一种知识，从根本上就不同于人们在各种科学书籍中、在各种哲学理论中和在宗教的证成过程中所看到的科学知识。但是，这种知识却在某一特定时刻里，使得某种理论、某种观点和某种实际活动有可能出现”（Foucault，M. 1994. Vol. I：498）。

近代知识在西方社会建构中的特殊地位，使福柯从一开始从事社会文化研究，就以其独创的批判态度和方法，集中地研究了近代知识同社会制度相互关联的历史。显然，福柯对于知识的研究，完全不同于传统的认知论，也不同于传统的文化史、观念史、知识史、思想史和科学史。

当然，福柯研究近代知识同社会制度相互关联的历史，也直接关系到他特殊的历史观和特殊的历史研究方法。如前所述，福柯始终认为历史和历史研究以及从事历史研究的历史学家，都是同政治、同政治活动密切相关的（Foucualt，M. 1994. Vol. II：643）。因此，在知识的上述历史研究中，福柯特别注意知识的形成和扩散同社会政治制度的建构及其正当化过程的密切关系，特别是注意到知识领域中的科学论述的创造者同社会政治活动领域中控制政治权力及其运作程序的统治者之间的密切关系，并把这种密切关系具体地体现在两者之间在知识论述扩散和权力运作的策略方面的相互勾结。

对福柯来说，研究知识是为了揭示知识同社会制度的关系、同社会中活动着的行动者和统治者的关系，同时也是为了研究知识同社会中的人的思想观念及其思维模式的关系。

福柯的知识考古学，是他独创的一种批判和揭露西方社会的“历史的和政治的活动（une activité historico-politique）”（Ibid.）。尽管福柯的知识考古学的基本观念及其贯彻过程，在其研究的不同阶段有不同的特点，但其基本精神和基本原则，无非就是对知识进行历史的和政治的交叉研究，以便把西方知识的型构和扩展过程，纳入近代西方社会政治制度的实际运作活动中去。

受到福柯等人的启发，后现代哲学家利奥塔从现代知识的批判入手，深入分析了当代社会的基本问题，并集中揭露了知识所起的“正当化”功能的历史变化过程。

在利奥塔的后现代文化论述的奠基性著作《后现代的条件》（*La Condition Postmoderne*. 1979）中，他集中研究了当代知识结构及其功能的社会基础。利奥塔认为，第二次世界大战以后，西方社会中知识的生产和传播形式都发生了根本的变化，最主要的变化是知识的信息化、媒体化、技术化、符码化、商业化、全球化和政治化及其多样化（Lyotard，J. -F. 1979）。

（三）对知识的信息化的批判

知识的信息化是现代知识性质和结构转变的关键。因此，利奥塔首先集中分析知识信息化的性质和过程，同时一刻也离不开研究第二次世界大战后西方社会在政治、经济、社会结构和文化方面的变化。由于利奥塔是现象论者，他主张以“回到事物自身”的现象学方法，去说明当代西方知识及其社会条件的变化过程。知识信息化和社会的“后现代化”是他分析的一体两面，而这两面又是共时双向互动的。

由此出发，利奥塔一方面深入细致地分析知识信息化的整个社会历史过程，并把知识信息化和社会因素之间的双向共时互动，具体地展现在知识信息化和社会生产力病态性膨胀、商业网全球化、管理技术高度科学化和政治化、通讯媒体的渗透性、知识语言结构和描述方式以及西方人思想模式的多元化和不确定化的论题分析上。

当代西方知识信息化，首先是社会生产高度发展的结果，也是生产高度发展所需要的。近半个世纪以来，西方科学技术的突飞猛进，为生产力高速发展提供了最好的条件。生产的发展要求知识的进一步生产化、工具化和技术化，同时也要求知识生产的速度同生产本身的发展速度相适应。生产发展和知识发展的速度是相辅相成的；两者的发展速度越快，它们之间的互动和相互推动就越采取恶性循环的形式。

生产和知识的高度发展，凸显了信息在社会生活中的重要地位。人们不仅越来越急需有关生产和整个社会的发展的信息，同时也需要获得和传播越来越多有关知识生产的信息。社会和信息发展速度的增加，又加快了信息本身的再生产和更新的速度。因此，在后现代社会中，不仅产生了生产和知识的信息化的结果，也导致了一种关于信息本身信息化的结果。信息的生产和传播从此充斥了整个社会。而信息的生产及其传播速度越快，又反过来推动了整个社会的生产、知识以及人们的生活方式的高速度变化和发展。

其次，当代知识和社会的信息化是社会本身高速度发展及其急速变化的结果。当代社会进入一种新的时间结构；在其中，社会的高速度变化，不仅表现在单向直线的维度上，而且也表现在多维度和象征性的复杂结构中。这就使当代社会的变化速度，逐渐成为不可掌握的事物，表现为具有潜在的多种风险性的神秘时间结构。社会发展的速度也因此加强了各种可能性、或然性和概然性的因素，呈现出更大程度的不确定性。这一切，不仅使掌握和传递信息成为非常重要的事，而且，生产和制造各种新的可能信息，也就成为提高社会地位和扩大权力的重要途径。掌握信息成为权力的象征。反过来，权力越大，越可能获得甚至垄断信息。

第三，社会和知识的信息化也是当代社会复杂化和多元化的结果。社会的复杂性和多元性，不仅表现在发展速度的不可掌握性和社会时间结构的多向性，而且也表现在社会内在结构发展方向的不确定性。社会复杂化的结果，推动了知识分子和科学技术人员尽可能采取多种可能的人工智能手段，进一步掌握整个社会的复杂结构及其动向，其结果又加强了社会的人工化。人工化因素的增强，进一步导致了社会的复杂化和神秘化。在这种情况下，追求高速度地掌握多种信息，成为社会生活的一个必要条件。

第四，社会和知识的信息化同当代社会的商业化相辅相成和相互推动。当代商业活动的增强及其泛滥，本来是社会生产力高度发展的一个结果。生产力大量制造出来的产品，成为商业流通销售进一步泛滥的基础和条件。当代商业活动不同于古典时代的商业活动的地方，不仅在于商业流通量及商品品种的多样化，而且更重要的是，当代商业活动和流通的速度及流量都发生了根本的变化。不仅一切现实的物质性产品可以成为商品，而且，越来越多的象征性和可能性因素也可以成为商品。而当代科学技术的发展，在进一步推动商业管理化的过程中，也同时推动了商业的信息化和象征化。不仅商业需要高速度的信息交换和流通，而且信息本身也成了商品，使信息活动和流通同当代商业的高速度、多流量和多元化相互交错和相互推动。因此，商业信息化和信息商业化也成为社会和知识信息化的重要内容和基本环节。

第五，当代社会的消费性是当代社会和知识信息化的另一个重要条件。上述社会生产高度发展和商业在社会中的泛滥，推动了当代消费能力的提高，也改变了当代社会消费的结构和性质。消费活动成为社会成员的一个重要生活内容，因而也促进了信息化的发展。消费不仅成为信息沟通的基本途径，也成为信息表达的基本场所，成为信息生产所关怀的重要领域。当代社会的消费品质和特征不同于古典社会，远远地超出满足基本生活需求的范围，一方面同人们追求各种声誉和休闲需要相联系，另一方面又同当代社会的畸形商业活动和权力角逐紧密相连。在某种意义上说，当代社会的消费，是基本生活需要之外的人为消费和文化消费，同时也是当代政治和商业所操纵的一场游戏。消费的象征化和游戏化，使消费本身也成为高速发展和多变化的活动。在这种情况下，消费的进行和更新急需掌握和传递信息；同样地，信息的泛滥又促进消费。

第六，当代社会是信息网络化的系统。信息网络不仅成为社会经济、文化、政治和日常生活活动的主要杠杆，也成为社会权力网络控制和协调社会各个领域的重要手段，成为社会制度和组织管理的重要渠道和支柱。利奥塔曾经于20世纪70年代在法国巴黎布堡（Beaubourg）地区的蓬皮杜国家艺术文化中心举办了一场后现代社会和文化展览会，整个设计和内容都凸显了信息网络的重要意义。鲍德里亚为此写了《布堡的效果》（*L'effet Beaubourg*. 1977），深刻分析后现代社会信息化的意义和效果。在利奥塔和鲍德里亚看来，后现代社会的信息化及其网络化，不仅改变了后现代社会的社会结构和文化模式，也改变了后现代社会的生活方式和生活心态，改变了后现代社会的权力和道德的性质（Baudrillard，J. 1977；Lyotard，J.-F. 1979）。后现代社会信息网络化的结果，使整个社会布满了由信息流通和生产系统所控制和建构起来的活动框架，同时也塑造了后现代人的符号化精神心态。

（四）后现代社会知识的信息化

后现代社会的信息化和信息社会化的双重过程，是同这个社会的知识信息化紧密相连的。后现代社会的知识结构和性质发生了根本变化，不仅不同于古希腊时代的知识，也完全不同于文艺复兴和启蒙运动以来的近现代社会的知识。信息本身本来是知识发展的一个结果，或者说，信息只是知识的一个组成部分，也是知识的一个手段和工具，但是，后现代社会的结构变化，使信息改造了整个知识的结构，同时也使信息本身成了知识的基础和决定性因素。信息同知识的关系，就如同生产同消费的关系那样。如果说，近代资本主义社会是生产决定消费、知识决定信息的话，那么，当代的“后现代社会”是消费决定生产、信息决定知识。

（五）当代信息的独特社会地位

信息（information）一方面表示告知、通知和沟通的行动，另一方面它又是这些行动的内容本身，也就是说，它是信息告知过程所传播的内容及其媒体系统的总称。后现代社会信息的膨胀和泛滥是同当代社会的复杂化过程相平行的。信息的原意，就是为一种数据（material）组织、建构和给予一种形式（form）。在西方文化史上，是古希腊思想家亚里士多德第一次明确地为信息界定了上述定义。亚里士多德的经典定义显示信息隐含着使一种资料可能获得形式，从而得以具体化所必需的那些基本能量和力量。亚里士多德哲学强调：任何事物都是由数据因、动力因、形式因和目的因所构成的；任何数据，只有获得形式才能从潜在的可能性变成为现实，因而形式高于数据。当数据获得形式时，同时也就从形式中获得了现实化和具体化的能量和力量。在这个意义上说，亚里士多德从本体论的高度说明了信息的重要意义。但是，后现代社会的畸形发展，使后现代社会的信息单纯地变成信息发射者和接受者以及在两者之间的传播媒介的符号系统。后现代信息科学的奠基人之一香农（Claude Elwood Shannon，1916—2001），在研究通讯的过程中创立了现代信息科学。他说：“通讯的基本问题，就是精确地或近似地在一端复现另一端选择的讯号。”（Shannon，C. E. 1949）

香农是总结后现代社会信息的特征后作出上述定义的，但香农创建的新型信息科学又加速了信息的符码化及其纯数学性质。因此，后现代社会信息的变化，不但改变了古代有关信息和知识相互关系的基本观点，而且，也从根本上改变了自文艺复兴和启蒙时代以来信息在知识发展和真理体系中的正常地位。

在后现代社会到来以前，信息同知识的关系呈现为以下四个方面：第一，信息是属于有关原始和未经加工的事实和数据的知识。在这个意义上说，信息是知识产生和进一步发展的基础和出发点，但信息并未构成完善的系统化知识的主要构成部分。第二，信息是知识形成过程中最初的观察活动的成果，在这个意义上说，信息是直接同经验活动的感知和各种最基本的感性认识相联系的。信息也就因此成为了各种最初的经验感受的表现。信息有待知识吸收、加工和提升，有待系统化和改造成为科学知识，由此构成信息同知识进一步进行的理性分析和判断活动的特殊关系。第三，信息更多地包含着技术性的经验和知识，记录和累积某些技术活动的成果和经验，因此信息的内容有助于了解不同认知过程和社会发展阶段的技术发展状况及其运用结果。第四，信息在某种意义上也表现了各种科学性的观念和表象的部分内容和形式，因此，信息也成为科学理性知识中的一个组成部分。信息的状况有时也表现出各种科学观念的发展状况及其争论的程度。

后现代社会和知识的信息化，不但从数量上和形式结构上使信息本身发生了变化，使信息充斥了整个社会的各个领域，而且也使信息本身的性质及其结构发生了根本变化，也就是说，使信息本身发生了一场革命。

如前所述，根据香农等后现代信息论家的定义，后现代的信息变成为发射者和接受者及其间的传达媒体所构成的信号系统。按照这样的定义，发射者成为了信息的起源（source），也就是一种“原因”（cause）。作为原因和起源，发射者显然就具有某种力量和能量，具有某种垄断权和优越地位，某种发出实际效用的权力（power）源泉；与发射者相比，信息的接受者就处于“惰性”（inertia）地位。根据这样的信息内在结构，信息的产生、传递和运作及其效果，主要地决定于发射者。发射者就成为了整个信息系统生命的决定性因素。信息的上述结构的变化，对于当代社会信息的生产和再生产及其传递具有重要的社会意义；它在很大程度上影响着整个社会的权力结构的变化，也影响着整个社会为争夺权力的再分配以及争夺对整个社会控制权的斗争架势。

后现代信息结构的变化，也使信息本身显示出时代的特征。当代社会信息的基本特征，就是它的可传递性、可储存性、可占有性、可给予性、可卖性、可让与性和可盗取性。当代社会信息的上述特征，同样也具有重要的社会意义，对于改变整个社会和文化的性质发生了重要影响。

（六）信息的符码化及其社会意义

当代社会中知识的信息化，主要表现为知识的符号化或符码化。当代知识的符码化是当代知识语言结构发生根本变化的主要表现。知识本来就是某种语言论述，是在不同社会历史时代所创建和不断延续的话语体系。不同的时代有不同的语言论述和话语体系的结构。正如本书第一章第七节所已经指出的，语言论述和话语，自古以来，一直被认为最适用于表达和建构真理。但实际上，利奥塔和其他后现代思想家一样认为，语言论述和话语，远远超出语言符号表达和沟通真理的功能范围，而同整个社会的政治、经济、社会制度和文化的状况密切相关，并在一定程度上，成为了政治、经济、社会制度和文化建构及其正当化的重要组成因素。因此，西方知识体系语言结构在当代的符码化，不仅标志着西方语言结构及其文化基本模式的根本转变，而且，更重要的，是当代社会整个结构，特别是政治、经济和文化方面的垄断性霸权势力的兴起和发展的结果。

首先，利奥塔充分顾及到社会政治霸权的发展同经济生产能力的膨胀，以及同科学技术的飞跃式的进步有着密切的关系。显然，如果没有生产力发展所提供的强大科学技术力量作为物质基础，当代社会就不可能以最高的效率创造和推广信息工业及其技术。在这个意义上说，当代知识结构语言论述的符码化，首先是由社会经济生产力及其相应的科学技术的发展所决定的。

当代知识语言论述的符码化，使当代知识的论述性质和结构，借由丰富多样和瞬息万变的符码化形式，而进一步变得多元化、不确定化、自律化、被宰制化和人工化。从语言论述结构同社会运作和社会宰制的关系来看，上述变化将有利于社会上占据统治和垄断地位的各种政治和社会势力的发展。

信息符码化的结果，使信息的生产和传递及其处理过程，完全脱离了信息本身的质的内容，完全排除了被传播的信息的实际意义，消除了沟通的语意部分。如果说，古代和近代知识要严格依据语音及其意义系统的对应规则，并因而仍需靠语音符号同其指向的对象的对应来建构和验证的话，那么，后现代的知识便只凭符号本身的游戏式自由运作便足以自我建构和自我证成。这样一来，后现代信息的运作过程变成为以处理符号、密码和各种人工符号为优先的数学程序的处理程序。知识比以往任何时代更具有任意性、不确定性和不稳定性。知识也因此而更加受其生产者和传播者的控制。随着后现代社会信息符码化的向前发展，为控制信息及其系统的斗争，就越来越集中在传播中的符号选择及其相关联系的搭配工作。这样一来，信息的发展逐渐地远离经过民主讨论自愿协商所规定的共同意义系统，而成为少数掌握信息制造企业及媒体系统的社会力量的控制工具。

（七）知识真理标准客观性的丧失

当代知识论述结构的符码化，使一切有关真假区分的科学认识活动变得更加相对化和不确定化。在后现代社会到来以前，特别是在古典时代，语言论述的语言结构多多少少还存在着客观的真理标准。在那个时候，根据古典语言结构中符号同意义的二元相符关系的逻辑，一切科学知识论述都有相对统一的规范化标准。而且，在古典时代的语言论述结构，其科学知识论述除了具有在科学界通行的普遍性标准之外，还保持同日常生活语言和大众社会语言的密切关系。在这个条件下，任何知识论述体系的语言结构，受到了比后现代社会更严格的社会标准和日常生活标准的限制和检验。也正因为这样，在古典时代的语言论述结构的变化，不能超出日常生活语言和基本社会语言的规范体系。

到了后现代社会，语言论述结构的符码化，其变化的程度和可能性，与其说受制于社会日常生活语言和科学共同体普遍化语言的规则，不如说更受制于制造和扩大符码化的各种当代科学技术力量，受制于同这些科学技术力量密切相结合的社会政治、经济和文化霸权势力。在这种情况下，当代语言知识论述结构的符码化，在很大程度上，决定于语言之外的上述科学技术力量及其背后的社会势力的利益和意向。

由于后现代社会中政治、文化和社会活动越来越同全球性和垄断性的商业利益相结合，上述后现代知识语言论述的符码化倾向，进一步同具有政治和文化性质的大规模商业营利活动相结合，同样也加速了具有政治和文化性质的商业活动对于整个社会的宰制及其统治的正当化。

在这种情况下，当代语言论述结构的符码化及其信息化，使知识原本意义的真理游戏性质，也发生了根本的变化。而这个变化，具体地说，就是指当代知识论述中真理客观化标准的彻底丧失。利奥塔在谈到后现代社会的语言学转折的时候，强调指出：这一转折不仅意味着西方语言论述结构本身的变化，而且也标志着作为西方文化灵魂的哲学和普遍主义的形而上学（métaphysique universaliste）基础的彻底垮台，意味着对于“理论”的传统兴趣的衰弱，意味着整个人文科学及其精神的失败，意味着后现代逻辑技术论的凯旋，意味着资本在全世界统治势力的巩固和扩大，也同时意味着政治的绝望的开端。这一切，使当代语言论述逐渐失去所谓客观真理的标准。知识论述演变成纯粹的符号游戏。

（八）后现代信息的媒体化

语言论述真理标准的进一步相对化和不确定化，本来就是受媒体传播系统控制的符码化知识体系的基本特点。由于知识的信息化，任何当代知识的产生和发展，都仰赖于媒体传播系统及其运作。在后现代条件下，任何新的知识论述，不但其建构过程，而且其传播和持续的生命界限，也要靠媒体传播系统的运作。这也就是说，首先，任何当代信息化的知识论述，都是在媒体传播系统的人为宣传造势下诞生和发展的。当代信息化的知识论述，不再依靠古典时代那些所谓有创造性的知识分子的独立自由创造力，也不需要像古典时代那样按照普遍的标准进行客观的检验，而是要靠媒体传播系统的启示和督促。媒体传播系统，不但成为传播当代论述结构的通道，而且也成为当代知识论述的创造力的根源，成为当代知识论述的真理标准和正当化的决定力量，或者，更确切地说，成为当代知识论述在社会中兜售的价值标准的判定者。但由于媒体传播系统本身具有浓厚的商业性质和强烈的权力宰制性质，所以，传播媒体这个知识“根源”实际上成为了真正的“病灶”。

当代知识论述的符码化，不但改变了当代知识的创造过程，当然也改变了这些知识论述的传播过程及其性质。在传播过程中，政治化、商业化和文化化的媒体传播系统，可以根据随时随地的需要和人为标准，根据它们估量到的整个利益的变化以及它们所处的权力关系网络，任意改变在媒体通道中被传播的知识论述的结构。当代科学技术通过媒体传播体系，可以进行对于知识的任意技术性处理，使知识不但在生产和建构的时刻，同时也在传播的过程中，不断地改变其形态，转换其讯息形式和结构，也改变其真假的基本标准，改变这些知识论述的社会价值。

这样一来，知识就变成了地道的、可以被操作的讯息和信息。信息化和讯息化成为我们这个时代的知识的标准，也成为当代知识得以产生和传播的基本条件。

（九）知识论述和信息系统的权力功能

当代知识论述结构的信息化和符码化，同样也改变了当代知识论述的社会功能和社会意义。培根曾说，知识就是力量，就是权力（Knowledge is power）。到了后现代社会，信息就是力量和权力（Information is power）。信息化和符码化，如前所述，加强了知识论述的权力功能，同样也加强了控制这些知识论述的权力集团对于整个社会的控制力。在这个意义上说，当代知识论述结构的信息化和符码化，进一步加强了知识同权力的相互渗透。知识的社会功能，已经不是以论述和传播真理为主，而是以传达社会宰制势力的讯息化的意图为主。在这个意义上说，当代知识论述的信息化，也加强了知识对于整个社会和全球范围内各国发展前景的决定作用。在目前情况下，判断各个权力集团和各个民主国家的标准，主要是它们窃取各种信息和情报的能力和速度。在掌握着社会基本权力的各个权力集团之间，决定着它们的命运的，是它们的“知识偿付”的能力和方式，是它们的“知识投资”和“智力投资”的程度。这成为了当代社会的一个吊诡现象。表面上看，“知识偿付”、“知识投资”和“智力投资”都是当代知识生产和再生产的基本程序，因而也意味着“知识”问题对于各个权力集团的社会地位具有重要意义，但是，由于当代知识论述结构的上述变化，在“知识偿付”、“知识投资”和“智力投资”中，知识变成了非知识和非真理。所以，上述吊诡现象不但集中地表现了当代知识的危机，也表现了“后现代”社会的危机，同时也隐含着后现代社会及其文化的正当化程序的新危机。

（十）信息化对于伦理价值体系的冲击

后现代社会信息的膨胀和泛滥及其功能的转变，直接影响到社会结构的运作、民主政治的原则以及公民私人生活和公众生活的基本活动原则。

因此，当代信息的发展对社会伦理价值体系产生了巨大的冲击。信息的发展要求重构社会伦理的基本原则，主要是关系到信息的真实性、报道者的诚实性、维护个人秘密的自由以及新闻媒体报道和传播的自由等方面。

正如福柯在《监视与惩罚》（*Surveiller et Punir*. 1975）一书中所指出的，权力布满在当代社会的一切空间中，其存在和运作本身，就是以权力无孔不入地控制整个社会，并全面掌握社会信息作为基础的。在现代社会中，社会的任一角落所发生的任一件事，都可以迅速地被社会的权力机构所掌握。社会信息系统和权力发展的新特点，使不透明性（opacity）和透明性（transparence）、公众（public）和私人（private）以及信息制度（informational institution）等基本概念的内容和关系也发生了根本变化（Foucault, M. 1975）。

所谓不透明性，一方面固然是指社会空间中的某些部分或整个结构被排除在任何信息的网络之外，保持对于公众舆论的独立性；但另一方面也是指信息本身在被垄断中的任意性、被篡改性及其虚假性。透明性则与此相反，容许信息流通和穿透，不为信息的传播制造任何障碍，直接公之于社会大众，并随时接受公众的验证。

在中世纪社会中，由于教会神职人员具有无上的权力，一方面为了维护教会的特权，教会组织机构需要以不透明性掩饰其黑暗的政策运作程序；另一方面为了加紧控制教徒和平民，教会组织滥施权力，侵犯个人维护私生活的权利，使个人私生活笼罩在教会和公众的监视之下。所以，对教会组织机构而言，它所缺乏的是透明性；对公众而言，它所缺乏的是不透明性。

近代资本主义社会的自由民主制，保障了公权力和政府机构维持相当程度的透明性的结构和运作程序，以利于公民的监督以及政府同公民之间的沟通和协调。为了保障公民个人的基本人权和私生活领域，特别是保障个人自由和隐私权，公权力和政府机构不但允许，而且保护私人生活的不透明性结构。

到了后现代社会，社会的信息化及其网络化，使信息运作有可能进入到社会和私人生活的一切领域。在这种情况下，不论对于公民个人或者对于公权力和政府机构而言，都需要重新调整不透明性和透明性的相互关系，重新界定不同领域的透明性和不透明性的程度和界限。信息的万能，不但对信息网络的权力独占者，而且也对政府机构和公民个人的伦理观念提出了挑战。

所谓信息的公众化，就是使所有的个人都有能力掌握和交换信息。公众化的结构是现代民主社会的社会空间建构的必要条件。透明化的最理想境界，就是使得所有的社会行动者都有可能掌握必要的信息，同时，也使公权力的一切决策和执行过程透明化。但是，对于个人私生活领域，越是在信息万能和信息爆炸的后现代社会条件下，越要强调保持社会网络特定领域相当程度的不透明性，越要限制信息网络对私生活和个人自由的控制范围。维持私人生活和个人活动一定程度的不透明性，成为了维护个人自由的一个必要条件。但是，在实际生活的过程中，如何掌握私人生活不透明性的程度和范围，是一个非常棘手的问题。这不仅是因为后现代社会结构本身的复杂性，而且还因为后现代个人生活及其自由的不确定性。后现代社会个人生活方式的自由的扩大，使个人自由和维护隐私权的界限变得更加模糊。例如，由于后现代社会“性生活”方式的改变，在“性生活”领域中，个人自由和媒体报导透明性的关系也就成为了一个非常复杂的问题。个人道德同信息公众化的关系，实际上涉及新的伦理原则的调整。

后现代社会信息和权力网络的双重发展，进一步显示出在个人自由领域保持一定程度的绝对隐私权的重要性。例如，在个人经历、意见、投票意愿和性生活方面，都必须保证个人有绝对隐私权。

对于政府和公权力机构而言，规定公民个人向社会大众公布某些基本资料的权力应该有所限制。政府规定公民有义务定期报告有关个人身份基本资料、定期申报个人所得、户籍资料变化状况等，但是，政府在何种情况下以及以何种程度保存、传播和公布这些数据，都应该通过法制规定加以限制。

在后现代社会的各种信息机构中，新闻媒体起了非常重要的作用。新闻媒体一方面应该成为社会舆论公众意见的阵地，在这方面必须充分保证新闻界发表意见的自由及其独立性；另一方面，新闻媒体又应该发挥信息传播机构的作用，而在这方面必须严格履行发表意见和监督的诚实性原则。为了充分保障新闻界的社会角色，新闻机构要保持对于政府和对于其他团体的独立性，使新闻媒体真正成为私人领域和公众领域之间的协调桥梁。

第四节 “后现代”对于现代批判精神的批判

（一）后现代主义同现代主义批判精神的双重关系

“批判”是随着现代性的产生而发展出来的一种理性精神，也是受到启蒙后的独立自主的个人进行自觉判断的一种重要表现。笛卡儿、培根和洛克等人最早在他们的著作中提出和贯彻一种符合启蒙精神的批判原则（Bacon，F. 1603，1620；Descartes，R. 1637，1641；Locke，J. 1690a）。这种批判精神进一步随现代性的发展而被康德、黑格尔和马克思所发扬，成为“现代性”精神的一个重要表现。

后现代主义和现代主义一样强调批判的精神。但是，后现代主义的批判精神，不但区别于现代主义的批判精神，而且，它本来也是来自并基于对现代批判精神的彻底批判和超越。

后现代主义的批判精神不同于现代批判精神，主要表现在：第一，它彻底批判传统的理性主义；第二，它彻底颠覆传统的形而上学体系和基础；第三，它把批判同实现人的美的生活紧密地结合在一起，因此，后现代的批判在实质上就是对传统美学的批判，批判活动也变成为一场生活和艺术的游戏；最后，它把批判的方向导向人的自由的彻底实现，并把自由理解成为艺术想象领域中的绝对自律。总之，后现代主义把批判看做是自身的不断创造、无止境的自我更新。为此，福柯把批判说成为“自身历史本体论的永不停息的批判”；德里达将批判说成为不断的“解构”；利奥塔把批判比做“永远的出生状态”。

后现代主义的批判精神来自尼采的批判原则。在尼采那里，批判就是对于现有一切价值的重新估价和再评判（Nietzsche, F. 1887—1889）。所谓重新估价和再评判，就是完全否定所有确认现有价值体系和真理系统的基本原则，同时颠覆和摧毁所有现代价值体系和真理系统，并在寻求“权力意志”不断扩张和不断超越的过程中，没有界限、没有目的和不断更新其标准地重建新的价值体系，重建整个人类文化。

为了同传统的批判原则划清界限，并彻底摆脱它的约束，尼采在提出其新的批判原则的时候，集中火力颠覆和摧毁传统批判精神的理性原则。所以，以尼采的批判精神为出发点的后现代主义批判原则，其不同于现代批判精神的首要特征，就是彻底放弃理性中心主义。

（二）“批判”在古希腊的意义

从古希腊的苏格拉底和柏拉图以及亚里士多德以来，人们始终都把“批判”看做是理性思考的一种形式。在这种情况下，凡是正确进行的批判活动，就必须以理性为指导，并遵循理性的原则。在古希腊时期，这种理性的批判活动，主要是为了考察、评判思想产品和创造物的理性本质，表达批判者主体对于被批判的对象的拥护或反对的态度，确定其真正的价值：正确或者错误，符合正义或反正义，美或丑等等。

“批判”源自古希腊词语 krino 及其名词 krisis。其原意是“区分”、“选择性地评判”、“分隔”并“加以筛选”。因此，作为动词的“批判”表示各种进行选择、决定和采取立场的行动，而且强调：在进行这些行动的过程中，并不需要在选择进行的范围之内，寻求某种确定的参照体系。而作为名词的“批判”，主要表达在法庭和司法机构范围内进行的评判程序和技术；在这里，“批判”特指评判和判决过程中一切行动的审慎性和思考性，同时也强调判决过程的结果以及正义决策过程的合理性。所以，作为名词的“批判”，关系到权利和法权的宣示以及由此建构和维护的合法秩序。柏拉图和亚里士多德都在其著作中反复强调符合法权和权利原则的评判过程（Plato，*Republic*；Aristotle，*Politics*：1253a，1275ab，1326b）。

（三）理性中心主义批判原则的确立

传统的批判原则，作为人类理性的自我判断和对于对象的判断能力及其判断过程，不仅在哲学领域内，而且也在科学、法学、伦理学和美学等领域内，成为保障理性的中心地位的基本思考活动。理性的批判活动所要达到的基本目标，就是通过一系列前后一贯的范畴体系，将研究的主观活动同研究的客观对象统一在一起；同时，批判的过程也包含了对于研究初步成果的反复验证，使研究的理论成果能在经验性的验证中得到证实。在哲学的领域中，柏拉图、亚里士多德、克里西波斯（Chrysippe，B. C. 281—205）、阿尔贝特一世（Albert the Great，1193—1280）、托马斯·阿奎那（Saint Thomas Aquinas，1225—1274）、笛卡儿和莱布尼茨等人，在贯彻批判原则的过程中，始终都将哲学本体论的研究同科学真理的发现过程结合在一起，试图由此证明：客观世界的本质是可以通过科学活动来认识的。由此可见，自古希腊经中世纪到近代的理性中心主义批判活动，其中心任务和基本目的，都是为了实现理性对于人的主观研究活动及对于客观世界的本质性认知活动的真理性及其正当性。

但是，严格地说，“批判”的概念只是到17世纪才在哲学领域中正式使用。在最初的情况下，批判活动指的是研究古典文献及其文本的复原，同时采用批判其真实性的恰当方法。拜尔（Pierre Bayle，1647—1706）在编撰的《历史与批判字典》（*Dictionnaire Historique et Critique*. 1697）中对于“批判”给予了第一次明确界定。受拜尔的影响，英国思想家谢夫兹伯里（Shaftesbury，1671—1713）、哈钦（Hutcheson，1694—1747）和霍姆（Henry Home，1696—1782），也在他们探索人类所固有的情感和品味的过程中，进一步丰富了“批判”概念的内容。同时，荷兰哲学家斯宾诺莎进一步确定了批判古代文献中所必须遵循的方法及其所要达成的目标。在斯宾诺莎的影响下，围绕着“批判”的概念，展开了有关“理性”（reason）和“启示”（revelation）的激烈争论。到此为止，批判的概念涉及宗教领域中的启示问题，同时也同政治领域中的评判活动相关联。

到了18世纪，德国美学家鲍姆嘉通（Alexander Baumgarten，1714—1762）在其著作《美学》中将“批判”概念引入美学理论。

与此同时，休谟在其著作《人性论》中明确地指出：“批判是在感性领域里面的一种考察和区分活动。”他认为，数学、自然哲学和自然宗教都依赖于对人的认知，所以关于人的认知是隶属于第二层系列的科学活动，它包括道德、批判和政治。由此可见，在休谟看来，只有在研究人的专门活动中，才需要批判。

研究人的过程之所以需要批判，在休谟看来，是因为整个研究过程，不仅研究对象，而且研究者主体本身都存在着感情的问题。这是广义的感情，它包括人的各种思想观点、意见、情绪、意愿和各种爱好。所有这些都是属于主观性的因素。为了保持研究活动的客观性，必须对这些主观因素保持一定的距离，并对它们进行反复的分析和区分工作。休谟对于批判所采取的上述谨慎态度，是直接受到洛克的影响的。洛克指出：人的一切观念来自感觉和反省。感觉是人的感官对于外在对象的感受。洛克认为，感觉为人带来的客观感受本身，就包含了客观和主观的因素。感觉的对象是客观的，这就决定了感觉的内容的一定程度的客观性。但是，感觉是人的主观感官的反应，因此，感觉中又包含了主观的因素。感觉的双重成分使洛克意识到：即使是在感觉阶段，即使人的感觉是客观对象刺激的结果，感觉中仍然不可避免地包含着人的感官本身所带来的主观成分。为此，为了保障感觉的客观性，必须对感觉进行分析批判。更复杂的是：洛克认为，人的认识活动中的感觉阶段，还包括了来自人的心灵活动的各种因素。他说：“经验供给理智以观念的另一个来源：这就是当我们自己心灵应用于所得到的观念时，它为我们提供一种知觉；而这些活动为灵魂反省和考察时，就提供理智以另外一套观念，这套观念是不能从外面取得的。这就是知觉、思维、怀疑、信仰、推理、认识、意愿以及我们自己心灵的各种活动。我们意识到这些活动，在自己心灵中观察到它们，于是从这些活动接受一些清晰的观念，引导到我们的理智里面来，和我们从影响我们感官的物体取得的观念一样清晰。”（Locke, J. 1690a：248—249）正因为这样，研究人的认识活动的任何阶段，都必须伴随着批判性的分析和区分工作。洛克自己正是遵循着由他所确立的批判原则。他在分析人的观念中所包含的客观对象的性质时，强调必须区分“第一性的质”和“第二性的质”。物体的第一性的质是绝对不能与物体分开的，正如他所说：“不论物体遭受什么改变或变化，受到什么力量压迫，它都仍然为物体所保持。在每一个大到足以被知觉到的物质粒子中，感官经常可以发现它；心灵也发现它与每一个虽然小到不足以单独被知觉到的物质粒子不可分。”（Locke，J. 1690a：259—260）至于物质的第二性的质，指的并不是存在于对象本身中的性质，而是一种能力，可以借物体的第一性质，也就是借物体的各个不可见的部分的大小、形状、组织和运动等，在我们心中产生各种不同的感觉，例如颜色、声音和滋味。由洛克所开创的批判性认知活动研究工作，推动了 18 至 19 世纪哲学界、心理学界和人类学界以及语言学界的各种批判性研究活动。

（四）康德的批判精神和基本原则

康德第一次将“批判”全面地变成为方法、哲学的构成因素以及哲学系统，并由此创立“批判主义”（Kritizismus）的哲学。

在康德那里，批判，作为紧密地联系着各种科学考察过程的方法，并不仅仅提供系统或各种理论体系而已，而且也是理性的某种一般能力，通过它，人的知识才有可能从源自经验而提升到超越经验的高度。康德把批判主义同各种教条主义和独断论（dogmatismus）相对比，既不愿意陷入各种各样不负责任的怀疑论，也不陷入简单专横的独断论。为此，康德首先将人的能力区分为感性、悟性和理性三大层面，并将它们各自严格限定在不同的范围内。批判的目的是为了确定研究的范围，明确把握研究能力本身所能达到的最大限度及其客观有效性。因此，“批判”并非单纯属于理性的认知活动，而是全面考查分析人的能力三大方面的性质、功能、界限及其相互关系。在此基础上，明确人在认知、伦理和追求美的三大活动领域中的基本原则，由此也同时理解人“能做什么”、“应该做什么”以及“期望什么”；理解“人”在自然界中作为“目的自身”的最高尊严地位。

（五）康德对人类认知能力的批判

作为方法的批判，在认知论的领域内，就是要严格地深入区分认知的不同领域和程度，并明确不同领域内的认知能力所包含的各种内在因素和应用条件。因此，康德的认知论区分了先验的感性论和先验的悟性论，而感性论又区分为有关时间和空间的纯粹形式和经验有效表现形态的理论。先验的悟性论一方面研究和区分各种先验的悟性形式即范畴，另一方面研究悟性认知统一活动同感性认识活动的关系。

因此，在认知论范围内，对康德来说，批判活动首先是对于理性能力的审查和限定。具体说来，康德试图通过批判活动，更严谨地明确理性能力在认知不同阶段所表现出的可能形态；同时，还要进一步明确这些不同形态的理性能力及其功能的发挥条件、能力的界限及有效性的基础。如前所述，康德将认知活动中的理性能力分别区分为先验感性能力和先验悟性能力。前者表现为先验的内直观和外直观，即时间和空间；后者表现为先验的悟性纯形式，即范畴。由此可见，由于贯彻批判的原则，康德一方面限定了认知活动的理性能力，另一方面又规定了认知的理性能力的有效范围。通过这样的批判活动，一方面避免将人类理性绝对化和普遍化，不再认为人类理性可以无所不在和无所不能地存在于人的生活世界中；另一方面，也避免将认知领域中的人类理性简单化和独断化，明确地规定了感性和悟性在认知活动中的功能及其有效性条件。这样一来，认知活动一方面为人类认识客观世界提供了必要的和一定限度的真理知识，另一方面也显示了其有限性和条件性。正是通过批判活动，康德才明确宣布：在认知活动范围内，理性的任何一种活动，一旦脱离其实现的条件，一方面可能导致认知本身的失败，另一方面也使理性盲目地脱离认知的范围，而又将其盲目活动的结果误断为真理。在这方面，康德通过对于超越经验的纯粹理性的幻象辩证法的考察，也就是在他有关四大“二律背反”（Antinomie）的分析和论述中，具体地指出了超越经验的理性导致充满着吊诡的谬论之中的状况。他有关四大“二律背反”的分析，显示出理性能力在认知领域内的有限性及其超越经验的危险性。康德认为，上述四大二律背反的论题都是超经验之外，因而不是理性可以在认知范围内解决的。

由此可见，康德在认知论范围内对于理性的批判，是从正面和反面两方面进行的。正面的批判明确地限定了理性在认知范围内的具体表现、使用条件及其有效限度；反面的批判限定了理性活动，明确了理性超出经验，而论及超经验问题时所可能出现的悖论。

（六）康德对人类行动道德性条件的批判

康德的批判是全面的。因此，他在批判了理性的认知能力及其条件以后，又在社会行动和人类伦理问题的范围内探讨理性的能力及其限度。在探讨社会行动和人类伦理问题时，康德充分考虑到人的“自由意志”的极端重要性。人是唯一具有“自由意志”的生命体。人的自由意志必须受到尊重。问题在于：自由意志同理性保持什么样的关系？自由意志同理性是否可以保持协调的关系？康德认为，充分尊重个人的自由意志，又保障理性对于每个人行动过程的普遍指导作用，这正是人性的最高表现。在这里，重要的问题是要发现：普遍的人类理性，究竟采取什么样的具体原则，使得由每个个体高度自由所决定的任何行动，同时又应该符合社会其他个体的普遍利益。正是在这里，康德发现了人类实践理性的特殊行动原则，即：“仅仅以你会愿意、同时又可以变成普遍法则的那种原则去行动。”（Act only on a maxim by which you can will that it, at the same time, should become a general law.）（Kant, I. 1977：170）换句话说，对于人来说，由他个人的自由意志所决定的任何行动，必须同时也自愿和自觉地对于社会其他成员承担责任。康德把这种人类行动的理性原则，称为“绝对命令”（categorical imperative）。“绝对命令”的意思，当然是指所有的个人都必须无条件地和绝对地服从。但是，由于每个人都具有一种实践理性，上述“无条件地和绝对地服从”又是完全符合理性本身，因而也是具有实践理性的人自然可以接受和进行的。

为什么具有实践理性的人自然可以接受和进行上述“绝对命令”？在康德看来，从根本上说，这是人性的最高本质所决定的。康德明确指出：“人实际上在其自身中发现一种将其自身同其他一切事物区分开来的一种官能（a faculty），这就是理性。……一个理性的生存者必须把自己看做是一种理智（regard himself as an intelligence），不只是隶属于感性世界，而是隶属于理智世界。因此，人可以从两个观点来看其自身，同时，也可以由此而类似地知道他的一切官能的运作规则以及他所有行动的规则。第一，就他隶属于感性世界而言，人自身服从于自然的法规（他律）；第二，就其隶属于理智世界而言，人生活在独立于自然的规则之中，而这些规则并不是立足于经验，而是仅仅立足于理性。”（Ibid.：197—198）人所具备的理性，使人遵循理性的原则；不仅如此，在人类行动和生活的不同领域内，具有理性的人，同样自然地能够依据其所固有的不同类型的理性，在不同理性有效管辖的不同领域内，遵循不同的理性原则。康德的批判活动，显然始终围绕着理性的原则，同时又始终考察理性本身的不同表现及其在不同领域内的条件性。在谈到比“感性世界”的自然对象更复杂得多的“理智世界”内的各种人类行动时，康德明确地意识到：实践理性是某种高于感性和物质性的理性，而它的存在及其贯彻原则要求比感性世界更复杂的条件。但是，将追求自由作为最高目标的人性本身，有能力解决由实践理性提出的各种复杂问题。他说：“因此，绝对命令之所以可能，是因为自由的理念使我成为理智世界的成员；而在理智世界中，我只能使我的所有行动都始终符合意志的自律。”（Kant, I. 1977：199）

（七）人类品味判断的理性原则

在考察人类行动领域之后，康德进一步探讨了具有品味判断的审美活动中的理性原则。他认为，有关“美”以及由“美”所引起的各种兴趣和爱好，表明在我们人性中存在某种超出“利益”，同时又寻求具有普遍性标准的能力。这就是康德所说的一种判断力（Urteilskraft）；通过这种判断力，所有的人在面对审美对象的时候，可以产生各种可以沟通和表达的情趣，但这些情趣又属于同“概念”相区别的某种“表象”或“再现”（representation）。同样地，康德认为，在审美领域中，指导着人类追求超出利益，同时又寻求普遍标准的审美活动的基本原则，仍然是理性本身，只是人类理性已经提升到高度自由的和“无目的的合目的性”的程度。

康德对进行审美活动的“判断力”的上述批判，包含着对人的尊严的最高肯定，已经在很大程度上超出资产阶级意识形态功利性的原则，因而也成为后现代主义批判的一个新出发点。

康德围绕着理性，同时又遵循着理性所进行的批判活动，一直延伸到人类生活的所有其他领域，其中包括认知、伦理和美学审美活动以外的政治和宗教等领域，使他写出了《纯粹理性批判》（*Kritik der Reinen Vernunft*. 1781）、《未来作为科学的形而上学导论》（*Prolegomena zu Einer Jeden Künftigen Metaphysik, die als Wissenschaft Wird Auftreten Können*. 1783）、《道德形而上学基础》（*Grundlegung zur Metaphysik der Sitten*. 1785）、《判断力批判》（*Kritik der Urteilskraft*. 1788）、《实践理性批判》（*Kritik der Pratischen Vernunft*. 1788）、《朝向永恒和平》（*Zum Ewigen Frieden*. 1795）、《人类官能的冲突》（*Der Streit der Fakultäten*. 1798）以及《在单纯理性范围内的宗教》（*Religion Innerhalb der Grenzen der Blossen Vernunft*. 1793）等重要著作，体现了他的批判精神的系统性和完整性，成为现代批判精神和批判原则的最杰出的代表。

康德所从事的批判活动，不只是为了体现具有理性的人的思考、区分、分析和判断的能力，而且更重要的，是为了显示理性本身可以同人的自由意志，同人的自律性，同人的生命的意义相结合，不但构成为人类不断地认识和研究客观外在事物的动力，构成为审查和评判认识客观外在事物规律的标准；而且也构成为人类自身不断地提升其生命意义，提升其自身内在世界的道德精神境界和审美能力，以达到人作为目的自身所必须尽到的最高责任。因此，在康德那里，作为理性活动的批判并不单纯满足于符合理性的原则，而是为了显示作为“目的自身”的人的最高尊严。

但是，康德批判活动只是提出了原则和最高理念。而且，他的批判活动过于形式化、分工化和体系化，却未能深入揭示批判活动本身所必然引起的各种内在矛盾，未能充分顾及到批判活动所内含的吊诡性及其对于批判活动展示过程所发生的复杂影响。康德作为一个理性主义者，同西方传统理性主义者一样，未免将理性的批判活动理想化和绝对化；更有甚者，康德还由于其形式主义和逻辑主义的特性，而将理性的批判进一步形式化和教条化。康德不能理解理性的批判活动只是人类批判活动的一部分，而且，理性批判活动本身同样包含着不可避免的局限性，甚至包含理性批判所要批判的那些消极因素。换句话说，康德没有看到：理性批判所要批判的消极因素，不但存在于理性批判之外，而且也存在于理性批判之中。理性批判不是什么神秘的神圣活动，它不是万能的。作为要在现实世界中贯彻的人类实际活动，理性批判也如同现实生活中的其他事物一样，总是包含着各种内在和外在的矛盾，总是包含着积极和消极两方面的因素，而且上述两方面的因素又可以不断地相互转化，反过来影响着理性批判的进程及其发展方向。

（八）康德批判精神在德国古典哲学中的发展

康德对于理性批判活动的片面理解、形式主义的体系化以及理想化，导致康德之后的现代批判活动的不断分化，既推动了现代社会的发展和进步，同时又促使现代文化再生产活动不断地产生新的危机。所以，在康德之后，理性批判活动在其发展过程中，也同样引起新一代思想家的再批判活动。

首先，在德国古典哲学的发展过程中，在康德之后，费希特（Immanuel Hermann Fichte，1796—1879）、谢林（Friedrich Wilhelm Schelling，1775—1854）和黑格尔都从新的观点和角度，在批判康德的批判活动的基础上，开展新的理性批判活动。他们都相信新的批判活动可以弥补康德批判哲学的不足，以为可以使批判进一步得到提升，并通过批判的提升而进一步揭示人的理性本质。但是，由于他们都同样是不可救药的传统理性主义者，当他们批判康德的理性批判的消极和片面之处的时候，却又陷入到新的消极和片面之中。费希特在《论对于各种启示的批判》的著作中，声称批判的大厦终于建成。费希特将知识、法和道德建立在“绝对的我”的基础上，抛弃康德的“物自体”的概念，并强调理智的直观是自我自由地认识自身的基础。接着，谢林在《关于独断论和批判论的书信》等著作中，肯定人类自身中的直观能力是某种“永恒”的东西。费希特和谢林都在批判康德的形式主义中走向了一种新的绝对主义。黑格尔看到了费希特和谢林对于康德批判哲学的批判所走过的弯路，提出了理性的辩证法以克服绝对主义，但其结果，同样也是由于黑格尔的不可救药的传统理性主义原则，又使理性的辩证法本身绝对化，使理性辩证法展现过程中所隐含的活生生的创造力量，最终在追求理性辩证法体系化的完整性和神圣性的过程中被窒息和扼杀。

（九）马克思对于现代批判精神的批判

德国古典哲学从康德到黑格尔的上述批判活动，被马克思重新加以分析和批判。马克思声称自己是历史唯物主义者，试图克服从康德到黑格尔理性批判的理念抽象性，以唯物辩证法作为基本方法，将批判从理念的王国拉到现实的地面上，赋予批判以革命实践的新意义，试图为理性批判提供一个实践的基础和评判的标准。马克思在《黑格尔法哲学批判》、《神圣家族》、《德意志意识形态》及《资本论》的著作中，先后系统地批判了德国古典哲学的传统批判观念和原则，并结合德国和欧洲的社会历史条件，结合当时急需进行的革命实践的需要，提出了以无产阶级为历史主体，以无产阶级的革命实践为中心的革命批判活动的基本原则。他严厉地批判以往批判活动的观念性和理念性，赋予批判活动以革命的和历史的实际意义，同时高度肯定作为批判主体的革命实践者在批判活动中的主观能动性，也强调批判活动本身对于社会物质条件和历史环境的制约性，强调革命批判活动依赖并立足于社会经济物质条件及其最终又为社会经济发展服务的基本原则。

马克思的新的批判观念和原则，由于实现了物质和精神、主体和客体辩证地相统一的原则，赋予了理性批判活动一种新的现实生命力。但是，隶属于马克思所追求的意识形态体系及其政党利益的上述批判原则，在马克思有生之年和马克思之后，同样显示了其本身的局限性及其内在矛盾性。

对于马克思批判精神中的实践观点，后现代主义者也给予了高度的评价。福柯认为马克思的批判具有很大的灵活性，也涉及社会生活的许多具体方面，堪称对资本主义现代性的最深刻的批判，对后现代主义的批判活动产生了深远的影响。

（十）现代理性批判精神的危机

理性的批判活动本来是为了保障理性在人类创造和现实生活中的指导作用，是为了充分发挥理性的积极力量，有利于巩固和扩大人在宇宙中的中心地位。但是，传统的理性中心主义又使理性本身在人类社会的历史发展中不断膨胀，甚至导致自启蒙以来现代社会中理性的盲目发展。其结果是，理性的批判活动，除了为人类社会和人的生活创造和提供了积极的有利条件以外，同时又破坏了人类生活的社会自然环境，直接威胁着人类本身的生存，甚至腐蚀和扭曲人性本身。这样一来，传统的理性批判原则就在现代社会和现代文化的批判中典型地显露出其内在危机。

现代社会和现代文化中的理性批判精神的内在危机，挑战性地提出了三方面的基本问题。首先，人类的批判活动固然需要理性作为指导，需要理性作为标准，但是，批判活动除了理性之外，是否还需要其他多种原则和多种因素，甚至包括某些不确定的或潜在的原则？这个问题，实际上要求对人类批判活动重新加以评价，特别是要超出传统理性中心主义所限定的范围，寻求理性之外更多元的和不断更新的原则。其次，在批判活动中的理性原则，其贯彻和具体化过程，除了仰赖理性本身所固有的内在因素以外，是否需要借助于非理性或反理性的因素，借助于理性之外更多的中介因素，以便审核和不断监督理性原则贯彻过程的正当性和有效性？这个问题，实际上要求对于人类的任何批判活动，不但提供除了理性以外的多元原则，而且要不断开辟批判的视野和前景，为吸收新的批判力量和非理性因素的参与，提供一切可能的条件。第三，理性批判本身，它在人类社会和人类文化中的地位，它同其他批判因素的相互关系，是否应随着历史、环境及条件的变化而更新？以往理性在批判中的中心地位是“逻辑中心主义”所确定的。人类社会和人类文化的发展，有时会超出理性的范围，而且这种超越理性的变迁不但不一定是消极性的现象或错误的方向，甚至有可能为社会和文化的发展开辟预想不到的新局面。总之，在理性中心主义指导下的现代性批判精神，把理性绝对化，导致理性的工具化、功利化和标准化，不但使理性本身失去自我批判的能力，而且也使理性自我封闭、自我满足和自我矛盾起来。

这样一来，理性批判的危机，一方面要靠理性本身的自觉反思，另一方面又要靠理性之外的积极因素、靠理性同这些非理性因素的互动，才能得到找到解决的出路。

（十一）法兰克福学派新马克思主义的批判精神

由于现代社会和现代文化批判活动中所隐含的危机的不断爆发，使法兰克福学派的“社会批判理论”（Kritische Theorie der Gesellschaft; Critical Theory of Society; Théorie critique de la société）有可能在20世纪20年代至40年代提出新的批判原则。法兰克福学派的批判原则，是一种介于“现代”和“后现代”之间的中间过渡性批判形态，它同时包含着“现代”和“后现代”批判原则的基本因素，也同时包含了两者的积极和消极两方面的特征。

作为现代批判精神的延续和发展，法兰克福学派的批判理论，首先是理性主义批判原则的一种新表现。不管批判理论的创造者如何宣称对于“异化”了的“理性”的彻底批判精神，他们终究仍然相信，甚至迷信理性本身的自我批判力量。他们认为，现代社会和现代文化中的理性批判的危机，不是因为理性主义原则本身，而是由于理性发展中所呈现的异化，导致了理性的腐蚀和蜕变。因此，他们认为，克服以往理性批判所造成的危机的主要途径，并不是要超出理性之外，通过理性同其他非理性力量的结合，而是真正地发挥理性本身的自我批判和反思能力。换句话说，他们相信，理性批判原则的所有矛盾和危机，都可以靠理性本身的自我批判和反思来解决。因此，对于他们来说，克服传统理性批判危机的途径，就是在理性范围内进行更深入的自我批判，并使这种自我批判推进到他们称之为“开放”的程度，在主体和客体两方面之间无限地来回运动，避免理性或者在主体，或者在客体的单一方面的留滞或凝固。

第一代的批判理论家，包括霍克海默（Max Horkheimer，1895—1973）、阿多诺和马尔库塞等人，都是从理性出发去批判理性，并在理性中发现克服理性异化的力量。他们认为：理性的异化，不是因为理性本身的内在矛盾和固有的性质所导致的，而是理性在发展过程中，未能正确处理和解决主体和客体的相互关系，造成主体间、主客体间的分化或疏离。他们尤其批判理性的工具化（die Kritik der instrumentellen Vernunft），将理性工具化当成现代理性危机和现代批判活动陷于困境的主要原因。

第二代的社会批判理论家，以哈贝马斯为代表，虽然不再坚持理性异化论，虽然也批判主体和客体的二元对立统一的理论典范，试图以“主体间性”（Intersubjektivität；Intersubjectivity）和“生活世界”（Lebenswelt；The World of Life）的基本概念，寻求某种超越传统理性的“沟通合理性”（die kommunikative Rationalität），期望通过以语言为中介的合理沟通行动，不断克服理性工具化以及社会体系化同生活世界的分离，实现社会的沟通合理化，但是，哈贝马斯的合理沟通行动理论仍然是一种理性主义，相信，甚至迷信沟通的合理性，肯定沟通合理性可以克服现代社会和现代文化的危机。所以，总的来说，哈贝马斯仍然是在理性的范围内寻求社会批判的合理化。

法兰克福学派的批判理论在批判传统批判原则的过程中，尽管未能彻底摆脱理性中心主义，但仍然迈出了可喜的一步。这主要是指批判理论否定了传统批判原则的同一性基础和系统性目标。从霍克海默开始，为了建构不同于传统理论的批判理论，他们集中批判了“同一性原则”（das Prinzip der

Identität)。在1932年发表的《黑格尔与形而上学问题》一书中，霍克海默强调指出：黑格尔的整个理论体系及其逻辑论证过程，都是建立在“同一性原则”基础上。因此，“否定同一性的理论，也就是将人的认知归结为由多样条件所限定的特定人类生活的一种单纯表现”（Horkheimer, M. 1932: 146)。霍克海默试图将人的认知及其他理论活动直接地同多种多样的人类生活联结在一起，克服黑格尔等人以单纯的逻辑同一性原则将主客体关系及其理论抽象化的倾向。同时，批判同一性原则，实际上就是从单纯逻辑体系中解脱出来，使真理的探讨同人类生活的多元性结合在一起，并受到实际的生活世界的验证。哈贝马斯继承了第一代法兰克福学派理论家的批判方向，使批判活动进一步同生活世界相结合。这一切，为后现代批判原则及批判活动同活生生的现实生活相结合开创了新的前景。

（十二）尼采批判精神的再发扬

在某种意义上说，由法兰克福学派批判理论所发展的批判路线，实际上也是尼采的批判原则的继续和发展。早在尼采时期，就已经明确地将“批判”当做生活的中心内容，并认为：借助于批判才有可能不断地超越生活。尼采坚决反对将理论的批判活动限定在高高在上的象牙之塔中的传统做法。所以，在尼采的影响下，以叔本华、狄尔泰（Wilhelm Dilthey, 1833—1911)、伯格森、弗洛伊德、齐美尔、凯泽林（Graf Hermann Keyserling, 1880—1946）和克拉格斯（Lugwig Klages, 1872—1956）为代表的生活哲学学派和胡塞尔的现象学派，都纷纷将研究转向“生活世界”的方向，为批判活动的内容、形式及方法提供了最广阔的前景和最丰富的动力源泉。

后现代批判原则不同于现代批判原则的基本特征，就是立足于活生生的多元化人类生活，将批判活动变成为无固定原则、无固定中心、无确定目的、无固定形式以及无完整体系的、理论与实践相结合的游戏活动。这是一种彻底解放的自由创造活动。

如前所述，后现代的上述游戏性批判活动，开创于尼采的“权力意志”的不断超越的新概念中。尼采从一开始论述权力意志，就集中强调生命活动的不断超越性和自由创造性。在尼采看来，生命体的权力意志的不断扩张和超越，是通过无止境的批判性战斗开辟道路的。这是一种不断否定和虚无化的活动，是对于传统文化和传统道德的大胆挑战和彻底摧毁。尼采认为，人的思想过程并不是人的任何器官的自然贯彻过程。思想也从来不是单独孤立地进行的，不是靠它自身作为唯一的推动力量。思想从来都不是在不受任何外在阻力的干扰下顺利地进行。因此，任何思想都是在同阻碍它和遏止它的各种强力进行战斗中实现的。因此，思想并不等于“正确”；人所想的，并不一定要“正确”。思想的本质就是批判本身。同样地，思想的展开并不一定要遵循“正确的方法”。整个思想过程，就是隐藏在思想中而不断爆发出来的强力的表现。伴随着思想过程始终的是批判的超越活动。

后现代思想家发扬尼采的超人批判精神，使批判第一次在人类文化史上越出了理性的约束，真正成为人本身自求精神解放的创造性游戏活动。德里达和利奥塔等人将这种创造性游戏活动称为“不断产生区分的延异”，一种“解构”活动；而福柯称之为“自身历史本体论的批判”。

（十三）福柯的永恒批判态度

在后现代思想家的理论活动中，上述无固定原则、无固定中心、无确定目的、无固定形式以及无完整体系的理论与实践相结合的批判活动，采取多种多样的形式，表现出后现代批判活动不断创造的生命力。后现代的这种批判态度，福柯称之为“对于我们自身的永恒批判（la critique permanente de nous-mêmes）”（Foucault，M. 1994. Vol. IV：571—572）。

米歇·福柯上述“对于我们自身的永恒批判”体现了后现代对于现代性批判精神的否定性态度。他认为，这种永恒批判在实质上就是一种从哲学本体论的角度所进行的“提问”（problématiser）。它包含了对于我们自身同“现时”的关系、我们自身历史存在方式及我们自身作为自律主体的构成的反复“提问”，并通过这种无止境的“提问”，使我们对历史时代的态度不断地更新、不断地同“现时的我们”相关联而充满创造活力。福柯首先将他的上述批判原则贯彻到权力与道德系谱学的批判活动中去。

米歇·福柯将其系谱学的批判活动广泛地理解为一种不受任何约束的自身历史本体论的展示过程。这是经历启蒙而实现反思的我们自身的历史本体论的自我展现和自我论述。说到“历史”，福柯强调不再是传统的那种有连续性、有目标、有进步或甚至有规律的演化过程。所谓历史，不过是将传统史学家和统治者以档案形式按特定顺序连续排列的事件总和加以剖示。这样一来，原来靠传统语言结构和论述形式而建构的档案式历史，就成了系谱学批判活动的首要摧毁目标。但是，米歇·福柯的历史本体论的批判考察活动，同样包含着重建各种历史事件的积极活动方面。

米歇·福柯在探讨人类自身历史本体论的系谱学批判活动中，始终以发现问题、提出问题和寻求解决问题的“提问题法”作为指导原则。所谓“提问题法”，实际上就是使原有的历史和档案“成为问题”(problématisation；porblématiser)。米歇·福柯指出：“长期以来，我试图了解是否有可能总结出思想史的特征，以便同观念史，也就是同有关表象或‘再现’体系的分析区分开来，同时又同各种心态史，也就是同各种有关心情态度及其模式的分析区分开来。在我看来，有这么一种因素决定着思想史的特征：这就是人们称之为‘问题’，或更准确地说，称之为‘成问题化’的那些因素。决定着思想的最基本的因素，就是它同由某种心情为基础所产生的‘再现’总体的其他事物相区别；而且，思想也完全不同于可以决定着它的各种态度领域。思想并不是寓于行动中并给予行动某种意义的东西。思想毋宁是有可能从这种和那种作为方式或反应方式倒退，从给予思想以对象，提出其意义、其条件及其目的的各种作为中倒退的作为本身。所以，思想就是对于人们已经做出的事情的一种自由，也就是人们得以解脱的那种运动，也就是人们将解脱运动作为目的而建构，并作为问题而反思的那种作为。”(Foucault, M. 1994. Vol. IV：597)

上述米歇·福柯的言论中，可以看出，首先，他的有关人类自身历史本体论的系谱学批判活动，就是一种创造性的思想活动。这种创造性的思想活动，完全区别于传统的观念史和心态史，因为所有的观念史和心态史，都为思想活动限定了各种形式和模式，也提出了思想活动的各种传统原则、方法和标准的问题，只是在思想观念的范围内反复地进行“再现”(representation)活动。为了彻底摆脱传统思想和传统批判方法，米歇·福柯将系谱学批判活动中的思想创造，明确地称为“提出问题”或“成问题化”，并把它说成自由本身。

从米歇·福柯的批判活动中，我们可以看出：后现代思想家对于其所研究或批判的对象，始终并不满足于其原有的表现形式或传统论述方式。他们总是试图从探索的对象中，发现值得他们思索和分析的问题；而当他们开展批判的时候，不但首先对其所考察的对象给予质疑，而且也在他们心目中隐藏着导致对当代状况进行批判的中心课题。在这里，我们一方面可以看到后现代批判同笛卡儿所提出的“怀疑一切”的现代批判原则的类似之处，另一方面也看到后现代主义者试图将批判同他们对当代状况的关切联结在一起的基本原则。要做到“怀疑一切”，似乎并不难。关于这一点，笛卡儿曾经提出了一系列明确的怀疑方法，并将之归结为理性主义的基本原则。他强调用理性思考和评判一切，并提出了类似于类推法、归纳法和枚举法的具体逻辑方法。但是，后现代主义者并不认为理性是怀疑的基础和基本原则。在理性范围内的各种怀疑，最终都将纳入传统观念的轨道。后现代主义者在理性之外找到了进行怀疑的多元原则，并直接将这些多元原则同个人自由以及同每个人发自自身的本能欲求相结合。在他们看来，不应该以“想什么”作为指导原则，而是应该以发自自身的“欲求什么”作为基本原则进行批判活动。“想什么”意味着以理性为原则；而理性的原则又支配着“应该想什么”。与此相反，“发自自身的欲求什么”完全以自身的生存需要和本能性的直接要求为基础，可以根本不考虑“应该欲求什么”的问题。所以，“发自自身的欲求什么”，是属于自身本体论的基本问题。这就使“欲求什么”比“想什么”更为自身的自由带来更广阔得多的批判视野。由于后现代思想家多数以尼采的权力意志基本原则作为出发点，他们在批判活动中所提出的怀疑，已经完全超越了笛卡儿等人所提出的理性主义怀疑论。

后现代主义的批判非常关切他们自身所处的状况。“在场出现”，对他们来说是最重要的。在尼采之后的海德格尔，曾经在《存在与时间》一书中，应用现象学方法，本真地展示了活生生的个人最关切的生命结构，这就是他所说的“此在”（参见本章第二节）。“此在”是生命的基础和出发点，是“在场出现”，并因之而成为对每个人都极端关切的生命形态。人在世界上的生存是以时间作为基本的存在结构的。“在场出现”的“此在”总是关切其生存情境，总是以其最自然的生存情绪而对于其生存世界提出各种“发问”。作为现象论者，不论是胡塞尔或海德格尔，也不论是后现代主义者，都强调“在场出现”的“此在”在发问中的“意向性”。实际上，后现代主义不仅将这种“意向性”直接地同发自自身的本能欲求等同起来，而且也将自身的意向当做随时可能转变的最自由的因素。后现代主义者极端关切“当下即是”的状况，特别关切在这种状况中其自身所发出的欲求同周在世界的关系。正是以此为基础，他们才提出各种“发问”，提出对于各种批判对象的怀疑，把批判活动变成他们的“此在”所发出的欲求的自我展现活动，成为批判活动中重建其所遭遇的批判对象的出发点。

在米歇·福柯的整个批判活动中，从早期五六十年代对于精神病及其治疗的历史的批判开始，经过60年代对于各种论述和知识以及人文科学的“解构”，到70年代批判和分析西方监视、规训和监狱制度，以及最后到70年代末和80年代初对于道德和权力系谱学的研究，对于性史以及人类自身历史本体论的研究等等，都遵循着上述“成问题化”的批判原则。在这一系列批判活动中，米歇·福柯从来不约束自己，从不限定于一个固定的原则，也不固定于某一个研究论题，不打算遵循固定不变的传统方法论，也不愿意急急忙忙使自己的批判成为体系化。他所关切的中心点，始终是处于当代社会中的“我们自身”：“我们自身当前的状况如何”、“是什么导致我们处于当前状况”、“为什么我们自身当前说话采取如此这般的论述形式”、“为什么我们自身以如此这般的方式思想和行事”，如此等等。重要的是：当米歇·福柯提出这类问题的时候，其出发点已经包含了对于现有状况的不满和怀疑。因此，上述各种问题的提法，在他的心目中，实际上已经存在着否定和超越现有当前状况的倾向，实际上已经变成了“我们自身可不可以不再如此这般”的问题。“我们现在为什么是这样”变成了“我们可不可以不再这样”。这就是他进行批判的基本方向。

在德里达和德勒兹等其他对于后现代主义发生深刻影响的思想家当中，批判的原则同样也是从怀疑一切和“成问题化”出发，以批判和“解构”所有现存的传统原则为出发点。为了使批判成为永远具有活力和创造力的更新活动，德里达和德勒兹特别强调了某种“延异”的策略。如同我们将在第三章所看到的，这种策略是一种“不断区分化”的过程，并使这种过程导致原有“中心/边缘”、“正常/异常”和“平衡/失调”的传统二元秩序的彻底破坏，变成“无中心”、“支离破碎”、“模糊化”和“边缘化”的永恒运动。这种批判的结果，当然不是为了建造什么合理的社会或秩序，也不是构成一个稳定和谐的理想境界；而是推动某种不断更新和再生产的多元世界，开辟尽可能多的可能性，使自身的自由不再受任何约束。

第三章　从符号批判、话语解构到拟像游戏

第一节　符号和话语解构对于后现代主义的极端重要性

后现代主义的形成和发展，始终都同符号和语言的批判有密切关系；后现代主义在批判传统文化的过程中，始终都将符号批判和话语解构当成其中心任务。这是因为：一方面整个西方文化都是以语音中心主义作为基本指导原则，这种语音中心主义的文化建构基本原则，到了晚期资本主义阶段，更加与现代科学技术的最新文化复制技巧紧密结合在一起，使各种人为的符号和信号的运作越来越占据优先地位；另一方面，后现代文化本身，也是在符号批判、话语解构和拟像游戏中，直接或间接地完成对传统文化的批判及其本身的重建的。在文化高度发展的晚期资本主义社会中，文化生产和再生产活动已成为社会生活的最主要构成部分。孕育着后现代性的现代性文化本身，早在其自身的不断再生产过程中，就已经感受到原有传统语言和符号结构对现代性文化发展的约束和限定，以致使现代性发展的进程本身，日益呈现出文化更新同原有符号结构及其运作逻辑的矛盾。所以，在其发展后期，特别是在19世纪中叶以后，在现代性文化中就已经着手展开对于语言和传统符号结构及其运作逻辑的反叛和批判，这就为后现代主义所从事的反语言和反文化的解构活动作了准备，也为后现代进行符号和拟像游戏活动扫清了道路。而且，晚期资本主义的文化，经历了漫长曲折的言语符号批判以后，特别是经历了现代性自身的自我分化和自我生产的无限膨胀之后，更包含着复杂的符号结构密码系统及其特殊译码策略。在某种意义上说，晚期资本主义的文化生产和再生产过程，基本上就是各种符号的不断重构和解构活动。后现代主义在批判传统文化的过程中，实际上就是通过对晚期资本主义文化的符号游戏的解构而达到不断重建后现代文化的目的。所以，对于后现代主

义文化的研究，实际上就是探究后现代文化的特殊密码结构、逻辑及其译码策略。

本章试图探索后现代主义各种符号游戏和话语解构的历史起源及发展脉络。因此，本章将集中分析和研究作为后现代主义符号游戏和话语结构的先驱们，特别是其中的乔治·巴岱、拉康和罗兰·巴特等人的符号批判理论和话语解构策略，作为进一步分析和探索后现代主义整个话语解构理论的基础。同时，本章也在最后部分，集中分析了后现代思想家鲍德里亚的拟像游戏理论及其策略，以便从中探索后现代主义符号论的基本社会文化意义。

（一）符号是文化生产和再生产的关键中介因素

文化，在实质上，是人类在其不同的生活环境中，由于其本身的生活需要，在同周围的自然界、社会和人的各种精神活动相遭遇而产生互动的情况下，所表现出来的生命存在形态。在这个意义上说，文化不仅指已有的和既成的人类创作产品，而且也包括人类生存过程中所创作的一切可能的因素。所以，文化，就是具有肉体生命和精神生命的人，在其实际的生活世界中，以其本身固有的生命力所表现出来的人类特有的生存心态的基本存在形式。文化，可以从它的内容，可以从它的各种组成因素，可以从文化本身所表现出的性质和各种特殊的历史特征，可以从创造和维持这些文化的各种社会结构的特征，也可以从创造这些文化的创造者个体或群体的特征，总之，可以从许多不同的面向或角度，正如人类学家、社会学家、语言学家、心理学家和其他各种思想家所已经做的那样，对于文化进行各种不同的界定。但是，综观人类文化的产生和发展，不管是任何一个历史时代，也不管是任何国家和任何民族，各种历史的和现实的文化，都是人在生存中，依据其本身的实际的和可能的能力，为了生存的需要而建构出来的，同时又是伴随着人的生存过程和走向而不断地再生产出来。

在其生产与再生产的过程中，文化不断地实现双向的差异化，即一方面，文化自身进行自我差异化，另一方面，文化又随着其外在事物的变动而被差异化。正是在文化的这种双向差异化的过程中，符号作为一个不可缺少的中介性因素，参与到文化的活生生的生命运动中去，并对文化的更新和发展起了非常重要的作用。以符号为中介所进行的人类文化生产和再生产活动，极其典型地表现了"'符号'这个象征性因素同人的思想创造性、同现实因素的相互关系网"在人类社会生活中的重要意义。法国新弗洛伊德主义精神分析学家拉康（Jacques Lacan，1901—1981）总结了社会人文科学最新研究成果，在20世纪50年代敏锐地指出：人的"想象"、"象征"和"现实"，构成社会和文化的三大动力因素；而其中两个因素又各自成双相互扭结，不断地创造出新的文化（Lacan，J. 1977）。拉康的研究方向及其成果，深刻地影响了后现代主义者的思路。其实，后现代主义对于话语的解构策略及其符号论思想观点，早在19世纪中叶以后所出现的"现代性"思想家那里，就已经初见端倪。从波德莱尔开始，经马拉美和布朗索（Maurice Blanchot，1907—2003）等人，这种属于后现代符号游戏和话语解构的传统，就已经慢慢形成和发展起来，成为20世纪60年代后的整个后现代文化的重要历史基础。极端重视文化因素的后现代主义思想家们，正是看到了"符号"这个象征性因素的重要性，才把语言等各种象征符号的研究和"解构"放在头等重要的地位。

在参与文化生产和再生产的复杂运作过程中，符号体系的语言系列始终作为最关键的中介因素，将社会和文化的所有构成因素，伴随着文化创造者的物质性和精神性活动的展开而运作起来。

人类总是凭借符号这个中介物的创造和运作，不断地进行文化的再生产与更新。而文化的更新，又往往进一步推动了符号的进一步差异化和层次化，把文化再生产的活动，推进到新的、更高的层次，导致文化再生产和符号区分化双方之间不断循环地相互渗透和相互转化。文化再生产和符号区分化的共时双向循环，造成人类文化一定程度的自律性发展，也造成文化和符号的异化及其对人本身的反控制。

（二）当代社会文化再生产中的符号游戏

当人类文化发展到当代资本主义阶段的时候，由于人类的文化创造能力达到了空前未有的强有力程度，人类通过符号的创造及其游戏活动，不仅可以人为地将文化的更新和再生产引向特定的方向，创造出多种多样的文化形态，而且，也可以借助于文化的更新游戏，而对整个社会进行更大程度的控制，使当代社会和文化的结构及其运作逻辑都发生了史无前例的变化。

从宏观的角度来看，现代社会和文化以及随之而来的各种生活方式，都受到了西方文化的某种全球化过程的影响；而西方文化在其全球化的过程中，又将其高度符号化的“现代”和“后现代”文化传播和渗透到各个国家中去。从微观的角度来看，现代社会和文化及其相伴随的各种生活方式，不论在内容或形式方面，都越来越精致化、重叠化、浓缩化和层次化。宏观和微观的双重变化，都是通过文化的区分化和符号的差异化来完成的；并且，由于人类的自由也不断扩大和膨胀，在上述现代社会和文化及其生活方式的双重变化过程中，相对于自然的和客观实际存在的因素，由人类自由创造的人为文化因素，特别是人为创造的各种符号体系，便占据着越来越大的成分，起着越来越重要的作用。

在这种情况下，文化再生产的过程和文化的区分化倾向，越来越仰赖着人造符号的更新、差异化及其运作。同时，人造符号的更新、差异化及其运作，又进一步同社会中的各种利益、权力的再分配过程相互关联和相互影响，导致当代社会和文化的差异化和区分化过程的进一步复杂化，也导致这些差异化和区分化过程对于社会和文化本身的破坏。

在文化的生产与再生产中，符号是不可缺少的中介性因素。符号本身，虽然可以是自然的因素或者是人为的因素，但始终都同人所创造的意义结构相关联，同人类制造和运作意义结构的社会文化条件有密切的关联。所以，罗兰·巴特指出：符号既是人类的社会文化活动以及由此产生的各种复杂社会文化关系网的产物，又是它们不断运作和不断再生产的基本条件和中介因素（Barthes，R. 1970a；1970b；1985）。因此，符号体系及其运作，在本质上是人本的，是社会性的，又是文化性的。符号的人本社会文化性，一方面显示了符号同一切非人的、非社会的和非文化性的自然事物的根本区别，另一方面，又显示了文化的运作、区分化和再生产，同人的社会和文化的运作及其再生产之间的紧密内在关系。

（三）当代符号区分化中意义结构的特殊运作

意义结构是符号同人、社会和文化之间发生活生生的互动关系的灵魂和动力。通过意义结构而在各种文化中外化和具体化的人类的生存能力和生存意向，总是以各种各样相应的符号体系作为中介而表现出来。这也就是说，文化中的意义结构是脱离不开作为中介因素的符号体系的。

但是，当代意义结构的生产与再生产，已不再遵守传统的方式，特别是不再考虑符号同参照体系之间的固定对应关系。传统文化的意义结构，往往是通过使用符号的“人”的共同理解及其对符号参照体系的主动想象，通过使用符号的共同体所达成的“协议”或“共识”而创造和运作起来的。这种传统文化的意义结构，非常有利于占统治地位集团的利益分配及其维护。所以，当代一切反传统的社会力量，包括当代女性主义者在内，都竭力应用不确定的符号游戏，打破和颠覆传统的“符号/意义”的相互关系。女性主义者尤其深受拉康、罗兰·巴特和鲍德里亚等人的后现代符号论的影响。例如拉康认为欲望是潜意识的核心，而语言则是潜意识的符号结构。因此，语言的“能指/所指”结构绝不是固定的二元对立模式，而是以欲望为中心、随欲望的不确定转变而发生不确定的变化。当代越来越多的人造符号体系的生产、再生产及其运作，却根本不需要或不考虑固定的参照体系，只靠符号体系本身的变化，只靠纯粹符号的形式变化，就可以制造和指涉某些意义关系。而且，符号所指涉的意义越是多变，符号被人们接收的可能性就越广、越大。符号同其参照体系的关系，已经不需要通过“协议”或“共识”的程序来确定。

以符号作为手段和形式，表达、沟通、协调和理解意义结构的过程，就是意义结构的中介化过程和不断区分化的过程。严格地说，意义结构的产生和再生产，也就是意义结构的不断区分化的过程。而意义结构的不断区分化过程，同时又不可避免地成为人的思想观念的符号中介化过程，从而实现了符号化的思想观念自身的区分化过程。总之，人在生存中，不断地实现其生存能力和生存意向的超越化过程，就是人的精神生命不断地通过其自身所分化出来的思想观念及其区分化，来建构起不断区分化的意义体系，也就是建构起不同的文化体系。然而，人的思想观念的产生、区分化及其所建构的意义体系同其区分化，又反过来促使作为中介的符号体系的不断区分化。通过作为中介的符号体系的不断区分化，不但使隐含于意义结构及其区分化中的思想观念，得以继续不断地自我更新和自我区分化，而且，也使人类生存能力和生存意向本身不断区分化，从而不断实现自我超越，最终又使人类生存的生活世界得到持续的更新，并加速其区分化。当符号的意义系统及其变化不再依据固定的参照体系时，符号的转变也不再服从那些听看符号的人的理解逻辑，而是完全依据制造符号的符号生产者的意志进行运作。符号生产者可以根本不顾听看符号者的观念及其视域而任意地决定符号的意义，并借此控制和指挥听看符号者，任意地践踏听看符号者的理解性和利益。所以，当代文化生产和再生产的显著特点，就是将文化生产中组成意义结构的两端加以分割，将符号生产者和听看符号者分割开来，甚至对立起来。

总之，人类文化的生产和再生产，以及伴随着这一过程的意义结构的更新和区分化，正如法国社会人类学家布尔迪厄所指出的，是同这一过程中作为中介因素的符号体系的再生产和差异化的共时双向互动而存在和发展的(Bourdieu, P. 1991; 1993)。这样一来，如果说，文化的建构和再生产以及居中进行的意义结构的建构和再生产，是人类生命在其生存过程中的本质表现的话，那么，同样地，作为文化创造和再生产及其意义结构的再生产之中介因素的符号体系的再生产，也是人类生存活动及其生活世界里活生生的生命力和创造力的本质表现。

人类文化再生产同符号区分化的上述密切关系，在经历资本主义现代文化的历史阶段之后，在后现代社会条件下，由于科技发展和信息沟通能力的空前加强，进入了一个新的历史阶段。在这种情况下，文化再生产活动的中心任务和基本形式，都同语言和各种人造符号的游戏运动密切相关。后现代思想家首先从对于传统语言的结构和形式批判入手，进一步在符号批判、话语解构和符号游戏中，深入开展对于传统文化的解构和探索后现代社会文化正当化的符号游戏程序。后现代主义对于传统文化和传统价值体系的批判，没有一个可以脱离对于语言和符号的批判。同样地，后现代主义对于后现代社会和文化及其正当化程序的探索，也离不开对语言和符号的批判。

第二节　乔治·巴岱对语言的批判

(一) 在语言批判中同时探索生命和创作的奥秘

自波德莱尔、马拉美和布朗索以后，在法国文学中，实际上已经形成一种批判语言和反语言的传统；而且，这种批判语言的活动也构成了文学创新活动的一个重要组成部分。从那以后，法国文学，特别是诗歌创作领域以及整个“后现代”文化的发展，都是紧密地同语言批判相联系的。由波德莱尔等人所开创的语言批判，不只是在文学，特别是诗歌创作中的一种创新活动，而且也是寻求“后现代式”思考和批判的一个重要过程。福柯曾说：“我阅读尼采是因为巴岱；而我阅读巴岱则是由于布朗索。”（Foucault, M. 1994：IV，437）所以，波德莱尔等人对语言的批判远远超出文学创新的范围，不仅为理论上批判整个传统语言积累了经验，而且也对后现代文化的重建具有深刻的启发意义。

在法国和整个欧洲的语言批判活动中，始终包括一般性语言批判（哲学形而上学批判、语言符号论批判和普通语言学理论批判等）、文学语言批判和艺术论语言批判三大组成部分。这三大部分相互区分又相互影响，不仅推动了语言批判活动本身，而且也推动了整个文化的发展。

乔治·巴岱是法国多才多艺的思想家和作家。乔治·巴岱的一生，通过对于语言文字的质疑和批判，始终都力图以自己的思考、创作和写作而不断僭越人的生存界限。在他看来，只有在不断试图僭越人类生存界限的冒险过程中，才能体验生命和创作的真正乐趣。他认为，人生的基本问题和创作的基本问题是一致的，而贯穿于其中的主导性问题是“性”、“恶”、“死亡”和“语言”的相互关系。人类创造语言文字，在乔治·巴岱看来，无非是为了把人类自身从“性”、“恶”和“死亡”的相互困扰中解脱出来。因此，人的语言文字只能是普罗米修斯精神的体现。人生所经历的，始终是渗透着“恶”的种种苦难；“恶”把人推到死亡边缘。在这个过程中，只有通过性欲的解放和语言文字的创造活动，一方面疏解精神痛苦，满足精神无限追求超越的本性，有希望把人从苦难中解脱出来，冲破生存界限的限制；另一方面，压制着性欲及各种欲望的道德以及语言运用中的各种规则，又约束着人必须继续和永远生存在苦难中。正因为这样，巴岱与他同时代的作家克洛索夫斯基（Pierre Klossowski，1905—2001）、布朗索和让·鲍尔汉（Jean Paulhan, 1884—1968）等人一起，对萨德（Donatien Alphonse François, dit Marquis de Sade, 1740—1814）的怪异色情小说倍加推崇。巴岱虽然没有正式加入超现实主义派别，但也推崇它的创作原则，对于该流派袒露色情、歌颂幻觉和疯狂的手法大加赞扬。巴岱所写的《哈利路亚：狄亚奴斯入门》（*L'Alleluiah*，*catéchisme de Dianus*. 1947）典型地表现了作者对死的恐惧、对情欲的追求和对超现实的期望的复杂心情。

（二）在创作中批判语言和逾越生命的界限

语言虽然约束人的精神追求，但正是在语言的限制中，巴岱发现了突破界限的希望。对他来说，任何限制都同时提供反限制的可能性。凡是在限制出现的地方，便包含着冲破限制的希望。语言的限制只能显示其本身能力的有限性，暴露其薄弱的环节。至于限制的程度以及突破限制的可能性，只有在反压制和反限制的亲自实践中才能有所发现。与巴岱同时代的超现实主义作家和诗人们，正是通过他们在创作活动中的反语言实践，为人们逾越生命界限提供了光辉的范例。

巴岱的亲密朋友、法国人类学家兼作家米歇尔·莱里斯（Michel Leiris, 1901—1990）曾经回忆说：巴岱的一生始终在寻找生存的不可能性，因为他确信只有在不可能性中才能发现人的真正存在。为此，人只有在生活中不断打破界限，逾越各种规则和制度，才能找到自己的本质。同时，巴岱还认为，唯有像酒神狄奥尼索斯那样神魂颠倒，始终在上下之间昏醉来往，并不时地沉入两端之中，才能从整体和虚无之间得到超脱。巴岱充分意识到现代性文化中所包含的人类心灵空虚，主张像尼采那样对现代性文化展开全面的批判，而这个批判的一个核心就是对于基督教的批判。但批判现代性的动力，来自对于人性中一向被传统道德污化的“性”的欲望的揭露，就好像法国著名色情作家萨德所已经完成，但尚未彻底实现的批判那样。

这一切，使乔治·巴岱从青年时期就期望通过叛逆的文学创作活动去冲破生存的界限。他说：“我所隶属的那一代是嘈杂而又喧闹不停的一帮。它是在超现实主义的喧闹声中所催产出来的文学生活中诞生的。在第一次世界大战之后的那几年中，曾经有过一种泛滥的情感。而文学又在它自身的界限中被窒息。因此，文学似乎在它自身中带来了一场革命。”（Bataille, G. 1957：9）贯穿于乔治·巴岱的著作中的基调是“嘈杂而又喧闹不停”。这是意味深长的。第一，正是通过嘈杂和喧闹不停，表现了人类生存中不可分离的语言文字，不仅始终伴随和渗透着人的生活，而且直接成为人类生存苦难的直接表现。人类的苦难心情，试图冲破深受苦难困扰的人类本能和各种需求，特别是性方面的需求的界限，正是首先通过语言的嘈杂和喧闹不停而直接宣泄出来。第二，语言的嘈杂不停，表现了具有文化生命的语言文字本身的内在痛苦，表现了语言文字在表达人类生存方面的界限，同时也表现了语言文字本身的存在及其表达能力的界限和软弱。第三，语言的喧闹不停也体现出：含糊不清的喧闹本身，正是语言文字存在的基本形式和基本结构。乔治·巴岱自己说过："我的著作之所以有时感觉必须重写，是因为我自己知道，在我的心灵的持久不停的喧闹声中，我只能给我的观念首先提供一种含糊不清的表达方式。喧闹不停是最基本的，而这是我的著作的意义。然而，现在是心灵达到明晰的时候了；是时候了，尽管有时似乎时间是缺失的，但至少时间是紧迫的。"（Bataille，G. 1957：9）第四，语言文字的喧闹不停，也显示出人的生命和语言本身跨越界限的可能性，因为正是在语言的喧闹声中，表现出语言本身已经意识到其表达方面的限制，也同时意识到其自身自我超越的可能性，存在着破坏旧的语言和创造新的语言、破坏旧的生命和创造新的生命的希望。任何转变都是采取嘈杂不停的基本形式。喧闹不停就是生命正在进行创造的基本表现。第五，语言文字的喧闹不停也表现出文学创作及其写作文本过程的基本特征。乔治·巴岱说："文学就是沟通。沟通要求忠诚，因为在这个观点下所提供的严格道德，是在认识'恶'的存在的同谋活动中产生的，而这个同谋活动又构成不断强化的沟通的基础。因此，文学并不是无罪的，而是有罪的和成为同谋的。"（Ibid.：9—10）文学通过其文字的喧闹不停的基本形式，表现出文学作为道德和恶的双重同谋的痛苦和内在困扰。

（三）文学是"恶"的基本表现形式

巴岱对于语言文字的批判，始终伴随着他多方面的创作活动。他认为，任何创作活动都是一种行动；而唯有行动才握有权利。"在一切活动中，文学是最基本的；不然的话，它就什么都不是。"（Ibid.：10）在文学中所表达的，首先是"恶"，特别是"恶"的最尖锐的形式，也就是"痛苦"。作为恶的最高形式，痛苦是一种占据首要地位的价值。痛苦的极高价值就在于它集中表达了生命本身的奥秘。只有在痛苦中，尤其在极端的痛苦中，人才能真正尝受到情欲本能的真正力量；人才能由此产生逾越有限经验的意志。正因为这样，文学活动的展开以及对于"恶"的揭示，将导致一种"超道德"的存在。文学的这种特性，又使它变成为一种"终于找到的童年"（l'enfance enfin retrouvée）。意思是说，通过文学创作，通过创作中喧闹不停的语言的运用以及在喧闹声中表现的叛逆情绪，虽然也显示文学是一种“恶”，但同时又呈现出文学的天真朴素的性格。作为“终于找到的童年”，文学又显示出对于“恶”的无能为力。在这种情况下，所有从事文学创作的人，必须在叛逆的暴力性僭越行动中证实自己的生存。

为了在人生的有限经验中探索“不可能性”的存在，巴岱从青年时代起就积极参与超现实主义的文学创作叛逆活动和法共左派政治运动。巴岱的目的，当然不是局限于有限的经验存在的范围内，而是相反，力图在有限的经验中寻求突破有限而达到无限的种种可能性。他认为，在有限的经验中，内在的心灵经验是最宝贵的，因为正是内在经验有可能引导走向逾越的道路。

（四）在神秘的内心经验中逾越语言的界限

巴岱的著作还包括对于宗教、艺术和色情性欲的研究作品。他最具代表性的著作是《内心经验》（*L'expérience Intérieure*. 1943）。这是在研究尼采哲学基础上写出的作品。

《内心经验》这本书试图将传统理论所区分的“内”与“外”在一个叛逆者的混沌世界中重新结合起来，并使之构成探索生活奥秘的线索。他说：“理智的发展导致生活的干枯，而反过来，它又进一步促使理智变得更加贫乏。除非我宣布这样的原则：‘内心经验本身就是权威’，我才能走出这无能为力的状态。这种理智曾经摧毁内心经验的必要权威。所以，通过上述解决途径，人才从他的可能性中重新获得能力，但这并不是旧的、有限的可能性，而是可能性的最极端。”（Bataille，G. 1954［1943］：20）

显然，巴岱延续和发展了尼采的反理性主义传统，揭露了理性主义对人的自身内心经验的窒息，使人变成无能为力，变成盲目服从理性的奴隶。巴岱宣称自身有可能凭借自己的内心经验进行自我决定。康德在他的论“启蒙”的定义中反复强调理性在自我抉择中的权威地位。他的宣言就是对于启蒙理性的一种抗议，也是一种挑战。对于理智而言，内心经验是一种“异境”（étranger）。理智限定了人在自己身心内部的自我探险，也限定人向无尽的“可能性”进发的方向。

既然内心经验的探险和开发不再遵循理性的规则，这种探险也只能“在内部”（dedans），在一种不受理性约束的领域内，从事反逻辑的自我渗透，并以一种醉醺醺的神魂颠倒的态度，不顾一切地任本能欲望去开路行事。巴岱认为这就是“使经验本身活起来”的原则。它的基本口号就是“应该使经验活起来”（Il faut vivre l’expérience. Bataille, G. 1954 ［1943］：21）。

被理性约束的经验是死的。经验只有“在内部”靠人自身的生命力量作为动力才能活跃起来。活跃起来的经验应该让它自身无拘无束地发展。长期以来，西方理性主义传统总是将经验设定为发生于感性世界的“在外部”的活动，并将这种活动理性化。巴岱在人的内部找到了经验的真正精神动力，并由此摆脱了理性的约束。虽然摆脱了理性的内部经验似乎变成为某种神秘化的力量，但是，正是这种经验才恢复了它本身自由自在的性质。他说：“应该使经验活起来；这种经验如果从外部通过理智去考虑的话是不容易达到的。必须通过一系列特别的操作程序才能达到内心经验，其中一部分是理智的，一部分是美学的，而另一部分是道德的。通过这些综合的特别操作程序，把一切人们经验到的问题重新加以考虑。这只能是‘在内部’将内心经历过的一切，直到某种类似鬼魂附身的状态……然而，内心经验所统一的也只是各种形式，其中包括美学的、理智的和道德的形式。而以往经验的各种复杂的内容则混杂成一种奇特的状态。”（Ibid.）

巴岱所提出的内心经验，特别是他所提出的“在内部”的概念，后来成为了福柯从事考古学、道德系谱学和权力系谱学的一个重要出发点。福柯采用“在内部”的概念说明人的思想的本质无非就是人在内心经验范围内所进行的各种“折叠”活动，靠人的思想的“向内折”的思考形式，将外部世界的各种经验主体化。福柯由此进一步揭露了西方传统文化和各种道德的主体化过程的虚伪性。

巴岱把他对于内心经验的考察，最后也提升到认识论的层次加以分析。但是，他的认识论分析完全同传统认识论的原则相反。传统认识论总是把认识活动说成为主体对于客体的对立统一逻辑化过程。巴岱却认为，内心经验最终会导致对象与主体的混合，而这种主体是一种“非知识的主体”（sujet non-savoir），客体是“不认识的对象”（objet l’inconnu）。显然，巴岱反对传统西方理性主义过分抬高知识的地位，也不同意将知识仅仅归结为主客体的二元统一；他认为，对人来说，能够达到将“非知识的主体”同“不认识的对象”混杂起来，形成一种不受任何感性和理性原则约束的混乱状态，才为人的生命的不断自由重生和创造提供最有利的条件。他说：“‘我自身’

并不是同世界相脱离的主体，而是一个沟通的地方，也是主体与客体相混杂的地方。”（Bataille，G. 1954［1943］：21）

在第二次世界大战期间，他所写的《论罪犯》（*Le Coupable*. 1944）和《论尼采：运气的意志》（*Sur Nietzsche*，*Volonté de Chance*. 1945）等作品，充分体现了他对于尼采哲学的深刻理解。二次大战后，巴岱先后发表了《哈利路亚：狄亚奴斯入门》（*L'Alleluiah*，*Catéchisme de Dianus*. 1947）、《对诗的恨》（*La Haine de la Poésie*. 1947）、《沉思方法》（*Méthode de Méditation*. 1947）、《关于宗教的理论》（*Théorie de la Religion*. 1948）、《可恶的地方——普通经济学论文第一集：消费》（*La Part Maudite. Essai d'économie Générale. I*：*La Consumation*. 1949）、《G 修道院院长》（*L'abbé G*. 1950）、《史前绘画：拉斯科——论艺术的诞生》（*La Peinture Préhistorique. Lascaux*：*La Naissance de l'art*. 1955）、《萨德和色情的本质》（*Sade et L'essence de L'érotisme*. 1957）、《论色情性欲》（*L'érotisme*. 1957）、《蔚蓝的天空》（*Le Bleu du Ciel*. 1957）、《爱洛斯的眼泪》（*Les Larmes d'Eros*. 1961）以及《关于非认知的研讨》（*Conférences Sur le Non-savoir*. 1951—1952）等著作，奠定了他在现代性同后现代性之间的关键地位。

巴岱对于现代性的批判，特别是他对于语言、性、死亡和罪恶的批判，直接地影响了在第二次世界大战期间成长起来的青年思想家，也直接影响了后现代主义思想家的思路。米歇·福柯和德里达都毫不讳言地说，他们是巴岱的继承者。米歇·福柯说：“我阅读尼采是因为巴岱，而我阅读巴岱是因为布朗索。”（Foucault，M. 1994. IV：437）巴岱使他学会从被神圣化的“主体”所说出来的“话”中发现穿透他自身的死亡的力量（Foucautt，M. 1994. I：235）。福柯认为，巴岱对于语言论述的批判，为他树立了榜样，使他集中围绕语言论述展开对于“主体”的批判。同时，也是巴岱使福柯注意到“性”的问题。福柯指出，当巴岱寻求有限经验中的逾越可能性时，他找到了“性”。所以，福柯指出，在“性”的深处，在“性”的从来没有限制的运动中，在性本身对于神的死亡的判决中，人才有可能找到一种最特殊的经验，这就是逾越的经验（Ibid.：236）。

乔治·巴岱总是觉得人的生活和人所面临的世界包含着许多神秘不可言的事物。这不仅是指人的看不见的心灵生活，而且也是指人的肉体、物质活动以及人生活于其中的整个世界。人的心灵生活，由于包含许多看不见的因素，同时，它的形成和运作过程以及表现方式，不但都是看不见的，甚至是无法言说出来的；而且同时又是来去无踪、无法确定，但是，人的心灵生活只涉及和限于心灵本身吗？乔治·巴岱认为，心灵生活的神秘性，不能单纯从心灵本身去理解，而同时又要同心灵与心灵以外其他存在的关系去理解，首先是从心灵同与心灵最切近的身体和语言的关系去理解。在《迷宫》（*The Labyrinth*）一文中，乔治·巴岱对于神秘事物的研究，就从人的生存和生命本身的“缺乏性”（the insufficiency of beings）谈起。“缺乏性”是什么呢？“缺乏性”本身就是一种神秘性。说它是神秘性，是因为它不只是意味着一种不存在的因素，而且还意味着它不断地要超越其自身的不存在，而向其他更神秘的不存在过渡和转换。例如，带有“缺乏性”的生命，仍然不断地消耗其自身，也就是不断地耗费自身的体力、精力和能力。这岂不是一件怪事？为此，乔治·巴岱写了一篇《论耗费的概念》（*The Notion of Expenditure*），从人类学、社会学、心理学、语言学和哲学等多学科的角度，深入探索“消耗”或“消费”这种生存活动的神秘性质（Bataille，G. 1949；1985）。

“缺乏性”为什么是不存在以及它为什么要向其他不存在过渡和转化？这些问题本身就是没有道理，也无法加以说明的。然而，它本身没有道理，又无法说明，并不意味着活着存在的人可以不去理它，不去说明它。相反，它偏偏要求活着的人不断地思考它，想出各种道理去说明它。不仅如此，而且，当人们自以为可以通过某种行动满足自身需要，从而达到补充“缺乏”的目的的时候，人们自己恰恰发现：达到目的本身又是一种缺乏。

（五）语言和死亡的神秘性及其本体论意义

乔治·巴岱进一步分析了人的生存的缺乏性的自身基础。这种基础深深地隐含在“自身”（ipse）之中。在他看来，任何一个自身的任何生存确定性，都是不可能的（the impossibility of fixing existence in any given ipse）。自身首先是一种心灵状态，但同时又是一种肉体的物质存在，也是一种具有超自身性质的世界性存在。人在世界上的生活结构，就是这样复杂地构成的迷宫世界。更严重的是，迷宫本身又不断地运动和变化，具有不确定的性质。对于人来说，人本身和生活世界的迷宫性质，又通过语言的神秘性而变得更加复杂。乔治·巴岱说：“对人来说，一切存在都是特别地同语言相联系；

是语言的语词决定着人的生存在每一个个人那里所呈现的样式。……人的生存依赖于语词的中介，但语词又不能把人的存在当做自律的存在而随意地表现出来，只能把它当做深深地存在于‘关系中的存在’的存在。”（Bataille, G. 1985：172—173）

人的生存和语言的神秘性，又加上社会中活动的人运用多种诡计而进一步神秘化。世界的神秘性，有时好像被吸到疯狂的动物性中去，有时被抛到死亡的神秘的苍白中去，有时又陷入崩溃中的旋涡中去。这一切，在乔治·巴岱看来，都应该成为文学创作的主要内容。

乔治·巴岱对于人生语言神秘性的研究和兴趣，使他无止境地对深藏在生命和世界深处的神秘力量进行研究，也使他自己的生活陷于神秘之中。

巴岱把死亡当成是人生的一部分，虽然这是一个神秘的部分。死亡的神秘性不在于它的不存在，也不在于它的不可理解性，或者，如同普通人所想的那样，在于它的可怕性。死亡的神秘性正是在于：它以“不存在”的形式渗透到本来就已经不存在的生命中去；而它的这种神秘性，又因为借助于语言文字的神秘性而变成可怕的力量，时时威胁着每个生存的人。巴岱认为死亡并不可怕，因为本质上不存在的死亡，同同样不存在的生命是相辅相成的。对他来说，使用语言文字的人，本来是可以借助于具有死亡性质的语言而理解死亡本身，并将死亡从不存在中召唤到存在中来的。语言本身可以成为死亡的象征。语言和人的生命一样，同时包含存在和不存在两个因素。而且，相对于语言中的存在因素，它的不存在因素更强、更普遍和更有活力；甚至可以说，语言是靠其本身的不存在因素，也就是靠其中的死亡因素而存在的。语言，作为符号，本来是没有生命的，也就是死亡的；但是，一旦同人相关联，作为符号的语言就抓住人的生命，并通过人的文化活动而渗透到人的生命活动中，特别是人的文化活动及其历史连续性。语言从此获得了生命，并在同人的持续交往中，不断获得比人本身的生命更久远和更普遍的力量。语言在同人交往后所获得的生命，之所以比人更持续和更恒久，正是在于语言本身通过其中的“不存在”和“缺席”而将生命象征化，从而使语言的生命通过“不存在”或死亡的中介而不断重生。从这点来看，语言比人的生命更有生命力，因为语言并不像人那样害怕死亡，而毋宁是靠死亡来维持它的存在。

抓住了语言与死亡的内在关系，使巴岱更深入地去研究语言本身的神秘性，以便揭示生命本身的神秘性。为了理解语言的神秘性，巴岱又反过来同时地研究同语言密切相关的人类生活，特别是人的精神活动和文学创作活动。这也就是说，通过语言而了解人本身，又通过人本身去了解语言和了解死亡。正因为这样，巴岱在研究诗歌和文学作品时，总是把作品中表面看来已经死亡的语词和话语，当成是语言和人的生命的化身；然后他又深入分析这些作品中的话语所表现的生命。例如，他在研究英国诗人威廉·布拉克（William Blake，1757—1827）的诗歌时，发现诗歌语言中存在着人间的“恶”和人的善心。威廉·布拉克的诗歌说道：

残酷有一颗人的心，
而嫉妒装成人的形象；
暴虐具有人的神性形式，
而神秘穿戴着人的服装。
人的服装就是人们锻造中的铁，
人的形式就是那火焰中的锻造，
人的形象就是被密封的炉火，
人的心则是它的贪得无厌的喉咙。

面对威廉·布拉克这首诗，巴岱感受到自己正在迈入人的生命的无底深渊，而在这深渊中，人向自己所呈现的只不过是“恶”的表现罢了（Bataille，G. 1957：71—72）。在对于威廉·布拉克这首诗的分析中，我们看到，巴岱确实通过诗歌中语言的运用及其变幻莫测的神秘韵律，体会到了人性和人生中充满着“恶”、“死亡”和“残酷”的因素，而人类又永远无法摆脱它们，就如同人类永远有自己的一颗心，有自己的一种嫉妒感情，穿着这样那样的服装，又要装成神仙般的形式。

（六）情欲就是对于生死的最高赞许

他认为，情欲或色情并不是传统道德所歪曲的那样，并不直接同犯罪和“恶”划成等号。恰恰相反，情欲或色情隐含着生命整个过程的全部奥秘：不仅生命本身靠“性”和情欲而获得更新，获得其时时存在的原动力和内外条件，而且，“性”和情欲具有引导生命走向死亡的本能，促使生命在趋向于死亡的过程中，不断地体会到生命所隐含的“痛苦”，也体会到生命本身不断地逾越经验界限的必要性（Bataille，G. 1957：12）。这就是说，性和情欲具有带领生命进行自我渗透和自我反思的特殊能力。

“性”同死亡是互为条件，又互相渗透的。“‘性’隐含着死亡。这不仅是因为通过‘性’才能使新的‘性’和新的生命产生出来，只有通过‘性’才能取代死去的东西，而且还因为只有通过‘性’，才能使不断更新的生命过程运转起来。”（Ibid.）通过“性”的游戏，通过“性”的活动的蔓延，各个孤立的“自我”才能遭到否定（Bataille，G. 1954［1943］；1947）。

巴岱晚期沉溺于酒色和创作之中，最后患结核病而死。他的死亡本身就是一种神秘。他去世后所留下的所有作品，同样也为人类文化留下了神秘的遗产。在他的神秘遗产中，对于“性”和情欲的无止境的追求，构成后现代作家和思想家继续探索人类生死奥秘的重要线索。

第三节　拉康对人的心态和语言的符号批判

（一）对潜意识结构进行语言分析的历史基础

法国社会和人文科学深受结构语言学的影响，从 20 世纪上半叶开始，便展开了对语言及其同思想、行动和整个社会文化的复杂互动关系的全面深入研究。而在精神分析学领域内，拉康早在 30 年代起，便在他对弗洛伊德精神分析学的研究中，创造性地将对于人的精神分析同语言的运用联结起来。正是拉康在这方面的贡献，后来深刻地启发了福柯（Foucault，M. 1994. I：812—821；1994. III：204—205）等人的后结构主义思想的形成和发展。

拉康虽然深受结构语言学的影响，但他和巴岱一样，试图超出结构语言学的界限，深入探讨处于疯狂状态中的精神病患者的语言论述及其同“自我”的相互关系，探讨语言与疯狂的内在关系。他不像传统语言学家那样，只是在语言的框架内探讨语言的结构，而是从人的整体及其思想的脉络，从人的行动的来去趋势，从人的语言运用等方面，全面研究语言同潜意识的相互关系。在这一点上，乔金（R. Georgin，1908—）说得好：“拉康的著作在精神分析学、语言学和人类学之间架起了一座桥梁。”（Georgin，R. 1983：88）拉康在《从其与人格的关系论偏执狂病态心理》（*De la Paranoiaque Dans Ses Rapports Avec la Personnalité.* 1932）的论文中，已经熟练地运用现象学的方法深入研究精神病发生机制中“主体”的结构变化同语言应用的密切关系。他认为精神病就是主体的人格病变所引起的意识结构的变化，也导致主体应用语言方面的模式变化。他详细地观察了患者的人格心理结构同语言使用规律变化的关系，分析患者人格结构中高估“自我”（sur-estimation de soi）因素发生作用的机制在语言中的表现，发现患者通过语言表达显示其“不信赖”（la méfiance）、“无力自我批评”（l'incapacité à l'autocritique）及其他各种病态心理的潜意识结构基础（Lacan，J. 1975c）。拉康的这篇论文成了他的博士论文。

拉康几乎和巴岱生活在同一个时代里，一方面积极参与超现实主义的文艺创作活动，另一方面也同法共左派政治运动有密切关系。

在现实的创作和社会活动中，拉康努力寻找“说话的自我”的真正奥秘。

拉康在他的上述博士论文中，由于对人的整个精神活动的性质深感兴趣，也对人的各项文化活动，尤其是文学艺术活动进行了深入的研究。他同当时非常活跃的“超现实主义”（Le surréalisme）派别有密切的来往。他积极参与由瓦隆（H. Wallon，1879—1962）主编的《法国百科全书》（*Encyclopédie Française*）的出版工作，并在其中发表了他的著名论文《家庭情结》（*Les Complexes Familiaux.* 1984）。拉康还通过超现实主义集团，同著名的西班牙画家达利（*Sàlvador Dali*，1904—1989）有密切来往。达利在1931年所画的超现实主义名画《记忆的持续性》（*Persistance de la Mémoire*），形象地表现了潜在于人类精神深处和底层，而又极其顽固，并时时顽强地表现出来的潜意识结构。与此同时，他还同著名的文学家和思想家巴岱、凯诺（Raymond Queneau，1903—1976）以及梅洛-庞蒂等人一起，积极参加由著名哲学家科耶夫（Alexandre Kojève，1902—1968）所领导的“黑格尔研讨会”。正如梅洛-庞蒂所说：“一个世纪以来，哲学方面所有伟大的东西，都起源于黑格尔。”（Merleau-Ponty，M. 1955）科耶夫有关黑格尔的研讨会激荡起拉康及其同时代人，使他们以辩证法的精神进行创造，尤其集中地分析思考人的精神活动的复杂层面。

拉康虽然是一个精神分析学家，但他的研究远远超出精神分析学，在某种意义上说，他和弗洛伊德一样，并不仅限于精神治疗的医学和生理领域，而是从人的精神活动的最广阔层面及其相互关联去考察人的精神生活。但是，时代的不同，使拉康又比弗洛伊德更深入地探讨了人的内在精神活动同人的思想、语言和行为的复杂关系。正如他在《第廿二次研讨会文集：论“现实、象征和想象”（RSI）》（*Le Séminaire XXII : RSI*. 1975—1976）所指出的，人所生活的世界是由“现实、象征和想象”所扭结的。“现实、象征和想象”是各自成双地相互扭结的三大轴线（trois ronds de ficelle）。他以天主教16世纪圣人查里斯·巴洛美（Saint Charles Barromée，1538—1584）命名由这三大轴线所组成的扭结，称之为“巴洛美结”（le noeud Barroméen）。这一方面表现了拉康不同于弗洛伊德精神分析学的哲学基础，另一方面也突现了其研究方向的重点。他坦率地说，黑格尔关于发展三阶段螺旋式循环上升的哲学思想给予了他深刻的影响；而他所关怀的重点乃是“由意义的效果所组成的现实”（le réel d’un effet de sens，Lacan，J. 1977）。

拉康比弗洛伊德幸运的是，他享用了19世纪末以来发展起来的结构语言学的研究成果，并使之与20世纪以后传播开来的黑格尔主义、马克思主义、存在主义、超现实主义以及现象学等思潮结合起来，造成了精神分析领域的一场新的革命。拉康的贡献，尤其集中在他对精神活动与人的语言活动的密切关系的研究方面，总结出精神活动的潜意识基础同语言相关联的基本结构。在前述发表于1938年的《家庭情结》中，尤其是在1936年他在德国波希米亚地区马利安巴特（Marienbad）矿泉疗养院召开的精神分析学国际研讨会上发表的《论镜像阶段》（*Le Stade du Miroir*. 1936），标志着他本人创造性的新弗洛伊德主义精神分析学的诞生。正因为这样，他的学说的产生也引起了国际精神分析学运动的分裂，造成原有固守弗洛伊德学说的人们同拉康所创立的新弗洛伊德主义之间的对立。正如拉康在1949年7月17日在瑞士苏黎世召开的第16届国际精神分析研讨会上所发表的论文所说，《论镜像阶段》这篇论文中所说的“镜像阶段”，就是他的新学说中的基本范畴“我”（Je）的功能型构的场所（Le stade du miroir comme formateur de la fonction du Je，Lacan，J. 1966：89）。然而，拉康所探讨的“我”已经不是弗洛伊德和传统意义上的“我”或“主体”，而是同语言及其潜意识结构基础相关的新概念。

（二）潜意识是语言运用多元结构的内在基础

从30年代末到70年代末，拉康成功地将精神分析和语言分析结合在一起，全面地发展了他的新弗洛伊德主义精神分析学。由于拉康的创造远远超出了弗洛伊德的概念体系，因此，与其说拉康发展出新弗洛伊德主义，不如说，他的学说是一种“后弗洛伊德主义”（Post-Freudism）。

拉康后弗洛伊德主义的精神分析学的精华，集中在他的一句名言中：“语言结构是潜意识的内在结构的外化”；或者，换句话说，“潜意识就是被内在地结构化的一种语言”。

传统语言研究总是将语言的性质及其运用归结为“我”的“主体性”的问题。拉康将语言看做是同潜意识结构内在地联系在一起的符号系列，“我”的“主体性”的问题就不再是决定性的因素，也不再是人的思想和行为的中心问题。

拉康发现了潜藏于人的心理深处的某种“内意识的语言结构”。正因为有了这种结构，人在使用语言的过程中，才能熟练地和自然地运用暗喻和换喻及其相互变化的复杂关系，来理解神经系统所传达的各种符号和各种征候。拉康对于语言的潜意识结构的分析，彻底打破了传统哲学关于“主体”的各种论述的形而上学结构，同时也使人的思考和行为真正走出“主体”的控制范围。所以，拉康的学说对于后现代主义的一个重要贡献，就是启发他们通过语言的潜意识解构达到对“主体”解构的目的。

在拉康那里，受到黑格尔辩证法的某些影响，他将精神分析的焦点首先集中到“我”（Je）这个主体上。他要探索“我”形成的心理基础以及它的结构。拉康还同时发现：一切“我”的心理结构的型构和发展，都同社会中流行的意识形态结构，同表达和传播这一结构的语言活动方式有密切联系。他最早指明了美国精神分析学中的主流派所提出的“自我心理学”（Ego-Psychology）同在美国占统治地位的“美国生活方式”的意识形态之间的关联。拉康在发展他的崭新的精神分析学的时候，意识到对于人的精神活动的分析离不开对人的人类学和社会学的探讨。在这一方面，他非常重视任何精神分析，尤其是对于“自我”的精神分析，都不能同社会和人类历史中的文化发展脉络相脱离。他的这一观点，对于此后法国社会人类学的发展产生了深刻的影响。在这一方面，他的理论贡献集中地表现在他所说的自我心理结构中的“前结构”的存在；而这个“前结构”，实际上就是社会和历史文化脉络通过语言这个结构在自我潜意识中的渗透。

把黑格尔主义和精神分析学相结合的结果，使拉康集中研究了人的“欲望”（le désire）、“存在”（l'etre）和“死亡”（la mort）之间的关系。有趣的是，拉康在进行精神分析的时候，通过结构语言学和弗洛伊德主义的结合，转向了对于神话、人的家庭关系和亲属关系的社会学和人类学研究。如前所述，他在《家庭情结》一书中已经深刻地触及了人的亲属关系的人类学问题，并在那里深入批判了弗洛伊德关于俄狄浦斯情结的观点，指出弗洛伊德只是简单地提出了父亲、母亲和儿女之间的“三角形结构”。与此相反，拉康强调在这一结构之外和背后还存在着社会和文化的“象征性前结构”。拉康清楚地指明，在俄狄浦斯情结中，父亲的角色，与其说是生物学意义的，不如说是指文化和社会意义的父亲。因此，在拉康看来，父亲只是一种象征性的角色，他可以被叔父、祖父以及老师等“象征性的父亲”（le père symbolique）所代替。这样一来，关于神话、亲属关系和人的内在精神活动的关系，从弗洛伊德主义的较为固定、狭窄而僵化的结构，扩大成为通过语言的广阔海洋所型构的、由无数的活生生的“自我”的互动所构成的历史文化的社会脉络。在这里，拉康进一步发展了结构语言学和精神分析学所提出的象征论，并使之推广到人类学的研究中去。

拉康在发展结构语言学和精神分析学的基础上所建构的结构人类学中，进一步发展了索绪尔（Ferdinand de Saussure，1857—1913）所提出的“能指”（le signifiant）的基本概念。对于拉康来说，索绪尔的“能指”概念，一方面欠缺了弗洛伊德所说的“潜意识”的内在基础，另一方面，也欠缺了在语言运用过程中体现于语言论述风格的所谓“文风”（le style）。拉康把“文风”看做是语言结构同自我心理特质以及社会文化脉络相交错而构成的一种语言心理结构。

在拉康看来，语言运用中的文风，并不是纯粹语言使用的技巧问题，而是通过一种语言游戏表达出在语言游戏中所隐藏的语言运用者心理结构及其同社会文化脉络的复杂关系。拉康指出，文风的表达所体现的语言游戏，实际上是语言结晶的实际表现（effet de cristal de la langue）。因此，拉康所说的文风，实际上就是在人的语言运用中，通过主体言说的一种宣称方式所体现出来的社会文化脉络。说话者在语言论述的文风中所要表达的，正是复杂的社会文化关系，其中包括语言之外的各种权力、社会关系以及制度规范方面的强制性因素的实际功能。各种文风的使用，实际上就是复杂而曲折的社会关系在语言表达上的实际表现。因此，用什么样的文风，例如使用暗喻的、隐喻的、换喻的或象征性的文风，都是复杂的社会关系对于语言使用者的影响的结果。

拉康把语言分析和精神分析都放在说话者、听话者、思想者和行为者的社会文化脉络之中。因此，当他引用索绪尔的“能指”与“所指”的二元结构的时候，不仅把能指与所指看做是相互指涉的关系，而且，把能指和所指之间的区分，看做是前者对于后者的“压抑”（le refoulement）过程。拉康引用索绪尔的能指与所指的“S/s”公式，并加以改造。索绪尔使用这公式，只不过是要说明“能指”（sugnifiant，用大写字母 S 表示）和“所指”（signifié，用小写字母 s 表示）的相互呼应关系。但是对于拉康来说，这个公式所表示的，是语言表达中可见的、可感知的和物质的部分同看不见的、缺席的和暗指的部分的关系。因此，对于拉康来说，这个索绪尔的公式的重要性，并不是单纯的能指与所指的简单呼应关系，而是包含着语言运用中的心理结构及其运作的层面，也就是能指对于所指的压抑关系。在 S 和 s 之间的斜杠“/”，所表示的是一种压抑；“所指”永远是被压抑的部分，因此也是缺席的部分，它始终都是由能指所指定的。表现在语言中的这种结构，深刻而生动地表达了心理活动中的意识与潜意识之间压抑与被压抑的关系。

拉康还进一步把文风的使用看做是能指在语言运用中根据实际情况和需要而在语句具体部位上的结构化（Lacan，J. 1971：501）。这也就是说，文风就是潜意识的实际表现，也就是说，是潜意识为了回避意识对于它的种种压抑，经过曲折而复杂的途径表达出来的。所以，在文风中所表现的各种语词使用的变化，就是潜意识结构化的意识的文字使用表现。

（三）对传统主体论的重建

如前所述，后现代主义者对拉康的语言精神分析学研究成果给予了充分的肯定，并在他们的后现代论述中反复引述和发扬。拉康对后现代主义者最主要的启发，就是在语言及其潜意识结构的研究中，揭露“主体”的非稳定性和不确定性；不是主体决定语言和潜意识，而是相反。不仅如此，拉康还进一步深入研究了语言及其潜意识结构的运作对于“主体”的实际影响。对于拉康来说，脱离对语言和潜意识的研究，主体的问题就被抽象化、扭曲和神秘化（Lacan, J. 1977；1981；1986；1991a；1991b）。

早在1938年，拉康就明确地提出了“‘自我’生成中被分块的身体”（corps morcelé dans la genèse du moi）的重要观点（De l'impulsion au complexe, 1938），并把身体的“分块化”称为主体形成的“一个首要的阶段”（un stade structural primordial）。这显然是受到梅洛-庞蒂现象学身体研究成果的影响，也是由笛卡儿开创的法国主体意识哲学传统的延伸，使他的主体观从一开始就同弗洛伊德的精神分析学原则有所区别。

50年代是拉康新精神分析学发展中的重要转折时期。这不仅是因为他在这段时间里担任了法国精神分析学协会的主席，而且还因为他连续发表了重要论著，标志着他在精神分析学研究中对语言因素的高度重视。

首先，拉康明确地把“想象”（l'imaginaire）、“象征”（le symbolique）和“现实”（le réel）当做人类现实性的三大领域（Lacan, J. 1977）。他指出：想象和象征是一对双重性概念（Ibid.）。他认为，象征性使语言表现为一种“纯粹的区分性”（différence pure），一种纯区分化的价值（valeur purement différentielle），或某种“完美精致”（finitude）的东西。正如拉康本人所强调的，语言的这种特性使它成为无意识或前意识的最牢固的基础。象征性的完美精致性又使“想象”进一步将前意识虚幻化，以致把前意识想象成某种“完满的统一体”（l'unité parfaite）、“完美性”（la pléinitude）和“总体性”（la totalité）。正是前意识的虚幻的完美性，使它成为一种盲目的反抗力量，并使它拒绝理性意识力量的压抑和控制。因此，拉康的“主体”概念，通过它同语言的象征性的关系，深深地隐含着神秘的无意识力量和性质。也正因为这样，拉康主张从语言符号中“能指”和“所指”的相互关系的角度去分析精神病患者的主体的各种症状和征候（le symptome）。“征候与符号不同，也与烟不同；因为没有火就没有烟，靠烟的指示就有可能找到火。但征候只靠能指的顺序来解释。能指却又只靠它同其他能指的相互关系才有意义。正因为这样，征候的真理就存在于能指间的相互关系中。”（Lacan, J. 1966：107）对拉康来说，研究人的一切问题都不能脱离开“语言的绝对能力”（Ibid.：118—120）。他在《话语和语言的功能和场域》

(*Fonction et Champ de la Parole et du Langage.* 1953)一文中再次强调：精神分析学探讨的“想象”、“幻觉”、“转移”和“性欲冲动”等重大问题，没有一个可以脱离对语言象征性的研究（Lacan, J. 1966: 117—118）。在拉康看来，我们不是从无意识逐步提升到意识和理性，而是从人类最基本的语言和象征性特征出发，从主体的无意识话语使用、从人的语言运用中所表现的“无意识的主体”（le sujet inconscient）出发，再到人的理性主体形成及其复杂运作过程。

在拉康的《研讨会第十一论文集：精神分析学四大基本概念》(*Séminaire, Livre XI: Les Quatre Concepts Fondamentaux de la Psychanalyse.* 1964)一书中，他深刻地指明了他的主体概念的创造性内容及其特征（Lacan, J. 1973 [1964]）。他强调其主体概念同“话语”（la parole）的密切关系（Ibid.: 26）。他在那里明确指出：潜意识始终都是在主体的分割中（dans la coupure du sujet）作为恍惚不定的形象而表现出来（Ibid.: 36）。弗洛伊德总是把它同“欲望”（le désire）等同起来。但拉康认为，正是通过主体的分割和瓦解，潜意识才有可能有所创造；而潜意识的创造性，又正好通过话语使用中隐喻和借喻的无意识转换，通过主体所意料不到的方式呈现出来（Ibid.）。

这样一来，同语言密切相关的主体不仅同无意识结构紧密相关，而且也与“他者”的话语、与无意识的“欲望”密切相关。

在《研讨会第二论文集：论自我》(*Séminaire, Livre II: Sur le Moi.* 1977)中，拉康已经明确表示，为了深刻理解“自我”，必须弄清促使原本支离破碎的“自我”连接成统一体的一切环绕因素（Lacan, J. 1977）；而其中最重要的因素就是无意识和构成主体的各种交错力量。首先，拉康把注意力集中在现实生命活动中的思想过程，发现“想象”和“象征”的交错扭结所造成的神秘力量。他认为，这是人不同于动物的地方，也是人的一切文化行为的基础。对于“自我”和“想象”来说，无意识是作为“语言中的绝对他者”而呈现出来的（par rapport au moi et à l'imaginaire, l'inconscient surgirait donc comme l'Autre absolu du langage, comme le signifiant, le symbolique）。作为“语言中的绝对他者”而呈现出来的“无意识”，在实际生活中，在充满复杂人际关系的生活世界中，一方面构成一种“禁止”力量，阻止那些试图通过话语表现出来的欲望亢奋状态；另一方面又以一种“充实的话语”（une parole pleine）的符号关系网，保障某种经精致加工的意义系统。

拉康说，“他者”首先是一种能指的处所，它是指“符号结构的一个位置”。同时，“他者”又是话语交流和对谈中的“自我”，是另一种形式的“主体”，又是认知过程中作为“我思”的“自我”的象征性代表，是作为维系人际间关系的道德力量的象征。他说：“真正的‘我’（le Je），不是‘自我’（le Moi）。但仅仅指出这一点还不够，重要的是要指出它们之间的逆向关系。我们要永远记住：自我不是我（le Moi n'est pas le Je），自我也不是古典理论所说的那种局部错误。自我是他者，是一个对象，是实现想象的对象。”（Lacan, J. 1977）简言之，“他者”就是脱离不开语言象征关系网络的无意识结构，又是凭借语言交往中建构起来的人际关系而成为“主体”的象征性基础。

（四）拉康精神分析学语言研究的重要意义

拉康的后弗洛伊德主义精神分析学对于社会理论研究的重要意义还在于：它指出了主体的潜意识实际上就是“他者”或“他人”的论述的再现。拉康指出，潜意识一方面是结构，是通过语言的结构化和被结构化体现出来的；另一方面，它又是某种论述（le discours）；也就是说，潜意识在论述中通过论述的结构（包括论述的句型语词的物质性结构和论述中所表现的文风的精神性结构）而实现其本身的再结构化。

在这里，拉康把潜意识不仅局限于主体的语言表达之中，而且也引申到与主体的论述相关联的一切“他人”的论述网络中，并把他人的论述网络结构看做是各个论述主体的潜意识结构的二重化，也就是“再结构化”（re-structuration）。拉康由此把精神分析和语言分析推广到人类学的文化和社会关系的分析领域中。

更重要的是，拉康还进一步用象征论表达了他的新的精神分析学的基本概念。正如他在《研讨会第二十二论文集》（*Séminaire, livre XXII : RSI*. 1976）中所指出的，对他来说，象征论不只是语言学的结构的二重化及其复杂化的层面的产物，而且象征结构也构成了“秩序”本身。作为语言结构和秩序本身的象征结构，决定了整个社会和文化结构的象征性，同时也决定了自我心理特质的象征性结构，还决定了个人与社会之间、历史和现实之间、物质和精神之间的复杂关系。拉康通过象征论把弗洛伊德的精神分析学更深入地运用到人类学的文化研究中去。拉康强调指出，在弗洛伊德研究的神话中，“父亲”已经不存在了，也就是说“父亲”的角色并不是活着的父亲的功能；而更重要的是已经死去的父亲的功能。由此，拉康引出了“死亡”这个概念，并强调了研究死亡对于人类学、精神分析学和心理学的重要意义。

在语言中埋葬着已经死去的许许多多历史上的个体和整体。死亡是人类文化的真正宝库。关于死亡同语言的关系，如前所述，与拉康同时代的巴岱等人已有所研究。19 世纪至 20 世纪许多著名作家和思想家，包括瓦莱里、马拉美以及 20 世纪 30 年代的超现实主义诗人让·科克托（Jean Cocteau，1889—1963）、阿波里耐和乔治·巴岱等人，都在他们的创作中，通过语言使用的各种风格和形式，表现出他们对死亡的沉思。

拉康在研究语言同精神分析和艺术创造的关系时，论述了死亡的重要意义。拉康认为，对于自我和当代文化起着“前结构”作用的“超我”（le Surmoi），始终都是一种缺席的、死亡的象征性结构。拉康认为，死亡是象征性结构运作的关键，因为在语词与它所意指的事物之间始终都存在着一种缺席。这个“缺席”的存在对于语言同事物之间的意义关系的运作是一个先决条件。拉康还说，没有语言，就没有生，也没有死：这正是象征性结构运作的真正奥秘。对于死亡及其同语言的关系的研究，大大地促进了当时和后人对传统人文主义和主体论的批判。

拉康的结构精神分析学进一步推动了结构人类学以及整个社会和人文科学的发展。从 30 年代到 70 年代，拉康的结构精神分析学成为结构主义和后结构主义人类学发展的重要思想酵素。

拉康的后弗洛伊德精神分析学对于语言和象征的研究，在以下几个重要方面深刻地影响了后现代主义思想的发展。第一，拉康首次打破了索绪尔语言学关于语言结构的论述界限，强调语言和象征的双重符号具有不断再双重化的功能，使语言和象征的双重结构获得了自己的生命，并在社会文化的整体生命活动中获得再生产和更新的无限可能性。第二，拉康将语言和象征的双重结构同社会文化现实的双重结构交叉起来，使原有缺乏生命的语言和象征系统从社会文化现实的生命总体中获得了新的生命力，也使社会和文化研究找到了诠释社会文化现象不断再生产的基本线索，为深刻说明社会文化现象的自我复杂化和人为复杂化找到了一个总根源。第三，拉康在人的想象力领域中找到了语言和象征双重化结构不断复杂化的精神动力，同时也找到了以象征为中介的各种社会文化现象不断复杂化的人性源泉。第四，拉康在重建传统主体概念的时候，进一步发觉建构主体及其各种复杂关系的本能欲望基础，使主体超出理性原则，并在较为自然的人性发展道路上自由展开，为后现代主义建构各种各样反理性的主体历史本体论奠定了基础。第五，拉康对于各种语言论述的分析，打开了从语言形式结构到社会文化生命运动的新思路，同时也在各种非标准化的语言论述“病例”中，发现语言论述的社会运作权力脉络。我们将在罗兰·巴特的符号论、布尔迪厄的象征论社会人类学以及鲍德里亚等人的各种新型的和多元的象征论社会人类学中，看到拉康的结构精神分析学的影子。

第四节 罗兰·巴特所开创的符号批判

（一）罗兰·巴特符号论的后现代意义

罗兰·巴特所创立的符号论（sémiologie），是20世纪五六十年代西方社会科学和人文科学发展中的一件大事。从理论基础和方法论来看，罗兰·巴特的符号论是从结构主义转换到后结构主义、从单纯语言符号分析转变成以多学科为基础的超语言符号游戏的一个中间过渡阶段。因此，罗兰·巴特的符号论也成为后现代主义思潮的重要组成部分，也是它的重要起点和基础。

罗兰·巴特的符号论，综合地吸收了结构主义及其运用到语言学、精神分析学和文学艺术方面的最新成果，也综合了与结构主义思潮同时存在和发展的其他思潮，包括新马克思主义、现象学、存在主义和诠释学的各种成果，不但从方法论和本体论的角度为社会人文科学的革命性转折提供了新的思路，而且也为整个社会科学和人文科学进行多面向和多学科的综合考察提供了基础。他的符号论虽然深受法国传统语言学和文学评论的影响，但在实际上对于考察人、文化、人的思想和社会行为方面，具有重要的理论上和方法论上的重要意义。

罗兰·巴特所作出的最重要的贡献是他的符号论。符号论不仅成为罗兰·巴特整个思想体系的核心组成部分，也成为他那个时代正处于危机挣扎中的整个西方社会人文科学进一步从传统语言体系束缚下彻底地解脱出来的关键力量。

其实，对于符号的研究，从20世纪下半叶开始，早已成为社会人文科学研究的一个重点领域。那时候，洪堡（Wilhelm von Humboldt，1767—1835）和索绪尔从语言学的角度，弗洛伊德从精神分析学的角度，皮尔斯（Charles Sanders Peirce，1839—1914）从思想、语言、客观对象和行动相互关系的实用主义角度，胡塞尔从意念、对象、思想观念和生活世界相互关系的现象学角度，弗雷格（Gottlob Frege，1848—1925）、希尔伯特（David Hilbert，1862—1943）、布尔（Geroge Boole，1915—1964）、皮亚诺（Giuseppe Peano，1858—1932）和罗素（Bertrand Russell，1872—1970）等人从语言符号、对象和思想观念相互关系的数理逻辑角度，博阿斯（Franz Boas，1858—1942）、赫伊津哈（Johann Huizinga，1872—1945）和卡西雷尔（Ernst Cassirer，1874—1945）等人从语言符号、文化和人类行动相互关系的哲学人类学角度，都对符号及其意义进行了广泛的研究。从那以后，上述各个学派从不同学科或各学科综合考察的角度对于符号的研究，进一步推动了社会人文科学的发展和转化，也在很大程度上有利于改变社会人文科学的方法论基础。但是，直到20世纪50年代为止，对于符号的研究始终没有摆脱传统语言、传统文化和传统科学观念的约束。在这个过程中，现象学、精神分析学和结构主义对于符号的研究具有特别重要的特殊意义，这就是他们在转变对于传统语言、传统文化和传统科学观念的看法和态度上，起了一个革命性的变革作用。然而，即使是在当时最具有革命性的上述三大思潮对于符号的研究，也仍然没有彻底走出传统语言符号研究理论和方法论的范围。

罗兰·巴特从50年代开始的符号论研究的重要意义，正是迈出了现象学、精神分析学和结构主义以往所未能跨越的决定性一步，朝着彻底摆脱传统语言和传统文化的方向，朝着开辟无限自由的创作领域和重建人类文化的方向，在彻底改造传统符号理论的基础上，紧密结合西方社会和文化发展的新特征，创建新型的符号论。在这方面，罗兰·巴特本人的特殊才华以及他本人极其广阔而深厚的多学科知识基础，又为他提供了最完美的得天独厚的主观条件，使他有可能在那个关键时刻成为新符号论的最杰出的代表人物。因此，罗兰·巴特的符号论就成了后现代主义批判传统文化和重建人类文化的强大武器。

在信息爆炸性膨胀和泛滥的后现代社会和后现代文化中，由人类不断自由创造并反过来不断影响人类创造活动的符号游戏，成了当代社会人文科学研究的一个关键领域，也成了后现代理论和方法不断翻新和发展的基础。由罗兰·巴特所开创和推动的后现代符号论研究，不但指出了传统语言的“符号/意义”二元对立结构的有限性特征及其对于人类社会文化发展的消极影响，而且也发现了“前语言”、“后语言”和“超语言”的一般符号和一般象征的多元结构、不稳定性及其多变性，发现了一般符号和象征在表达事物和促进社会文化发展方面的积极有效性，有利于人们在高度信息化、多元化和自由化的后现代社会文化脉络中，以更高程度的自由，进一步解构约束着人类自由创造精神的传统文化，有利于在更为松散和更为不确定的象征体系中重建人类社会和文化。因此，罗兰·巴特的符号论，与其同时代及其后的各种后现代符号研究，从60年代起，始终成为不断穿梭于各个学科，并深入社会文化生活领域的活跃力量。

（二）罗兰·巴特基本著作的符号论意义

罗兰·巴特虽然是文艺理论家、美学家和符号论学者，但他在语言和文化领域，特别是他运用符号论对于神话、意识形态、日常生活模式、流行以及行为结构方面的研究，深深地影响了法国以及整个西方人文社会科学和哲学的发展。他在上述多方面的创造性研究中，特别对“前语言”、“后语言”和“超语言”的一般性符号和象征，进行了独树一帜的分析，将研究重点从符号及其信息本身转向“由符号构成的信息的一般性可能条件”，也就是转向“致使信息成为有效的系统或结构”的社会文化条件。正如他本人所说：“我认为，符号论，从它的研究纲领和研究任务来看，就是一种意识形态批判的基本方法。”（Barthes, R. 1988：5）这就使符号论研究走出符号的单纯系统，走出传统符号研究方法论的约束，在符号同人、同社会、同文化的广阔而复杂的交错网络中，在符号的上述交错网络的活生生的运动中，全面探索符号同人、同社会、同文化的多面向生命活动的结构及其趋势。

罗兰·巴特的大学时代是在第二次世界大战时期度过的。在他30岁的时候，第二次世界大战正好结束。当时，法国的思想界，马克思主义、现象学和弗洛伊德精神分析学很流行。而当时最有影响的人物是哲学家萨特、精神分析学家拉康、社会学家雷蒙·阿隆（Raymond Aron, 1905—1983）、作家阿拉贡（Louis Aragon，1897—1982）、加缪和画家毕加索（Pablo Picasso，1881—1973）等人。罗兰·巴特从存在主义、精神分析学、马克思主义和结构主义等多种流派的思想中吸取精神养料，先是在 1944 年发表论加缪的《异乡人》的文艺评论《关于“异乡人”的文风的思考》（*Réflexions sur le Style de L ‘Etranger*. [Existence], N. 33, juillet 1944），接着，又于 1947 年在加缪主编的《战斗报》（*Le Combat*）上发表《写作的零度》（*Le Degré Zéro de l ‘écriture*, *Combat*, 1 aout 1947）。从那以后，近十年的时间，罗兰·巴特持续地为《战斗报》撰写了多篇文艺评论，主要是从语言文风的角度，探讨文学语言使用中，语言符号、思想、历史、社会功能和作家的意识形态的相互关系。

罗兰·巴特是一位多产的作家和思想家。在他写作的四十年生涯中，他不但写出了大量的作品，而且涉及了极其广泛的问题和领域。其主要的著作包括：《写作的零度》（Barthes, R. 1953; 1993: 137—190）、《米歇勒》（Barthes, R. 1954; 1993: 243—376）、《神话学》（Barthes, R. 1957; 1993: 561—724）、《论拉辛》（Barthes, R. 1963; 1993: 983—1108）、《评论文集》（Barthes, R. 1964; 1993: 1165—1378）、《符号论原理》（Barthes, R. 1965; 1993: 1465—1526）、《批评与真理》（Barthes, R. 1966; 1994: 15—54）、《时装的体系》（Barthes, R. 1967; 1994: 129—404）、《S/Z》（Barthes, R. 1970a; 1994: 555—742）、《符号帝国》（Barthes, R. 1970b; 1994: 743—834）、《论萨特、傅立叶和洛约拉》（Barthes, R. 1971; 1994: 1039—1180）、《文本的乐趣》（Barthes, R. 1973; 1994: 1493—1534）、《恋语片断》（Barthes, R. 1977; 1995: 457—690）、《课程》（Barthes, R. 1978; 1995: 799—816）、《作家梭列尔》（Barthes, R. 1979; 1995: 927—964）、《语珠》（Barthes, R. 1981）、《明显的与迟钝的》（Barthes, R. 1982）、《语言微声》（Barthes, R. 1984）、《符号论的历险》（Barthes, R. 1985）和《插曲》（Barthes, R. 1987）等。罗兰·巴特的作品最终被编成《罗兰·巴特著作全集》三卷本（*Barthes Oeuvres Complètes*, 3 tomes. 1993—1995），集中了罗兰·巴特自 1942 年至 1980 年所写的全部著作。

（三）作为符号解构学的文学评论活动

罗兰·巴特从一开始就超出语言学和文学评论的范围提出了符号论的最

基本问题。但是，作为一位从研究语言和文学的活动开创其学术生涯的学者，他的研究方向最早还是集中在文学创作领域。然而，他又不同于一般的文学评论家，并不只是禁锢在文学本身的范围内。他把文学当成社会生活的一部分，并试图在社会文化的复杂脉络中，探索与文学相关的一切问题。因此，更确切地说，他实际上是把文学当成观察人、社会和文化总体的出发点。文学对他来说无非是社会生活的一个有机的组成领域，因而也是观察和分析社会的一个窗口。在 1953 年发表的成名作《写作的零度》一书中，他虽然是探讨文学评论，实际上却集中地思考了文学与政权的关系问题，也深入考察了文学作品创作中创作者和广大读者之间的心态结构及其社会背景的问题。他所探讨的是文学语言的历史，但实际上它既不是单纯语言的历史，也不是文学风格的历史，“而只是文学的符号的历史”（mais simplement l‘histoire des signes littéraires）。显然，以他的个人看法，人是使用符号的社会动物。文学创作不过是人的符号使用活动的一个表现形式。因此，要研究文学的性质，只能从符号论的角度，不仅将文学当成文学家在文学领域中使用符号的问题，而且还要把它放在整个社会文化的复杂符号网络中加以分析。

在这里，他已经把文学看做是人使用符号的创作活动，而且是从人的社会历史环境和文化脉络以及人的思想的各个角度，探讨文学符号的形成及其变化的性质及其社会意义。从这些问题出发，他也把文学语言符号的使用看做是人的本性及其社会关系的重要表现。显然，罗兰·巴特研究文学符号的兴趣，并不仅限于文学和语言，而是要通过对于符号的分析，揭示出语言和符号中所隐藏的人和社会的奥秘。

如果说，文学创作只是人类运用语言符号而在社会中从事各种更广泛的文化活动的中介的话，文学评论和其他任何活动也同样是借助语言符号而达到其他社会目的的一种符号手段罢了。实际上，在罗兰·巴特的观念中，一切符号，只有其使用领域及其使用目的的不同；人是为了使用它才创造多种多样的符号体系的。因此，对符号的理解和分析，一方面不能脱离其社会文化总背景，另一方面也不能忽略其使用的特殊领域的性质。从文学评论的符号分析性质，我们可以看出：第一，对任何文化符号体系的评论，不过是以一种新的符号使用规则解析并取代另一种符号使用规则罢了。第二，不管是分析哪一种领域的符号，都不能不从事两方面的双重符号解剖：一方面揭示这一符号系统的符号使用特殊规则；另一方面揭示该符号系统同整个社会文化活动的复杂关系。第三，上述双重符号解剖又不能相互割裂和相互排斥地分别孤立进行；而是要采取共时双向的运作方式，使两种分析不成为两个自成系统的符号分析动作。

从罗兰·巴特对符号的社会文化性质的上述分析，我们有理由认为，罗兰·巴特的符号论，从他在最早文学评论中的运用开始，便已经预示了其突破传统符号论规则的创造性方向。

一切符号，一经人类在社会中和文化中使用，尽管符号本身及其结构在表面上并没有发生任何变化，但马上变成了与原来的纯粹符号根本不同的新事物。所谓“新事物”，主要是强调符号及其结构同符号以外的使用者、使用意图及其使用环境等因素的根本不同性质。符号分析的主要任务，显然不是单纯分析符号本身的结构，而是通过符号结构发现该结构同其中可能隐含的各种复杂因素的关系。在许多情况下，符号结构并没有发生任何变化，但是，由于符号结构以外出现了新的因素，原有的符号结构却产生了新的意义，并具有新的社会文化功能。有的时候，符号结构的变化在表面上是相同的，但由于符号以外的其他因素有所不同，其变化的意义及其社会文化功能也就不同，因而该符号结构的分析规则也应该有所变化。罗兰·巴特在文学评论活动中，就是针对文学评论对象及其社会历史环境的复杂因素，创造出不同的创造性符号分析规则。罗兰·巴特不愿意急急忙忙地化约出适用于文学评论的固定符号分析规则。针对不同历史时代，针对不同历史时代的语言和文化特征，针对不同时代人们所关心的主要问题，针对不同作家的不同文化背景，也针对作家的不同气质和性格及其在文风中的不同表现，罗兰·巴特对他们的文本符号结构进行了不同的分析和解构。在罗兰·巴特的文学评论的符号分析中，生动地体现了符号分析所要求的多面向和多学科考量的性质，也体现出符号同整个社会以及同符号的使用者之间的复杂关系。

（四）符号的神秘化及其意识形态性质

各种符号，一经人的使用，不仅符号结构会同社会文化的各种因素发生复杂的相互转化关系，而且也会因社会文化本身的神秘性质而可能变成为某种神话。这里所说的神话，实际上超出了一般人类学和一般神话学的神话概念，是指一种具有意识形态奥秘的符号体系，旨在强调符号在人为神秘化的社会文化运转中的自我神秘化过程。

符号同它的意义结构之间的复杂关系及其运作，成为历史上各个阶段的社会文化生产和再生产的关键部分。因此，各个时代的各种文化生产和再生产的正当化程序，也就在很大程度上依赖于上述符号体系同其意义结构的相互关系的正当化过程。正如第一节所论述的，晚期资本主义文化生产和再生产过程中，符号系统同其意义结构的相互关系，已经不需要如同传统文化那样，将立足于协议和共识基础上所建立起来的固定参照体系当成基本架构。所以，晚期资本主义即后现代阶段的文化正当化程序，已经完全脱离符号系统的参照体系，也完全脱离传统的协议和共识的程序。在这种情况下，文化生产和再生产中的符号体系的变更和不断更新，其正当化程序也不需要经过协议和共识，而是完全靠创造和更新符号体系的文化生产者来任意决定；与此同时，同符号体系的意义结构息息相关的符号消费者和社会读者，完全被排除在符号的生产和再生产的过程之外，也排除在各种更新符号的意义界定程序之外。这样一来，整个后现代文化生产和再生产以及其中的符号体系的更新过程，其正当化程序，是由制造符号的一方，单方面地决定和垄断的。后现代的符号制造者，在完成其文化生产和再生产的正当化过程中，既然排除接受文化产品的社会大众，就更加利用纯粹符号本身的内在关系的任意性，将符号更新和整个文化再生产的正当化程序，蜕变为一种纯粹的符号游戏，并将接受文化产品的社会大众扭曲成为这种纯粹符号游戏的附属品。就是在这样的情况下，后现代文化的符号游戏及文化再生产过程，虽然表面上采取了纯粹符号游戏的客观中立形式，但实际上已经演变成为受符号生产者宰制的神秘意识形态的运作活动。

符号的使用既然是在社会文化生活的范围之内进行，它就会随着社会文化的人为神秘性质而自我神秘化。社会中各阶层的人，都有可能使用符号的多样性和变动性，表达出他们所不愿意直接表达出来的复杂思想和意愿，以此显示人类使用语言符号的高度复杂性。社会文化的神秘化本来是随着社会文化本身的复杂化而产生的。这种神秘化，不论是对于社会文化生活，还是对于社会文化生活中的符号使用，都同时包含自律和他律的作用，也就是同时包含“自我神秘化”和“被神秘化”两个过程。“自我神秘化”和“被神秘化”两个过程，对于符号使用和其他社会文化活动而言，实际上是同一个事物，是一次性进行的过程。但是，由于符号使用和社会文化活动的复杂性质，为了分析其中的结构变化中的各种力的走向及其性质，符号分析者可以将上述同一个过程人为地分解开来：将其中属于同一类型的力的走向脉络当成一个自我满足的系统，而将其中属于不同类型的力的关系网纳入另一个交叉的系统。这样一来，前一系统内所发生的神秘化过程就是一种自我神秘化，而后一种神秘化就是被神秘化的过程。

不管是自我神秘化还是被神秘化，对于符号系统来说，主要归因于符号系统作为社会文化产物本身的生命力，归因于同该符号系统相关的整个社会文化关系网络的互动。

在 1957 年出版的《神话学》中，罗兰·巴特指出：他的神话学一方面是要对所谓的大众文化的语言进行意识形态批判；另一方面是要对这种语言进行符号方面的“解构”。他在这本书的序言中明确地表示：“我是从阅读索绪尔而走出来的。我由此所得出的信念是：在把符号体系当做集体观念的时候，我们可以期望从虔诚的宣示走出来，并且仔细地理解那些将小资产阶级文化改造成为具普遍性文化的神秘化过程”（Barthes，R. 1957：7）。

15 年之后，他重新反思了“神话”的社会意涵，指出：“第一，神话，类似涂尔干社会学所说的那种‘集体意识’，是在新闻界、广告界的匿名宣示论谈中，作为整个社会大规模消费的对象而被阅读；这是一种社会性的被决定物，是一种‘反映’（un reflet）。第二，可是，这个反映，根据马克思所描述的那种著名图像，却是‘颠倒的’。这也就是说，神话就是将文化颠倒成自然，或者，起码是将社会的、文化的各种事物，将意识形态以及将历史的事物颠倒成自然的事物。因此，它不过是阶级区分及其道德、文化和美学的一个产物，它在论述方式上表现出某种坦然自如。正因为这样，这些论述的所有基础，在神话的颠倒性效果影响下，都变成某种常识，变成某种正常的法规、规范、流行意见等等，也就是说，变成信念。第三，现代神话变成了不连续。它再也不以大叙述（grands récits）的形式宣示出来，而只是以‘论谈’（discours）而宣示；它不过是一种语句编纂学（phraséologie），一种刻板的单纯由句子连接成的文体（corpus de phrases）。神话消失了，但它又阴险狡诈地变成神秘化的神话而流传下来。第四，现代神话像话语一样具有一种符号论的性质，因为这种符号学有可能将神话的神秘颠倒重新展示出来，并同时将其中的信息译码成两种语义系统：其中的一个是内涵系统，而在这系统中‘所指’是意识形态的，因而也就是‘正确的’和‘非颠倒的’，或者，为了避免使用一种道德语言而清楚地说出来，是一种昔尼克式；其中的另一个是‘表指’系统，也就是图像、事物和句子的文字表达，其功能是为了将阶级的命题中立化，并给予它以更加‘清白无罪’的性质。”（Barthes，R. 1994：1183）

在罗兰·巴特的神话学中，我们已经可以看到他的符号论同索绪尔的语言符号论的区别及其批判的性质。罗兰·巴特显然在符号的运用中看到了使用、观看和理解符号的所有相关的人之所想所为，也看到在符号与这些相关的人之间的各种复杂关系，其中包括权力关系、利益关系、思想关系和行为关系。罗兰·巴特也在这些符号的使用中，看到了社会及其历史，看到了时空的变迁以及超时空的背景。所有这些，正是后期的后现代主义者所关注并加以进一步发挥的重要内容。

（五）将符号和话语神秘化的符号神话学

罗兰·巴特的符号论和神话学，随着他本人对于人和社会的理解的加深，随着他对于当时社会科学和人文科学研究成果的不断吸收，在60和70年代变得更加成熟。他在1970年为《神话学》所写的再版序言中指出，他的神话学和符号论，可以成为从某种能指体系中解放出来的高度自律性的理论领域。他同时还特别强调：如果说他的符号论和神话学有了很大变化的话，那么至少有三件东西仍然是不变的：这就是（1）作为符号论批判的主要敌人（l‘ennemi capital）的资本主义规范，（2）在使用符号时所采取的精细的分析批判态度以及（3）将符号彻底解构的态度（Rarthes，R. 1957：8）。

如前所述，神话是沟通的一种系统，是一种信息体系。它是意义的一种模式，一种形式，一种表现为论述过程的话语类型。但神话并不是靠它的信息，而是靠发表和表述其信息的方式来界定。如果说，人类文化从一开始就是靠神话的形式来型构和发展，那么，在符号游戏高度发展并膨胀化的晚期资本主义社会里，当代文化就更要依靠神话来发展。文化同神话之间的内在关系，归根结底决定于神话和整个人类文化同符号游戏之间的密切关系。由于晚期资本主义社会文化再生产中的符号游戏性质，更显示出当代文化研究同神话研究之间的密切关系。

巴特指出：任何一种符号论都假定存在于能指和所指之间的相互关系。但这还不够。索绪尔的符号论的局限性就在于单纯在能指和所指的两项关系中研究符号论。巴特超越了索绪尔，强调指出符号论除了要研究上述两项因素（即能指和所指）之间的关系之外，还要研究符号本身作为符号论的第三项因素，并在上述由三项因素所组成的三角复杂关系中，不仅探讨符号同意义的关系，而且更重要的，是探讨符号和意义的相互关系同符号本身的魔术般性质之间的关系；而符号本身的魔术般性质，实际上同符号的社会的、人本的和文化的性质紧密相关。巴特符号论的上述突破性发现，使符号学在符号同意义之间的关系之外，更深入地研究了植根于社会文化脉络中的符号本身的神话学。

符号本身的神话学，主要是看到了任何符号都可能是能指和所指，或者同时兼有两者的性质。符号的这种双重性，使符号在任何一种符号体系中的位置以及它在社会文化脉络中的位置，都成为走向新的能指系统和新的所指系统转化的中间环节。因而，任何一种符号，只要被人所应用，它就可以凭借它的特定位置转化成为具有社会文化意义的各种可能因素。换句话说，任何符号在社会文化脉络中的出现及其运用，不仅具有在特定脉络中可以界定的特殊的稳定意义结构，而且也可以隐含着各种可能的意义结构；而这些可能的意义结构，一旦同社会文化脉络诸因素的多种转变相联系，就可以随时随地转化成为多种多样的意义结构。符号的意义结构所隐含的现实性和可能性两方面，又把符号的转变及其意义结构的多元化，推向一个无限的发展可能性的文化维度。这就是符号论同神话学密切相关的历史文化基础。

符号的上述特征，也使符号论随时有可能同社会上各个阶级的实际利益和可能需要相结合，而演变成为多种多样的符号论意识形态。各个阶级，特别是统治阶级，更进一步将符号的前述神秘性质以及它在可能性中的多种转变，变成具有浓厚意识形态性质的符号游戏理论和策略。

由此可见，罗兰·巴特始终关怀着我们所看到和感觉到的“实际”的背后到底是什么的问题。正如他所说的，在我们要观察的当今的人和社会问题中，始终都包含着“资产阶级规范”（la Norme Bourgeoise）。这些规范都是用各种各样的文化符号加以建构和掩饰，又通过各种文化符号进行再生产和不断扩散的。这些符号，虽然表面上都是地地道道的纯粹符号，但都具有复杂的和永远有待说明的意义，也都包含着无形的和难以说明其来龙去脉的权力功效。因此，罗兰·巴特建议必须以严肃认真的态度仔细分析这些符号，并对其加以层层解构，使得研究符号的普通符号学，变成为解剖符号的“符号粉碎学”（Semioclastie）。

罗兰·巴特的符号学实际上就是一种文化解构学，一种关于文化的神话的解构学。他很明确地说：“所有由新闻界、艺术界和日常生活常识不断地加以装饰，而我们又不得不生活于其中的那些实际，至少并不是历史的。也就是说，我痛切地看到在我们的论述实际、自然和历史的一切叙述中所隐含的各种相混淆的因素。而我想要在本真事物的装饰性展示和意识形态的滥用之中，去揭示在我看来是被隐藏的那些东西。”（Rarthes, R. 1957：9）

由于罗兰·巴特从最一般的符号论原则出发去考察一切语言符号及其话语结构，并将语言和话语当成社会文化总脉络的一个重要组成部分，所以，在某种意义上也可以说，所有的语言和话语都具有神话的性质。这主要是因为在话语的运作中，始终包含着运用话语的说话者和听话者的权力关系及各种社会文化关系的因素。正是在这种情况下，各种话语的应用就不仅按照话语结构本身的逻辑，而且还要受到话语结构以外各种因素的干预，而这些因素往往超出说话者和听话者本身的预料之外。各种不可预测的因素及效果的参与，使话语的运作具有各种非逻辑和超逻辑的神秘性。当然，这种神秘性一方面可以从社会文化本身的复杂性中加以说明，但是另一方面这种神秘性又不包含着社会文化生命活动的神秘性，在许多方面具有超社会的性质，是不能靠社会文化的运作逻辑本身来说明的。

对于罗兰·巴特来说，现实的人和社会的复杂性是同符号的运用有密切关联的。符号，如前所述，本来就是一些纯粹的符号。符号作为符号，有什么神秘的呢？任何符号的出现，人们都可以轻而易举地辨认出其符号的特征，也可以毫不困难地理解它所要指涉的事物和意义。但问题恰恰是在于符号本身的符号性，特别是在于这种符号性的简单性。人们只看到符号性的简单性对于人的沟通和行为的有效性，使这种简单性有可能导致对符号及其意义的盲目性：不去思考人们使用这些符号时，究竟为什么、为了什么目的、以何种方式掩盖着何种意义等等。罗兰·巴特发现了人类创造文化而使用符号的复杂动机、复杂手段、复杂过程、复杂运作及其复杂结果。因此，他才提出了他自己的符号论。

只要有人存在，世界上的任何事物，不管是人为的还是客观原有的，都可以成为一种符号。符号是伴随着人的生活和实践的，是人对意义的追求所造成的。使符号成为符号的，是符号所负载的意义。但是符号一旦成为符号，它的存在和运作就不单纯地依赖着其意义，而是同它的意义、符号本身的形式、符号所依附的事物、观看和使用符号的人们及其整个生活世界密切相关。罗兰·巴特所要观察的就是作为符号的符号，在其形成和运作以后所产生的整个效果及其变化。罗兰·巴特发现符号具有一种特殊的神秘性质，它是伴随着符号作为符号在社会中运作之后而发生的。符号的神秘性从何而来？显然，如前所述，世界上的事物在未形成符号以前，并不存在神秘不神秘的问题。因此，符号的神秘性是同制造和运用符号的人相关联的。在分析符号的神秘性的时候，其困难就在于：不但要逐一地分析考察符号运作中各个因素的特征及其转化，而且还要全面综合地考虑到符号运作中由于各因素的存在所产生的各种关系网。这是一种在时间和空间两方面同时具有多面向复杂结构的网络。在这个网络中的各种因素之间的关系并不是一成不变的和固定的。所有这些因素及其关系时生时灭、时隐时现；有时其中的某些因素的关系占据统治地位，有时又成为附属性的因素。

而且，更复杂的是，对于各种符号体系来说，在符号之外还存在着一系列可供想象和潜在地存在的各种可能性的领域。这些领域往往形成层层依赖又相互区别的不同世界。不仅是以符号共时存在的各种现实的因素和力量，而且是超时空的一切可能的因素，都可以构成为符号世界的组成部分。正如罗兰·巴特所说的，凡是人的想象力可以达到的一切境界，都可以构成符号帝国的范围。符号是人创造的，但是符号一旦运作又可能同其创造者保持各种联结，也有可能同其创造者断裂关系而同其他的人产生新的关联。只要有人存在，只要人同符号发生关联，现有的符号就可以同与其发生关联的人产生新的关系。在这个意义上说，符号产生以后就有它自己的运作生命。符号的这种运作生命甚至可以达到自律的程度，反过来控制着观看和理解它的人们。罗兰·巴特就是要对这一切符号的神秘性进行解剖。

罗兰·巴特之所以对神话感兴趣，是因为在他看来，神话是一种社会意识形态并自律地在社会中运作。罗兰·巴特认为所有的神话都运载着个人或群体的各种信念和各种意见。罗兰·巴特试图揭示这些被运载在符号中的各种观念的形成过程及其同符号的联结过程。在他看来，这一种虚幻化的过程，也是各种语词、信号和意义的迂回分化和综合的过程。

罗兰·巴特认为，神话只是一种属于第二等级的符号论系统（myth is a second-order semiological system）。这就意味着：神话的运作在很大程度上需要仰赖于像语言那样的“第一等级的符号学系统”。在第一等级的符号论系统中的任何一个符号，例如一个语词，会在神话的第二等级符号学系统中演变成为一个“能指”。所以，神话是运用其他系统（不管是文字的或图画的）的“语言”去建构它的意义系统。这样一来，神话就变成了一种“后设语言”，它必须，也可以参照其他的各种语言，因而也必须借助于一种新的可比较的概念去建构它的意义系统。

所以，神话都是靠形式、概念和意义之间的多种特殊关系而运作的。对于巴特来说，在上述三个因素中，意义是最关键的因素。任何意义都是神话本身，任何意义在文化的脉络中都把形式和概念结合在一起。但是，任何形式并没有掩盖概念，也没有使概念消失掉。在神话中，将概念同其意义联结在一起的各种关系，在本质上就是某种“扭曲”（deformation）。在所有的神话中，意义都是通过概念而被扭曲的。如果说，语言符号同神话符号的意义结构还存在着某种本质性的区别的话，那么这主要是表现在：在语言中，符号的意义带有某种程度的任意性，而神话的意义却从来都不是任意的，而是始终伴随着某种动机。揭示神话中意义结构的动机因素，就会使我们在神话的符号论分析中显示出神话的社会和历史性质。

正是在分析神话同历史的关系中，正是在分析神话的社会文化脉络中，我们才从符号论走向意识形态。巴特进一步指出，神话的意识形态功能就是将历史转变成为自然，将人类文化的意识形态性质转变成虚幻的客观中立性。

罗兰·巴特非常重视各种话语同符号的相互关系，并把对于话语的分析当做对于一切符号的神秘性质进行解构的关键。话语是人所运用的各种符号中最复杂的符号系统，它典型地表现了一切符号的神秘性，同时也集中了一切符号运作同社会文化的复杂关系的奥秘。通过各种话语，人们进行和展开各种社会文化活动，同时也就表现了人的各种复杂意图、心态和策略；通过各种话语，人们也灵活地使用各种系统的符号体系，并在符号运用中表现出人们所陷入的多层次复杂社会网络。因此，为了揭露社会文化的神秘性质，罗兰·巴特主张集中分析语言的神话性质。他说：“神话实际上应该被纳入到一种有关语言、文字和能指的一般理论中去。而这种理论，依据民族学、精神分析学、符号论和意识形态分析的规则，应该把它的对象扩大到语句，或者扩大到各种类型的语句。我的意思是说，神话学是伴随着语句的出现而到处存在的。只要人们制造语句，只要人们使用语句讲述故事，就存在神话学。我所说的语句从内心语言到会话，从新闻界的文章到政治宣誓，从小说到广告图像，也就是可以用拉康的'想象力'概念所涵盖的所有话语。”(Barthes, R. 1994: 1185)

罗兰·巴特明确地引用拉康的“想象力”概念，显然他同意拉康关于“想象力”、“象征”和“现实”三大因素双双扭结而成的“巴洛美结”的重要思想（详见上一节）。罗兰·巴特总结和发展符号论的研究成果，将拉康的上述重要思想进一步发挥，并深刻地应用在当代社会文化的符号解构活动中。

（六）对社会文化进行符号解码的典范

为了揭示符号的奥秘，罗兰·巴特以各种时装流行物的符号形成和运作作为典型。他认为由各种符号所构成的多种多样意义网络，经由各种广告媒体的操纵和运作，环绕着我们所生活的世界。为此他在《时装的体系》和《符号论原理》两本书中，提出了符号论研究的任务。他说：“符号论是研究我们的社会生活中各种符号及其生命的科学。”这种科学当然延续了索绪尔的语言学的符号论，但是他和索绪尔相反，并不打算使语言学消融在符号论中，而是使得符号论成为包括语言在内的各种符号的批判理论。符号论成为包括语言在内的一切符号的研究基础。但是，巴特进一步指出，各种符号在实质上就是各种语言。语言并不只是符号，相反地，符号就一定是语言。因此，罗兰·巴特所说的语言已经不是传统语言学所界定的语言。凡是运载着人类所创造的意义的各种符号都是语言。所以，语言有人们所说的各种话，也有人们所写的各种文字，还有人们所理解的各种符号，包括人的日常生活所遇到的各种用品、各种实物以及各种形象等等。所以，罗兰·巴特说：“各种服装就是各种语言。”他还说：“神话也是一种语言。”罗兰·巴特认为各种服装都隐含着真正的社会深层结构，人们通过服装还能够联想起意指着各种意义的语言。他在《时装的体系》一书中说：服装有三种：形象服装、书写服装和实物服装。形象服装指的是用照片和图像表现出来的各种服装。书写服装指的是时装刊物上所叙述和描述的各种服装，这是通过书面文字向读者宣传或推销的服装。实物服装是实际销售的服装商品和人们穿戴着的那些服装。这三种服装都可以构成独立的符号系列，同时又可以相互联结而构成各种新的符号系列。所以，虽然这三种服装都是以实物服装为基础产生出来的服装符号，但是它们的变化和运作却可以远远地脱离实物服装而进行，甚至一直进行到与服装毫无关联的任何可想象的可能领域。而且，更重要的是，基于实物服装所产生的上述服装符号系列，还可以深深地影响着人的各种精神生活和文化生活，以至于影响着整个社会的生活。

罗兰·巴特认为对于符号的解构，并不存在某种适用于各种领域和各个时期的普遍方法或模式。一切都要从实际的符号及其社会脉络来决定。在上述的三种服装系列中，罗兰·巴特指出，显然存在着三种不同的结构，其中包括技术性的结构、图像性的结构和语言方面的话语结构。这三种结构分别在三种不同的领域中扩散，但三个领域又相互影响。在这三种结构中，技术性的结构（la structure technologique）似乎是三种语言符号中的“母语”（langue-mere）。另外两种语言符号是母语的衍生物，它们交互地来往于技术性服装和人们实际穿戴的服装之间，作为服装商和服装广告商同所有消费者进行实际对话的重要中介性语言。但是，上述三种结构的语言又在自己不同的领域内不断扩散。在三者之间的相互流通，需通过某种转变的机制进行，而广告商和时装刊物所进行的各种语言游戏，就构成了这些转变机制的重要动力。

罗兰·巴特考虑到当代资本主义社会符号的普遍性，因此对符号的分析也导致了一种符号分析的社会学。他说：“由于通过报纸和媒体时装的传播变得大众化，法国有一半的妇女几乎天天看有关时装的出版物。因此，对于时装的描述，而不只是时装的生产本身，已经成为一种社会事实。即使是时装的生产和传播只是停留在想象的范围内，它仍然构成大众文化的不可争议的组成部分，就好像各种畅销小说、活报剧和电影等等……”（Barthes, R. 1967：19）尽管罗兰·巴特不是社会学家，但他对于时装的分析已经预告了后现代主义各种符号社会学的诞生。

巴特对于时装符号论的分析为揭露当代文化符号游戏的意识形态性质提供了一个范例。巴特指出，当代资产阶级意识形态的性质，就是利用符号游戏来达到否认资产阶级存在的目的。巴特指出："资产阶级意识形态的主要特点，是它完全地抹杀它自身作为一种意识形态的事实。资产阶级通过其意识形态而实现从现实向'再现'、从经济的人向精神的人的过渡（passing from reality to representation, from economic man to mental man），并在此过渡中抹掉它的名字。"（Barthes, R. 1957）所以，资产阶级以其狡猾而精致的符号游戏，通过其意识形态的神话化，而成功地将其意识形态客观化和中立化，也成功地使其本阶级的名字从社会中消失掉，因为资产阶级透彻地了解到：任何意识形态一旦神话化，就可以掩饰其意识形态的名称。

巴特对于符号游戏的神话化的研究，进一步揭露了当代社会文化生产和再生产完成符号游戏的真正奥秘。巴特深刻地揭露了符号游戏、当代文化神话化和资产阶级意识形态特殊运作逻辑之间的内在关系。他的符号论和神话学研究直接引导出这样一个重要结论：资产阶级意识形态，作为一种神秘化的符号游戏，正是近现代社会一切神话的核心。

（七）语言学符号与符号论符号的区别

如前所述，罗兰·巴特的符号学特别重视语言符号的分析。他认为在分析语言的时候，首先要注意到语句的三个层次，即语音、语法和语义。在这些层次之间，至少有两种关系，即分布的关系（la relation distributionale）和整合的关系（la relation integrative）。正因为这样，同语言的语句三重层次相适应，由语句所构成的叙述文本也可以分成功能、行为和叙述三个部分。这三个部分又各自包含单元化的分布关系和不同层次的整合关系。但是，语言学的符号（le signe linguistique）毕竟与广义符号论的符号（le signe sémiologique）有所不同。广义符号论的符号，是专门指社会中被用做意义信号的各种物体，诸如服装、食物、汽车和家具等。这些物体显然是起着信号的功能（Barthes, R. 1985）。

从符号学的观点看来，罗兰·巴特认为，任何一种符号都可以分为形式、内容、实质（la substance）和表现（l'expression）。他认为在上述四个因素中，最重要的，不是内容和形式的对立，而是形式与实质的对立。因此，在任何对于符号的分析中，主要存在着四个层面的重要因素："表现的形式"、"内容的形式"、"表现的实质"和"内容的实质"。所有以文字为主要媒介的“表现的实质”所采用的叙述体，只是多种叙述体的一种。因此，其他艺术形式，例如电影等等，也都是以叙述体为主的符号表现系列。罗兰·巴特认为，各种艺术作品作为符号表现系列，其中的任何一种因素都具有某种功能。因此，罗兰·巴特认为，凡是被搬用到艺术作品中的任何符号都有其自身不可取代的功能。艺术品中的各种符号，被艺术家放置在不同的位置上，都是用心良苦的，不可等闲视之。他甚至说：“文艺作品里不容许有废话，就好像乐曲里不容许有噪音一样。”

罗兰·巴特在描述时装的系统时，特别强调时装系统的特点是通过各种服装的区分、各种服装组成因素的意涵的区分以及服装对于人的活动的关联，通过这三大方面的相互关系表达服装的各种意涵，并通过这些意涵促使服装的销售。罗兰·巴特在他所建构的服装符号学中，所要强调的是意指的功能的优先性。意指优先于被意指者。是意指产生被意指者。他以时装杂志中的各种广告及广告的说明为例，强调广告设计人通过广告的各个符号，试图表达其意指的方向和内容。只要广告设计者使用的是某种符号，他要用个符号指向什么就指向什么，他要读者通过符号把注意力转向什么就转向什么。符号一方面成了广告设计者的意图的终端，另一方面又成了读者和消费者的意图的新的起点。因此，符号指向什么，关键在于符号使用者要怎样用这个符号去意指。

罗兰·巴特在《S/Z》一书中，曾较为详尽地说明了上述意指功能的优先性的奥秘。在他看来，符号的意指之所以具有强烈的生成性功能，是因为符号的意指始终是一种不断重复的游戏。符号的转变，也就是说，一种符号转变成另一种符号，或者是一种符号转变成他所要意指的东西，都是一场游戏。他说：“所有的隐喻式的超载都是某种论谈的游戏。所有的游戏，作为一种有规则的并最终都要回归的活动，都不是通过有趣的语词使用的累积，而是设法使语言的同一个形式加以多样化，就好像人们要不断地重复使用一个词的无限多同义词，以便再重复意指的同时又改变意指，由此达到意指的多重存在，并使得同一个意指不断地回归。”（Barthes，R. 1970a：65）接着，罗兰·巴特又说：“游戏在这里就是语法的精华，它通过马戏团式的演出方式配置所使用的语词，以尽可能长的时间，在一个单一的语句结构中表达尽可能多样的语词复数的多样性，并把每一句语词命题改造成为双重的名词结构，也就是产生出一种永恒无限的重复模式，以便在语言取得信任的有效范

围内，通过多样的重复性产生无限强大的乐趣。”（Barthes，R. 1970a：65）

罗兰・巴特1965年所发表的《符号论原理》，实际上已经为他的一般性和普遍性的符号论描绘了基本的蓝图。在这本书中，他先从语言符号问题出发，并且重点地研究了索绪尔的语言符号理论。在该书的第一部分中，罗兰・巴特集中研究了索绪尔所提出的关于语言（langue）同言谈或话语（parole）之间的辩证法问题。罗兰・巴特特别关怀语言与言谈之间的区别对于社会学研究的重要意义。罗兰・巴特指出：“人们早就很重视索绪尔的语言同涂尔干的集体意识的概念之间的亲缘性。人们甚至还假定涂尔干对于索绪尔产生了直接的影响。索绪尔曾经密切地注意到在涂尔干同塔尔特之间的争论，因此，他的有关语言的概念可能来自涂尔干，而他关于言谈的概念则可能是塔尔特的个人观念的某种变形。但是，语言学特别重视的是关于价值体系的方面，因此，语言学注重于对语言制度内部的分析。”（Barthes，R. 1993：1477）罗兰・巴特接着指出，索绪尔关于语言同言谈之间的区分的观念，将有助于进一步分析社会的各种现象，并以符号论的观点去解释各种社会文化现象的结构。但是，罗兰・巴特强调指出，当人们试图把索绪尔的上述区分运用于更广泛的社会文化现象的符号论分析时，要特别注意到各个不同的社会文化现象的特性，并根据这些不同特性，结合各个社会文化现象内部的各种因素的相互关系，将语言和言谈的结构作适当的变更。他说：“人们只能这样说，面对着被假定的各个体系，可以预见：某些类别的事实可以从属于语言这个范畴，而另一些类型的事实则从属于言谈这个范畴。但是，接着马上就要指出，在这种符号论的转化中，索绪尔的上述区分很有可能要加以改变。例如服装。显然在这里必须要根据参与沟通系列的实体状况，区分出三个不同的系统。在书写的服装中，也就是通过语言而在某一个服装流行杂志中所描述的那个服装，是不存在所谓的言谈的。因为在这里，被书写的服装根本就不相应于流行服装的规则所建构起来的具体的个人服装，这只是符号和规则的一个系统罢了。因此，这是一种处于纯粹的状态的语言（c‘est une langue a l’état pur）。根据索绪尔的规则，没有言谈的语言是不可能的，因此，在这里可以接受下来的事实，一方面是流行服装的语言并不发出说话的因素，而只是表达出一群隐含着密码的决定；另一方面，所有的语言所固有的那种抽象，在服装的书写语言中，统统都采取书写的语言形式而物质化。所以，书写的服装只是在服装的沟通的层面上是一种语言。

而在口头沟通的层面上，它是言谈。在图像的服装中，语言始终都是发自流行群（fashion-group），但它不再是采取抽象的既成事实，因为图像的服装始终都是穿在一位具体的女人身上。因此，通过流行服装的照片所提供的是服装的一种半系统状态（un état sémi-systématique）。在这里，服装的语言实际上是从某种假真实的服装中推论出来的；而且穿服装的那位被照片显示出来的模特儿，是标准的一位个体的女人，是通过她的标准的身材所选择出来的，因此，这位模特儿也是表现出某种凝固的言谈，失去了一切进行联结的各种自由。在实际穿戴的服装中，人们可以发现语言同言谈的经典的区分。在这里，服装的语言的建构是通过以下各个因素完成的：第一，通过服装的各个要件之间的对立，在这方面，这些要件的变化将造成意义的转变；第二，通过将各个要件连接起来的各种规则。……至于把服装同服装装饰连接在一起的辩证法，它是同语言中的那种辩证法不相似的。”（Barthes, R. 1993：1478—1479）为了说明将语言的各种关系推广到社会文化现象的高度复杂性，罗兰·巴特还进一步探讨了在食品和汽车以及其他方面的事物的符号联结系列。罗兰·巴特认为，在社会文化现象中的各种关系，还包含着除了符号和意义的相应关系以外更为复杂的社会文化因素，其中包括权力的运作、相关的个人的意愿和决定以及人们相互之间所做出的各种协议等等。

因此罗兰·巴特认为，能指与所指并不能构成一个完整固定的符号体系，而每一个所指的位置，都有可能被其他的能指所取代。能指所指涉的，与其是一个所指，不如是另一个意指群。因为任何意指，在意指的读者的心目中，会产生一系列由意指的读者所联想的各种意指群，而这种新的意指群在意指的读者心目中的重生，是决定于这些读者的各种立足于其本身心态历史的想象度。所以，意指本身只要是在由特定社会网络文化背景的两个人以上的关系中存在，它就可以不断自我膨胀和自我产生。而且，更重要的是意指本身的这种自我膨胀还具有自由漂移的性质。在这个意义上说，符号的意指功能的运作是一种开放的系统。

（八）巴特符号论的后现代意义

罗兰·巴特的符号学显然已经远远超出列维-斯特劳斯的结构主义。他对于各种意义的解释，不再采纳列维-斯特劳斯关于声音与意义的双重结构的观念，而是更多地发展了拉康等人所提出的三对各自相互双重扭结的“巴洛美结”的重要观念，迈向将“结构”与“解构”相互结合的更灵活的思路。罗兰·巴特的这种超越结构主义的后结构主义观点，为法国后现代主义理论创造提供了新的启示，使他们不再像列维-斯特劳斯那样仅限于在传统的文化形式中去诠释传统文化，更不像列维-斯特劳斯那样只满足于分析文化的结构和诠释文化的意义，而是以高度自由的创造态度不断批判传统文化，寻求冲破传统文化和创建新文化的多种可能性。后现代的法国社会人类学从此也不再局限于对语言结构的分析，而是深入揭示语言运用的各种话语运作和论证策略的奥秘，同时探索进行自由创造所使用的自由语言游戏的新策略。

由此看来，罗兰·巴特已经看到：第一，人作为文化的创造者，其创造活动虽然始终离不开主客观的物质和精神条件，但是，人可以借助于各种符号，在人加以想象和诠释的范围内，以符号为手段，去建构新的文化，并以此来不断补充和扩大人类原有的世界。在这个意义上说，人在实际上就是一种创造和使用符号的动物。换句话说，人的创造固然离不开思想、语言和各种物质因素，但是，在创造过程中，人始终都离不开符号，人始终都要把他内在的和外在的因素比做符号，然后再赋予一定的意义。因此，如果说，人的创造无非就是不断地创造和扩大意义体系的话，那么这些意义体系就一刻也离不开符号体系。所以，人的精神生命是以符号作为中介而同一切其他因素相关联的。

第二，在有文化生活的人的面前，一切事物不但都可以是符号，而且也随时都可以成为不同的符号，成为人所想象或建构的不同符号体系中的构成因素。例如，在人的面前所出现的山和树木。当人从物理学的学科的符号体系去理解的时候，山和树木就变成了物理学研究对象的相对静止的物体。在这种情况下，山和树被纳入到物理学符号系统中，同物理学系统中其他的符号保持特定的关系。但是，当人们进行文学艺术创作的时候，他们面前的山和树木，却变成了文学作品中文字符号体系的构成因素，隶属于文学作品文本结构的一部分，也赋有由文本整体意义所决定的特殊意义。例如，当作家把山和树木当做某一对特定的情人进行互爱活动的场所标志的时候，山和树木就同这对情人的爱情故事构成了不可分割的符号系统。总之，在人的周围和在人的面前的一切事物，都可以变成这样或那样的符号，而这一切又决定于人的创造活动和意义建构的方向和脉络。

第三，一切符号都可能具有社会的性质。由于人的社会生活以及人的社会行动的性质，一切被人使用的符号，都具有社会意义，也势必同各种社会现象相交叉和相互渗透，特别是同社会中的权力和意识形态的运作相结合。

第四，一切符号一旦形成体系，便有可能产生独立于人的自律。各个人为的符号系统之所以有可能获得自律而运作，是因为一方面符号一旦系统化，系统内各符号之间的关联就基本上确定下来，而且系统内各符号之间的关系还决定了各符号本身的意涵及其运作规律；另一方面还因为被系统化的符号各因素会自然地同符号以外的社会因素相关联，而且这种关联在很大程度上由符号系统内各因素间的关系所决定，也受到符号所在的周围特定的客观社会关系和社会力量的影响。所有这方面的关联及其运作，都是当初从事人为创造的作者本身所无法控制的，也是无法预见的。

第五，一切文本，作为某种符号系统，在不同的社会文化背景下，在不同的人面前，可以成为多意义结构的文本。因此，一切文本都是“多义的”或“多诠释的”（polysemic）（Barthes，R. 1977：15—51）。文本只是在原作者那里才有某种程度的“一义性”。但文本一旦被创造，一旦被发表，就脱离开原作者的控制，就像脱了缰的野马那样，在不同读者的文化脉络中，涌入不同读者的思路而转化成多种可能的意义（Fiske，J. 1989）。

巴特的符号论为整个人文社会科学在六七十年代的“符号论转向”奠定了基础，并给后现代主义提供了两项最深刻的启示。第一，一切传统文化，特别是当代社会由资产阶级所操纵和宰制的最新文化，归根结底，都是具有神秘化性质，并因而具有“去意识形态化”性质的符号游戏的产物。必须以具有同时神秘化和去神秘化的双重性质的崭新符号游戏，也就是以其人之道还治其人之身，去揭露当代社会文化生产和再生产的阶级垄断性质和权力操作程序。第二，只有在符号神话学和符号游戏策略中，才能探索一切最新文化创造的可能性。由符号论和神话学相结合的最新符号游戏策略，将开拓未来文化生产过程中的自由创造的新前景，也为文化创造中将可能性同现实性的结合开辟无穷的视野。

第五节　鲍德里亚拟像游戏理论和基本策略

法国社会人类学家布尔迪厄发展了福柯对于语言论述象征性权力及其运

用策略的研究成果，也广泛地吸收了后期维特根斯坦的语言游戏理论，为后现代主义深入揭示语言论述和各种社会文化符号游戏的象征性权力性质及其运用策略提供了深刻的理论基础。但是，只有鲍德里亚的一系列重要著作，才对当代社会文化的符号拟像游戏进行了深入分析和揭露。

福柯早夭，他只提出了关键性问题，作了部分的批判就离开了他所生活的“后现代”。他只是破坏了一部分，连批判都没有彻底完成，更不必期望他有什么建设性的新文化纲领。如果说福柯没有拿出建设性的观念去取代他所痛恨、所破坏的传统文化的话，那就不奇怪鲍德里亚喊出了“忘掉福柯”的口号（Baudrillard, J. 1977a），并提出“在狂饮狂欢之后怎么办”的悲观疑虑了（Baudrillard, J. 1990）。

鲍德里亚在谈到他自己的思考主题时指出，他在60年代所发表的一系列著作，虽然是对于作为物体而存在的各种文化产品的批判，而且这种批判的矛头是指向物体结构中所隐含或表现的各种符号的，但是这些物体和符号仍然是具有某种意义的。但是，从80年代开始，他更深刻地揭露了流行于当代社会文化生活中的各种没有意义和不确定的符号本身及其反逻辑的运作过程。鲍德里亚思路的转折是同当代社会和文化的畸形发展及其反人性的恶果密切相关的。

按照鲍德里亚的说法：“我们只能模拟狂欢和解放，装模作样地加速在同一方向上行进，但是，因为一切解放的目的，都已经不知不觉地被甩在我们之后，而我们也因此要为这一切所烦恼和被纠缠不清；因为一切成果都在我们之前提早出现，一切信号、一切形式和一切欲望也都一齐出现在面前而任我们利用，所以，在实际上，我们仅仅是加速地进入到空虚中。怎么办？这就是拟像的状况。在这种状况中，我们只能重演一切剧情，因为它们都已经演过了；不管它们是实际地演出，还是隐蔽地演出。这也就是所谓‘实现了的乌托邦’，就是‘一切乌托邦都实现了’的状况；在这种状况中，我们必须矛盾地继续过日子，似乎这些乌托邦都没有实现过那样。但是，因为这些空想又已经在那儿，而我们又不能继续保持实现它们的期望，所以，我们只好在一种无限制的模拟中去超级地实现（hyper-réaliser）它们。这就是说，我们生活在理念、幻想、想象和梦想的无限制的再生产过程中——而这些理念、幻想、想象和梦想，从此被甩在我们之后；而且，我们必须在一种命定的麻木不仁状态中去把它们再生产出来。”（Ibid.: 11—12）

鲍德里亚认为，西方现代文化原先所设计和追求的一切目标，作为人类理性能力所能达到的极限，都已经随着现代性科学技术的发展而不知不觉地超前实现了；与此同时，由理性和现代科学技术的发展而伴随产生的一切预想不到的恶果，也同样不可避免地实现了。这一切，造成了当代西方人面临两种同时存在的精神危机。

第一种是由理性和技术的高度发展而提前实现启蒙时代的一切目标，造成了西方人只能继续重复原有的幻想而去面对空前泛滥的现代文化产品，造成在精神能力的想象方面的不断重复和回流，不厌其烦地重新拾起已经想过不知多少遍的观念，并去尽量消耗现实社会中一切过剩的文化生产品，造成一种空虚感和无能为力感，陷入一种对于自己的文化产品进行无目的的消耗的状况，也造成对于自身的精神活动的自我折磨。这种状况，表面上显示了西方文明的高度繁荣和发达，以致由文化所生产出来的一切物质的和精神的产品，都远远地超出人的生命本身的基本需求，使人们不得不过着一种被鲍德里亚说成“装模作样”的生活方式，目的在于“在不知所求”中又无止境地寻求新的欲望。这种状况也造成了西方现代人的所言所行不再寻求传统文化所规定的各种参照体系，对于各种意义和价值规范抱无所谓的态度。在这种情况下，西方人的一切物质生活上的追求以及精神生活方面的观念创造活动，都已经失去明确的参照标准，丧失其原有的内容，成为一种彻底盲目，因而也似乎显示出“从一切禁忌中解放出来”的假象。鲍德里亚说：“当事物、信号和符号以及各种行动，都从它们的观念、从它们的概念、从它们的本质、从它们的参照系统、从它们的起源以及从它们的目的彻底地解脱出来的时候，所有那些事物、信号和符号以及行动都进入到一种朝向无限的自我生产的状况。所有的事物继续运作，而与之相应的观念却早已长久地消失不见了。而这些事物和观念都在一种对其自身的真正内容完全不关心的情况下继续运作。问题恰恰在于：在上述不正常的情况下，它们却运作得比以往任何时候都更好。这就是其吊诡性之所在。”（Baudrillard，J. 1990：14）鲍德里亚所说的这种状况，不仅完全出乎启蒙思想家的预料之外，而且也超越了一切当代思想家所能想象的范围。这就是说，一方面是各种事物，也就是西方文化本身及其产品，都完全地脱离了设计和制造它们时所形成的思想观念，使各种产品成为了一种没有观念，因而也没有价值的纯物品；另一方面，在西方人的思想中继续不断地运作的思想观念，也完全同它们所设计的内容和对象脱离关系，成为一种观念本身在虚空中不断自我繁殖和自我生产的空想体系。问题在于：不论是前一方面或者后一方面，都不因为物质和观念的相互分离而成为与人的生活无关的纯物质或纯观念；在上述第一种情况下所产生的“没有价值”的产品和在上述第二种情况下所产生的“没有对象”的观念，都继续疯狂地运作和自我生产，并反过来控制着现代人的生活和言行，使现代人陷入一种既追求无限解放，又陷入遭受层层控制的困境之中。

第二种状况就是现代理性和科学技术所带来的各种预想不到的恶果。文化的发展走向了反文化的方向，并不断地产生各种新的反文化的效果。所有这些反文化的产品及其社会效果，本来是不符合启蒙时代思想家的理念的，但随着现代化的进程，不但人所制造的文化产品本身违背理念，而且文化生产者的精神创造也充满着反文化的欲念，因为由启蒙所开创的现代文化创造活动已经走到了尽头，原有符合启蒙理念的创造能力已经耗尽，而人们的创造欲念却没有停止；不但如此，现代人再创造的动力却受到了启蒙理念之外，甚至相对立的因素的刺激，试图在一种破坏启蒙理念的精神境界中达到无止境的自我满足，以人类精神的不断自我摧残为乐趣，使现代人的精神面貌出现了一种奇特的自我虐待狂的状况，这种状况又同前一种状况相互促进，使脱离观念的价值的文化产品以及脱离对象的各种观念，反过来袭击和渗透到现代人的生活领域，特别是操纵着精神领域，使他们的精神生活出现了一种前所未有的自我分裂的状况。

上述两种状况随着社会权力斗争的运作而恶化。鲍德里亚深刻地指出政治势力和各种权力运作把社会的物和观念两方面的畸形结构和疯狂运作逻辑推进到极点。正如鲍德里亚所指出的：“在政治方面，可以说各种观念都丧失殆尽，而政治的游戏却在一种毫无关心其真正政治活动用意的情况下继续运作。而在电视方面，也是在对于其自身的图像毫不在乎的情况下继续运作，电视甚至可以在假定人的完全消失的情况下继续运作。也许，在所有的系统中以及在所有的个人中，几乎都存在着一种秘密的推动力，试图从其自身的观念和从其自身的本质中解脱出来，以便能够朝向各个方向无止境地增殖，并无限地渗透到所有的方向的尽头。所有这一分离过程的结果只能是一种命定的、不可抗拒的。所有的一切事物都失去其观念，就像人失去其身影一样，使事物和人都陷入迷失方向的一种罪恶深渊之中。”（Baudrillard，J. 1990）

鲍德里亚早从20世纪40年代起就为萨特的《现代杂志》撰稿，写了大量的文学评论和政论。同时，他也精通德国语言文学和历史，翻译过彼得·魏斯（Peter Weiss，1916—1982）、米尔曼（Wilheln E. Muehlnann，1904—1988）和布雷希特（Bertolt Brecht，1898—1956）等人的著作。从1966年起，鲍德里亚担任巴黎第十大学社会学教授。他的著作包括：《事物的体系》（Baudrillard，J. 1968）、《消费社会》（Baudrillard，J. 1970）、《关于符号的政治经济学批判》（Baudrillard，J. 1972）、《生产之镜》（Baudrillard，J. 1973）、《象征性交换与死亡》（Baudrillard，J. 1976）、《忘掉福柯》（Baudrillard，J. 1977a）、《布堡的效果》（Baudrillard，J. 1977b）、《沉默的多数派的影子》（Baudrillard，J. 1978a）、《法共或政治的人乐园》（Baudrillard，J. 1978b）、《论诱惑》（Baudrillard，J. 1979）、《拟像和模拟》（Baudrillard，J. 1981）、《命定的策略》（Baudrillard，J. 1983）、《神灵的左派》（Baudrillard，J. 1984）、《亚美利加》（Baudrillard，J. 1986）、《他人自述》（Baudrillard，J. 1987a）、《酷的回忆》（Baudrillard，J. 1987b）、《恶的透明性》（Baudrillard，J. 1990）、《彻底的罪恶》（Baudrillard，J. 1997a）、《无所谓的极端》（Baydrillard，J. 1997b）及《不确定性是我们的唯一确定性吗?》（Baudrillard，J. 1998），等等。

对于社会人类学来说，鲍德里亚的著作的重要意义在于：通过对当代社会中各种奇异现象的揭露和分析，他触及了人类社会和文化及其创造者的最深层的本质问题。他根据当代社会的各种新变化和新现象，对人的本性及其在社会运作中的各种伪装技巧和模拟式的演出进行了深刻的分析。在鲍德里亚的整个著作中，社会人类学的象征性原则和方法被运用得高度熟练，有助于人类学家更深刻地重新研究以往的人类文化及其未来走向，同时也深刻地揭示了当代西方社会的内在矛盾及其运作机制。

鲍德里亚把美国社会和文化的状况当成典型。他把美国的社会称为“未来的原始社会”。他说：“美国和以前的原始社会一样是没有过去的。所谓没有祖传的版图，并不是指土地，而是指那些象征性的领域。也就是说，美国没有自古累积意义并锤炼不变原则的祖先版图。换言之，美国无处寻根，只能往未来看。因此，美国的根是凭空想象出来的，要靠不断模拟仿冒。”（Gardels，N. P. 1997）鲍德里亚把美国当代社会和文化比喻成“没有历史的未来原始社会”，是意味深长的。首先，作为一种原始社会，实际上就是生活在大自然与神话和符号的领域之中。如果说，一切人类文化都是在大自然和符号的相互参照和对立的运作中产生和发展的话，那么，两者之间的相互参照和对立运作都必须靠具有创造精神的人类思想观念作为中介。越是原始的社会，这种作为中介力量的观念系统越是模糊和单薄，越是接近自然和符号结构本身；相反地，越是文化发达和历史悠久的社会，这种作为中介力量的观念系统就越丰富、越多样化和越多层次化。美国文化的贫瘠和历史的短促，使美国特有的观念系统也非常贫乏和单薄。作为现代性起源的启蒙理性是在西欧兴起的。因此，从西欧到美国移民的美国人祖先，只是把启蒙文化的产品搬移到美国这块待开发的土地上。从 18 世纪到 20 世纪，美国社会和文化基本上是现成地享受和复制西欧的文化产品，使美国没有严格意义的历史文化脉络，从而也缺乏具有创造性的观念生产能力。美国社会和文化的优点，就是善于利用和发挥西欧启蒙理性所创造的一切文化产品，并使这些产品在脱离了其欧洲母体之后，又在美国本土、在缺乏原有创造观念的基础上不断地自我繁殖，使这些文化产品在一种脱离根源和失去参照体系的情况下自由地加速复制和自我膨胀，从而远比西欧自由然而畸形地发展起来。这一切造成美国社会和文化充满了神话和符号结构的重叠，同时又越来越脱离其产生母体的原始观念和价值体系。更严重的是，美国政治和资本垄断势力所控制的媒体力量，都比西欧各国更强大和更有效地渗透到文化再生产的过程之中，使上述各种神话和符号结构的畸形运作更加极端化。美国人那种缺乏自我参照和缺乏沉重的历史感的精神状态，又使他们更轻松，然而更盲目地自我陶醉在这种文化再生产的游戏之中。正如鲍德里亚所说："美国只是自然本态和人工做作，空间加上虚构精神。缺乏自我参照和自我反思的层面，没有沉重的历史感，所以无法拉远象征与真实之间的距离。由于缺乏这种间隔，又没有自嘲的反省功夫，使美国有某种天真原始的特质。又因为不懂反讽的意义，就会把假想和真实混淆不分。迪斯尼乐园可以充当信息的传达者，不加任何思考和辨认便加以接受，甚至给予崇拜。而电视电影的一切图像也被当真。美国就是凭着虚空和乌有而创造出一个理想，再加上电影和各种媒体不择手段地予以神圣化和神秘化，导致一切虚假的图像被当成真实事物而接受和流传，并不断地复制再复制，在复制的近乎机械运动的重复中，越来越发挥它的控制群众的有效力量。"（Gardels，N. P. 1997）

因此，美国是在美学范围之外的，像沙漠一样，是超越美学的。单纯地依靠符号的复制和任何一种不需要参照体系的拟像游戏，就可以造成一番轰动社会的文化事业来。所创造的符号越远离真理的标准和价值的规范，越重复一切文化古国的文化产品的形式，就越具有某种神秘的诱惑力，使那些成千上万早已忘记历史和忘记文化价值的人群，在他们麻木地寻求实时可以满足的欲望的情况下，找到了没有任何目的的精神快乐。

法国著名的达达主义画家马塞尔·杜尚（Marcel Duchamp，1898—1968）说过，现代主义的基本特征就是表现出某种“冷漠的自由”（freedom of indifference）。对什么发生冷漠？为什么冷漠？冷漠的目的又是什么？在现代性文化发展的历史时期，同现代性本身已经陷入无法自拔的困境的后现代时期，对于上述有关冷漠的各种问题的答案是完全不同的。对于欧洲的现代性作家来说，那种冷漠多多少少还表现出一种失落感。这是由于一方面心怀理想，而另一方面现实的发展以及个人创作自由的各种努力的结果却超出理想的范围，才导致的一种失落感。而且，在失落感产生之后，这些进行自由创作的艺术家，还继续试图寻求新的自由创作的理念，使他们在失落中仍然不忘历史的价值。但是，到了后现代，特别是在美国的现实环境中，一切历史的变化，都被阻挡在美国的海岸线之外，使美国人对于思考过程所经历的各种曲折中介结构不再感兴趣，冷漠也就从一开始就渗透到美国人的心目中。具有冷漠传统的美国人不再像现代性作家那样对失落中所产生的冷漠发生兴趣，而把冷漠当做过时的和普通的事物，更谈不上产生追求“冷漠的自由”的精神动力。美国人对于冷漠的习以为常，使他们容易接受单一结构的快餐文化，也喜欢在机械复制的循环中自我陶醉。

在美国，比西欧更强烈地表现出政治、经济和文化霸权对于文化再生产的干预过程。正如鲍德里亚所指出的：“拜西方霸权之赐，冷漠已经变成普遍存在的事实。将来，强权会属于那些没有来源、没有信史的民族，属于像原初的美国人那样的人，因为只有他们才能实现‘去版图’（deterritorialization）与‘去重量’，而且能想象出将眼前的情景尽情掏干的程度，使得我们不管愿意与否，未来都摆脱了历史的重心，只跟着人造卫星旋转。在这点上，日本也表现出一种高深莫测的矛盾，为我们提供了另一个鲜明的实例。日本逃出了祖先的领域，文化上变成‘去重量’的结构，轻飘飘地来到世界舞台上而成为经济强国。”（Gardels，N. P. 1997）

鲍德里亚的卓越贡献，就在于描述和揭露了当代社会文化运作中的拟像游戏活动。他认为当代西方社会文化已陷入到象征和拟像之间的虚空之中。最早促使他研究信号和符号游戏的重要因素，就是在 70 年代中期兴建于巴黎的蓬皮杜国家艺术文化中心的后现代建筑大厦。他把这个后现代建筑大厦当做各种人造奇异形式和各种文化矛盾的结合品。接着，他在美国文化的万花筒中，看到奇形怪状和变化多端的符号拟像游戏所构成的单质文化结构。通过对于后现代文化现象的分析，鲍德里亚试图凸显西方现代文化发展的最后阶段的基本特征。他认为，西方现代文化的发展，基本上就是一种模拟文化的发展过程。“这种模拟文化，经历自然的阶段（le stade naturel）、商品的阶段（le stade marchand）、结构的阶段（le stade structural）以及价值破裂的阶段（le stade fractal de la valeur）。在最初的自然阶段，模拟还对应着一种自然的参照系列，在这一阶段中，价值的发展过程始终同利用和改造自然世界的参照系统相对应。在第二阶段，模拟对应着对等的普遍因素，而价值的发展是对应着商品的逻辑。到了第三阶段，模拟所参照的符码或各种信号构成的密码系统，价值则围绕着某种模式的体系而发展。到了后现代的阶段，即第四阶段，就是价值破碎，甚至完全取消价值的阶段，根本就不存在参照系统，价值在所有各个方面都被取消，完全靠纯粹的偶然性和几率而从事模拟活动。在这种情况下，再也没有对等物，也不存在自然对象和普遍性的因素，同样也不存在价值规律，唯一存在的只是某种价值的瘟疫，一种现代化的流行病，也就是价值的不定向转移和流动，成为各种机遇的因素的无限增殖和扩散，正如癌细胞的转移和扩散一样。总之，再也不谈价值，因为这一类因素的‘去多元化’及其反应使一切评价活动成为不可能。所有这一切也出现在微观结构中。对于美或丑、真与假、善与恶的估价，都同样是不可能的；同样地，不管是微观结构中的任何一个因素，其变化速度及其位置的估计，也都是不可能的。善不再是同恶相对立，在微观世界中的各个因素，都无法以特定的参照坐标测定其位置。每个基本例子都任其自身的运动而变化，价值或价值的碎片，都只是在模拟的天空中闪烁一瞬间，然后就在虚空中，顺着一个只有在特殊情况下才同其他基本例子相遇的特殊路线而消失。这就是价值破碎的图式，也就是我们的文化的实际图式。”（Baudrillard, J. 1990：13—14）

随着模拟和拟像游戏的膨胀和泛滥，性的解放也加快了步伐，使性的任何一种活动和重现，完全同性的生产功能毫不相干。如果说，在以往的社会中身体曾经是灵魂的隐喻，曾经是性的隐喻，那么现在就根本不再存在任何隐喻，也不存在任何事物的隐喻，身体也就变成了符号泛滥的场所，成为拟像不断增殖的集结连锁发生作用的场域，也成为失掉象征性组织的无限程序化过程的场所。鲍德里亚指出："被性化的身体现在面临着一种人为的命运的摆布。这种人为的命运也就是性的界限的彻底消失。所谓性的界限的消失不是指解剖学意义上的，而是在更为广泛的乔装打扮的意义上，也就是指性的符号之间相互交往的游戏层面。这种性符号相互交往的游戏同以往性的区别基础上的性游戏相反，是一种对性漠然不在乎的游戏，也就是对于性的两个极端化不再感兴趣，同样也对产生性欲快感的性不再感兴趣。如果说以往性的问题是涉及性欲快感和性高潮的范围，那么，性之间的区别的消失就只关系到那些人为的因素，不管这些人为的因素是性的改变或者是各种外表的信号的游戏……总之，涉及人的身体和性的问题，随着外科医术和各种人造技术的发展，人的身体和性都只是变成为像假牙和假肢那样的东西。所以，性的模式转变成为性的区别的彻底消失，性的区别的消失又到处成为诱惑力发生作用的场所，这样的状况也就是符合逻辑的。"（Baudrillard，J. 1990：28）在鲍德里亚看来，生活在后现代的时代，在性的领域中和在人的身体活动方面所出现的拟像游戏，已经将性变成像没有价值的符号那样无关紧要，但也正因为性如此无关紧要，而又到处呈现，使性成为发生各种诱惑力的重要场所。在这种情况下，每一个人都无例外地象征性地成为打破性的界限的拟像游戏的牺牲品。

第四章　德里达的解构主义

德里达的解构主义，作为后现代主义的一个重要理论和基本策略的构成部分，是在第二次世界大战后结构主义产生和发展的基础上，在总结现象学、存在主义、新马克思主义、前后弗洛伊德精神分析学、分析的语言哲学以及人文的社会科学其他多学科领域的研究成果的基础上，继承和发扬由马克思、尼采、胡塞尔和海德格尔所开创的批判精神，为了克服和超越西方文化发展中的各种危机，为了彻底重建人类文化再生产和更新的运作逻辑而形成的一种新思潮；它是西方文化经历两千多年的发展之后试图重新思考和反省其自身所走过的历史道路的一种努力。因此，德里达的解构主义，在理论上是由多学科所构成的多元文化和极其模糊的反思力量，它充满着多质性的精神因素，并包含着许多有待继续自我发展和自我更新的内在可能性因素，同时也包含着各种批判和创造相结合的思想运动。

德里达的解构主义形成和产生的时刻，正好是结构主义逐渐取代存在主义而发展的时候。因此，德里达的解构主义同索绪尔和列维-斯特劳斯的结构主义之间有一种极其特殊的历史渊源，而在这种历史机遇中起着某种关键性中介力量的是胡塞尔的现象学。

第一节　从结构主义到后结构主义的过渡

（一）结构主义的两大发展方向

由索绪尔所开创和推动的结构主义，从 20 世纪 40 年代起，走向了两个不同的发展方向：一个是由列维-斯特劳斯所继承，主要是在社会人类学的领域内，以索绪尔的“声音/意义”的语言模式，通过对原始人神话及习俗的观察和解析，系统地分析了传统文化及其创造机制的稳定基本结构；另一个是由拉康和罗兰·巴特等人所继承，通过对于语言、思想、行为和社会现实之间复杂互动关系的符号论研究，将结构主义引到更广阔的一般社会文化的解析活动中去，开辟了深入批判和解剖传统文化根基的新方向，从而为后现代主义符号游戏策略提供了深刻的启示。

本来，“意义”理论及其二元对立思考模式，就是传统西方文化的根基。所以，由列维-斯特劳斯所发展的社会人类学的结构主义，对传统文化的批判只完成了一半，因为它只说明和触动了传统文化的形式，而没有颠覆其建构根基，也没有批判和摧毁其道德论和知识论的基础，尤其不去揭露其背后权力运作的奥秘。

由拉康和罗兰·巴特等人所继承和发展的另一种结构主义发展路线，从20世纪60年代起，进一步为德里达和福柯等人所发展，从而开创了“后结构主义”的新时代。

一般地说，正是20世纪五六十年代出现的“后结构主义”（Post-Structuralism），奏起了“后现代主义”的理论序曲。这是因为“后结构主义”集中了胡塞尔的现象学、海德格尔的存在解构论、新马克思主义的社会文化批判论、列维-斯特劳斯的结构主义、后期维特根斯坦的语言游戏论、拉康的后弗洛伊德主义以及罗兰·巴特符号论等各种“准后现代”的主要思想流派的基本观点。上述“准后现代”的思潮，是20世纪20年代至50年代期间，多学科多学派对“现代性”进行创造性批判的思想成果。它们成为“现代性”和“后现代性”之间的过渡性思想基础。后结构主义由此出发，进一步发挥尼采的叛逆精神，以创造性的思想观点和理论，超越和重建这些“准后现代”的思潮，从而形成了一种以“解构”（deconstruction）和“游戏”（play；game）为主旋律的后现代主义思潮。从此以后，“解构”和“游戏”，作为理论概念和批判的策略原则，同时成后现代主义发展其本身理论及其批判传统文化的主要精神支柱。

后结构主义在理论上对于上述各种反传统思想流派的继承、批判和重建，主要是依据尼采的“超人哲学”。所以，后结构主义也常被人们称为新尼采主义。后结构主义继续沿着尼采批判西方传统文化的方向，紧紧围绕它的知识、权力和道德三大轴心，试图将人从理性、道德和权力三重压抑的窒息状态中解脱出来，创造一个充分满足人的自然本能需求的高度自由的新文化。

显然，后结构主义又不同于尼采哲学，首先，它比尼采哲学更全面地批判和破坏传统西方文化的语言论述基础；其次，它更集中地“解构”以主体为中心的西方传统人本主义，更彻底地批判西方传统的主体概念，特别是与主体概念密切相关的传统意识哲学；最后，它以游戏策略的灵活运用，将批判和创造高度自由地结合起来，彻底地从“理论和实践”、“正确和错误”的“二元对立，二者择一”的传统解决方案模式中解脱出来，为后结构主义自身从事不断批判和无休止创造的自由活动开辟了广阔前景。

（二）后结构主义对索绪尔结构语言学的批判

20 世纪以来，在西方文化发展中，曾经出现过对于传统语言理论和传统逻辑中心主义的批判，特别是出现了以索绪尔为代表的结构语言学、以列维–斯特劳斯为代表的结构人类学以及以奥斯汀（John Langshaw Austin，1911—1960）和塞尔（John Roger Searle，1932—）为代表的“言语行为论”。从索绪尔经列维–斯特劳斯到奥斯汀和塞尔的理论探索活动，对于破除和批判传统形而上学和理性中心主义，具有重要的历史文化意义。德里达的解构理论，在某种程度上，受到上述反传统的新型语言理论的启发，同样也受到胡塞尔和海德格尔现象学论述理论的影响。但是，德里达毕竟与他们根本不同。德里达把批判理性中心主义和逻辑中心主义引向言说和思想的内在精神领域，从索绪尔、列维–斯特劳斯和奥斯汀等人所看不到的言说展现的无形结构深处，活灵活现地展示思想和言说的创造过程中深受理性逻辑结构约束的特征，试图在由语言文字所建构的多重多元符号解构的演变中，探索语言文字符号游戏所展现的思想自由创造的可能领域。

结构主义在批判传统文化过程中的局限性，主要来自索绪尔的符号论本身。索绪尔作为结构主义语言学的创立者，虽然将语言当做一种文化运动的历史结果，因而呈结构化的形式而固定下来；但是他又明确地继续柏拉图、亚里士多德、卢梭、黑格尔和胡塞尔等人的传统，将文字从语言学的研究领域中排除出去，也就是从语言和声音的系列中排除出去，并将文字当成与语言无关的一种无用且有害的外在现象。他明确地在《普通语言学教程》中表示：“语言学的对象不是书写的词和口说的词的结合，而是由后者单独构成的。”接着他又说：“文字和语音的内部系统无关。”“文字掩盖了我们语言的面貌，它没有表达语言，而是歪曲了它。”（Saussure，F. 1916：44—51）所以，索绪尔虽然通过他的结构语言学的建构而对传统主体意识哲学的批判作出了重要贡献，但是他仍然没有逃脱语音中心主义的影响，不但将文字排除在语言之外，使文字处于隶属语音的次要地位，而且还对文字在文化发展中的作用给予批评，甚至极尽贬低之能事。他在其著作中反复批判文字的作用，将文字同语言之间的内在关系歪曲成为两者间的外在“浮浅”和“人为”的关系，甚至认为文字借用“图像”而“篡夺”语音的主导地位。索绪尔还宣称“语言学应该有一个专门部分研究文字”，其目的是分析和揭露文字使用中的“畸形病态”实例，以便集中揭示文字的“邪恶”和“专横”（Ibid.：54）。更严重的是，索绪尔在其语言学研究中还将话语系统的运用仅仅纳入语音字母化的范围，并将字母文字结构再次附属于语音系统。由此可见，索绪尔不仅严格遵守语音中心主义而贬低文字，而且还表现出西方白人种族中心主义的倾向，只承认归属于语音系统的字母文字系列的文明作用。在索绪尔的语言学中，虽然表现出结构主义对于符号差异化运动的重视，有助于揭露符号差异化运动同思想创造活动的内在对应关系，但是其主导思想，仍然是强调说话者主体“在场”发出的声音的重要性，并将文字消失在说话者“在场”呈现的结构中。对此，德里达给予了严厉的批评。他说：“字母文字在事实上能够表示不可能存在一种纯粹的语音文字。语音中心主义并不是在既定的文化中运用字母文字的实践结果，而是这一实践的某种伦理的或价值论的经验。说话的声音的自足性，完全展现在它的透明的记号之中。声音对于说出它并接受其意义、内容和价值的主体来说，是直接在场的，而文字却‘应该’在此之前抹去自身。”（Derrida，J. 1972c：36—38）

因此，在德里达看来，索绪尔的结构主义的主要贡献只是完成了向语言的转折，但没有进一步将语言当成人类文化创作的活生生的中介过程，同时也未能再从语言系统中走出而返回语言寓于其中的社会整体中去。在这里，如果再进一步进行微观的分析和解构，我们就会发现：第一，索绪尔转向语言的结果，只是停留在语言的静态结构中，因而只满足于对语言静态结构的固定化二元对立模式。第二，当索绪尔满足于对于语言的静态固定二元对立模式时，他实际上将语言的这种模式同整个人类文化创造过程的生命运动割裂开来，而这是传统的逻辑中心主义和语音中心主义思考模式的恶果。第三，索绪尔没有认识到，即使是语言的二元对立模式，也并不是语言系统所独有的特征，而只是一切客观事物采取间隔化普遍存在方式的一个表现罢了。所以，语言系统中二元对立关系应该纳入客观世界一切事物间隔化存在方式的广阔范围，才能避免在语言系统封闭范围内将语言因素的二元对立绝对化。第四，既然语言的形成和运作只不过是文化创造过程的中介，那么语言中的任何因素的存在方式及其特征，就不可避免地隶属于整个创造活动的生命运动。在此情况下，语言中各因素的性质及其相互关系，只有同文化创造过程中人的思想和社会存在关系相联系，才能分析清楚。第五，既然语言系统及其运用是文化创造运动的一个中介，那么，分析语言因素及其相互关系的结构，也只是分析人类整个社会文化结构及其性质的一个组成部分罢了。第六，在分析语言性质及其结构之后，仍然必须走出语言系统的范围，并从文化创造过程双向来回运动（从内向外和从外向内、从客观到主观和从主观到客观）的观点和程序，再考察已被分析过的语言系统各因素及其相互关系。第七，由语音因素及其结构向书写文字的转化过程，应该看做是语言系统同整个创作活动的生命运动息息相关的一个重要表现，并从语音向文字的转化机制中，进一步发现语言使用及文化创造活动同整个社会关系的内在联系。第八，在考察语言问题时，同样也应该考察文化创造过程采取非语言或超语言因素系统的可能性，从而进一步分析传统语言系统固定化和封闭性的社会文化基础，进一步探讨非语言系统中介化对于发挥文化创造自由度的可能范围。所有这一切，在德里达的解构主义思想和策略运用中，都尝试有所突破。

（三）后结构主义对于结构主义的超越

显然，从“结构”到“解构”，并不是单纯在字面上的“一字之差”，而是批判方向和态度的根本不同；不但如此，我们甚至可以说，它们相互之间不只是毫无共同之处，简直就是根本对立的。在这个意义上说，从“结构”到“解构”的过渡，就是意味着在理论论述方面从“现代”到“后现代”的根本转变。

综上所述，“后结构主义”不同于“结构主义”的地方，主要是：第一，它不只是为了寻找和研究传统文化及其创作模式的结构，也不把传统结构当成固定的批判对象，而是对近现代文化的原动力追根究底，并从根本上对传统文化进行颠覆。第二，它彻底批判传统“意义”理论，并深入揭露“意义”理论的语音中心主义和逻辑中心主义基础，从而将“意义”理论作为传统文化的根基加以彻底批判。第三，它在批判“意义”理论的基础上，进一步揭露“意义”理论同西方传统真理论、正义论、道德论和美丑论的内在关系。第四，它的批判矛头直指一切传统文化的语言根基，揭露西方语言的“语音中心主义”的要害，并分析其在逻辑思考、道德和社会文化制度上的表现形式。第五，它不停留在一般语言的批判和结构分析，而是进一步批判和揭露各种“话语”、“论说”和“论谈”的奥秘，从分析传统语言复杂而诡异的社会文化运用入手，一方面揭露语言本身的吊诡和矛盾，揭露语言的局限性，从而打破传统对于语言的迷信；另一方面揭露语言的社会文化运用中统治阶层的权力和道德的运作逻辑。第六，它彻底否定传统文化的主体中心主义基础，推翻了传统社会和文化体系赖以安身立命的“主体/客体”等各种二元对立统一模式，破坏了一切传统社会文化秩序“正当化”赖以维系的“中心/边缘”基本原则。第七，它并不追求建立系统的理论和方法体系，而是以无止境的批判和重建的游戏策略，作为实现其发展无限自由的主要手段。

（四）后结构主义对话语论述的解构

在后结构主义的上述特征中，对于话语论述的解构是最关键的一个批判策略。

对于后现代主义者来说，对语言问题的分析和批判，不能像传统语言学所做过的那样，只是从语法和句法的观点进行分析，单纯地把语言当成一个孤立的符号体系加以分析；同样也不能像结构主义者那样，虽然也看到语言同社会与文化现象的密切关系，但仍然把语言当做具有特定稳定意义结构的符号体系，同时也把语言看做是思想、文化及各种社会意义的载体。后结构主义者和后现代主义者并不满足于一般性结构分析，而是把语言看做是有生命的思想文化统一体的构成因素，看做是同整个社会、同说话者的心态和行动密切相联系的活生生的现象。这样一来，后现代主义者所要批判的语言，主要指的是“话语”、“言谈”或“论谈”（discourse，le discours，Diskurse）及其运用、扩散和现实化的策略。

其实，传统的话语论述本来也不单纯是语言的运用问题。传统文化在其发展过程中，实际上也很重视语言论述的运用及其策略，只不过传统文化为了将其文化成果标准化、客观中立化和正当化，总是千方百计地掩盖论述及其策略的问题，似乎其论述及其策略都严格地服从理性和逻辑的规则，而一点也不存在非理性技巧诡计的策略性运用问题。

后现代主义者集中力量分析和批判话语和论述，就是因为话语已经不是一般化的语言，而是同说话者及其所处的社会环境和文化脉络密切相关的一种事物，或者是一种力量——一种包含权力、意向和关系取向的力的因素。在这种情况下，后现代主义者所批判和解析的“话语”和论述，主要指以下三大类：第一是作为某种知识体系的论述手段的话语或论谈；这显然是以知识分子或文化人作为主体的那些人所说的“话”，往往具有“科学”和“真理”的外表，集中表现在各种知识体系中。第二是作为某种政治或社会力量的表达手段的话语或论谈；这主要是指由社会中占统治地位的阶层或人们所使用或支配的那些“话”，在这些话中显然包含着由统治阶级所占据的利益为基础的宰制欲望及其运作力量，也包含着为达其目的所贯穿的各种实际策略和宰制技巧，带有道德说教和“正当化”的性质。第三是指社会中各个阶层的人普遍说的“话”；这些话同说话者的日常生活、社会行为及文化活动的环境和脉络紧密相连，同样也包含着极为复杂的语言以外的因素，主要包括由说话者的社会地位所产生的某种欲望及其行动力量，也包含由这些说话者所处的社会场域所决定的各种力量的协调总和。

同传统思想家对于话语论述的暧昧含糊态度相反，后现代主义者始终将话语论述中的策略问题当做研究的焦点。话语论述虽然是各种符号运用系统，但是几乎所有的后现代主义者不再将话语论述当成纯粹的符号系统，而是作为一种社会实践来看待。如同社会上各种实践和实际活动一样，话语论述面对着复杂的社会文化关系，特别是面对着尖锐的利害功利争斗的关系，势必将论述策略放在极端重要的位置。所以，话语论述的问题，与其说是语言符号的结构问题，不如说是社会的、政治的、经济的、文化的和生活的实践的一种综合性活动，它的成功与否及其社会效果，是同具体策略的运用密切相关的。面对话语论述实际运用中的上述极端重要而复杂的策略问题，后现代主义者尤其集中分析话语论述作为认知的实践、道德的实践、正当化程序的实践以及实际生活实践中的具体策略运用的过程。

后现代主义者对于语言的上述态度，使他们集中力量去摧毁语言运作中所包含的各种“意义”体系，同时也揭示语言运用中由语言本身所包含，或者渗透在语言运用中的各种“力”，主要是权力。

后现代主义对话语的批判和解构的结果，彻底粉碎了作为传统文化和传统社会价值基础的语言体系，同时也揭露了历代统治阶级和各种社会力量借助语言扩大其本身利益和权力的策略。

（五）对传统话语论述策略的解构

后现代主义者为了深入分析和批判各种话语论述的奥秘，非常重视对于各种话语论述运作逻辑的研究。任何话语论述都不只是为了被说出来而已，而是为了被实行、被运作和被扩散。因此，米歇·福柯和德里达都特别分析了话语论述在社会中“增殖”或“繁殖”（prolifération）和“散播”（diffusion；disséminer）的逻辑。在他们看来，各种话语论述一方面具有自我散播和增殖的能力，另一方面可以同社会上各种力量或因素相结合，实现并加强其散播或增殖的效果。显然，话语论述之所以能够以这样或那样的方式进行增殖或散播，就是因为话语论述本身具有相对独立的生命，包含了某种力量或权力；同时它又能同社会上各种力量或权力相结合，增加和扩大其本身增殖和散播的能力。语言论述的散播过程，实际上就是它的内在力量的自我发酵、膨胀和发生作用的过程，又是它与社会外在各种力量相结合而扩大效力的过程。后结构主义者注意到了话语论述散播和增殖过程中所采用的各种策略的关键地位和特殊作用。策略的应用技巧，在很大程度上，既可以掩盖话语论述本身的内在“不可告人性”，使其披上“合理”和“公正”的外衣，同时又可以使话语论述增强其竞争中的说服力和战斗力，使话语论述在竞争激烈的社会语言市场中顺利通过各种障碍脱颖而出。

传统修辞学等学科，强调语句结构中各种用词的优美、多样性和灵活性，在表面上只是追求语言词汇的完美性和熟练性，但实际上就是鼓励玩弄语言运用的策略性，以达到加强话语说服力的目的。

对于话语论述策略的解构，大致说来是从两大方面进行的。第一方面是批判与语言本身的性质及其结构密切相关的运用策略。在这方面，德里达、福柯和利奥塔等人都具体地针对话语论述具体运用中语言诸因素的变化及其相互关系，进行了深入的分析。我们将在第五章福柯部分，进一步看到他是如何针对语言论述中概念（concepts）、语句（phrases）以及语句宣示模式（enunciative modalities）的变化规则，深入分析论述策略运用中的论述规则（the discursive regularities）。福柯在《知识考古学》中以相当大的篇幅探讨了上述同语言本身结构相关的各种论述策略的形成过程（Foucault, M. 1969）。第二方面是批判与语言以外的社会文化因素密切相关的运用策略。如前所述，语言论述虽然是由纯粹的语言符号构成的，但它在社会和文化生活中的运用，又使它超出纯语言符号的范围而同语言外的社会文化诸因素相互渗透，并借此而实现其中介化的运作过程。因此，语言运用中的策略又在很大程度上关系到语言内诸因素同社会文化因素间的关联，关系到两者的互动及相互利用。但由于语言本身作为纯粹符号系统始终都必须依附于社会文化生活，依附于社会文化诸因素的生命运动，所以，归根结底，在语言因素同语言外诸因素相关联的策略运用中，语言外的诸因素反而起着决定性的作用；也就是说，语言外的诸因素，特别是权力、金钱利益关系以及人际间的关系，都在很大程度上支配着语言因素的运用状况，使得语言论述的策略中包含着高密度的权力、利益及人际关系的因素。正因为这样，后结构主义对于话语论述策略的解构，把重点放在语言外的社会因素的运作状况及其复杂机制。

（六）话语论述散播和增殖的社会机制

话语的增殖和散播的能力，是话语本身所固有的生命力；但是，其内在因素间所产生的力量只有通过同外在力量的结合过程，才能充分地发挥出来。在后现代社会里，种种因素，特别是由于后现代社会本身的结构和性质，又使话语的增殖和散播能力空前地加强，并具有独特的规则和性质。这里所指的，主要是后现代社会中两大因素的特殊地位和功能：第一，在后现代社会中，科学技术和文化的功能发生了根本的变化，其人工复制能力尤其增强，使得话语获得了增殖和散播的特殊能力；第二，在后现代社会中，大众媒介的触角无所不在和无孔不入，形成了空前未有的全球文化统一结构，也使得话语能够借助这一通道迅速地和高效率地增殖和散播。

后现代社会中话语的这种特殊的增殖和散播功能，更加由于后现代社会中的统治和宰制阶级的介入而变得更加复杂及更加有效。

如前所述，话语本身已经不是纯粹的语言因素，而是在特定的社会中根据当时当地的力量对比所产生的说话现象。因此话语的产生和增殖或散播，早已超出语言的单纯领域，而变成了话语运作过程中各种现实的社会力量进行较量和协调的总和，它本身就是一种力的关系网。因此话语在其运作过程中，不管是为了表达某种意义，或者为了达到某种目的，都充满着力的协调和交错比试的紧张关系。当话语进行自我调整或向外扩张而显示它的存在的时候，也就是话语赋予它本身产生意义的权力，并实际上强制性地使得接受话语的对象和整个环境承认话语所赋有的意义，实际上就是在完成它本身的权力正当化的过程。

由此可见，语言符号本来就是一系列纯粹的符号。可是当它产生出来和运作以后，这些符号马上改变了性质，而成了其使用者的社会资源和手段。因此，为了彻底地弄清语言及其实际运作的奥秘，后结构主义者首先研究作为纯粹符号的语言，研究作为符号的符号所固有的特征。这也就是为什么符号论的研究构成了从结构主义到后结构主义的过渡的重要信号。

（七）作为“事件”的话语和论述

但是，后结构主义并不同于一般的符号论，因为后结构主义者研究符号的目的，并不是像传统符号论那样只对符号本身感兴趣，并不满足于符号论本身，而是为了从符号出发，进而研究语言，并超越它，进而到语言之外寻求克服语言局限性的出路，然后再从符号在社会运用的内在逻辑中找到自由创新的广阔道路。为了克服语言局限性，深入研究语言运用的逻辑，后结构主义者进一步分析作为“事件”（l’événement；event）的话语论述的性质。米歇·福柯明确地指出：“话语论述”（le discours；discourse；diskurs）是一种“事件”。他说：“必须将话语论述看做是一系列的事件，特别是看做政治事件；通过话语论述这类政治事件运载着政权，并由政权又反过来控制着话语本身。”（Foucault，M. 1994. Vol. III：465）关于这一点，实际上已经包含了“论述即是权力”的后结构主义原则。福柯及其后的布尔迪厄对此都有深入的研究（详见本书第五章和第六章）。

后现代戏剧《等待戈多》（*En Attendant Godot*）的作者贝克特曾经非常

深刻而形象地说:“说出去的话和写出来的文字,就好像生出来的孩子一样,他们是自由的。”这就说明,“说出来的话”和“写出来的文字”,其珍贵之处,就在于它们的自由本质。“说出来的话”和“写出来的文字”,虽然总是某一个人在某一个时期和某一个背景下、针对某一件事向某一个或一群人而说出或写出的,但一旦“说出来”和“写出来”,它们就在很大的程度上脱离其“作者”及其创作环境,变成为一种独立的存在;任何人在任何时候遇到它们,都可以依据其情景和需要而进行自由诠释和加以运用。在这个时候,原先说话和写字的主体,即原有的“作者”,由于其缺席,就无权,也无法干预其话语或文字的意义的发挥。写出来的文字与说出来的话,更有其自由发挥的空间和可能,因为文字一旦写出来,就成为独立的符号单位或体系,其意义及其内涵的伸缩空间,都有待于面对着它的新作者的理解和诠释,有待于新的社会实践。

语言一旦被说出或被写出,也就是说,语言一旦变成为“话语”,它就是一种“存在”,一种同在这个世界上的其他一切“存在”具有同样性质的“存在”。作为一种“存在”,变成为“话语”的语言,就具有生存的力量,具有自身的运作逻辑,具有某种自律。罗兰·巴特在 1977 年 1 月就任法兰西学院院士时,一针见血地说:“语言既非反革命的,也不是进步的,因为它本来就是法西斯的。”(La langue n'est ni réactionnaire, ni progressiste: elle est tout simplement faciste.)(Calvet, L.-J., 1990: 261)这意味着:话语作为一种存在,乃是一种客观的事实和力量;它的存在,由不得人的主观意志的摆布,它犹如一种法西斯势力,将迫使面对它的一切人,不得不接受它。而且,变成为“话语”的语言,还因为同说话或写字的那个“人”相联系,同“话语”在其中发生的社会历史环境相联系,而变得更加复杂。关于这一点,后现代的理论继承和超越了海德格尔的存在主义的语言观。

既然“话语”是在特定环境中、由一个特定的人、就一个或几个特定的问题、为特定的目的,而向特定的对象说出的“话”,它就如同伽达默尔所指出的那样,其本身就不可避免地包含着某种可以发生实际效力的“历史功效意识”(wirkungsgeschichtliches Bewusstsein),是一种具有“功效历史”(Wirkungsgeschichte)性质的“事件”。伽达默尔在其著作《真理与方法》一书中深刻地分析了在特定历史中的人与历史本身之间不可分割的关系。在他看来,在特定历史中的人及其说出来的话,不可避免地“分享”着该历史的精神及其意识。任何人都处于特定的历史环境，都受历史的限制而具有“历史视野”（geschichtliche horizon）。因此，在“话”中，就已经蕴涵了产生“话”的那段历史中所包含的一切因素。也就是说，“话语”凝缩着其相关的历史中一切相关的因素；它是其相关历史的象征和化身（Gadamer，H.-G. 1986［1960］）。

法国思想家利科虽然并不是后结构主义者，但他根据当代诠释学原理及其研究成果，深刻地指出：“话语”是某人、在某一环境（情况）下、就（或根据）某事、向某人、为某事而说出的“话”（Ricoeur，P. 1986；1991）。

因此，“话语”作为“事件”，是由非常复杂的因素组成的，同时又在其实际运用中构成为一种象征性的权力而发挥作用。它起码包含以下五大因素：（1）“谁”在说话，这就是所谓说话的“主体”问题。（2）“对谁”说话的问题，也就是说话的对象问题。（3）在什么情况下说话，也就是说话的周围环境、情境，特别是社会历史条件及其脉络。（4）说什么事，也就是说话所谈及的事物或问题。（5）怎么说的问题，也就是以什么策略、方式、文风或风格说话。

如前所述，研究和揭露“说话”的策略问题在后现代主义的文献中占据重要的地位。正是在说话的策略的分析中，可以揭示说话者在说话中如何同周围的社会历史条件相联结，又如何在说话中凸显其说话的目的以及为达成目的所采用的手段。所以，彻底揭示说话论述的策略乃是解构话语论述的关键；在对于说话和论述策略的研究中，可以揭露论述同各种权力运作的复杂关系，可以揭露各种论述如何在合理性的形式下推行赤裸裸的宰制手段。因此，几乎所有的后现代思想家都研究话语和论证中的策略。

（八）在解构知识论述中批判传统知识论和真理论

后结构主义者对话语及其策略的解构，首先是针对知识中的各种论述体系，因为知识论述体系一向构成传统论述的核心和典范。自启蒙以来，知识论述所论证和创建的各种“真理”体系，更是现代社会和文化进行“正当化”的基础。后结构主义者对知识论述及其策略的解构，也因此成为后现代主义者发展其自身论述策略的基础。

对后现代主义来说，一切人类知识的正当性都是值得怀疑的。首先，作为一切人类知识的基础，语言本身的生产与再生产，历来都为社会和文化界的统治阶级所控制。其次，正如此前有关话语论述的分析所已经指明的那样，语言在建构文化和知识的运作过程中，不知不觉地变成了远比语言更复杂得多的事物。语言本来只是这样或那样的有规则的符号体系，但语言的规则体系本身，就是社会各种权力运作的结果。而语言一旦被运用，一旦被用来建构文化和知识，就涉及占有各种权力的各特定阶级或群体的实际利益，也涉及作为语言运用（说或写）的主体的实际利益。这一切就不可避免地为社会特定阶级或群体所操作，并使之为达到其本身目的的策略所利用和改造。

米歇·福柯曾经尖锐地批判传统的“知识论”。他说：“知识论乃是对一些话语的描述（la description de ces discours），而这些话语是在一个特定时刻内和在一种社会中，作为科学论述（comme discours scientifiques）而发生作用，同时又作为科学论述而被制度化的（ont été institutionnalisés）。”（Foucault, M. 1954—1988. Vol. II：28）正因为这样，米歇·福柯才集中分析传统“知识论”同话语论述的相互关系中所包含的四个层次。福柯认为，为了揭示传统知识论的性质，必须深入分析知识产生和扩散过程中的论述结构。他把知识论中的这一部分称为“知识书写学”（l'épistémographie）。在知识书写学的构成和运作结构中，第一层次是认知法则（épistémonomique），这是任何一种科学论述在其内部结构范围内对于其自身的自我掌控，通过科学论述内部的自我掌控而实现科学论述本身各因素的正确排列和配置。第二层次是认知的批判检定程序，主要是以真理或错误的标准对科学论述进行审核。第三层次是认知逻辑方面的结构，主要是审查科学论述中各个概念的内容、运用范围及其运用规则的正确性。第四层次是有关知识场域变化过程的分析（Ibid.）。

显然，对后现代主义来说，问题并非如传统理论那样去分析和论证知识的正当产生过程，而是揭露其中的非正当性，并解析和批判它。因此，后现代主义并不打算建立传统意义的知识论。他们所感兴趣的，毋宁是对知识的“解构”（Deconstruction），或者，用福柯的话来说，就是一种“知识考古学”（l'archéologie），主要是揭示知识论述型构和扩散的机制，揭示知识论述型构和扩散过程中，认识主体及其客体之间的相互关系及其可能条件，揭露那些决定知识论述结构及策略的各种因素，阐明知识达到真理性的各种正当化条件。本书将在专论米歇·福柯的第五章中进一步全面而系统地分析他的“知识考古学”。

（九）将自由创作的运动引向语言文字以外的场域

德里达等人的后结构主义对于结构主义的超越，不只是停留在对于结构主义语言观及其语音中心主义的批判，而且还进一步引申到语音以外的文字以及文字以外的其他各种符号、记号、图像等具有“间隔化”和“差异化”特征的形象结构的运动场域。将自由创作的活动范围延伸到文字以外的间隔化和差异化图像结构的运动中去，其目的不但是彻底摆脱语音中心主义的约束，而且也要走出西方文化的种族中心主义的阴影，同时实现在新的差异化运动中进行自由创作游戏的理想。这样一来，对传统语音中心主义的解构，就不只是消极地停留在传统论述原有的活动范围，而是进一步走出语音的有效范围、而在语音以外的更广阔领域中主动开辟新的自由创作的可能性。

正因为这样，后结构主义对结构主义的批判，首先是在语音和意义双重二元结构的破解活动中进行。在这个范围内，后结构主义所要完成的，是揭露西方传统文化的语音中心主义二元对立模式。其次，完成了上述批判之后，就接着走出语音和意义的双重结构范围，而在文字的痕迹结构中延异。第三，在文字延异的运动中，突破以西方种族中心主义为指导的字母文字系列的范围，走向由字母和非字母，特别是非拼音字母等多元文字形式所组成的各人种、各民族所使用的多元文字总体结构，探索非拼音字母文字优越于拼音字母文字，而有利于痕迹中延异的特征。这就将对于西方语音中心主义的批判继续引向对西方白人种族中心主义的批判的方向发展。第四，后结构主义的文化批判所显示的上述反种族主义的批判性质，更深刻地打击了西方传统文化的“中心/边缘”的二元对立模式。最后，后结构主义又将批判的方向引向一切非文字的图像游戏运动，为整个人类文化创造的无限延异的创造运动开拓更广阔的前景。

早在批判索绪尔结构语言学的局限性时，德里达就指出了索绪尔弱化能指的外在性的用意，就是要在符号学实践中排除一切非心理的东西。传统符号学中，特别是传统语言学中，表面上不谈心理的因素，而只是单纯研究纯粹语言符号的系统及其各种关系，但是，如前所述，各种传统符号论都借助于表面缺席的心理因素掩盖同样缺席的思想观念及其价值内容对于符号的宰制关系。当传统符号论将非心理因素排除在外的时候，其目的正是为了使缺席的心理因素和思想观念价值内容能够更有效地控制非心理的物质因素。但是，实际上，符号的形式差异在本质上本来是源自客观存在的物质因素之间的差异及其存在的间隔性。传统文化将思想观念的创造运动退回或压缩到纯粹符号形式的非心理差异结构中去，通过远离和排除源生性的客观物质差异化运动而建构起形而上学的理论系统，并通过形而上学而建构整个的文化体系。后结构主义者反其道而行之。德里达在书写文字的痕迹结构中探索差异化创作过程的时候，同时也看到了走出书写文字范围的可能性，找出书写文字差异化同非书写文字的物体存在间隔化和差异化的相互关系。

非书写文字的物体存在差异化结构，同样也不可避免地采取各种符号间隔化的中介形式。这就是后结构主义者在向原初的差异化运动倒退中所不可避免地进行的“倒退中的倒退”。这种倒退中的倒退，比起文字痕迹结构中的循环诠释和自由创作运动，更加远离语音中心主义的范围，而更加走向文化创造的边缘场域。一向被称为“野蛮”或“未开化”的边缘场域，正好就是脱离语言文字的理想创作天地。在这里，德里达不仅发现了类似于符号，但不同于语言符号的各种具有差异结构或具有间隔化结构的单纯符号，例如方块、方格、圆形、圆锥以及其他从未被标准化的图形或图像。这些图形或图像不隶属于被传统文化标准化的各种图像系列，而是自然存在于客观元素和物体的生存形态中，存在于它们的相互关系之中。在德里达之前，曾经有过一些“准后现代”的现代性诗人和艺术家，为了彻底走出语音中心主义的约束范围，试图在西方传统语言文字之外寻找各种表达和创作中介物的图形和图像，其中有的完全是来自自然，有的则是这些诗人和艺术家纯粹想象出来的人为创造物。这些诗人和艺术家运用这些非语言文字的图形和图像，充分地表达了他们的自由创作意图和思路，在很大程度上也证实了非语言文字之外广大图形符号差异化结构对于自由创作的重要意义。所以，德里达在文学评论的语言文字诠释解构活动之外，又在绘画、艺术和建筑等领域，尝试寻求多种非文字图形间隔化结构的创造可能性。他在这方面的策略和实践，使我们更进一步看到了后结构主义同结构主义的根本区别。

第二节　德里达对传统话语的解构策略

德里达是法国著名的后结构主义思想家。他所提出的“解构”（déconstruction）理论及策略，在后现代主义批判西方传统文化和思想的创造活动中，具有决定性的指导意义。

这位出身于阿尔及利亚犹太家庭的哲学家，在20世纪50年代就读于巴黎高等师范学院期间，经受了当时法国思想革命的激荡、冲击和洗礼，从60年代初开始，就以尼采哲学作为基本动力，发扬黑格尔、胡塞尔和海德格尔的反思原则［正因为这样，德里达有时也被称为“3H（Husserl，Hegel，Heidegger）分子”］，继承和发展自马拉美、布朗索和巴岱等人的语言批判路线（参见第三章第一、二节），借用和改造海德格尔的“解构”概念，集中批判西方传统形而上学和语音中心主义。所以，德里达不是一般的海德格尔主义者，也不是一般的尼采主义者；他综合了胡塞尔、黑格尔和海德格尔，并以新尼采主义的观点，批判胡塞尔的现象学和海德格尔的存在论，试图由此找到彻底批判传统、重建现代文化的出路。

“解构”的最早含义，在海德格尔那里，原是“摧毁”或“解除结构”（Destruktion；Abbau）的意思。海德格尔所说的“解构”是同他的现象学方法密切相关的。他改造了胡塞尔的现象学，将现象学方法更具体地分成三大步骤，即“现象学还原”、“现象学建构”和“现象学解构”；而“现象学解构”则成为“现象学还原”和“现象学建构”的基础。

他认为，所有的还原和建构，都必须以“此在”的存在作为前提条件。但“此在”不可逃脱地成为了一种历史的存在，因为它早已被此前的历史传统概念的“前结构”所决定。在西方文化历史上，传统形而上学和本体论总是给人们强加一种“存在者优于存在”的顽固观念。因此，不论从批判传统本体论的角度，还是从重建一种新存在本体论的角度来说，都必须首先“掀开”遮盖在“此在”上面的各种“遮蔽”，进行一种批判性的“解除结构”的活动，即进行现象学解构的步骤。

海德格尔在其《存在与时间》一书中，以“现象学建构”表示“对存在论（即本体论）历史的解构”（Heidegger，M. 1986［1927］：20—27）。海德格尔之所以要进行“对存在论历史的解构”，就是为了一方面彻底批判传统形而上学存在论的理论基础，另一方面又把传统形而上学存在论的整个历史及其历史效果连根拔除。显然，海德格尔不但充分意识到传统形而上学存在论理论结构的顽固性及其严重历史影响，而且也充分意识到：传统形而上学存在论的历史本身，并非只是逝去了的空洞事件框架，而是迄今为止仍具有生命力，并构成一种理论力量的思想。通过对于传统存在论历史的解构，海德格尔还进一步找到了重建新存在论的理论力量。因此，他的“解构”包含着对过去的传统的彻底颠覆及对于重建新存在论的希望和能力。所以，他说：“这种解构倒是要表明存在论传统的各种积极的可能性，也就是说，要表明存在论传统的限度；随着历史问题的提法，随着在这些提法中对这种可能探讨范围的描绘的加深，存在论的限度也就更加清楚。……这个解构并不想把过去埋葬在虚无中，它有积极的目的。但它的消极作用始终是隐而不露的，是间接的。”（Heidegger, M. 1986［1927］：22—23）

为了批判传统西方文化，不仅要揭露当代西方文化的一切实际危机及其严重后果，而且要发现导致这种危机的基本指导思想原则，又要揭露这些指导思想原则采取什么样的主要途径得以长久地维持下来和不断发展，最后还要清算这些传统思想指导原则的整个历史，直到彻底拔除其最早的历史根源。

所以，为了从根本上颠覆传统本体论，必须回溯本体论的历史，并从其历史根源，探索其建构和发展的奥秘。传统本体论能够在西方思想发展中延绵存在，并始终发挥其宰制的中心地位，是因为它从源头上就打下了牢固的基础，并在历史中不断地加强其统治地位。任何事物的历史，都是其生存和存在的最重要基础。关于这点，极端重视事物存在的根本机制的海德格尔，尤其重视把事物存在的机制看做是存在的时间性的展开过程。正如他所说的：“此在的存在，在其时间性中发现其意义。但是，时间性也就是历史性之所以可能的条件，而历史性就是此在本身的时间性存在方式。”（Ibid.：19）

对传统的任何一个观念的批判，都是紧密地在其历史中进行，也就是在这些观念的存在时间性中解构。由海德格尔在其《存在与时间》中所开创的这种对传统观念的解构原则，后来成为一切后结构主义思想家和后现代主义者颠覆传统观念的基本策略。当然，海德格尔只是开创了这种从历史的角度进行解构的先例，但他并没有将这种历史解构策略彻底地进行到底，因为他在某种程度上仍然未能挖掘西方传统思想在源头上的根本结构。他的后继者正是看到了海德格尔历史解构策略的优点和缺点，更深地追寻了西方文化传统在源头上的建构基础和崛起策略。德里达和福柯在这方面所作出的贡献，就是在观念和语言的相互关系中，挖掘出西方一切传统思想和文化的最终根源。

实际上，海德格尔在从事对于传统本体论的历史批判的过程中，也逐渐地看到了传统观念同语言，特别是同语言的表达过程之间的密切关系。他在《存在与时间》一书中分析人生在世的生存样态时，深刻地指出人生历程的任何一个时空结构都同生存者在当时当地的“言谈”和“话语”密切相关（Heidegger, M. 1986［1927］: 160—206）。他已经看到了生存、思想同语言之间的密切关系。他还进一步指出任何生存者和思想家所说出来的“话”，实际上都道出了其生存和思想的逻辑。也正因为这样，海德格尔在完成了《存在与时间》一书之后，几乎用整个后半生的时间研究了语言的问题。但是，他无论怎样深刻追寻传统本体论同西方语言之间的关系，都最终未能跳出传统的“意义理论”；而意义理论却是传统本体论赖以生存并发展的重要基础。德里达和福柯超越海德格尔的地方就是对意义理论穷追猛打，并在摧毁意义理论“二元对立统一”思考和表达模式的基础上，颠覆与此紧密相关的语音中心主义和逻辑中心主义。

胡塞尔和海德格尔都先后展开了对于西方传统形而上学的批判，因为他们看到了传统形而上学就是整个西方传统思想和文化的理论基础。但是，不管是胡塞尔还是海德格尔，他们批判传统形而上学的事业只完成了一半，因为他们都没有进一步摧毁作为传统形而上学思想基础的“意义”理论及其二元对立思考模式，也没有批判“语音中心主义”的核心思想（详见本章节以下分析德里达对胡塞尔的批判部分）。在海德格尔之后，正是德里达，以尼采的彻底批判精神，首先纠正和改造胡塞尔和海德格尔对于传统形而上学的现象学批判原则，进一步将颠覆传统形而上学的事业彻底展开。

首先，在德里达看来，海德格尔对于传统形而上学的批判，之所以不彻底，就在于他仍然未摆脱语音中心主义的基本原则。德里达严厉地批评海德格尔，认为海德格尔仍然是逻辑中心主义者和语言中心主义者（Derrida, J. 1987）。德里达强调指出：传统形而上学之所以把言说和语音放在首位，正是为了保障传统文化所崇尚的“意义”的“在场出席”。为此，德里达反复深入解剖奠定“言说至上”和语音中心主义的柏拉图对话录《斐德罗篇》(*Phaedrus*)。

德里达说：“在更远的地方，苏格拉底把费德鲁斯交给他的书写文本同一种麻醉药相比较。”(Derrida, J. 1972a: 78) 德里达指出，这种比喻是很不恰当的。如同一切麻醉药一样，书写文字在提供有利和直接的好处的同时，也带来消极的副作用。

柏拉图将书写文字贬称为某种不利于人的生命的“异己”。他认为文字一方面在我们的记忆中留下明显的标志，另一方面又削弱着人的记忆能力。因此，柏拉图认为，书写文字同真实的思想之间是存在一段距离的。他引用古代的一个传说，讲到最早发明文字的埃及人赛乌斯同国王萨玛斯之间的争论。赛乌斯赞扬文字的发明可以使埃及人增长记忆，变得更加聪明。但是国王萨玛斯却认为文字只会使人忘记，因为人们不再去努力记忆了，只相信那些外在的书写符号而不再依靠内在的记忆。所以，人们通过文字教给学生的，只是某些近似智能，而非智能的东西；从文字中人们以为学到许多东西，但实际上却对其中大多数仍然无知。柏拉图进一步指出，文字只能使人知道那些同所写的符号相关的事情。他认为，文字就像图画一样，画得很像是活人，但如果你向它提问题，它却一言不发。写的文字也是这样，写得好像很聪明，但如果向他请教如何诠释，它却只能重复原来的话。同时，柏拉图又说，文字写出来以后要传给各种各样的人，这些人有的能理解，有的可能产生误解，但是文字自己却又不能进行辩解。柏拉图又将由各种话语和文字所组成的逻各斯分为三个等级。第一个等级是写在灵魂中的有关真善美的知识，第二等级是在对话讨论中说出来的逻各斯，第三等级就是写成文字的逻各斯。所以，苏格拉底和柏拉图都认为，书写文字是死的，它是没有能力进行辩解和诠释的。

德里达指出：柏拉图等人夸大话语和贬低文字的首要目的，是为了维护和加强“意义”的“在场出席”，并为此而维护统治者；因为正是他们将“意义”看做是神圣不可侵犯的现有合理秩序的根基。所以，在德里达看来，以柏拉图为代表的传统文化，不是纯粹根据技术上的理由，例如是由于某种不适当性和无助性，才贬低文字的；而是主要依据道德上、心理上和社会利益的理由去贬低文字。文字在诠释方面灵活于话语的优点，在维护统治秩序和维护合理意义系统的传统思想家看来，不但因其多种可能性而不利于意义的统一性及其单一标准性，而且会促进各种不同意见的产生。所以，文字同意义之间的间距化结构，被看做是产生混乱思想的病灶，也是各种离心结构扩大化的基础。文字的这种特征，“使基督教神甫们始终怀疑并监视书写文字”（Derrida，J. 1972a：86）。

德里达认为，反复被传统思想家加以否定的书写文字及其上述特征，正好成为一切批判传统文化的思想家用以“解构”传统话语和传统形而上学的出发点。这些批判传统文化的思想家们，正好利用书写文字的上述特征，在文字同意义之间的间距化结构中，探索语言多义化的可能性，寻求脱离统治者“标准化意义”的新出路，以便找到最适当的空间和足够的时间去扩散其自由创造的思想产品。

对于思想家进行自由创造所必需的视域和扩大其创作的迂回轨迹，书写文字究竟提供了什么样的时间和空间的可能维度呢？这是后现代主义者从其最早的启蒙者开始便集中地关心的基本问题。

海德格尔在其著作《存在与时间》一书中，在深入批判传统西方形而上学的基础上，强调指出：“语言可以被拆碎成现成的言辞物。言谈就是存在论上的语言；因为言谈按照含义勾连其展开状态的那种存在者本身的存在方式是指向世界的被抛的在世。”（Heidegger，M. 1986［1927］：162）

德里达指出：“在海德格尔那里，对于说出来的言语的价值的肯定，始终是一贯的。”（Derrida，J. 1972b：159）为了批判海德格尔对于传统形而上学的批判的不彻底性，德里达引用海德格尔《同一性与区分》（*Identität und Differenz*. 1957）的基本观点。在那本书中，海德格尔始终把“存在”当成“存在者”的基础，并谴责传统形而上学未能区分存在和存在者。显然，在海德格尔看来，存在和存在者是不可分割地相互依赖着的；而两者不能在它们之间的区分之外确定其自身的“同一性”。传统形而上学的主要问题就在于未能彻底揭示上述区分的基础。海德格尔把“存在”和“存在者”的区分理解成为一种“时间性的否定性”，也就是“区分的区分”，或者是“区分中的区分”（das differente aus der differenz）；这样的“区分的区分”，或者是“区分中的区分”，其同一性只能靠一种“否定的形而上学”来论证（Heidegger，M. 1957：64）。

德里达认为，海德格尔对于存在和存在者的上述区分及其“否定的形而上学”基础的论证，充分表明海德格尔在“颠覆”了传统形而上学之后，仍然寻求一种新的形而上学，寻求一种新的“中心”。海德格尔没有彻底摆脱传统形而上学关于“中心/边缘”的二元对立统一论，甚至把这种二元对立当成任何区分及其同一性的真正基础。要害就在这里。实际上，传统文化所寻求的任何同一性的“中心”，都是某种“在场出席”。在传统文化看来，只有“在场出席”的事物才是最有力量的，才是最有价值的。所以，德里达指出：“海德格尔所追求的另一个中心将是另一个‘现在’；这样一种转移并不想要导致某种‘缺席’。这样一来，海德格尔所追求的无非是另一种‘在场出席’。因此，他一点也没有改变什么。”（Derrida，J. 1972b：41—42）

传统形而上学和传统文化所追求的各种同一性及其中心，归根结底都是通过逻辑中心主义的手段和形式完成的，也就是通过一系列以同一性为基础的“概念化”（conceptualisation）过程。正因为如此，所有的传统理论和形而上学，都是靠进行逻辑归纳和论证所建构的概念及其体系来实现的。一切概念化过程又离不开语音中心主义，离不开“语言符号/意义”的二元对立统一结构。为了打破传统形而上学的基础，也为了彻底克服海德格尔的存在诠释学的不彻底性，德里达才提出了颠覆“语音至上”、“同一性”及“概念化”，针锋相对地提出了他的后现代的“非概念”（non-concepts）：“书写文字”（écriture）、“延异”（différance）及“痕迹”（trace）。

德里达不再采用概念，用“非概念”取而代之，正是为了彻底颠覆传统形而上学的语音中心主义和逻辑中心主义。他试图用一种没有中心（去中心）的非概念逻辑的手段和形式，以非传统语言的符号和意义的解构过程，在传统文化所建立和占据的中心之外，在没有边界、不断产生区分和不断“扩散”（dissémination）的“边缘”（marge）地区，重建一种新的人类文化，以便实现在不受“中心”管制的边缘无限地区的自由创作。

这样的“解构”，完全不同于黑格尔辩证法的“扬弃”（aufhebung）。德里达并不否认在黑格尔的辩证法中包含着对传统形而上学的否定性批判。正是在“扬弃”的概念中，显示出其意义的含糊性：它既意味着“揭示”，也意味着“否定”。如果与黑格尔相反，不是力图将“扬弃”概念的含糊性加以“同一”或“综合”的话，那么，通过对于“扬弃”概念的解构，就可以引出颠覆整个黑格尔唯心辩证法体系的“延异”新概念，作为建构非概念的“解构”哲学的基础和出发点。通过对于黑格尔辩证法的批判，德里达认为，反思一种没有综合和没有“扬弃”的对立统一，是完全可能的；而这样一种排除综合和扬弃的“解构”，就是一种“极端的含糊性”（ambivalence radicale），同样也是一种无法通过传统逻辑加以解决的“疑难”（aporie）。就是在这样的脉络中，德里达强调“解构”具有“疑难”的特征。他说：“这个特殊的‘疑难’，人们称之为‘解构’。”（Derrida，J. 1988：133）

作为一种含糊性的“非概念”，解构同样也吸收了康德关于“美”的概念的含糊性。德里达发现，康德曾经认为“美”既是“无概念”，又“采用概念”（le beau comme étant à la fois sans concept et avec concept，Derrida，J. 1978b：87—88）。

德里达用重建了的“解构”概念，表示一种颠覆二元对立概念的基本策略，把矛头直接指向传统理性中心主义和语音中心主义的基本思考模式。德里达明确地指出：“传统的‘二元对立’之所以必须被颠覆，是因为它构成了迄今为止一切社会等级制和暴戾统治的理论基础。作为一种策略，‘解构’在批判和摧毁‘二元对立’的同时，又建构和实现原有的‘二元对立’所不可能控制的某种新因素和新力量，造成彻底摆脱‘二元对立’后进行无止境的自由游戏的新局面。”（Derrida，J. 1987a）

德里达在哲学方面的创造活动，从一开始就深深地受到现代存在哲学和现象学的影响。从 17 岁到 19 岁就读于阿尔及利亚阿尔及尔市高吉耶大学预科（Lycée Gauthier）时期开始，他就钻研伯格森、萨特、加缪、克尔恺郭尔和海德格尔的哲学著作。20 岁到 22 岁，他同一群来自阿尔及利亚的高才生，其中包括布尔迪厄、莫诺里（M. Monory）、诺拉（P. Nora）和塞尔（Michel Serres，1930—）等人，就读于巴黎路易大帝大学预科（Lycée Louis le Grand），准备报考巴黎高等师范学院。

在 50 年代，正当存在主义、新马克思主义、弗洛伊德主义、现象学、符号论、结构主义和拉康后弗洛伊德主义思潮活跃于法国论坛的时候，德里达顺利考上巴黎高等师范学院，成为阿尔图塞（Louis Althusser，1918—1990）的学生。从此以后，在二十多年的学术生涯中，他始终都是阿尔图塞的亲密朋友，尽管在许多重要观点上，他们之间的分歧越来越多。在巴黎高等师范学院期间，他也结识了福柯等新朋友，后来他们都成为后结构主义和后现代主义的思想支柱。

德里达对于现象学情有独钟。他在 1990 年正式出版的《胡塞尔哲学中有关“起源”的问题》（*Le Problème de la Genèse dans la Philosophie de Husserl.* Derrida，J. 1990c），就是在 1953 年至 1954 年进修于比利时卢汶大学胡塞尔档案馆时所写的研究笔记。当时，福柯也同他在一起研究胡塞尔，使他们之间有机会不断地共同讨论现象学问题。

1956 年获得高等院校哲学教师文凭资格之后，德里达到哈佛大学和剑桥大学进行短期研究，并开始翻译和批判胡塞尔的《几何学史》。在英美期间，他大量阅读乔伊斯的文学作品，使他有机会将乔伊斯的后现代文学写作风格，同法国波德莱尔以来的现代主义和后现代主义，特别是同马拉美、布朗索和巴岱的文学语言解构创作活动相比较，为德里达后期有关文本和语音中心主义的解构理论创作作了准备。

1957 年至 1959 年德里达应征入伍，被派往阿尔及利亚参加正在进行的残酷的侵略战争。但他并未直接参与战争，而只是以教师身份为军人子弟教授法语。他的“左”倾的革命情绪同战争格格不入，使他在 50 年代末犯了严重的精神忧郁症。他同当时兴起于整个法国的反战青年运动有密切的联系，这也成为他此后长期批判传统社会文化的一个重要社会历史基础。

从 1960 年到 1964 年，德里达任教于巴黎大学哲学系。1965 年至 1984 年返回母校巴黎高等师范学院任教。

如前所述，传统形而上学的二元对立思维模式，首先集中表现在它的意义理论中。所谓意义，按照传统形而上学的原则，就是语音所标示的思想观念内容，也就是思想观念所标示的客观对象。因此，德里达在 1962 年完成和发表的《胡塞尔论几何学的起源》法文译本及其导言，就是在纠正和评论胡塞尔现象学意义理论的过程中，完成对传统形而上学二元对立模式的批判的（Derrida，J. 1962）。

在这里，德里达首先集中批判胡塞尔现象学意向性的“在场”意识。本来，胡塞尔借助于“主体间性”的概念，为几何学的起源提供了心理学的依据。胡塞尔认为，几何学公理的普遍运用唤醒了一切已经沉淀为历史的话语世界。几何学成为历史性话语永远活生生地“在场”呈现的场所，几何学本身也成为“历史起源性”同“现实起源性”活生生地结合在“生活世界”中的典范。

在批判胡塞尔现象学“在场”意识的同时，德里达追寻并颠覆传统语音中心主义的基本原则。对于“在场”概念的深刻批判，不仅成为德里达结构主义的起点和基本线索，而且也是解构主义同此前一切理论论述相区分的一个分水岭。按照德里达的说法，传统形而上学和一切理论，就是借助于“在场”的观念，把语言、语言所论述的观念，通过观念所指涉的事物以及历史存在等各种不同的因素统一在现实表现的场域。不仅如此，他们还借助于“在场”的观念，将上述各种不同因素所表现的不同历史维度，统统统一在毫无历史差别的同一个现实的实存关系中。因此，“在场”，在传统本体论及各种理论中，成为他们将“不在场”或虚无的各种观念和事物转化为现实事物的魔术力量。“在场”也就成为一切可能的、潜在的和虚幻的因素转化为一个有现实存在力量的事物的护身符。“在场”的上述魔术般的特性，也因此长期地成为占统治地位的传统文化用来论证各种真理、善、美和正义的主要理论武器。

关于语言同意义的相互关系，后结构主义者注意到语言和意义的关系网的封闭性及其为特定社会阶层的利益服务的性质。在后结构主义者看来，传统文化的制造者和传播者，为了建立和巩固他们对于文化运作的宰制和操作，总是一贯地把语言说成由“能指”和“所指”所构成的意义符号体系。关于语言符号同它们所表达的意义结构的关系的问题，本书除了在第四章以外，还将在第五章等有关章节进一步详尽论述。本节主要是结合德里达在批判胡塞尔《几何学史》时的思路，分析语音中心主义关于语言与事物、语词与语词、语词和命题同说话的主体以及说话和书写之间的关系在本体论、认知论和逻辑上的悖论。

1983 年德里达受密特朗总统的委托筹备巴黎国际哲学研究院（Le Collège International de Philosophie），并担任该院第一任院长，同时在巴黎高等社会科学研究院（Ecole des Hautes Études en Sciences Sociales）兼任教职。

德里达不仅在哲学领域，而且也在文学和艺术领域不断探索批判传统和创新的可能性。从 60 年代到 80 年代，德里达在从事哲学创作的同时，积极参与各种文学艺术的创作和评论，同法国国内外著名的结构主义和解构主义的作家和艺术家们积极深入讨论有关文本和文学艺术创作的问题，使他成为 70 年代后后现代主义文化理论的主要思想家。

1966 年他受旅美的法国社会人类学家勒内·吉拉德（René Girard，1923—）的邀请，到美国巴尔迪摩市约翰·霍普金斯大学参加学术研讨会，同保罗·德·曼、拉康、罗兰·巴特、伊波利特（Jean Hyppolite，1907—

1968）和戈尔德曼（Lucien Goldman，1931—1970）等人相遇。德里达此次访美，奠定了此后他在国际学术界的重要地位。如果说他在国际上更早地比在法国国内成名的话，那么，他在美国的此次学术访问，就是打响他在国际学术界的知名度的真正起点。

1967 年是德里达解构主义理论创作的大丰收年。这一年，他在法国哲学会举办的学术报告会上，发表了《论延异》（*La Différance*）的著名论文。同时，他又发表了三本重要著作：《论文字学》（*De la Grammatologie. Derrida*, J. 1967a）、《书写与延异》（*L'Ecriture et la Différance*. Derrida，J. 1967b）以及《语音与现象：胡塞尔现象学中有关信号问题的导论》（*La Voix et le Phénomène. Introduction au Problème du Signe dans la Phénoménologie de Husserl.* Derrida，J. 1967c）。他对胡塞尔现象学的批判，成为他继承并超越现象学对传统形而上学的批判的出发点。

从 70 年代到 90 年代，德里达发表大量著作，不断批判西方传统语音中心主义和逻辑中心主义，彻底颠覆传统形而上学和传统文化的基本原则，同时也对文学艺术和社会政治的各个领域的重大问题进行研究和批判，从而使他成为 20 世纪末最有影响的思想家之一。他的主要著作包括：《散播》（*La Dissémination*. Derrida，J. 1972a）、《论哲学的边缘》（*Marges-de la Philosophie*. Derrida，J. 1972b）、《立场》（*Positions*. Derrida，J. 1972c）、《无意义论述的考古学：孔狄亚克著作读后》（*L'Archeologie du Frivole. Lire Condillac*. Derrida，J. 1973）、《丧钟》（*Glas*. Derrida，J. 1974）、《马刺：尼采的文风》（*Eperons. Les Styles de Nietzsche*. Derrida，J. 1978a）、《绘图中的真理》（*La Vérité en Peinture*. Derrida，J. 1978b）、《明信片：从苏格拉底到弗洛伊德以及到彼岸》（*La Carte Postale. De Socrate à Freud et Au-delà*. Derrida，J. 1980）、《他人的耳朵》（*L'Oreille de L'autre*. Derrida，J. 1982）、《哲学中从未采纳的启示录语气》（*D'un Ton Apocalyptique Adopté Naguère en Philosophie*. Derrida，J. 1983a）、《符号海绵》（*Signéponge/Signsponge*. Derrida，J. 1983b）、《自传：尼采哲学的教学和关于专有名词的政治》（*Otobiographies. L'enseignement de Nietzsche et la Politique du Nom Propre*. Derrida，J. 1984）、《观看权的阅读》（*Lecture de Droit de Regards*. Derrida，J. 1985）、《使画面疯狂：论安东尼·阿尔托的绘画和图像》（*Forcener le Subjectile. Etude pour les Dessins et Portraits d'Antonin Artaud*. Derrida，J. 1986a）、《回忆保罗·德·曼》（*Memoires-for*

Paul de Man. Derrida, J. 1986b)、《海域》(*Parages*. Derrida, J. 1986c)、《论精神：海德格尔和有关精神的问题》(*De L'esprit. Heidegger et la Question*. Derrida, J. 1987a)、《心灵：他人的发明》(*Psyche. Inventions de L'autre*. Derrida, J. 1987b)、《关于乔伊斯的三言两语》(*Ulysse Gramophone. Deux Mots pour Joyce*. Derrida, J. 1987c)、《有限公司》(*Limited Inc*. Derrida, J. 1988)、《论哲学的权力》(*Du Droit à la Philosophie*. Derrida, J. 1990a)、《盲目的记忆：自画像及其他遗迹》(*Mémoires D'aveugle. L'autoportrait et Autres Ruines*. Derrida, J. 1990b)、《胡塞尔哲学中有关"起源"的问题》(*Le Probléme de la Genèse dans la Philosophie de Husserl*. Derrida, J. 1990c)、《海德格尔和有关精神的问题》(*Heidegger et la Question*. Derrida, J. 1990d)、《合唱作品》(*Choral Work*. Derrida, J. 1991a)、《文学活动》(*Acts of Literature*. Derrida, J. 1991b)、《关于当代欧洲的反思》(*The Other Heading: Reflections on Today's Europe*. Derrida, J. 1992)、《马克思的幽灵》(*Spectres de Marx*. Derrida, J. 1993)、《难题》(*Aporias*. Derrida, J. 1994a)、《特定时刻：伪币》(*Given Time: I. Counterfiet Money*. Derrida, J. 1994b)、《观点：访问录》(*Points: Interviews*. Derrida, J. 1995a)、《死亡的礼物》(*The Gift of Death*. Derrida, J. 1995b)、《论名》(*On the Name*. Derrida, J. 1995c)、《档案热》(*Archive Fever: A Freudian Impression*. Derrida, J. 1996)、《解构的责任》(*Responsabilities of Deconstruction*. Derrida, J. 1997a)、《友谊政治》(*The Politics of Friendship*. Derria, J. 1997b)、《德里达选读：书写表演游戏》(*Derrida Reader: Writing Performances*. Derrida, J. 1998a)、《精神分析学的抗拒》(*Resistances of Psychoanalysis*. Derrida, J. 1998b)、《监督的权利》(*Rights of Inspection*. Derrida, J. 1998c)、《他者的单语主义：或起源的修补术》(*Monolingualism of the Other: or the Prosthesis of Origin*. Derrida, J. 1998d)及其他等等。

德里达上述各种著作都贯穿了在阅读中解构和再创作的原则。他的任何一部作品几乎都是在阅读文本基础上进行的诠释性解构的产物。德里达声称自己是一位永远流浪的"无家可归"的思想家。这种自嘲性并富有游戏幽默感的自我分析，如同我们将在本书第五章所看到的福柯那样，是为了一方面以身作则地在一生创作活动中无止境地对传统文化进行批判，同时又避免使自己陷入传统式的"自我界定"的框框。对于德里达和福柯来说，要实现自由创作就不可能有限定性，更不应该进行自我界定。因此，到处流浪和永远流动就是为了寻求不受任何限制的思想自由。但是，德里达不同于福柯的地方，就在于借助于阅读文本而在文本的穿梭中进行自由创造。德里达不仅靠阅读自古希腊以来的所有传统文本进行创造性的再诠释，而且也不停地对同时代的其他思想家的作品进行解构而实现自我超越。所以，他的上述作品，基本上可以分为两大类，其中第一类是在阅读自古希腊以来的古典文本基础上所完成的结构式创作，第二类是在阅读和欣赏同时代其他思想家和文化人的文本或文化产品（包括书写文本及戏剧、诗歌、绘画、电影和建筑设计作品等）基础上所阐发的创作思想。他所阅读的古典文本作家包括古希腊赫拉克利特（Herakleitos, 544 B. C. —483 B. C. ）、德谟克利特（Democritus of Abdera, 460 B. C. —370 B. C. ）、巴门尼德（Parmenides, 515 B. C. —440 B. C. ）、苏格拉底、柏拉图、托马斯·阿奎那、卢梭、波德莱尔、马拉美、瓦莱里、布朗索、马克思、尼采以及索绪尔等人，而他所阅读的20世纪主要思想家和文学艺术家的作品，包括胡塞尔、海德格尔、叶尔、艾略特、庞德、阿波里耐、蓬热（Francis Ponge, 1899—1988）、乔治·巴岱以及阿尔托等人。他在阅读中的解构活动，针对上述两大类作品，采取了多种多样的游戏消遣策略。第一种策略是针对传统古典文本，主要是揭露其语音中心主义和逻辑中心主义的二元对立思考和创作模式。第二种策略是针对现代性作品，一方面从中发现试图超越语音中心主义和逻辑中心主义的痕迹，同时对其局限性及其同传统原则的关系进行嘲讽和超越，并在超越中发挥解构的效果。第三种策略是针对书写文本的封闭结构，进行开放的文字创造游戏，一方面彻底打破语言文本的形式结构和意义结构，另一方面创造出提供自由创作所必需的新文字词句，并在新创作的文字词句中扩大其自由创作的维度。第四种策略是针对旧文本或作品的符号结构，解析传统符号结构受传统形而上学约束的本质特征及其形式表现，寻找破坏和超越传统符号结构而达到实现符号无限差异化的途径。第五种策略是针对由类似符号的各种形象结构所表达和构成的作品，例如用绘画的图形，用电影表演和蒙太奇表现形式，以舞台对话和表演的戏剧形式，以各种图形拼凑或交替使用的形式以及靠物质产品对比建构的建筑物等等，进行类似对于书写文本的解读式创造活动，试图一方面揭露原有作品中各种“类符号”结合结构的局限性，另一方面找出书写文字以外的各种多元化“类符号”重组可能提供的自由创作道路。

所以，德里达的解构生涯中所从事的创造活动，不但远远超出哲学和文学评论的范围，在打破学科界限的文化领域中进行多方面的解构游戏，而且也试图打破语言和文字的范围，在语言文字以外的多种符号和“类符号”的重构中开辟自由创作的新途径。他的结构生涯的实践显示：为了彻底背离和破坏语音中心主义和逻辑中心主义，不仅对传统和现有的一切话语论述和文本进行阅读中的解构，而且试图在新的符号和类符号的游戏中找到克服语音中心主义和逻辑中心主义的创作道路。

德里达对于西方传统思想的解构，并不仅限于理论上的批判，而且，也始终同直接参与积极的社会抗议运动连成一体。从青年时代积极参与反对侵略阿尔及利亚战争的左派政治运动开始，不论在20世纪60年代激烈的学生和工人运动中，还是在八九十年代支持各种社会弱势集团和族群的斗争中，他都站在最前列，并同广大民众打成一片，甚至有时成为他们的代言人。他在理论著作中所表现的高度抽象的语言表达和高度严谨的逻辑思维的作风，丝毫都不妨碍他作为各个历史时代社会和政治运动的积极参与者的身份而活动。德里达始终认为对于传统文化的解构，如果要进行到底的话，就不应该步传统文化将理论与实践对立起来之后尘。他在西方当代文化史上，开创了将理论与实践结合在一起，并以“游戏”形式将理论与实践之结合纳入无止境的自由创造活动中去的先例。

为了彻底解除传统文化的语音中心主义（phonocentrism）的基础，后结构主义者和后现代主义者从四个方面集中力量批判传统的语言结构。首先，后结构主义者揭露了传统语言中符号和意义的关系。在后结构主义者看来，语言同意义的关系是逻辑中心主义者的臆造结果。其次，后结构主义者揭露语言符号的“在场”和“不在场”同语言符号所代表的事物的“在场”和“不在场”的自相矛盾，从而揭露了历代社会和文化的统治力量借用“在场”和“不在场”的矛盾进行宰制的策略。第三，集中批判传统语言在运用中同各种社会力量，特别是掌控着整个社会运作过程的权力系统的相互渗透，彻底揭示传统语言及其各种论述所具有的象征性权力性质。第四，彻底批判和揭露传统语言运用及各种论述中所采用的基本策略和各种技巧，揭示传统语言在运用和论述中所包含的竞争、协调和掩饰策略。

德里达在60年代初开始批判传统思想的时候，就已经集中考虑作为符号的语言和思想观念的相互关系问题，并试图由此彻底揭露西方传统思想和文化的真正奥秘。他的这项重要工作，就是从翻译和批判胡塞尔关于几何学历史的研究著作开始的。如前所述，德里达在翻译胡塞尔的《几何学史》时，敏锐地发现了胡塞尔批判传统思想时之失足点，这就是未能辨别存在于西方传统语言结构同思想表达、思想理论论证之间的内在关系中的“诡辩机关”。语言和文字始终都是世界上各民族文化和思想传统借于表达、型构和发展的重要手段。在很大程度上可以说，有什么样的思想和文化，就产生和运用什么样的语言和文字；反过来说，有什么样的语言和文字，又决定着会有什么样的思想和文化传统。由此可见，语言和文字不只是作为思想和文化表达和论证的工具，而简直就是思想和文化本身生命的一个重要组成部分，甚至可以说也是任何一种思想和文化的灵魂所在。

关于语言文字同思想观念、传统文化之间的内在密切关系，早在德里达以前，也就是从19世纪中叶现代性文化出现以后到20世纪中叶为止，历经波德莱尔、瓦莱里、马拉美、布朗索和乔治·巴岱等人，就已经进行过多种多样的探索和批判活动。从波德莱尔到乔治·巴岱等人，他们在寻求最大限度的自由创作的过程中，越来越沉重地感受到来自语言文字方面的约束，感受到西方传统语言文字对于完满地表达自由创造的思想观念方面相当大的局限性。因此，他们在创作中就自然而然多方面地试图冲破传统语言文字的各种规则，其中包括传统语言文字的表达风格。波德莱尔等属于现代性或“准后现代性”的思想家和作家们，对于约束其自由创作的传统语言文字深恶痛绝，因此，他们千方百计把自由创作的过程当成破坏和逾越传统语言文字的过程，也在批判传统语言文字的过程中尝试不断扩大其自由创作的可能性限度（参见本书第一、二、三章有关现代性作家和乔治·巴岱等人的论述）。从波德莱尔到乔治·巴岱等人对于西方语言文字的反复批判和逾越的过程，为德里达等人从新的高度批判和颠覆西方传统语言文字的基本原则，提供了丰富的历史经验和深刻的启示。波德莱尔和乔治·巴岱等人，一方面是因为特定的社会历史文化条件的限制，另一方面是由于他们本身几乎都只是文学艺术家，而不是真正的思想家，所以，他们对于传统语言文字的批判，并未导致对于西方传统本体论的理论批判，也不能导致对于整个传统语言文字理论原则的彻底颠覆。只有到了20世纪60年代，德里达才有可能总结上述一切历史批判的成果，借助于到当时为止西方社会和文化发展所提供的各种有利条件，特别是借助于德里达本人在哲学思想和文化修养方面的卓越天分，才有可能在他对于胡塞尔《几何学史》的研究中，迈出批判西方传统语言文字的语音中心主义基本原则的决定性一步。

德里达在批判胡塞尔意义理论时指出，传统西方文化所以能够有效地依靠语音中心主义推行逻辑中心主义，就是因为语音中心主义具有"以'在场'指示、代替和论证'不在'"的优点，具有一种从"直接面对"转向"间接迂回论证"的中介化特征。

从柏拉图以来，所有的正统思想家们所做的基本工作，就是用语音中心主义所提供的这个特点，将"存在"和"不存在"这两个根本不同的本体联结起来，并以逻辑中心主义所型构的真理命题结构，将两者统一起来。所以，传统思想所做的，无非就是把"差异"变成"同一"，然后又在"同一"的基础上，将"差异"限定在有利于长久地固定"同一"的范围内。正因为这样，德里达在 1967 年发表的《论文字学》（*De la Grammatologie*）、《书写与延异》（*L'Ecriture et la Différence*）和《语音与现象》（*La Voix et le Phénomène. Introduction au Problème du Signe dans la Phénoménologie de Husserl*）等三本书，以及此前早一年由米歇·福柯所发表的《语词与事物》（*Les Mots et les Choses*），都是首先集中批判传统西方文化的语音中心主义。

在德里达看来，语言的"能指"和"所指"表面上是两种不同的因素，但实际上却是同一个符号。当传统文化的语言用"能指"去指示或表现"所指"的时候，实际是用在场的"能指"去指示或表现不在场的"所指"；而当在场的"所指"直接呈现的时候，原来的"能指"却变成不在场。历代的传统文化利用语言中"能指"与"所指"的"在场/不在场"的游戏，进行各种知识和道德价值体系的建构，并赋予某种被典范化和被标准化的意义系统。因此，后结构主义者认为，首先必须彻底揭露"能指"与"所指"的在场/不在场的游戏的性质，特别是指明这种游戏的虚假性和虚幻性。

由于西方文化传统的基础是逻辑中心主义（也就是理性中心主义）和语音中心主义，而一切逻辑中心主义和语音中心主义的论述力量几乎全部立足于传统的"文本"之上，所以，德里达进一步把上述解构策略集中到对于一切传统文本的解构。

胡塞尔在《几何学史》一书中已经发现了一切书写文字优越于口语表达的特征，并借此批判了海德格尔有关"历史性"和"有限性"的概念，强调观念的客观性是人类整个文化世界中的各种思想活动的产物。因此，胡塞尔认为，观念的客观性作为“意义”，同语言的意义作为每个个人的存在一样，都是存在于语言之中。意义同语言之间的这种关系，使制造和享受文化的人有可能将过去和不现实的一切虚幻因素，通过语言现时的活灵活现而重新复活或再现出来。在这个意义上说，胡塞尔坚持认为，过去和不现实的虚幻并不是根本不存在的“虚无”，而是通过语言而成为历史，也因而通过语言成为了现实存在的“有”。胡塞尔高度重视“主体间性”在几何学历史建构中的心理学功能。几何学的公理正是在普遍运用中重新唤醒一切历史的沉淀，同时也唤醒几何学当初赖于历史生存的活生生的语言世界。几何学的历史，在胡塞尔看来，成为人的语言唤醒、复制和再现一切历史的和非现实的因素之存在的最有力证据。只要有了语言，只要有了语言永不休止的活生生的运用过程，一切历史和非现实都可以活生生地在现时结构中呈现出来。所以，几何学也成了历史起源性和现实起源性在充满生命力的现实生活世界中达到统一而在场呈现的有力场所。

胡塞尔在强调口语先于书写的同时，又把书写看做是观念形成的客观性基础，强调书写对于对象“传统化”和“客观化”所起的推动作用。不仅如此，胡塞尔还进一步指出书写有利于各种观念同普遍存在的先验主观性相关联起来，并因而使观念变成为一种“不间断的存在”和“永恒的存在”。当然，胡塞尔对于书写的特点，也如同他对于口语的特点的分析那样，总是从正反两方面加以考虑。在谈到书写的作用时，胡塞尔指出书写文字形式可以使口头上本来清楚明白的事物变成为某种看不见、摸不着的“沉淀物”。但是，胡塞尔又说变成为模糊的沉淀物的文字书写形式，又可以借用一种“被阅读”的过程而苏醒过来，使那些经历一定历史阶段的历史沉淀物重新变得清楚明白，并再次变为活生生的现实在场的有生命的意义结构。并且，胡塞尔在论述书写文字的特征时，一致把书写文字当做一种“替代”，并认为文字的这种“替代”有利于意义的更普遍的传达。胡塞尔的这一观念，启发了德里达进一步将书写想象成为一种不间断的意义的“延异”过程（有关延异的更深含义，在下文论述解构的深刻内容时，将有进一步专门说明）。胡塞尔的问题，并不在于发现书写同口语之间的差异，而是在于他一再地将书写归结为某种远离意义起源的替代物，因而他也像柏拉图一样，将书写说成是现实的言语和话语的衍生物，而且它还要靠阅读中的口语的语音的再现，才能使凝固了的“意义”重新说话，并获得新的生命力。

德里达追随并随时警惕地批判胡塞尔的上述思路，试图从胡塞尔的思路中发现各种进一步创新的空隙的可能性。

所谓传统的一切文本，在德里达看来，固然包括书写出来的严格意义的书面文本，但是，传统的书面文本，只是更大的和更一般的传统文本的一小部分；而传统的一般文本的主要方面是已经制度化的各种二元对立的社会文化机构和规则系统。所以，德里达要解构的，除了书面文本以外，更重要的是被传统社会当做现有“合理”秩序的基本支柱的一切制度。

德里达发现，阻碍胡塞尔进一步将其有关书写文字特点的论述发展成为批判传统本体论的关键，就是胡塞尔本人始终不愿意脱离语音中心主义半步。关于语音指涉“意义”的语音中心主义基本原则，像魔咒一样地约束着胡塞尔，使胡塞尔总是把书写的特性，当做一系列偶然的和暂时的性质，并将书写的这一系列偶然和暂时的属性，归因于更终极、更根本和更牢固的“语音/意义”的原初结构。胡塞尔跌跤的地方，正是德里达发挥其自由创造的重要起点。

德里达上述对于语音中心主义的批判，显然不是重复胡塞尔、海德格尔和他们的学生伽达默尔的观点和方法，也不是简单地继承和发展他们的观点和方法。胡塞尔、海德格尔和伽达默尔虽然都坚决地批判传统文化及其形而上学和方法论基础，但是，他们三者没有一个能够摆脱传统语言符号的体系。所以，德里达在批判传统文化的时候，为了能找到超出胡塞尔等人一直没有能够摆脱的传统形而上学体系的出路，他的批判矛头转向了建构传统形而上学的话语本身，并在那里同海德格尔和伽达默尔分离出来，以便在话语不在的“无底的棋盘”中获得自由。

结构主义者索绪尔和列维-斯特劳斯所关心的只是语言和话语的区分，而德里达所关心的却是作为意义构成因素的能指和所指的相互关系，并试图在打破两者的二元对立关系模式的基础上，将能指和所指的区分化导向无中心的散播游戏中。

德里达从结构主义受到深刻的启发，主要是从结构主义那里进一步看到传统主体观念对于语言结构的主体中心主义的宰制关系。同样受到海德格尔深刻影响的德里达，进一步将结构主义的反主体观念同海德格尔的反传统形而上学的批判结合在一起，使两者相互补充，加强了对于语言中心主义的解构。

在德里达的上述对于能指和所指二元关系的批判中，他试图跳出和超越结构主义在两者的形式关系内部循环的局限性，强调两者的区分同时地包含“空间的”和“时间的”多向维度，从而克服了结构主义仅限于共时和历时的二元对立模式。

德里达认为，符号本身就是悖论。也就是说，决定符号意义的可感知性和可理解性的一致性，又同时必定以它们的根本差异、游离作为先决条件和基础。

德里达在分析语言符号结构及其同意义结构的关系时，恰恰同包括胡塞尔在内的传统思想家的思路相反，不是把符号之间各因素的一致性以及符号同意义之间的统一性放在首位，更不把它们作为分析和思考的出发点。德里达反传统思路之道而行。在传统思想家只看到或只重视一致和统一的地方，德里达看到并重视差异和间隔。德里达还把差异和间隔当做一致和统一的基础。实际上，追求一致和统一，就意味着重视静态和休止，重视稳定和保守。一切静态和休止、稳定和保守，都只是各种事物生命运作中的一个暂时过渡状态。同样地，对于人类文化以及各种思想观念来说，静止和休止以及统一状态，也只是其生命发展中暂时存在的一种形式。德里达研究和分析传统语言的目的，是为了重现被传统思想家所掩盖的人类文化生产和再生产过程的生命本质。因此，他在传统语言符号系统同意义结构的相互关系中，把重点转向能够揭示整个思想体系和文化进行生命运作的真正动力，也就是在语言符号体系同其意义结构相互关系中始终产生差异和区别的那种机制。一切生命，特别是人类文化和思想的生命运动，其动力都来源于区别、差异及其相互冲突。作为人类文化生产和生命运动的基础的语言符号及其意义结构之间的相互关系网络，之所以能够为人类文化生产和再生产运动提供无穷的动力，正是在于符号结构同意义结构之间的差异、区别及其相互冲突。书写文字高于并优越于口语的地方，在德里达看来，就是将语言符号结构同意义结构之间的区别、差异和冲突，采取不断延缓和多种转化可能性的形式，在人类文化生产和再生产的历史过程中，以多种多样的形态呈现出来。也正因为这样，书写文字比任何时刻的口语形式，更广泛和更普遍地将人类文化和思想创造的生命力延续和发展起来。

传统西方文化总是以为，语言可以通过其符号结构本身的系统性和表达符号所遵循的逻辑性而达到精确表达的目的。但是，这是对于符号结构系统性及其表达逻辑性的一种迷信，是对于语言符号及其性质缺乏全面了解的结果。必须将对于语言符号及其性质的研究，放置在整个人类活动和生活世界的复杂环境中进行。符号结构一旦作为人类创造的社会文化产物，就自然地隐含着人类文化本身的复杂生命过程。在这种情况下，对于语言符号的分析，就完全不同于对于纯粹符号系统的分析。被运用于人类思想创造和文化生产活动中的语言，已经不是作为纯粹符号的语言系统。因此，被运用的语言符号就具有同文化创造者一样的生命流程。语言符号同意义之间的相互关系，就这样不同于作为纯粹符号的语言系统同抽象的意义结构的相互关系，就超出了它们两者之间相互一致的稳定结构的性质，而变成为在文化生产和人类文化活动中无休止地演变和发展的生命活动的一部分。在这种情况下，被运用于思想创造和文化生产中的语言符号结构及其同意义的相互关系，首先是在社会文化的充满矛盾和差异的关系中产生和发展出来，而且，其运作过程及其逻辑也同充满差异和相互区别的社会文化生命活动紧密相关联。传统文化及其思想家，之所以强调和迷信语言符号系统及其意义的一致和统一关系，就是试图掩饰语言符号系统同意义关系的真正社会文化脉络，并试图借助于语言符号同意义的稳定一致关系而进一步加强有利于现有统治秩序的固定统治关系。这是出于维护既得利益而试图维持现有统治秩序的统治者，对于世界统一性和稳定性抱有偏见和特殊爱好的表现。

排除掉语言符号同它所指谓和取代的事物对象的复杂关系的本体论和认知论不说，单纯就语言符号结构的系统及其表达论述的逻辑性而言，其本身所呈现的精确性、一贯性和同一性，也是以符号结构系统内各因素之间的差异及其关系、以表达论述符号所遵循的逻辑系统内的各种概念和命题间的差异性的存在为基础的。传统思想家使差异为同一服务，并将差异推到同一的背后或底下，加以掩饰和抹杀。但实际上，上述同一中的差异永远存在，而且永远发生作用；非但如此，这些差异性本身，简直就成为语言符号体系和它的运作所必须遵守的逻辑体系的灵魂所在。所以，德里达把对于语言的解构，集中地转向语言符号本身所隐含的差异性问题。

为了反对胡塞尔延续传统思考模式而提出的“在场”观念，德里达把符号的存在设想为一种有生命力的差异的结构。显然，这不仅超越和颠覆了传统文化将语言符号当成固定的统一结构的观点，而且，还由于赋予语言符号结构以一种“生命”，而使语言符号同意义的关系变成为能够进行“自我运动”和“自我发展”的文化创造活动，并因而将语言符号的任何一种差异当成人类文化不断创造和更新的无穷动力来源。通过这样一种思考模式的转换，德里达不仅彻底摧毁了作为传统文化基础的语音中心主义和逻辑中心主义，而且，也为人类文化的彻底重建和思想创造的更广阔的自由开拓了前景。语言文字从此不但不再作为约束思想表达和自由创造的手段，而且反而成为文化创造和人类向自由王国过渡的一种符号阶梯。从语音中心主义解放出来的符号运作过程，也因此变成为一种没有规则的自由创作游戏。更重要的是，借助于语言符号结构的上述游戏化策略，人类本身也通过最自由的文化创造游戏而实现向自由王国的过渡，并有可能由此探索出一条通向人类本身“无目的性”的最高尊严境界的道路。

如果将德里达对胡塞尔《几何学史》的上述分析和语言解构过程加以总结的话，那么，我们可以大致地看到德里达在其解构生涯初期已经确定的基本原则。这就是说，第一，语言符号结构的同一性和一贯性本身就是建立在符号自身所隐含的相互差异性及其可能的自我差异化的基础上。不但没有符号之间的差异，就没有符号体系的同一性和一致性；而且没有符号自身在符号体系中可能随时发生的自我差异化，也就同样没有符号体系的同一性和一致性。符号结构的同一性的出现，在更大程度上，正是因为符号结构本身内部隐含着随时可能自我差异化的倾向。

第二，符号结构及其所遵循的逻辑原则之间的关系，其一致性、同一性和一贯性，也是以两者之间的差异以及两者之间随时可能产生的新差异为基础的。语言符号结构同逻辑原则之间的同一性，永远都不可能导致两者的绝对同一性。

第三，就语词与意义、语词与物的关系而言，双方的同一性也同样立足于两者的差异性。很明显，正因为意义不是符号，事物不是原词，所以，才需要用符号代替意义和用原词代替物。西方传统思想和文化的根本错误，就在于运用语词中的个别和一般的关系而通过认知论和逻辑学的同一性取代了本体论的同一性。德里达在他的著作中，一再地指出，语言表达意义的思想矛盾的结果，即一义性和多义性、精确性和歧义性。

所有这些差异，在德里达看来，都在语音中心主义所优先重视的口头说话的过程中被轻而易举地掩盖过去。道理是很简单的。德里达认为，一切“说话”，都是“在场”，都是直接出席。所以，传统西方思想家总是以为，说话所发出的声音更接近思想，更接近逻各斯。正因为这样，传统西方文化偏向于直接出席的，也就是确确实实可以被证实的“说话”。正是借助于说话时，当场说出和被听到的语音的精确性、确实性和直接性，从柏拉图以来的传统思想家试图论证说话的主体的人所表现出来的主体性的精确性、确实性和直接性以及其客观性和正当性。确立了人的主体地位在说话时的确实性以后，传统文化还有可能进一步论证思想的人、行动的人和道德的人对于世界和人自身的中心地位。

正如我们在德里达对于胡塞尔《几何学史》一书的批判中所看到的，德里达立足于差异，对包括索绪尔和胡塞尔在内的一切传统语音中心主义进行了猛烈的批判。德里达特别强调：相对于文字，相对于书写，说话的声音具有更透明、更自明和更直接的被给予性。也正因为这样，西方传统思想和文化才把说话和语音放在首位。19 世纪末当胡塞尔试图以现象学批判传统形而上学的时候，胡塞尔仍然没有能够彻底摆脱上述语音中心主义。德里达在 1967 年发表的《语音与现象》一书，更集中地批判了胡塞尔现象学的语音中心主义，并借此更深入论述了他的解构主义基本思想和策略。

胡塞尔现象学的语音中心主义，在德里达看来，主要表现在两大方面。首先，胡塞尔仍然把符号看做是能指和所指的二元结构，并把“能指”的“在”或“在场出席”作为“所指”的“在”或“在场出席”的先决条件和基础。正是在这一点上，胡塞尔陷入了传统形而上学的陷阱。其次，胡塞尔尽管试图以现象学所提出的主体间性原则取代传统形而上学的主客体二元对立原则，但他仍然强调先验的主体的地位。

因此，德里达首先揭露了胡塞尔关于“在”与“不在”的关系的符号论。德里达指出：“胡塞尔从一开始就宣称了一种混淆：‘符号’（zeichen）这个词，不管是在日常语言或有时在哲学语言中，始终都是包含着两种异质的概念，也就是表达（ausdruck）的概念（人们经常错误地把表达当成一般符号的同义词）和指示（anzeichen）的概念。”（Derrida，J. 1967c：17）接着，德里达指出：“一方面，胡塞尔似乎教条地急急忙忙压制住关于一般符号的结构的问题。他在建议进入关于两种异质的符号，也就是在指示和表达之间的极端分隔的游戏的同时，并没有追问一般符号是什么。他应该从一开始就运用得正确，并认清它就是意义所在的一般符号的概念，其统一性却只能接受一种本质；也就是说，关于一般符号的概念只能靠这个本质来解决自己的问题。可是，这个本质又只能在一种经验的本质结构和在一种熟悉了的视域之中才能被认识。所以，为了理解一开始就提出来的符号问题，我们必须首先就有一种同本质、一般符号的功能或本质结构的‘前理解’的关系。只有在这个基础上，我们才有可能区分作为指示的符号和作为表达的符号，尽管这两种类型的符号并不是依据‘种’和‘类’的关系而相关联。其实，根据胡塞尔自己的区分，人们只能说一般符号的范畴并非一个‘种’，而是一种形式罢了。”（Derrida，J. 1967c：24）

究竟什么是一般符号？胡塞尔的现象学显然没有作出不同于传统形而上学的回答。他不但回避了关于一般符号的问题，而且把符号的问题，从一开始就同它所指示的事物混淆起来，接着他又把符号同他所指示的事物的本质等同起来。正如德里达所指出的：“人们把符号的问题归属于一种存在论的设计，人们试图在本体的存在论中为意义指称一个基本的或地区性的位置。一种经典的运作步骤正是体现在这里。人们把符号隶属于真理，将语言隶属于存在，将话语隶属于思想，而将书写文字隶属于话语。”（Derrida，J. 1967c：25）

德里达一语道破传统文化的语音中心主义和逻辑中心主义将语言符号从属于真理的奥秘。表面看来，从柏拉图以来的传统文化，似乎将语言，特别是口头的话语论证放在思想观念及其所要表达的真理体系之先。但是实际上，夸大语言，特别是话语论证，正是为了夸大通过语言，特别是话语论证而表达出来的观念体系及其真理系统。语音中心主义的巧妙之处，就是在于以虚假的语音优先而掩盖其真理优先的实质。从德里达开始，后现代主义者继续揭露传统文化使用语音中心主义维护统治阶级真理体系的诡计。如前所述，传统思想家凸显口语和话语的优越性，正是为了使本来虚幻和模糊的各种观念及其所支持的真理体系魔术般地变成为现实在场出席的现实力量。

同样地，德里达揭露了传统思想将语言隶属于存在的诡计，从而也揭露了历代传统思想家迷信语言表达思想观念的绝对能力的真正奥秘。语言符号在特定的社会历史文化脉络中，经过一定范围和不同程度的语言使用共同体的协议和共识，确实起着表达一定思想观念的作用；但是，为了将语言所表达的思想观念及其真理性永恒化和绝对化，传统思想家总是首先夸大语言同思想观念及其真理体系的统一关系，并通过对于语言符号绝对化和固定化而达到将思想观念及其真理体系绝对化和永恒化的目的。德里达的解构主义的贡献，就是划清了符号的运用同实际存在的事物、同人们信仰并推行的真理价值体系之间的界限，并指出它们之间永远不可克服的差异。语言符号同实际存在的事物之间的差异，不但永远不可克服，而且将在人类文化创造和自由思想的永恒运动中，变成为一种德里达称之为“不断产生差异的差异”。这种“不断产生差异的差异”不但真正揭露了语言符号同实存事物之间的差异，而且为人类理想的自由创造游戏活动提供了最强大的动力。

至于传统文化将书写文字隶属于话语的诡计，德里达所作的批判，并不是为了重新树立书写文字优先于口语或话语论证的地位，而是为了更深入地揭露语音中心主义将口语优先于文字的真正目的，同时也在书写文字优先于口语的解构主义论述中，探索将人类思想创造活动摆脱出语言文字约束的新可能性。显然，德里达重视书写文字优先于口语的特性，进一步发挥书写文字具有模糊性、歧义性和伸缩性的特点，为在不同时空中解读和诠释原有历史文本开创广阔的可能发展前景。因此，正如本书将在第七章有关后现代主义文学评论的章节中所要论述的那样，德里达有关书写文字优先于口语的基本观点，不但成为后现代文学评论一切理论和实践的基础和出发点，而且也成为新时代人类摆脱传统约束而自由创造的基本原则。

总之，在德里达看来，胡塞尔现象学对于传统形而上学的批判之所以最终失败，就在于胡塞尔不明白：语言正是传统形而上学玩弄“在”和“不在”的游戏的中介场所。在传统形而上学玩弄的“在”和“不在”的游戏中，他们把符号当做其本质意义在场出席的见证，从而也论证了作为其理念的真理准则的基础。胡塞尔继续走着这条路。因此，胡塞尔沿着传统形而上学在语言中所玩弄的游戏的传统，一方面强调意义是表达的本体，也是保存理念性和“在场出席”的最好形式，而说话的话语则成为活生生的在场呈现的形式，也成为呼出的心灵的形式；另一方面，采取理念性形式的关于“在场出席”的形而上学，由于它的“在场出席”的性质，也就成了胡塞尔所追寻的现象学的生活哲学本身。

德里达严厉批判胡塞尔现象学的语音中心主义的第二个重点，就是胡塞尔对于先验的自我的重建。在其《观念》第三卷中，胡塞尔论述了各种理性本体论同先验现象学的关系。在他看来，所有在现象学的自然态度中得到非批判性考察的本体论，最终都可以在它的先验现象学中作为意识的关联而获得重生。显然，在他看来，现象学是通过对我们赖以意识到各种观念的意识活动的描述而为本体论提供一种基础。这样一来，在胡塞尔看来，任何本质归根结底都是在一种特定的意识基本形式中被建构起来的。作为本体论先天的因素，它是同意识中的一种先天构成活动有关的。所有的本体论分析都是意向性的，而现象学是通过研究那些构成本体论本质的意向活动结构来补充这种片面性的。因此，他同时也为这种本体论提供了哲学的基础。在传统本体论中，对事实的理解脱离了它们的理性基础，而一种哲学的本体论则赋予这些事实以一种先验的可理解性。这样一来，世界的先天性就被当做关于先验性的普遍先天性观念的一个层面。显然，胡塞尔最后转向了一种先验观念论。

这样的“解构”，不只是完成了对于传统中心文化的包围和吞噬，而且也为新型文化的自由发展开辟了无限的前景和空间。这样一来，“解构”也就是没有固定结构和不追求任何确定意义的自由创造活动，也就是在无边无际的、非同一性和无意义标准的模糊领域中自由地漫游。

第三节　在书写的“延异”中进行创造游戏

德里达在批判语音中心主义的过程中，集中地在“差异”的问题上做文章。他认为，传统西方文字中的“差异”（différence）并不足以正确表达差异本身。所以，他发明了新的表达差异的概念“产生差异的差异”（différance），即“延异”。他所说的“产生差异的差异”，一方面要表示两种因素之间的不同，另一方面还要表示这种“不同”中所隐含的某种延缓和耽搁的意思。正如本书以下几个章节所要进一步论述和分析的，德里达的“延异”概念在实际上并非传统的“概念”，而是表达运动和变化中的差异化运动本身；它实际上隐含着许多层次的内容，有待我们在本章各节及第八章有关后现代文学批评部分更深入地分析。

在德里达看来，人所创造的语言符号，其重要的特征，不只是在于它本身内部和它同所表达的对象之间的差异性；更重要的是，语言符号中的任何一个因素，都包含着当场显示和未来在不同时空中可能显示的各种特征和功能。正因为语言符号中隐含着这些看得见和看不见的，也就是在场的和不在场的、现实的和潜在的特征和功能，才使人在使用语言的过程中，面临着一系列非常复杂的差异化运动问题。这种差异化运动，不是传统意义上的那种二元对立的固定差异化结构，而是具有自我差异化能力，并因而不断自我增殖的差异化过程。

德里达认为，语言符号的上述“产生差异的差异”的特征，只有在书写出来的文本中才集中地表现出来。所以，德里达在论述“产生差异的差异”的同时，也集中地研究了“书写”（l’écriture）；而因为书写的特征只有在高度组织化和系统化的“文本”（le texte）中才充分体现出来，所以德里达为此而建构了具有独特性质的新学科“文本学”（Grammatologie，学者对此未译出统一的准确中文语词。有人译之为文字学；又有人译之为语词学、语文学等等）。但实际上，Grammatologie 在西方原是很古老的一门学问，专门研究书写出的文本的结构及其逻辑原则。德里达将它彻底加以改造，赋予新的意义，变成了关于研究文本特性的学问。正如他所说，它是有关文本结构的学问（grammatologie. comme science de la texualité）；德里达有时也称它是关于书写的科学（science de l’écriture）。

他说：“作为文本的性质的科学，文本学只有在改造符号的概念，并将符号的概念从其与生俱来的表达主义的枷锁中连根拔除的条件下，才能成为非表达（non-expressive）的‘符号论’。”（Derrida，J. 1972：46）

显然，德里达创立新的文本学，是为了彻底摆脱和颠覆传统语言符号学，为了更彻底揭露语言符号本身在书写过程中所呈现出来的“产生差异的差异”的本质。所以，他也把“文字”称为“延异”。他说：“关键就在于生产出新的书写概念。我们可以称之为‘文字’（gramme）或称之为‘延异’（différance）。”（Ibid.：37）正是作为“文字”的延异，才能保障排除以“在场出席/缺席”二元对立为基础的一种结构和一种运动。所以，延异就是差异的系统游戏，就是不断差异化运动的“痕迹”（des traces），也就是将各个不同因素相互关联起来的“间隔”（l’espacement）本身（Ibid.：38—39）。

在他看来，传统符号论的特征就是他的文本学所要彻底摆脱的那种“表达主义”（l’expressivisme）。当德里达强调文本学的时候，不管他是指文本的特性还是书写的本质，都是以颠覆西方传统形而上学的二元对立模式为基础的。这种二元对立的模式，如前所述，在语言符号的结构上，集中表现在现代符号论创始者索绪尔所说的“能指/所指”的结构中。不仅如此，德里达在摧毁了“能指/所指”二元对立的结构之后，还强调他的文本学所集中解析的，不是文字本身，也不是表现文字的书写法（la grathie），而是作为“踪迹”或“痕迹”的书写。在这里，德里达所要重点地表达的，仍然是他同传统“表达主义”的势不两立的态度，尤其是反对柏拉图所说的语言符号和观念用以“再现”客体对象的说法。

所以，德里达的文本学所研究的，与其说是文字和文本，不如说是这些文字和文本的运动及其一切可能性。

所谓书写出来的文字、文本的运动及其一切可能性，其本身就是各种可能性的总和（Derrida，J. 1986c：252—287）。凝固在书写文字中的各种可能性，既然已经作为书写文字脱离原作者而独立存在，就构成为一个独立的文化生命体。以书写文字的特定文字结构而产生的独立文化生命体，当然一方面受惠于原作者的创造，但另一方面它却借助于或受惠于书写文字本身的优点而成为一个随时待阅读、待诠释和待发展的新生命体。书写文字同原作者思想创造之间的上述复杂关系，表明书写文字从一开始就作为一个无限可能的差异体系而存在。正是从这个意义上说，德里达强调书写文字的差异化性质，并将这种差异化当成是一种可能的差异化生命体。

书写文字作为一种可能的差异化生命体，显然再也不能继续按照传统形而上学和传统语音中心主义的原则去理解。如果按照传统语音中心主义的原则，书写文字的差异结构，不但不隶属于书写文字结构本身的内在差异化运动生命过程，而且只是以静态的差异结构形式而暂时地呈现出来。如前所述，语音中心主义将语音与意义的差异归结为一种由语音所决定的固定差异结构，并将书写文字所表达的上述差异结构当成为远离思想创造差异化运动的第二层次的次要结构，因而是属于较不重要的被决定的结构。但是，德里达在批判语音中心主义的过程中，颠覆了上述书写文字的差异化位置及其性质。在传统思想家表示书写文字被决定性质和无生命性的那个地方，德里达却相反地指出了书写文字的决定性意义及其差异化可能性的生命力。

德里达赋予书写文字以重新创造的生命力的思想出发点，就是看到了书写文字差异化结构中潜伏着再生无限差异化的可能性。书写文字的这种再生无限差异化可能性的生命力，当然不能抹杀原作者创作原文本的历史功绩。

考察书写文字无限再生区分化和差异化的生命力，当然首先必须考察原作者当初如何将这些文本书写出来的过程。这些书写出来的文字和文本当初是如何被写出来的？要回答和分析“如何写出来”的问题，并不是如同传统诠释学所说的那样，仅仅指原作者个人在创作当时当地的所谓真实创作过程。传统诠释学受逻辑中心主义和语音中心主义的影响，将原作者当成一个独一无二的死去了的个人，试图考察和重现那些同样已经死去的以往历史条件、以往语言条件和以往文化条件下的创作过程，试图“真实地”再现凝固了的历史结构。这显然是办不到的。传统诠释学之所以相信上述原则，之所以相信依据上述原则可以达到“真实地”再现原作者及其历史文化条件的目的，主要是因为他们同样地相信语言可以“再现”那些缺席了的历史，也相信语言可以再现一切“不在”的东西，并将这些“再现”当成现时真实存在的事物。

与此相反，对于德里达来说，如果要探索这些文字和文本是如何写出来的，重点是使作者及其历史条件获得重生，使该文本的书写过程在被阅读和被诠释的差异化运动中复活。而这样一来，“真实地”再现死去的原作者和历史并不重要。重要的是在原有文本书写结构的差异化基础上，结合阅读者和诠释者在新的历史文化脉络的思路，赋予原作者和原文本以新的差异化可能运动的生命力。在这种情况下，对于书写文字的诠释和理解，不是原封不动地重复已经死去的原作者的思路，而是利用书写文字差异结构进行新的差异化创作运动。如前所述，书写文字的差异化特征，正是在于利用语言文字符号之间的差异及其可能导致无限差异化的特性，有可能变成为一种以文字差异为中介而进行的无限文化创造运动。德里达对于原文本原作者的上述再生新观念，不是要从根本上否定原作者的创造贡献，也不是为了根本否定原文本的文化价值，而是在新的历史文化条件下使原文本重新复活，获得新的文化创造生命力，因而也赋予原文本延长其文化生命的能力。将已经死去的文本重新在新的历史条件下复活起来，获得其新的生命，这就是对于旧文本的最高尊重。

文字和文本的书写过程，作为一种运动，其本质就是一种“产生差异的差异”。这种“产生差异的差异”，在时间和空间方面，既没有先前的和固定的原本作为这种运动的起源性界限和固定标准，也没有此后的确定不移的目的和发展方向，更没有在现时表现中所必须采取的独一无二的内容和形式。这种运动的真正生命力，不是在它发生的当时当地所“表现”出来的那种特定时空结构和状况，不是传统本体论所追求的那种“现时呈现”的真实性结构，而毋宁是它未来的运动。

书写文字的未来运动的珍贵之处，就在于一切“可能性”都可以发生。书写文字的未来运动，不能单纯从过去、现在、未来的时间一维性和单向性的观点来理解。实际上，这里所说的“未来”，是时间和空间所组成的多维度可能性场域。因此，凡是属于时空方面的可能性因素，全部都属于“未来”的范围。作为书写文字差异化的未来维度，虽然包括时间方面的走向和脉络，但是，对于书写文字结构的差异化可能性来说，一切“未来”都是由书写符号之间的差异造成的。因此，书写运动发展方向及其可能结构的未来图景，主要决定于符号本身的自我差异化以及符号之间的差异化运动。符号自身和符号之间的差异化运动，如果从时间一线性和单向性的观点来看，只能出现向过去和向将来变化的可能性。而符号差异化向过去发展的可能性，从这个观点看来，是一种向历史的倒退运动，因而也是一种向历史的复归运动。从时间的常识来看，这只是一种逆向的历史恢复过程。所以，上述时间一线性和单向性的观点，对于文字符号差异化多种可能性的理解只能具有负面的限制意义。如果超越上述传统的时间常识，上述文字符号差异化的“向过去”运动，就有可能被理解成为一种新的未来运动，而且也包含一种积极的正面意义。这是因为即使是在文字符号差异化的“向过去”运动中，实际同样也包含向一种新的创造可能性发展的前景。在这个意义下，文字符号差异化的“向过去”运动，等于是它的一种向未来运动的可能形式。这种向过去运动的文字差异化，同样包含未来创造的可能性，所以它不全然是向历史的倒退，也不全然是对于历史的恢复。同样地，文字符号向将来的差异化运动，也包含多种可能性。这种可能性显然超出传统时间一线性向未来发展所规定的单一模式，而是朝着未来多种方向发展的潜在可能性。而且，时间维度的未来多种可能性方向，同空间维度的未来多种可能性方向，一旦交叉起来和结合起来，就可以形成更多层次的难以预料的可能变化方向。书写文字的未来运动可能性的重要意义，就在于以符号差异化多种可能性的途径为思想创造多种可能性提供多元的方向。总之，文字书写的差异化向未来的运动，实际上就是“返回将来”（back to the future）和“迈向过去”（forward to the past）的多元化综合性创造活动。作为后现代主义者，德里达当然不愿意将自己的思想创造运动限定在传统语言符号的规则范围内。所以，他对于书写文字差异化运动的上述理解，实际上也为后现代主义者打破传统文化和进行自由创造提供了精神动力。

严格地说，语言符号，包括文字，它们在表现的当时当刻所表达的意义，只是这些符号和文字运动过程的一个极有限的可能性形式罢了。传统形而上学的错误，就是将这种极有限的可能性形式绝对化、固定化和标准化。从现象学观点和方法来看，任何书写和文本在其表达当时当地的表现，是其先前多种可能运动中所偶然采取的极其有限的表达形式。所以，先不说书写文字在现时的呈现形式同往后未来书写运动的多种生动活泼的潜在可能性相比较，就其本身同以往书写过程隐含的多种运动可能性相比较来说，书写在“现时”的当时当地的表现结构，也只构成一种极其贫乏的有限可能表达形式罢了。传统西方文化和思想如此重视各种书写文本的“现时”表达结构，甚至奉之为社会所有人都必须学习并立之为标准的言行典范，是因为这些文本，一方面构成为当时当地社会权力结构所认同和核准的单一表达形式，集中表现了当时当地控制社会整体利益的社会阶层的根本利益和观点；另一方面它又以其单一形式，将上述认同和核准的统治阶级利益和观点一般化和普遍化，以客观中立的形式掩盖了这些利益和观点同统治阶级的特殊关系。这也就是说，执著于当时当地单一的表达结构，并使之神话化和固定化，是因为这些文本单一结构具有上述两面性：既表达一定的意义，又掩盖其他的意义；既表达确定的意义，又掩盖各种可能的意义。传统文化将书写文字差异结构的任何一个“现时”表现标准化和正当化的目的，正是为了限制书写文字差异结构的自由运动方向，也就是为了封杀不利于统治者利益的可能发展方向。

如果说，传统西方文化着重话语的语音是因为语音更接近说话者当时的“逻各斯”的话，那么，要把在说话当时所表达出来的“符合真理”或“符合正义”的逻各斯固定下来，并一代一代地巩固下去，当然就需要把当时当地说出来的话加以文本化，并把这“一次”建构起来的文本结构加以固定化和神话化。所以，传统西方文化及其诠释学，表面上重视原本，实际上仍然是把当时书写成文本的“话语”放在首位。

文本学所要研究的“产生差异的差异”，固然是一种运动；但是，如前所述，这种运动的真正生命力，恰巧是在其未来可能性中展现出来。因此，当德里达总结“产生差异的差异”的运动的性质的时候，强调说：“首先，‘产生差异的差异’转向有所保留的（主动和被动的）运动，而这种运动是通过延缓、移转、迟延、回还、迂回和推迟的过程实现的。”（Derrida，J. 1972：17）德里达在这里所一再强调的，始终是摆脱文本在当时当地所表现出来的“在场”结构。他所感兴趣的，是这个“在场”结构在其往后延缓过程中所可能呈现的一切倾向。因此，德里达要加以“解构”的是作为“踪迹”（trace）的文本。

延异实际上也是一切未来可能的差异化运动的总和。文字差异化结构既然隐含着各种可能的差异化运动模式，其差异化运动的本质结构就是被延缓的差异化，即“延异”。被延缓意味着被搁置，而被搁置得越久，就包含着越多的差异化的可能性。所以，差异化的可能性及其不断更新的生命力，是在延长和被搁置的过程中不断地伸展的。时间结构的共时性和连续性的统一，使延异在时间上的被搁置成为一种无限发展的可能结构。早在海德格尔研究人的此在的生存结构时，他就已经深刻地发现生命存在及其发展同时间之间的内在本质关系。时间性是生命的存在有限性结构的界限。但是，海德格尔一方面揭示了此在生命在时间性中的限制，另一方面又指出了生命在时间性中的一切“能在”（Seinkönnen）模式，也就是生命在时间性中的一切可能延缓的机制。海德格尔特别重视“能在”的重要意义。他认为此在的生命本质就是“能在”（Heidegger，M. 1986：42—44）。他说：“此在总是从它所‘是’的一种可能性，从它在它的存在中随便怎样领会到的一种可能性中，来规定其自身为一种存在者。”（Ibid.：43）人生的“能在”本质，使人生隐含着无限丰富的创造可能性。为了进一步深刻揭示“能在”对于人生的重要意义，海德格尔甚至将“死亡”纳入“能在”的范围，使死亡不再成为常人所恐惧的那种生命终点，而是成为发展生命创造过程的一个重要组成部分（Ibid.：235—244）。

第四节　在超语言的符号游戏中开拓自由

为了突显“产生差异的差异”的自由无限可能性的性质，德里达使“延异”的游戏走出语言文字的界限，把眼光转向实际社会生活中充满着差异化运动的人类文化创造活动。他首先研究与人生命攸关的经济活动，所以，他又把“产生差异的差异”当成经济学的概念。经济是社会生活中最基础和最活跃的领域。经济领域不但是人的生命和人的整个生活世界的基础，而且，它甚至是人的生命本身。生命不但脱离不开经济，而且也在经济活动中不断重生。经济活动的基本特点就是它建立在“产生差异的差异”的基础上的生产性、不稳定性、竞争性和高度自由性。在经济中，一切活动和一切新的动力，都来自不断更新的差异。本来，经济活动产生的缘由，就是差异本身，有了差异才有经济立于其上的交换活动；而交换活动要不断维持和更新，交换本身就要不断产生自我差异。所以，德里达所说的“产生差异的差异”，已经不是传统的古典政治经济学所能加以说明的范畴，而是必须经过批判和颠覆古典政治经济学以后所产生的新经济学的范畴。

作为新的经济学的概念，“产生差异的差异”是一种不断生产和再生产的运动，因而也是社会上现行语言中所通用的各种二元对立概念的温床。正如德里达自己所说：“‘产生差异的差异’的运动，作为产生差异并进行差异化的运动，也是在我们的语言中流行的各种概念对立的共同根源。举几个例子，这些对立包括：感性的/理智的、直观/意义、自然/文化……作为共同的根源，‘产生差异的差异’，也是宣称这些对立的那个‘自身’的组成因素。”（Derrida，J. 1972：17）

因此，作为经济概念，作为一种生产的运动，“产生差异的差异”总是把一切差异看做是这种运动的一个“效果”。既然只是一种运动的一个效果，它就不是唯一确定的，而是包含各种另类可能性的一种可能性。德里达在论述“产生差异的差异”的经济性质的时候，还特别强调要一方面同只看到差异结构稳定性的结构主义相区别，另一方面又要同单纯把生产看做是来自单一根源的源生学相区别。显然，德里达在这里影射了列维-斯特劳斯的结构主义和乔姆斯基（Noam Chomsky，1928—）的发生性语言学。通过德里达同列维-斯特劳斯和乔姆斯基的自我区别，我们又可以进一步看到德里达后现代主义的区别概念的特征，这就是他不愿意把“区别”放在一个封闭的时空结构的脉络中，不愿意把“区别”理解成为因果系列中的一环，也不愿意置之于由一个或多个原因，甚至由某个终极原因所产生的变动，当然也不愿意把它预定成达到某个目的或结果的一个可能性环节。

“产生差异的差异”作为一种可能性，隐含着多种可能性。传统西方形而上学并不排除“可能性”，但从古希腊以来，特别是从亚里士多德在《形而上学》一书中界定可能性范畴以来，可能性一直被看做是否定性的和反面的偶然性。这也就是说，传统的可能性是作为标准化的现实性和规则性的反面和对立面。而且，传统可能性，都是在单向和单线时空脉络中发生的一个中间环节。因此，在传统形而上学中，一切可能性都是达到现实性和最终目的一个过渡环节。后现代主义所需要的新的可能性，通过德里达所说的“产生差异的差异”，一方面同传统的形而上学相对立，另一方面他所重点表示的是可能的未来多样性和开放的无限性，同时又表示待生的和待创造的“可能的可能性”。就后现代的上述可能性的两面性而言，它包含着许多等待开辟和等待展开的创造的自由。所以，在对于文本的解构中，解构活动所推动的“产生差异的差异”的运动，只是把文本的结构和组织性当做没有底盘的游戏，当做没有底的棋盘。所有这些有关“产生差异的差异”的可能性，将在本书有关后现代文学评论的章节中进一步展开。

从语音中心主义的话语转向“产生差异的差异”的文本学解构，实际上也是一种对于原文本作者在文本中“要怎么说就怎么说”的语音中心主义的反攻，当然也是对原有文本的自我反驳和自我摧毁的活动。德里达对于文本的差异化解构，通过文本这个符号体系，一方面进行破坏原初制造文本的话语，另一面又要通过潜入文本而走出文本，达到在文本中迂回和不断批判传统、不断创新的自由。按照传统文本学和诠释学的要求，诠释文本要回到原文本作者用文本说话的意图。在这里，借着寻求客观中立标准的途径，达到文本中的话语实行专制主义的目的。但是，当德里达强调潜入文本的时候，一方面要利用文本中的话语去反驳原有的话语意图，另一方面又通过话语和文本的差异继续扩大甚至歪曲它们之间的差异，使它们之间相互残杀，起到自我破坏的作用。这是德里达灵活地运用文本迂回的战略战术去破坏文本本身的游戏活动。一切语言符号，不只是话语所发出的“在场”语音和语声，而且也包括书写文字化的文本在内，本来就是符号本身，而且，始终都只能是符号本身。德里达之倾向于书写化的文本，并不是因为成为了文本的语言符号已经根本不同于作为语言符号的话语，而是因为德里达在摧毁传统文化的战斗中，他别无选择地所面对的，只是而且已经只是语言符号罢了。所谓“只是而且已经只是语言符号”，指的是德里达从一开始从事批判和解构，他所面对的，别无其他，只有已经层层结构化，并经长期累积而深深扎根于社会历史土壤中的传统符号体系。因此，德里达只能以符号反符号，也就是潜入到符号中从中破坏符号；而重视书写化的文本，不过是在别无选择的条件下，究竟选择何种符号结构为先的结果。所以，通过文本批判话语，又通过文本摧毁文本，无非是在文本中寻找和揭露已被掩盖的话语的踪迹，又在文本的踪迹中寻求自我解放和自我创造的途径。德里达在同英国的哲学家本宁顿（Geoffreg Bennington，1956—）的对话录中从容不迫地承认说：解构从符号开始，这就是从第二者本身入手，这也就是一种迂回（Bennington，G./Derrida，J. 1991：26）。符号本身，自古以来，特别是从传统形而上学建立以来，就是一种迂回，因此，对符号的解构和摧毁，也必须通过迂回。通过符号解构符号，就是通过迂回反迂回，就是在迂回中摧毁迂回，并从迂回中争得自由。在向符号结构这个迂回体系中进行迂回式的解构活动的时候，德里达想要表达的还包含着一层一层更深刻的意涵，这就是拒绝传统西方思想把世界化约成论述符号体系的做法。反对把世界转化成符号体系，当然意味着要回到事物自身去，但是，回到事物自身又不能直接地避开迂回的中间环节而直接地闯入。德里达等后现代主义思想家们，都懂得以迂回的战略和策略向传统宣战，因为只有在迂回中他们才能置传统于被动，而使自己获得迂回游动中的自由，也就是避开传统思想家有可能限制他们的自由。正如本书第一章所说，后现代主义是在吞噬现有传统文化中进行自我创造；但这种吞噬不是直接地从外向传统啃咬，而是钻入其内部，通过在传统中消耗传统的能量或将传统能量转化成自身能量的途径进行解构。

不断地产生结构的解构运动，对于既成的传统文化而言，就是不承认，并破坏原有传统体系中的中心；而对于解构运动中“产生差异的差异”来说，也同样是无中心的自由游动和不断扩大的创造活动。“产生差异的差异”归根结底是反中心和无中心。德里达认为，只有通过书写的文本，才能把有向度的因而有限度的和有边界的中心还原成无向度的和无边界的真正的“零度”。德里达实际上也意识到，就其本身不得不潜入符号进行迂回而言，如果他所迂回的符号结构仍然保持有向有度的时空结构的话，德里达就等于在书写的文本中作茧自缚，并最终被符号结构的中心所宰制。所以，德里达的文本解构，要超出时空的结构，进行一种无边界的自由游戏活动。其实，任何符号结构的时空性，都是立足于附属于它的意义结构的时空性；而各种意义结构的时空性又决定于被运用在其中的各种特定的二元对立概念的内容。因此，德里达旨在摆脱中心化的解构游戏活动，为了达到超越时空结构的目的，必须集中全力摧毁各种历史的传统二元对立。在所有的二元对立中，最根本的还是符号本身的“能指/所指”关系。“能指/所指”的对立关系有许多本体论和认知论的理论功能，也有许多玩弄和掩饰策略的实践功能，但是，最根本的功能，在德里达看来，是玩弄“在/不在”的辩证法。如前所述，“能指/所指”的关系在实质上就是以“在”、“在场”和“出席”代替“不在”、“不在场”和“缺席”。在这种辩证法中，传统文化不断地以符号的“在场”性质，论证其所表达的“不在场”的真理性、正当性和正义性，同时又以其“在场”使话语的主体消失掉，也就是以符号的“在”代替说话主体的“不在”，又论证了这种“不在”的正当性、真理性和正义性，从而也建构了说话主体的中心地位。解构要打破的正是“能指/所指”二元对立的上述中心化功能。正如德里达所说：“于是，通过解构，语言侵入了无所不有、疑难重重的领域；此时此刻，没有了中心或根源，一切都成了话语——也在这种情况下，话语的语词就获得了理解，也就是说，一切都成为一个系统；而在这个系统中，处于中心地位的所指，不论它是否来自一个根源，不论它是否是超验的，都绝不是脱离一个有种种区分的系统的绝对存在。超验的前指非在意指作用的领域和活动中才能扩展成无限。”（Derrida, J. 1967c：232）显然，只有使能指和所指脱节，才能使能指的意指活动导向一个“不在”的不断差异化的领域，并在那里不但解除了原有的主体中心的秩序，而且也进入了真正无中心的自由领域。

第五章　福柯对“现代性”的后结构主义批判

第一节　福柯在后现代文化中的特殊性

（一）对后现代的重大影响

正如本书第一章所指出的，虽然米歇·福柯本人从不承认自己是后现代主义者，但是，他所发展的后结构主义理论及其对现代社会和整个西方传统文化的深刻批判，使他在客观上成为了后现代主义在理论上的真正启蒙者。

福柯和德里达一样，在20世纪50年代同正在蓬勃发展同时又充满着矛盾的现代性文化相遭遇，而且也从高度成熟的现代性文化中吸取和获得重新创新的力量，使他们成为继萨特、加缪、梅洛–庞蒂、罗兰·巴特和阿尔图塞等人之后的思想新星。但福柯不同于德里达，不但由于他长于德里达四岁，从而比德里达更早也更幸运地在学术研究生涯中取得成果，而且还由于福柯更多地从尼采和精神治疗学那里而不是从胡塞尔那里获得启示，使福柯比德里达更早而且更系统地从语言符号、知识同社会文化脉络中的权力和道德的复杂关系去研究语言论述及其社会实践的问题。如果说，德里达在60年代更多地受胡塞尔的影响而更集中地从理论上、逻辑上和哲学上思考西方文化的语音中心主义的话，那么，福柯则更多地从尼采和精神治疗学的实践活动的角度全面探讨知识型构中的权力和道德的社会运作逻辑。而且，福柯同他的老师冈格彦等人的特殊社会关系，又使他更早地在学术界崭露头角，并占据了法兰西学院这样的最高学府的中心地位。福柯和德里达尽管有许多不同点，但他们毕竟都是后结构主义和后现代主义理论和策略的启蒙者和奠基人。

在米歇·福柯的著作和言行中，突出地体现了对“后现代”具有重大意义的九项特征：第一，他对西方传统，特别是对于18世纪欧洲“启蒙”以来理性主义的批判，对于后现代主义思想家深入批判“现代性”具有决定性的意义。第二，他集中地批判了影响着西方社会和西方人生活方式的三大关键问题：知识、权力和道德，并将三者相互交错地加以分析。第三，他对西方语言及其论述策略的解剖和分析，为后现代主义深入批判西方现代文化和知识体系提供了最好的策略。第四，他灵活运用尼采等现代西方批判思想家的方法和思考模式，为后现代主义者批判现代文化和表达自身的思想观点提供了最灵活的榜样。第五，他紧紧抓住贯穿于西方传统文化中的“人”的基本观念和基本理论，揭示了现代西方人文主义的吊诡性和虚伪性，从而动摇了西方整个文化的基础。第六，他对“主体”概念和有关“自身”的理论的深入批判，动摇了西方认识论、真理论和传统方法论的基础。第七，他对西方当代社会制度，特别是对西方社会监视制度和权力机构的深入分析和批判，比以往任何思想家对于西方民主制和自由社会的批判都更加深刻和击中要害，这就为后现代思想家进一步揭示西方当代民主社会的矛盾性和内在危机提供了深刻启发。第八，他对人的身体（肉体），特别是对“性”的问题的研究，不但第一次将两者超出传统生理学和医学的范围，变成为人文社会科学和自然科学交叉综合研究的对象，而且也进一步成为深入批判传统道德、政治和文化的新出发点。第九，他对西方生活方式、实际行为方式和各种日常生活方式所做的分析和批判，都有助于将文化和理论批判活动同以往一贯被忽视的日常生活批判结合在一起，有助于透彻理解西方人的实际生活世界的问题。

（二）处于怪异时代的怪异人物

如果说，西方社会自20世纪60年代起，进入了创造与危机、改善与破坏、技术进步与环境污染、人性解放与社会异化同时全面发展的“后现代”时期的话，那么，米歇·福柯就最有资格同时被称为这个特殊时代的产儿和典型代言人。在他从50年代中期到80年代初的近三十年思想发展过程中，在他充满着特殊个性和特殊风格的著作中，人们通过他所使用的极端怪异的概念、范畴、方法和论述方式，所看到的，是这个同样怪异时代的特征的一种特殊理论表现。

与福柯几乎处于同一时代的著名思想家鲍德里亚曾经说：“如果必须标示出事物的现代状况的话，我想说，这就是烂饮狂欢之后的那种状况。所谓烂饮狂欢，就是现代性的爆炸性时刻，就是一切领域中的解放时刻。政治的解放，性的解放，生产力的解放，破坏性力量的解放，妇女、儿童的无意识冲动的解放以及艺术的解放。这是一切表象观念模式的升华，也是一切反观念的模式的升华。这是一种总狂欢，是现实的、合理的、性的、批判和反批判的、增长和增长的危机的总狂欢。我们已经走完了物体的、信号的、信息的、意识形态的和快感的虚拟的生产和超生产的一切途径。今天，一切都被解放出来了，一切游戏都做出来了，而我们自己集体地返回到那残酷的问题面前：在烂饮狂欢之后怎么办?”（Baudrillard，J. 1990：11）

毫无疑问，米歇·福柯是走过“物体的、信号的、信息的、意识形态的和快感的虚拟的生产和超生产的一切途径”的那一群“后现代”思想家中的最杰出者；他比他的同伙，不仅以更为疯狂的情绪和更执著的精神，而且也以更完整和更精致的观念形式和论述手段，表现出他们这一群思想家意欲烂饮狂欢的情感、意志和冲动。他比谁都更加不顾一切，比谁都显得不愿与传统文化相妥协，比谁都期望“总解放”——他从批判传统的语言结构、文化结构开始，批判传统知识结构，批判权力，批判历史，批判一切现成的制度，批判现存的道德，为一切被传统视为“异常”的人们和事物鸣不平，进行翻案。

米歇·福柯理论活动的生涯，从一开始，就是从对于产生“正常/反常”二元对立，并把“反常”的“疯子”排斥到社会边沿的现代精神治疗制度的批判出发；他深刻地指出：现代社会颠倒黑白、混淆是非的文化体系，正是从现代社会将原本“正常”的人迫害成“异常”的“精神病患者”的残酷事实开始的。因此，现代精神治疗制度以及论证其正当化的现代精神治疗论述体系，可以成为揭示现代社会和文化的奥秘的钥匙。

米歇·福柯的整个思路，从一开始确定了总目标之后，除了随着步步深入而致使其批判重点发生变化以外，一直是遵循着“深入破坏，彻底摧毁”的基本原则，在西方文化史的河床上，凿穿了一个又一个孔洞。他先是用“知识考古学”，接着又与“系谱学”并用，逐一地挖掘作为现代西方人文科学基础的语文学、政治经济学与生物学的深沉结构，解析作为西方现代知识基础的“话语”和“论述”（le discours）的本质，揭示了现代西方人文科学的核心概念“人的主体性”的空虚性。然后，他又从知识层面，转向更实际的传统镇压制度、监禁机构和道德思想训导体系，集中揭露监狱制度和思想控制对于人的残酷迫害实质，集中火力批判在权力和知识的勾结中，将人的“自身”地位加以扭曲和“折叠”的权术玩弄手法，从语言和理论层面的解剖，转向对知识和道德实践策略手法以及权术运用方面的揭露。最后，福柯转向型构西方人主体身份和主体地位的最核心问题，这就是整个社会和文化及其统治者如何促使每一个个体的社会成员规训其自身，使每个人在社会生活和文化活动中，都能意识到整个社会及其统治者对其自身所提出的要求，并在自身的实际活动中按照社会的标准化规范约束和型塑自己而实现主体化。福柯将这一研究内容及其过程称为“关于我们自身的历史本体论”。在这里，福柯触及了西方传统道德中禁忌最多而又最虚伪的“性”的问题，试图以系谱学方法径至捣毁西方文化的主要源头之一——基督教道德观念及其价值观。

由于福柯在58岁的时候就得艾滋病去世，他的短促的理论批判未能彻底完成他自己预定的总目标。所以，迄今为止所看到的福柯发表过的著作，只能表现他部分的理论改造计划，也使福柯的理论批判难免给人一种不系统、不完备的印象。但是，福柯的批判火力毕竟痛击了传统文化的要害处，以致在他的影响下，整个后现代主义者也对传统西方文化全面出击，在福柯所带动的“成问题化”（problématiser）思考模式的启发下，在同传统西方文化和现代文化周旋，并不断对之吞噬的过程中，不断地提出问题，进行一种具有“后现代”风格的无目的的自由创造游戏活动。

（三）福柯对前代批判成果的继承

历经福柯等人批判和破坏的西方现代文化，从60年代到70年代，短短的十年间，其价值受到了彻底的怀疑，其基础遭到相当程度的颠覆，其结构也受到了拆解。因此，才出现让·鲍德里亚所说的上述那种支离破碎的状况。但由于福柯等人只能专心于批判和否定，还没有足够的时间拿出积极的建设方案取代被破坏的旧传统，使这些文化叛逆者们自己也感到：除了继续佯装狂欢在虚空中以外，没有别的办法去回避那些已经谈论过的理念和梦想的再生产，也没有办法去避免其狂欢的“永恒的复归”。

这一切，不能归咎于福柯一个人，同样不能归咎于福柯那一代的“后现代”和“后结构主义”的思想家们。他们，作为对西方传统文化叛逆的思想家，至少已完成了其全面批判传统文化的带头使命，继承了自19世纪末由尼采、马克思和弗洛伊德三位“怀疑大师”所开创的批判西方现代文化的历史使命。更重要的，福柯这一代思想家，是在西方世界自20世纪中叶进入空前繁荣和技术发达的时代里，发出他们对被盲目地崇拜的西方现代文化的批判号角的。他们身处西方社会，最深刻地感受和理解到西方文化骨子里的实质精神；在全世界对于西方现代文化的一片赞颂声中，敢于喊出最强硬的反调，把批判矛头直指西方文化的灵魂所在，直指其深处的病灶所在。这一切并不是偶然的。

福柯从第二次世界大战结束开始，便面对着以萨特存在主义为中心、泛滥着上述三位“怀疑大师”思想的法国文化界。

在福柯由中学到博士班的学习过程中，即从40年代到50年代末，整个法国人文社会科学界正受到黑格尔、马克思、弗洛伊德、尼采、胡塞尔和海德格尔等人的思想的强烈影响。这一切应该归功于伊波利特、柯瓦雷（Alexandre Koyré，1892—1964）、巴岱、克洛索夫斯基、拉康、雷蒙·阿隆、梅洛-庞蒂、萨特和加缪等人，也要归功于福柯在巴黎高等师范学院的导师阿尔图塞、冈格彦和迪梅齐尔（Georges Dumézil，1898—1986）等人。福柯在青年时代的思想成长过程中，都受惠于所有这些人的思想观点。

法国人是通过黑格尔而进一步了解马克思的。黑格尔思想中包含着绝对唯心论体系和辩证法两大部分，而一般认为前一部分是属于消极保守性质，只有后一部分具有积极和革命的精神。伊波利特自己曾说：“对于早就泛滥于整个欧洲的黑格尔主义，我们法国是接受得较晚，而我们是通过黑格尔青年时代的不太出名的著作《精神现象学》，通过马克思和黑格尔的关系认识黑格尔的。在这以前法国早已经有一些社会主义者和一些哲学家，但是黑格尔和马克思都还没有真正地进入法国哲学圈内。事情是现在才有的。讨论马克思主义和黑格尔主义已经成为我们的日常活动。”（Hyppolite，J. 1971. II：976）同欧洲其他国家相比，法国思想界接受黑格尔思想的脚步比较慢一些，但是，经伊波利特等人的引进之后，法国思想家们对黑格尔的辩证法深感兴趣。正如梅洛-庞蒂所说，黑格尔是对20世纪所有伟大思想家发生最大思想影响的唯一哲学家。对于法国当代思想家来说，引进黑格尔，不只是引进了黑格尔辩证法的革命叛逆精神，而且也引进了比黑格尔更激进的马克思主义。正如萨特在《辩证理性批判》一书中所指出的，从30年代到50年代，黑格尔辩证法思想的入侵，开创了一个新马克思主义所主导的“不可超越的地平线”（l’horizon indépassable，Sartre，J. P. 1960）。黑格尔和马克思又进一步同尼采和弗洛伊德汇合在一起，形成了第二次世界大战期间到50年代末为止法国思想界的空前活跃的创造气氛。在为伊波利特的逝世而召开的纪念会上，福柯说：“对我们这些伊波利特的学生来说，我们现在所思索的所有问题，都是他提出来并反复思索的，都是他在他那本伟大的《逻辑与存在》一书中所总结的。在大战之后，他教导我们思考暴力和论述的关系，思考逻辑和存在的关系。而现在，他实际上仍然建议我们思考知识的内容和形式必然性的关系。最后，他还告诉我们，思想是一种永不停止的活动，它是发动‘非哲学’，但又使‘非哲学’紧紧地靠近哲学而运作起来的某种方式，同时也是我们的存在得到解决的那个地方。”（Foucault，M. 1969a：136）其实，伊波利特对于福柯的最深刻的启示，并不是黑格尔的思想本身，而是通过黑格尔哲学体系及其辩证法所开启的一种哲学思考方式。这种哲学思考方式，一方面确定哲学思考所追求的体系，但又永远达不到它；另一方面又为自身的思考限定界限，但又不断地逾越它。在这种哲学思考方式中，实际上提出了永远伴随着有关人、知识和自由的极其重要的双重性问题，这就是有关人的限定性及其不断逾越限定性的问题。受到伊波利特的启发，福柯从那以后就不断探讨哲学的限定性以及哲学本身又不断逾越其限定性的问题。对于福柯来说，真正的哲学思考，并不是仅仅局限于哲学本身，而是在同哲学相邻的各门学科中来回穿梭，而又不断返回哲学进行思考，使哲学真正成为永不停息的思索并在其自身的限定中不断试图超越自身（Foucault，M. 1994. Vol. I：780—782）。

青年时代的福柯，实际上接受了来自文学和哲学的双重启示。在文学方面，他仰慕着从事逾越、重视“有限的经验”的作家们，包括巴岱、布朗索和克洛索夫斯基等人。这些作家有关“性”的有限经验及其逾越的论述，连同当时极其流行的精神分析学和拉康的结构主义精神治疗学，都对福柯思考问题并总结自己的经验发生了重要影响。所有这些使福柯集中思考精神治疗学的“身份”问题，同时也由此进一步思考医学视诊和整个人文科学的性质的问题。他说：“每当我试图从事一种理论活动的时候，我总是从我自己的亲身经验出发，始终都是同环绕着我，并在我周围发生的各种过程相关联的。这是因为我认为我是从我所看到的事物中认识事物，我是在我所遇到的制度中认识制度，我也是在同他人的关系中了解他人……正因为这样，我的理论活动实际上也是我的自传的某些片段构成的。”（Foucault，M. 1981a）通过弗洛伊德和精神分析学，福柯又大量地阅读福克纳（William Harrison Faulkner，1897—1962）、吉德（Andre Gide，1869—1951）、热内（Jean Genet，1910—1986）和萨特的著作。这些作家和巴岱一样，都在他们的有限经验中试图寻找逾越的可能性，寻求无止境的自由。重要的是，所有这些作家，都在对于“性”和对于语言论述的经验和分析中实现他们的各种逾越的创作活动。

当然，这一时期的法国青年学生，包括福柯在内，并不是清一色地抱有同样的理想和具有同样的世界观。同当时的思想家相比较，福柯的思想更加接近于梅洛-庞蒂。福柯 1970 年在法兰西学院发表其院士终身教授职务就职演说时指出：“我们的整个时代，不管是通过逻辑学或者通过认知论，也不管是通过马克思或者通过尼采，都试图超越黑格尔。……但是，在实际上超越黑格尔，就意味着正确地估计脱离他所要付出的一切代价。这就是说，充分估计到黑格尔是在多远的范围之内接近于我们，这也是意味着我们究竟能在多大的范围内思考着反黑格尔和黑格尔主义，同时这也意味着我们对黑格尔的反对可能是一种策略，促使我们期待并静静地思考。或者，如果我们感谢伊波利特给我们带来了比一个黑格尔更多的思想家的话，那么，这就意味着在我们中间展现了一个促使我们自己永不疲劳地奔跑思索的大道；而且，通过我们面前的这条路，我们慢慢地同黑格尔分开，并保持距离，但与此同时我们又感受到自己被带回到黑格尔那里，只是以另一种方式罢了。而后，我们又不得不从那里重新离开黑格尔。”（Foucault，M. 1971a：744—745）当福柯系统地总结自己的心路历程时，不要忘记在整整二十年以前，在同样的法兰西学院院士哲学终身教授就职演说中，福柯的前任梅洛-庞蒂，也在同一个大厅，发表了有关法国思想界从 20 年代到 50 年代为止的实际状况的演说。事隔 20 年的前后两篇演说词，深刻地描述了从梅洛-庞蒂到福柯整整两代思想家所经历的思想陶冶成长过程。

（四）福柯自由观与萨特自由观的异同点

福柯比萨特年少 11 岁。当萨特在 30 年代初在法国西部海港城市勒阿弗了市就任中学教师并着手写《呕吐》的第一篇草稿的时候，福柯刚刚四岁。当时，萨特已经在尼采哲学和里昂·布伦士维格（Leon Brunschvicg，1896—1944）教授的启示下思考着有关“偶然性”（la contingence）的问题，并试图以小说文学形式表达“偶然性”的特征。当萨特历经八年的酝酿，在 1938 年将偶然性哲学概念形象化而又很成功地在他的第一篇成名小说《呕吐》（*La Nausée*）中表达出来的时候，福柯才刚刚满 12 岁。而当福柯在 1946 年步萨特之后尘进入巴黎高等师范学院的时候，担任他精神分析学的老师的，正是萨特的同窗老友丹尼尔·拉加什（Daniel Lagache，1903—1972）；萨特本人当时已成为世界闻名的存在主义大师了。所以，在福柯和萨特之间，可以说，整整隔着一代人的时间。他们之间，既有共同点，又有明显的不同。深入了解他们的异同点，有助于把握由萨特和福柯所代表的整个法国现代哲学和人文科学的发展倾向及其基本精神，也有助于深入了解福柯的思想的特色。

福柯与萨特的共同点是由他们所处的历史时代的连续所决定的。如前所述，西方社会自 20 世纪 60 年代起就进入了一个充满着矛盾的“后现代”阶段。萨特和福柯都是在 20 世纪上半叶长大的。他们从童年时代接受启蒙教育到成年时代完成高等教育，都可以说是在西方社会的上述从“现代”到“后现代”的过渡时期内度过的。在这个历史时期内，文学上的“超现实主义”（Surrealism）、美术上的立体主义（le Cubisme）和抽象派（L'abstractionisme）、哲学上的存在主义以及弗洛伊德主义精神分析学等，都典型地表现了由经典的西方人文主义和传统理性主义所培育出来的现代西方文化的根本性转折。如果说在“现代主义”的文化中还充满着人性和理性的创造力的话，那么，在从现代到后现代的过渡期内的西方文化中，就充满着对人性和理性的创造力的怀疑和破坏。萨特和福柯，都是在对西方传统文化的冲击和批判浪潮中，培养他们自己在文化生命方面的“自我”的。他们虽然前后相差 11 岁，但他们遇到了同一个过渡期，甚至遇到了同样的时代精神，受到了同样的批判传统人文主义和理性主义的时代潮流的洗礼，因此，他们都同样地受到了胡塞尔现象学、海德格尔存在主义、弗洛伊德精神分析学和马克思主义的深刻影响。这些共同点，使萨特和福柯都具有对西方传统文化的叛逆精神。

萨特和福柯不仅在叛逆西方传统文化方面有共同点，而且，他们都同样把自己的叛逆精神，立足于对于他们所处的社会历史条件的批判，立足于对于西方不合理的社会文化总体的否定态度。

在谈到他青年时代的文化背景时，福柯说：“我属于这样的一代，当我们还是大学生的时候，我们都是被马克思主义、现象学和存在主义所标志的一种视域所限制。所有这些事情当然是极端有趣和激发人心的，但是，它又在经过一段时刻以后促使我们感受到一种窒息，并产生试图观看界限以外的事物的强烈欲望。我就像当时的哲学系学生一样，同传统和当时流行思潮的断裂，主要来自贝克特的《等待戈多》。正是这本书使我们在窒息中重新大口地呼吸。然后我进一步阅读布朗索、巴岱和新小说派的罗伯-格里耶（Alain Robbe-Grillet，1922—2008）以及布托（Michel Butor，1926—）、巴特和列维-斯特劳斯。所有这些人，都是相互区别的，而我也并不想要全部地吸收他们。但可以说，他们是我们那代人同传统形成断裂的重要中间人物。”（Foucault，M. 1994. IV：608）福柯所说的“断裂”意味着什么呢？主要是意味着同一切“主体哲学”的断裂。正是上述各个思想家和作家们带领福柯等人走出主体哲学的范围，在语言论述和权力网络相互穿梭的社会文化历史和现实的结构中破解传统主体的型构密码及其基本原则。

福柯又不同于萨特。这主要表现在他更深受结构主义反主体哲学的影响，因而对语言方面的思考加速了他的思想方法的革命。他说：“我自己很明白为什么我阅读尼采。我阅读尼采是因为巴岱，而我阅读巴岱是因为布朗索。因此，如果说尼采只是在1972年才出现，如果说只是在1972年，才由那些在60年代曾经是马克思主义者，而后又试图通过尼采走出马克思主义的人们说出尼采的话，那是完全错误的。那些第一批诉诸尼采的人们，实际上并不试图走出马克思主义，因为他们本来就不是马克思主义者，而是现象论者。”（Ibid.：437）在这些第一批倒向尼采的法国思想家中，福柯本人就是一个最重要的成员。作为存在主义者，萨特也是现象论者。同样是现象论者，福柯和萨特却走向了两个不同的方向。这主要决定于萨特和福柯所受到的哲学传统的教育及其个人思考模式的区别。从同法国哲学传统的关系来看，萨特继承和发扬了自笛卡儿经伯格森的主体意识哲学的传统，而福柯则宁愿在上述主体意识哲学之外，从尼采、从现代和后现代的语言哲学的风格中吸取养料，使他从50年代起走上由尼采所开辟的解构语言论述的创作道路。主体哲学不但使萨特变成为典型的存在主义者，而且也使他更加接近马克思主义。而福柯相反，虽然早期经阿尔图塞接触过马克思主义，但他很快就在尼采和巴岱等人的启发下，试图通过对语言论述解构而走向“无主体”的哲学的方向。

关于福柯和萨特的区别，典型地集中在他们对于自由的不同观点上。什么是自由？萨特从主体意识哲学出发，认为自由就是个人所追求的一种生存空虚，是在同各种偶然性搏斗、同他人的竞争和相互超越中实现的。福柯却认为，自由在本质上是不可界定的，因此，将自由归结为主体的自由，就意味着首先限定人的主体性，而后才有可能实现自由。正是为了实现不可界定的和无限制的自由，福柯认为首先有必要打碎受主体化限制的现代人的枷锁，而破解的唯一途径就是不断地解构作为现代主体的人的各种知识论述、道德论述和权力论述。其次，萨特把自由归结为主体意识的超越，因而也将自由归结为纯粹意识的活动；福柯则将自由同意识区隔开来，直接地根据人自身的意志和天然本能欲求去探讨自由的无限可能性。福柯在谈到自由的时候说：“我一方面试图强调某一种类型的哲学提问方式是植根于启蒙时代的，而这种哲学提问方式对于同现代的关系、对于历史存在的模式不断地提出疑问，对于我们自身作为自律的主体的构成也不断提出问题；另一方面我要强调我们以这种方式同启蒙运动的密切关系，并不是对于某些理论学说因素的忠诚，而是一种态度的永恒的更新，也就是采取一种哲学态度，也可以把这种哲学态度称为对于我们的历史时代的永恒的批判。”（Foucault，M. 1994. IV：571）“对于我们的历史时代的永恒的批判”，就是福柯所说的自由。这种自由当然应该避免重新回到传统的人文主义和主体哲学的路线上去。这样一来，福柯的自由就成为无主体的自由，一种真正属于每个人自身的、不受限制的自由。

（五）从知识史到知识考古学的转折

福柯的批判和创作生涯是从研究知识史开始的。当他在巴黎高等师范学院准备哲学教师资格的时候，指导他的论文的老师就是法国著名的知识史、观念史和科学史的权威冈格彦。福柯在1969年发表《知识考古学》一书时，在导言中详细而深刻地探讨了与知识史、观念史和科学史相关的一系列重大理论和方法问题。他实际上是总结了自己从50年代开始进行的西方知识史研究工作的基本观点，并对传统知识史、观念史和科学史进行严厉的批判，为他所开创的知识考古学奠定基础。

就在这个导言中，福柯强调指出：知识史研究的主要目标不再是描述和总结传统知识和思想的单线发展过程，也不再是寻求知识的最终基础，而是寻求知识型构中的区分和界限的问题（the problem of division and of limits），探索重建知识基础的变革问题（the problem of transformation）。这样一来，知识史的研究，不是寻求真理连续发展的规律，而是区分出知识和真理建构的“非连续性”、区别性及其散播策略。

寻求知识型构中的区分和界限以及探索重建知识基础的变革问题，就意味着将知识当成社会区分和社会统治的一个主轴。正如贝维尔（M. Bevir）所指出的：传统的知识研究总是以探索知识的认识论基础为主，并将知识当成一种脱离政治统治行为的认识活动的产物（Bevir, M. 1999）。历来的知识研究从不探索知识与社会权力运作的关系，也不研究知识在社会区分、社会控制和维持社会统治秩序方面的作用，似乎追求和扩大知识只是少数知识分子所进行的真理探索活动。福柯根据西方社会和文化的发展事实，看到了知识问题不只是属于人的纯粹认识活动，也不仅仅为了达到认识客观对象的真理而已，而是为各个历史时代掌握权力的统治者所控制，并为统治者的权力运作服务。知识的型构过程，同时也是一种区分和限定的过程。通过知识的生产过程，社会不但区分了知识生产者和接受者，区分了知识生产者共同体内部的各个阶层，也区分了社会的各个阶层。福柯并不满足于揭露知识同统治者权力运作之间的一般关系，而是深入分析在权力运作过程中，知识如何参与权力运作策略的制定过程，并分析知识为统治关系制订一系列规则、标准及规范的实际活动过程。

因此，在福柯的知识及其历史的研究中，他所关怀的重点，第一，就是知识是在什么样的社会统治关系中，为维持特定的统治秩序的目的而形成的。第二，在知识型构的特定历史基础因素中，有什么样的特定社会力量关系网络，促使一部分人从社会关系整体结构中分离出来而从事专业的知识生产与再生产的活动。这就涉及知识型构、生产和再生产中，那些充当知识支配者的社会成员自身的自我分化和社会区分过程。福柯在探索知识生产与再生产问题时，非常重视知识生产者和支配者的自我区分化和社会区分化过程并把这一过程同整个社会的区分化过程以及对于区分化过程的权力控制问题连贯在一起加以考察。所以，知识问题已经超出认识活动的范围，而直接成为社会区分化的问题，也成为与区分化密切相关的权力运作及其策略问题。第三，知识的生产和再生产关系到整个社会的统治秩序及其一系列规范。由于知识提供了各种有关客观事物的认识和评判标准，所以，知识也就直接地为整个社会的规范体系提供一般性准则和基本原则，从而使知识直接和间接地参与整个社会规范的制订过程并在很大程度上决定着特定社会规范体系的评判标准及其基本运作规则。所以，福柯认为，知识不但告诉人们哪些事情做得正确或错误，而且也规定人们应该做或不应该做哪些事情；也就是说，知识实际上参与了社会的区分，并为各种活动作出各种限制。福柯在知识研究中，一再强调知识的各种界定，实际上具有双重的社会功能：一方面为所谓正确或善的活动制订判断标准，另一方面又为各种排除和否定性行为进行正当化论证。自文艺复兴和启蒙运动之后，由于西方社会的理性化和法制化过程，知识更加成为社会区分和社会统治的正当化论证基础，也成为各种社会排除和社会分割的根据。第四，知识直接参与个人和群体的内化过程，特别是直接参与个人的主体化过程。在福柯看来，主体化问题实际上就是个人实现社会标准化的过程。任何社会都面临如何处理“个人与社会”的关系问题。资本主义社会的基本特征，就是将“个人与社会”的关系的解决归结为个人的主体化问题。这是由资本主义社会的个人主义基础及其法制化性质，由其对于个人自由的尊重所决定的。但对个人主体化的重视，并不意味着社会纵容个人恣意行为，而是强调社会整体中每个人对任何其他个人自由的同样尊重。不同的社会历史时代要求不同的个人主体化过程，因为不同社会历史时代要求型塑不同的个人主体，依据不同历史时代的特殊标准而造就不同的主体。所以，主体化不只是单方面地尊重个人自由，并以达到个人自律为主要目标，实际上它又同时要求个人以社会所确认的同一性标准实现内化，使每一个人都按照同一标准的社会规范将自身改造成独立的个体。为了实现个人主体化的目标，各个历史时代的统治者始终都是通过知识的型构、灌输和扩张而影响个人的主体化过程，也就是以知识中所提供的各种标准促使个人实现内化和社会化，促使个人成为符合社会标准的自律体。

当然，福柯充分意识到启蒙运动后的现代社会主体化过程的特殊性，因此他集中探讨知识对于近代和现代社会主体化过程的社会历史意义。福柯认为，近现代社会中，知识对于建构符合近现代社会标准的主体起了最关键的作用。其实，知识对于主体化过程的上述社会功能，也就是知识和权力运作在现代社会发展中的相互关系的基本形态。

对于福柯来说，知识史研究的目的，是要揭示西方文化如何借助于话语论述模式的不断变化而型构历史发展和一切社会行动的主体（Foucault, M. 1969：5—10）。知识史研究观点和方法的根本变化，使福柯有可能借助于对知识论述的解构，更深刻地揭示知识建构和发展对于人的主体化的决定性作用。很明显，在福柯的最初的知识史研究中，就已经通过观点和方法的彻底变革而衬托出其知识史研究的真正目标，这就是关于现代西方人如何在知识建构和发展中建立自身的主体地位的问题。福柯试图通过这一研究彻底解构贯穿于传统文化发展中的“主体化原则”，也就是集中批判作为传统形而上学和知识论中心概念的“主体”范畴。在这个意义上说，福柯晚期所总结的“关于我们自身的历史本体论”的基本论题，一方面就是批判和摧毁西方传统文化中的“主体”概念的工程，另一方面，也是探索西方人自己陷入由知识、权力和道德所掌控的“主体化”历史过程的一种解构程序；所有这一切，早在五六十年代就已经有了初步的轮廓。

但是，福柯及其导师在精神分析学和精神治疗学方面的研究方向和丰富经验，使福柯早期的知识考古学研究的重点集中指向精神治疗学及其诊疗史。从福柯本人的历史文化背景来看，他更有理由选择精神治疗学作为知识史研究的第一个领域。他出生于法国西部具有悠久文化历史传统的普瓦捷市（Poitiers）一个祖辈三代的医生世家中。深厚的人文和医学传统的熏陶，使他在巴黎师范学院准备博士论文期间，对于精神分析学和精神治疗学这两门知识所固有的学术专业性和制度规范性双重特征深感兴趣。正如他在《疯子与非理性——古典时代疯子的故事》、《精神病与心理学》和《精神诊疗所的诞生——医学看诊的考古学》中所指出的，精神治疗学所表现的学术性和规范性的双重特征，典型地揭示了近代知识身兼真理和区隔化双重功能的性质。对他来说，像精神治疗学这样的学问，其本身所具有的知识真理性，实际上是知识型构中所环绕的社会历史条件下为当时统治阶级所宰制的知识论述运作逻辑的精神产物；而其知识真理性及其客观中立的认知标准化功能，归根结底，是为了更好地发挥它的规范化、制度化、正当化和区隔化的社会功能。所以，相对地说，精神治疗学所具有的上述双重功能和特征，其规范化、制度化、正当化和区隔化的社会功能，是更加重要的（Foucault, M. 1961；1962；1963）。

20世纪60年代中期以前由福柯所从事的上述知识考古学研究工作，实际上构成了他的后结构主义的社会文化批判活动的第一阶段。

福柯的知识考古学和道德系谱学，是后结构主义中一种非常重要的社会理论。在这种社会理论中，体现了后结构主义的社会理论所遵循的“解构”原则，也体现了它在分析当代社会的过程中，对于现代知识、道德和权力所进行的全面批判的精神。

如前所述，对福柯来说，研究西方社会，并不是为了建构系统的社会理论，而是要解析西方社会，特别是近代西方社会的形成奥秘，探索其形成过程中，究竟以何种运作机制、何种策略和手段，实现个人的主体化同整个法制化社会的协调。福柯认为，分析西方社会的这些主要问题，既不能继续遵循传统社会科学和人文科学的基本观点和方法，也不能按照通行的西方思想方式。最根本的，在他看来，是要观察和分析现代西方人主要在说什么、做什么和想什么。从当代西方人实际的说话、做事、行为举止和思想方式中，掌握西方社会的主要问题。

在福柯看来，西方社会和文化中的主要问题，包括三个方面：第一方面是知识领域，第二方面是权力的运作问题，第三方面是道德问题。在上述三方面问题中，福柯又把西方社会的建构同社会中个人主体地位的建构联系在一起加以分析。他在《性史》（*Histoire de la Sexualité*. 1984）序言中指出，他所考察的西方社会中的“性”的问题，是西方人社会生活中的一种特殊的历史经验。研究性史就是：“想要把某个知识领域、某种类型的规范性以及某种对待自身的模式三者当做相互关联的事物加以处理；这就是说，试图解析近代西方社会是如何依据人的某种思想行为方式及其复杂经验而建构起来的；在这种复杂的经验中，一个知识的场域（连同其概念、理论以及各种学科）、一系列规则总体（这些规则区分着可允许的和被禁止的、自然的和异常的、正常的和病态的、端庄的和不端庄的等等）和个人对于他自身的关系的基本模式（通过这种模式他才能在他人中间自我认定为‘性’的主体）相互连贯在一起。”（Foucault, M. 1994. Vol. IV：579）

因此，对于现代社会的分析和考察，就是要揭示作为现代社会主体的现代人，在社会历史发展的一定阶段，是如何运用现代知识、道德和权力的相互纠结，在使自身建构成现代主体的同时，又能将社会建构成现代的法制社会。换句话说，福柯的社会理论所探讨的主题是“自身”、“知识”、“道德”及“权力”。在他看来，现代社会的问题，简单地说，就是作为“自身”的人如何变成知识的主体、道德的主体和权力的主体。

总之，在福柯看来，自近代以来，西方社会的所有变化和发展，都是同知识领域中的认知主体的建构、同行为领域中的社会和法律主体的建构以及同自身和他人关系中道德主体的建构密切相关的。因此，对西方社会的分析，始终都是同作为社会成员的个人如何成为主体的问题密切相关的。

第二节　知识考古学的性质

（一）知识考古学研究的基本内容

现代知识在近代社会的建构和发展过程中，始终是一个关键的因素。福柯认为，将近代社会同古代社会加以区分的关键因素，就是近代科学知识的建构及其在社会中的运用。近代知识体系，不论其建构过程和运用领域，也不论知识的建构者或者支持和维护这些知识的社会制度，都同近代社会的历史命运紧紧地联系在一起。因此，揭示近代西方知识的建构和扩散过程，实际上就是分析西方近代社会运作的精神动力基础。近代知识作为西方社会建构的一个重要精神支柱，一方面，其建构过程表现了特定社会制度中掌握特权的阶层的特殊需要，表现了这些特权阶层努力造就一批生产知识的精英分子的过程；另一方面，也表现了被筛选和组织起来的近代知识分子迎合社会中特定阶层利益的需要的历史过程。福柯认为：“在任何一种社会中，各种知识、各种哲学观念、各种日常生活的意见，以及各种制度、商业的和警察的实际活动、各种社会习俗和道德意识，都归化到属于这个社会的那种内含的知识。这样一种知识，从根本上就不同于人们在各种科学书籍中、在各种哲学理论中和在宗教的证成过程中所看到的科学知识，但是，这种知识却在某一特定时刻里，使得某种理论、某种观点和某种实际活动有可能出现。”

(Foucault, M. 1994. Vol. I: 498)

近代知识在西方社会建构中的特殊地位，使福柯从一开始从事社会文化研究，就以其独创的批判态度和方法，集中地研究了近代知识同社会制度相互关联的历史。显然，福柯对于知识的研究，完全不同于传统的认知论，也不同于传统的文化史、观念史、知识史、思想史和科学史。

当然，福柯研究近代知识同社会制度相互关联的历史，也直接关系到他的特殊历史观和特殊历史研究方法。如前所述，福柯始终认为历史和历史研究以及从事历史研究的历史学家，都是同政治、同政治活动密切相关的(Foucault, M. 1994. Vol. II: 643)。因此，在知识的上述历史研究中，福柯特别注意知识的形成和扩散同社会政治制度的建构及其正当化过程的密切关系，特别是注意到知识领域中的科学论述的创造者同社会政治活动领域中控制政治权力及其运作程序的统治者之间的密切关系，并把这种密切关系具体地体现在两者之间在知识论述扩散和权力运作的策略方面的相互勾结。

对福柯来说，研究知识是为了揭示知识同社会制度的关系、知识同社会中活动着的行动者和统治者的关系，也是为了研究知识同社会中的人的思想观念及其思维模式的关系。

福柯的知识考古学，是他独创的一种批判和揭露西方社会的“历史的和政治的活动（une activité historico-politique）”（Ibid.）。尽管福柯的知识考古学的基本观念及其贯彻过程，在其研究的不同阶段有不同的特点，但其基本精神和基本原则，无非就是对知识进行历史的和政治的交叉研究，以便把西方知识的型构和扩展过程，纳入近代西方社会政治制度的实际运作活动中。

福柯认为，在考察知识的型构和扩展过程时，历史和政治是相互利用的。他说：“在我看来，历史可以为政治活动服务，而政治活动反过来也可以为历史服务，只要历史学家的任务是在于揭露人的行为举止、社会条件、生活方式和权力关系的基础和连续性。”（Ibid.）以历史和政治的相互交叉又相互利用的关系为基础所建构的知识考古学，就是要揭露在人们心中所流传下来的各种定型的传统观念、行为方式和规范的形成和巩固过程，揭露它们的实际历史效果及其在当代的效用，揭露在我们当代生活条件下的实际运作方式；同时，还要揭露什么样的政权体系是同这些社会基础相关联的。

福柯关于知识考古学的上述基本观念，使他的研究活动的重点集中在知识与社会的相互关系的论题上。随着研究活动的深入，他又对于知识与社会的相互关系有了更深和更全面的认识，不仅使他的知识考古学的基本观念不断地发生变化，还进一步把对于知识的分析批判同对于道德和权力的分析批判联系在一起，并在不断联系的过程中，逐步地将研究重点转向社会中的个人如何成为自身的主体这一论题上。

（二）知识考古学研究三大历史阶段的特征

从50年代末到60年代，是福柯知识考古学研究的第一阶段，这一阶段的研究重点是精神治疗学。他之所以选择精神治疗学，是因为精神治疗学典型地表现了具有权力性质、规范性、规定性和正当化功能的现代知识的特点。从分析精神治疗学入手，正是有利于全面地揭露现代知识同权力运作之间的内在关系，特别是揭露现代知识为近代社会制度的建构和巩固而服务的本质。

在分析近代精神治疗学产生和发展的过程中，福柯集中地探讨精神治疗学是如何通过其学科的科学性和规范性的双重性质，对正常与病态、理性和反理性、合法和不合法加以区分的。这个研究的目的是要说明，以精神治疗学为代表的近代科学知识，是如何一方面以真理的身份，打着客观科学知识的旗号，在社会中普遍地传播开来；另一方面又作为权力干预和控制社会的基本手段，起着规范化和法制正当化的功能。在福柯看来，在16世纪西方近代社会制度刚刚建立时，在当时掌握着实际权力并控制着社会主要财富的社会阶层，为了取得合法的统治地位，需要寻找某种可以说服人的客观科学论据，把整个社会分隔成理性和疯狂两大部分（Foucault，M. 1994. Vol. I：164）。

实际上，人类社会各种文明制度的建构，都是以各种区分和不断再区分活动作为基础的。区分和再区分活动的机制，一方面是靠社会中已经掌握实权和特殊社会地位的社会力量，靠它们所意愿和建构起来的各种区分规则和区分制度及其运作；另一方面又是靠社会中各个成员，在不同社会中的各种思想观念的推动下，以其自身的认知方式和行为方式，承认和接受这些区分规则和区分制度。西方社会只有发展到了16世纪的阶段，才有可能建构起近代科学知识的理论体系和与之相应的实验方法及运用技术。但西方近代科学知识的客观真理性和规范性双重性格，并不是在各种学科中以同样的方式表现出来。在福柯的知识考古学研究中，他发现精神治疗学一方面是同近代西方社会制度同时产生，因而在某种意义上说，成为西方近代社会制度的一个象征；另一方面又典型地呈现出知识的真理性和规范性双重特征。所以，精神治疗学的研究成为了福柯知识考古学第一阶段研究的中心课题。

从1954年到1963年，福柯连续发表了关于西方精神治疗学历史的著作，其中包括《精神病与个性》（*Maladie Mentale et Personnalité*. 1954）、《精神病与心理学》（*Maladie Mentale et Psychologie*. 1962）、《疯子与非理性——古典时代疯子的故事》（*Folie et Déraison. Histoire de la Folie à L'ǎge Classique*. 1961）和《精神诊疗所的诞生——医学看诊的考古学》（*Naissance de la Clinique. Une Archéologie du Regard Médical*. 1963）等。在这些著作中，福柯集中地考察了三方面的问题。首先，精神治疗学同整个社会制度的关系。福柯认为，精神治疗学开创的时间正好同近代资本主义社会制度建立的时间重合，两者都是创立于16世纪，此事并非偶然。在他看来，两者同时建立都是为了建构一个理性规范化的社会，把整个社会按照理性的标准分隔成两个部分：合理和不合理的、正常和不正常的、健康和病态的、中心和边缘的。其次，精神治疗学的创立同16世纪西方社会的“知识模式”相适应。他认为，任何时代的知识模式都典型地表现了该时代人们的思想方式。正如福柯所说，在《疯子与非理性——古典时代疯子的故事》一书中，他试图从西方思想史的观点去说明西方人的生活经验的总结方式。如前所述，在福柯看来，思想就是包含着真理与虚假的游戏的行动方式，也是包含接受或拒绝规则、包含处理自身与他人关系的行动方式。所以，通过研究像精神治疗学这样的一种特殊学科，福柯要揭露的是西方人所表现的特殊思想方式，也就是处理和总结生活经验的方式。而西方人的思想方式和处理经验的方式，其本身又是他们实际行动的方式，也是他们区分和对待真理和虚假、合规则性和反规则性、合道德性和不道德性的实际行动方式。第三，精神治疗学的创立，还关系到西方人如何在认知过程、生产劳动过程、社会生活领域、伦理行为和政治活动中，使自身变成主体。因此，考察精神治疗学的过程，也是考察西方人使自身成为认识主体、劳动主体、伦理主体和政治活动主体的过程。

60年代末到70年代是知识考古学研究的第二阶段，福柯把重点转向对近代科学知识强制性实际运用过程的分析。关于研究重点的转移，福柯自己说：“我研究人类主体是如何进入到关于真理的游戏之中，不管这种真理游戏是采取某种科学的形式或者参照某种科学的模式，也不管这种真理游戏是在某些制度和控制的实际活动中表现出来的。这就是我的著作《语词与事物》（*Les Mots et les Choses*. 1966）的研究主题，在那本书中我试图观察，人类主体是如何在科学的论述中自己确定为说话的、活着的和劳动的个人。”（Foucault，M. 1994. Vol. IV：708—709）随着知识考古学研究活动的深入，福柯进一步研究了在真理的游戏中个人与社会的相互关系的另一方面，也就是关于真理游戏中的强制性实践（pratiques coercitives）的问题。当然，强制性实践也采取多样的形式，而且也表现在社会领域的各个方面。为了集中说明知识和权力之间相互勾结的运作过程，福柯在上述第一阶段主要是集中分析在精神治疗过程中的强制性实践，而在第二阶段的研究中，福柯就转向了西方的各种监禁制度中的强制性实践。

西方社会的监禁制度包括政府合法建立起来的监狱、拘留所、看守所、劳动教养所等对付各种罪犯的强制性机构，也包括政府通过科学规范所建立起来的医院、看护所和精神疗养院等全控性机构。

正是在知识的强制性实践活动中，再次体现了知识同权力以及整个社会控制操作过程相勾结的关系。福柯选择了西方的监狱和监禁制度作为这一阶段的研究重点。西方的监狱和监禁机构及其操作程序，都是采用了西方科学知识的研究成果，在这个领域中，科学知识一方面为政府和统治阶层强制性地监禁社会的一部分人提供最有效的制度和手段，另一方面又为监禁和强制性活动本身的正当化进行科学论证。

70 年代末到 80 年代初是福柯进行知识考古学研究的第三阶段。他逐步地将研究重点转向个人自身如何对待自身的问题。福柯认为，关于自身如何对待自身，实际上就是自身的实践（une pratique de soi）的问题，它是西方社会和文化传统中的核心（Ibid.：709）。个人的实践关系到社会的个体成员同社会中他人的关系，也同时关系到个人自由抉择、进行自我修养和自我型构（auto-formation）的问题。所以，对于个人的实践问题的考古学和系谱学的研究，将揭示西方社会的建构及其运作奥秘，也将揭示个人主体化这个非常重要的问题。

福柯通过对于古希腊罗马的宗教、教育和社会机构中的各种强制性实践的研究，揭示了通行于这些机构中的一种禁欲主义的实践（une pratique ascétique）方式。这是古代社会文化中特有的一种关于自身的实践。通过这样一种实践，古希腊罗马社会不断型塑了一个个符合社会规范的个人，而且也建构了被社会成员所承认和接受的社会制度。

自身的实践的问题，一方面是个人自身如何对待自己和对待社会的问题，另一方面它又是整个社会如何对待个人的问题。这个问题之所以重要，就是因为它深刻地关系到个人和社会的相互关系，从而也就成为社会如何形成和运作的一个基本问题。在研究过程中，福柯发现：关于个人实践的问题，在古希腊罗马时代，远比近代和现代社会更加自由。这个发现包含着深刻的社会历史意义。古希腊罗马社会，还没有建构起完善和先进的科学知识体系，因而也没有建构起由这些科学理论体系所论证的先进法制和规范体系。这个发现正好说明：现代科学知识，由于它同权力运作的内在密切关系，对于个人的思想、行为和生活方式所给予的限制远比它所给予的自由更多。

（三）知识考古学同权力系谱学的相互关联

经历了上述三个阶段的发展过程之后，福柯总结了知识考古学的基本内容，并说："我使用'考古学'这个词主要有两个或三个理由。首先是因为只有使用考古学这个语词才能玩这场（对现代知识进行解构的）游戏。在希腊语中，'考古学'包含着'开始'的意思。在法语中，'考古学'则包含着'档案'的意思；而'档案'又表示论述的事件是如何被记录和如何被概括的那种形式。"（Foucault，M. 1994. Vol. III：468—469）上述这段话，表明福柯对于知识这种论述性事件是如何被记录和被概括的甚感兴趣。作为档案的形式而留存下来的论述性知识，表现了现代知识形成和传播的重要特点。

接着，福柯又在另一个地方强调知识考古学的重要意义。他说："我使用'知识'（le savoir）这个词，以便同'认知'（la connaissance）加以区别。对于知识，我把焦点集中在认知主体遭受他自己所认知到的某种变化过程。……正是通过这种过程，才有可能同时改变主体和建构客体。……使用'考古学'这个观念，正是为了重新把握一种认知的建构，也就是在其历史的根源中，在使这种认知成为可能的知识运动过程中，重新把握一个固定的主体和一个对象领域之间的关系。”（Foucault，M. 1994. Vol. IV：57）

由此可见，知识考古学所要考察的，是一种知识在其创建的历史过程中的认知主体同其对象领域之间的关系。就是在考察这种关系的过程中，福柯更集中地分析了知识论述体系建构过程中所采用的具体策略。在福柯看来，知识论述的策略集中地表现了一定历史时代的社会权力关系。所以，福柯也把知识论述体系的具体策略的建构及其运用看做是一种历史事件。

福柯在知识考古学中所关心的重点，是西方人如何处理他们自己的基本经验的主要方式。在他看来，在西方社会中，从 17 世纪以来，西方人理解和处理自己生活经验的方式发生了根本的变化；而这个变化的特点，就是西方人把总结自己的生活经验看做是对某个对象领域进行认知的过程。就是在从事这种认知过程的时候，西方人一方面把握其认知的对象，另一方面又把其自身建构成具有固定和确定的身份地位的主体。在这里，体现了西方文化中将认识论列为首位的特点。也正因为这样，考察西方社会和文化的一切活动，都脱离不开对于认知活动的解构。所以，对福柯而言，问题的关键就在于：向来被看做是把握真理的“神圣”的“科学事业”的认知过程，实际上就是在把握认知对象的性质和规律的同时，作为认知主体的人也旋即被赋予了特定的身份和地位；或者说，作为认知主体的人，就是在认知过程中被纳入到特定的社会关系网络之中，从而也不知不觉地受到其认知过程所遭遇的各种相关社会势力的宰制，使人自身沦为特定社会权力关系中被操纵的因素。

知识考古学和道德、权力系谱学，作为福柯的一种历史研究方法，是他所从事的斗争所需要的。

（四）对于语言论述形成和扩散过程的社会分析

在近代社会一系列号称为“科学的”知识形成过程中，特定语言论述的建构和散播过程都是受制于特定社会权力网络；同样地，特定社会历史阶段的权力网络的建构和运作，同时又在很大程度上依赖于科学知识语言论述的型构和扩散策略，依赖于科学知识语言论述同权力网络运作之间的相互协调和相互促进。正是由于这样的认识过程，人在使自身建构成认知主体的同时，实际上也变成了各种知识语言论述散播策略的从属性因素。

福柯曾经尖锐地批判传统的“知识论”。他说：“知识论乃是对一些论述的描述（la discription de ces discours），而这些论述是在一特定时刻的社会中，作为科学的论述（comme discours scientifiques）而发生作用，同时又作为科学的论述而被制度化的（ont ete institutionnalises）。”（Foucault，M. 1994. Vol. II：28）

对后现代主义来说，一切人类知识的正当性都是值得怀疑的。首先，作为一切人类知识的基础，语言本身的生产与再生产，历来为社会和文化界的统治阶级所控制。其次，语言在建构文化和知识的运作过程中变成远比语言本身更加复杂的社会力量。语言本来只是这样或那样的符号体系，但语言一旦被运用，一旦被用来建构文化和知识，就涉及占有权力的特定阶级或群体的实际利益，也涉及作为语言运用（说或写）的主体的实际利益，这就不可避免地为特定阶级或群体所操作，并使之为达到其本身目的的策略所利用和改造。

对于福柯来说，重要的问题，不只是研究语言的结构，不只是说明语言结构的“无主体性”，也不只是分析言说同思想和行为的关系。更重要的，是研究语言论述的实际建构和运作过程。因此，福柯把对于语言的研究集中到研究“论述”（le discours）上来。

福柯明确地指出：“论述”是一种“事件”。他说：“必须将论述看做是一系列的事件，看做是政治事件——通过这些政治事件运载着政权，并由政权又反过来控制着论述本身。”（Foucault，M. 1994. Vol. III：465）

既然“论述”是在特定环境中，由一个或几个特定的人（说或写的主体），就一个或几个特定的问题，为特定的目的，采取特定的形式、手段和策略而向特定的对象说出的“话”，它就总是包含着一个历史过程，包含着相关的认知过程，包含着相关的社会关系，也包含着特定的思想形式。

所以，福柯所说的知识考古学，首先包括了对于知识论述产生过程的整个历史事件的解构。在这个事件中，构成知识形成的基本模式，在不同时代是根据当时当地社会力量结构的基本需要所决定的。因此，福柯在《语词与事物》一书中指出，从16世纪以来，建构近代知识的基本模式发生了两次主要的变化。第一次是在16世纪末到17世纪初。第二次是在19世纪。在16世纪末到17世纪初，西方的科学知识主要包括三大领域：普通语法、财富分析和自然史。到了19世纪，上述三大领域的知识演变成为语言学、政治经济学和生物学。在福柯看来，西方科学知识的上述三大领域及其演变，都是围绕着作为主体的人的“言说”、“劳动”和“生活”三大方面，也就是说，整个西方近代知识始终都是探讨“说话的人”、“劳动的人”和“生活的人”。福柯把上述西方近代知识的建构说成为西方人的特定“知识模式”的产物（Foucault, M. 1966: 262—320）。

在福柯以前，存在主义者海德格尔早在《存在与时间》（*Sein und Zeit*. 1927）一书中，说明语言是生存之道，语言是存在之家。语言一旦被说出或被写出，也就是说，语言一旦变成为“论述”，它就是一种“存在”，一种同在这个世界上的其他一切“存在”具有同样性质的“存在”。作为一种“存在”，变成为“论述”的语言，就具有生存的力量，具有自身的运作逻辑，具有某种自律（Heidegger, M. 1927）。

同样地，受存在主义和结构主义深刻影响的符号论者罗兰·巴特，在1977年1月就任法兰西学院院士时，一针见血地说：“语言既不是反革命的，也不是进步的；它本来就是法西斯的（La langue n'est ni reactionnaire, ni progressiste: elle est tout simplement faciste）。”（Calvet, L.-J. 1990: 261）罗兰·巴特说语言是“法西斯”的，就是强调语言具有专制的性质，它由不得听话者的意愿，总是如同暴力那样强制性地强迫听话者接受。此外，变成为“论述”的语言，还因为同说话或写字的那个“人”相联系，同“论述”在其中发生的社会历史环境相联系，而变得更加复杂。

伽达默尔也指出，论述本身就是一种“功效历史”（wirkungsgeschichte），包含着某种“历史功效意识”（wirkungsgeschichtliches bewusstsein）。伽达默尔在其著作《真理与方法》（*Wahrheit und Methode. Grundzüge einer Philosophischen Hermeneutik*. 1960）一书中，深刻地分析了在特定历史中的人与历史本身的不可分割的关系。在他看来，在特定历史中的人不可避免地“分享”着该历史的精神及其意识。在“话”中，已经蕴涵了产生“话”的历史中所包含的一切因素。也就是说，“论述”凝缩着其相关的历史中的一切相关因素；它是其相关历史的象征和化身（Gadamer, H.-J. 1960）。

同样地，法国思想家利科根据当代诠释学原理及研究成果，也深刻地指出：“论述”是某人、在某一环境（情况）下、就（或根据）某事、向某人、为某事而说（或写）出的“话”。作为“事件”，它是由非常复杂的因素组成的（Ricoeur，P. 1986：111—112）。

由此可见，福柯关于论述的上述观点，总结和发展了从20世纪40年代到60年代西方诠释学和结构主义对于语言的研究成果。他的主要贡献，是把论述完全地同产生和推广论述的社会关系和社会力量联系在一起加以研究，并把它看做是揭示当代社会文化和道德的重要领域。

第三节　对于主体的解构

（一）对三种主体模式的“人文科学考古学”研究

对福柯来说，知识考古学实际上就是解剖和揭示作为当代社会和文化制度正当化基础标准的近代知识的论述模式及其策略。自文艺复兴和启蒙运动以来，近现代知识一直是作为整个资本主义现代社会实现合理化和正当化的精神支柱。近现代知识的这种社会功能及其实现过程，在很大程度上，取决于构成知识结构体系的各种论述所内含的强大精神力量，取决于论述中带有某种神秘性质的精神力量同论述语言结构方面及其运用的特殊逻辑的结合状况，同时也取决于论述建构和传播中同论述以外的社会文化力量的结合状况，特别是同社会文化领域中的权力和道德因素的结合方式及其程度。如前所述，构成知识体系的各种话语论述，虽然表面看来都是带有经验验证过，并因而带有客观真理性的符号系统，但实际上同时具备型塑认识主体和认识客体的强大力量；组成知识的各种论述，从社会和文化的观点来看，实际上是知识产生过程中的特定社会历史力量的象征性表现，是一种社会和文化的复杂力量对比关系的曲折表现。从这个意义上说，构成近现代知识的各种论述方式及其散播过程中的策略，实际上是隐含在论述中的各种社会文化力量进行较量的结果；同时，反过来，论述型构和散播过程所采取的基本结构及其策略，又深刻地影响到与知识型构同时存在的各种社会文化力量，影响到它们之间的相互关系，甚至在很大程度上对于现实的社会文化力量实现了一种区隔化的社会功能。更严重的是，福柯进一步发现：由各种论述内部各种因素相互紧张关系所产生的论述力量及其策略表演，又在很大程度上在其完成社会力量区隔化的同时，实现了这种区隔化的正当化程序。知识论述的上述特征，使近现代社会的各种统治力量，都竞相争夺对于知识型构、生产、再生产和散播过程中的宰制权。

为了深入分析近现代社会和文化建构及其再生产的奥秘，为了揭示现代人的主体意识及其主体化过程同近现代社会文化制度稳定化的内在关系，福柯在《语词与事物：关于一种人文科学的考古学》一书中，继续进行知识考古学的研究，并把研究方向转向与近现代知识论述型构密切相关的“主体化”问题。在他看来，从古希腊经过中世纪到文艺复兴和启蒙运动，西方知识的发展始终都是以语言论述结构模式的转变作为基础的。因此，他在书中用大量篇幅首先探讨知识论述与结构的不同历史阶段的基本模式。语言论述的基本模式，从苏格拉底和柏拉图以来，一直被当成是人的主体意识活动的话语运用表现。所以，分析语言论述的基本模式，实际上是揭示人在思考中的主体化意识活动的基本结构。到了启蒙运动以后，为适应资本主义现代社会的需要，人的主体化过程要求根本改变知识论述的基本模式。这就引起了现代社会以来知识论述基本模式的两大革命过程，也造成了现代知识发展中相互间断的两大类型知识论述基本结构：第一次革命发生在 16 世纪末和 17 世纪初，型构了以普通语法、财富分析和自然史为基本典型的知识论述模式；第二次革命发生在 19 世纪，上述三大领域的知识演变成为语言学、政治经济学和生物学。在福柯看来，西方知识论述的上述基本模式及其中断性的演变，实际上都是围绕着现代资本主义发展所需要的“主体”的规训和建构过程。上述两大时期的三大类型知识论述结构，分别型构和规训现代人，使每个人自身通过三大类型的知识论述的学习和运用，完成自身转化成为“说话的主体”、“劳动的主体”和“生活的主体”，也就是使自身通过知识论述的学习和掌握过程而规训成为符合现代资本主义要求的“标准化”的“正常人”（Foucault，M. 1966：262—313）。

在福柯看来，近代资本主义社会和文化，同历史上各种不同类型的社会和文化制度一样，为了实现整个社会制度和文化制度的协调运作及其稳固，都需要把组成社会基本成员的个人，通过知识论述的生产和再生产机器的运作，而训练成符合该社会正当化标准的“主体”。在这过程中，不管是什么样的社会和文化制度，其知识论述培养和规训个人自身实现主体化的基本机制，就是论述建构和散播过程中知识、道德和权力三大因素的相互渗透和配合。但是，现代资本主义不同于传统社会和文化制度的地方，就是更突出知识的作用和力量；而且近现代知识往往以“理性”和“科学真理”的基本原则掩盖知识论述结构中权力和道德诸因素的介入。而且，近现代资本主义社会的又一个特点，就是强调实现个人自由所必需的“主体性”。因此，近现代资本主义社会中的人的主体性问题，就成了揭露西方文化基本奥秘的关键，也成了揭露近现代社会中知识、道德和权力相互渗透的奥秘的钥匙。

近现代资本主义的发展，为了满足具有自由身份的个人追求和积累财富的需要，为了协调高度发展的个人自由同整个社会文化制度的矛盾，需要在“说话”、“劳动”和“生活”三大方面建构和训练新型的“主体”。所以，近现代资本主义社会的发展过程，表面看来是充满着理性、法制、自由、民主和科学的气氛，每个人在自我型构和规训自身成为符合资本主义社会标准的“说话主体”、“劳动主体”和“生活主体”的过程中，似乎都保持着自身的人性尊严和基本人权，似乎都享受着最普遍的和最公正的自由平等原则。但在福柯的人文科学考古学的解剖之后，这些“说话主体”、“劳动主体”和“生活主体”，都随着话语论述建构和散播过程中的知识、道德和权力的相互勾结，而变成为“在沙滩上消失”的虚构的“人”（Foucault, M. 1966: 398）。

（二）认知主体与生活主体建构的一致性

关于西方科学知识同西方人生活方式的关系。在这方面，福柯明确地指出，从古希腊以来，西方各种知识一直都同西方人看待和总结其自身基本生活经验密切相关。因此，在西方的知识结构中，包含着西方人对其自身、对他人、对社会生活和对世界的基本态度。福柯始终认为知识就是各种历史经验的一种形式。在他晚期对于性史的研究中，明确指出他的目的是要把性的问题当做一种特殊的历史经验形式进行分析（Foucault, M. 1994. Vol. IV: 578）。在他看来，在西方社会生活经验的基本结构中，总是包含着某一个领域的知识（un domaine de savoir）、某种类型的规范性（un type de normativite）以及某种形式的对于自身的关系（un mode de rapport a soi）。在此基本结构中，知识总是同指导着人的行动和生活方式的规范体系相关，同时又同某种关心自身而又约束自身的道德体系相关。

对福柯来说，要彻底揭露西方社会和西方思想的奥秘，不能只停留在知识考古学的层面上。他认为，在西方思想史上，作为主体的人究竟如何进入到有关真理与虚假的游戏活动和社会生活中去，不只是采取某种科学的形式——亦即采用科学知识的模式；而且，更重要的，是要把上述以科学方式呈现的处理真假问题的游戏，同西方人在现实社会生活中实际实现制度化的过程相联系。因此，从70年代起，福柯把研究的焦点转向社会制度和监督控制的实际做法的分析上。

从70年代开始，福柯把他在法兰西学院的系列演讲主题改为“自身的实践”（une pratique de soi），而在著作论述方面，则转向对于监狱、惩治、监督、规训和道德问题的研究上。为此，福柯发表了《监视与惩罚：监狱的诞生》（*Surveiller et Punir. Naissance de la Prison*. 1975）、《认知的意愿——性史第一卷》（*La Volonté de Savoir. Tome I de L'histoire de la Sexualité*. 1976）、《关怀自身——性史第二卷》（*Le Souci de Soi. Tome II de L'histoire de la Sexualité*. 1984）以及《快感的运用——性史第三卷》（*L'usage des Plaisirs. Tome III de L'histoire de la Sexualité*. 1984）等书。

在考察西方有关“自身的实践”的问题时，福柯进一步从宗教、教育、医学和精神治疗学等各方面制度的演变，说明西方人关心自身的基本方式。在这种系谱学的考察中，福柯结合自古希腊罗马时代以来的西方自我关怀的历史，强调西方文明史上，关心自身的基本方式演变的三大阶段。

第一阶段是古希腊时期。当时西方人对于自身的关心是非常自然的，也就是说，当时的人并不把自身的主体地位放在首位，而是自然地关怀自身的肉体和精神方面的欲望，对于自身不愿意做过分强制性的限制。因此，在古希腊时期，各种恋童癖、同性恋以及满足自身快感的实践，都是被容许的。在《关怀自身——性史第二卷》中，福柯分析了古希腊罗马时期有关快感的各种道德规范以及当时的希腊罗马人有关快感道德的思考模式。同时，福柯还分别就身体保健、经济生活和发泄性欲等方面进行论述。他认为，所谓“色情”（l'érotique），在古希腊，乃是“对于爱的反思的艺术”（comme art réfléchi de l'amour）（Foucault, M. 1984a：251）。福柯说：“这些关怀自身的实际活动，在希腊罗马文明中比随后任何时代都更加重要，而且具有某种自律性。在那以后，由于在宗教、教育、医学和精神治疗方面的制度上，作出了相当程度的各种规定，上述关于自身关怀的实际活动，就不如希腊罗马时代那样重要。”（Foucault, M. 1994. Vol. IV：709）

第二阶段是基督教的时代。在这个时代，基督教教义和修道院等宗教组织机构采用了某种禁欲主义的实践方式，特别约束个人身体方面的欲望和享乐的需求。福柯揭露了大量的事实，说明修道院等基督教机构强制性地树立禁欲主义的模范并加以“圣化”。

第三阶段是近代社会建立以后。在福柯看来，从建立自由民主的法制社会以后，表面看来，西方人对于自身的关怀比以往任何时代更加自由。这种对于自身的关怀不再是某种带强制性的实践，而是某种有关“主体自我形成的实践”。在这里，福柯强调了近代自由民主社会对于个人自由的新规定的特点。在近代社会，对个人自身的关怀就是自由的实践。福柯说：“自由是伦理道德的本体论条件，而伦理道德是自由所采用的反思形式。”（Foucault, M. 1994. Vol. IV：712）

总之，福柯的知识考古学以及道德和权力系谱学所要解决的主要问题，就是西方近代社会的科学、政治和伦理的关系。但是，福柯并不想要停留在这个层面上。他接着指出：“我更倾向于考察在一个科学领域、一种政治结构和一种道德实践的建构过程中，上述三者是如何相互交错而互动的。”（Ibid.：595）

福柯转向研究各种关心自身的实践，并不意味着关心自身的实践与关于真假的游戏无关。实际上，从 70 年代以后，他对于关心自身实践的研究进一步提升了以往知识考古学的研究，并使知识考古学同道德和权力系谱学进一步结合起来，在揭露由自身转向主体的过程中，更深刻地揭示有关真理、权力和道德的西方论述体系的社会本质，并把这些论述体系的社会本质同西方人自身在思想认识和道德修养方面的转变联系在一起。这样一来，在福柯那里，研究社会的问题就同研究西方人的思想心态、生活方式和道德意识的问题结合在一起。

福柯指出：“在像我们这样的社会中，真理的政治经济学具有五项重要特点。真理成为科学论述形式和产生它的制度的基本核心。真理始终隶属于经济和政治的要求。真理以多种多样的形式，成为广泛的传播和消费的对象；真理通过社会体中相当广阔的教育和信息机器，在社会中循环着。真理是在少量巨大的政治和经济机器（大学、军队、书写和媒体等）的控制和统治之下产生和被传播的。最后，真理是整个政治论证和社会对抗（意指意识形态的斗争）的争论焦点。”（Foucault, M. 1994. Vol. III：158—159）

真理问题，从古希腊西方文化创立开始，就成了西方人认识自己、认识自然和认识社会的基础。而且，更重要的，真理问题作为一种认识活动，从一开始就集中在认识人自身作为认识主体的问题上。自“前苏格拉底时代”转向柏拉图和亚里士多德的哲学时代，最重要的转变就是把认识活动的重点从认识对象转向认识主体自身，并明确地要求以认识主体自身的同一性为基础，进一步把握对象和主体之间的统一。认识论问题也从此成为政治问题和道德问题的基础。但是，把认识主体的问题放在首位，并把人的主体化问题从认识论范畴扩大到政治和道德范畴，则是 16 世纪以后西方近代资本主义文化所努力进行的。在这个意义上说，西方近代社会和近代文化，就是以建构科学的主体为中心、进一步建立起进行政治活动和社会道德活动的真理规范的系统制度。西方近代文化和社会制度的发展及其完善化，自此就建立在由占统治地位的政治经济力量支配的真理论述的基础上。这也就是为什么西方人和西方文化总是宣称其社会制度是最科学的、最民主的、最自由的、最符合道德规范和最符合人的本性的。

福柯进一步指出：“在我看来，真理既不是在政权之外，也不包含政权。……真理就是关于这个世界的。真理是靠社会中的多种多样的限制而产生出来的。真理也由此起着政权的规训作用。每个社会都有它自己的真理制度，有它自己关于真理的一般政策。”（Foucault，M. 1994. Vol. III：158）显然，福柯抓住知识问题或真理问题作为研究西方社会和西方文化的一个焦点。

（三）主体化同思想的相互关系

对于知识、权力和道德及其同整个社会制度、同人的主体化的关系的研究，势必导致对于思想同真理、同知识以及同主体的关系的深入研究。什么是“思想”？福柯说：“所谓‘思想’，我认为就是在各种可能的形式中建构真理与虚假的游戏，并因而建构作为认知主体的人。这样一来，思想就为接受或拒绝规则打下基础，同时也把人建构成社会的和法律的主体。此外，思想也建构主体对于自身和对于他人的关系，建构起作为伦理主体的人。”（Ibid.：579）这样一来，思想不只是在科学或哲学的理论建构中存在和发生，同时，思想也可以或应该在“说”、“做”和“行为”的所有形式和方式中去分析；也就是说，思想应该在任何个人作为认知主体、作为伦理或法律主体、作为对于自身和对于他人的有意识的主体而自我表现和采取行动的一切过程中加以分析。根据这样的观点，思想不只是发生在人的头脑中的纯粹意识活动，而是某种行动的形式，某种涉及真理与虚假的游戏、涉及是否接受规则以及涉及处理自身和他人关系的行动。

思想是作为社会成员的个人的意识活动的自由。在这个意义上说，个人在思想活动中的自由，是个人在社会中的行动自由的基础。作为社会成员的个人，其思想自由尽管多于其行动的自由，也比其行动自由更加灵活得多，但是，思想的自由又无法彻底脱离整个社会的约束。所以，个人思想的自由，不论就其本质，还是就其同社会行动的自由、同实际说话的自由的关系而言，都必须同个人自身、同个人与社会的关系以及同个人的主体化的问题统一起来加以分析。

福柯之所以对人的思想的问题感兴趣，不是从传统哲学本体论、认知论、逻辑学和心理学的观点和角度出发，而是考虑到人的思想同人的行动、说话、行为举止以及人的主体化密切相关，也就是说，同人在社会中的生活，同人所处的社会制度及其运作密切相关。

在考察知识、权力和道德以及人的主体化问题同社会的关系时，福柯意识到探索人的思想问题的重要性。为了分析人的思想，福柯首先将思想史同观念史和人的行为举止的历史区别开来。人的观念史，是要揭露人的各种思想观念的“再现”（representation）过程，同时分析这些“再现”出来的思想观念的体系化的程序。至于人的行为举止的历史，实际上是要分析已经在人的精神生活内部内在化的各种性格、情感、禀性及各种心情因素的基本模式的形成过程，并研究它们在人的实际行为中、在对待自身和对待他人的态度中的具体表现。与上述两者不同，思想史的特征就在于发现各种各样的“问题化”（problématique）或“成问题化”（problématisation）的基本模式。思想不同于“再现”（思想观念）以及不同于思想情感和行为举止的地方，就在于思想是专门提问题的，也就是说专门对于人所面临和遭遇到的各种对象和事件提出问题。思想提出问题，实际上就是思想对于各种现实的存在提出疑问，同时也隐含地提出产生怀疑的主要根据和解决怀疑的主要方向。思想要提出问题，就必须同其所面对的事实保持一定的距离，划清界限，作出必要的和适当的区分。因此福柯认为思想实际上就是从其面对的对象和事实后退，从人实际的各种行为方式中后退。思想向后倒退是为了摆脱对象和实际以及行为方式的既成事实的约束，是为了取得自身的自由，是为了在后退的回旋运动中脱离实际的限制而为自身寻求自由开辟各种可能性。

福柯强调思想的自由本质，但又反对把思想的自由同社会、同实际行动、同主体的说话行为以及同主体化过程分隔开来。实际上，福柯研究思想自由的主要兴趣，还是要深入揭示上述知识考古学、权力系谱学和道德系谱学以及主体的本体论所要考察的基本问题。重要的问题是，即使是对于思想自由和思想史这样高度抽象和极其复杂的问题的考察，福柯都是把注意力指向西方近代社会建构中的根本问题。如前所述，由于福柯意识到人的主体化构成为社会研究的中心问题，而主体化又同一系列的道德规训和约束以及法规制度的监控等权力运作关系相关联，所以，在分析思想的“问题化”和“成问题化”的基本问题时，福柯仍然集中研究“问题化”和“成问题化”的具体过程，对这些具体过程中特定知识模式、论述规则、社会道德、各种法规制度以及权力运作策略的影响进行分析。福柯指出，思想的“问题化”和“成问题化”过程，主要是要考虑提出问题后思想所作出的各种回答的可能条件，要考虑解决这些问题的各种因素的社会基础。正因为这样，对于思想的“问题化”和“成问题化”过程的研究，实际上也就是将上述知识考古学、道德系谱学和权力系谱学以及主体的本体论的研究进一步深入进行。

由此可见，福柯对于西方近代知识、政治和道德的分析和批判，是在三者建构的历史过程中，深入考察和揭露三者之间的交错关系。通过这样的考察和揭露，福柯试图彻底揭开西方文明和近代社会制度的伪装，集中揭露在科学、政治和道德活动中被主体化的西方现代人的本来面目。用福柯自己的话来说，他的整个研究可以归结为“一种关于我们自身的历史本体论”。这就是福柯的社会理论的核心（Foucault，M. 1994. Vol. IV：618）。

第四节　对于自身实际技术的批判

（一）对现代知识论述实际运用技术的揭露

随着知识考古学的发展，对于知识、道德和权力三大因素相互渗透关系的揭露，导致知识考古学同道德和权力系谱学的进一步结合。而在知识论述方面的解构，也进一步朝向理论建构模式和实际运用技术两大方面的分析方向发展。

本来，在福柯看来，任何知识论述都具有双重性质和双重的功能。如前所述，这就是所谓知识论述的学术专业性质和功能以及制度规范化的性质和功能。福柯从一开始研究知识考古学就已经充分考虑到知识论述的上述双重性。这表现在他对于精神治疗学的考古学研究中，他一方面揭露知识考古学作为近代知识的一个基本模式是在16世纪资产阶级登上历史舞台时出现的，因此他把精神治疗学当成近代医学科学知识的一个重要内容，并指出精神治疗学所包含的医学科学知识价值；但另一方面，他又指出精神治疗学具有非常典型的制度化和规范化的规定作用（prescription），同时又具有法律上的正当化功能。精神治疗学的上述性质，使精神治疗学从产生的第一天起，就成为掌握社会统治权的统治力量，以科学知识的名义执行社会区分化的职能，以其“医学科学”的标准将人区分为“正常”和“不正常”两大类。

但是，福柯在其知识考古学研究的第一阶段，尚未充分调查和揭露像精神治疗学这样一种具有双重功能的科学知识在社会实际生活中的具体运用过程，尤其未能集中揭露它们在社会实际运用中所采取的具体策略和技巧。福柯认为，对于知识论述的揭露，只有进一步分析它们在社会生活具体运用中的策略（strategies）和技巧（techniques），特别是揭露在这些策略和技巧中所表现出来的那些“科学知识”特征，才能更深刻地揭示知识论述中道德和权力因素的干预及其相互间的复杂关系。对于那些具有浓厚规定性的科学知识来说，它们的社会功能也只有在其具体社会运用中才充分地体现出来，因为在其社会运用中所表现出来的各种策略和技巧本身就是这些知识的固有特性。

从70年代起，福柯在将知识考古学和道德系谱学以及权力系谱学结合起来的同时，更深入地调查和分析在监狱制度、监视和规训活动中的各种策略和技术，以便揭露那些具有强烈规定性的科学知识在控制和规训人的身体和精神思想方面所采用的“技巧”。

如前所述，福柯的知识考古学、道德系谱学和权力系谱学的综合研究，实际上一直围绕着有关近代主体的系谱学研究的问题。他说：“我试图从主体哲学走脱出来，从事近代主体系谱学（généalogie du sujet）的研究，并把近代主体的系谱学当成一种历史和文化的现实。因为只有这样才能把近代主体的问题当成具有变化可能性的事物，而这样做显然具有重要的政治意义。

为此，有两种可能的取向。其中的一个就是考察一般的主体，也就是考察一般主体的近代理论建构过程。在这方面，我试图分析17到18世纪有关说话的主体、活着的主体和劳动的主体的各种理论。当然，我们也可以对于更加实际的主体问题进行了解，这也就是立足于对各种制度的研究，考察各种收容所、救济院和监狱等组织制度中，知识和统治对于被收容者的主体的型塑过程。”（Foucault，M. 1994. Vol. IV：170）

在整个70年代到80年代初，福柯在深入调查的基础上，先后发表《关于监狱信息的团体》、《知识分子与政权》、《为了被讲述而犯的一个罪行》、《监视与惩罚：监狱的诞生》、《认知的意愿——性史第一卷》、《真理与权力》、《惩治的社会》、《关于苏费特案件的信》、《在法律精神治疗学中的“危险人物”概念的演化》以及《家庭的困扰》等著作，都是围绕着知识论述的社会运用技巧问题，特别是围绕运用于监狱和监控系统中的各种知识论述的技巧。

在谈到研究监狱制度及其问题的时候，福柯说，促使他这一时期集中研究监狱问题，主要有两个理由。第一，在以往的社会和文化研究中，监狱问题始终都是被忽视的一个方面，就是对于惩罚问题感兴趣，并进行了系统研究的法兰克福学派，例如其中的基希海默尔（Otto Kirchheimer，1905—1965）和鲁舍等人，也只是从犯罪社会学和刑法理论及其程序的角度调查研究了社会犯罪及其惩罚的问题。但他们始终没有深入研究惩罚本身的实行过程。即使是有极少量研究监狱制度的文章，也很少把监禁当成我们这个文明社会的一般惩治活动。至于第二个理由，是为了继续深入福柯本人已经进行的道德系谱学研究，并将研究方向集中转向近代社会各种“道德技巧”方面的演变状况（Ibid.：21）。在这里，福柯提出了一个有关道德及其与知识和权力之间的相互关系方面的非常重要的问题。什么是道德？传统文化始终都将道德当成人类文明的一个规范性体系，强调道德在文明发展中协调社会意义及人际关系的重要意义。但是，福柯认为，人类历史上从来没有一个不同权力和知识相关联的道德原则，任何道德规范和原则的个人内在化和社会化及其社会运用过程，都是道德同权力和知识相互渗透的力量关系的结果。而且，为了阐明道德的上述性质，更重要的是要将道德的研究转向道德原则和规范的实际运用方面，特别是转向道德实际运用中所采用的各种策略和技巧。福柯在道德系谱学方面的上述研究途径和取向，非常类似于他在知识考古学方面的研究途径和取向，甚至可以说两者是相辅相成的。对于福柯来说，不论是揭露知识还是道德同权力、同社会上各种强力因素的结合，重点都不是探讨什么是知识和道德的问题，而是探讨各种社会力量是如何对知识和道德及其同权力的结合进行操作，也就是集中探讨这类操作的具体技术和策略的问题。也正因为这样，研究监狱和惩治的问题，不是探讨什么是监狱或什么是惩治制度，而是探讨人们如何进行惩治的操作，特别是研究惩治的操作技巧。而在这方面，惩治的技巧的具体操作，是紧密地同各种近代科学知识的性质及其运用相关联的。所以，研究如何惩治和监禁的操作技巧，实际上就是研究近代科学知识论述的实际运用技巧，特别是研究在运用过程中知识论述同权力和道德相结合的技巧，探讨这种技巧通过监狱和惩治规训组织制度具体地建构被惩治者的主体的过程。

后现代主义的思想家福柯、德里达、利奥塔和德勒兹等人，都很重视对于语言论述和权力的相互关系的批判。

福柯的整个著作体系，从前期的知识考古学到后期的权力和道德系谱学，以及关于“性”的一系列研究和后期的“主体历史本体论”，不管在观点和方法上经历了多少变化，都是把对于知识论述的批判同对于权力的批判结合在一起，并成为了他对西方传统文化的批判的主轴之一。

在1976年初，也就是福柯的思想发生转变的重要时刻，他指出：“从1970年到1971年，我所要做的，大致就是研究政权是‘如何’运作的问题。研究政权如何运作，就是研究政权在两种限制之间所采取的基本机制：一方面就是法律的规则如何严格地限制着权力，另一方面就是由政权本身所产生的真理如何以其效果限制权力以及如何产生权力。因此，这里就有一个三角关系：政权、法律和真理。”（Foucault，M. 1994. Vol. IV：175）

后现代主义者研究权力和真理的关系，采用了完全不同于，甚至对立于传统西方社会思想史的基本观点和基本方法。根据西方的传统思想史，知识和真理同“法”的关系，始终是前者处于优先和决定性的地位，也就是说，始终是真理和理性知识决定了“法”，尤其是作为真理和知识的后设论述的哲学，决定着“法”。但是，福柯等后现代主义思想家把社会中运作的权力放在首位，因而就提出了与上述传统观点相反的论题，这个论题就是：是什么样的“法”的规则的论述，促使政权关系得以运作生产和制造关于真理的论述。福柯把这样一个问题，更清楚地表述如下：“这个有能力生产真理论述的政权，也就是说，在我们这样一种社会中，富有如此强大效果的政权，究竟是什么类型的政权？”（Foucault，M. 1994. Vol. IV：175）

在研究上述问题时，福柯等人充分意识到西方社会传统权力结构的特点及其同知识论述的特殊关系。什么是西方社会传统权力结构的特点？后现代主义者认为，贯穿于西方文化和思想传统中的逻辑中心主义和语音中心主义，决定了西方社会制度、思考模式、道德规范和权力结构的“中心/边缘”特征。就权力结构而言，上述特征表现为主权至上的观点和制度。也就是说，在西方社会中，任何政权和法制，都是把主权问题列为首位。这样的政权和法制结构，就决定了权力、法制和真理之间相互关系的形式，也决定了真理依靠权力和法制而为权力和法制进行论证的内容和基本形式。关于这点，福柯说：“当我们说西方社会中主权问题是法制问题的中心时，意指的是，论述和法的技术基本上是为了在政权内部解决统治的问题而运作的。换句话说，论述和法的技术的运作，都是为了在这种统治所在的地方化约或掩饰两大因素：一方面就是关于主权的正当化的权力，另一方面就是关于服从的法律方面的义务。因此，整个法制体系，归根结底，就是为了排除由第三者进行统治的事实及其各种后果。”（Foucault，M. 1994. Vol. IV：175）

正因为如此，“在西方社会中，法制体系和法律审判场域始终是统治关系和多种形式的臣服计谋的永恒传动装置。因此，法制，在我看来，不应该从一个固定的正当性的角度去看，而是从促使正当性运作的臣服程序去看。所以，对我来说，问题是要把关于主权性和强制个人隶属于这个主权性的服从的问题，变为短程的循环或甚至避免它。……我要在这个关于主权性和服从的问题（le problème de la souveraineté et de l'obeissanee）上，凸显出统治的问题和臣服的问题（le problème de la domination et de l'assujetissement）”（Ibid.：178）。

（二）集中批判关于政权实际运作的法规论述

因此，对于后现代思想家来说，揭露权力和论述的辩证关系，揭露西方权力结构的特征及其主权统治的制度，不是像传统政治哲学和传统思想家那样，把重点放在冠冕堂皇的权威性的哲学论述，诸如皇家御用知识分子的政权论和有关民主自由的各种高度理性化和高度逻辑化的哲学论述上。所有这些传统的论述在说明权力结构和权力运作的时候，总是千方百计地论证其客观性、真理性、正义性和正当性。而且，这些传统论述也总是以中央主权统治结构的完满性和抽象性，去论证这些统治结构的客观性。与此相反，福柯等人有意识地撇开传统中央政权的理想结构和传统权威政治哲学的论述模式，把重点转向所有政权制度系统和统治机器的末端和极限之处。为什么呢？因为正是在这个末端和极限或边缘之处，暴露了任何统治结构和权力运作系统设法要加以掩盖的所有弊端，也暴露了统治与服从的关系的真面目。也就是说，正是在那里，彻底地暴露了统治结构和权力运作系统最阴险、最狡猾、最残酷和最赤裸的本质。

为此，从70年代开始，福柯将其研究西方社会中知识论述和权力的关系的重点，转向研究监狱、惩罚、规训以及地方政权和边缘地区权力机构的运作状况。福柯认为，在这些边缘地区和远离中央政权的领域，权力结构及其统治机器的运作方式，具有非常明显和典型的特征，足以暴露西方社会长期以来被官方论述和权威性政治哲学所掩饰的权力运作的性质。福柯指出，在这些领域，政权运作同知识论述的相互关系，一方面表现出政权制度化、法制化和真理科学化的特征，另一方面却表现出时时刻刻不断违法、逾越法规和任意滥用权力的特征。这种一体两面的特征，显示出其吊诡性，但它正是西方所谓合理和科学的法制的真正性质。同样在这里也显示出西方知识论述和权力运作相互关系十分吊诡的性质。

同福柯一样，其他的后现代思想家，特别是利奥塔和德勒兹，都认为：要彻底弄清当代知识论述，特别是人文科学和社会科学知识论述同权力运作的相互关系，必须从相互矛盾和相互排斥的两方面进行分析：一方面，集中分析典型的传统权力论述的逻辑结构和理性主义的特色，分析它们如何“客观地”和“公正地”建构起主权至上的权力论述体系（这些典型的权力论述系统，表现在从16世纪到19世纪末各种政治哲学体系和在此一时期内西方各个主要民主国家的宪法蓝本）；另一方面，集中分析各种有关监督、规训、审查和纪律执行等具体方面的论述，从主权的策略化和制度化的各个细节，从贯彻主权的每一个纪律化和监督网络的管道的各个微细血管部分，从执行纪律和监督的各种具体论述，分析上述至高无上的主权在具体统治过程和政权运作程序中的实际表现（这些具体的有关规训和监督等的论述，主要表现在各个监狱、监管所、教养所、诊疗所和精神病院的各种法规和制度的论述中，也表现在精神病学等相关学科的理论论述及其实际规定的论述中，尤其表现在这些法制执行机构的档案记录中)。

关于权力对于知识论述的生产和扩大的影响方面，也同样必须相应地考虑到相互矛盾的两个层面。第一个层面是，整体国家机器和整个统治阶级的利益同整个知识界和理论界的相互关系。在这个层面上，两者的关系往往采用非常迂回、非常模糊和非常抽象的形式，特别是在17世纪以后的近代社会，两者往往采取普遍化和标准化的形式，至多采用最一般的意识形态性质。在第二个层面上，对于权力运作的各个具体程序和策略运用方面，权力对于论述的干预就更为直接和更为紧迫。在这一点上，当各个地方权力机构，特别是各个地方法院，具体审理各个法律案件的时候，或者，当各个监管所和精神疗养院等具体法规执行机构审查和判定具体犯罪或病患的时候，权力对于论述的干预就较为直接和露骨。

所以，福柯说:“主权和规训、主权的法制和规训化的机制，是我们社会中政权的基本运作机制两项绝对的构成因素。”(Foucault, M. 1994. Vol. IV: 189)

由于论述往往采取知识和真理的形式，所以，当论述为权力而建构和散播的时候，在主权方面的论述更便于以抽象和客观的形式表达出来，而在规训方面的具体论述则更接近命令式形式，以带强制性的规则、法规、规定、政策和策略形式表现出来。因此，在分析论述为政权服务的性质时，应该尽可能选择那些有关法规、政策和策略的各种论述，因为这些论述同时具有客观真理性和强制规定性两方面的特点。福柯在分析论述的权力性质的时候，正是选择了具有规定性的精神治疗学论述和具有强制规训性质的监狱规则的论述等方面。

第五节 权力系谱学的策略

(一) 福柯对于传统权力观的批判

作为一位社会哲学家，福柯在观察社会的时候，主要地把注意力放在促使整个社会不断运作的权力系统及其同社会其他因素的复杂关系上。在他看来，社会基本上是一个权力系统。他在谈到《性史》(*Histoire de la Sexualité.*

Tome. I. 1976；Tome. II and III. 1984）的时候说：“对我来说，我的作品的主要点是重新思考关于政权的理论。”（Foucault，M. 1994. Vol. IV：231）

在全面地说明和分析福柯有关权力的社会运作及其同社会其他因素的复杂关系以前，首先必须弄清楚福柯的整个权力观是建立在对于传统权力观和社会观的彻底批判的基础上。在福柯看来，不能如同传统社会观那样，简单地把权力归结为社会或国家的统治者的主权，是某种禁止或防止别人去做某些事的外力，不能把权力简单地同镇压相连接，不能把权力看做是一种单纯否定性的力量。权力是一种远比这类简单连接更为复杂的力量对比关系网，是同权力运作时所发生的各种社会、文化和政治因素等密切相关并相互交错的关系总和，尤其是同权力运作过程中活生生的策略的产生和实施过程相关联。

其次，福柯从来都没有单纯地就权力来论权力，从来都不是把权力当做一个孤立的社会现象去分析，也从来都不是把权力同其他社会因素割裂开来，以传统式的化约方式去分析。

因此，在福柯所有关于权力问题的论述中，哪怕是集中分析权力的时候，都是把权力放在它同其他社会因素的关联网络中。与此同时，当福柯论述其他社会问题的时候，特别是当他分析近代社会最重要的知识、道德和社会制度问题的时候，他又不可避免地大谈特谈权力。

在福柯看来，权力是社会的基本生命线和动力，因此，权力构成了社会最基本的构成因素。权力，作为社会的基本动力和运作力量，同社会本身的产生和存在密切相关，是无所不在并无时无刻地起着作用的。实际上，权力与人、文化和社会密不可分；所以，只要有人的存在，有文化的存在，有社会的存在，势必有权力的存在与运作。在这一点上，福柯与传统社会思想家不同，他不愿意把权力抽象化、神秘化和神圣化。福柯严厉批判传统哲学和各种社会思想对于权力的掩饰和扭曲。

在西方近代社会思想史上，英国的霍布斯（Thomas Hobbes，1588—1679）可说是近代权力理论的开创者与奠基者。他根据16世纪西方社会的根本变化和总结中世纪西方政治生活的历史经验，尤其是总结和发展了文艺复兴时代由意大利的马基雅维利（Niccolo Machiavelli，1469—1527）所提出的权力观，发表了重要著作《利维坦》（*Leviathan*. 1651）。福柯指出，他所要批判的政权问题，与霍布斯在《利维坦》中所论述的完全相对立（Ibid.：179，184）。

霍布斯在《利维坦》中，首先是从机械论的观点出发，把人和社会当成一部由许多零件所构成的机器。接着他又引用物质运动的规则去分析人和社会，包括分析人和社会的精神和文化生活。因此，在霍布斯看来，社会无非是为数众多的个人机械地聚合的总体，而国家就是靠强制性的力量和规则，把所有这些个人凝聚成一个共同体。国家要具有强制性的凝聚力量，在霍布斯看来，就必须具有“主权”。这样一来，“主权”就是国家机器的灵魂，也就是他所说的“利维坦”的核心力量。如果说主权是国家和社会的灵魂的话，那么一个一个的公民就不过是被灵魂操纵的个别肉体罢了。

显然，霍布斯研究权力的出发点，就是预设国家必须要有至高无上的主权，必须要有统摄整个共同体的强制性中心力量，才能把许许多多分散的个人凝聚起来，并依据各种规定组成为社会。霍布斯在分析国家和社会的时候，首先把主权和代表主权的最高统治者放在首位，并把它作为社会和国家存在的基本前提，也作为社会和国家的生命力的基本来源。在福柯看来，霍布斯的机械论国家观和权力观是继承了中世纪王权至上的国家观，其目的是为了建立一个君主专制的政权。

为了深入批判以霍布斯为代表的近代传统权力观，福柯的权力系谱学把批判的范围上溯到中世纪的封建君主制的权力观。福柯指出：“这个关于主权的法律政治理论，起自中世纪；它来自对于古罗马法的修正，同时它也是围绕着君主政权问题而建构。”（Foucault, M. 1994. Vol. IV：184）

霍布斯等人在建构近代国家理论和权力理论的时候，之所以参考和继承封建君王的主权论，是因为资产阶级也需要把近代国家建构成一个以主权为中心的强大行政管理的王国。只是到了17和18世纪，为建构民主议会制的需要，洛克和法国启蒙思想家卢梭等人，才对上述君王主权至上的国家理论和罗马法作了部分的修改。但是，即使是在这个时刻，洛克和卢梭等人对国家和政权机构的设计，重点仍然是关于主权的建构及其运作的问题。

在政治学和政治哲学的观念史上，对于“权力”这样一个关键性的概念，一直存在着激烈的争论。按照卢克斯（Steven Lukes）的综合性研究，迄今为止，理论界存在着三种权力观：单向度权力观（the one-dimensional view of power）、双向度权力观（the two-dimensional view of power）、三向度权力观（the three-dimensional view of power）（Lukes, S. 1974：27）。

根据单向度权力观的代表人物达尔（R. Dahl）的说法，所谓“权力”，就是表现在某个主体能够促使另一个主体去做一件原本不会去做的事情（Dahl, R. 1957：290）。为此，单向度权力观的思想家们在分析权力的时候，将焦点集中在决策制定情境中的关键议题；而在决策制定情境中，占优势的一方，就是行使权力的主体，处于劣势的一方，则是受到不利影响的权力对象（Dahl, R. 1958：466）。这种单向度权力观显然只看到权力行使过程中的行为效果，并把权力的大小直接表现在行为者的行为性质和形式上。

双向度权力观是针对单向度权力观而提出的观点，虽然仍强调权力行使过程中可观察到的行为关系，但不满足于仅探讨外显的行为现象，而是进一步深入追寻内隐的因素。所以，双向度权力观除了分析和探讨行为者之间的某些外显冲突以外，还深入研究权力结构中那些不明显的“压制面”（Bachrach and Baratz, 1970：6—8）。

至于三向度权力观，充分地考虑到权力行使过程中极其复杂的社会和文化面的因素，充分考虑到权力是集体力量和社会安排的一个“函数”。这就避免了单向度和双向度权力观局限于个体间的决策和行为层面分析权力的片面性。同时，三向度权力观还把权力的分析从实际冲突延伸到实际冲突的消弭（Lukes, S. 1979：270—271）。决定着三向度权力观同前两种权力观区别的关键概念是“利益”。三向度权力观的代表人物卢克斯指出，单向度权力观采用了自由主义的利益观念，双向度权力观采用改革主义的利益观念，而三向度权力观则采取“激进的利益观念”（radical conception of interests），并以“实际利益”（real interest）诠释“利益”。

综观上述传统权力观的演变过程，我们可以看出：对于权力分析，虽然经历了从表面到内部、从单向度到三向度、从行为过程到行为表现前后的复杂过程，包括与行为相关的非外显的内隐因素，但是，始终未能将权力从行为关系扩展到整个社会的复杂关系网络，尤其未能将权力看做是活生生的多种“力”的竞争消长过程。在这方面，传统权力观仅仅将权力限制在政治活动的领域之中。福柯分析权力观的贡献，正是在于将权力从政治领域扩展到整个社会生活的实际网络中，尤其是集中分析权力同政治领域之外的知识论述、道德活动和人的主观精神活动的复杂关系（Prus, R. 1999）。而且，福柯还意识到：权力问题并非是纯粹的理论问题，而是同实际的宰制权的竞争、同竞争过程中的策略运用密切相关（Dean, M. 1999）。

（二）在力量关系网络中分析权力

在福柯看来，考察近代社会的权力的性质，必须紧密地结合近代社会的发展过程，紧密地结合从17世纪以来近代社会中各种社会力量之间关系的变化，也必须紧密地结合近代社会中社会生活结构的变化和人们日常生活方式的改变。为此，福柯在分析近代权力结构和性质的时候，特别注意到17和18世纪西方社会的重要变化。他说：“在17和18世纪，出现了一个重要的现象，甚至应该说这是一个重要的发明。这涉及政权的一种新的机制，它具有非常特殊的执行程序和方式，有完全崭新的工具和手段，形成与主权完全不同质的新关系。这样一种新的政权机制，它所注重的首先是人的身体和身体的作为，而不是像过去那样只注重土地或它的产品。这样一种政权机制，是为了抽取劳动体和时间，而不是单纯地抽取财富。这样的政权，主要是靠规训和监督进行持续的运作，而不是靠赋税和定期的劳役进行中断性的统治。这样的政权是高度组织化的强有力的物质力量，它实行着一种新的政权经济学，通过这种经济学原则，一方面加强被统治者的力量，另一方面也同时加强统治者对于被统治者的统治力量和统治效力”（Foucault，M. 1994. Vol. III：185—186）。

福柯认为：“与其提出（国家和权力的）中心的灵魂的问题，在我看来，不如去研究构成国家和社会的那些边缘部分及其多种多样的成分，因为这些多样的构成部分是政权运作的效果。”（Ibid.：180）他接着指出：“必须超出《利维坦》的模式之外，超出主权的界限之外和国家制度之外，去研究政权。也就是说，要从分析统治和宰制的技巧及其策略出发去分析政权。”（Ibid.：184）

根据福柯的权力系谱学，权力作为社会生活中的现实力量，是一种活生生的“力”的关系网。它是在各种关系的现实较量中，由于各关系中的各因素间的张力消长而形成的，又随着各因素间的不断竞争而发生变化，并由此而对整个社会发生作用。因此，权力既不是属于统治者单方面的，不是由统治者单方面所组成和维持，也不是由统治者这个唯一的中心单方向发出的。

就权力的存在形式而言，它始终都是以两个因素以上的相互关系所组成的网络。因此，传统权力观的单一中心论或单向论，都是违背权力本身的实际存在方式。权力离不开关系，而关系始终是两个以上的因素所组成的。任何社会中的统治关系，都不是单纯由统治者一个因素所组成的，而是由统治者和被统治者的相互关系所决定的。即使是在统治者和被统治者双方内部，也不是单一的力量或因素所组成的。因此，事实上，任何社会的权力关系，总是包含统治者一方的多种内在因素同被统治者另一方的多种内在因素所组成的复合体。权力，就是在这样的复合体中存在并不断发生变化。

福柯把对于近代社会权力系谱、对于权力同社会其他因素的相互交错、对于权力同知识论述和道德建构的相互关联、对于权力结构及其中各组成因素的相互关系、对于权力运作中各组成部分的不同功能、对于权力运作中的策略变化，都作了深入而具体的分析。由于上述诸问题都必须分别地解析而又相互关联，所以，在解读福柯的权力论述时，既要把握各个论述的具体内容，又不能把它们孤立起来，而是要同时考虑到他的其他相关论述，融会贯通地加以理解。

权力贯穿于整个社会网络，而在社会网络中，同权力的关系最密切、最复杂而又是最关键的因素，就是各种知识论述和道德论述。关于这一点，本书已在上一节做了集中的论述和分析。

（三）在权力运作及其策略中分析权力

但是，对于福柯来说，单纯在关系中分析权力还是不够的。因为权力的本质是它的运作及其运作中的操作策略。权力在其运作中实现，也在其运作中产生、更新和增殖。换句话说，权力的运作本身及其运作中的操作策略，就是权力的展现，就是权力的真正本质。

在福柯看来，近代社会权力结构及其运作，似乎是从权力中心逐渐和有层次地扩展到边缘地区。随着这样一种运作的方向，近代社会的权力结构和形式也逐步地发生内容和策略的多种变化。在分析近代社会权力结构的时候，要充分考虑和注意到从中心到边缘的权力结构及其策略的每一个细微的变化。只有全面地分析和掌握从中心到边缘各个层级的权力结构的特征及其策略变化，才能真正地全面了解近代社会权力的性质。为此，福柯不但集中分析近代社会主权至上的特征，而且也逐层地分析和揭露散布在国家机器各个部门中的权力结构及其运作特征。

近代社会的权力中心就是其至上主权所在的最高权力机关及其领袖人物。在这里，不仅显示出近代社会权力结构的主权至上和权力高度集中的特征，而且也典型地显示出近代权力结构的高度民主性、社会性和科学性，显示出近代权力结构在法制方面的正当性特征。

但是，近代社会的权力结构离不开边缘地区的“毛细血管系统”的多种政权组织形式及其运作。它们不仅同中央权力中心相呼应，构成为互补的权力结构的一部分，而且，在某种意义上说，正是在这些边缘地区的多种权力组织形式中，才典型而又赤裸裸地呈现出近代社会权力结构的特征和性质。

所以，对于近代社会权力结构的分析，一方面要集中揭露权力的法制系统，另一方面又要具体解剖权力法制系统的实际执行过程及其相应的环节。具体地说，一方面批判围绕着主权性的法制结构，另一方面揭露由一系列规训和强制性法律镇压机构和组织系统所组成的执法网络。

由此可见，权力在其权力系统中的分布和表现是很不平衡的、多样的和多变的。自中世纪以来，包括现代资本主义社会在内，权力系统都是以至高主权作为中心，分布和扩散到整个社会的各个领域中去。这种权力系统的基本结构往往采取“中心/边缘”的存在形式。虽然中心边缘之间有密不可分的互动关系，而且中心永远统治边缘，但是并不意味着权力的性质和运作策略在整个系统中是单一的和同质的。因此，要彻底弄清权力的性质，必须分别集中分析中心和边缘的权力结构及其运作策略。

（四）全面批判不同领域中的权力网络

对于近代社会权力系统及其结构的分析，还不能停留在国家和政府的政权组织形式的范围之内。福柯说：“权力，这是比一个法律的整体或一个国家机器更加复杂、更加厚实和更加扩散的东西。”（Foucault，M. 1994. Vol. III：201）在他看来，权力除了在政治领域中广泛地分布在各个组织系统中以外，还分布在社会的经济、文化和各个社群以及实际生活领域。

为此，福柯高度评价马克思对于资本主义经济生产领域各个部门权力结构的分析和批判。马克思的主要贡献在于深刻地揭露了资本主义社会内部多种权力的存在，强调资产阶级社会并非仅由单一的权力所统治的系统，而是存在着多层次，并协调地相互联系的权力网络的统一结构。福柯赞扬马克思能深刻地发现资本主义社会内部多种富有自律性的权力单位的存在。在这个意义上说，社会是多种不同的权力组织所组成的一个群岛（archipel）。马克思不仅揭露了资本主义社会国家机器的中心权力地位，而且也分析了分布于社会各个区域和各个层次的权力系统及其同国家中央权力系统的复杂关系。而且，马克思还进一步分析了这些权力的不同功能，使权力的功能并不局限于“禁止”、“阻止”和“镇压”，而且还起着组织和指挥的作用。

福柯高度赞扬马克思对于工厂和军队内部权力系统的分析。同时，福柯还肯定马克思对于政权机制以及实施政权的策略和技术的分析。他说：“最重要的观点是必须把权力的机制和权力的贯彻程序看做是技术，看做是始终不停地发展、不断地被发明和不断地被完善化的程序。因此存在着一种真正的权力技术，存在着一种展现这些权力技术的实际历史。在这里，在《资本论》第二卷的字里行间，人们可以很容易地发现贯彻于各种工场和各种工厂的权力贯彻技术的分析以及关于这些技术的简史。我正是跟随着这些最重要的指示，并在有关‘性’的问题上尝试不再把权力从单纯政治法律的观点，而是从技术的观点去看待。”（Foucault，M. 1994. Vol. IV：189）

权力就是这样随着社会的发展，特别是随着资本主义的发展而无孔不入地渗透到社会的各个角落，尤其渗透到生活领域中，更紧密地掌握着人的生命，控制着人的肉体。

第六节　对于身体和性的生命权力的分析

（一）关于生命权力的运作

福柯明确地指出：“从18世纪开始，生活变成了权力的一个对象。也就是说，生命和身体，都成了权力的对象。在过去，只有那些臣民，也就是那些法律上的臣民，才能够从他们身上抽取出财富，也抽引出生命。但现在，只有身体和居民成为了权力的狩猎对象。政权变成为唯物主义的。政权不再是以法政系统为主，它应该去处理像身体和生活那样的非常现实的事物。生活进入到政权领域，这无疑是人类历史上一个最重要的变动。而更加明显的是，从18世纪开始，‘性’变成为一个非常重要的因素，因为从根本上说，

‘性’正好成为对于个人身体的规训和对于整个居民的控制的关键点。这也就是为什么，从18世纪开始，在中学和大学，‘性’成为对于个人的监视和控制的中心问题，而青少年的‘性’的问题成为一个重要的医学问题，成为一个首要的道德问题，甚至成为一个重要的政治问题，因为正是通过对‘性’的控制，通过‘性’的问题，并以此为借口，政府才有可能在青少年的整个生活中，时时刻刻地，甚至在他们睡眠的时候，对他们进行控制。因此，‘性’就成为规训化的一个工具，成为我所说的那种‘解剖政治学’（anatomo-politique）的一个主要因素。但是，另一方面，也正是通过‘性’，才保障了居民的不断再生产；而且，通过一种‘性’的政策，才能够改变出生率和死亡率的关系。总而言之，到19世纪的时候，关于‘性’的政策变得非常重要，它构成为所有有关生活的政策的重要组成部分。‘性’成为解剖政治学和生物政治学的交接点，也成为规训和法规的衔接点。也因此在19世纪末的时候，它成为使社会变为一部生产的机器的最重要的政策。”（Foucault，M. 1994. Vol. IV：194）

从上面的论述中，我们可以看到，福柯在集中全力分析批判当代社会的权力系统的政治结构及其运作的同时，也不放过对于当代社会中政治领域以外的广大现实生活中的权力运作的解析。由此看来，随着社会的发展和文明的提升，权力的触角延伸到社会各个部门和生活的所有领域，扩展到人的肉体，特别是人的性生活领域，渗透到每个人的生命历程中去。也正因为如此，当代社会权力对于社会和对于个人的控制，已经远远地超出古代社会和中世纪社会。毫无疑问，当代社会权力的无所不在和全面操纵，主要是借助于文化手段和人的各种知识体系。同样地，也是靠当代社会政治法律制度的民主化和自由化，依据政治法律制度的不断合理化，才使社会权力的运作及其宰制效率发挥到空前未有的程度。

重要的问题在于：近代社会权力系统的发展及其运作的高效率，是以民主自由的形式换取个人自由不断缩小的结果。像近代社会的各种吊诡一样，权力与个人自由的这种矛盾，构成了近代社会权力运作的本质。

近代权力运作对于个人自由的侵蚀，除了上述表现在国家政权的双重结构及其具体政策策略对于个人越来越严厉的实际操作以外，还表现在对于个人生命日益严厉的控制。福柯上述有关解剖政治学和生物政治学的概念、有关生物权力的概念、有关肉体在权力关系中的地位和功能的论述等等，就是在这方面进行的权力研究。

通过对于权力系谱学的研究，福柯发现：西方的“社会”观念在18世纪发生了一个根本的转变，而这个转变是同关于“统治”、“政府”和“警察”的观念的改变相联系的。具体地说，在18世纪，近代资产阶级通过实际的历史经验，充分地意识到“政府不应该只是管辖一个领土，不只是涉及一个领域，也不只是涉及其臣民，而是应该涉及一个复杂的复合体，而这个复合体是一个独立的实体，具有它自己的法规和反应的机制，具有它自身的调整规则和其扰乱自身的可能性。这样一种新的实体，就是社会”（Foucault, M. 1994. Vol. IV：273）。人们一旦建立这样一种新的社会观念，就同时意识到控制这样的社会的权力网络及其形式的复杂性。在此基础上，作为社会的统治者，那些掌握社会共同体的主权的统治集团，就清醒地估计到，单靠像警察那样的监督力量和镇压部队，是不可能完全控制这个社会的。所以，从18世纪开始，西方社会权力网络的结构，特别是政府的统治机构同整个社会各个组成因素之间的关系，发生了重大的变化。

近代社会上述权力观念和社会观念的转变，一方面使统治者不再满足于对于其统治领地纯空间方面的都市化设计和建构，也不满足于在领地内警察系统的空间上的监视，而是远远超出都市系统的空间范围和可以感知的警察系统，把权力的控制范围扩展到更抽象的生命实践结构中去。从18世纪后有关性方面的政策和道德原则的建构和实行，正是在这样的背景下加强了对于个人的控制。表面上，个人自由生活的空间范围不受限制了，但个人所受到的控制和监视反而比以往更加不可承受，以致社会越开放，人们的生命权力越受到控制，人的生活越不自由，社会的自杀率不断提高。从这里也可以看出，虽然，在古代和中世纪社会中，社会的统治权力可以任意地主宰人的生命，有决定个人生死的权力，但是，到了近代社会，统治者并没有任意主宰人的生命的权力，统治者不需要动用像中世纪的警察那样的暴力手段，而是靠更加复杂的、无形的，甚至在表面上是更自由的宰制管道，使被统治者的生命所承受的宰制压力空前地加重。

福柯在《性史》第一卷中指出：“象征性地表现在主权那里的对于死的决定权，现在，通过对于身体的管理和对于生活的精细周到的关照，而被细腻地加以掩饰。在古典时代，各种各样的规训迅速地发展，其中包括学校、学院、拘留所和工场。因此，在政治实践和经济观察的领域中，也出现了出生、延寿、公共卫生、居住条件和移民的问题。所以，多种多样的统治技术爆炸性地增加起来，以便达到对于身体的控制和对于居民人口的宰制。这样一来，就开创了‘生物权力的时代’（L'ère d'un bio-pouvoir）。”（Foucault, M. 1976：184）

生物权力是资本主义发展所不可或缺的因素。它不仅表现为在生产机器中对于身体的控制和在经济发展过程中对于居民人口的调整，而且，这种生物权力还促使人口增长，在加强和提高人口的可利用性的同时，也增强他们的驯服性。不仅要增强生产力，提高他们的才能，延长他们的生命，而且也要有利于统治他们。所以，从18世纪开始，除了加强作为政权制度的国家机器以外，还要发展解剖政治学和生物政治，把它们当做政权的技巧，以便控制社会体的各个层面，并有利于多种多样的制度的运作。在这种情况下，各种制度也随时成为控制的组织力量。家庭就像军队一样，学校就像警察一样，而医疗网则成了对于个体和群体的生命和健康进行监督的机构。同样地，这些解剖政治学和生物政治也在经济生产的过程中，在其运作中起作用，成了经济过程启动和维持的重要力量。这些解剖政治学和生物政治同样也成了社会阶层化和分层化的重要因素，作为各个阶层和层级调整个人间关系的力量，以便保证统治的关系及其霸权的效果。解剖政治学和生物政治也促使人力资源的积累隶属于资本，成为促使生产力的扩展以及促使利润的分层分配的重要力量。对于活的、有生命的身体的投资，促使这种生命的不断增殖以及对于其力量的分配性的管理，成了权力运作不可缺少的重要步骤。

所以，在人类历史上，关于人的身体的科学、生物学，第一次反映到政治中去。关于生活的问题，已经不是在偶然出现死亡或出生的时候，才成为政府管理的事情。相反地，整个社会的所有人，只要是在主权管辖的领域之内，从出生到死亡，整个生命历程中的空间和时间，全部都掌握在权力的控制之下。

另一方面，在资本主义社会中，这种生物权力发展的另一个结果，就是随着法制的体系化，出现了玩弄规范的各种新的制度化的社会游戏。法制和规范的多样化和专业化，一方面使生命权力合理化和规范化，另一方面又更严谨地控制和监视着所有人的生命。如前所述，生物权力的不断发展又是以关于“性”的问题的政治游戏为中心来展开的。

就是这样，福柯将对于近代社会权力结构、性质及其运作逻辑的分析，从国家政权的组织系统扩展到社会生活的所有领域，扩展到每个公民的个人生命自始至终的成长过程，深入到权力本身活生生的运作过程，深入到推动这个运作过程的具体政策、策略和程序中去。

（二）对于“自身的技巧”的历史本体论研究

在对于近代社会和近代文化进行考古学和系谱学研究过程中，福柯不但越来越清醒地意识到研究和揭露知识、道德和权力的具体社会运用技巧的重要性，而且也逐渐地发现：无论任何社会和文化制度的建构，不只是单靠社会和文化制度系统从外部对于其社会成员的强制性控制、约束和规训，而且还要通过社会成员个人，从其自身内部学会和实行某种自我约束、自我教育、自我控制和自我规训，需要在具体操作过程中学会运用对于自身进行自我控制和自我规训的技巧，并在实际的生活和社会文化活动中将这些“关于自身的技巧”逐渐熟练和灵活起来。这也就是说，福柯在这里看到了：任何社会和文化制度的建构和巩固过程，一方面是靠社会和文化整体及其各个组成部分之间相互关系的互动，特别是贯穿于其中的知识、道德和权力的力量的实际操作；另一方面，还要靠社会中的每个成员尽可能对于自身进行一种同社会文化力量的需求相协调的自我约束和自我训练，特别是将贯穿于社会，并被社会所普遍接受的知识、道德和权力因素，具体地落实到个人的“关于自身的技巧”的运用之中。这一切，还涉及福柯对于社会和文化制度的总观点，因为在他看来，不论是社会和文化制度总体结构，还是社会和文化中的任何一个具体构成部分，包括各个社会成员在内，对于他们进行研究和探讨的时候，都不能采用传统西方思考模式和传统方法，也就是拒绝采用符合逻辑中心主义和理性中心主义的二元对立思考模式，也同时拒绝采用传统知识论中所惯用的主客体对立模式以及单向性的历史直线演化论等等。在这种情况下，研究权力、道德和知识等复杂的社会文化问题，探讨监狱和监督的各种制度问题，都要避免重演单向性的二元对立思考模式和简单的化约主义；同样也要避免各种各样变相的理性中心主义，避免将社会和文化及其各个组成部分设想成为由某一个中心或“统治中心”所控制的固定制度结构。正如我们将要在权力系谱学研究中所看到的，福柯不将权力看做是单由国家组织中心所决定，并单由国家统治中心向被统治者发出的单向性力量关系网，他更倾向于将权力看做是社会各种力量的相互关系的紧张对比结果，也倾向于将权力看做是广泛和普遍地散布在社会生活各个领域中的力量网络，甚至包括个人日常生活中的肉体活动网络。

《关怀自身——性史第二卷》和《快感的运用——性史第三卷》（*Histoire de la Sexualité. Vol. II*, *L'usage des Plaisirs*, Foucault, M. 1984a; *Vol. III*, *Le Souci de Soi*, Foucault, M. 1984b）发表以后，米歇·福柯在1984年4月在美国加利福尼亚伯克利大学接见美国人类学家访问时，曾经明白地宣示，他当时的理论研究的重点，是关于“我们自身”的问题。他说：“我必须承认，我所感兴趣的，与其说是‘性’，倒不如说是有关自身的技术及诸如此类的问题……‘性’是令人厌烦的。”（Foucault, M. 1983: 229）

米歇·福柯的解释，突出了他的理论研究的重点，并在很大程度上解除了许多只从表面看问题的人的迷惘。实际上，通观米歇·福柯的著作，特别是70年代中期以后的著作，贯穿于其中的中心论题，始终是关于“自身”的问题，并把“自身如何成为主体”的问题同此前对于知识、道德和权力的研究联结在一起，使关于自身的问题，变成为研究整个西方社会和文化“如何建构”和“如何可能”的总问题的一个重要部分。

整个说来，福柯的考古学和系谱学研究，本来就是探讨“现代性如何可能”的问题，而这个问题，在福柯看来，又是同西方社会和文化如何可能、如何实际运作以及如何发生社会历史效用等问题密切相关的。关于“我们自身”的问题，是贯穿西方传统文化的重大问题。关于我们自身的问题的探讨，实际上是同对于知识、道德和权力的实际操作技术问题的探讨联系在一起的；或者，更确切地说，上述两大类型的问题，都是寻求回答“西方社会和西方文化如何可能”和“现代性如何可能”的两个相辅相成的探讨途径。没有一个社会和文化制度，不是靠社会和文化整体范围内各种因素之间的斗争和协调；但是，同样地，也没有任何一个社会和文化，不是靠组成和接受该社会和文化的个人，通过其自身向内和向外两个方向的挣扎和努力过程而存在和发展。正如福柯的亲密朋友德勒兹所指出的，近代社会的个人，为了能使自身生活得好，就要不断地进行某种“向内折”和“向外折”的思考活动（Deleuze, G. 1986; 1988; 1990）。“向内折”和“向外折”的思考活动，是每个社会成员处理其个人自身同社会的关系的一个必要条件。如前所述，福柯在其一生的后结构主义学术生涯中，前半段几乎将研究重点放在社会范围内的知识、道德和权力的实际操作过程，而后半段则是转向研究个人自身向内和向外两个方向的主体化过程。福柯越到晚期，越重视个人自身的问题，因为他认为“现代性如何可能”的问题，对于高度重视个人自由民主的现代性来说，如果没有生活于社会中的个人自身根据整个社会的要求而实现主体化的话，是根本无法解决的，也是无从探讨的。在现代性的建构过程中，知识通过论述形式而同道德和权力相互渗透，影响着现代主体的形成。翻阅现代性自文艺复兴和启蒙运动以来的历史，可以看出现代主义的建构是在书写文字同关于自身的叙述的相互关系中进行的。也就是说，现代性建构的过程凸显了主体同社会文化制度中的象征性体系的关系。但是，福柯在研究现代性如何建构的过程中，又进一步发现在西方的社会文化史上，对于自身的论述过程及其技巧，可以一直上溯到古希腊和中世纪基督教教会统治时期。整个西方文化史始终堆积成的种种文本文件的书写论述文献，都是以这样或那样的形式同关于自身的问题密切相关的。也就是说，西方所有的书写文化，不管谈论什么问题，也不管采取什么样的体裁，都是在叙述有关“自身”如何成为一个“人”，也就是成为一个主体化的人。不同的历史时代和不同的文化背景，使自身成为主体化的人的问题，不论在知识、道德和权力关系的表达形式方面，还是就其与知识、道德和权力的正当化标准的相互关系方面，都有所不同。为此，福柯除了深入分析古希腊时期的自身主体化技术以外，还进一步大量分析基督教统治时期的自身主体化技术，将两者的不同历史特征和表现形态揭露和分析得淋漓尽致。

在西方文化史的探讨中，长期以来之所以未能深入分析关于自身的问题，是因为传统思想家和文化研究者大多数都将注意力转向自身问题以外的知识、道德和权力等看得见的社会表面现象。而且，有关自身的各种技术，往往采取隐蔽的形式，掩盖在大量看得见的生产技术和对于他人的管理技术之下。例如，就是在教育制度和机构中，人们首先看到的是如何教导他人去学习知识、顺从道德和权力，而很少看到教育中对于支配和约束自身的方面。所以，一谈到教育，人们就宁愿把它归类于统治和支配他人的技术，而不是归类于统治和支配自身的技术。

实际上，任何社会，特别是西方社会，其制度和文化的建构及其运作，在很大程度上始终都同哈贝马斯所说的三种类型的技术的运用密切相关（Habermas, J. 1991［1968］; 1988［1963］; 1974［1968］）。这三种技术分别是关于生产的技术、关于意义或沟通的技术以及关于统治的技术。第一种技术使人们有可能生产、改变和支配各种事物；第二种技术使人们有可能使用和控制各种符号象征系统；第三种技术使人们有可能决定每个人的行动方式、规定行动者的某些行动目标或目的。但是，除了上述三大类型的技术以外，实际上还存在一种长期为人们所忽视的第四种类型的技术，这就是福柯所说的关于自身的技术。这第四类型的技术，在某种意义上说，比上述三种技术更加重要，因为它关系到组成社会的各个成员以及接纳文化和发展文化的各个主体的思想和行动方式。具体地说，关于自身的技术，实际上使每个个人，有可能通过他们自身所采用的某种运作策略和技巧，去影响和支配他们自身的身体、心灵、思想、行为以及他们对于他人的态度等等。同时，关于自身的技术，也使每个个人有可能在操作上述过程的同时，实现其自身对自身的改造，以便达到其自身某种程度的完满性、纯洁性、幸福和超自然能力的境界。

福柯对于关于自身的技术非常重视，因为他认为它同统治的技术一样，在西方文化的主体系谱学中具有特别重要的意义。福柯在 70 年代集中研究监狱和监禁制度时，已经深刻地看到了关于自身的技术同统治的技术之间的紧密互动关系。在当时的研究中，在监狱和监控机构中所严格执行的“规训”或“纪律”，其实际操作过程和具体程序，实际上都贯穿着关于统治的技术和自身的技术之间的互动。为了更深入地研究上述两种类型的技术之间的互动关系，在 20 世纪 70 年代福柯首先是侧重于统治的技术，并从统治的技术出发探讨它对于自身的技术的操作的影响。到了 70 年代末和 80 年代他本人逝世以前，福柯的研究重点转向自身的技术，并从自身的技术出发探讨它对统治的技术以及对于政权和道德运作的影响。综上所述，关于自身的技术，就是从另一个角度所探讨的知识论述、道德和权力运作的技术；而关于自身的技术的探讨和关于知识论述、道德和权力运作的技术的探讨，是对于西方社会和文化制度如何可能的同一探讨方向的两面。福柯在其一生的研究生涯中，虽然依据不同时期的研究重点而有不同的偏向，但总的说来，他很熟练地实现了从上述两个方面对于西方现代性的双向创造性研究。

（三）“身体”的规训及其主体化

福柯在晚期对于自身的关怀技术的研究，很自然地使他接触到了大量的有关身体和性的问题。也正是在这里，他把对于自身的主体化历史本体论研究同他早中期对于知识考古学、道德系谱学和权力系谱学的研究成果联系在一起，使他有可能将其所开创的后结构主义研究推进到更高的层次。可惜的是，福柯本人的健康状况使他不幸早逝，因而也使他在这方面的研究成果逊色甚多。

身体是人之为人的奥秘所在。身体不仅是每个人的个性及其社会存在的奥秘之所在，也是社会和文化发生和发展的奥秘之所在。

福柯在谈到他的知识考古学、道德系谱学和权力系谱学的时候，特别强调他所探索的“起源”问题。“起源”，实际上不只是关系到各种社会事物和现象的“源”，而且更重要的，是关系到这个“源”是如何“起”的问题。这就是他的考古学和系谱学所一向强调的重要问题。把“源”不仅同它的“起”关联起来，而且进一步重点地探讨“源”的“起”的具体生动过程，也就是重点地探讨“源”的动态“起”的过程，把“源”不当成一个纯粹静态的源头的存在及其结构，而是“源”本身如何在活生生的力量关系网络中形成，并由此导致一种新的社会生命体的运作。所以，福柯的考古学和系谱学，并不是为了上溯到源头，然后又从源头叙述出连续不断的时间发展系列，而是重点地探索各种社会事件的“源”本身是如何“起”，又如何由“源”的“起”而导致整个事件的“起”；不仅如此，福柯还将各种社会事件的起源，不归结为某个特定的、固定不变的历史结构，而是在不同社会历史阶段中，依据不同力量关系网络呈现的断裂性不断重构过程。但是，福柯认为任何源起及其不断的重构过程，归根结底，都同“身体”密切相关。没有任何一个历史过程，哪怕是一个瞬间，是可以脱离身体的存在和运作的。同样地，任何一个源起及其重构，都在身体上面留下烙印和标志，因而身体的历史型塑过程实际上就是各种历史事件的有形档案库，也是各种历史事件的物质见证。他说：“身体，同样地，一切与身体相关的食物、气候、土壤等因素，都是源头兴起之所在。在身体上，人们可以发现过去的所有事件的烙印，正如一切欲望、罪恶和各种错误都由身体而生一样。同样地，所有的欲望、罪恶和错误及事件，都正是在身体中得到解决并突然地自我表现，但同样地也在身体中得不到解决，并由此展开斗争，引起他们之间一个消灭另一个，然后又持续地展开他们之间不可克服的争斗。”（Foucault, M. 1994. Vol. II：142—143）所以，福柯也说：“系谱学作为对于起源的分析，就是对于身体和历史及其相互关系的解析。系谱学应该显示：身体就是历史的刻印体，而历史就是在不断地摧残身体的过程中发展。”（Foucault, M. 1994. Vol. II：143）

人的身体不只是生物学上的物质单位，而且，更重要的是一个具有社会生命和文化生命的基本单位。人的身体都是在特定的社会关系网络和生活脉络中存在和运动着，因此身体的有形的物质状况及其活动方式，是在特定的社会文化条件下形成，也是在同样的社会文化环境中不断地变化和活动的。所以，身体各个部位的功能及其运作过程，都在很大程度上受到社会文化环境的影响和限定，而其活动方式和行动效果也直接在社会文化环境中呈现出来。福柯并不停留在一般性地探讨身体和心灵、思想之间的相互关系，而是进一步探索不同历史时代的社会制度和规范对于个人身体状况及其活动方式的限定过程，探索在身体各部位功能的产生和满足过程中个人身体同社会制度和规范之间的互动状况以及身体各部位活动方式的社会规范化同个人主体化之间的相互关系。所以，这个时代的身体状况及其活动方式，同时也就是个人同社会整体相互关系的一个缩影，而且也反过来牵动着社会和文化的维持和再生产过程。西方社会历代不同的统治集团，都充分意识到社会个体成员的身体状况及其活动方式同社会整体的命运的内在关系。因此，各代统治集团总是把社会制度和规范的建立和巩固同对于个人身体的控制和规训结合在一起。正因为这样，身体各部位的生物和自然要求，究竟在多大程度上能够在个人的社会文化生活中表现出来，在多大程度上能够得到满足，以及以何种方式和模式表现出来，所有这一切，都同当时当地的社会道德及其他规范密切相关；甚至可以说，所有这一切都在当时当地的社会规范系列的规定和限制之中，都是受到统治力量的宰制的。福柯从身体的最基本部位，例如消化系统和性器官系统的基本运作过程，进一步深入说明维持个人生命所必需的食品要求及性欲是如何关系到整个社会制度的维持和运作的。个人身体的食物要求，在表面上似乎是属于肉体生命的生理运作过程的，但在实际上，个人身体满足食欲的标准和方式，都在很大程度上具有社会道德和文化意义。同样地，身体各部位的活动方式，在不同的时代，都被严格地通过各种制度和仪式的规定而被社会化和文化象征化。任何一个人，不能以任何纯粹生理自然需要的借口而任意满足发自身体内部的欲望，也不能任意放纵个人身体各部位进行随便任何方式的活动。

在西方历史上，从古希腊到罗马统治时代，对于个人身体的规训始终是居于首位的事情。基督教教义和道德规范尤其重视对于身体的规训，并将此项规训活动同心灵控制结合在一起严格进行。到了近现代时期，个人身体表面看来属于私人生活领域，是个人自由掌握和控制的，但在实际上，近现代西方社会中对于个人身体的控制和支配，比古代社会采取更隐蔽和更严格的方式。更隐蔽的方式，指的是近现代社会给予个人身体活动更多的自由，容许每个人把各人身体当做自身所属的私人财产，并得到法律上的正当保护。所以，近现代社会对于个人身体的支配和控制，是通过个人自由的理性化和法制化的曲折过程而实现的。社会对于个人身体的控制，已经不是采取赤裸裸的直接性肉体规训的主要方式，而是让每个人通过知识、道德和法治的训练和学习过程，逐步使自身变成为“理智的”、“道德的”和“合法的”主体，让自身肉体的欲望满足和活动方式自律地符合整个社会的规范。更严格的方式，指的是近现代社会采取更有效率和更制度化的全控社会系统进一步控制每个人的身体的成长和活动方式。由于近现代社会实现高度制度化、组织化、管理化和法制化，在社会中生活的个人身体，不论在任何一个领域，甚至在各个角落，都无法逃脱受到控制、监视、支配和规训的命运。具有典型意义的近现代监狱制度，当然最集中地和象征性地表现了社会对于个人身体的监控模式。但是，在监狱之外的社会生活各个领域中，监狱系统的监控模式不但有效，而且更采取精致而细腻的方式，对于个人身体实现了全面的控制。这种控制不只是要求身体的一举一动规训化，而且也对发生于私人领域中的身体任何一个动作进行非法的监控，甚至采取各种窥伺、窃听和录像等动作。在这个意义上说，近现代社会对于身体动作的监控已经伴随着科学技术的发展而达到不择手段和无所不用其极的程度，而且其实际效果也是空前未有的。福柯指出：“从 18 世纪开始，生命成了权力的一个对象。生命和身体都成了权力的对象。过去只关心那些臣民，因为统治者可以从法律上的臣民身上获取财富；当然也可以从他们那里获得他们的生命。但是现在权力更关心身体和人口。权力现在变得唯物主义。它在主要方面已经不再是纯法律上的。它必须去处理实际的事物，像身体和生命等等。从此生命连同身体就进入到权力的领域，这就是人类社会历史上最重要的一项变革。而且，非常明显，人们看到：从这个时候起，也就是从 18 世纪开始，‘性’成了一项绝对重要的事物。这是因为从根本上说，‘性’恰好成了身体的个人规训和居民人口的规范化之间的关键点。从这个时候起，正是通过‘性’才实现了对于个人的监控……”（Foucault，M. 1994. Vol. IV：194）

（四）性的道德权力系谱学

正如他的道德权力系谱学自然地导致对于身体的历史本体论的探讨一样，福柯也随着其道德权力系谱学研究的发展而导致对于性及其历史的研究。福柯当然并不排除从生物学的角度研究性的问题，但是，即使是从生物学意义上研究性的问题，也是首先放在权力和道德的实际运作中，也就是从权力的关系网络和道德规范的运作策略的角度进行研究。

自古以来，特别是从18世纪开始，“性成了规训化的一个工具，成了我所说过的‘解剖政治学’（anatomo-politique）的一个主要因素。但是，另一方面，也正是这个‘性’，保障了人口居民的不断再生产；而且，正是通过‘性’以及关于性的一种政治，才使我们有可能改变出生和死亡的关系。总之，关于性的政治从此被整合到关于生命的政治整体之中，从18世纪开始成了非常重要的部分。性成了解剖政治学和生物政治学之间的连接点，成了规训和规范调整之间的交叉口。也正是通过这个功能，在19世纪末，性成了促使社会变成一部生产机器的至关重要的政治因素”（Ibid.）。

从一开始，福柯研究性的历史的出发点，就是“将性当做是权力关系的一种特别浓缩的关节点”（Foucault，M. 1976：136）。如果说，整个西方社会，特别是18世纪之后的近现代西方社会，都是围绕着知识、道德和权力的运作作为主要轴心的话，那么，性的问题的至关重要性，正是在于它是整个“权力—认知—欲望”的社会文化制度赖以正常运作的支撑点之一。

在福柯以前，西方有关性的论述，大致可以分成两大类。第一类是对于性的言论和行为进行约束和规范化，第二类是为了放纵或解放性的言论和行为。从古代到近现代的整个历史发展过程中，站在正统地位的社会统治者及其代言人总是千方百计制造和扩散属于第一类的性论述，而处于被压迫并期望得到解放的社会阶层及其代言人则倾向于第二类的性论述。属于第一类的性论述当然是试图将性的有关言论和行为纳入到有利于维护和发展正统的社会秩序的轨道上，因此也极力将性的言论和行为实现道德化和制度化，纳入可以被社会控制的范围之内。属于第二类的性论述总是从“压抑”或“解放”的观点去分析性的问题，似乎解决性的问题的基本途径就是将性从压抑下解放出来。属于法兰克福学派的赖希（Wilhelm Reich，1897—1957）进一步发展了弗洛伊德的精神分析学潜意识理论，强调近现代社会各种制度对于性的压抑而造成的人性异化现象，并提倡以青少年一代的性解放作为改造社会的基本途径。对于所有这一切，福柯都进行了无情的批判。

对于第一类的各种性论述，福柯是从知识、道德和权力运作网络的关系中进行分析和揭露的。他认为，从古代经中世纪到近现代的各种性论述，实际上就是特定社会文化发展阶段中，为权力网络运作服务的知识和道德论述的重要组成部分。从近现代开始，性论述尤其成为知识和道德论述的重要组成部分。福柯深入分析了近现代“性”论述同现代各种自然科学和社会人文科学的内在逻辑关系。自从近现代自然科学和人文社会科学诞生以来，性的问题也成了科学研究的一个对象，因而各种性的论述也就采取了科学论述的形态而作为知识的一部分传播开来。福柯研究了现代生物学以及以此为基础而发展起来的生理学、心理学和医学对于性的探索及其论述形式，由此揭露了各种有关性的科学论述对于性的生理机能、性欲满足过程以及活动方式的标准化策略。这些近现代有关性的科学论述，制订了一系列区分“正常”和“异常”的科学标准和原则，同时也提供了维持性活动标准化和正常化的操作性步骤和策略性手段，而对于违反标准的各种性行为也同样制订了“矫正”和规训的原则和具体策略。所以，有关性的各种科学论述，从一开始就带有规范化和制度化的道德论述的性质，也同样带有强制执行的法规论述性质。

福柯尤其集中分析了各种有关性的科学论述对于成长中的青少年主体化过程的影响。他认为，从18世纪开始，中小学教育中不仅有直接干预青少年性成长和活动的教育部分，而且所有那些讲授各种性以外的科学知识的学科，也间接地以不同的方式约束和限定青少年的性成长和性活动。因此，对于性的限定和标准化的教育及各种法制化的制度，在近现代的社会中，特别成了掌握统治实权的社会集团控制社会中其他成员，特别是控制他们的身心发展的一个重要手段。

对于福柯来说，问题并不在于揭露关于性的论述是真是假，或者，是道德或不道德，而是揭露在制造和扩散各种性论述的社会文化机制中所隐含的那种旨在调整社会权力关系及调整社会人际关系的“认知的意愿”。这些隐藏在性论述中的“认知的意愿”，实际上就是当时当地社会意识条件下各种道德和权力关系的表述，也是在这些关系中存在和运作的权力扩张欲望的表现。所以，福柯指出：这些隐藏在性论述中的认知意愿，同时成为各个时代的权力网络的支撑点和工具（Foucault, M. 1976：20）。

对于当代社会来说，控制性论述的生产、再生产和扩张，实际上也就是社会统治集团将控制的魔爪渗透到各个角落的每个人身上的过程。当代社会权力网络的高度复杂化、重叠化、浓缩化和普遍化，使权力同知识和道德的相互勾结而实现对于个人的宰制过程，变得越来越集中到个人身体和性活动上面。福柯在分析解剖政治学与生物政治学的过程中，强调人体的解剖政治学的主要目标就是对于人的身体，特别是他的性的规训。而有关人口的生物政治学的主要目标，就是控制和调整人口的成长、健康及生命过程的各个阶段，使每个人的生命成长过程，全面地纳入到社会监控网络之中。显然，在福柯看来，生命和性已经成了现代政治的一个主要目标，而性则是权力网络渗透到个人身体和人类整体生命之中的一个重要渠道。随着西方社会文化的发展，性的问题变得比心灵的问题更加重要得多。通过有关性的知识和道德规范，整个社会可以进一步有效地对生命本身进行权力的运作。总之，对于福柯来说，“性成了解释一切事物的关键”（Ibid.：78）。

总之，福柯的著作以其独特开创性的观点和方法，深刻分析和揭露了西方社会和文化的中心问题，不仅批判和颠覆了传统原则和方法，而且也为后现代主义整个论述方式和思维模式提供了榜样和新的典范。

第六章　后现代女性主义

现代西方女性主义，从 18 世纪形成和发展，经历近两百年的演变，到 20 世纪 60 年代以后，由于同“后结构主义”和“后现代主义”等西方当代思潮相融合，并加入到后现代主义的整个运动中去，终于进入新的“后现代主义”发展阶段。虽然不能将整个当代女性主义运动都纳入后现代主义的队伍中去，但是，从基本方面来说，不论是从理论上、思想上和方法上，当代女性主义至少可以成为后现代主义的一个重要组成部分。在许多情况下，当代女性主义所提出的基本口号和基本要求，都直接或间接地表达和实现着后现代主义重建人类文化的基本目标（Tong，R. P. 1999）。因此，也可将当代女性主义简单称为“后现代主义的女性主义”或“后现代女性主义”（Postmodernist Feminism；Postmodern Feminism）。当代后现代女性主义是一种非常复杂的社会文化现象和社会运动，其中虽然在理论、方法和策略上都同后现代主义有千丝万缕的联系，但它毕竟综合了社会上一切为女性的不平等地位和非正义遭遇而鸣不平的社会思潮，使它不论在组织构成方面或在思想精神因素方面以及在社会活动方式方面，都呈现出难以化约的多元性和含糊性。本章所集中分析的女性主义，主要是从它同后现代主义的理论和策略的关系入手，而不是试图对当代女性主义进行全面的研究。

第一节　后现代女性主义的史前史

从 20 世纪 60 年代起发展起来的后现代女性主义，不仅流行于文学艺术界特别是文学批评界，而且也广泛地流行于社会生活的各个领域，已经深深地影响到了当代社会的政治、经济和文化生活的各个方面。后现代女性主义中的一部分代表人物，例如英国的克里斯·威登（C. Weedon），特别强调她们所主张的首先是一种政治，是一种实践（Weedon，C. 1987）。她们不愿意把自己的理论主张和实践局限于传统的理论论争领域，而毋宁强调其批判精神和实践性。她们当中的更为激进的分子，更是进一步否定和仇恨一般传统理论和历史，因为她们把理论和历史归结为“男人中心主义”的理论和历史（Phillips，A. 1998；Scott，J. W. 1996；Tong，R. P. 1999）。由此出发，她们把传统的理论和历史统统归结为“男人的理论”和“男人的历史”（Shiach，M. 1998）。她们宁愿不要这样的理论和历史，不怕因为否定这种理论和历史而走上否定全部文化的危险方向。在这一点上，她们继承和发扬了尼采批判传统文化时所表现的那种虚无主义，并由于她们站在长期被压抑的反抗立场上而把虚无主义推进到更加极端的程度。因此她们宣称：当代的女性主义并没有历史，也不需要历史。在她们看来，将她们纳入历史中去，不仅不能表现她们彻底反抗传统文化的基本原则，反而会被由男人所控制的历史所玷污（Kemp，S. /Squires，J. 1998；Nussbaum，M. C. 1999）。

许多女性主义者表示，真正的女性在浮出历史表面以前，沉默就是最好的代言人。在父权主义文化统治下，女性或者因为男性父权在文化中的垄断而不能说也不能写，或者由于即使她们以自己的语言表白自身的经验也无法被了解和被接受，所以，在清算男性中心主义的历史以前，女性在实际上并没有自己的历史。为此，后现代女性主义者从 20 世纪 70 年代起就着手“发现和再发现已被遗忘的女性生活史。绝大多数的女性历史学家都立即意识到：要正确地将女性纳入历史中，就要求一系列新的研究方法和对历史研究本身的主题进行修正。其结果，一系列诸如‘生殖’、‘身体’、‘性’等一向被说成‘自然的’，因而长期被排除在历史研究之外的现象，现在成了历史学家们研究的焦点。从其他领域借来的理论，包括马克思主义、精神分析学、后结构主义以及人类学亲属模式等，为女性主义历史学家提供了历史研究的新工具和新范畴，使她们能创新地以更全面的性观点从事研究”（Laslett，B. et alii. 1997：1）。

尽管如此，我们仍然可以遵循着后现代主义的解构原则，在“解构”女性主义论述和文本的基础上，进行一种类似福柯的“考古学”和“系谱学”的考察。这种考察势必返回到当代女性主义的史前史。

当代女性主义虽然已经远远超出西方近现代传统女性主义的基本要求和基本实践，但它毕竟还是同女性主义运动的发展历史过程保持着密切关系。流行于当代的“后现代女性主义”虽然完全不同于各种各样的传统女性主义，虽然后现代女性主义一再强调它同一切传统女性主义在理论上、实践策略上和历史上的“断裂性”，但它仍然无法抹杀和切断同女性主义历史本身的关系。为了全面理解当代女性主义的理论和运动，仍然有必要考察西方当代女性主义的史前史，并从前后两个根本不同历史时代的女性主义的异同点中，进一步深入分析当代隶属于后现代主义的女性主义。

所谓当代女性主义的史前史，指的是当代女性主义产生前的全部女性主义或“准女性主义”的形成发展史。由于当代女性主义发生于20世纪60年代后，所以，当代女性主义的史前史所涵盖的时间，远可上溯至人类文化创造初期，近则溯至当代资本主义社会最初形成的17、18世纪。前者属“前资本主义女性主义”历史范畴，后者是属于资本主义文化范畴的女性主义。

当代女性主义的史前史的考古学和系谱学的考察，并不涉及“女性主义”（feminism）这个语词本身以及以这个语词作为基础而产生的各种论述和历史实践。作为女性主义史前史的考古学和系谱学，也不是为了撰写女性主义观点和运动的发展过程，而是要说明为什么女性主义没有历史或者是为了说明女性主义“没有历史的历史”是如何发生和延续的。换句话说，这也是为了论证当代女性主义如何从“没有历史的历史”中脱颖而出。其次，对女性主义史前史的考古学和系谱学考察，正是为了表明当代女性主义是在同传统文化的“断裂”中产生的；或者，用尼采主义系谱学所喜欢用的词汇来说，就是女性主义的“冒现”（emergence）过程。

严格地说，当代女性主义同“女性主义”这个语词本身的关联并不重要。同当代女性主义有密切关联的语词，与其说是“女性主义”，不如说是与它对立的“父权制”（patriarchy）。这里所说的父权制，并不单纯是指以男性家长为中心的传统家庭或亲属关系的制度，而是指以男性家长中心的制度为典范而建构起来的一切人类传统文化体系、生活方式和社会制度。男性父权制是人类走出原始自然文化，而与原始自然文化相对立的整个传统文化的别称。男性父权制是从人类有文字记载以来男性在文化史上取得绝对统治地位以后所建立的文化；表面看来，男性父权制只是完成了一种以“男人为中心、女人为边缘”的传统社会文化体系；但在实际上，男性父权制已经进行了将女性完全排除在社会文化体系之外的历史行动，以至于可以说，女性不只是被排挤在社会文化边缘上，而且简直是完全排斥在社会文化体系之外。所以，严格地说，由男性父权制所建构的，已经不是单纯的“男人为中心、女人为边缘”的体系和制度，而是彻底剥夺女性的社会文化地位，并使女性成为“不在场”的一种虚无的存在。

当代女性主义从后结构主义吸取解构原则而诞生以后，便与以父权制为中心的一切传统文化对立，并以这种对立来界定其本身的特征。在这个意义上说，当代女性主义在传统文化和传统历史中，是找不到其前身的。一切传统文化和传统历史，只是作为当代女性主义的否定性历史力量而存在。这不仅是当代女性主义的悲剧，也是全人类文化的悲剧。当代女性主义的兴起及其对于传统文化的全盘否定，表面上标志着一种悲剧性的虚无主义时代的到来，但实际上又隐含着人类彻底反思其本身的历史和文化的强烈愿望，也提供了一种重新建构崭新文化的可能性。

现代女性主义所提出的挑战，关系到人类历史和人类文化的最根本的问题。归根结底，人类的存在及其历史、人类的文化及其发展，都同人类的两性关系密切相关。没有两性关系就没有人类本身，就没有文化，也就没有历史（Scott，J. W. 1996）。但是，人类历史和人类文化又是怎样变成了以男性为中心的父权制模式呢？弄清这个问题，本来就是当代女性主义的首要问题。但是，由于这个问题关系到整个人类的文化和历史，所以当代女性主义的这个首要问题，也就具有了深刻的普遍意义。

性的差异是最自然的。也就是说，在自然界的一切生物，都存在性的差异；而且性的差异构成为各种生物存在和发展的基础。由性的差异发展成为“性别的差异”，以至于再发展成为“性别的不平等”，则是在人类从动物界演变出来以后，在人类创造了自己的文化以后才形成的。所以，由性的差异而演变成为性别的差异和不平等，就是从自然到文化过渡的一个历史标志和产物。可是，人类文化的发展史，又反过来千方百计掩盖上述从“性的差异”到“性别的差异和不平等”的演化过程，特别是掩盖在这种演化过程中人类文化所起的掩饰作用。人类文化不但制造和加深了上述演化过程，而且也以文化本身的象征性结构不断使上述演化过程复杂化。显然，男性父权制文化的发展，一方面掩饰和扭曲人类文化本身从自然向文化过渡的真实历史，另一方面又以反自然的机制和过程作为文化自身不断更新和再生产的动力。在这种情况下，从一开始就作为文化产生和发展基础的两性差异，就在文化发展过程中被掩饰得越来越模糊；而两性关系在文化发展中的模糊化，又反过来有利于男性父权制文化的加速发展。

在自然界和自然状态中的“性的差异”，主要是以身体和肉体结构的差异为基础的。在人类产生以前，在人类社会和文化演变成男性父权制体系以前，自然的肉体上的性差异并不构成两性的性别差异和不平等的基础。人类的产生和文化的发展，特别是随着语言文字的产生和发展过程，使人的任何行动脱离原有的自然性质而朝着“主体化”的方向发展。也就是说，在自然状态中对自身行为无所谓和无所关心的生物，在有了语言文字以后，便随着语言文字的主体化及其客体化过程所建构的一系列关系而发生根本变化。原来不说话的生物，随着说话中主体化过程的不断巩固和发展而演变成为各个主体化的人。说话一旦成为人类沟通的主要手段和形式，说话中的人的自身主体地位及其强化过程，一方面同说话的人的思考主体化和行动主体化相互渗透，另一方面又同说话中同他人交往的复杂化过程相伴随，并在两者相伴随中又反过来进一步加强人在说话中的主体化倾向。如果说，人类社会和文化的发展随着语言文字的发展及其后果的复杂化而发展的话，那么，原有自然的性差异也随着语言文字的发展、随着说话的人的主体化的发展而发生了变化，主要是使性行为的性质和模式发生了主体化的倾向。性关系和性行为一旦具有主体化的倾向和性质，便使性差异的性质朝着有利于各个性行为主体的方向而变化。在自然状态中性差异方面的肉体差异，在性关系和性行为主体化以前，并不成为性关系和性行为中任何一方的垄断资本，当然也不成为对另一方进行支配和控制的手段。随着语言文字的形成和发展，随着人在文化发展中自身主体化倾向的加强，原来的两性肉体差异便被在社会文化生活中处于优势地位的男性所利用，并使之继续朝着有利于男性的主体化地位发展，男人在肉体上的强壮，在生理上避免月经和怀孕育婴的困扰，使男人轻而易举地在从自然向文化发展中取得了优势地位，取得了对女人的统治地位。男人在肉体上对于女人而言的上述优势地位，即使是在社会文化建构了男性父权制以后，仍然继续对男性中心主义的发展产生决定性的影响。男性中心主义或男性父权制文化继续加强在男女肉体关系方面的男性特权文化。换句话说，不只是在人类社会和文化初建时期，男性利用了其肉体对女性肉体的优越性，而且也是在整个文明发展过程中，男性继续扩大其肉体对女性肉体的支配地位。由男性父权制所产生的男性特权文化的一个重要组成部分就是在肉体方面继续扩大对于女性的统治。男性对女性在肉体方面的统治，不只是局限于对于女性肉体的客体化和占有，而且也包括对女性肉体的一切非肉体化的客体化和占有。所谓对女性肉体的一切非肉体化的客体化和占有，一方面是以对女性肉体的客体化和占有为基础，另一方面，又是以更复杂的文化象征形式和观念形式将上述客体化和占有继续扩大。关于男性对女性肉体的客体化和占有的文化象征形式和观念形式，作为后现代主义的女性主义思想的奠基人的福柯，曾经以后结构主义的观点和方法进行深入研究，特别是集中地探索了权力和知识这两大领域，使当代女性主义理解到：要彻底颠覆男性中心主义文化，就必须首先对男性在肉体方面的统治进行解构，特别是着重于揭露男性对女性在肉体方面统治的基本形式，深入揭露采取文化象征和思想观念形式的权力和知识，把权力和知识看做是男性对女性进行肉体统治的基础和基本延伸物。简单地说，在当代女性主义看来，自人类发明创造语言文字并创立文明的人类社会以来，整个社会文化制度都是以男性特权为中心而建构的，而这种维护男性特权的社会文化制度又是以男性对女性的肉体统治为基础的。因此，当代女性主义对于整个男性中心主义文化的解构，也就是从颠覆男性肉体对女性肉体的支配出发的；同时，为了深入揭露和批判男性肉体对女性肉体的统治，又必须集中批判为男性对女性进行肉体统治服务的整个权力制度和知识系统（Keller，E. F. /Longino，H. E. 1996）。

所以，对于当代女性主义史前史的考古学和系谱学的考察，实际上又是对于男性父权制的整个社会文化制度的彻底解构。既然文化“解构”构成为当代女性主义和后现代主义的主要原则和主要实践活动，所以，上述作为对男性父权制社会文化解构运动的女性主义史前史考察，也就成了当代女性主义和后现代主义的重要组成部分。换句话说，对于女性主义史前史的考察，作为对传统文化的解构，就是当代女性主义的一个重要内容。

人类文化实际上就是两性文化及其发展。也就是说，人类文化原本是在最原始和最自然的生物学意义的两性关系基础上建构起来的。法国结构主义人类学家列维-斯特劳斯研究人类文化史的结果，强调指出“食物交换”和“性的交换”在人类文化形成和发展中的极端重要性（Lévi-Strauss，C. 1962：144）。性的关系，构成为一切生物生存和发展的基础。正是有关“性”的关系的人类文化的产生，才使得整个人类社会和文化完成了从自然到社会的过渡和跳跃。也正是关于性的关系的文化的不断分化和更新及其复杂化，使完成了同自然分裂的最早的人类文化得以进一步发展和复杂化。从此以后，人类社会和文化，实际上是朝着远离原始自然的两性关系的方向发展。有文字记载以来的人类社会和文化的发展过程，实际上就是以越来越复杂和象征化的文化形式而不断掩盖原始自然的两性关系。在这个意义上说，人类社会和文化的发展，就是不断掩盖两性关系的历史；或者说，这是一种将两性关系越来越淹没在人为的文化体系之中的历史过程。人类越发展，文化越发展，人类越津津乐道于其自身远离原始自然的、“野蛮的”两性关系。从传统的意义上说，人类文明和自然的“野蛮”相区分的界限，虽然可以标志在一系列由语言文字所表达和巩固的社会文化规范、制度和体系上面，但是，归根结底，最令传统文化自豪，并声称集中表现人性尊严的核心因素，正是人类不再像动物那样毫无规范和毫无禁忌地进行性行为而完成了两性关系的“文明化”。

可悲的是，传统文化逐渐远离原始自然的两性关系的发展过程，表面上是以建构一系列社会文化规范而不断调整两性关系，实际上却是一种确立男性绝对统治、排除女性的历史过程。自从后结构主义和后现代主义思潮产生以后，对于整个人类社会文化的历史考察，开始从传统文化的约束中走脱出来，从而改写了整个人类社会文化的发展史。当代女性主义，作为对人类社会文化重新考察的历史研究方法，实际上就是将整个人类社会文化史的原有逻辑和结构，彻底加以批判和摧毁。这是一种重建人类文化的积极的文化虚无主义。

从人类产生以来，在人类同自然和社会的相互沟通和影响的过程中，始终渗透着男人和女人之间最普遍和最自然的性爱关系。这种关系是从人类的最早动物祖先那里本能地流传下来的，也就是说，是人的自然本质和人的自然关系。正如马克思所说：“人和人之间的直接的、自然的、必然的关系是男女之间的关系。在这种自然的、类的关系中，人同自然界的关系直接就是人和人之间的关系，而人和人之间的关系直接就是人同自然界的关系，就是他自己的自然的规定。因此，这种关系通过感性的形式，作为一种显而易见的事实，表现出人的本质在何种程度上对人说来成了自然界，或者自然界在何种程度上成了人所具有的人的本质。因而，从这种关系就可以判断人的整个教养程度。从这种关系的性质就可以看出，人在何种程度上成为并把自己理解为类存在物、人。男女之间的关系是人和人之间最自然的关系。因此，这种关系表明人的自然的行为在何种程度上成了人的行为，或者人的本质在何种程度上对人说来成了自然的本质，他的人的本性在何种程度上对他说来成了自然界。这种关系还表明，人所具有的需要在何种程度上成了人的需要，也就是说，别人作为人在何种程度上对他说来成了需要；他作为个人的存在在何种程度上同时又是社会存在物。”（Marx，K. 1844：119）在两性关系的基础上所产生的人类文化，在处理自然和社会的复杂关系的时候，在表现人类对于自然和社会的复杂关怀的时候，都渗透着具有自然性别特征的人类对于两性关系的本真关怀。在文化创造中，人类的精神与本能、人文与自然、道德与情欲、理性与感情等复杂矛盾因素，都要在两性文化中组合起来，而形成其特有的文化表现形态。

美国著名的性心理学家金赛（Alfred Kinsey，1894—1956）博士，在调查了5 300位男性白人和6 000位女性白人的性行为之后，感叹地说：生物性因素，总的说来，比人为的约束人们行为的法律，显得更加有效率（Kinsey，A. *Sexsual Behaviour in the Human Male/Female*. 1948—1953）。这就告诉我们，两性关系作为人与人之间的最基本的自然关系，即使是在高度发达的人类文化形成以后，仍然构成为一切文化和社会行为的基础。在两性关系中，所体现的不只是肉体上的生理的满足，而且更是精神心理对于“无限”和“永恒”的不断地追求和无限地超越的过程。性的关系使人生和历史，不只是物质性的感性结构和流程，而且是一首永远值得回味的美丽诗歌。两性关系不但使感性的本能欲求在精神和理性那里获得了升华和超越，而且也赋予人类精神和理性以血肉丰盈的人性内涵，使人类本身和人类文化不再局限于僵化而干枯的无生命物体的形式，而是转化成为充满着情感愉悦和无限陶醉的超验形式。如同尼采所说：是两性关系把人和人的文化提升到酒神们梦寐以求的陶醉境界。叔本华指出，性欲是生存意志的核心，是一切欲望的焦点，甚至也是人类的化身。

本着这样的立场和观点，对于现代女性主义史前史的考察，将深入地揭示出原本贯穿于文化生产与再生产中的最自然的两性关系，揭示它如何逐渐地采取了颠倒的形式而创造出扭曲两性关系的传统文化。这个考察同样将揭示出正常的两性关系一旦确立后又将如何为新的文化的重建开辟无限美好的前景。

从人类学的角度来看，人类文化的形成从一开始就是同人类性生活的不断改进和演化密切相关的。在人类进化史上，恐怕再也没有比直立行走造成的影响更为深远和更为重要的了。直立是人类区别于动物界的首要标志，也是人类从自然向文化过渡的具有决定性的一步。直立使人走出了由纯粹肉体的生命所组成的动物界，走向由肉体和精神所构成的双重生活世界中去，走向由人类自己所开辟的文化世界中去，从而也提供了走向无限的、令人心旷神怡的超自然的可能性。

但是，重要的是，直立不但使人从此进入了文化的天国，而且也使自身的性生活变得更加丰富和充满着情趣。直立作为人类文化史的起点，其基础就在于直立又是人类性爱史的真正起点。人的直立生活使人的性生活从此具有了文化的深厚内涵，也散发出真正的美的光辉。直立生活不只是从形式和姿势方面，也就是肉体的外形和活动形式方面改变了人类的性生活，而且也使得人类性生活从此同人类文化的创造以及人类对自由的追求密切地相互渗透起来。

带有讽刺意味的是，女性主义的史前史的系谱学和考古学，势必要从人类两性文化的最初发生谈起。如前所述，从自然到文化的过渡，从一开始就同两性关系的演变相关联。这种两性关系的演变，就其本来结构而言，是与两性的肉体演变直接有关的。肉体的演变最主要的标志，如前所述，是从四肢行走转向直立行走。直立行走的发生，同文化最初的整个形成过程密切相关，甚至是同时同步发生的。

从性的观点和两性关系的角度来看，直立行走的意义就在于使人的性行为和性生活同动物的性行为彻底区分开来。从性行为方式和性行为发生姿势来看，直立行走使两性在面对面中享受性生活所产生的各种乐趣。人类面对面的性行为和动物雌雄背腹相靠的性行为相比，不只是一种姿势的转变，更是性生活在性质上的转变。也就是说，直立行走所造成的男女面对面性行为姿势，具有非常深刻的象征性文化意义。首先，它使男女性行为从动物的单纯生物性功能转向文化性功能。也就是说，男女性行为不只是为了满足肉体性欲和生儿育女的需要，而且更重要的是包含着深刻的文化意义。其次，它使两性关系象征性地成为了两个不可分离的“一半”的结合。男女面对面性行为赋予男女双方各自以“一半”的象征性身份组成普遍的男女关系模式，这在人类文化的形成逻辑中具有重要的意义。男女双方各自作为对方的一半而存在于世界中生活，构成了文化创作的自然基础。当动物还保留在雌雄背腹相靠的性行为模式的时候，两性关系不是一半对一半的关系，而是骑在母体背上的雄性动物控制和主宰雌性动物的关系。但是人类面对面的性行为的上述模式在文化发展过程中却没有能够保持成为两性文化的普遍原则。从肉体结构来看，男性与女性躯体本来是和谐的两个“半个”，但可悲的是，随着文化的发展，这种两个半个肉体关系，迅速地变成为强壮的男性躯体对于较弱的女性躯体的宰制。古希腊哲学家柏拉图在《对话录·会饮篇》中，发人深省地讲述了有关爱神厄洛斯（Eros）的神话。原本在赫西俄德的《神谱》中的厄洛斯是“爱情”和“渴望”的象征，本是“混沌之子”，又是能将所有其他的东西结合在一起的最古老和最原始的神。柏拉图在《会饮篇》中通过斐德罗、泡塞尼阿斯、厄里什马克、阿里斯托芬、阿伽通和苏格拉底对厄洛斯的看法，想要表达人的真善美统一的思想，并由此凸显智慧是最高的美德。柏拉图在通篇对话中，表达出关于厄洛斯的神话所隐含的深刻启示。他认为，基于男女区分的厄洛斯又是作为两个一半的男女结合并产生真善美最高人品和光辉灿烂的人类文化的基础。正如阿里斯托芬对于厄洛斯的颂词所说，人原来是一个完善的整体，由于有罪而被分裂成两半，使得每个人失去了自己的另一半，每个人都在渴望自己的另一半，期望自身重新完善。但是每个人只有在异性的另一半中才能找到最理想的另一半。爱情便是这样一种伟大的精神力量，它能使人在消除男女区分的平等互爱中，使人类重新自我完善而达到最高的精神上的幸福。

自从人直立行走、从事劳动并创造文化以来，人的性活动从动物式的性行为转化成性生活，成为了人的社会生活和文化生活的一个重要构成部分。从此以后，人的性生活在以下四个重要方面根本不同于动物的性活动。第一，直立行走以后，男女性交采取面对面的姿势，使性交过程中有可能通过脸部表情的交流和表示而变成超越满足单纯生理性欲的范围，变成身体和精神两方面的全面交流。第二，人在性交中可以借助于语言的交换而把性交活动进一步提升到更高的境界。因此，由直立行走所造成的男女间面对面的性交行为，也为人类语言的交换及其同思想情感的复杂结合提供了新的发展前景。第三，人的手脚分工使性交变成高度自由的身体和精神活动，有可能采取性交双方所选择的方式，采取配合性的全面的抚摸行为，把性交持续到最高程度。同动物相比，直立行走后的男女性交持续时间，由于语言交换和抚摸形式的复杂化而使人类思想情感进一步细腻化。在这个意义上说，不同于动物的人类特有的性交方式，有利于思想情感的进一步复杂化和升华。第四，文化的创造使性交成为人的整个社会和文化生活的一个构成部分，使人知道应该在什么时候、在什么地方、以什么方式、以什么样的思想情感同谁性交。性交被纳入了社会和文化的范畴。社会文化的发展表面看来似乎使人的性交活动受到了约束，但实际上却给人带来了性交的文化层面。

人类的性行为以及随着性行为发生过程中所产生的思想情感，都是属于社会和文化范畴的。毫无疑问，人类性行为具有，也不可能脱离生物学和生理学的意义。但是，自从人类脱离了自然状态，自从人类建构起男性中心主义的社会文化制度以来，性行为的自然生物学和生理学意涵就同其社会文化意义相互渗透，并逐渐地由后者主导前者。然而，不管人类社会和文化如何发展，人类性行为以及伴随而来的各种复杂关系和相关问题，都脱离不了行为中的肉体关系。这样一来，肉体关系不但成为性行为的基础，而且也成为由性行为所产生的一切关系的基础，肉体关系成为渗透于一切社会关系和文化生活中的重要因素。

关于两性关系同人类社会文化发展的内在复杂关系，长期以来，由于男性和父权从文化一开始建构而确立了其统治地位之后，始终未能按其本来面目进行研究。当代女性主义和后现代主义把批判和颠覆男性父权主义作为改写两性关系史和人类文化史的关键。

男性中心主义的社会制度和文化制度，不但建立和巩固了以男性肉体对女性肉体的统治为基础的整个社会文化体系，而且也改变了人类本身，首先改变了人的性欲及其满足途径和方式，改变了人的其他一系列为其自身自然生存所必需的自然欲望和自然本性。

如前所述，人从自然向文化的过渡及其成熟程度，是以两性关系的规范化、社会化、道德化、文化化和制度化为基本标志，也是以两性关系的非自然化和人为化的程度作为基本标志的。两性关系的规范化过程，从最简单的“禁忌”到各种男女性交换规则的建立以至于关于家庭这个基本社会生活单位的建构，就是人类社会和文化从自然状态走脱出来的基本缩影。人类文明的建立及其发展程度，归根结底，是以家庭基本形式的社会条件和社会功能的区别为标志的。所以，传统的人类社会和文化制度，不管经历什么时代的变迁和什么类型的存在形式，都是以家庭作为中心环节的。家庭，成了一切人类社会和文化的基本单位。但是，家庭，从形成到它后期的各种历史发展形态，都是以男人充当家长，也就是成为主人作为其基本结构的。自从由男性充当主人和家长的家庭基本形式形成以后，家庭中的男人统治女人的基本模式，便逐渐地在人类社会和文化的历史发展中，成为不断复杂化的社会和文化总体中各种统治关系的基础。家庭中男人对女人的统治模式，一方面是社会文化发展中，随着语言文字主体化倾向不断加强的结果，另一方面又成为社会文化总体物质的和精神的双重层面各种建构的典型。实际上，社会文化总体中物质和精神双重层面各种建构中的统治关系，早在家庭这个基本单位的建构基本过程中，就已经在家庭本身的各个层面及其实际活动中表现出来。在家庭这个由男人做主的统治基本单位中，家庭基本结构及其基本功能的运作过程，不但是以巩固男人对女人的统治为基础，而且也是以再生产这种基本统治形式作为其本身继续存在的基本条件的。整个社会文化总体中的各种统治关系和基本形式，都是首先在家庭中形成和完备起来的。同时，作为基本单位的家庭，又以其自身的不断自我分裂和不断自我再生产来巩固和扩大整个社会的统治关系。家庭对于整个社会文化的发展的重要意义，就在于家庭通过其自身的不断再生产而把家庭中男人对女人的统治关系扩大到整个社会文化领域。本章第二节对于性的传统论述的批判以及第三节有关女性躯体和女性语言的论述分析，将进一步具体分析家庭关系中男对女的统治关系的再生产基本形式及其在整个社会文化总体中的扩大过程。

关于女性主义史前史的考古学和系谱学考察，有相当大的一部分是集中探索男人对女人的统治形式在社会文化发展中的形成过程。这些探讨势必涉及人类学、社会学、语言学、心理学、政治学、经济学、历史学和其他各种学科的综合性考察。但是，各种人类知识的分类及专业化过程，又是同以男女分工为基础的整个社会大分工过程密切相关的。长期以来，分门别类和不断专业化的人类知识，实际上是以最初的不平等男女分工为基础而建构和不断再生产的。因此，人类知识的分工和专业化，在很大程度上可以说是最早的男女不平等分工的历史发展产物。分工化和专业化的各种知识是男性中心主义的文化产物，是体现男性中心主义的逻辑中心主义和语音中心主义的理性化产物。渗透和贯穿于各种专业化知识中的理论和实际操作规则，都是以说话和进行论证正当化的男人为中心，以男人作为主体，并以继续巩固男性统治为目标的。所以，打破知识中的专业分工而进行跨学科的综合考察，也成为当代女性主义进行考古学和系谱学研究的一个基本策略。

总的说来，对女性主义史前史的考古学和系谱学研究，包括三大组成部分。第一部分是考察和解构男性中心主义文化的建构过程；第二部分是考察作为男性中心主义核心的权力关系的两性关系基础；第三部分是考察对男性中心主义正当化起决定性作用的知识的基本结构及其再生产模式。在上述三大组成部分的研究中，对于两性肉体关系的分析和探讨，始终都是最重要的。这是因为：第一，只有通过两性肉体关系的分析，才能使上述任何一部分的研究都回溯到其原初的自然状态。也就是说，两性肉体关系的考察，有利于后现代的女性主义还人类文化发展史的本来面目。第二，只有通过两性肉体关系的分析，才能消除在掩盖两性肉体关系基础上建构起来的男性中心主义文化的优势，特别是消除为男性中心主义服务的逻辑中心主义和语音中心主义在整个社会文化体系中的影响。第三，只有通过两性肉体关系的分析，才能重建以性的自然差异为基础而建构的新型社会文化体系。

女性主义史前史的考古学和系谱学，证实了西蒙·德·波伏娃的下述名言："女人并非天生的，而是变出来的（On ne nait pas femme, on le devient.）。"（Beauvoir, S. de. 1949）按照西蒙·德·波伏娃的原意，现代社会人们所说的"女人"并非自然而生的。"女人"是父权社会人为造成的。这就是说，"女人"并不是自然的原本的女人。自从父权制创立以来，"女人"已不是原有的自然女性，而是一种附属于男人的"女人"。迄今为止的"女人"概念都是由男性中心主义的文化所界定出来的。"女人"，已经不是自然的原本的女人，而是从历史中和社会中被销蚀掉的女人的代名词。由此可见，女性的附属品地位，并非自然的生理命运所决定，而是男人们维护和扩大其统治地位而创造出来的一种社会文化迷思所造成的。

在男性父权制文化发展的末期所产生的弗洛伊德主义，曾经对人类社会文化的发展机制进行了有别于传统文化的考察。他的主要贡献是揭示两性关系在人类社会文化发展过程中的决定性作用，从而彻底揭露了试图掩盖两性关系重要意义的传统文化的虚伪性，也为后人重视两性关系开创了光辉的先例。但是，弗洛伊德主义仍然未能跳出男性父权制的圈子。弗洛伊德在揭示两性关系的过程中，始终贯彻男性中心主义的原则，尽管他的男性中心主义已经远离传统文化逻辑中心主义和理性主义的原则。当代女性主义和后现代主义更进一步重视两性关系的重要性，并彻底批判弗洛伊德主义的男性中心主义立场和观点。所以，一方面，弗洛伊德主义可以看做是介于男性父权文化和后现代主义之间的一个中间过渡性文化形态，另一方面，由弗洛伊德主义内部迸发出来的拉康新弗洛伊德主义，也因此成了联结弗洛伊德主义和后现代主义的一个中间环节。当代女性主义的许多理论家，例如法国的伊里加雷和克里斯蒂娃等人，就是从拉康新弗洛伊德主义出发并结合后结构主义而建构其女性主义理论的。

这就是进行女性主义史前史的考古学和系谱学考察所得出的第一条重要结论，也构成了当代女性主义和后结构主义对传统文化进行批判的出发点。

女性主义的史前史，虽然不考察女性主义这个词的发生过程，但是它也关心女性主义这个词作为负面的和被否定的意义的产生过程。所以，女性主义史前史的考古学和系谱学，势必考察作为负面的女性主义这个概念是如何在历史上形成和发展的。最早使用女性主义这个词的人，是法国空想社会主义思想家傅立叶。傅立叶是一位积极支持妇女解放运动的思想家。在他之后，法国作家小仲马（Alexandre Dumas，1824—1895）在 1872 年所写的《男人——女人》小册子中第一次使用“女性主义”的形容词。小仲马在关于社会道德的论战中，发表了对于女性的成熟性和离婚问题的一系列言论。比小仲马更早一年，一位法医在《论结核病患者中的女性主义和幼童主义》的论文中，使用了女性主义这个词。问题在于，不管是小仲马还是这位法医，都是从否定和消极的角度使用女性主义这个词的。小仲马是在批评妇女解放运动的时候，用女性主义这个词嘲笑他们。而那位法医则是将女性主义等同于幼童主义。照那位法医的意见，女人的精神和意识永远停留在幼童阶段。这也反映了 19 世纪 70 年代整个西方社会对于女性的鄙视。根据当时的法国民法，女人等同于“未成年”，因此，女人不能享有平等的社会和政治上的公民权利。

资本主义社会和文化是以追求个人自由和人与人之间的平等作为基本目标的。但是，具有讽刺意味的是，资本主义从一开始产生就从男性中心主义的立场和观点去理解和实行个人自由和人与人之间的平等。发生于 1789 的法国大革命，虽然消除和打破了中世纪以来的封建等级不平等制度，但并没有实行男女之间的平等社会文化制度。在法国大革命中同男人一样作出重要贡献的女人，在革命成功之后，仍然处于社会文化生活中的被奴役地位。在 1789 年和 1793 年两种版本的人权宣言中，男女平等只是在字面上被承认，而在事实上被否定。所以，由当时的女性主义者沃斯通克拉夫特（Mary Wollstonecraft）所发表的《对于妇女权利的辩护》（*A Vindication of the Rights of Woman*）于 1792 年正式发表。正如米勒（Kate Millet）所指出的：“这是历史上第一篇宣布并承认妇女的完整人权的文件。”（Millet, K. 1971：65）同时，以女革命家玛丽·戈兹（Marie Gouze，1748 /1755—1793）为首的革命妇女团体也于1793年发表了争取妇女和女性公民权利的宣言（La Declaration des Droits de la Femme et de la Citoyenne）。在玛丽·戈兹的推动下，整个法国大革命期间，争取妇女彻底解放的运动迅速地在法国各地扩散开来。但是，由于法国大革命的胜利而建立起来的资产阶级政权却残酷地镇压了这场运动，玛丽·戈兹本人也在1793年被判死刑而成为新型的资本主义男性中心主义的牺牲品。与法国大革命几乎同时进行的欧美各国资产阶级革命和改革，也同样没有建立起男女平等的社会文化新制度。在英国，直到19世纪中叶以前，女性公民仍然没有享受平等的政治投票权。正因为这样，1866年英国1 500名妇女联合签署了争取平等投票权的声明，呈递给英国议会（Caine, B. 1997）。而在美国，争取妇女权利的运动是从1848年召开的全国妇女权利大会开始的（Women's Rights Convention held at Seneca Falls in 1848）。但是，哪怕是在19世纪中叶到19世纪80年代所进行的争取黑奴解放的南北战争中，女人仍然被剥夺参与政治活动的权力。南北战争胜利后订立的各种美国法律，只承认男性黑奴的解放，只给予被解放了的男性黑奴以投票权。正因为这样，美国的女性主义和各种妇女运动，都是以女性黑人争取男女平等和解放作为基本组成部分的。最早的美国女黑人运动领袖索久纳·土鲁斯（Sojourner Truth，1797—1883）就是在19世纪50年代的南北战争中第一次提出了最鲜明的争取男女平等的口号。

所以，从18世纪法国革命到19世纪下半叶，妇女在西方整个社会中仍处于明显的不平等地位。当时的妇女运动，主要提出了两项基本要求：第一是平等享有政治上的投票权，所以，最早的英国妇女运动也被称为“妇女争取平等投票权运动”；第二是要求社会文化生活中的男女平等。

当时的英国著名的妇女运动领袖埃米琳·潘克赫斯特（Emmeline Pankhurst，1858—1928）提出了争取妇女平等投票权的口号，同时也提出在经济和社会生活中的男女平等，要求女人在经济活动和职业生活中享有同等自由竞争的机会和同工同酬的经济待遇。埃米琳·潘克赫斯特在1903年建议创立英国妇女社会与政治联盟（Britain Women's Social And Political Union），对于推动20世纪全球妇女运动具有重要意义。

随着马克思主义的发展，妇女运动从19世纪末开始，转向与社会主义运动相联系的妇女解放运动。马克思和恩格斯（Friedrich Engels，1820—1895）在他们所从事的革命理论活动中，始终支持和维护妇女的社会平等权利。马克思认为，在资本主义社会中，女性遭受着资本和男人的双重压迫。恩格斯在《家庭、私有制和国家的起源》一书中指出："现代的个体家庭建立在公开的或隐蔽的妇女的家务奴隶制之上……在家庭中，丈夫是资产者，妻子则相当于无产阶级。"（Engels，F. 1985［1884］：105）由马克思主义所控制的国际工人运动和社会民主运动所推动的妇女解放运动，把妇女解放同工人运动和共产主义革命结合在一起。所以，德国社会民主党领导人克拉拉·蔡特金（Clara Zetkin，1857—1933）成了这个时期妇女解放运动的领袖。她在1892年到1917年主编了《平等报》，积极主张男女平等和妇女解放。接着在1910年，克拉拉·蔡特金在哥本哈根举行的第二次国际社会主义妇女代表大会（The Second International Conference of Socialist Women）上建议将每年3月8日定为国际妇女节。

从20世纪初到第二次世界大战结束，各国妇女运动分属马克思主义领导的妇女解放运动和自由国家中的女性主义运动两大系统。但相对于19世纪，这段时期，整个妇女运动都处于低潮。

受马克思主义影响的妇女解放运动，直到20世纪中叶斯大林（Joseph V. Stalin，1879—1953）去世为止，基本上是受各国共产党及其周围力量（如左派工会组织、政治团体）所影响的。但这一系统的妇女解放运动，由于紧密地与政治斗争相联系，特别是在两次世界大战中同欧美各国工人运动和社会主义运动以及反法西斯运动相结合，迅速地发展成为强大的世界性的有严密组织的政治势力，同时也具有明显的马克思主义意识形态色彩。

而属于欧美各国各种类型的自由的妇女运动，也从20世纪初以后发生了根本的变化。主要的原因是妇女参与政治投票权已在第一次世界大战前基本上解决了。因此，进入20世纪以来，各国自由的妇女运动的基本任务是使男女平等更全面地在社会文化生活各个领域中得到实现。为此，从理论上寻求新的论证形式以取代原有的男性中心主义文化论述形式，便成了最重要的一项任务。在这种情况下，20世纪自由国家女性运动的重点，首先是寻求和建构新的妇女解放的理论，而这种理论的建构又必须同各学科理论发展的趋势以及同批判男性中心主义文化的理论活动相结合。从20世纪初到第二次世界大战为止，新的女性运动所进行的理论探索过程，整整经历了近半个世纪的时间。而这一过程，实际上又是同资本主义现代主义文化的危机和瓦解，同各种后现代主义文化的萌芽过程紧密相连的。所以，现代女性主义的产生和发展，是同现代性的危机和后现代性的产生相伴随的。正如南希·弗雷泽（Nancy Fraser）和琳达·尼科尔森（Linda Nicholson）在 80 年代所指出的："女性主义和后现代主义是最近十年内出现的两个最重要的政治文化思潮。"（Fraser，N. /Nicholson，L. 1988：83）

从第二次世界大战结束开始，随着结构主义、存在主义、马克思主义、精神分析学运动和后结构主义的产生和发展，女性主义运动开始发生新的转变。这个转变的最重要的特点是思想理论方面的根本变化。一方面是女性思想家的不断涌现，另一方面是积极主张女性主义的男性思想家的新理论的建构，使得女性主义运动从此找到了新的理论武器。与此同时，在文学艺术界，女性作家和艺术家也成批出现。她们以文学艺术作品和文学评论活动积极参与女性主义运动，使女性主义从 20 世纪初开始进入新的历史阶段。这一新的历史阶段，可称之为"女性主义史前史"到"后现代女性主义"的中间过渡阶段，也可称之为"准后现代女性主义阶段"。

在这个"准后现代女性主义阶段"内，除了思想理论界和文学艺术创作界产生和形成后现代女性主义的基本概念以外，更重要的是，后现代女性主义更多地在社会实际运动和社会政策改革方面取得了很大的进展。

从第二次世界大战结束到 60 年代为止，西方各国的妇女社会运动，既不同于 20 世纪初以前发生于西方各国的妇女争取政治经济平等的社会运动，也不同于第一次世界大战到第二次世界大战期间的妇女解放运动。

在美国，争取妇女平等权利的社会运动，从 1968 年起，同社会上其他政治文化运动相结合，不论在性质上或在规模上，都进入了新的发展阶段。由弗里登（Betty Friedan）等人组织的"美国全国妇女组织"（the National Organization for Women，简称 NOW）在 1966 年正式成立。发生在 1968 年针对美国小姐选美活动的抗议运动，成为新一波女性主义运动兴起的信号。与此同时，弗里登所写的《论女性奥秘》、米勒所写的《性的政治》以及格里尔（Germaine Greer）所写的《女性太监》等著作先后发表，同此前不久刚刚译成英文的西蒙·德·波伏娃《论第二性》前后呼应，形成了一股声势浩大的女性主义新浪潮（Walby，S. 1990）。

在这一时期内，妇女运动虽然还呈现出由不同意识形态背景所控制的派别分歧，也在不同程度上延续着妇女争取政治经济平等的社会运动；但是，总的来讲，这一时期的女性主义运动已经不是传统的妇女社会运动，而是一场伴随后现代主义整个思潮和运动的社会文化革命。关于这一点，这一时期最杰出的女性主义思想家西蒙·德·波伏娃在《论第二性》中指出：关于"女人"的问题，如果只是遵循和停留在传统文化的原则的话，那么，到第二次世界大战结束为止，所有该谈和该讨论的事情，似乎都已经谈到了；再说的话，就只能是不断重复过去说过的话。这也就是说，如果遵循和停留在传统文化的原则，女人的问题似乎已经解决了。西蒙·德·波伏娃讽刺性地指出，在传统文化范围内女人问题的解决，又意味着女人已经不再存在了，女人已经消失。传统文化对于女人的论述以及在传统文化范围内寻求女人的解放，已经自然地毁灭了女人自身。"女人"是随西方传统文化的产生而产生，又随传统文化的发展而消失的（Beauvoir，S. de 1949. I：11—12）。西蒙·德·波伏娃还特别注意到自启蒙运动以来的资本现代文化对于女人的扭曲和否定。她指出，启蒙思想家和现代的各种社会革命家，都把女人当做是由"女人"的语词所任意指涉的那些人，而不是像男人那样只是依据他们的自然性别而被确定。资本主义的现代文化虽然标榜自由平等和理性的原则，但由这些原则所建立的现代社会文化制度及其文化产品，都把女人纳入由这些文化所规定的范畴之内。显然，现代社会中的男女两性关系，并不是自然的两性关系，并不像自然界的阳电和阴电之间的那种关系（Ibid.：14）。所以，西蒙·德·波伏娃说："人类是男性的，而人和男人并不是根据女人自身，而是根据相对于他的关系来界定女人的。女人并不被当做是一个自律的生命生存物。"（comme un être autonome，Beauvoir，S. de 1949. I：15—16）"女人，除了男人决定她的以外，什么也不是。因此，当人们谈到'性'的时候，主要是想要说：女人主要是相对于男人才是一个有性的生命体。也就是说，只有对于男人，对于他，女人才是性的，才是绝对的女性。她是通过同男人的关系，而不是通过男人同女人的关系而被决定的；她是相对于主要的男人而变成为非主要的女人。他是主体，他是绝对；她是'他者'。"（Ibid.：16）

西蒙·德·波伏娃不满足于揭露西方文化上述"制造和歧视女人"的事实和历史，而且进一步分析了上述事实和历史在整个西方文化史上的社会化和内在化过程。她强调上述事实和历史同时也成为西方人思想意识和精神心态模式化的基础。正是在上述不合理的男女两性关系基础上，同时产生了作为西方文化基本概念的“自身”、“主体”、“他者”和“客体”及其相关思想意识（Beauvoir, S. de 1994. I: 16—23）。

也许西蒙·德·波伏娃成了西方文化史上第一位将两性关系问题同西方文化和整个人类文化的产生历史整体联系在一起的思想家。她指出性的二元性如同其他一切的二元性一样是通过一场冲突而呈现出来的。因此可以理解，如果两个当中的一个成功地向另一个强制地造成它的优越性，那么优胜者就变成为绝对者（Ibid.: 23）。

由西蒙·德·波伏娃所开创的现代女性主义文化革命运动和思想理论建设，推动了六七十年代整个后现代女性主义思潮的发展。首先在法国，伊里加雷和克里斯蒂娃同时在70年代发表了一系列具有哲学理论深度的女性主义思想作品。克里斯蒂娃首先是从符号论和精神分析学出发，对于传统文化进行解构，并深入研究男女两性关系及其同整个文化的关系（Kristiva, J. 1969; 1970; 1974a; 1974b; 1975; 1977; 1979）。伊里加雷则是从语言和论述的结构的解构出发，从后结构主义的立场和观点对传统的两性关系进行“解构”，同时深入批判以传统两性关系为基础所建构的人类文化基本模式（Irigaray, L. 1973; 1974; 1977; 1979）。伊里加雷所写的《这个非唯一的性》（*Ce Sexe Qui N'en est Pas un*. 1977）等著作，进一步将西蒙·德·波伏娃的哲学理论论证推向深入，直接为后现代女性主义提供了理论基础。她们两位的著作标志着后现代女性主义在理论上的成熟，从而也为后现代女性主义社会政治运动的发展及其政策策略的制订起了推动作用。

但是，南希·弗雷泽和琳达·尼科尔森在分析女性主义同后现代主义的相互关系时，显然过分强调了后现代女性主义的社会运动性质，忽略了它在思想理论方面的重大革命性，实际上也同时忽略了这样一个重要的事实：后现代主义整个思潮在理论上的形成和发展，根本不可能同后现代女性主义在思想理论建设方面的重大贡献分隔开来（Fraser, N./Nicholson, L. 1988）。

后现代女性主义思潮在思想理论建设方面，首先把批判矛头指向西方传统文化的核心部分及其基本原则。她们尤其批判流行于传统文化中的“基础主义”（foundationalism）和“本质主义”（essentialism）。正是在这点上，后现代女性主义在思想理论方面的批判成果直接地推动了后现代主义整个思潮的发展和系统化，当然也为后现代女性主义运动的政策策略本身提供了最坚实的理论基础。其次，后现代女性主义在思想理论方面集中地批判了各种传统文化的二元对立论述，特别是集中批判了有关权力和道德的传统论述。同样也正是在这点上，后现代女性主义直接地促进了后现代主义整个思潮的发展。在此，后现代女性主义所进行的理论思想批判，涉及西方传统文化，特别是现代资本主义文化中那些从来未曾被触及的“禁忌”部分，使整个后现代主义对传统文化的批判真正地达到了长期未被动摇的最深部分。这里指的首先是有关“性”和“身体”部分的传统原则和基本论述。在西方文化史上，可以说，只有到了后现代女性主义思潮出现的时刻，才开始猛烈批判西方传统有关“性”和“身体”的论述和原则，并把这些论述和原则，同整个西方理论知识体系和社会文化制度联系在一起加以考察。福柯在批判西方传统文化及其论述体系时，特别强调，有关禁欲主义实践规则（une pratique ascétique）的部分，构成了传统文化的核心。因此，任何对于传统文化的批判，如果不深入触动其中有关禁欲主义实践规则的部分，就只是停留在表层的分析，就不可能彻底动摇传统文化。接着，福柯又进一步将这一核心部分称为“自身对自身的操纵运作”（un exercice de soi sur soi）的学问，是西方人的一种基本生存方式（Foucault，M. 1994. Vol. IV：709）。因此，后现代女性主义对于有关“禁忌”论述的各个部分的批判，实际上也在很大程度上批判了西方传统生活方式和生存形式。

后现代女性主义在 20 世纪末已经发展成为从政治上、经济上、文化上和思想上批判传统社会的社会运动和思想创造活动。实际上，随着后现代主义的发展，无论在社会生活的哪一个领域，都不能忽视后现代女性主义的影响。

如果抛开女性主义运动及其指导思想的历史区别，迄今为止出现在西方近现代思想史上批判两性不平等的各种理论，从其理论的性质来分析，可以简单地分为以下五大类：

第一种是分析和批判两性不平等的社会理论和社会学理论。它们是从社会理论和社会学理论的角度，研究和批判性别不平等的最普遍和最一般的特征，指出这些不平等产生和发展的社会基础及其对于整个社会（社会阶层化、经济、政治和社会结构）的影响（Blumberg，R. L. 1984；Chafetz，J. S. 1984；Leacock，E. B./Helen，I. S. 1986；Rossi，A. S. 1984；Tilly，L. A./Joan，W. S. 1978；Ward，K. 1990）。

第二种是马克思主义的理论。由于它从属于马克思主义的历史唯物论，所以它强调阶级区分和经济剥削的分析批判原则，视之为理解和批判当代女性被奴役和从属地位的关键。

第三种是非马克思主义的唯物论。这一类女性主义理论曾经是后现代女性主义思潮产生前统治着西方各国妇女运动的基本指导思想原则，主要是认为经济不平等是构成男女不平等的最主要的，甚至是决定性的因素。因此，这一类女性主义理论把改善妇女的社会经济地位当成最主要的奋斗目标。她们还认为，经济上对于男性的依赖以及经济生活中女性的不平等地位，是同整个社会不平等的制度紧密相关的（Peterson，J./Margaret，L. 1999；Strober，M. H./Chab，A. M. K. 1999）。

第四种是属于政治理论的女性主义。针对西方社会政权结构中男性统治占优势甚至垄断地位的普遍现象，后现代主义的政治理论部分，往往集中批判“男性统治”（male domination）的政治现象，并把它归结为历史上长期发展的男性“好战”（warfare）和“军事主义”（militarism）或“暴力癖”（violence inclination）的自然延续（Bourdieu，P. 1998；McKie，L. et alii. 1999）。同时，作为政治理论的后现代女性主义也把重点集中在男性政权结构的分析上。作为一种政治诉求，后现代女性主义力图实现女性在社会和国家生活中的强有力的统治地位（Bourdieu，P. 1998；Lara，M. P. 1998）。

第五种当代女性主义理论主要围绕女性躯体的问题，集中表达女性在躯体运用方面的自由解放权利。这一部分女性主义理论把历史上长期发展的父权中心主义文化归结为对于女性躯体的蹂躏和歧视，因此，它把女性躯体的自由解放也当做整个人类文化重建的一个关键因素。在这类女性主义理论中，有关性解放和躯体自由游戏原则的论述往往占据很大的篇幅（Sanderson，S. K. 1995：387；Turner，S. P. 1996：151；Whitford，M. 1991：7—10）。

第二节　对“性”的传统论述的批判

后现代女性主义并不满足于以往传统女性主义对父权主义的批判。以往女性主义在批判男性中心主义的时候，只提出男女平等的要求，而且仍然接受传统形而上学的二元对立论证模式，因此，以往女性主义并未跳出父权主义的思考模式，而她们对男性中心主义的批判最终都重新陷入父权主义的圈套，并归于失败。

男性中心主义的西方传统文化的核心部分是语言论述体系；而传统语言论述体系又是建立在以男性为中心的旧语言结构基础上的。

在后现代女性主义看来，传统语言是一种对男性优惠的语言，因为它是以"声音/意义"的二元对立模式而建构出来的；而它在运用过程中，始终都是以男性作为主体进行论述的。西方传统语言的这种结构，又随着占统治地位的逻辑中心主义原则，随着这种原则对于男性主体地位的正当化而不断加强。所以，不论就语法或逻辑规则而言，这种对男性优惠的语言，又是一种男性单数和以男性为中心的单向性语言。关于这一点，后现代女性主义理论的早期奠基人西蒙·德·波伏娃早在《论第二性》中就有所论述（Beauvoir, S. de 1949. I：14—16）。传统的父权主义正是利用这种男性单数和以男性为中心的单向性语言而不断地再生产对女性进行压迫的观念和制度以及整个社会文化体系，从而将父权主义社会文化制度和对女性的压迫永久化的。

借助于传统语言结构和传统语言论述而不断再生产的整个西方文化，又运用长期掌握社会政治、经济和文化统治权的男性，将本来完全属于自然性质的男女两性差异，发展并巩固成为男性父权主义文化（Epstein, D./Sears, J. T. 1999；Lara, M. P. 1999）。关于这一点，西蒙·德·波伏娃指出：在西方文化中，"两性的关系并不是两种电（阳电和阴电）和两个极端的关系；男性同时地表现为阳性和中性，以至在法语中以'男人们'（les hommes）指谓整个人类（les etres humains）"（Beauvoir, S. de 1949. I：14）。同样地，在西方各国的语言中，"阳性"和"肯定的"、"积极的"以及"正面的"都是同一词（the positive; le positif）。也就是说，"男性"，不但代表男性、阳性一类，而且以冒牌的，然而又被巧妙地正当化的"中性"的面目和形式而出现，以至使它成为整个"类"的代名词。在这种情况下，作为"阴性"的女人也就自然地变成为"消极的"、"被动的"、"否定的"和"反面的"，而女人也因此处于被决定和被限制的地位，被剥夺了一切平等的双向互动性。

根据传统的单数和单向的语言，女人永远是"非男人"；而且女人永远是"他者"。这样一来，女人也永远没有自我。女人只能以"人家"来自称。在说话和论述中，女人只能以被动语气和被动式表达或被表达。

对于法语和西方各国语言的传统论述中所定位的女人，对于传统论述中女人的被动和被统治地位，法国后现代女性主义者伊里加雷并不打算仅仅在语言论述范围内加以讨论，也不愿意仅在语言结构中探索其性质。对她来说，西方传统论述对女性的各种说法，虽然具有语言学和逻辑学方面的深刻根源，但更重要的是根源于西方传统文化的形而上学基础。因此，伊里加雷对于传统女性论述的语言学、符号学和精神分析学的批判，都是同时地以对于传统西方形而上学和哲学体系的批判作为基础的。在她的《这个非唯一的性》的著作中，她说："谈到女人或者以女人身份说话，都不是说女人或女人说话，因为这并不是关于女人成为客体或主体的那种论述的形成和生产的问题。"（Irigaray，L. 1977：133；1985b：135）伊里加雷不同于其他后现代女性主义者，她所关怀的重点，是目前已经流行于社会文化生活中的西方语言论述的哲学基础的问题，因为她认为这是批判整个父权主义文化的核心和关键。如前所述，她也同意要彻底批判关于女性的传统论述，并认为这种批判活动是批判整个传统文化的重要构成部分，也是积极开展后现代女性主义运动的社会实践刻不容缓的要求；但是，所有这一切，都没有比批判和摧毁传统哲学形而上学基础来得重要。也许，我们可以在伊里加雷的后现代女性主义著作中，典型地看到后现代女性主义批判传统女性论述的一个模式，这种模式是同其他的后现代女性主义对传统女性论述的批判同时存在并相互补充的。

作为后现代女性主义批判传统女性论述的一个模式，伊里加雷特别重视构成西方传统女性论述的那种所谓"理性的情感化基础"（the passional foundation of reason）。这个特殊概念具有特别重要的意义。首先，"理性的情感化基础"指的是传统女性论述赖以存在和巩固的理性基础本身。其次，它又是指这种理性基础如何在长期的传统文化再生产过程中不知不觉，然而又顽固地渗透到整个西方人的情感中，也就是深深地"内在化"，从而使这种经文化再生产而纳入心态结构的情感，逐渐地自然化或"中性化"，在无意识中实现它的正当化和普遍化。再次，它同时也是指这种内在化的理性基础所经历的语言再论述化过程。最后，它又是指这种理性基础在整个西方文化制度和人的心态中的"散播"或"扩散"（dissémination；diffusion）过程。

上述第一方面的意义，当然是指传统女性论述的哲学基础。我们在论述后现代女性主义思想观和行动策略的时候，曾经系统地回顾后现代女性主义形成前所经历的漫长"史前史"阶段（详见本章第一节）。在史前史阶段，整个传统女性主义都显示出对于传统哲学形而上学批判的忽视。这也正是传统女性主义最终未能摆脱传统文化羁绊的主要原因。在这方面，法国后现代女性主义思想家所作出的贡献是很突出的，也是不可替代的。伊里加雷继承和发扬西蒙·德·波伏娃等前辈的哲学批判传统，同时也广泛吸收男性后结构主义和后现代主义思想家的哲学批判原则，使她在当代后现代女性主义思想家中独树一帜。伊里加雷意识到，在人类文化型构和再生产过程中，哲学的一般化和抽象化，将文化再生产和发展中的一切运作机制及其成果固定化，并以系统理论的模式，成为指导人们言行的世界观和人生观，也成为指导各种认知活动和科学研究的认识论和方法论基础。理性一旦作为世界观、人生观、认识论及方法论，反过来又在人们的一切言行中，特别是在各种论述中，贯彻和加强已经被哲学化的那些原则，尤其是被正当化的那些男性父权制的文化的各种论述。在传统西方文化的形成和发展过程中，哲学化、神学化、知识化、艺术化、社会化和语言论述化的过程是同时进行的，而哲学化是这个过程中的最核心和最优先的部分。这是从古希腊西方传统文化建构时期早就确定下来的。为此，批判西方传统女性论述，首先不但必须当成是对于哲学化、神学化、知识化、艺术化、社会化和语言论述化整个过程的批判的一部分，而且也必须把其中的哲学化解构摆在中心地位。

要完成对于传统理性论述的哲学批判，除了深入揭露西方传统哲学形而上学的思维模式和论证体系以外，除了揭露这些传统哲学形而上学对于女性的社会文化地位的理论论证以外，还必须形成和建构一种由女性自身所进行的哲学理论反思。当然，伊里加雷并不打算建构一个同男人直接相对立或与男人相隔离的独立女性哲学。她所要建构的是重新思考整个人类社会历史及其文化结构，并在其基础上，抛弃以唯一的“性”作为思考主体的哲学原则。在这方面，伊里加雷从拉康、德里达和福柯的后结构主义理论和方法论中吸收了不少有益的因素。所谓“去中心”的哲学论述和语言论述模式，成了伊里加雷批判传统哲学和建构新哲学的典范。正如勒德夫（Le Doeuff）所指出的：“女性主义的职责是朝向普遍性（towards universality）；她必须超出和揭示不单纯关怀女人而已的现实性。”（Le Doeuff. 1989：275）显然，伊里加雷对于传统理性论述哲学基础的批判，不再重复传统女性主义以“女性主体化”取代“男性主体化”的理论思考模式；而是从普遍化的角度，试图通过“去中心”的理论思考程序，彻底取代作为男性父权主义和整个传统文化的哲学理论基础的“二元对立主客体模式”。

伊里加雷的第二方面哲学批判重点，是将哲学和人类学、社会学、心理学和语言学的理论思考结合在一起，注重从一般化和普遍化的观点，探索男性父权制文化和传统文化的哲学原则的整个内在化过程。在这方面，由拉康所开创的“语言心理哲学形而上学批判”的研究成果，由福柯和德里达所分别进行的“哲学语言心理论述的解构”以及德勒兹运用的“心理语言综合精神分裂法”，都对伊里加雷的上述批判提供了深刻的启发。作为一位后现代主义者，她在将文化、心理、语言和思想的哲学批判扩大成为跨学科多元性批判方面，取得了重大成果。这也就是伊里加雷所进行的女性传统论述哲学批判的重要特色。在上述跨学科的哲学多元研究中，精神分析是中心部分。所以，伊里加雷也曾经在某种意义上将自己的方法称为“使哲学家们精神分析化”的方法（a method of psychoanalysing the philosophers）。

在分析男性父权文化统治下的女性传统论述的内在化过程时，伊里加雷创造性地提出“女性想象力”的新概念，以此取代传统内在化过程中的“象征化”程序。在她看来，女性想象力可以克服传统文化象征化程序中偏向男性主体化的倾向，同时也通过女性想象力实现一种哲学形而上学思考的“去中心”过程，避免以男性为中心向女性强制性地灌输整个象征化的社会文化体系。伊里加雷指出，“我们整个西方文化都建立在谋杀母亲的基础上（toute notre culture occidentale repose sur le meurtre de la mère）”（Irigaray，1981：81）。传统西方心理学、社会学和弗洛伊德精神分析学，在分析内在化和社会化过程时，总是把重点放在所谓的“俄狄浦斯恋父情结”形成之后的幼儿成长过程各阶段，从而集中说明个人心理实现社会化、内在化和整合化过程中男性父权中心的确立机制。伊里加雷与此相反，将哲学理论思考内在化过程的重点转向她所说的那种“前俄狄浦斯阶段”（pre-Oedipal phase）的分析。她指出：“母女关系是整个黑暗大陆的黑暗大陆（the mother-daughter relationship is the dark continent of the dark continent）。”（Ibid.：61）她又说：“‘母/女’关系以及‘母亲/女儿’构成为我们社会中一切问题的极端爆炸性的核心。只有思考它，并不断改变它，才能从基础方面颠覆整个男性父权秩序。”（Ibid.：86）显然，在批判男性父权文化及其内在化过程时，伊里加雷从精神分析学和语言学的角度看到了“象征化”（symbolize）程序所起的决定性作用。如前所述，西方传统文化中的象征化，是采取“符号/意义”的二元对立基本模式的。这种象征化，不论在个人心理意识成长过程中，还是在集体意识的社会化和整合化的过程中，始终都是占统治地位的。为了避免重复这种象征化过程，同时为了克服象征化过程所引起的一切社会文化后果，伊里加雷转向象征化以前的女性想象化过程。女性想象化是婴儿同母体采取“肉体对肉体的直接接触关系”的阶段的原始思考模式。这种思考模式构成个人和整个人类思考和行为方式以及整个文化体系的出发点。但是，长期以来，传统西方文化将这一阶段的思考模式撇在一边不加以考虑和考察，忽略了它在个人心理和社会文化整体形成过程中的决定性地位。她指出，整个西方社会和文化制度，都是建立在母亲的生产者和再生产者的角色的基础上；而西方文化的发展却反过来扼杀了母亲的作用。因此，只要我们动摇整个社会文化秩序的基础，一切事情也都改变了（Irigaray，1981：81）。

在传统论述中，一谈到“性”（sex），就自然地谈到“性别”，也就是说，谈到两个不同的“性”：男性和女性。所以，传统的“性”的语词和概念，已经自然地内含着“性别”的意思，隐含着男性为主、女性为辅的意涵。从“性”的语词到“性”的概念以及到“性”的社会文化意义（特别是道德意义）的上述一系列推演和现实化过程，都是西方传统语音中心主义和逻辑中心主义的基本原则所决定的。

为了彻底批判传统男性父权主义文化，后现代女性主义试图彻底抛弃传统语言以及以传统语言为基础所建构的各种理论和原则体系。按照拉康的理论，欲望是人类潜意识的基础和核心，而语言就是潜意识的符号结构。传统语言实际上就是男性欲望的符号结构表达。因此，不仅传统语言的论述型构和表达过程，而且，语言结构本身，从最简单的语言基本单位到复杂的语言符号组合系统，都充满了男性欲望的操作和流露。例如，“阳物”一词不只是在字面上表示“男根”，还表示“跟男”。据说晋朝的杜预在注《春秋左传》时说：“女常随男故言阳物。”（《春秋左传杜林合注》卷三十四）同样地，根据德里达的分析，“处女膜”拉丁原文 Hymen，原来指的是一个精细、轻薄，并包围身体某个器官的膜，包括心脏或五脏中的各种膜。同时，它也指某种鱼类体内的软骨或昆虫的翅膀以及某些鸟眼睛中的表膜或植物种子外壳等。在词源学上，hymen 一词原为 humen，因此可以上溯到词根 u，可以在拉丁语的 suo，suere（缝）和 huphos（组织）中找到其意涵。另外，Hymen 一词不只是 hymn（歌）书写上的变体，而且也表示梦从中流出，表示某种融合，或者两者之间的混合，两种存在的认同，表示两者之间不再有区别，唯有同一。因此，处女膜也产生了一种中介的效果，表示一个运作过程。在男性父权中心主义的文化体系中，以处女膜作为中介化的运作过程，正是为了表示在男性欲望与“此在”的实现之间、在距离与非距离之间再没有距离，在欲念与满足之间不再有差异。不仅欲念与满足之间的差异被消除，而且差异与非差异之间的差异也被消除。德里达接着得出结论说：处女膜首先，而且主要是通过句法而产生其效果，这种效果使“在……之间”移位，以致那个“悬置”只因为“定位”，而不是因为词的内容而发生。不论处女膜是指融合还是分离，正是那个“在……之间”担负着运作之重任。处女膜必须通过“在……之间”得以确定，而不是相反。“在……之间”这个词没有自己的完整意义。适用于处女膜的含义，也适用于其他所有经过必要改变之后的符号（Derrida，J. 1991b）。

“性”和“性别”的相互混淆、相互渗透及其在整个西方社会文化体系中的扩散，是一个非常复杂的历史文化发展过程。在这一过程中，语言论述、道德意识、社会文化体系化以及两性社会文化地位的确立过程，是不可分割地相互渗透和相互影响的；也就是说，它们是同步而多向交叉进行的。这种复杂的历史文化发展过程，决定了对于“性”和“性别”的传统论述的分析批判，不能简单化地只抓住上述复杂过程中的任何一个因素，更不能简单化地遵循传统二元对立思考模式和逻辑思维模式。然而，不管西方传统关于“性”的论述的形成和发展过程多么复杂，重要的是，首先必须认清和抓住有关“性”的论述对于巩固和扩大“性别”论述系统的重要意义，其次深入分析和揭露“性”的论述和“性别”的论述的相互依赖性及其同整个西方社会文化体系的复杂关系，最后走出原有逻辑中心主义的思考和论述模式，重新建构“性”和“性别”的新关系，以便彻底清除传统的“性”和“性别”论述的影响，重建男女两性的新关系及其新文化。

为此，后现代女性主义不再沿用传统文化的性别区分原则，提出将性的论述彻底符号化的策略，并将一种新的性论述符号游戏当做后现代一切女性主义论述的基本形式。美国的后现代女性主义者首先于七八十年代，提出后现代女性主义的“女性论述符号论”。她们在明尼苏达大学首次创建“符号”（Signs）研究刊物，并陆续将该刊物上发表的论文编辑成册，先后出版了两集《符号论文选》（*The Signs Reader*：*Women*，*Gender and Scholarship*；*The Second Signs Reader*：*Feminist Scholarship*. 1983—1996）。从此以后，以符号游戏的模式来批判传统的性别论述，逐渐地成为后现代女性主义的基本表达方式。

在西方文化发展史上，对于“性”的传统论述及其一系列社会文化制度，曾经进行过连续不断的分析和批判，也随着西方社会文化的不同发展过程而不断进行重构。大致说来，这一过程经历了五大阶段。第一阶段是古代神话传说阶段；第二阶段是古希腊文化时期；第三阶段是中世纪基督教神学论证阶段；第四阶段是启蒙运动后的现代资本主义科学知识论述阶段；第五阶段是后现代论述阶段。以上前四个阶段都从属于传统论述系统，从语言论述的基本模式和特征来说，基本上是一致的，只是其道德内容和社会规范有所区别。但是，在上述传统论述的第四阶段内，已经隐含了对于“性”和“性别”论述体系的新批判，隐含了后现代性论述的某些因素，主要是指19世纪尼采和马克思对传统性论述的批判。因此，在第四阶段的最后一百年中，由尼采和马克思发起，并受其影响的性论述批判运动不断地扩大，首先是在文学艺术领域中，产生和发展了受马克思和尼采启发的一系列批判传统性论述的创作，构成了第五阶段后现代主义性论述的萌芽。

对传统性和性别论述的全面批判，是马克思及其学派首先进行的。马克思对于现代资本主义社会和文化的全面批判，使他从社会文化的整个性质、从性论述同社会经济文化基础的相互关系的角度进行批判。关于这点，马克思在其早期的《德意志意识形态》、《神圣家族》、《1844 年经济学哲学手稿》的著作和成熟时期的《共产党宣言》、《资本论》等著作中，不仅对西方传统性论述及其社会文化基础进行了批判，而且集中批判了现代资本主义社会性论述的政治经济基础，集中批判了其中的资本主义生产资料私有制及其国家官僚机构的决定性作用。马克思指出：“现代的、资产阶级的家庭是建筑在什么基础上的呢？是建筑在资本上面的，建筑在私人发财的制度上面的。这种家庭的完全发展的形态，只有在资产阶级中间才存在着，而它的补充现象却是无产者的被迫独居生活和公娼制。”“资产者原来是把自己的妻子仅仅当做一种生产工具看待的。……他们连想也想不到，问题正在于要消灭妇女被当作简单生产工具看待的这种地位。……只要现代的生产关系一消灭，那末从这种关系中产生出来的公妻制，即正式的和非正式的娼妓制，自然就会随之而消灭。”（Marx，K. 1848）

马克思对于传统性论述的批判，深刻地影响了后现代女性主义的发展。

米歇·福柯在批判传统性论述时，特别重视现代资本主义社会政治经济和道德制度同性论述的相互关系，尤其集中分析了现代资本主义知识论述和权力运作对于性论述的扩散的决定性影响。在这方面，马克思的批判显然对于米歇·福柯有所启发。此外，后现代女性主义的许多思想家，例如哈丁（Sandra Harding，1935—）、哈索克（Nancy Hartsock，1943—）、罗丝（Hilary Rose，1935—）、史密斯（Dorothy Smith，1926—）、贾格尔（Alison Jaggar，1926—）以及苏珊·博尔多（Susan Bordo，1947—）等人，也从马克思的批判中吸取了精神养料。他们继承马克思主义的某些观点，深入分析批判当代社会中“性别”问题同知识生产与再生产过程的密切关系（Harding，S. 1983，1986；Hartsock，N. 1983；Rose，H. 1983；Smith，D. 1987）。苏珊·博尔多高度肯定马克思有关“身体”的论述，强调“身体”不只是一个生物学的研究概念，而且是社会和经济生活的历史概念（Bordo，S. 1993）。

在资本主义现代文化中，尼采是继马克思之后第二位彻底批判传统“性”论述的思想家。尼采的贡献，不仅从根本上颠覆了传统人文主义和理性主义的两性理论，而且也提出了新的性概念。正如第二章第二节所指出的，尼采对于现代人文主义和理性主义的批判，导致了对于西方传统文化和基督教道德原则的怀疑和否定。他对男性阿波罗神的批判以及对于酒神性欲放纵主义的歌颂，实际上是后现代女性主义思想理论的最初版本。

尼采的批判，同时也深深地触动了西方传统文化中一切有关性的禁忌，使“性”的问题第一次彻底摆脱“性”以外其他非性因素的约束，真正成为纯粹“性”的论述。为此，尼采创造性地提出了纯粹的“性”概念，以sexuality取代原有的sex。在他看来，原有的sex一方面内在地包含着传统文化对于性的各种偏见，另一方面又将“性”和有关“性”的其他因素，甚至也和与性无关的其他因素混淆在一起。因此，sex，作为一个传统性语词和性概念，不仅在语词意义方面，也在概念内容方面存在许多值得分析批判的问题。而sexuality，作为一个新概念，只是专门从生物学的观点界定“性”的特征，特别是作为本能性欲望的那种“性”。所以，sexuality的意涵只是同某种性的本能的表现及其满足相关联。这样一来，sexuality也同时包含着围绕性本能而伴随的各种心理和情感现象。

在西方的文化史上，在尼采和弗洛伊德以前，sexuality（法语sexualité和德语geschlechtlichkeit）这个词很少被使用。就连sex这个词，在16世纪以前也很少被使用。这也就是说，在中世纪和古代，人们很少直接使用这个词来谈论“性”的问题，因为长期的基督教道德教育和神学统治造成了人们对于“性”的问题的恐惧和神秘感。

“性”的问题的提出是和“现代社会”有密切关系的。现代资本主义社会和文化制度的形成，使“性”的问题走出单纯伦理道德的范围，直接成为现代知识进行理性探讨的主题之一。现代资本主义社会和文化的发展，需要突出“说话主体的人”、“劳动生产主体的人”、“道德主体的人”和“认识主体的人”。而所有这一切主体化的人又同“人口生产和再生产的主体的人”密切相联系。也就是说，“说话主体的人”、“劳动生产主体的人”、“道德主体的人”和“认识主体的人”，都首先必须以生物学意义的“肉体的个人”的存在为前提，同时又以这种个人的不断再生产和繁殖作为必要的延续条件。所以，在资本主义现代社会所重视的知识体系中，研究和论证肉体的个人的生理结构及其功能的现代生物学及其延伸学科医学等，占据了非常重要的地位。关于 sex 和 sexuality 的语词和概念，正是随着现代社会文化和知识的发展而被广泛使用的。很明显，19 世纪以后所出现的 sex 和 sexuality 以及一切有关性的论述和研究，都是同整个资本主义现代性的发展密切相关的。

尼采和马克思一样，是在批判资本主义现代性及其同传统文化的关系的过程中，探讨性的问题的。尼采从 1888 年至 1889 年起开始使用 geschlechtlichen aktus（性行为）这个词。至于“性”（geschlechtlichkeit）这个词第一次真正地被尼采使用，是在他的《善与恶的彼岸》（*Jenseits von Gut und Böse*）一书中的第 75 节：“一个人的性欲的程度及本性伸展至他的精神的最高顶峰。”（Grad und Art der Geschlechtlichkeit eines Menschen reicht bis in den letzten Gipfel seines Geistes hinauf.）显然，尼采把性的本能和欲望同人的整个精神活动，特别是人的思想创造活动联系在一起加以考察（Nietzsche, F. 1966 [1886]）。这同后现代思想家将性欲和其他各种本能欲望归结为人的本性组成部分的观点是相一致的。介于尼采和后现代主义之间的萨特，在《存在与虚无》中，像尼采一样，从哲学上论证人的性欲和各种欲望的人性本体论意义。萨特认为，人的各种欲望表现了人的内在意识中的“自我”意欲同“他人”相交往和协调关系的努力。人与人之间的拥抱、接吻和性交，表现了“自我”和“他人”之间的沟通和协调，同时也表现了个人自我意识同他人内在意识之间的协调。肉体的拥抱表现了欲望的完成，就如同思想靠语言的通道来完成沟通那样。同样地，作为后现代主义的先驱之一，拉康也强调性的欲望同人的精神意识活动及语言表达的密切关联。

但相对地说，在尼采那里，作为名词的 geschlechtlichkeit 比作为形容词的 geschlechtlich 使用得更少。只有到了弗洛伊德那里，作为名词的“性”、“性欲”或“性感”才被使用得很广泛，并成为他的理论的基本概念。

在法语文献中，第一个正式使用 sexualité 的哲学家，恐怕是孔德。他在《实证政治体系》第一卷（*Système de Politique Positiviste*, 1851）一书中谈到了男女性欲的某些差别。米歇·福柯在《性史》第一卷中则认为，“性”和“性欲”一词应该是在 19 世纪初出现的。

尼采对于传统“性”论述的批判是有限的，而且，他对于女性的态度基本上是否定的。他在《查拉图斯特拉如是说》一书中指出：“有关女人的一切事情都是一团谜，而有关女人的一切事情只有一种解决方法，这就是怀孕。……真正的男人需要两种事物：危险和游戏。因此，他需要把女人当做最危险的游戏物。男人必须为战争而受训练；女人只是为生殖战士而受训练，其余的一切都是愚蠢的。……对男人来说，他的幸福就是‘我意求’；女人的幸福是‘他意求’。你访问过女人吗？不要忘记你的抽打！”（Nietzsche, F. 1969［1883］：91—92）

尼采对于女人的否定态度深深地影响了弗洛伊德，使弗洛伊德的精神分析学过分强调恋父情结和女人的阉割情结。

后现代女性主义对传统性论述的批判，从理论和方法论基础来说，首先是受到福柯的启发的。福柯成了后现代女性主义同马克思、同尼采的性论述批判相联结的中介思想家。

福柯对于传统性论述的批判占据了他的全部著作的绝大部分。从早期《精神诊疗所的诞生》和《语词与事物》等著作开始，福柯便已经将“性”的问题当做传统论述的基本内容加以分析和批判，同时也把性的问题同现代知识和现代社会文化制度联系在一起加以批判。但是只是到了七八十年代，福柯才集中地批判“性”的问题，并以性作为主轴深入探讨知识、权力和道德同人的主体化过程的相互关系。因此可以说，福柯关于“性”的论述构成了后现代女性主义思想论述的基础。

第三节　后现代女性主义在各学科的扩散

后现代女性主义并不满足于对传统男性中心主义各种论述及其基本原则的批判，而是进一步试图创建彻底消除性别不平等和性歧视的新型人类文化，其中包括人文社会科学和自然科学各个学科的新型论述体系。因此，20世纪60年代后，在各门学科领域中，首先是那些对性的问题最敏感的学科中，例如生物学、遗传学、医学、精神治疗学、政治学、社会学、伦理学、心理学、语言学、历史学以及最抽象的哲学等等，出现了一系列以“后现代女性主义”为基本指导原则的新理论派别和方法论，试图取代原来在这些学科领域中占统治地位的、具强烈男性父权主义色彩的传统理论（Kholstedt, S. G. 1999；Arneil, B. 1999；Bacchi, C. L. 1999；Primoratz, I. 1999；Oakley, A. 1999；Cook, J. A./Fonow, M. M. 1999）。由于人文社会科学某些部门的理论论述及其基本原则更直接地关系到女性在社会和文化生活中的权利和地位，因此，在人文社会科学中的政治学、历史学和社会学领域，后现代女性主义的理论论述最为活跃（Schiebinger, L. 1999；Stoppard, J. M. 1999）。后现代女性主义政治学的基本诉求是重新分配社会上的政治权利，否定原有的男性父权政治论述和基本原则的正当性。在历史学中，如同在知识社会学领域那样，女性主义者强调研究者女性亲身经验的极端重要性。同时，女性主义历史学家还强调“论述”（discourses）和“施动”（agency）在历史学研究过程中的重要性（Canning, K., *Feminist History after the Linguistic Turn: Historicizing Discourse and Experience*, in *Laslett*, B. et ali. Eds. 1997: 416—452）。在社会学领域，早在19世纪末至20世纪60年代初，各种女性主义理论和社会运动，就已经引起社会学家的重视和研究。但是，直到后现代女性主义出现之后，才在社会学领域中出现了一支独立的后现代女性主义社会学理论队伍。第一批后现代女性主义社会学家，例如美国的迪根（Mary Jo Deegan, 1946—）、奥克斯（Guy Oakes）、坎达尔（Terry R. Kandal, 1940—）、菲茨帕特里克（Ellen Fitzpatrick）和罗森贝格（Rosalind Rosenberg, 1946—）等人，是在80年代开始发表具独创性的理论著作的。尽管这些后现代女性主义社会学家持有不同的理论学术观点，以不同的态度分析性的不平等或性的压迫现象，但她们的理论研究和大量的实证性社会调查的结果，一方面有助于建构新型的女性主义社会学，另一方面也重新探讨和研究了社会学发展史，从而发现和挖掘了社会学发展史上曾经作出伟大贡献的女社会学家，这些女社会学家长期以来被埋没，其中包括：阿博特（Edith Abbot，1876—1957）、布雷肯里奇（Sophonisba Breckenridge）、戴维斯（Katherine Davis）、凯勒（Frances Keller）、罗宾逊夫人（Virginia Robinson）、塔夫脱（Jessie Taft，1882—1960）、塔尔博特（Marion Talbot）、亚当夫人（Jane Addams of Hull House）、马蒂诺（Harriet Martineau，1802—1876）、德沃夫人（Clothilde de Vaux，1815—1846）、齐美尔夫人（Gertrud Simmel，1864—1938）以及韦伯夫人（Marianne Weber，1870—1954）等等。在男性父权主义统治时代，社会学史的研究同其他学科的发展史研究一样，从来不重视女性学者的地位；即使不得不提到她们的名字，也往往把她们附属于其丈夫或列于丈夫的名下。最突出的是韦伯夫人，她本人对于社会学某些重要理论问题曾经进行过独立的研究，也系统整理过韦伯的社会学思想发展过程，但长期将她的学术贡献列入次等学者系列。

有一批美国女社会学家例如贝尔纳德夫人（Jessie Bernard，1903—1996）和史密斯夫人（Dorothy E. Smith，1926—）等，非常重视女性亲身经历的社会生活经验，并把女性特有的社会经验当成社会学理论研究的基础，从而宣示女性主义社会学理论只能由女性社会学家亲身来总结和发展。在她们的影响下，女性主义社会学理论往往强调：任何一种社会学理论和方法的建构及其运用，都不能脱离观察者和研究者的实际利益。换句话说，没有一种社会学理论和方法是同研究者和观察者本身的亲身利益无关的。在社会学研究中，对于社会制度和组织的研究，对于各种社会关系的研究，甚至对于社会上各种科学理论和技术知识的研究，都是同各个特殊的社会群体的利益及其社会地位密切相关的。在这样的理论研究指导原则的推动下，当代女性主义社会学研究主要在以下四大方面取得了显著的成果：首先是创立了一种后现代女性主义知识社会学，强调从女性的亲身经验分析和说明各种知识的产生过程及其社会功能，同时强烈批判传统男性中心主义的知识论；其次，创立了对于社会组织进行宏观研究的女性主义社会学特殊模式，强调宏观的社会结构和整体性的社会意识形态对于行动者观察社会实在所起的决定性作用，从而主张从根本上改造社会宏观结构及意识形态的运作过程，在这方面马克思主义的经济生产决定论的某些观念以及与之相应的意识形态理论产生了很大的影响；第三，创立了女性主义社会学的微观社会秩序研究模式，集中探讨位于不同社会地位的个人行动者形成其行动规划和确定其行动意义的特殊性，批判现代主流社会学在微观社会秩序研究中所贯彻的社会界定论（social definitionism）和社会行为主义（social behaviorism）的原则，强调个人行为中处于劣势和不平等地位的女性行动者所采取的反应性行动的重要性，并强调个人行动所遵循的意义界定的多层次化（stratified meanings）原则，以便凸显具有不同社会意义和特殊社会心理的女性行动者所遵循的特殊行动规范；最后，建构了一种新型的女性主义社会学主体性模式，强调具体的女性行动者对于其行动目标及行动关系所采取的特殊诠释的重要性，尤其是深入分析不同的女性行动者的自我的特殊性以及她们体验日常生活经验的特殊历史。

女性主义知识社会学是后现代主义社会学重建的一个重要组成部分，自80年代以来，女性主义知识社会学成为女性主义社会学中成果最显著的一个领域。

分析当代女性主义知识社会学（Feminist Sociology of Knowledge）的基本特征，可以一方面考察它们同传统知识社会学之间的关系，另一方面考察它们同一般女性主义思潮之间的关系。严格地说，女性主义知识社会学，不管它们如何宣称其自身具有不可化约的特殊性，它们在实际上不但同当代女性主义思潮密切相关，而且也同知识社会学的发展脉络相关联。女性主义知识社会学是西方知识社会学在当代历史文化发展阶段的一个产物。女性主义知识社会学不但作为多学科性的综合理论考察模式，而且作为多元主义的文化思想和理论思潮的一个新典范，都不同程度地吸收和总结了西方各个学派的知识社会学研究的某些成果。西方知识社会学从19世纪末以来，经历了以曼海姆（Karl Mannheim，1893—1947）为代表的批判诠释学派，以索罗金（Pitirim Sorokin，1889—1968）、帕森斯和默顿（Robert King Merton，1910—2003）为代表的分析型经验主义学派，以舍勒（Max Scheler，1874—1928）和舒茨（Alfred Schutz，1899—1959）为代表的现象学派，以库恩、福柯和利奥塔为代表的后现代主义学派之后，才从20世纪80年代起产生和发展出当代女性主义知识社会学。

后现代主义以批判和超越“现代性”为己任，尤其集中力量批判自启蒙以来作为“现代性”核心的“知识”问题，因此，作为“后现代主义”一个组成部分的当代女性主义，在批判知识问题时，一方面力图彻底清算传统知识建构中的“语音中心主义”（Phonocentrism）和“逻辑中心主义”（Logoscentrism），另一方面也顺理成章地颠覆其中的“阳具中心主义”（Phallus-centrism）文化建构机制及其运作逻辑，并进一步向一切“男性父权中心主义”（Patriarchism）的社会和文化制度发出挑战。

以史密斯、哈丁、哈拉维（Donna Haraway，1944—）和乔多罗（Nancy Chodorow，1944—）等人为代表的女性主义学派的知识社会学理论及其相应的方法，是当代女性主义思潮和运动发展以来最重要和最有成果的女性主义社会学理论。因此，分析和研究女性主义知识社会学，将有助于理解整个女性主义思潮的特征及其主要诉求。

当代女性主义思潮，不论就其基本方向、目标、观点、理论模式、认识论、方法论和历史型构特征来说，都对于女性主义知识社会学发生了决定性的影响。

女性主义知识社会学之所以成为当代女性主义解构男性父权中心主义文化体系及其理论基础的核心部分，是因为“知识”是西方理性中心主义和语音中心主义的传统文化体系建构和发展的中心问题。自现代社会和文化制度建构以来，特别是自从启蒙运动以后，知识更是全部社会和文化运作的关键。知识成为现代社会关系、权力网络和各种利益分配的标准和基础。

在西方知识建构和发展的过程中由理性中心主义和语音中心主义发展出来的一整套意义系统和真理标准体系，始终标榜其客观性和中立性。西方知识真理体系的所谓客观性和中立性，又反过来进一步掩盖了知识型构中的不平等地位，从而也掩饰了其中始终处于劣势，甚至处于被压迫地位的女性。因此，女性主义知识社会学首先集中揭露传统知识型构和发展中的理性中心主义和语音中心主义，揭露和批判知识真理的客观性和中立性的虚构性。

女性主义知识社会学对于知识型构和发展问题的研究的一个基本出发点，就是强调知识同社会关系的内在密切关联。她们认为，任何一种知识首先是社会关系的产物。女性主义知识社会学所探索的各种影响着知识型构的社会关系网络，当然包括社会的政治、经济和文化各个方面的关系，同样也包含物质的关系之外的各种精神方面和心理方面的关系，也包括社会的权力关系和各种象征性的无形关系网络。

女性主义知识社会学在探索知识型构的基本机制时，强调知识同知识生产者、传播者、接受者和教育者本身的亲身经历过的经验的密切关联。“知识来自经验”这个基本命题，本来是现代知识论的主要代表人物培根和康德等人所奠定的，但是，在打破传统理性中心主义和语音中心主义的阳具中心主义文化结构体系之前，这种传统的经验主义知识论，充其量也不过是强调以男性为中心的社会集团的“经验”的重要性。所以，女性主义知识社会学所强调的不是知识型构中的一般性经验，而是女性所特有的生活经验。它们强调女性经验的特殊性和不可取代性，从而拒绝用一般性经验去化约女性的经验。因此，她们认为迄今为止一切知识体系、语言论述模式及其逻辑表达方法，都是以男性经验为基础，并为男性经验的真理性、正当性和普遍性服务的。女性主义知识社会学在探索知识同社会的相互关系时，强调任何知识建构的社会经验和利益基础。由于各种社会团体和社会行动者的社会经验和利益都是特殊的和不可化约的，所以，女性主义知识社会学主张尽可能全面地区分出社会团体和个人行动者的社会地位的特殊性。但是，为了避免陷入相对主义，女性主义知识社会学又强调一种“网络帐描述”（webbeb accounts），也就是尽可能全面客观地描述社会集团和个人所处的社会位置的网络结构，充分考虑到网络中不同行动者的经验差异。采用这种方法使女性主义知识社会学也高度重视经验的调查，并始终凸显知识的复杂性和多元性，其目的在于将知识型构中的不同关系网及其相关的观点统一成为一个知识的复合体。

女性主义知识社会学以建构女性经验为基础的新知识体系作为基本目标，因此非常重视女性经验的重要意义及其普遍的文化价值。同时，女性主义知识社会学也将女性经验所总结的新知识同“去中心主义”和“反体系主义”的新方法紧密相结合。女性主义知识社会学所倡导的这种新方法，就是强调知识本身的差异性以及获得和推广知识的方法的差异性。由此看来，女性主义知识社会学知识论和方法论的一个特征，就是它们的“差异化原则”。知识的型构和发展不是立足于传统的逻辑同一性原则，而是差异化原则。这种差异化也不是传统意义的差异化，因为传统意义的差异化总是以同一性为基础，并将差异导向稳定化和正当化。女性主义知识社会学所倡导的差异化原则来自后现代主义关于“差异中的差异”和“延异”的概念，强调的是差异本身的不可化约性及其不停息的差异化过程。同时，这种差异化从来不诉诸任何标准，同样也不追求一种理想的方向。它是永远不断产生差异的差异，也是永远处在变动中的差异，是没有方向的差异。倡导这种差异化原则的基本诉求，就是强调：不只是女性个人是不可化约的，而且包括所有的男性在内的人类个体，也是不可化约的；每一个人的亲身经验都具有无可取代的最高价值，必须在知识型构中确定其正当地位。

第四节　关于女性躯体的论述

身体永远是精神和思想的载体和基础。人所创造的各种观念和文化，不管怎样复杂化，都离不开身体，更离不开身体在社会和历史上的命运。从人类文化创立以来，政治和道德方面的规范和制度，往往把身体分割成“公众”和“私人”两大部分（Landes，J. B. 1998）。法国后结构主义思想家福柯强调指出，一切人类社会和文化都是从人的身体出发的；人的身体的历史，就是人类社会和文化的历史。反过来说，社会和文化的发展都在人的身体上留下了不可磨灭的烙印。在这个意义上说，人的身体遭受了各个历史发展阶段的社会和文化的摧残和折磨。身体就是各种事件的记录表，也是自我进行拆解的地方（Foucault，M. 1994. Vol. II：143）。

研究人类文化发展史的女性人类学家道格拉斯（Mary Douglas，1921—2007）指出：身体就是一个自然的象征，正如一切事物象征着身体那样，身体也象征着一切事物（Douglas，M. 1978：122）。道格拉斯根据人类学研究的成果，提出了关于两种身体的理论，把身体当成“自身”和“社会”。每个人的身体都运载着由身体中的“自身”同“社会”之间的紧张关系而产生的意义系统（Douglas，M. 1973：112）。道格拉斯认为社会的身体始终限制着自身肉体的身体的活动方式，而肉体的身体的活动经验，始终都是以肉体身体所认知的社会范畴和规范加以总结的。因此，就是在每个个体的身体的生命运动中，就已经包含了作为个人身份认同基础的自身身体同社会身体之间的复杂矛盾。超出个人的范围，在个人与个人之间，或者在个人和群体之间，身体之间的关系更是错综复杂，其中渗透着由每个人的双重身体矛盾所引起的复杂社会文化关系。不管是个人的或群体的身体关系，都同环绕着身体的社会结构密切相关。其实，在人类学和社会学研究中，已经有大量的研究成果表明人的身体的社会文化意义。问题在于：对于女性身体的各种论述，正是集中地表现了长期以来占统治地位的男性父权中心主义文化的特质，表现出传统文化始终以女性身体作为最大的牺牲品，以建构男性中心的所谓不偏不倚的标准化文化体系。

西方传统文化关于女性的论述的男性中心论性质，集中地体现在它关于女性身体的论述上。西方传统的逻辑中心主义性质，决定了西方传统文化关于女性身体的论述，主要地是从神学、伦理学、经济学（劳动和劳动力的生产和再生产）、生理学、社会学（家庭和母亲的角色）、人类学（禁忌）和美学的角度提出和进行论证的。这就是说，关于女性身体的传统论述，是逻辑中心主义和语音中心主义的二元对立模式在论述中的具体化，它主要是从理性主义的道德论和知识论出发的。德里达把这类女性身体传统论述称为“阳具逻辑中心主义”（Phallogocentrism，Derrida，J. 1987：194）。实际上，这就是西方传统的语音中心主义和逻辑中心主义在女性身体论述中的具体运用原则，根据这种原则，女性身体永远都是男性身体，特别是男性生殖器（即阳具，原文 phallus）的客体和性欲发泄对象。

阳具逻辑中心主义的身体论述虽然在对待男女两性身体二元对立关系时采取男性身体中心主义的立场和态度，但是，相对于整个西方传统文化体系，上述传统身体论述只构成语音中心主义和逻辑中心主义的一个组成部分。这一组成部分，只是专门对付和处理两性关系，特别是男女两性身体的关系。因此，在一个强调理性和语言永远宰制和支配身体论述的西方文化体系中，阳具逻辑中心主义的身体论述只能受制于纯粹的理性逻辑论述体系；两者的地位，前者从属于并劣于后者。所以，整个说来包括男人的身体在内的两性身体，其活动规则和规范及其有关论述，都要受理性和语音中心主义的支配。这就是说，包括男性身体在内的两性身体及其活动规则，都永远是理性和语言的奴隶。在西方文化中，严格说来，实际上从来不存在真正的身体，也不承认真正的肉体的赤裸裸的呈现；所存在的不过是按理性逻辑规则和语音中心主义所规定的各种身体的“替身”。这样一来，在西方所有传统身体论述中，真正“在场出席的”，不是真正的身体，而是被理性化和语言化的假身体。正因为这样，在西方社会文化发展中，真正的身体及其本能欲望都未能直接呈现在文化体系中。后现代主义对于阳具逻辑中心主义的传统身体论述的批判，实际上不只是企图颠覆这类身体论述体系中的“男体中心/女体边缘”的二元对立结构，而且是要真正地达到“身体的叛逆”（the revolt of body），也就是达到使身体本身（包括男性和女性的身体在内），直接地和赤裸裸地自由呈现在现实生活中，排除一切理性和语言的干预和支配，当然也排除一切由理性和语言所制订的社会道德文化规范的支配。后现代女性主义成为从第二次世界大战以来发生于西方社会中的“身体的叛逆”运动的主流。在他们的导引和推动下，这场旷日持久的身体的叛逆运动，极大地冲击了西方社会和文化的传统体系。在这场身体的叛逆运动中，还包含了各式各样和多元化的同性恋、异性恋的反道德、反文化的批判运动，造成了当代西方社会以身体叛逆为中心的社会文化危机。

有关女性身体的神学论述，可以说是传统女性身体论述的基础，也是历史最久远、影响最深刻的一种论述形式。犹太教和基督教对于整个西方传统文化的影响具有决定性的意义。在《旧约》和《新约》中，神创造世界和创造人的过程，一开始便把女人当成男人的附属品和社会的“恶”的根源（《旧约·创世记》）。在基督教教义中，女人的“恶”的根源又恰恰是女人的身体，特别是女人身体中的性器官部分。到了中世纪，在神学哲学化的过程中，被圣化的基督教官方思想家圣奥古斯丁和托马斯·阿奎那等人，进一步论证人的欲望，特别是肉体欲望是人和社会罪恶的根源，强调以理性控制和统治欲望的必要性，并以此作为基督徒实现道德完善化和升天的基本原则。与此同时，被圣化和世俗化的社会统治机构又双管齐下地要求全体社会成员实行“禁欲主义”的生活原则，而在这过程中，女性躯体再次成为规训和教育的中心对象。显然，有关女性身体的神学论述，并不局限于宗教神学的范围。它随着犹太教和基督教在西方社会文化生活中的影响的不断扩大而渗透到社会文化生活的各个方面，同其他的传统女性肉体论述结合在一起，成为约束女性思想和行动的规范基础，也成为包括男性在内的全体西方人处理两性关系以及其他社会文化活动的重要规范。

西方伦理学所探讨的重要问题中，包括对于女性身体的形状、姿态及其活动规则，也包括女性和男性对待女性身体的态度，特别是包括两性肉体接触关系的许多道德性规定。同时，由于家庭一向成为西方传统社会的基本生活单位，又是个人性格成长、个性化和整合化的基础单位，因此，有关女性身体的伦理学论述也成为传统社会进行家庭教育的重要内容。

有关女性身体的伦理学论述也和神学论述一样，成为传统性论述体系中历史最久远和影响最深刻的重要部分。在这部分中，最主要的内容是从道德伦理学的观点对女性身体进行种种“禁忌”约束，并在此基础上提出女性身体活动的伦理规范和标准。在有关女性身体的禁忌规则中，最主要的包括“处女贞操观”以及有关女性身体性行为规则等。

根据西方传统的女性身体论述，女性身体中的任何一个器官虽然生长在女性身体上，但其所有权和动作规范的制订权却属于男性，因而只有使女性身体及其各个部分满足男性的需要和符合男性的利益，才达到有关身体动作的道德标准。男性对于政治权力和文化生产权的垄断，又使上述有关女性身体的道德论述无孔不入地渗透到社会各个领域和个人生活的各个阶段。国家政权利用法制将不忠于贞操标准的女性加以判决，而由男性控制的文学艺术作品又把“处女情结”等各种约束女性身体的道德论述加以美化而传播开来。

到了资本主义现代社会，有关女性躯体的道德论述虽然同生物学的科学论述相配合，而且在某种程度上又同有关自由平等的政治法制论述相结合，但是，总的说来，资本主义比历史上任何一个时代都更严谨地从社会和文化规范方面管束和规训女性身体。现代资本主义社会和文化的法制化、制度化、组织化、专业化、生产化、商业化、信息化、消费化、娱乐化和全球化，使有关女性身体的道德论述采取了全新的形式和手段，从而更有效地发挥对女性的约束作用，从而也使这方面的论述同其他方面的女性身体论述更紧密地结合在一起，以致对女性身体实现了全天候的全控程度。苏珊·博尔多在题名为《不可承受的体重：女性主义、西方文化和身体》的著作中，深刻而又充满讽刺意味地指出，当代资本主义社会文化的发展，造成了对于女性身体的全面控制和约束，以致使女性不仅在社会活动、职业工作和家庭生活中，也在休闲和个人生活的各个方面随时承受有形和无形的压力，迫使自身按照流行于社会中的各种消费娱乐标准约束自己的身体。她说：“我对于饮食紊乱的分析——也就是本书对于规范化生活规则的批判的核心，是通过我自身，作为一位女性，亲身在全部生活中同体重和身体形象的斗争实践经验而写出来的。然而，我并不打算把我个人的故事渗入到我的著作中，我力图作为一位哲学家，因而也努力采取对我来说不容易的写作方式。非但如此，我力图保持那些有成就的女性主义论述的批判锋芒，同时又补进尽可能灵活和多方面的后现代女性主义论述，以便能够正确地评价当代社会女人和男人的复杂经验，同时又能对于这些经验提供系统的观察和批判的观点。我不是打算通过这种或那种可以找到的模式，去说明各种各样的饮食紊乱；而是像福柯那样建构一种‘理智的多面体’。我要揭露围绕这个问题的各个方面和交错点：有关女性饥饿和饮食的文化观念、消费文化的功能、长期起作用的哲学和宗教对于身体的态度、前资本主义各社会阶段有关女性多种失序的类似性、同当代各种身体限制的联系，以及在我们的文化中有关‘标准的’女性身体生活经验的连续性等等。”（Bordo, S. 1993：24—51）苏珊·博尔多还把她的上述分析批判称为“政治的”。她认为，她对于女性身体传统论述的后现代女性主义批判，同其他后现代女性主义者布伦伯格（Joan Brumberg）、奥巴克（Susie Orbach, 1946—）和彻宁（Kim Chernin, 1940—）等人的观点是相类似的（Brumberg, J. 1988；Orbach, S. 1986；Chernin, K. 1981, 1985）。

在当代的社会文化生活中，纯粹的有关女性身体的道德论述，已经不像古代和中世纪社会那样采取赤裸裸的道德说教形式，而是同当代流行于消费和娱乐社会中的商业、大众媒介、教育、文化艺术、娱乐和美学的论述紧密相结合，呈现出一种特殊的道德论述形式，甚至采取“非道德”论述的形式。但是，女性身体道德论述的上述复杂化和多元化，不但没有阻止其道德论述的功能，反而使它更加成为现代女性不可承受的社会文化压力，时刻伴随着无所不在的媒体沟通网络而对女性身体的每一个动作施加压力和进行规训化。就连女性身体各部位的重量、形状及动作姿态，都被无形中纳入女性身体道德规范的范围，迫使女性在衣食住行各方面都要进行约束，使身体达到标准化和规范化。苏珊·博尔多等人在其著作中所提到的有关女性身体饮食节制、瘦身塑身以及减肥“文化”的泛滥，使女性时时处处处于紧张的生活状态，以致造成女性某种新的“神经质狂热”。

由此可见，到了资本主义现代社会，特别到了晚期资本主义社会阶段，有关女性身体的伦理论述已经被现代化和后现代化，同当代社会有关女性身体的生物学、社会学、商品学和美学的论述相结合，构成为控制和玩弄女性身体的“论述复合体”（discourses complex），也成为当代社会运转和再生产的权力网络组成部分。

资本主义社会对于商品生产的重视，对于社会进步和科学技术发展的重视以及对于文化教育事业的多元化自由创作的政策，使有关女性身体的各种论述显现出资本主义现代性的特征。首先，女性身体也纳入商品生产和流通的轨道，因而，女性身体像商品一样具有其特殊的交换价值，同时，有关女性身体的论述也像商品一样无孔不入地渗透到商品流通的各个渠道。由于资本主义社会商品生产和流通的普遍性和一般化，女性身体及其论述也因此随着商品流通而一般化和普遍化。其次，为了推动资本主义社会的进步和发展，女性身体成为先进的生物学、生理学、心理学和医学的特殊研究对象，在界定女性身体的生物学“健康”标准的同时，赋予女性身体以社会人口生产和生殖的基本功能，以保障整个资本主义社会有足够充分的劳动力后备军和起码的消费人口。生物学、生理学、心理学和医学对于女性身体的研究不只是将女性身体当做科学活动和技术进步的单纯对象，而且也保障女性身体普遍地纳入资本主义社会发展所需要的健康标准。因此，上述各种自然科学及其技术的进步和发展，成为女性身体及其健康的标准化的主要途径，也成为资本主义社会对于女性身体进行控制和规训化的主要手段。因此，在资本主义阶段，对于女性身体的控制越来越采取科学化和技术化的手段。第三，资本主义的教育政策要求培养和训育符合资本主义文化道德要求的新一代妇女，要求有适当数量的女工具备特定的文化知识和技巧，要求具有资本主义法制知识的家庭妇女和职业妇女，也要求符合商品生产和文化生活需要的美化女性。所有这一切，使资本主义阶段的女性论述同时具有道德的、社会学的、经济学的、政治学的和美学的性质。而这一切，又同资本主义社会内教育制度和文化创造的自由化和普遍化政策相联系。第四，资本主义社会文化制度对女性身体的“美化”达到登峰造极的程度，不仅使女性身体成为人体美的普遍标准，而且也将女性标准化的身体美的意义，进一步推广到整个社会政治、经济和文化生活的各个领域，使追求女性身体美的鉴赏活动超出文化艺术创作的范围，成为全社会各个领域谈论和评比的主题，也成为日常生活的基本话题。资本主义社会对于女性身体的如此特殊美化，显然是同资本主义经济的商品生产性质、政治意识形态和文化艺术创作的自由化政策密切相关的。近半个世纪以来，这一切又同晚期资本主义高科技发展和媒体信息化以及全球化网络的形成密切相关。最后，资本主义文化的高度发展，又使有关女性身体的各种论述越来越复杂地通过文化因素的中介而扩散开来。正如苏珊·博尔多所指出的：“看来，我们所经验和概括的身体，始终都是通过文化性质的建构、联结和各种图像的中介而表现出来。”（Bordo，S. 1993：51）

面对传统女性身体论述，特别是现代资本主义有关女性身体的商品化、信息化和美学化论述，面对上述资本主义女性身体论述在权力和信息网络的推动下在整个社会生活中的扩散，后现代主义除了从哲学形而上学和理论上以及语言论述方面进行“解构”以外，特别主张以高度自由和高度自律的态度，以肉体活动和身体生活的游戏对抗传统论述，同时，也以同样的态度将传统两性区别及其一切论述彻底颠覆，实现后现代主义所追求的不确定的自由生活境界（Cain，P. A. 1999）。

首先，后现代女性主义不再将身体问题仅仅归结为“女性身体”的问题，而是使之成为不分性别而普遍存在于两性中的不确定的问题。正如后现代女性主义者黛安娜·伊拉姆（Diana Elam）所指出的：“我们并不知道女人是什么。成为一个女人，成为女人群的一个部分，究竟意味着什么，就好像有关女人的知识是如何构成一样，都是不确定的。根本就不存在认识论的或本体论的基础，可以一劳永逸地作为依据去解决这些争论。女性主义并不需要任何一种政治界限。”（Elam，D. 1994：27）

后现代女性主义对于传统女性身体论述的解构，目的不是在于将女性重新作为一个“种类”而被界定，同样也不是使两性关系重新树立协调的标准和规则，而是使整个有关“性”的论述进入自由游戏的状态，走出一切规则和界限的约束，使有关“性”的论述及其实践构成为自由游戏的新境界。为此，黛安娜·伊拉姆指出：“后现代主义所追求的女性新状态是‘堕入无底深渊’（mise en abyme）。这是一种无限延异化的结构。作为源出于纹章学的语词，‘堕入无底深渊’是将局部对于整体的关系颠倒过来的一种观念：整体的图像本身已经表现在部分的图像中。……因此，‘堕入无底深渊’在观念中开辟了一个无限倒退的旋涡。观念表象在这里永远不可能达到终点……这看起来似乎是很奇特的，因为我们习惯于思考着准确性，而且对于局部细节的掌握有助于完满地了解一个图像，而人们并不习惯于强制自己去确认掌握上述旋涡的不可能性。”（Ibid.：28）后现代女性主义对于女性身体及其论述所采用的上述“堕入无底深渊”的策略，也正如黛安娜·伊拉姆所说，“是为了使有关女性主义的问题不要在一个界限上终止，同时又使我们真正了解到女人的无限可能性。也就是说，女人是可以被表现的，但是，试图完满地表现她们的努力，都只能使我们更了解到这种努力招致失败的可能。我把这种无限的倒退特别地称为‘堕入无底深渊’”（Elam，D. 1994：28；Benjamin，A. 1991）。

为了使女人走出传统女人的界限，为了使女人身体和男人身体一样无区分地实现一种自由游戏活动，后现代女性主义者将“性”和“身体”统统拉回到原始混沌的不确定状态。通过“堕入无底深渊”的游戏活动，男人和女人，不论在身体或各个方面，都不存在主体和客体的明确区分和界定，正如黛安娜·伊拉姆所说：“在‘堕入无底深渊’中，主体和客体无限地交换位置；同时也不存在表象的发送者和接收者的明确区分。因此，在‘堕入无限深渊’中封闭了主体和客体关系的稳定模式的可能性。”（Elam，D. 1994：28）

只有完成对于性论述和女性身体论述的上述本体论的颠覆，才使女性身体不再成为“客体”和“他者”，同样也使男性失去成为“主体”和“自我”的权利和可能性。从此，女性身体不再成为男性性欲或其他肉体欲望的猎取对象，也不再成为父权中心主义社会文化制度的统治和规训的对象，不再成为社会活动和日常生活中可以任意被摆布和被使用的对象和工具，也不再成为美的欣赏的对象和客体。更重要的还在于：破坏和颠覆两性界限及其对立，并使之模糊化和不确定化，使女性和男性一样都成为性的游戏活动的自律主体。

两性关系，特别是两性的肉体关系，当它进入一种完全自律的自由游戏状态时，两性的自然区分及其不断自我区分化，将随着两性的人为社会文化区分的削弱和消失而自然地再现出来，以致可以达到两性自然区分的非确定化和混沌的自由状态。使两性的自然区分，通过两性身体关系的游戏活动而达到非确定化和非固定化，实际上就是两性自然区分的自律游戏的最高境界，也是两性身体得到彻底解放而自由活动的最高境界。

关于两性肉体关系的自由游戏状态，有两点值得反复强调和呈现出来。首先，两性肉体关系的自由游戏状态是没有目的和没有终点的。这就决定了两性肉体游戏活动不含有性游戏活动以外的其他目的，也不以满足游戏一方的单方面要求或需求作为界限，而是以游戏本身是否完成其游戏运动的机制，并以是否达成游戏中各因素的相互平衡和协调为基本条件和前提。这样一来，肉体间的性游戏中的任何一方，始终都不可能成为确定的主体或客体，也不可能保持固定不变的位置和姿态，更不存在足以指导始终的一贯性原则；而是肉体的性游戏本身成为游戏的主体，或者，成为某种具有自律性的性游戏主体。

肉体间的后现代性游戏，将藐视和否定一切传统的身体论述及其有关规则，变成后现代主义对传统文化进行解构的一个重要部分。在后现代主义者看来，主张并实行肉体的性游戏，应该成为后现代社会文化生活和日常生活的一个重要内容，它是直接同传统的和现代的人文主义原则相对立的，是后现代的生活模式的重要表现。晚期资本主义社会和文化的科技化和信息化，实际上也成为批判传统性论述和肉体论述的社会基础，同时也成为形成和实施上述后现代肉体间性游戏观念和生活实践的重要条件。

第七章　后现代主义的文学批评

第一节　后现代主义文学批评的先驱

（一）后现代主义文学批评的多元性

后现代主义的思想家们，是由非常复杂的思潮所组成的思想观念作为指导思想而进行文学批评的。从文艺理论基础而言，它继承和发展了四五十年代的存在主义、符号论及结构主义文艺学说，吸收了以这些文学艺术理论为基础的新批评主义、荒谬派、新小说和新浪潮等派别的文艺观点；从美学理论而言，它继承了尼采的美学，综合了海德格尔美学、现象学美学、伽达默尔美学、新马克思主义美学、后分析美学、“接受美学”以及阿多诺的美学；从哲学基础而言，它发扬了克尔恺郭尔、卡夫卡（Franz Kafka，1883—1924）、尼采、乔治·巴岱及海德格尔的反传统理性主义哲学观点。

总的来说，后现代主义文学评论所发扬的基本观点，主要是在以下几个方面：第一，对于传统文学和传统文化的彻底批判精神。第二，对于文学艺术作品同社会统治阶级的意识形态关系进行彻底揭露，并在此基础上，使文学艺术的自由创作最大限度地摆脱社会统治阶级的控制和影响。第三，深入解析传统语言在意义和形式方面的局限性和不合理性，试图使文学艺术创作和评论不在传统语言的约束范围内封闭地进行；既在语言结构中不断地自我创造和再创造，又在超越语言结构的可能范围内将文学艺术创作推进到更自由的境界。第四，使文学艺术创作和评论超出传统文学艺术的狭隘范围，变成为跨学科和无边界的多元自由创作游戏。第五，使文学直接同生活连接在一起，把文学同生活的界限模糊化，实现文学的生活化以及生活的文学化。第六，诠释不只是一种论述而已，而是进一步成为文学活动本身；换句话说，文学活动不只是作为文学创作的过程，而且也作为生活本身，真正地成为一种诠释活动。在第二次世界大战前各种反传统文学评论的多元而复杂的思想流派中，凡是包含和显现出上述各项特征的理论和方法，都成了六七十年代后现代主义文学评论的思想先驱和启蒙者。

（二）后现代文学批评的两大历史先驱

后现代文学批评的先驱们，大致可以分为两大类。第一类是在现代派文学艺术创作中已经明显地显露出后现代创作精神和创作风格的文学艺术家。这类人包括从19世纪30年代到20世纪上半叶，属于现代派艺术的创作者，他们为后现代文学艺术创作和美学理论提供了丰富的创作经验。第二类是在第二次世界大战后，也就是在所谓“晚期资本主义”的历史和社会条件下，对传统美学和文学艺术理论进行强烈批判的思想家和文学艺术家。

在第一类的后现代文学批评的先驱中，包括了法国的波德莱尔、保罗·魏尔伦、兰波、马拉美、莫雷亚斯、克洛岱尔和瓦莱里等人，比利时的梅特林克（Maurice Maeterlinck，1862—1949），爱尔兰的叶芝，英国的西蒙斯、艾略特、弗林特等人，美国的庞德等人。

由于西方现代派文学艺术经历了近百年的演变和发展过程，其中产生过多种多样的文学艺术派别，包括象征派、意象派、唯美主义、印象派、后印象派、表现派立体主义、达达主义、抽象派、超现实主义以及潜意识流派等各种分支，所以，现代派文学艺术家在不同历史时代，依据不同的民族文化传统，结合不同的生活经验所创造出来的各种文学艺术理论，对于后现代主义文学理论的创新具有深刻的价值。

第二类后现代文学批评的先驱是在晚期资本主义社会和文化危机的历史条件下产生出来的。这一类先驱们的特征，正是“介于现代派和后现代派之间”。他们不仅在社会理论、人文观点、美学理论、文学艺术创作风格等方面，而且也在创作实际经验中，明显地表现出对现代派文学艺术的批判态度和对于当代社会制度的抗议。由于他们直接地受到了第二次世界大战后迅速发展起来的现代科学技术和晚期资本主义文化的影响，他们在创作上一方面能够继承和超越现代派，另一方面又能够提出符合时代精神的新观点和新风格。对于后现代文学艺术观点的创造和发展，这一类先驱们所创造的结构主义、符号论、荒诞论及各种象征主义的创作风格，具有特殊的启发意义。

罗兰·巴特是这一派文艺批评运动的关键人物。正如本书第三章已经指出的，他在理论上把存在主义、诠释学、结构主义、后结构主义及符号论连贯在一起，并将之改造成新的文艺批评理论，对于后现代其他重要的代表人物发生了深远的影响。

罗兰·巴特对于后现代文学批评所发生的重要影响，主要是他的结构主义符号理论。他认为，作为某种"前语言"和"超语言"的符号及其社会文化运用过程，是使文学创作和批评活动成为可能的重要条件。文学创作和文学批评之所以变为有声有色的意义游戏活动，之所以成为绵延不断和不断更新的历史文化再生产活动的一个组成部分，其奥秘就在于符号和语言之间的相互转化以及在这种转化过程中人与符号之间的神秘关系。罗兰·巴特对于符号的重视，使文学创作和文学批评的重点，从原有的作者主体分析转向由符号和语言所构成的文本的分析，转向以文本为中心的整个社会文化结构，转向由文本所吸引和重建的读者群及其阅读品味的分析。

罗兰·巴特所关怀的符号分析，当然不是纯粹的死的符号的分析，而是由符号所建构的整个社会文化系统和网络的分析，是符号和人在文本结构中的"进入"和"走出"所产生的整个文化再生产过程。

罗兰·巴特还不满足于分析上述符号与人的相互关系网，而是进一步深入分析：具有创造自由意识的作者和读者，是如何选择和不断改造适用于其品味的语言符号游戏规则的。他认为，在任何一个文学批评活动中，杰出的评论家总是设法在文本之上，放置一个有可能导致建构超未知数可能意义的独特文学批评语言系统。批评活动同认知活动以及同各种社会活动一样，评论者按照其自身的世界观首先建构有利于发展其评论方向的模型。在建构模型的过程中，评论家一方面尊重客观的创作事实，另一方面又发挥他的创作智慧的魔术精神。所以，任何评论家总是一方面依据作者的生平、时代和文学语言背景，将传记的、心理的和历史的所谓客观因素，尽可能转化成为文学创作中起作用的因素。但是，这往往是不够的。为了使文学评论变成为有声有色的创造活动，评论家总是把那些无法说明的创造因素归结为拉辛(Jean Racine，1639—1699)、普鲁斯特或其他文学天才的魔术式创造力。在这个意义上说，传统文学评论是科学和魔术的混合物。

（三）对尼采美学的超越

对于现代派和后现代派文学艺术理论发生决定性影响的，是德国哲学家尼采的美学和文学艺术观点。

尼采美学观点不同于传统美学。尼采首先把美学本身当做人生哲学的本体论问题。他主张以美学解决人生的根本问题，提倡一种审美的人生态度。他的美学实际上是一种新的人生哲学。这就是说，美学不只是为艺术提供最根本的观点和创作原则，更重要的，是要将整个生活变成为美的生活，以艺术创作和鉴赏活动提高和纯化人的生命。只有美化生活和生命，人生才有真正的意义。他严厉批判传统美学，因为传统美学只限于考察文学艺术的自由创作问题，把美学的研究限定在专业的文学艺术的研究人员的范围内，同实际生活分离开来。在这种情况下，传统美学只是作为一种“接受者的美学”，只是作为专业美学家的垄断产品。与此相反，他主张建立一种“给予者，即艺术家的美学”。这就是说，尼采的美学是在探讨人生价值和提高人生意义的活动中的一种积极主动的生活原则。这样的美学是人生的指导原则，同时又是人生经验不断总结的结果。真正懂得生命意义的超人，同时也就是真正的艺术家。反过来说，要把自己在生活中训练成真正的超人，就必须把整个生活当成审美和创造美的活动，使自己在生活领域中成为艺术家。审美活动对于人生的根本意义，使尼采把探讨美的研究活动，当成一种“审美形而上学”、“艺术形而上学”、“艺术家的形而上学”、“至深至广形而上学意义上的艺术”以及“美的形而上学”。也就是说，尼采赋予艺术和美学以形而上学的意义，一种生命的形而上学。

所以，尼采在美学上的成就并不在于学理上的探讨，而是以美学解决人生的实际问题，提倡一种审美的人生态度。

从尼采的美学出发，享受生活和游戏生活就是一种审美活动。越是在生活中追求美，就越得到艺术创作的灵感，生活本身的内容也就变得更加丰富和更加自由。生活中的美是无限的，同样地，生活中的审美活动为生活所带来的幸福，也是无限的。追求美和审美活动，贯穿于生活的衣、食、住、行之中。人的生活不同于动物的地方，就在于审美活动和审美意识的参与。正是审美活动和审美意识，才使人的衣食住行超脱出一般性的物质追求，使衣食住行成为追求美和审美的重要领域，同时也使衣食住行提升成为具有崇高的追求自由的价值的生命活动。

追求美和审美活动简直成为了人生的目的本身。在人生的各种活动中，人的衣、食、住、行的任何一种活动中，失去了审美活动和审美意识的参与，便丧失其人生的意义。追求美和审美活动，在这个意义上说，也是追求自由的活动。追求美和审美活动同追求自由的统一，正是体现了人生的特殊意义。

因此，尼采认为，重要的问题在于：生活的主人是不是意识到了生活的美的本质。生活中的美要靠人自己去发现，同时又以不断地追求美的活动来丰富生活的内容。要靠人自己去发现和创造生活之美。生活与美的统一，并不意味着一切人的生活都是美的。生活和美的统一，要靠人的权力意志和对自由的追求作为基本动力。只有强烈的权力意志和对自由的无限追求，才能使生活同美真正地统一起来，并使这种统一不断更新和不断丰富。

所以，怎样在生活中发现和创造美，怎样以美的创造和审美活动不断地提升生活的生命力，这就是艺术创造的基本问题，同时也是人生的基本问题。尼采说："没有什么是美的，只有人是美的：在最简单的真理上建立了全部美学。它是美学的第一真理。我们立刻补上美学的第二真理：没有什么比衰退的人更丑了。"（《偶像的黄昏》，第二十节）

对尼采来说，美的问题并不是单纯的艺术创造理想和创造原则，也不只是美学理论和文学艺术理论的垄断课题，而是实际生活的问题，是贯穿于人生的生老病死各个阶段和各个活动领域中的实际活动原则。他说："艺术是生命的最高使命和生命本来的形而上学活动。"（《悲剧的诞生》，前言）尼采本人实践了这样一种原则，使他自己不仅成为崇尚美和追求美的哲学家和思想家，而且也在自己生命的每时每刻不断追求美，并以美的探索和追求作为自己生命和权力意志不断扩大和提高的动力。尼采曾经尖刻地讥讽传统美学，他说："这是怎样一幕戏呢：今日的美学家们，手持他们专用的'美'之捕网，扑打和捕捉眼前那些以不可思议的活力嬉游着的音乐天才，其实这个运动是既不能以永恒美，也不能以崇高来判断的。当这些音乐保护人喋喋不休地喊着'美啊！美啊！'的时候，我们不妨在近处亲眼看一看，他们是否像在美的怀抱里养育的自然宠儿，或者他们是否只是在为自己的粗俗寻觅一件骗人的外衣，为自己感情的贫乏寻找一个审美的借口。"（《悲剧的诞

生》中文版，86页）

正因为这样，在尼采看来，艺术是由“贪婪的意志”所产生的。艺术创造的动力不是传统美学所说的那种“毫无利害关切”的纯粹理念，而是贪得无厌的权力意志本身。

在尼采看来，美并不只是隐藏于正确的东西或真理之中，也不是等同于协调和柔和，而是存在于邪恶之中，存在于对一切正当的秩序的反叛之中。尼采的这种美学观点已经隐含了后现代主义反艺术、反文化和反美学的一切基本因素。

为了创造和实行艺术形而上学，尼采严厉批判传统美学，同时也批判传统文化的基本原则和西方传统道德原则。在他看来，传统美学的出发点，就是古希腊苏格拉底学派对于知识的推崇。正如尼采所说：“把具备最高知识能力、为科学效劳的理论家视为理想，其原型和始祖便是苏格拉底。”（同上）尼采系统地考察和研究了古希腊艺术发展和衰落的过程，他认为，苏格拉底所提倡的对于知识的推崇，埋葬了古希腊生机勃勃的艺术创造。尼采指出，苏格拉底是理论乐观主义者的原型，他相信万物的本性皆可穷究，认为知识和认识具有包治百病的力量，而错误便是灾祸。深入事物的根本，辨别真知灼见与假象错误，在苏格拉底看来，是人类最高尚的，甚至是唯一的真正使命。从苏格拉底开始，概念、判断和推理的逻辑程序，就被尊崇为位于其他一切能力之上的最高级活动和最令人兴叹的天赋。甚至最崇高的道德行为，同情、牺牲、英雄主义的冲动以及被崇拜日神的希腊人称做“睿智”的一种难能可贵的心灵上的宁静，在苏格拉底看来，都可以通过知识辩证法推导出来，因而也是可以传授的。但是，在实际上，苏格拉底所体现的那种贪得无厌的乐观主义求知欲，不但使科学本身疯狂地和失去理性地奔向它自身的极限，使科学在乐观主义的汹涌波涛中触礁而陷入危机，同时也使希腊的悲剧和艺术陷入绝望，走向崩溃和衰落的边缘。正是在古希腊艺术兴衰的历史教训中，尼采看到了将酒神唤醒，并使之与日神协调并行的必要性和可能性。尼采指出，以酒神精神为指导的悲剧文化，不但是高于单纯追求真理的科学知识理论，而且也是拯救人类历史和生命的主要力量。他认为，悲剧文化最重要的标志是以智能取代科学，使智慧不受科学的引诱和干扰，以其坚定的目光凝视世界的完整图景，以亲切的爱意努力把世界的永恒痛苦当做自己的痛苦来把握。悲剧之所以具有高于知识的强大威力，就在于人生本身就是悲剧。

尼采影响后现代文学艺术理论的第二个重要方面，就是他有关语言的反传统观点。尼采并不像传统文学家和思想家那样，只是将语言当成表达思想的符号工具。他认为语言从根本上说是一种象征性的和寓言式的符号系统。任何语言都只是多种可能的思想观点表达的象征。因此，通过任何一种语言的表达形式，不管是表达者或者是接受者，都可以，也应该寻求更多方面和更多层次的思想内容；而且，任何语言表达形式，都不只是停留在一种静态的凝固状态中，更不是限制在由某个主体所决定的特定意义的封闭体系之中。任何语言论述都不能不是修辞式的，也就是玩弄语言文字游戏的作者风格的表现，因而也是说话者内在各种欲望的象征性表现。正因为这样，任何读者在阅读中不能停留在语言文字的字面结构，而是要发现和不断理解语言结构的寓意。

第二节　从伽达默尔到德里达的诠释学转折

（一）“诠释学转折”的后现代意义

后现代文学评论新浪潮的兴起，是同人文社会科学中诠释学的理论和方法论的革命性转折密切相关的。从第二次世界大战时期开始，诠释学作为理论和方法，作为社会科学和人文科学跨学科性的新领域，在英美分析哲学的语言哲学新发展的推动下，在欧陆哲学现象学派和存在主义学派蓬勃发展的启发下，取得了长足的进展。新开辟的诠释学成为反对理性主义、经验主义和科学技术主义的一个重要领域，也成为后现代社会文化条件下具有高度自律性的个人进行自由创作的思想动力。超越传统诠释学领域的新诠释学，不但改变了社会人文科学的基本方法论的性质，而且也改变了整个知识领域的基本概念，对于进一步推动各学科的革命和整个文化领域的变革具有决定性的意义。

实际上，在西方人文和社会科学的研究传统中，诠释学从古希腊经中世纪和文艺复兴的古典时期开始，又经过启蒙运动和浪漫主义时代的大规模发展，到 19 世纪末和 20 世纪初，在分析哲学科学语言和日常语言学派的启发下，在胡塞尔现象学和狄尔泰生活哲学以及各种历史哲学的启发下，同时，也是在语言学、人类学和社会学等各个领域的新研究成果的推动下，已经累积了发生根本性转折的深厚理论基础。

第二次世界大战后，西方诠释学从古典模式转化成为新型的理论和方法论，同时也成为新型的生活哲学的一个组成部分，成为文学艺术创作和美学理论进一步发展的重要基础。

值得指出的是，第二次世界大战后所出现的新型诠释学，基本上累积了分析的语言哲学和现象学存在主义哲学理论的研究成果。因此，尽管第二次世界大战后西方诠释学的发展出现了多元化的倾向，但都可以大致归纳成为分析的语言哲学系统和现象学存在主义哲学系统的诠释学两大类。

属于分析的语言哲学系统的诠释学，主要探讨语言的意义及其指涉系统，探讨语言符号意义的科学标准及其检验方法。因此，这一派诠释学强调对于语词的任何诠释，都只能以被“说明”的语词同语词所指涉的经验事实的客观关系为基础。所以，这一派诠释学理论认为：任何真正的科学真理，都只是对于被客观地观察到的经验事实的“描述”和“说明”；任何诠释都不能脱离“真理”的范围及其标准。因此，这一派理论家只承认“说明”的重要性和必要性，并强调“说明”只能以经验事实为基础和标准。这派诠释学家有戴维森（Donald Davidson）、赫希（E. D. Hirsch, Jr., 1928—）等人。为此，从19世纪末到20世纪上半叶，诠释学领域中，围绕着诠释学的对象、诠释的“标准”、“正当性”、“科学”及其同诠释的关系等重大问题，进行了长期的争论。德国哲学家兼语用学家阿佩尔（Karl-Ott Apel, 1922—）将上述诠释学争论区分为三大阶段：“理解的精神科学和文化科学的创立”阶段、“统一的科学说明的新实证主义逻辑学”的创立阶段以及“新维特根斯坦主义关于自然科学和社会人文科学的二元论”时期（Apel, K. O. 1979）。现代诠释学发展的上述三大阶段争论的焦点，始终是有关“科学”和“真理”及其标准的问题，始终是有关自然科学的真理观和方法论是否对社会人文科学有效的问题。而从诠释学的观点来看，问题又集中到“诠释”同真理的关系。换句话说，通过诠释的途径和方法是否可以获致真理？诠释是否存在着客观的标准？所有这些重大问题同样也影响到文学评论中的客观标准问题，也涉及文学评论中如何正确处理文本和诠释的相互关系问题。

但在后期维特根斯坦语言游戏理论的影响下，分析哲学诠释学派在第二次世界大战后也发生了重大分化。维特根斯坦（Ludwig Josef Johann Wittgenstein，1889—1951）强调日常生活语言的重要性及其游戏性，不但批判传统分析语言哲学过分强调科学语言的片面性，而且也强调语言实际意义的重要性及其诠释的多样可能性。在此情况下，原属分析语言哲学学派的诠释学家，也纷纷走出原初被维也纳学派严格限制的科学语言经验意义的狭隘“说明”范围，研究语言在日常生活活动中的意义的多样性和变化性及其条件，从而使这派诠释学中也分化出一批自称“后分析学派”的诠释学家。他们的代表人物包括奎因（Willard van Orman Quine，1908—2000）、罗蒂、库恩和费耶阿本德等人。

但是，对于后现代文学评论发生决定性影响的诠释学理论，仍然是原属于现象学存在主义学派的诠释学。这派诠释学，在胡塞尔和海德格尔的哲学理论的指导下，首先由德国思想家伽达默尔完成了“诠释学的哲学本体论转折”。正如本书第一章所指出的，伽达默尔在1960年发表的《真理与方法》，为后现代主义的发展提供了重要理论基础。在文学评论和美学理论领域内，伽达默尔的《真理与方法》简直成为后现代文学评论和美学理论一系列重要概念的出发点。简略地说，伽达默尔的重要贡献就在于：第一，明确地将“诠释”当成人生在世和艺术创作的基本形式。这样一来，“诠释”对于人生在世和文学艺术创作来说，不只是一种方法，而且更重要的是具有本体论意义的基本存在形式。他说：“理解的现象和对所理解东西的正确诠释的现象，不单单是精神科学方法论的一个特殊问题。……理解文本和诠释文本不仅是科学深为关切的事情，而且也显然属于人类的整个世界经验。诠释学现象本来就不是一个方法论问题，它并不涉及那种使文本像所有其他经验对象那样承受科学探究的理解方法，而且一般说来，它根本就不是为了构造一种能满足科学方法论理想的确切知识。”（Gadamer，G. H. 1986［1960］. I：1）第二，伽达默尔强调语言的历史性和存在性质，强调诠释过程中语言应用对于人生在世和文学艺术创造的决定性意义。不同于分析的语言哲学，伽达默尔并不认为语言是事物的单纯的符号。他说：“语言并非只是标志对象世界的符号系统。语词并不只是符号，在某种较难理解的意义上说，语词几乎就是一种类似于摹本的东西。”（Ibid.：420）所以，在伽达默尔看来，语言和世界的关系绝不是单纯符号同其所指称的事物的关系，而是摹本与原型的关系。如果说摹本具有使原型得以表现和继续存在的功能的话，那么语言也就具有使世界得以表现和继续存在的功能。伽达默尔指出："以语言为基础、并借助于语言所表现出来的，乃是人对于世界的拥有。对于人类来说……世界的存在是通过语言而被把握的。"（Gadamer, G. H. 1986 [1960]. I: 446—447）这样一来，"能够理解的存在，就是语言"（Ibid.: 447）。对人来说，世界通过语言而存在，同时，也是通过语言而被理解。第三，伽达默尔将艺术创作的经验提升到人生世界经验的首位。他说："《真理与方法》的探究是从对于审美意识的批判开始的，以便捍卫那种我们通过艺术作品而获得的真理的经验，同时反对那种被科学的真理概念弄得很狭窄的美学理论。但是，我们的探究并不一直停留在对艺术真理的辩护上，而是试图从这个出发点去发展一种与我们整个诠释学经验相适应的认识和真理的概念。正如在艺术的经验中，我们涉及的是根本上超出了方法论知识范围外的真理一样，同样的情况也适合于整个精神科学。"（Ibid.: 3）第四，伽达默尔以"游戏"作为中心概念，不仅建立了新型的哲学本体论诠释学的体系，而且也创造了后现代美学理论的基础。他认为，美学所要探讨的，并不是像传统美学所强调的那些在创作和鉴赏活动中的情绪状态，也不是创作活动中所体现的创作主体的自由，而是艺术作品本身的存在方式，也就是"游戏"。他说："必须成为我们思考对象的，不是审美意识，而是艺术经验以及由此而来的有关艺术作品存在方式的问题。但是，艺术作品绝不是一个与自为存在的主体相对峙的对象，这正是我们为反对审美意识的衡量水准而必须把握的艺术经验。艺术作品其实是在它成为改变经验者的经验中才获得它真正的存在。……正是在这点上，游戏的存在方式显得非常重要。因为游戏具有一种独特的本质，它独立于那些从事游戏活动的人的意识。所以，凡是在主体性的自为存在没有限制主体视域的地方，凡是在不存在任何进行游戏行为的主体的地方，就存在游戏，而且存在真正的游戏。"（Ibid.: 151）伽达默尔的上述诠释学贡献，对于后现代学和文学评论的发展，无疑是非常重要的。

在伽达默尔诠释学影响下，再结合五六十年代萨特存在主义文学评论理论和罗兰·巴特符号论的发展，才促使西方文学评论发生了一场深刻的革命，促进了后现代文学评论的产生和发展。

（二）“接受美学”对于后现代文学评论的启示

与伽达默尔所推动的诠释学转折平行形成和发展的“接受美学”（Reception Aesthetics）理论，同样也是后现代文学评论的重要启示者。“接受美学”的一个重要贡献，就是将文学艺术的创作结构，从创作者主体及其固定文本扩大到文本和艺术产品的整个历史接受过程，并将文学艺术的创作从单个作品的封闭创作过程扩大为开放的不断更新的过程，变成为文学艺术作品自律再生产及其被欣赏、被更新双向共时进行的总过程，同时也成为超历史、超文本和超产品形式的多元历史创造因素不断互动的文化生命体。

“接受美学”由德国康斯坦丁大学的尧斯和沃尔夫冈·伊塞尔等人所创立，并从20世纪70年代起，迅速地扩散和影响到整个西方文学艺术评论界，成为后现代主义文学评论的一股重要力量。他们创造性地应用和发展新诠释学原理和基本方法，从根本上改变了德国和整个西方国家的美学传统和文学评论。“接受美学”理论也像后现代主义其他文学评论一样，非常重视现代性文学艺术创作中的后现代创造因素。因此，尧斯早在20世纪50年代中期便集中分析和研究波德莱尔、司汤达（Henri Beyle Stendhal，1783—1842）和普鲁斯特等具有后现代叛逆精神的现代性作家的优秀作品（Jauss，H. R. 1955；1964；1970）。尧斯的奠基性著作《美学经验和文学诠释学》发表于后现代文学评论进入高潮的20世纪70年代。在这本书中，尧斯严厉批判传统美学优先重视真理观念的传统，主张将文学创作建立在经验基础上，并强调美学的接受和沟通过程。在批判传统美学的过程中，尧斯等人也严厉批判了阿多诺等人所提出的“否定美学”，强调美学沟通在创作过程中的中介性作用，并高度重视社会规范的建构意义。他认为，美学经验在本质上是具叛逆性的，它总是倾向于遵循其本身内在的原则，从不服从美学活动以外的其他原则，而且，美学经验在其历史发展中具有不断更新的自律功能（Jauss，H. R. 1977）。由尧斯等人所倡导的接受美学，把重点放在文学艺术作品创作后的不断自我更新过程。他们认为，任何文学艺术的创作，并不终结于某个特定作品本身；文学艺术创作的生命，其主要部分，与其说是在作品出现前的“前创作”中，不如说存在于作品发表后的流传过程。相对于前者，后者具有无限的开放发展前景，其动力正是来自作品流传中的美学经验的自律更新和沟通过程（Jauss，H. R. 1964，1977；Iser，W. 1972，1974，1976）。文学的沟通一方面是文学艺术创作生命力不断发挥的构成部分，也是使文学艺术作品避免被消耗和被僵化的必要过程。对于尧斯等人来说，美学的愉悦和快感，来自文学艺术作品流传中的沟通以及在其中对于他者和对于自身的重新发现。这样一来，任何文本的结构、意义及其诠释，都是不确定的，都是有待开发、重新创造和再出发的。实际上，尧斯等人的接受美学几乎处于伽达默尔的诠释学美学和阿多诺的否定美学之间。

（三）从“诠释学转折”到“解构”

在这个时期，法国思想家德里达不仅吸收了伽达默尔诠释学的研究成果，而且，以其独创的方式发展和改造了尼采生活美学和胡塞尔现象学的基本原则，在批判传统美学的基础上，创立了解构主义的后现代文学评论原则。德里达对于后现代主义的发展所作出的重要贡献，不只是在于提出“解构”的重要原则和基本策略，而且还在于将对于传统文化的批判和解构立足于新的美学重构的基础上，使人类文化的重建变成为以美学的哲学探寻为主要内容的人类精神的自由创造活动。德里达自己曾明白地宣示：“我的最长久的兴趣，甚至可以说先于哲学兴趣的更为重要的兴趣，如果可能的话，就是朝向文学，朝向文学的文字和语词的建构。”（Derrida，J. 1990：443）

德里达之所以重视诠释学的转折，是因为一切诠释活动，在他看来，都是优先于文本的原创作活动。德里达和所有的后现代主义者都把文本的原创作活动当成“不在的”或“缺席的”文化，因而，它们对于人类文化创造活动的意义，至多也仅仅是起着更新中的创造活动的启发性线索。诠释比原创作更重要，意思是说，人类文化创造活动的真正价值，不是已经造出的文化产品的结构或其中的意义，而是文化创造活动的不断更新的生命力本身。最重要的是文化创造活动的生命力的继续维持和发扬，而不是作为创造活动生命过程某一个历史阶段的固定产物的各种文本或各种文化产品。各种文本或各种文化产品的意义，只有在不断更新的文化创造生命运动中参与到新的创造生命中去，才能发挥出来。而各种文本和各种文化产品在不断更新的文化创造生命运动中的意义，只有通过这些文本或文化产品的痕迹结构的再度差异化，才能真正发挥出来。也就是说，诠释中的创新和再创造活动的基础是留下痕迹的文本或产品符号结构。在诠释过程中，这些由原文本或原作品所留下的痕迹，成为诠释中进行创造的符号差异化过程的基础，但不是起限制作用和固定化作用的框架。但是，上述再度差异化又只能附着于更新中的创造生命运动，也就是靠新的创造生命运动对于原文本和原作品的诠释过程。这样一来，诠释就成为将原文本和原产品纳入更新中的文化创造生命活动并使之复活起来而具有新生命的关键步骤。而且，由于这样的过程，诠释也成为新旧创作活动重新交流，并构成新创作生命体共同内在因素的中介化过程。

（四）诠释的双重本体论意义

对于德里达和其他后现代思想家来说，诠释活动具有双重本体论意义。海德格尔和某些现象学思想家只是看到了诠释活动的生存本体论意义，他们在对于个人生存的“此在”的分析中，强调个人面对世界以及面对他人时所遭遇到的诠释过程，并把这一诠释过程理解为每个人生存过程中一个不可缺少的必要环节（Heidegger，M. 1986：148—158）。当然，海德格尔等人在展开和分析诠释过程时，也强调诠释过程所包含的自由创造活动，并因而将诠释理解为个人生存应付环境而作出自由抉择的基础。每个人的此在都只有通过诠释活动才能正确理解其自身及其面对的世界，才能为自我超越和超越所处的世界制定和筹划未来生命的可能前景。正是在这个意义上说，海德格尔等人赋予诠释一种生存本体论的意义。也就是说，诠释不只是个人此在的生存过程中所必须经历的过程，而且它对于生存本身的存在及其可能性都具有生死攸关的本体论关键意义。如前所述，海德格尔等人对于上述生存本体论意义的分析，对于诠释学的本体论转折以及对于社会科学中诠释学方法论的改造都起了决定性的作用。

德里达的贡献则是在海德格尔关于诠释的生存本体论意义分析的基础上，进一步强调了诠释对于自由创作的本体论意义。所以，德里达更明确地指明了诠释对于生存和对于自由创作的双重本体论意义，并将诠释的上述双重性结构及其自我解构运动，当成人的生命运动和自由创作运动相互渗透和相互推动的无限过程。

将诠释赋予双重本体论意义的结果，使德里达进一步以尼采的超人哲学和艺术生命美学的相互结合为基础，将人的生命运动和自由创作运动的双重运动过程，都在诠释的旋涡中找到了无限发展的可能性。所以，诠释不只是将生命和自由创作相互渗透在一起，而且也为两者在渗透中的自由发展提供了广阔的可能性。这样一来，诠释也由于其双重本体论结构而获得了比创作本身更优越和更重要的地位。只有创作而没有诠释，就将使创作限于“现时的”历史阶段和暂时结构中；创作只有靠诠释，才能维持并不断更新其生命，也才能使创作自身跳出个人生命的有限圈子，而纳入到整个人类不断延续和不断更新的创造活动中去。

（五）作为模糊化原则的解构

由上述分析可见，严格地说，真正促使德里达提出“解构”概念，并使“解构”赋有主要美学重建使命的思想家，不是海德格尔，而是尼采。正如本书第四章所指出的，与海德格尔将尼采的哲学意图简单地归结为“权力意志”不同，德里达认为：尼采最主要的贡献，就在于为当代文化重建树立了“含糊的思想家”（le penseur de l'ambivalence）的典型形象。德里达认为，尼采在他的哲学表述中处处表现出思想上和文字上的极端含糊性，为当代人类重建文化并彻底批判传统文化，不仅提供了最好的榜样，而且也提供了最有效的策略。德里达强调：尼采的整个哲学著作的特点及其重要价值，就在于采用了极端含糊甚至相互矛盾的语词表达法，达到在玩弄文字的自由游戏中摧毁传统形而上学的目的。实际上，在德里达看来，尼采所采用的具有高度含糊性的熟练文字自由游戏，其首要目的，就是要从传统语音中心主义和“话语至上”以及“在场出席优先”的原则中解脱出来，以便实现思想自由、表达自由和创作自由的一致性。德里达说：“应该毫不犹疑地引用尼采对‘形而上学’、‘存在’和‘真理’概念的批判及其以‘游戏’、‘诠释’和‘无须真理表现的符号’等概念取而代之的做法。”（Derrida，J. 1967a：412）一方面努力地批判传统形而上学及一切传统文化，另一方面在新的符号游戏原则的基础上重建新的文化。

德里达在另一本书中再次强调尼采的“含糊性”对于批判传统文化和传统形而上学的重要意义。他说：“尼采一会儿将女人归结为‘谎言的强权’（puissance de mensonge），一会儿将女人说成为哲学的和基督教的‘真理的强权’（puissance de vérité），最后，又将女人当成‘在上述双重否定之外，作为肯定的、掩饰的、艺术的和酒神的强权的肯定’。”（Derrida，J. 1978a：79）显然，在德里达看来，尼采论述女人和酒神所采用的上述含糊不定的文风和修辞本身，就是对于传统形而上学，特别是对于强调正反二元对立的黑格尔辩证法形而上学的讽刺和否定。尼采在上述论述中，有意地同黑格尔相对立，拒不使用“肯定”和“否定”的无止境对立统一形式，也不打算像黑格尔那样通过“正题”（thèse）和“反题”（anti-thèse）的“综合”（synthèse）达到所谓“扬弃”（Aufhebung）的目的。与黑格尔相反，他论述女人不是为了揭示女人的什么“固定的本质”或“稳定的特征”，而是通过对女人的多种多样表现的含糊不定的陈述，表达在各种各样可能条件下女人所可能呈现的样态。德里达认为，尼采在上述论女人的含糊性和矛盾说明中，表现出作为一种生命形态的女人，可以，也应该以某种可变化的密码组成形式生存于现实世界中；一点也不需要按照传统形而上学的要求，让女人变成僵化的“正”、“反”和“合”的牺牲品，也不应该使女人成为传统逻辑归纳和化约的产物，变成为某种具有固定性质和同一性特征的生存者。

（六）把模糊化当成自由创造可能性的基础

在尼采和德里达对于思想含糊性和存在多质性的表述中，一方面表现出论述对象和被表达目标本身的多样性和变化性，另一方面也表现出作者本身的思想自由的无限性和不确定性。所有这一切，都是为了使（1）人的思想创造活动，（2）表达思想创造活动的符号差异化过程，以及（3）作为思想对象或符号差异化过程所指涉的客观存在本身，都始终保持其本身的生命力，而且所有这些原本分属于不同因素的生命，并不因为人的思想以及相关的符号运用过程而发生变质或凝固化。

德里达在这里虽然发扬了尼采的含糊化原则，但他显然已经远远超出尼采的思路。当然，尼采以女人和酒神作为基本象征而表达他的含糊化原则和策略，本来就已经同传统思想和传统文化的基本精神根本对立，而且也已经很深刻地表达了他寻求开辟进行无限制的自由创造活动的新途径的意图。尼采显然已经看到了传统语音中心主义和逻辑中心主义对于人的自由创造活动的限制，也看到传统文化有关语言文字及其使用规则对于自由表达思想的限制以及对于其被表达物的扭曲作用，同时尼采也看到同传统语言文字规则息息相关的思想逻辑化和确定化原则对于创造者本身和对于创作内容的原本生命的扼杀作用。但是，尼采在当时尚未将注意力集中到符号结构方面，并未深刻揭露上述各种问题同西方语言文字结构及其运作逻辑之间的密切关系。德里达的卓越贡献，就在于充分利用尼采和胡塞尔的研究成果，集中地在西方传统语言文字的结构问题上，将尼采所提出的问题进一步发扬光大。

（七）通过符号不断差异化发扬模糊化

如前所述，人类文化的整个创造活动，涉及一系列非常复杂的过程，当然也关联到在各种复杂过程中所呈现的各种因素。我们很难用此时此刻所表达出来的语言文字结构，来概括人类创造文化过程中所面对的各种复杂问题和各种复杂因素，尤其很难在表达过程中如实地表现创造过程所涉及的各种因素的生命运动过程。西方传统语音中心主义和逻辑中心主义的优点，显然是有意识地使上述复杂的文化创造过程实现简单化、同一化、确定化和可理解化。但是，正如本书在前几章反复分析的那样，西方传统语音中心主义和逻辑中心主义的原则，又借助于上述优点而使西方文化的创造活动的整个过程朝着有利于各时代统治中心的方向发展，同时也在此过程中实现了对于文化创造者及其产品的自由创造生命的宰制和扼杀。现在，以德里达为首的后现代主义者所发出的基本挑战，就是试图在颠覆上述传统原则的基础上，同时复原并发扬文化创造中的生命运动过程。前述与人类文化创造活动相关的三大因素（人的思想创造活动、符号差异化过程以及指涉的客观存在），在德里达看来，对于继续发扬文化创造活动的生命力，最重要的是始终保持它们本身所固有的内在生命活动，设法不要使其生命活动继续受制于作为中介因素的符号结构体系。

当然，德里达也看到：第一，通过符号结构而实现中介化，是人类文化创造活动所不可避免的。第二，在符号中介化的过程中，思想创造过程以及相关的各种因素，都不可避免地伴随着中介化而被扭曲。第三，试图将符号中介化过程保持其生命力，又不得不借助中介化过程的内在差异化而再度实现中介化，因此符号中介化生命力的维持，又不可避免地借助于再度中介化，并以再度中介化过程中对于符号结构生命运动的扭曲作为代价。第四，在集中精力试图解构符号中介化过程的时候，实际上又不可避免地暂时将文化创造过程的非符号因素的生命运动“悬挂”或“搁置”起来，从而又导致对这些非符号因素生命运动过程的暂时扭曲。第五，文化创造运动所不可避免的符号中介化过程，不可避免地将要经历暂时的固定阶段，因此符号中介化的暂时固定而引起的非生命化过程，又必将导致对于文化创造过程各因素原生命的伤害。

（八）在痕迹中诠释并发扬符号差异化

德里达在批判传统语音中心主义和逻辑中心主义过程中所遇到的上述难题，只有在符号本身不断差异化的过程中才能找到最好的解决出路。符号结构永远差异化的过程，不能在容易消失的声音符号结构中解决，而只能在可以自律存在的文字或物质具形化的各种痕迹性符号的内在可变性生命运动中找到。文字或物质具形化的各种痕迹性符号的内在生命运动，当然要靠其本身及其系统内各因素间的不断差异化来产生和维持。

因此，不只是文字，而且还包括一切可以在具有物质结构的“痕迹”中自由存在的符号，才可以找到使文化创造中介化过程的符号差异化保持其内在的和自律的生命力。文字和上述可保持痕迹的各种符号的差异化过程的上述特征，使德里达的思想创造活动，转向对于文学作品文本和艺术象征性产品的解构。文学作品文本是由文字的差异化过程构成的，而艺术的各种产品都是借助于可以留下痕迹的各种符号的差异化过程所构成的。对于艺术象征性产品的分析，当然不注重于艺术产品的创造过程中所采取的各种言语表达形式，而是注重于其中具痕迹特征的各种符号的差异化。所以，德里达对于艺术的研究始终都是抱着忽视和消除语音和话语因素的明显态度，把艺术创作中各种语音和话语的因素都归结为语音中心主义和逻辑中心主义对于艺术创作的不正当干预而加以排除。

由此可见，当德里达把“解构”作为批判传统和重建文化的基本概念而引入美学和艺术理论的时候，他首先是把“解构”理解成为“使文本和一切文字表达实现含糊化”。严格地说，所谓“解构”，就是把传统形而上学和一切传统文化通过逻辑中心主义和理性中心主义而确立的概念和思想体系加以粉碎，首先加以模糊化。但是，模糊化并不单纯是解构的出发点，而且也是其方法和整个过程。因此，在这个意义上的“解构”，就意味着：第一，将表达具有精密逻辑结构的传统形而上学和传统思想的各种文本加以分解。在这里，将文本加以分解就是破除其文字间的逻辑结构，解除其系统性，使之支离破碎，丧失各种中心和边缘的关系以及各种主次关系。第二，将各种以话语结构作为主要表现形态和表达形式的传统思想，改变成为具有多重象征意义或模糊关系的纯符号游戏结构，破除原有的“符号/意义”二元对立固定结构和二元对立指涉关系。第三，使原有各自封闭而独立存在的传统论述单位（语词、语句或段落等），转变成为多元开放的非同质的可能表达结构。也就是说，使原有独立封闭的表达单位，变成为随时有可能转换成“去中心”的散播结构。这样一来，通过“解构”，不但破除了传统形而上学和传统话语论述表达结构的逻辑性，破除其“符号/意义”二元对立的语音中心主义原则，破除其主次关系分明的体系性，而且，也开辟了自由思想和自由表达所必需的各种条件，特别是提供了传统文化所重视的“在场出席”以外的各种展现可能性，使自由思想和自由表达，不只是走出“在场出席”的传统逻辑和传统真理结构的约束，而且也在漫无中心和毫无固定目的的极其广阔的可能性领域中不断散播。显然，德里达所重视的“解构”，就是在哲学思考伴随下所进行的文字解构游戏，是一种破除文本结构而进行自由诠释的创造性活动，也是一种文学性修辞艺术活动的自由游戏。在这个过程中，始终都贯穿着对于传统的否定和对于创新的无限追求。

（九）阅读和诠释是创作游戏的起点

德里达对于尼采的解读和对于海德格尔反形而上学的重建，导致以“解构”为中心的新美学理论的不断重建。当然，早在海德格尔的反形而上学的批判活动中，就已经隐含着对于传统话语和语言的批判和解构，隐含着导向美学重建的探索方向。在《论形而上学和艺术作品的起源》（*Die Metaphysik und der Ursprung des Kunstwerks*）的著作中，海德格尔将西方美学理论同形而上学问题联系在一起，并赞赏美学理论活动的超越形而上学性质。他认为，在美学理论的探索中，在艺术创作的美的追求中，都隐含着某种“意志的意志”的神秘力量，隐含着伴随“艺术的推动力”的追求完满化的高度技巧（Heidegger，M. 1989：505）。同样地，在探索艺术作品的起源以及论述荷尔德林（Frendrich Hölderlin，1770—1843）的论文中，海德格尔强调艺术具有揭示“存在”的形而上学和美学意义。他说：“艺术作品以其特有方式揭示‘存在者’的‘存在’。”（Das Kunstwerk eröffnet auf seine Weise das Sein des Seienden.）（Heidegger，M. 1960：37）德里达在阐述“解构”的理论中，在某种意义上说，同海德格尔一样对美学和艺术采取了类似的态度；也就是说，他们俩不约而同地抛弃和批判传统美学理论关于内容和形式以及关于技巧和数据的二元对立传统原则。但是，德里达又在此基础上超越海德格尔，强调艺术不只是作为一切“存在者”的“存在”的守护者，而且更是无止境地“指涉”和“能指”的一场自由游戏。德里达强调，通过解构活动，艺术把能指的自由游戏引向广阔的可能性领域，不但使一切基础主义者或本质主义者所追求的各种化约活动都成为不可能，而且也实现了在“文本间”（intertextualité）和在“类型间”（inter-genre）的自由穿梭（Derrida，J. 1986c：249—287）。因此，解构的自由游戏，将引导艺术创作走向多元的和无边界的扩散领域，为人类自由开辟无限的前景（有关诠释中的“文本间”的穿梭，详见本章第四节）。

当然，强调“解构”的文学意义和美学价值，并不意味着将德里达的“解构”哲学简单地归结为一种文学批评活动，更不应该归结为某种文学批评和艺术评论的“方法”。德里达在一次谈话中反复强调：“解构”根本就不是什么传统意义上的“方法”，而是使思想讽刺性地具体化，使某种思想脱离其固定的脉络，从传统逻辑和僵化的美学理论的约束中解脱出来，为其自由地实现“再创造”提供可能性（Derrida，J. 1992）。

总之，在德里达的解构主义文学评论活动中，诠释是关键的一环。对于德里达来说，文学评论活动的本质结构及其生命所在就是诠释本身。文学创作是在文学评论活动中进行的，而文学评论活动则是在诠释中进行的。任何创作活动，作为一种诠释活动，同时也就是一种文学评论活动。没有一个作家不是借助于历史文化所造就的环境及其创造的文化产品而进行创作的。任何创作都不是在作家个人绝对空白的脑子里进行的，也不是在毫无即成文本的条件下绝对孤立进行的。创作，在本质上就是对于文本的诠释活动，也就是以各种文本作为中介和作为迂回创作的场域而展开其生命过程的。作为诠释活动的任何一种创作，当然不能满足于追随或复制已有的文本，而是将先存文本的任何一个章节和词句作为进一步创造的起点。德里达对于创作中的诠释的重视和鼓励，其主要目的是把文本当做自由思考和创作的场域，同时又超越文本的场域而进入到更新的创作场域。在诠释中从语言文本场域跳到更新的创作场域，就是从一种符号痕迹结构跳到另一种创造出来的新符号痕迹结构。诠释中的这种场域间的跳跃和超越，对于珍重创作生命的德里达来说，并没有确定不变的规则。毋宁说，这是一场没有规则的游戏，并在实际上将原文本当做创作游戏中的消遣对象，其目的仅仅在于从中激发创作的灵感，并使创作的灵感飞越出原文本，越远越好。其实，正如本书第四章讲述和分析德里达结构生涯时所指出的，德里达本人的创作生命就是在不断地阅读文本过程中进行解构的消遣活动。因此，文学评论要在诠释中解构文本，又要在解构中诠释文本，以双重阅读的过程取代传统的语音中心主义创作模式，实现在诠释中创作的目的。

（十）在不断的诠释延异中使文学类型不确定化

一切文学文本实际上都是境遇性的。它们都是在特定时间和地点中写出并被一再阅读的文本。因此，根本不存在具有普遍性和先验性的文学作品。文学作品都是唯一性的、一次性的，是不可重复的。文学作品的这种性质，使一切文学作品不可能受到真正的恰如其分的评论。这种状况也决定了一切文学评论活动的性质：它所进行的，无非是评论者自身见解的自我表白；或者，毋宁是评论者借助于文本、以文本为中介所发表的特定意见。但是，文学作品又是一种具有潜在意义的“意义的抽空”，其原本的唯一性可以借助于对不断更新的语境的开放，借助于不断重复的差异性而实现意义的延伸和更新。德里达指出：文学是一种允许人们以任何方式讲述任何事情的建构。文学的空间不只是一种建构的虚空，而且也是虚空的建构。它原则上允许讲述一切。既然要讲述一切，当然免不了要诉诸特定的形式和结构，以便将被叙述的人物和事件得以概括地组织起来。但要讲述一切，又要使它同时无视一切规定，在法规有效的范围内设法解脱自己。文学的法规本身基本上倾向于无视法规和取消法规。这就是说，文学允许人们在讲述一切的经验中去思考法的本质。总之，文学是一种倾向于淹没建制的建制（Derrida, J. 1991b）。正因为这样，不能将文学文本看成单纯词语的架构，更不是与世隔绝的封闭体系。在一切文学文本中，“重新标示”永远都是可能的。文学文本就像“签名”、“签署”或“署名”一样，一方面具有唯一性、不可复制性、不可模仿性，具有借此认同此时此地特定签署者的功能；另一方面，它又可以再生产和复制，可以在复制中辨认出其原签署者的身份。文学文本类似于签署的上述性质，使文学文本含有签署的上述自相矛盾性和吊诡性。所以，文学文本既是制作，又是一定程度的模仿；既是事件，又是法律。在这种情况下，文学文本的活动，可以代替，并重新安置一切出现过的关系，可以重新安排、再现和再制诸如个人与群体、个别和一般、具体和抽象的关系，并在重新安排、再现和再制这些关系时，一方面仿造这些关系，另一方面又完全破坏它们，使它们以完全不同的形式呈现出来。实际上，对于文学文本的每次阅读，都是文学活动的上述双重性功能的实现，就是对于文本中的上述矛盾性和吊诡性的一种“召唤”，也就是被召唤出来的上述双重性功能的自我呈现。

通过阅读中被召唤出来的文本自我矛盾性的再现，阅读行为变成为一种真正的带创造性的文学活动。阅读就是对文本中隐含的文本双重反应的召唤，也就是对文本中包含的特殊境遇的再制和召唤，所以，阅读并不是为了穷尽或确定封闭的语词结构中的意义，而是更新文本中的特定关系，并使之朝向从未有过的维度展现其新的关系。这就是文本阅读中不断延异的诠释活动。

第三节　耶鲁学派的崛起及发展

（一）耶鲁学派的“解构”式阅读

将伽达默尔本体论诠释学和德里达解构诠释学广泛而成功地应用于文学评论，首先是在美国文学界取得成功的。这支被称为“耶鲁学派”（The Yale School）的“解构”文学评论队伍，以保罗·德·曼和米勒为代表，把文学创作和文学评论的主要任务看做是对于作品文本的“解构”。他们的思想观点实际上是以德里达的“解构”原则为基础，批判并发展英美文学评论界“新批评派”（The New Critics）原有的“封闭阅读”（close reading）的基本概念，不再考虑原有作者及其文本同写作时期社会文化脉络的联系，而是主要将文本当做一个有独立生命的文字作品，就像当初尼采宣布“上帝已死”一样，也在评论文学作品时宣布“原作者已死”，只依据作品文字所隐含的内在结构及其同读者之间的心灵交往，依据读者阅读过程中文本文字间游戏式的互动，任其产生和创造没有任何边界和无固定原则的新意义和新情节，使阅读及阅读过程中的理解和再创造成为文本文字的新生命的基本动力，也使新批评派原有的“封闭阅读”转换成为真正开放的“解构”创作活动。

这种将文学评论和创造当做“解构”的新文学评论，显然不再寻求原有文本系统内的文字、语音、意义、情节和结构的“前后一贯性”和逻辑合理关系，也不再寻求文本同作者和历史文化脉络间的主客观关系。

作为耶鲁学派文学评论基本出发点的，是德里达在1966年在美国约翰·霍普金斯大学的著名演讲《解构、信号和游戏》（*Structure, Sign and Play*）。德里达的演讲可以当做是耶鲁学派文学评论的基本纲领，而其发表也标志着耶鲁学派所展开的文学解构运动的起点。同德里达一样，耶鲁学派从尼采的“重新评价”一切价值的立场出发，对海德格尔的“摧毁（解除）结构”（Destruktion; Aufbau）的概念进行批判，导致一场新的文学评论运动在美国文学界产生和发展。正如斯潘诺斯所说：“正是对于海德格尔哲学论述所进行的解构性批判，促进了对于现代性进行广泛批判的大量著作的产生，这些著作的评论作家们，包括萨特、拉康、德里达、利奥塔、克里斯蒂娃、阿尔图塞、福柯以及最近的斯皮瓦克（Gayatri Spivak，1942—）、拉克洛（Ernesto Laclau，1935—）以及默菲（Chantal Mouffe，1943—）等人，都从海德格尔的论述中，或者海德格尔的某些观点中得到了启发，从而发展出一系列后形而上学或者更加激进的产生出后人文主义的解放性的实践哲学。”（Spanos, W. V. 1993: 15）这场受尼采哲学启发并通过对海德格尔哲学论述的解构性批判所引起的文学评论运动，终于导致耶鲁学派在70年代的诞生。

（二）作为耶鲁学派前身的新批评派

原有的英美新批评派，以兰塞姆、布鲁克斯和华伦为代表，主张将文本当做独立自主的文本本身，单纯寻求文本内作品文字的语音、语意和语句间的内在“一贯性”，显然是深受英美分析的语言哲学的影响。他们当然否定早在浪漫主义时代所产生的文本艺术形式的唯美主义倾向，尤其反对由瓦尔特·佩特（Walter Pater）有关文本艺术和语言形式的绝对自律性原则，将文本结构中的意义和形式之间的互动性，在形式相互转换及其精致化的最大限度范围内活跃起来，使艺术本身的创造生命，在文本范围内的艺术美的追求中发挥得淋漓尽致（Ranson，J. C. 1937；Brooks，C. 1939）。

介于新批评派与解构派之间的莫瑞雷·克里格（Murray Krieger，1923—2000）曾经认为：诗和其他艺术作品，作为人的精神创造产品，与生俱来便具有内在的“自相矛盾”或悖论（Krieger，M. 1956）。这种矛盾性本身，表现了创造作品的作者思想情感的复杂性，同时也表现了表达这些复杂思想情感的高难度。上述复杂性和表达的高难度，都无法找到唯一准确的手段或其他中介加以解决。首先，在创造过程中渗透于作品中的思想情感，本来就是具有生命的，也就是包含内在的运动推动力，具有不断发展和不断更新的性质。在创作时，为了表达并暂时地以特定形式固定下来，作者不得不诉诸语言文字。但是，语言文字本身只是以“符号/意义”的二元对立形式将活生生的思想情感表达出来，所以，正如德里达等人所一再指出的，传统语言文字以上述“符号/意义”的二元对立形式所表达的内容，充其量也只能是“大致地”表达出来。不仅如此，语言文字还在上述二元表达形式充满的歧义性之外，又将其中的思想情感加以僵化，使其丧失生命力，变成语言符号化的“思想骷髅”。这也就是说，经语言文字表达出来的原作者的创作思想情感，在作品文本中从一开始就已被语言文字含糊化和僵化。其次，作者原有的高难度表达的思想情感，一经文字固定下来后，马上变成为简单的符号关系。符号关系本身当然也可以在被阅读时重新活跃起来，但它至少掩盖了原作者创作时的表达困难程度，从而也掩盖了原作者表达时所呈现的“表达高难度性”的本来面貌。正是由于这一点，文本的文字表达，从一开始便从两方面掩饰或扭曲了原作者富有生命力而又难以表达的思想情感。诗歌和其他艺术作品所隐含的上述创作精神，决定了其内在的矛盾性和悖论的不可化约性和不可统一性。

对于克里格和耶鲁学派的其他思想家来说，文学艺术作品中的上述内在矛盾性和悖论，不但没有破坏作品本身的艺术特质，不但不应该像传统文学评论那样力图加以协调、综合、统一和克服，而是相反，正是体现和保留了作品本身的创作生命力，也是作品在流传过程中不断更新其生命，并恒久地维持其艺术美的基本保证。

克里格和耶鲁学派很重视文本所具有的内在矛盾性和悖论，把它看做是读者阅读文本时进行诠释和再创造的出发点。由于文本的上述矛盾性和悖论，读者不但可以通过阅读过程重新理解作者的创作思想和心路历程，不但可以重新尝试为作者创作时难以表达的思想情感及其表达形式寻找新的表达可能性，而且，也可以通过文本内在结构的一贯性，在文本结构所提供的可能性范围内，进行一场又一场的创作再出发，寻求尽可能多样化的新表达形式。与此同时，阅读时也可以而且应该进一步发挥文本本身的结构不稳定性和含糊性，在理解和再表达过程中，将原有文本结构的含糊性和不确定性提升到新的创作高度，为其未来的不断更新奠定基础和开辟前景。克里格曾具体地指出：诗歌和艺术作品，既是自身封闭，又是朝着世界和经验开放；它们既是一种客观化的语言，又是创作者自身所经历的直接经验；既是静态的，又是动态的；既是历史的，又是现实的；既是缺席的、不在场的，又是在场的和出席的。就语言文字同周遭世界和实际对象以及意义系统的关系而言，诗和文字作品既是指涉性的，又是非指涉性的；而其指涉的对象，既是固定的和确定的，又是变动的和含糊不清、模棱两可的。

作为一种审美经验的产品，诗歌既是作者独特的审美标准、风格和经验的一个表现，同时也是读者审美经验和审美风格得以发挥的基础。但是，作为作者独特审美经验的艺术沉淀物，它是以特种艺术形式表达着复杂多变的作者审美风格。因此，以艺术形式表达出来的作者审美经验，如果要从其原本的生命力的角度加以观赏和评论的话，就不能在艺术形式化的过程中将审美经验固定化和单一化。从这个角度来说，作者的审美经验也是含糊地或隐含地保存在艺术形式中，观赏和评论时只能通过艺术形式这个中介去理解创作者的审美经验。强调艺术形式是作者审美经验的中介，正是为了强调作者审美经验的形式化中的非形式固定性及其生命力。作为中介的艺术形式，由此可以成为作者特殊的审美经验获得再生的基础。

诗和艺术作品中的审美经验，既是作者特种审美活动的产物，又是同时代一般人生活经验的一部分及其转化物。因此，在作品中凝结的作者审美经验又成为理解和重建同时代人们一般生活经验的中介。作为作者特殊审美经验的产物，诗歌和艺术作品当然是自成一体的自足同一体。就此而言，它们是封闭的系统。作为人类日常生活一般经验的部分总结物，诗和艺术作品又是超审美和非审美的日常经验世界的部分反应，因而它们具有开放的性质，也具有待开发和待充实的性质。诗和艺术作品同审美经验以及同一般生活经验的上述相互渗透和相互包含的复杂关系，实际上使诗歌和艺术作品具有一种非艺术品的各种人工产品所没有的优点，这就是它们实际上可以以艺术品的特殊形式和特殊风格，再现和延长一般的人类生活经验。读者和评论者要善于通过诗和艺术作品的特殊艺术风格，透视和再现作品中所隐含的一般生活经验，从而借助诗和艺术作品展现生活的真理。也正因为如此，创作诗歌和艺术作品以及对它们的评论，既是文学创造活动，又是哲学本体论、认识论和道德伦理的探究。

总的来说，他们和原有的古典批评派不同，并不把文本整体的价值、艺术特征和审美能力放在首位，而是特别关注文本本身的性质、文本与作者的关系、文本与读者的关系、文本与现实的关系以及语言在文本中的作用和地位。新批评派还对作为一种批评活动的文艺评论本身的形成过程及其运作方式特别感兴趣，试图在对文本进行评论的过程中，表现出文学评论活动本身的特征及其价值，从而使文学评论转变并上升成为对文学作品以及对与之相关的整个社会文化的一般性评论，也因此使文学评论变成为非单纯文学评论性的、多学科穿插的批评创造活动。

其实，新批评派也不是由清一色相同的思想家所组成的。他们在哲学、文学、语言和美学理论观点上的多样性，使他们之中的一部分人，有可能接受和发扬伽达默尔和德里达的新诠释学理论和观点，发展出英美当代多元化的后现代文学批评理论。以保罗·德·曼为代表的耶鲁学派首先由保罗·德·曼本人和米勒，分别奠定了其理论基础和基本方法论，然后发展成为包括哈特曼和布鲁姆在内的强大文学评论队伍。

（三）“不可阅读性”的重要意义

耶鲁学派的文学批评理论的主要特征，就是揭示文本的矛盾和不一贯性，正如同保罗·德·曼所说，“将文本的‘不可阅读性’（unreadability）揭示出来”（Man, Paul de. 1986：14，15；1971：109—110）；并将此视为评论者在文学批评活动中应尽的一项道德义务。如前所述，耶鲁学派强调文本文字结构中的含糊性和歧异性，并把读者和评论者发现和发扬这些含糊性和歧异性当做再创造的基础，也当做检验再创造独特能力的一个关键。所以，作为耶鲁学派重要成员的米勒反复强调：“任何一个优秀的读者，在阅读过程中，绝不会使自己成为阅读文本的奴隶，绝不满足于文本原有作者对于文本的意义和形式的理解和诠释，而是有意地发现原作者所没有，也不能发现和理解的那些新东西，这也就是‘文本的不可阅读性’。”（Miller，J. H. 1987：33）

就内容而言，阅读文本时，通过文本结构可能理解的意义，不应该仅限于原作者所已经表达出来的范围，也不应限于借助于逻辑概念结构所精确表达的意义系统；而是相反，一方面在原有意义结构的背后寻求不确定的象征性内容，并使其内涵不断地远离原结构，在变化多端和无固定原则的象征游戏中继续扩大；另一方面又有意地破坏原有的逻辑结构和表达形式，把精确表达出来的意义和形式加以摧毁，或者，在原有意义形式结构中寻求不精确和不确定的缝隙，然后顺此扩大其裂痕，有意地制造模糊和不精确的形式，在含糊性和不确定性中彻底打破逻辑概念和传统语言的基本原则，扩大文学艺术的非概念性、非语言性和非逻辑性。如前所述，米勒甚至把这种对于文本的“解构”和批评当成读者和评论者的一种道德责任，并把破坏文本或对于文本的错误理解当成再创造的出发点（Miller，J. H. 1987：33）。

米勒和保罗·德·曼一样，在继承和发扬尼采的批判原则的同时，发挥了康德美学中有关“美”的概念性和非概念性的双重性质的论述，强调对于文学评论中的审美活动的非概念性质，并由此出发，主张这样一种符合后现代基本精神的“好的阅读”（good reading）：“尽可能引导对于一种理论的彻底拒绝或修正，而不是对于这种理论的确定的肯定。”（Miller，J. H. 1991：339）

所谓文本的不可阅读性，实际上集中地表现了在文本中所隐含的逻辑、语法和修辞等重要因素的矛盾性及其相互之间的不可化约性。任何文本都难以避免逻辑、语法和修辞因素的存在及其相互关联性，正因为这样，任何文本都有可能在阅读中被理解成为多元的或多质的作品，也不可避免地包含着不可理解、不可表达和不可统一的内在因素。所有这些因素的不可化约性，正是应该成为诠释者进行自由创造的基础和出发点。

文本的不可阅读性并不要求读者和诠释者按照统一标准去理解文本的内容，更不是去发现文本所隐含的固定真理体系。重要的是，文本的不可阅读性正是为了鼓励读者和诠释者，使他们善于在阅读中，向文本“放置”（locates）那些本来就“内含”（inherent）于文本的意念，但又同时不去考虑其建构的过程和结果。所以，“解构”只是向文本“放置”各种具有特色的内含意念，一点也无意按照特定计划去“重建”什么新的东西。关于这一点，也可以同那些后现代的建筑学相比喻。后现代的建筑学把建筑本身当做是解构，但并不意味着建筑学家去摧毁建筑物，而是在各种建筑物中“放置”内含于建筑物中的内在矛盾因素，使这些建筑物由此永葆生命力（Johnson, P./Wrigley, M. 1988: 13）。为了全面理解耶鲁学派所说的“放置”和“内含”的相互关系，米勒曾说：“文本的诠释需要一种‘恰当的诠释’（adequate interpretation）。”（Miller, J. H. 1982: XVIII）接着他说：“‘不可阅读性’并不存在于读者之中，而是存在于文本之中。”（Miller, J. H. 1991: 345）这就是说，当耶鲁学派强调文本的不可阅读性时，一方面是为了从文本的逻辑及语法形式中解脱出来，从原作者的思想体系中解脱出来，以便为读者在新的历史文化脉络中自由发挥文本的内含创造条件；另一方面又要保障解构式阅读不至于发展成为“乱读”，也不至于使阅读中的诠释与被阅读的文本毫无关系。因此，他们把解构中的“放置”和“内含”同时加以重视，使两者在文本中的矛盾关系，能通过文本结构中的各种含糊性，在阅读中重新地以多元的形式表现出来，显示出文本本身的自我再生产的生命力。

（四）耶鲁学派的哲学特征

由保罗·德·曼和米勒所开创的耶鲁学派新批评理论，从哲学和美学理论的基础来看，更多地改造了康德主义的二元论，而对于黑格尔的绝对唯心主义辩证法进行了彻底的批判。在他们看来，康德二元论的不可知论，不但不是深入理解文本的障碍，而且还是建构模糊阅读和自由创造的基础。与此相反，黑格尔的美学由于过分寻求系统性和绝对性，容易导致对于从事评论的主体的绝对化，因而不利于文本本身解读过程中的自由创造。耶鲁学派的追随者西蒙·克里奇里（Simon. Critchley, 1960—）说：“一般哲学，特别是在黑格尔主义形式下的哲学，总是坚持主张将‘他者’（包括艺术、宗教和自然等）表现成为隶属于黑格尔哲学体系本身的一个‘他者’，因而也就完全剥夺了‘他者’本身，也使‘他者’失去了其变化的形态和性质。”

(Critchley, S. 1992：28) 在批判黑格尔主义关于“他者”以及将“他者”化约成为自身同一性观点的时候，西蒙·克里奇里赞赏德里达和法国另一位现象学哲学家列维纳斯（Emmanuel Levinas，1906—1995）关于“他者”的现象学观点，主张将“他者”理解成为独立于主体或“客体的变形”（l'altérite de l'objét）的自律存在，变成为可以不断创造的新生命体。在这个意义上说，耶鲁学派也主张一种“正确的阅读”，只不过把它理解成一种阅读中的创造活动，成为一个异于原作者并具有独立创造生命的文学再生产活动。

诗和文学作品的创作，既不是模仿式的行动，又不是易于表达的表现行为，而是人类精神的复杂创作活动，是在实际经验活动中处理自我和他者、主观和客观、物质和精神的相互关系的最高层次的人类实践。正因为这样，诗和艺术品的内在复杂性才是其本身和世界意义的产生基础，同时，这种意义也已不是传统哲学和认识论从主客体相互关系的角度所说的那种“意义”，而是以不确定的艺术形式所折射的现实世界的矛盾和模棱两可性的幻影。耶鲁学派对于文学艺术作品及其与世界的相互关系的上述观点，具有深刻的哲学本体论和认识论意义。他们认为，艺术作品的上述性质，决定着艺术作品具有烛照经验世界的特殊功能，也使艺术作品本身成为洞察经验世界的一个特殊显微镜和望远镜。艺术作品不同于其他人类精神产品的地方，正是在于它们以模棱两可的象征形式含糊地透视世界本身和人类本身。问题还不止于此。艺术作品以其独特的艺术风格和形式透视世界和人类精神的功能，并不是纯粹消极的和被动的，似乎艺术作品只是作为一种手段和方法，被人们用来观察、透视和重新诠释世界；与此相反，艺术作品的上述功能是积极和主动的，同时又是自成一体的和独立自主的。这就是说，从事艺术创作的活动本身，就是一种洞察和诠释世界的过程，又是重新诠释和改造世界的活动。这种活动，在其进行过程中，又靠其本身内在的精神创造生命力，不断地推动创作者和评论者以新的观点和方法去看待自己和世界。艺术作品内在的矛盾所构成的张力，不但成为解决经验世界此起彼落的各种矛盾的基本模式，同时也成为新的世界矛盾不断产生的胚芽。这样一来，艺术创作及其作品也就成了世界和人类生存的主要动力来源。

（五）追求阅读中的修辞和特殊文风

对于耶鲁学派来说，解构文本首先就意味着发现文本的独特风格，在文本特有的修辞结构中发觉和发挥原作者进行自由创造的内在精神特质。发现原作者在文本结构中所隐藏的修辞风格，也就是自由发挥诠释者对原作者文本修辞风格的自由理解。为此目的，首先反对将文本评论当做一门科学，尤其反对将文学评论概念化和逻辑化，反对以某种“科学标准”去化约和统一文本的诠释。正如保罗·德·曼所说：“文本诠释的语义学并不存在任何一点认识论的一贯性原则，因而也不可能是科学的。”（Man，Paul de. 1971：109）在保罗·德·曼看来，任何文学作品的生命及其特殊创造性，并不在于语法性和逻辑性，而在于作者的修辞能力的自由发挥，在于浸透着自由创造精神的独特文学风格的熟练表达。他说：“真正的文学作品，其文本始终都是将修辞的功能放在优先于语法和逻辑功能的地位。”（Man，Paul de. 1986：14）保罗·德·曼之所以重视文本和对文本诠释的文风，正是由于文风是对抗文学作品概念化和体系化的最重要力量，也是作者和诠释者进行自由创造的最广阔的场域。

在保罗·德·曼看来，修辞和文风不但是文本诠释的主要特色，而且也是文本理论本身的特色。修辞和文风的精致化和特殊化，也成为理论本身的生命力。关于这一点，保罗·德·曼继承和发扬了尼采的独特观点。尼采曾经认为，包括哲学在内的一切理论，不仅其表述语言和结构，而且整个论证过程和程序，都应该充分体现出理论创造者和论证者的独特修辞能力和文风。正是在独特的修辞能力和文风中，表现出理论创造者和论证者的精神面貌，也体现出理论本身的生命力和力量。保罗·德·曼将尼采的观点发展到了更加极端的程度。

由于极端重视文本结构和诠释文本的修辞和独特风格，以保罗·德·曼为代表的耶鲁学派，一方面表达出文本诠释过程中进行自由创造的无限性，另一方面也暗示文本诠释活动的高难度性和复杂性。同时，强调文本诠释的修辞性和独特风格，也正是为了发挥文本结构过程中的含糊性和不确定性。耶鲁学派认为，诠释过程中，诠释者运用语言文字和表达思想观念的高度熟练性及其自由的程度，正是决定于选择修辞过程中，作者善于运用含糊不定的和多重意义的象征性隐喻和比喻的能力。因此，诠释者在诠释文本结构时，应用多层次和自由灵活的隐喻越多，其诠释过程中的创造性就越高。当然，在发挥修辞能力的过程中，作者也可能会被修辞本身的不确定性而引导到错误的论证方向，但是，玩弄修辞游戏的冒险性越大，越有利于诠释者在回避各种风险的可能性中寻求最大限度的自由创造。因此，卡勒说："毫无疑问，在感受到论证的修辞性质的同时，也要设法回避修辞的各种陷阱。"(Culler, J. 1988：122)

(六) 追求不可化约的"特殊性"的"文学化哲学"

耶鲁学派文学评论带有浓厚的哲学理论色彩，只是这种哲学色彩不同于抽象的概念化传统哲学理论，而是显示出浓厚的文学修辞色彩，这在耶鲁学派的首领保罗·德·曼的作品中表现得尤为典型。在保罗·德·曼的文学评论中，处处表现出反黑格尔概念化和普遍化哲学倾向的特色，尤其显示出批判青年黑格尔学派以自我为中心达到绝对化和统一化的哲学纲领。在回答雷蒙·戈伊（Raymond Geuss，1946—）的著作中，他说："如果真理就是通过思想中的自我对于世界的把握及其在语言中的贯通的话，那么，作为一般的绝对真理，就包含着特殊化（particularisation）的一个构成因素，而这种特殊化是不能同它的普遍性（universality）相通约的。"（Man，Paul de. 1983：388）真理的特殊化构成因素，在保罗·德·曼看来，就是显示出语言表达及修辞运用的特殊性，就是肯定不同的个人所使用的文风的特殊性的重要意义。在这方面，保罗·德·曼似乎同存在主义的最早开创者之一丹麦哲学家克尔恺郭尔有类似之处。正如克里斯托弗·诺里斯（Ch. Norris，1940—）所指出的，这位丹麦哲学家同保罗·德·曼的哲学之间，确实存在着共同的渊源关系，因为正是克尔恺郭尔在近代哲学史上第一个明确地怀疑语言、真理和主体性之间的规范性关系（Norris，Ch. 1983：88）。

保罗·德·曼对于个人的存在、思想、情绪和语言表达的特殊性的坚持，使他自然地同海德格尔的存在哲学相接近。实际上，在保罗·德·曼的作品中，同时强调两种类型的阅读方式：生存的方式（existential mode）和修辞的方式（rhetoric mode）。在保罗·德·曼看来，对于文本的上述两种阅读方式，一方面显示出每个人的不同特征，另一方面又表现出同一个人中两种阅读方式之间的矛盾性。不论是个人特征，还是两种阅读方式之间的矛盾性，都不能用概念化和一般化的方式统一起来或加以化约。格拉夫（O. de Graef）在研究保罗·德·曼的文学评论时指出："保罗·德·曼起初经常谈到立足于生存范畴基础上和立足于修辞范畴基础上的两种阅读之间的冲突。"

（Graef，O. de. 1992：26）保罗·德·曼并不打算将两种阅读方式统一起来，更不打算使每个人阅读过程中所存在的两种阅读方式普遍化和概念化。对保罗·德·曼来说，文学评论过程中发自生存结构的阅读方式同来自语言运用方面的修辞阅读方式，本来是存在着根本区别的。生存的阅读是阅读者在阅读过程中所遭遇的生存环境投射出来的，在这种生存阅读方式中，显示出阅读者所遭遇的周遭世界的特性以及阅读者对于周遭世界的特殊情操，表现出个人对于未来生存的某种向往和努力。正因为这样，在阅读文本过程中，不可避免地表现出阅读者的生存愿望及其对周遭世界的看法。正是在这里，体现了阅读文本的实际创造世界的意义。至于修辞的阅读，显示出以语言符号为中介的诠释者心理上和情绪上的个性，也表现出诠释者文学和一般文化修养的程度。在修辞阅读方式中，通过语言修辞的灵活运用，显示出诠释者同他者以及同整个世界进行对话的愿望，也表现出对话中诠释者本人对于其理念的追求。

（七）对于“美学的意识形态”的批判

反黑格尔主义概念化以及坚持生存和修辞的两种阅读方式，使保罗·德·曼严厉批评黑格尔式的“美学意识形态”（aesthetic ideology）。黑格尔的美学意识形态实际上隶属于他的绝对同一性哲学的基本原则。正如保罗·德·曼的朋友林赛瓦德尔在为保罗·德·曼的著作选《评论作品集》所写的导论中所指出的：“这样一种意识形态，把文学看做是认知主体所统治的，而且，也是这个认知主体赋予文学文本一种意义和一种道德。这样一种意识形态，把文学改造成为运动着的并表现出文化发展阶段的一个象征。”（Man，Paul de. 1989：LVIII）显然，当黑格尔强调美学意识形态的时候，他贯彻了西方传统逻辑中心主义的基本原则，把文学和艺术当成是由哲学主体所决定并表现某个特定历史发展阶段的意义的象征体系。也正因为如此，保罗·德·曼把黑格尔的美学称为一种象征的美学，并把黑格尔称为“一位象征的理论家”（Man，Paul de. 1982：765）。保罗·德·曼接着指出，黑格尔正是运用同一性的象征性的原则，将文学艺术作品变成在感性层面表达政治和道德观念的特殊象征体系。

同黑格尔等人相反，保罗·德·曼所主张的文本阅读的伦理原则，是对于统摄着美学意识形态的政权的政治观念的批判（Norris，Ch. 1988：118）。当然，保罗·德·曼所坚持的阅读伦理原则，又同阿多诺的批判原则有所区别，因为阿多诺特别主张作品所包含的真理内容，而保罗·德·曼则是从文本修辞学和文风的角度，坚持作者和诠释者所应该表达出来的个性。如前所述，保罗·德·曼继承了尼采的传统，主张通过文学的修辞和文风，通过渗透到语词和语句委婉表达形式中的作者个性，去对抗传统形而上学和传统逻辑中心主义所主张的基本原则，使文学作品变成为反形而上学和反逻辑中心主义的重要领域，也成为作者自由发表思想和进行创造的场域。这样一来，在保罗·德·曼看来，哲学无非就是通过文学的解构而实现它本身的无休止的反思的（Man，Paul de. 1989a：149）。换句话说，哲学就是文学，就是一种最讲究修辞和文风的高级文学。

（八）寻求文学的不确定性

耶鲁学派对于文学作品文本的不可阅读性的分析以及对于文本及其诠释的修辞运用的极端重视，都是为了凸显文学作品本身在内容、意义和结构方面的不确定性（indeterminacy）。在这里，我们可以看到德里达关于“文本间”穿梭的策略以及“文学不分类”（Derrida，J. 1986c）思想的深刻影响。

文学作品以及对于文本的诠释的不确定性，主要来自文学作品创作中所隐含的创造精神本身的自由本质以及来自表达创作自由的语言文字的含糊性。换句话说，文学作品不应当只是作为一种语言表达结构所固定的创作产品，而应永远保持其创作过程中的自由创造精神及其生命力。任何文学艺术作品，固然都要通过语言文字的特定表达结构而流传下来，但是，如同一切真正的艺术仅仅以其固定“形式美”表现其本身的永恒“艺术美”的生命力一样，文学作品也只是通过其语言文字结构运载和保持其创作生命力。问题在于：文学作品表达出来时所采用的语言文字结构，其本身并不是如同一般语言表达形式那样，仅仅以符合语法标准和逻辑原则为满足，而是要善于运用和发挥语言文字的多义性、含糊性和不确定性，使作品中隐含的创作生命得以在含糊性中自由灵活地延伸下来。所以，对于任何文学作品的阅读和诠释，如果要保留和发扬其中的创作生命力的话，就自然也必须利用文学作品的语言结构中的不确定性。对于耶鲁学派来说，语言结构中的不确定性正是在于语词表达的象征性和比喻性。原作者和诠释者的文学修养及其创作生命力，也必须通过作品语词表达的象征性和比喻性，也就是通过某种高度熟练的修辞游戏，才得以表现出来。耶鲁学派的基本成员之一哈特曼指出："作为一个指导性的概念，不确定性并不单纯延长意义的确定性，而是将那些尚未成熟的判断悬挂起来，以便有可能发展成为完满的思想内容。这种延长也不单纯是启发性的，而是某种延缓阅读活动的一种机关，使阅读者便于缓慢地享读其复杂性。因此，这种延长是内在性的（intrinsic）。从某种观点来说，这种'延长'就是具有丰富内容的思想本身，著名的英国诗人济慈（John Keets，1795—1821）称之为'否定的才能'（negative capability），也就是某种延续的努力，以便在阅读中不只是克服否定性的因素或不确定性，而是尽可能地延长逗留在其中。"（Hartman，G. H. 1980：269—270）换句话说，在文学作品文本的不确定性结构中，诠释者应擅长于运用作品文字中的各种修辞结构的松散性，尽量运用语词表达中各种比喻和象征性多重结构，使本身对于文本的理解成为一种思想的漫游，尽可能延长地逗留在文本的含糊性结构之中进行多层次的反思。

第四节 欧美后现代文学批评新浪潮

美国耶鲁学派的发展及其特征，典型地表现出欧美文学批评运动自50年代后的发展趋势及其基本特征。伊格尔顿曾经粗略地概括了欧美文学批评理论近半个世纪以来发展的基本阶段及其特征："当代文学批评理论粗略经历了三个阶段，即从浪漫主义和19世纪专门注重作者，转变到20世纪'新批评运动'时专门注重文本，再转变到最近几十年来专门注重读者。"（Eagleton，T. 1983：74）

第二次世界大战结束以来，欧美文学批评运动再也不像古典文学批评那样，把文学作品的作者神圣化，而是注重作者所创造出来的文学作品本身所隐含的文化价值和社会文化意义。任何一部文学作品，它最重要的意义，并不在于那些远离读者生活现实的抽象历史价值，也不是已经死去的作者所主观规定的意义体系，而是在于已经成为作品的文本语言及其阅读过程，在于这些作品被阅读过程中所产生的新文化生命。这一切，大大扩大了文学研究和文学批评的领域，使文学研究和文学批评不仅限于文学评论家的活动，而又是一种能够引发作者与文本、作者与读者、文本与读者、文本意义的建构和文学作品的价值之间的新沟通和新交往，造成文学作品本身生命的不断更新及其同未来社会的无限沟通。这样一来，文学作品的评论又扩大成为非文学话语本身的再生产活动，涉及与文学有关的社会、政治、经济和文化的话语的再生产。由于强调读者参与文本的体验和创作活动，势必也引起文学评论同社会制度、权力乃至道德规范和宗教力量之间的密切联系和交往，使文学评论活动，通过吸引读者积极参与“反应批评”（response criticism）的活动而变成最富有实践性的批评模式。

现代资本主义文化越发展，越重视现实生活中由读者所面临的生活世界。“作者已经死去”成为了当代和后现代文学评论的基本口号。文学评论所寻求的，不是文学作品“给了我们什么”，而是“我们可以从文学作品中得到什么”。后现代社会文化结构的变化，由于信息和沟通技术的发达而改造了的新人际关系，凸显了主体间结构的重要性。在这种情况下，文学评论活动也成为后现代新人际间关系互动的一个重要形式，读者所主要关怀的是文学作品为他开辟了什么样的人际间关系的模式。

由此可见，从现代到后现代的文学评论活动的发展，使文学同其他各种传统社会中的专门活动一样，远远超脱了原有单纯专门活动的领域，而变为同社会生活各个领域的活动紧密相关的多元性文化活动，变为后现代人面对不确定的社会和文化而采取不确定的生活方式的一种重要手段，也变为后现代人实现自身的自由和进行游戏式生活的一个途径。

（一）苏珊·朗格的“情感象征论”

与耶鲁学派同时在英美文学评论界发展起来的后现代美学，也促使苏珊·朗格（Susanne Katherina Knauth Langer，1895—1985）彻底地对文本语言结构进行“解构”，彻底揭示人类语言在艺术作品中的“无能”，使艺术从语言的约束中彻底地解放出来，变成为既不自缚于语言在意义和形式方面的有限表达能力，也不再迷走于语言表达中的精确性和含糊性之间的矛盾性，从而使艺术作品在不得不使用语言文字的同时，又随时依据艺术象征形式的无限创造性而跨越语言的范围，成为真正自由的艺术形式创造游戏（详见拙著《论后现代艺术的不确定性》，1996年台北唐山版，第五章）。

朗格在《情感与形式》一书中指出：“艺术是情感的符号形式，而不是事实的符号。任何艺术作品的价值并不在于它所表现的对象是什么，而取决于它如何表现。”（Langer，S. 1953：3—5）显然，朗格所注重的不是艺术同现实的关系，也不是艺术同它所表现的对象的关系。对艺术来说，不像各种认知活动和做事行为，根本就不存在对象的问题。艺术只是作者本身内在情感的一种特殊表现，一方面表现出作者内在精神活动中的特殊感受，另一方面又采取确定的语言以外的各种非确定性的象征形式而表达出来。而且，作为一种艺术作品，情感的象征表达又不同于在各种思想和行为中所采用的一般象征表达形式。艺术家的高明之处就在于：擅长使用普通人所不能熟练运用的特殊象征表达形式，以便远远超出语言表达所能达到的层次，也远远超出日常生活中一般性的象征表达形式，使艺术所采用的特殊象征表达形式，不仅大致地表达出作者在创作时的基本情感，而且也能在艺术作品创造出来之后，借助于被使用的巧妙象征表达形式，继续延长创作时的艺术创造特殊情感，给予艺术中所隐含的特殊情感，在不断自我再生产的象征形式中继续更新。

上述所谓“大致地表达出作者在创作时的基本情感”，一方面指的是艺术创作过程中艺术家特殊情感的高度复杂性，尤其是指这种特殊艺术情感的高度含糊性；另一方面也是指创作时所采用的象征表达形式的有限性和复杂性。首先，对于朗格来说，艺术家在创作时所要表达的特殊情感，根本不同于用逻辑概念所能表达的思想观念，也不同于普通人在日常生活中所遭遇到的各种暂时性情感反应。艺术家所要表达的那种情感，是已经升华到很高境界的特殊情感，如同康德在论述“崇高”和“艺术美”时所指出的那种复杂情感。当时，康德曾经用概念和非概念的双重性质来说明这种情感，实际上已经暗示这种情感在概念和非概念间含糊地走动的可能性，从而也揭示了这种特殊情感含有比概念和非概念更恒久地留存并不断更新的可能性的特殊性质。艺术创作中的这种特殊情感，不管历史上各个时期的美学家称之为“灵感”或别的什么东西，都无法精确地表现出来。尼采曾经高度重视情感在人的生活和自由创造中的意义。对尼采来说，情感比思想和其他感觉更深刻地体现了人的本性，因为情感永远都是推动人顽强地生存下来并不顾一切地追求满足其欲望的真正动力，因而也是推动人不断地扩大其“权力意志”

并使之可能成为“超人”的强大动力。在艺术创作中，正是这种奇妙而强大的情感，构成为自由创作的基础并在整个创作过程中始终决定着艺术作品的表现形式。在这个意义上说，艺术就是以美的形式出现的人类特殊情感的最高表现。正因为这样，如前所述，艺术创作中的情感的复杂性，不但不能通过逻辑概念精确地表达出来，而且也不能通过普通语言表达出来。艺术创作过程中，如果艺术家深受传统文化的约束而拘泥于传统的语言表达形式，不但将混淆艺术创作及其作品同通过语言表达出来的其他文化产品的界限，而且实际上将扭曲并扼杀艺术家本身在创作中的那种特殊情感。隐藏于艺术中那种发生于创作过程的特殊情感，不但是复杂的，而且是多变的、不确定的和有生命的，因而永远都不是可以一时完成的，而是待发展和待更新的。艺术创作的这种特殊情感的复杂而不确定的性质，决定了它只能以具有多变可能性的象征形式表达出来。艺术创作中的上述特殊创作情感及其采用的特殊象征形式，也决定了任何艺术作品，作为一种象征形式，只能大致地表达艺术家的创作精神。艺术的象征表达形式在表达创作情感时所表现的上述“大致性”，不但没有损害艺术及其作品中所运载的创作生命力，反而为其不断延长，并在流传过程中不断更新创造了条件。

（二）克里斯蒂娃的“文本间性”概念

出生于保加利亚的克里斯蒂娃自 1966 年移居法国后，便成为法国著名结构主义文学评论杂志《如此这般的》（*Tel Ouel*）的编辑和主笔，同时在巴黎第七大学担任精神分析学和文学评论教授。她对于“生产性”的文学理论（la théorie de la littérature comme productivité）发生了浓厚的兴趣。她试图超越索绪尔和列维-斯特劳斯的结构主义，把“说话者”（le parlant）的概念纳入结构主义之中，强调胡塞尔现象学有关意义的理论的极端重要性，并以此为基础建构“一个关于说话的主体的理论（une théorie du sujet parlant）”（Kristeva，J. 1969）。

强调一个“说话的主体”，就是强调一个“非中心”的主体（un sujet décentré）。这种主体不同于笛卡儿的“我思”，不是某种围绕着确定的个人的主观意识和理性结构而形成的，更不是构成各种话语论述系统和文本结构的中心的主体意识；而是可以在各种不同的文本结构中相互穿越和相互渗透的那种动态的和开放的主体。这种非中心的主体，当然也不断地进行思考，同时也不断地通过语言文字的中介而扩大和延伸其思想过程，但是，他已经打破了原有的固定的主体中心地位的限制，而成为在各种可能的文本间流动和不断自我反思并自我创造的新主体，因而也是在文本间流动过程中不断更新的主体。

她的重要贡献是在文学评论领域中以“文本间性”（intertextualité）的新范畴进一步发展了德里达的解构主义文学评论策略。她认为“一切文本不过是各种引文的‘莫沙伊克式’（mosaique）组合所建构的，因而一切文本都是其他文本的吸收和转换”（Kristeva，J. 1969：85）。罗兰·巴特高度重视克里斯蒂娃关于“文本间性”的观点，并认为这不仅是对发展符号论的重要贡献，而且也从根本上改变了文本理论。从此以后，文本不再是某种环绕着特定意义的单一封闭单位，而是人与人之间进行思想交流的中介渠道，也是文化发展的必要途径。文本成为一种“莫沙伊克式”的组合结构，某种由多种区分、多种区别所组成的网络，一种隐含多种意义的空间。

她从符号研究出发，创造性地运用拉康的后弗洛伊德精神分析方法，将文本结构中符号相互关系所隐含的人类思想心态，当做文本间及文本和非文本相互间进行穿插互动的基本动力和基本内容，从而将文本分析不但从单一文本内的封闭分析走脱出来，而且转向文本间及文本和非文本间的广阔领域。在文本间穿越结构的广阔分析中，她只是将文本符号当成作者、读者和非读者间的心态交流的中介，使符号分析也从单纯的“意义/符号”和段落间的相互关系的分析走脱出来，变成为符号、意义、心态、文学风格和社会文化间相互交流的场域（Allen，G. 1999）。

克里斯蒂娃认为，每一个文本都是从别的文本引述过来的各个片段所组成的“莫沙伊克”堆砌物，每一个文本都是其他文本的转化和吸收品。文本，作为一个一个独立的文化生命体，虽然是各个不同的作者的精神产品，但它们比作者们更具有生命力，更含有恒久的再创造精神。在这个意义上说，“文本间性”不但不是简单地替代了原有的作者主体间性，而且将主体间性进一步扩大，也进一步深化，使之成为文本间和各时代文本作者和读者以及非读者之间相互理解和相互穿越而进行创造的中介（Caramello，Ch. 1977）。

克里斯蒂娃关于文本间穿插性的概念，最早是在她的著作《符号单位研究：关于一种意义单位分析的探究》（*Semeiotikè*，*Recherches pour une Sémanalyse*. 1969）中提出来的。她所说的“意义单位”（sème）也被译为义素子。任何由符号体系所构成的文本的基本内容，都具有上层和深层的双重结构。在内容的上层结构中，义素子的相互关联往往采取符号关系的语句结构表达出来。而在深层结构中，义素子始终是作为一种存在于内在体系的固定单元。但是，克里斯蒂娃等人并不把意义单位或义素子当成某种“实体”的东西，它的存在始终是靠它们之间的相互关系及相互转化来保障的。在这方面，克里斯蒂娃充分吸收了法国另一位符号学家和语言学家格雷马（Julien Algeirdas Greimas，1917—1992）的研究成果。她认为意义单位分析是一门多学科组成的新学科，主要是研究文本及文本之间的逻辑，而这种逻辑完全不同于单纯符号间的逻辑。因此，在她看来，文本是某种具有意义的符号不断地进行能指化的实践活动，它并不受亚里士多德逻辑的约束。文本和文本间的运作方式采用某种类似于由语法和对话活动所混合构成的特殊方式。任何文本的内容和结构都必须在文本间加以考察，因为构成文本内容和意义的基础因素，并不仅仅是负载意义的符号及其关系网，而且还包含渗透于其间的对话要素，也就是文本间的生命交流性。文本中所运载的上述内容和意义的复杂性，使文本有可能采取符号及类似于符号的各种象征体系，包括各种姿态、嘉年华活动以及各种文学艺术形式等等（Kristiva，J. 1969）。

克里斯蒂娃的文本穿插性基本范畴，也使她进一步在文学艺术和社会文化形态的多种领域中，探讨多种形式的“说话的主体”（le sujet parlant）及其运作和实践过程。她综合地运用辩证唯物主义、语言学和精神分析学的方法，深入分析画家乔托（Giotto di Bondone，1266—1337）和贝利尼（Giovanni Bellini，1430—1516）的绘画形式，也研究阿尔托、乔伊斯、塞利纳（Louis Ferdinand Destouches，dit Louis-Ferdinand Céline，1894—1961）、贝克特、巴岱和索雷尔（Georges Sorel，1847—1922）等人的文学艺术作品，以便通过会话和文学语言等多种符号运用方式，探索不同文学艺术和文化产品间进行“文本间穿越性”的运作的可能性。她认为，在不同的文本和文化产品之间，始终都可能存在多种多样的对话活动，而这种对话会导致文化本身的不断更新和再生产（Kristiva，J. 1977）。

克里斯蒂娃的文本穿越性概念，也很接近詹姆森所提出的“协力关系网”概念。詹姆森是在文化研究领域中提出上述概念的。在詹姆森看来，文化研究是多学科综合穿插进行的考察活动，因此，必须采用多种身份和跨越原属各个领域的问题对象的范围，使研究的活动不限于被研究的各个文本，而是穿越这些文本，寻求文本中所体现的社会文化各层面和各领域的张力关系。詹姆森通过上述协力关系网概念，把文化当成各个群体协调从事象征性行为的广阔空间，因此，任何文化研究都应该考虑到其中贯穿的各群体之间的关系（Jameson，F. 1998：399，408—412）。

有趣的是，在克里斯蒂娃的文本间性概念中，创造性地吸收了胡塞尔现象学、索绪尔和列维-斯特劳斯的结构主义、笛卡儿意识哲学、拉康结构主义精神分析学以及罗兰·巴特符号论的丰富成果，体现了克里斯蒂娃试图超越主客观二元对立传统思考模式的努力。她并不是简单地否定胡塞尔的意向性概念，而是将意向性概念加以改造，以便将“能指”和“所指”的相关结构纳入到有关意识活动的新意识哲学中，将意识改造成为不断建构对象的主动创造性活动力量。这样一来，意识不再是某种不定型的“实体”，而是具有特定脉络又占据特定文本位置的主体指谓的活动力。这种非中心的主体所拥有的穿越文本并不断创造的能力，不是像胡塞尔所说的那样，只是通过一种现象学的化约，而是通过对于语言的使用能力。由此可见，克里斯蒂娃用一种活跃于语言文本间的具有深层性的主体去取代胡塞尔的抽象先验主体。在这个意义上说，克里斯蒂娃又把非中心主体的意识同潜意识连贯起来，使两者不再绝对地相互对立，而是相互依赖。在她的文本间性概念中，显然，弗洛伊德和拉康精神分析学有关“生产性”（或“生成性”）和“破坏性”的符号论冲动，比胡塞尔的现象学实际生活经验及其冲动力更加重要；而所有这一切，又比主客体的相互区分更重要。

所以，在克里斯蒂娃后结构主义文本理论中，拉康的精神分析学是具有决定性的影响的。从拉康出发，她把主体本身的生产性和自我生产性放在首位。

由于克里斯蒂娃的文本间性概念，所有的文本，不管是明显地或者隐蔽地引用其他文本，都是以其他文本为基础而建构和不断生成的。因此，文本就是同它相对话的其他文本的阅读和再阅读。不仅如此，文本间性也使文本的生产力和自我更新超越文本语言结构的范围，从而使文本的生产和再生产过程扩大到人类文化历史领域，使文本有可能超出语言的范围，成为超语言领域内各种社会文化力量同语言文字网络相互渗透的中介。正如克里斯蒂娃本人所说，文本的文字结构不过是文本表面的交叉点，它实际上是多种文字的一种对话，是创作者同接受者、同实际文化脉络以及同历史文化脉络之间的对话（Kristeva，J. 1969：83）。社会和历史一旦通过文本本身呈现出来，在对话中的各个主体也就在文本的阅读中呈现出来。由此可见，文本间性的概念同时也包含着“主体间性”的概念。

第八章　后现代艺术的反文化性质

第一节　荒谬的普遍性与艺术的荒谬性

（一）世界和人生的荒谬是艺术荒谬性的基础

探讨后现代艺术的“反艺术”，必须从“荒谬”谈起，而且必须从世界、人生和语言本身的荒谬谈起。问题正是在于：后现代艺术对于传统艺术的彻底颠覆以及在此基础上所从事的后现代的“反艺术”的创作，其本身就是对于西方传统文化的历史及其成果的荒谬性的揭露和“解构”；而后现代艺术这种反艺术的创作实践及其策略本身，又不得不采取荒谬的途径和形式。这就是说，不论是后现代艺术所反对的传统西方文化和艺术，还是后现代艺术所进行的反传统的创作实践及其成果本身，都不可避免地包含着“荒谬化”的基本原则。正因为这样，荒谬剧和荒谬文学在50年代的产生和发展，并不是偶然的；它是从现代性到后现代性、从现代文学到后现代文学发生根本转折的一个重要信号。在这个意义上说，荒谬剧和荒谬文学乃是现代文学到后现代文学之间起着承上启下作用的中间环节。

“荒谬”（absurd；absurde）是后现代反艺术美学最基本的范畴。早在孕育着后现代性因素的早期现代文学中，就已经在他们的创作原则中包含着“荒谬化”的策略。从一开始，荒谬的范畴就是来自世界和生活本身的不确定性。后现代主义者根本不承认“正常/反常”、“合理/不合理”的传统二元对立原则，不承认一切传统文化所确立的标准和原则，而把整个世界、生活和艺术都当成某种毫无确定结构，并无稳定本质的荒谬事物。世界是杂乱无章的，也无现象与本质之分。整个世界是一片混沌，是由无数变动着并无确定界限的事物相互穿插而构成的，用米歇·福柯和德勒兹的话来说，整个世界是充满着差异的各种不同事物的折叠穿插而构成的（Foucault, M. 1966: 32—59，64—85，147—149；Deleuze, G. 1988；Deleuze, G./Guattari, F. 1980）。这也就是说，世界本来是荒谬的，是无理性的。正如荒谬剧作家尤内斯库所说："世界始终是荒谬的。"

理性是有文化的人赋予自然的。事物间的差异以及各种事物的稳定结构，不过是传统的人本主体中心论者所设定的逻辑同一性理论和分类方法论主观地形成的。意大利荒谬剧作家皮兰代洛（Luigi Pirandello，1867—1936）在其理论著作《幽默主义》（1908）一书中强调世界的不可知性："我们并不了解宇宙，我们看不见它，因为普罗米修斯赠给我们的火神，只能让我们看见它所照亮的那一部分。"在他看来，世界既无因果关系，又无秩序，也不稳定。他说："原因，在生活中从来不是这么有逻辑，这么井然有序……难道有秩序吗？稳定吗？"他认为人对世界的认识只是主观的想象："在认识世界和我们自己时，由我们普遍地强加于其中的那种客观价值根本不存在，那是一种不断的臆造。"所谓"世界的逻辑合理性"是虚假的："我们空谈的逻辑性常常大大地超越了现实的逻辑严密性。如果我们在理论上装得很有逻辑，行动的逻辑可以拆穿思想的逻辑，揭露出逻辑的绝对可靠是一种自欺欺人罢了。"皮兰代洛还认为每个人的"自我"也是假的："今天我们是这样，明天就不是了。"每个人在日常生活中的各种表现都不是其自身的真面目；人们的各种表演，只是各种各样的假面具。世界上没有一点儿东西是真实的！海是真的，山是真的，石头是真的，草是真的；"而人呢？永远戴着面具；虽然不是故意地，但是不自觉地带着那些东西，并且自信就是他所表现出来的那样，漂亮、善良、幽雅、慷慨、不幸等等。"因此，当人类抛弃了传统逻辑中心论和理性主义而返回真实的生活世界的时候，当人们用自然的态度去看待世界的本来面目的时候，就会出现他们所说的那种"头晕目眩"的状态，出现尼采早就指出的那种"酒神的神魂颠倒"状态，出现不合理性和反逻辑的"荒谬"状态。

人的生活世界不过是无限的宇宙和自然世界的一小部分，面对着广阔无比的客观世界的荒谬性，人的生活世界必定渗透着无数难以被人们掌握的荒谬性，充满着人们无法控制的偶然性。生活在充满着荒谬的自然世界和生活世界中的人，其思想和感情境界也同样渗透着荒谬，渗透着连作为生活主体的人本身都难以料想到的荒谬性。因此，在生活中自然自在地"玩耍着"的人，在生活和创作过程中，也以“荒谬”和“解构”作为指导原则。后现代主义者很重视生活的艺术性和游戏性，也同样重视艺术的生活性和游戏性，因此，他们把艺术创作的基本活动也自然地理解成为酒醉状态中的荒谬情感表达。生活和艺术，就其本体结构和基本表达形式而言，在后现代主义者看来，都是荒谬的。在这里，所谓荒谬，就是没有规则，没有主次之分，没有目的，没有固定的方法，没有理想的完满形式，没有主体和客体的区分及其同一；只有不断地区分，不断地差异化，不断地呈现无本质的游离性结构，自由地表达处于酒醉状态的创作者的内在情感，表现出处于长期游荡中的自由人，渴望在无穷无尽的探索中因筋疲力尽而满足的那种状态。总之，在后现代主义者看来，艺术创作应该成为一种荒谬的“解构”活动，一种“疯狂”的游戏性探索活动，是释放因酒醉所产生的精神能量的过程。

这一切也表明，自古以来，人类不断创造和更新文化的实践，本来是试图使自己从混乱的世界中挣脱出来而使自己成为这个世界的主人，以为这样一来，人类就可以过着没有混乱和没有荒谬的新世界。但是，正如马克思所说：“人们自己创造自己的历史，但是他们并不是随心所欲地创造……而是在直接碰到的、既定的、从过去承继下来的条件下创造。”（Marx，K.，1852）那些既定的和从过去承继下来的历史条件同人类的文化创造实践相交错的结果，不但不能如人们实践中所预期的那样，反而往往又使人们陷入了新的矛盾，甚至陷入更复杂的矛盾之中。人类就是这样一种非常特殊的生命体，明知矛盾缠身而不可摆脱，任何摆脱又重新陷入新的矛盾，但它又偏偏以各种自己创造出来的文化使自己尝试着更加复杂的新矛盾。后现代艺术对于传统文化荒谬性的解构，正是隐含着人类及其文化发展的奥秘。

荒谬这个概念并非后现代思想家们所独创的，也不是后现代艺术家们的垄断品。荒谬就是真假不分，就是混淆是非；用德里达的话来说，就是“解构”。说得更激烈一点，就是“颠倒”，就是“反转”。荒谬不但存在于人的现实生活中，存在于人的思考、语言、表达、行动和各种创作活动中，而且也存在于实际的客观世界中，存在于客观世界的运作和运转过程的始终。因此，从本体论的角度来说，荒谬构成人的生活、思考、语言、表达、行动和各种创作活动的一个基本构成部分，也构成客观世界及其运转过程的重要构成部分。从认识论和方法论的角度来说，荒谬也不可避免地伴随着人的一切认识活动和论述过程。艺术鉴赏和创造活动，作为人类生活和行动的最高表现形式，不但将触及具有荒谬本体结构的客观世界及其运作过程，而且也势必同人类本身的生活、思考、语言、表达、行动和各种创作活动中的荒谬性紧密相连。正因为这样，反映和渗透在艺术创作中的客观世界和人类生活中的荒谬性，又将进一步同艺术创作活动本身所内在固有的荒谬性相互渗透和相互转化，构成艺术作品中具有艺术价值的极其复杂的荒谬性。后现代艺术的主要成果，就是将上述客观世界和人类生活的荒谬性以及渗透在艺术创作中的艺术本身的荒谬性，发挥到登峰造极的地步，造成了后现代艺术的反艺术倾向。

荒谬这个词的出现，几乎同语言中的理性和逻辑的出现一样古老，因为从人类试图诠释、说明和探究世界和人生的规律和合理性开始，人们便自然地发现：不但世界和人生本身充满着荒谬，而且人类思想及其逻辑本身也时时陷入荒谬之中。如果荒谬在科学越发达、社会越进步的今天反而变得更加肆无忌惮的话，那么人们就更有理由相信：荒谬不但伴随着人生和世界，而且它和理性、自由的对立本身，原是人生和世界的基本性质和基本结构。因此，荒谬和理性、自由，与其说相互对立，不如说它们是人生和世界所生产出来的双生子。

（二）语言的荒谬性加剧了生活和艺术的荒谬性

现实的自然界原本是混沌的和没有秩序的。人类在自然界的诞生以及从自然界走出并进入社会文化生活世界以后，为了加强其主体地位并实现对于自然界的控制，人类创造了自己的文明，特别是语言和文字系统。从此以后，人类随着思考、行动和语言文字的运用的进一步发展，设计和制定以思想、说话和行动的主体为中心的世界秩序。世界的秩序化是思想理性化和语言逻辑化的结果。在西方文化的发展过程中，人类远离自然和控制自然的过程是同人类思考理性化和说话逻辑化的过程紧密联系在一起的。由苏格拉底和柏拉图所奠定的逻辑中心主义和语音中心主义原则，更使西方人将语言的逻辑化列为首位，甚至产生某种迷思。西方人原本以为，西方文化越发展、社会文化越理性化，他们就越能够认识和把握自然界的本质。但实际上，由语音中心主义和逻辑中心主义作为指导原则、以西方语言文字为基础和骨干而发展起来的西方文化，越来越朝着远离自然，甚至反自然的方向发展。西方文化从现代主义到后现代主义的发展过程中，由上述倾向所产生的矛盾和危机越来越尖锐，使西方文化界中一部分敏感的思想家和艺术家首先意识到：西方文化的反自然性质主要来自西方语言文字本身的荒谬性。如前所述，语音中心主义和逻辑中心主义试图以在场的符号代替不在场的意义，并将符号和语音的在场性的优点绝对化，试图以在场的语音和符号指涉和取代不在场的对象和意义，使语音和符号有可能远离和完全摆脱实际的对象和现实世界，而成为指导人们思考和行动的原则。这样一来，远离和完全脱离实际对象的语音和符号，反而比他们所指涉的现实世界更有价值和更占有优越地位，而被捧到至高无上地位的语音和符号，便成了西方人心目中的“文明的神”，也就是某种意义上的“第二种神”。

正因为这样，后现代主义思想家德里达指出：西方艺术基本上是一种神学的、形而上学的和语言文字统治的艺术。德里达在《书写与延异》一书中说：“只要舞台是由话语、话语的某种意愿以及某种原初的逻各斯的策划所统治——而这种逻各斯本身并不属于剧场，却又在一定间隔内操纵着它，那么，这种剧场就是神学的。这种舞台是神学的，只要它的结构，按照整个传统，包含以下各项因素：一个缺席，但又在远处的作者/创造者，装备着一种文本，监视、组合、控制着整个演出的时间或意义，并让它表演成为某种所谓的‘他的思想、他的意图和他的想法的呈现’。他通过剧场里的一些代表，例如导演或演员，通过表演来呈现他本身（作者/创造者）；扮演各种角色的导演或演员等代表性人物，便成了他所役使的诠释者，并通过他们扮演的角色，首先通过他们所说出的话语，或多或少地直接表现出‘创造者’的思想。这些诠释的奴隶们忠心耿耿地执行‘主人’的神意设计。更有甚者，这些诠释的奴隶们——而这是规定这些主奴关系的整个代表结构中的一种讽刺性的规则——并没有创造任何东西，只给人们提供创造的幻觉，因为他们只是将一个再现性质的文本翻译或呈现出来，以供阅读的需要；而且，这种再现性文本同所谓‘真实’——作为这样一种真实，这就是阿尔托在《给修道士们的警告》中所说的‘精神的排泄物’——维持着一种模仿和复制性的关系。最后，神学舞台还包括一群被动的、排排坐的大众，这是一群看热闹的人、消费者、尼采和阿尔托所说的那‘找乐子的大众’——他们所观赏的远处缺乏真正的广度和深度，只不过是一些满足他们偷窥行径的无聊作品（在残酷剧场里，纯粹的视觉景观并不导向偷窥）。在这神学舞台的一般结构中，每一个因素都是以再现与其他因素相联结，同时，通过这种再现的无穷锁链，使活生生现在的不可再现性被掩盖、融化、压抑或被驱逐出境。这种神学舞台的结构从来都不加修正；历经所有的革命，它依然完好如初，而且，大多数的革命还倾向于保卫它或恢复它。”（Derrida，J. 1967：345—346）

显然，以语音中心主义为基本原则所建构的西方文化，从一开始便把戏剧、美术、音乐和舞蹈等艺术以及文学创作等活动，统统纳入语音中心主义的发展轨道上，使文学和艺术即使是在其特殊表现形式上也不得不服从于语音中心主义的原则。作为语言文字的奴隶，文学艺术创作及其作品，必须以说话和写字的原作者的意图及其所设定的意义系统为中心而旋转。在这种情况下，正如德里达所说，原作者所说的话和所写的字成为艺术创作的核心，也成为诠释者、读者和观众理解该文学艺术作品的唯一固定不变的标准。这样一来，文学艺术作品便成了原作者语言文字的呈现的再现，成了被纳入固定意义系统的僵化的语言文字的文学艺术象征性作品。不但语言文字的意义系统支配着文学艺术作品的生命，而且，语言文字系统本身的一切弊病及其矛盾也渗透并窒息了文学艺术作品。

如前所述，西方语言文字所具有的“符号/意义”的双重形式结构，不但不能保证语言文字符号所表示的意义的绝对准确性，而且，恰恰相反，只能导致其所表达的意义系统的含糊性、歧义性和矛盾性。所以，正是在西方文化所推崇和迷思化的西方语言文字系统中，已经隐含了包括文学艺术在内的整个西方文化的危机，特别是隐含着西方文学艺术本身的荒谬化倾向。

西方语言文字结构的荒谬性表现在以下几个方面：

第一，西方语言采取以语音为中心的“语音符号/意义”的二元对立统一的形式结构。这种结构不但使语音在任何情况下都成为居支配地位的决定性的因素，而且也使发出语音的主体，即说话的人或“作者/创造者”，成为决定作品意义及其命运的“神”。作为意义中心的语音，本来就是符号，而且仅仅是符号而已。所以，一旦脱离使用语音的现场脉络，作为符号的语音只能作为符号而存在，它在新的脉络下，实际上需要由遭遇到它的新主体赋予新的意义。可是，语音中心主义的西方文化却把新脉络下新主体对于语音符号的诠释摆在次要的受支配地位，甚至完全否定新脉络下产生的新意义。

第二，西方语言所表达的意义，受到上述二元对立统一的形式结构的影响，总是同时地具有一义性和多义性、同义性和歧义性、确定性和含糊性的矛盾性质。可是，占据统治地位的逻辑中心主义又始终夸大和僵化其中的一义性、同义性和确定性，忽视和回避其多义性、歧义性和含糊性。

西方语言的上述两大主要缺陷，使西方语言在许多情况下丧失了正确表达意义的性能，甚至产生了意义多重矛盾的危机，导致语言本身的荒谬性。

西方语言结构的荒谬性决定了它们所表达的意义的荒谬性，同样也决定了以它们为核心所创作的一切文学艺术作品和文化产品的荒谬性。

（三）古希腊神话所表现的艺术荒谬性

关于世界和人生本身的荒谬，早在古代原始社会阶段，就已经在当时的神话中显露出来了。

古希腊的神话是创立文明体系以前古希腊人的原始智慧的结晶。当时的神话，并不只是一种文学艺术作品，而是希腊人朴素的人生观和世界观的表现，也是他们总结经验、指导实际行动和憧憬未来的思想原则。在那个时候，人类还没有明确地建构起理性的和逻辑的思维模式。刚刚从自然分离出来的原始人，不论在思想和言行各个方面都还保留着很大成分的自然性，因此，他们还把自己当做自然的一部分，也像自然一样无所谓逻辑和道德。正如列维-斯特劳斯所说："神话是人类和动物尚未区分开来的时候的一种历史。"（Lévi-Strauss，C./Eribon，D. 1988：193）自然界本来就是万事万物混沌地并存在一起的；在其中，事物之间各自按照其本身的存在规律而混杂地相互并存，同时也在不同的条件下，相互渗透和相互转化。也正因为这样，在对西方传统逻辑中心主义和语音中心主义进行"解构"以后的后现代思想家德勒兹认为世界是一片混沌（un chaos）。在这一片混沌的世界中，各个相区别的事物相互渗透，形成无数相互重叠又相互穿插的皱褶（le pli）。万事万物，包括人在内，也包括人的肉体和心灵及思想情感，都是这类变化万千、相互重叠的不尽相同的皱褶（Deleuze，G. 1988）。其实，原始人的神话正体现了包括人在内的自然的混沌状态以及人的充满皱褶的思维模式和思想情感。

但问题还不仅如此而已。神话本身就充满了荒谬。希腊神话中关于坦塔罗斯（Tantalus）的故事，正是以生动的情节说明了人生所充满的各种荒谬。

根据这个神话，作为宙斯（Zeus）的私生子的坦塔罗斯行为不轨，不讲道德，对于众神以怨报德，对凡人泄露诸神的隐秘，并把神宴上的美酒佳肴偷偷分给世人。坦塔罗斯还向众神挑战，有意以其子珀罗普斯之肉宴请诸神，以考验诸神是否真有先知先觉无所不觉之明。当时因丧女而悲痛欲绝的得默忒耳神无意中吞下了珀罗普斯的肩膀。众神大怒，宙斯命赫尔墨斯从冥府迎回珀罗普斯，重新赋予生命，并用象牙为他镶补肩膀。就这样，坦塔罗斯同维护和谐秩序的众神结下怨仇，坦塔罗斯也因此在冥府受到无止境的惩罚：坦塔罗斯被囚禁在水位深至颈部的大水里，在他眼前，矗立着一棵悬满鲜艳欲滴、果香四溢的果实的水果树，又饥又渴的坦塔罗斯，望见甜美的果实而伸手欲拔时，果树枝丫便高扬起不让他够着，当他张嘴想要喝口水时，大水竟眼睁睁地突然消退；更可怕的是，坦塔罗斯头顶上方还吊着一块摇摇欲坠的巨石，随时都有可能将他砸个粉身碎骨。从那以后，坦塔罗斯的神话象征着：世人不得不在充满着可望而不可即的引诱的世界之中过着永远欲求，却又不能满足的折磨性的生活。人生就是这样充满着烦恼。同坦塔罗斯的神话一样，关于俄狄浦斯弑父娶母为妻的神话和关于西西弗斯永无止境地和周而复始地将巨石推上山顶的神话等等，都是以同样荒谬的情节结构生动地描述了人生的荒谬。

希腊神话以其独特的荒谬情节和结构，表现了古希腊人洞察充满荒谬的世界和人生的智慧。同时，希腊神话也生动地证实了世界、人生和人的思想本身的混沌和荒谬本性。马克思对希腊神话给予高度的评价，他说：“希腊神话不只是希腊艺术的武库，而且是它的土壤。……一个成人不能再变成儿童，否则就变得稚气了。但是，儿童的天真不使他感到愉快吗？他自己不该努力在一个更高的阶梯上把自己的真实再现出来吗？在每一个时代，它的固有的性格不是在儿童的天性中纯真地复活吗？为什么历史上的人类童年时代，在它发展得最完美的地方，不该作为永不复返的阶段而显示出永久的魅力呢？有粗野的儿童，有早熟的儿童。古代民族中有许多是属于这一类的。希腊人是正常的儿童。他们的艺术对我们所产生的魅力，同它在其中生长的那个不发达的社会阶段并不矛盾。它倒是这个社会阶段的结果，并且是同它在其中产生而且只能在其中产生的那些未成熟的社会条件永远不能复返这一点分不开的。”（Marx，K. 1857—1858：4）马克思一方面肯定了希腊神话的“永久的魅力”，另一面又以莎士比亚戏剧为典范，说明了人类童年时代创作精神所固有的“永久的魅力”，在人类历史各个时代文化中的“再现”的可能性。

马克思的话虽然深刻，但他只说对了一半。马克思过分强调神话作者的儿童幼稚性，似乎神话及其内容只构成人类思想和文化未成熟阶段的特征。显然，马克思仍然是一个理性主义者，而且，即使当他鼓吹批判传统思想和文化的时候，他仍然未能跳出传统逻辑中心主义和理性主义的范围。实际上，抛开传统逻辑中心主义和理性主义的约束，有什么理由非把原始希腊人的神话规定为“不成熟的艺术”呢？又为什么不愿意把希腊神话当作真正艺术品的典范？难道马克思自己所说的希腊神话的“永久的魅力”不正是来自希腊神话本身的反逻辑的荒谬性吗？

严格地说，希腊神话的荒谬结构，正是历经长期文明熏陶，而又连连遭受文化本身的折磨而困扰的后现代人所追求的艺术自由创造的典范。神话是荒谬的，但它的荒谬性正是人类创造逻辑和理性原则以前的自然和人生的本来面目。列维-斯特劳斯在考察了千百种神话的内容及其结构之后，明确地指出：“如果说神话显示出它们本身是荒谬的叙述的话，那么，实际上存在着一种神秘的逻辑，它调整着所有那些荒谬性之间的关系。”（Lévi-Strauss, C. 1971：614）

介于结构主义与后结构主义之间的罗兰·巴特同样强调，神话是一种讯息，是为了进行某种沟通而被加工过的内容的变形（Barthes, R. 1957：193；1959：195）。

（四）现代性发展中的荒谬性与反荒谬

随着人类文明的发展，特别是西方文化奠定了逻辑中心主义的思维原则以后，人生和世界的本来面貌慢慢地被主体化的人纳入其逻辑思维的框架，并为了巩固主体化的人的世界中心地位而建构了主客体统一的真理标准。

在西方文化史上，人的主体化进程，是从16、17世纪进入近代资本主义社会之后，也就是在完成经济资本主义自由市场体系、政治民主法制化、道德自由理性化和科学认识真理现代化之后，迅速地，甚至是人为加速度地推行的。因此，西方文化是在近代资本主义社会建构和发展之后，全面地和加速地走上了人的主体化的历史过程。正如米歇·福柯指出的：在这个意义上说，西方文化的近代化和现代化的过程，就是人的认知主体、权力主体和道德主体地位相互交错和相互促进的确立过程。米歇·福柯在《性史》中指出："我的论题是分析某种特殊的历史经验的形式。考虑到这个历史的特殊性，并不是要对'性'这个词在最近期间的出现作出过分的诠释，也不是要使人相信现代的'性'这个词运载着它所自相参照的对于'自身'的实际关系的状况。这就是说，要把'性'当做某个知识领域、某类规范化体系和对于自身的关系的某种方式之间的相互关系网。这也就是尝试对我们近代西方社会里所构成的一种复杂的经验进行译码；在这样一种复杂的经验中，某种知识场域，某种规范体系总体和某种处理个人同自身的关系的模式（在这个模式中，个人可以在与他人相处中作为性的主体而自我认知），它们三者是如何相互关联的。"（Foucault，M. 1994：578—579）在米歇·福柯看来，对于西方传统文化和思想的解构，清楚地表明：关于世界秩序的真理体系、关于社会权力体系的正当性标准的规范体系以及关于正确处理个人与他人关系的社会道德体系，虽然从逻辑上表现了主体和客体的同一性，符合逻辑和理性的原则，但是，实际上这一切又只是力图建构人的主体地位而又最终宣告失败的西方现代人同时进行自我欺骗和欺骗他人的策略性论述诡计。

同福柯一样，对拉康、德勒兹和瓜塔里来说，主体也只是形而上学思维的一种幻象和虚构；真正的主体性并不存在。因此，他们认为，传统哲学所谈论的理性反思的主体，不过是一种"异化了的主体"，虚假的主体。如果一定要说"主体"，那么，真正的主体应当是人的自发性本能欲望。它是生命的本能冲动，是人的生存的真正原动力。可是，随着文明的产生和人的社会化，它却不断地被压抑，被排斥，被逐出文明之外，并不断地被"伊底帕斯化"和"文化密码化"，使它最终成为一种类似阴影的虚幻物。

在《反俄狄浦斯》（*L'anti-Oedipe*. 1972）一书中，德勒兹和瓜塔里把这一过程分为三个阶段：在第一阶段的氏族社会，血缘关系通过最初的文化密码，将一部分本能冲动和欲望逐出了意识，并予以各种限定，产生出各种"禁忌"之类的东西；在第二阶段，"专制国家"形成以后，宗教信仰的密码又压抑了另一部分本能欲望，使其蜕变为"潜意识"；到了第三阶段，即启蒙时代以来，理性密码又将残留在意识中的本能冲动和欲望全部地逐出意识之外，使意识领域内充斥着理性的力量。于是，社会的秩序、道德准则、价值判断等一整套象征性符号体系，逐渐成为意识结构中的“超我”或“俄狄浦斯情结”中的父亲，成为主宰人的主体的精神暴君，而“主体”则被分裂为意识与潜意识，即“自我”和“本我”或“原我”。真正的主体——本我或原我，从此就被禁锢在潜意识的底层中，成为带着荆冠的受苦受难的基督（Deleuze，G. /Guattari，F. 1972）。

因此，世界的荒谬性随着文明的发展而变本加厉地增强起来，也随着现代性的人为荒谬化而更加荒谬。弗洛伊德早就已对现代理性主义的泛滥进行过深刻的批判。他说：“胡言乱语的乐趣，根源在于我们摆脱理性桎梏时的自由感，因为理性业已岌岌可危。”（Freud，S. 1958［1905］：101）理性对人的长期约束反倒使人感到精神疲惫和烦恼，使人从内心产生一种挣脱理性约束的需求。于是，在工作之余或在生活紧张节拍之外，人们寻找一切机会通过反理性、反逻辑和反规范的言行，发泄受理性过分约束的烦恼。弗洛伊德所说的“胡言乱语的乐趣”，不过是其中的一个小小的插曲罢了。

在20世纪的前半叶，短短30年中，欧洲人经历了两次世界大战。在目睹了成千上万城镇与村庄的毁于一旦和数千万生灵的涂炭之后，一批又一批西方思想家和作家，开始对人生与世界抱越来越悲观的态度，他们的乐观情绪逐渐地被削弱以致被彻底破坏了。美国作家诺曼·梅勒（Norman Kingsley Mailer，1923—2007）擅长使用幽默笔法揭露“美国特有的神经质”。他在《白种黑人》中尖锐地指出：“自从有了人类文明以来，或许自从有了一切的一切以来，我们第一次被迫在这一阴森森的意识中生存。人性中某些极为微小的方面，人的思想的不经意的流露，或者，哪怕仅仅由于没有思想，或者根本不具备人性，都可能毫无差别地会使我们像蚁虫般地死去。在我们死后，我们会成为某一巨大的统计活动的对象；在这种运算中，我们的牙齿将被统计出来，我们的头发将被保留起来，但我们的死亡本身是绝对不为人所知的，是不会被人谈论和悼念的。这种死亡不可能给我们带来任何尊严，因为它不是由我们自愿选择而执行了某种意义重大的行动的结果。相反，这种死亡是由一个机器神在毒气室或漂浮着放射性尘埃的城市中完成的……”正是带着这样的心情，许多西方人产生了对生活的荒谬感，对人生得出了可怕的结论。正如梅勒自己所说：“既然人的死亡是无缘无故的，人的生活本身也就是无缘无故的了。”一切都成为不可理解的东西，一切也成为荒诞不经的事物。世界是不可理解的，生活是令人厌恶的、令人呕吐的。

这就表明西方文化发展到19世纪末20世纪初的时候，由于其逻辑中心主义和理性主义已经推进到接近顶峰的程度，口口声声自称“世界主体”的人本身，已经紧迫地感受到其存在地位的界限，也显示出一向被夸大的人类理性意识的活动的极大有限性，同时也显示了科学和知识，作为上述人类主体化生存方式和理性中心主义思维方式的产物，也越来越面临着新的风险。这样一来，自文艺复兴以来一直支撑着西方文明精神大厦的重要支柱，尤其是作为其栋梁的人文主义和理性主义，在历史将走完现代性而步入后现代的时候，在危机丛生的当代荒谬世界里纷纷瓦解倒塌。

海德格尔在分析现代性的特征时指出，作为当代社会文化结构的“现代性”（Modernity），在本质上就是现代人的一种“生活世界”。现代性的特征正是在于：人作为主体，既是他所建构和所控制的世界的基础，又是这些世界的中心。这样一来，这个世界就变成了人造的结构，变成越来越具有人为建造性质的世界，成为一种可以密码化和神秘化的世界。与此同时，在这种世界中生活的人，一方面为自己的创造而自我满足和自我陶醉，另一方面又寻求一切可能的创造途径达到自我超越，以因应其永不满足的、无限的理想的自由需求（Heidegger，M. 1950：70；1973：30）。

这也就是说，人不仅成为其自身认知和行动的主体，而且也是其生存方式的自我正当化的主体及其生存的一切关系的中心。在此基础上，现代人以其自身所创造的同一性和参照体系，不断地更新、扩大和重建其自由的本质。也就是说，人依据其自身创造的参照体系，不断地重建和重新诠释其生存世界中先存的、现实的和未来的一切关系网络。人自称为万物的中心，又以自己设定的标准衡量自己和万物。其结果是，反而越来越感受到其循环论证的荒谬性，越来越感受到由其自身循环论证所产生的头昏眼花的不可忍受性。

（五）以荒谬反荒谬的后现代艺术

到了20世纪末，当人的社会文化的繁荣和现代化同时彻底地暴露西方文化的荒谬性的时候，后现代主义者才以正视现实的态度，揭露“理性”和

“荒谬”同是人类文化建设中所设计、制造和生产出来的双胞胎。现代社会和现代文化总是以为理性化的结果可以避免荒谬，但其结果却事与愿违——荒谬不但没有被克服，反而随理性的发展而膨胀。正如海德格尔在上述论及现代性的特征时所指出的，人的主体地位的加强以及随科学技术发展而强化的人类创造能力，使人类在不断克服自然和生活世界荒谬性的同时，又以人为的日益神秘化和复杂化的新符号体系，创造和加强着越来越远离自然的社会和文化的荒谬性，也使人类自身的生活世界日益为荒谬的网络所缠绕。后现代主义者把现代性发展所造成的荒谬膨胀化都归因于传统文化，特别是传统理性主义和传统语言中心主义在现代阶段的发展，归因于现代科学技术和现代语言知识论述的人为荒谬化。

正因为这样，在后现代主义者看来，克服由现代文化所造成的荒谬性，不是继续延续传统文化和传统理性主义的路线，不是继续强化人的主体中心地位，不是使艺术继续充当语言文字的奴隶，而是使人消融在与自然、与生活世界同步同质的游戏活动中，消融在绝对自由的创作游戏中，特别是消融在以艺术为模特儿的自在自为的创作游戏中。这种绝对自由的创作游戏，在艺术创作中，正是体现在艺术创作中的荒谬原则，体现在艺术创作中以荒谬反荒谬的反艺术创造活动。在这过程中，后现代主义者显然试图摆脱现代文化发展中一味地理性化反荒谬的僵化原则，尝试重新评价荒谬本身的性质，揭示世界和人生以及人的语言本身所隐含的荒谬性，并以用荒谬反荒谬的自由创作原则，探索人类文化重建的根本策略。

在后现代主义者看来，文学艺术创作在本质上就是人的思想寻求自由的主要表现，而思想自由原本就是不确定的和含糊不清的。因此，艺术，作为人的思想自由的主要表现领域，其内容和形式也应该是含糊不清的。为现代美学提供理论基础的法国思想家德里达强调指出：“解构”首先就是思想和文字上的“含糊不清”的一种表达形式，是对于将创作内容和形式固定化并使之僵化的传统形而上学和传统艺术所作的一种反抗和批判。德里达在这里所说的“解构”及其含糊性的特征，实际上也就是“荒谬”。“含糊”也好，“荒谬”也好，都是为了表达艺术创作和思想自由的反形而上学、反理性主义和反僵化的性质。艺术创作只有在“含糊”和“荒谬”中，才能达到真正的自由。

第二节 从“荒谬剧”到“反艺术”的发展

（一）后现代主义“荒谬剧”的产生过程

探索荒谬剧的产生和过程，将有助于进一步了解后现代主义反艺术的荒谬原则的历史形成逻辑，也有助于进一步了解后现代主义整个反艺术美学理论的形成过程。由于后现代主义反艺术美学及其创作原则的中心概念就是“荒谬”本身，也就是对于一切传统原则的颠倒和否定，所以，探索以荒谬原则作为指导的“荒谬剧”的历史形成过程，就会揭示后现代主义反艺术美学理论对于传统美学及其创作原则的整个否定过程，也有助于了解这种否定过程中，后现代主义思想家和美学理论家是如何“解构”传统美学和文学艺术理论的基本概念的，了解所有后现代反艺术美学基本概念同第二次世界大战后后现代社会的形成、后现代社会文学艺术创作历史经验累积过程的密切关联。后现代反艺术美学及文学艺术创作原则，虽然是在彻底批判和否定传统原则的基础上形成的，但是，它们本身也避免不了一种文化历史形成过程，避免不了其重建过程中的不断探索和再重建，同样也避免不了一系列试图脱离传统束缚的第二次世界大战后现代作家的创作实践及其历史经验。正是在这个意义上说，后现代主义反艺术美学及其创作原则，也是在从现代性到后现代性的文学艺术创作过渡时期中逐步孕育的，其部分思想及其原则碎片是逐步在反传统的第二次世界大战后作家和艺术家的创作实践中累积的。后现代主义同现代性的断裂，并不意味着它的反艺术理论全然是在六七十年代一次冒现出来的。毋宁说，它是六七十年代前多次反传统的文化难产所产生的创作碎片和火星所累积而成的。因此，如同后现代主义的一般理论和原则的形成过程一样，后现代反艺术美学及创作原则也都存在着其自身的“后现代性”的“前结构”，也就是说，存在着其自身成熟前的特殊诞生结构。

后现代主义反艺术美学和创作原则，严格地说，经历了从20世纪初到六七十年代的不断“大爆炸”（Big Bang）过程，经历了由其爆炸碎片间断性累积的历史过程；具体地说，它经历了20世纪初至第一次世界大战期间各种反理性、反传统和反道德的达达主义，经20年代超现实主义直到三四十年代存在主义、五六十年代“新小说”和结构主义符号论的多次阵痛性的预产过程。

因此，后现代荒谬文学的产生过程，大致可分为两大阶段。第一阶段是它的“史前史”，大约从19世纪到20世纪40年代为止。主要包括从波德莱尔到马拉美的法国“疯癫派”诗人、达达主义、超现实主义、精神分析学派以及从现代文学分离出来的一批反传统文学艺术流派。第二阶段是从四五十年代的形成初期到六七十年代的鼎盛时期。在四五十年代的形成初期，已经出现了以阿尔托为代表的“残酷戏剧”和以贝克特和热内为代表的“荒谬剧”。这两种剧，严格地说，已经具备了后现代文学艺术的一切最重要的特征，其中尤其凸显其反语言、反情节、反人物中心论以及反作者中心论的特征。从70年代之后，后现代戏剧和后现代文学艺术终于进入更成熟、更多元化的“后荒谬剧时代”。

（二）荒谬剧和其他后现代剧的多元化美学基础

在探索后现代反艺术荒谬剧形成过程时，分析的重点可以分为两大部分。第一部分是有关美学艺术理论的基本原则和思想基础。第二部分是他们的艺术创作实践中所体现的具体策略、方法和技巧，更多地涉及文学艺术创作的具体特征。这样一来，上述分析实际上将涉及作为美学和文学艺术理论基础的哲学和方法论问题，也就是涉及在这一时期内影响着他们的主要哲学和方法论流派，其中包括现象学、语言哲学、存在主义、结构主义、精神分析学、新马克思主义、符号论以及后结构主义等等。同时，也涉及在上述哲学流派影响下所产生的各种重要美学理论，其中包括海德格尔的存在论艺术理论、萨特存在主义文学艺术观、梅洛-庞蒂现象学存在论美学、罗曼·英加尔登（Roman Witold Ingarden, 1893—1970）的现象学美学、维特根斯坦语言游戏美学、朗格逻辑哲学论美学、阿多诺否定辩证法美学、本雅明介于现代性与后现代性之间的吊诡美学、拉康后精神分析学结构派美学、杜威（John Dewey, 1859—1952）实用主义美学、伽达默尔哲学诠释学美学、以新浪潮和新批评派为代表的结构主义美学以及解构主义美学等等。

显然，被卷入到后现代反艺术美学及文学艺术创作理论中的上述多种流派和思潮，不但已经显示了后现代主义反艺术流派产生的复杂性，而且也显示了后现代反艺术同现代社会文化、同现代性文学艺术创作理论的交错性和混杂性。

荒谬剧作为后现代文学和艺术的典范，显示了现代文学和艺术的“反文学”、“反艺术”和“反美学”性质，从而也开辟了文学和艺术创作的新天地，也为文学和艺术的自我解放以及它们同整个人类文化的融合开辟了新的前景。我们说，荒谬剧作为后现代文学和艺术的典范，只是指荒谬剧本身所表现的后现代特质的集中性和典型性，而不是指荒谬剧具有取代或代替其他后现代文学艺术创作的意义。实际上，从现代性向后现代性过渡的过程中，荒谬剧固然作为后现代文学和艺术的一类胚胎而首次出现在人类文学和艺术的发展史上，但是，表现在荒谬剧中的后现代特征，也同样同步地和共时地表现在诗歌、文学、小说和绘画以及音乐等其他文学艺术领域。如前所述，在荒谬剧产生以前和之后，在西方文学和艺术领域的各个方面，都同时产生了程度不同的反文化、反艺术和反美学的倾向。只是荒谬剧在 50 年代的繁荣将上述反文化、反艺术和反美学的倾向集中地表现在戏剧舞台表演中，才使荒谬剧成为后现代文学和艺术的典范。所以，荒谬剧产生和发展之后，早从 20 世纪开始于西方文学艺术界产生的后现代倾向，在第二次世界大战后所形成的后现代社会文化条件下进一步泛滥起来，造成了后现代文学艺术繁荣的新时代。为了凸显荒谬剧的典范意义和作用，我们称上述后现代文学艺术繁荣新时代为“后荒谬剧时代”，也就是多元化的后现代文学艺术创作和活动的新时代。

在新的时代里，原来早已在文学和艺术各领域形成和成长的各种后现代特征进一步发展起来。如果说五六十年代是荒谬剧繁荣的时代，那么，从 70 年代起，后现代文学艺术发展到了繁荣新阶段，出现了后现代艺术的多元化新局面。西方文学、诗歌、文学评论、美术、音乐和建筑各个领域，都朝着一种所谓“后现代主义”的方向发展，形成了一种跨文学和跨艺术、反文学和反艺术的新创作浪潮。与此同时，在文学和美学理论领域，也形成了一种反文化和反美学的运动，造成了对于传统文学理论和美学理论的强硬挑战和摧毁性打击，从而使文学和艺术从理论本质上完全改变了面貌，也深深地影响了在整个社会领域中不断扩大的文化活动的性质和意义。

这场反文化、反艺术和反美学的运动，大致可以划分为三大表现阶段：第一阶段是 70 年代，这是后现代的反文化、反艺术和反美学运动的全面开展和多元化的初期；第二阶段是80年代到90年代初，这是后现代主义进一步发展并造成其自身不断分裂和形成多元化支派的新阶段；第三阶段是90年代中期以来到20世纪末，这是后现代主义经历同传统文化长期交战而又遭受自我分裂痛苦之后的新反思阶段。

后现代主义的反文化、反艺术和反美学运动，如前所述，不只是具有文学和艺术的意义，而且具有全面的社会文化改革和人类文化重建的深刻意义，同时又是人类面临新世纪而彻底反省以往整个文化史的关键时刻。从传统美学到后现代主义反美学的转化，不只是美学理论本身的历史命运的转变，同时也是作为人性本身集中呈现领域的美学进行脱胎换骨的过程。通过这场历史转变，不只是美学理论本身发生了一场革命，而且人类文化和人性本身也将经历一场考验，因为美学和反美学都同时同人性和人类文化的内在本质及其命运密切相关。

后现代主义的“反艺术”虽然激烈反对甚至颠倒传统美学理论，但它也在某种程度上和传统理论一样，作为一种特殊的美学理论而具有其本身的基本问题和基本范畴。严格地说，后现代反艺术和反美学的创作游戏，实际上是从19世纪现代主义的所谓“纯粹艺术论”发展而来的。现代性或现代主义文学艺术的基本口号是“为艺术而艺术”。从现代主义到后现代主义的转变，实际上就是从“为艺术而艺术”到“反艺术”的过程。后现代主义反对将创作活动简单地归结为纯粹的传统意义的艺术活动，而是将艺术扩大到整个人的生活并提升为生命本身，变成高度自由的生命游戏活动。同传统美学（包括现代主义的美学在内）不同，后现代主义“反艺术”的基本范畴，不只是涉及文学艺术的本质及其创作问题，而且跨越文学艺术的领域，甚至从反艺术或超越艺术的观点，去探讨文学艺术的基本问题。同时，后现代主义“反艺术”的基本范畴，也同后现代艺术的实践一样，具有明显的不确定性和含糊性。它要打破艺术的传统范围，更多地从“非艺术”的立场和角度，从艺术同非艺术之间的“无界性”出发，从日常生活的“平常性”和“无所谓性”的特征，从艺术的各种“不可能性”，去探索艺术创作的自由。艺术的所有问题，不是仅限在美学理论的范围内加以讨论，而是在艺术创作的具体实践中，在打破传统的各种冒险实践中提出来并进行试探的。本章所要探讨的后现代主义“反艺术”的基本范畴和基本问题，只限于与本书所讨论的后现代文学艺术特征及其典型作品有关。

第三节　作为“反艺术”基本范畴的“荒谬”

(一)“解构”就是艺术荒谬化和非语言化

作为后现代“反艺术”的基本范畴，“荒谬”实际上就是后现代反艺术解构活动，也是反艺术解构活动的一种主要表现形式。从美学理论的观点来看，它具有其特殊的美学特征，必须根据后现代反艺术的基本观点具体呈现出来。

本书第一章（详见第一节、第四节和第七节）、第二章（详见第二节）和第三章（详见第四节）已经对后现代主义的解构策略进行了必要的探讨。总的说来，“解构”就是后现代主义对于传统文化的颠覆，同时也是后现代主义贯彻其不确定性创作原则的策略。在德里达正式提出“解构”概念以前，在文学、艺术和文化领域中的某些后现代主义的先驱，特别是尤内斯库、贝克特、阿达莫夫、热内、加缪和阿尔托等人，早已在其戏剧、小说和诗歌创作中进行了颠覆传统文学艺术的实际活动，并以“荒谬”概念为中心，对传统理性主义，特别是传统的语言论述进行了猛烈的批判，开创了后现代文学艺术创作高潮的序曲。德里达是在 1967 年正式提出“解构”概念的；此后，后现代主义便以“解构”作为反传统的同义语和后现代主义的基本原则及策略。因此，严格地说，在“解构”提出以后，后现代主义此前一切反传统的原则和策略，特别是上述“荒谬”概念及其“荒谬化”实际创作原则，也都包括在“解构”之中。同样的道理，由于后现代主义在反传统过程中始终以颠覆理性中心主义和语音中心主义为中心目标，因此，“解构”和“荒谬”都同样地同逻辑中心主义和语音中心主义针锋相对。所以，作为后现代反艺术的基本范畴，荒谬和解构在实际上就是在艺术创作中贯彻反理性化和反语言化的原则。

在第二次世界大战期间，阿尔托、巴岱、布朗索和热内等人，继承和发扬自波德莱尔和马拉美以来法国文学艺术中的语言叛逆运动的传统，在他们的戏剧、小说和诗歌的创作中，已经开展了对于传统语言的批判和颠覆活动。德里达在分析阿尔托“残酷剧场”对于语言的批判时指出：“阿尔托以

‘存在’、‘肉体’、‘生命’、‘剧场’、‘残酷’的名义所发出的呐喊，实际上就是在疯狂和作品之前所呈现的某种真正的艺术的意义。这种艺术实际上不再生产作品，而艺术家的存在，也不再是某种可以通向艺术家的存在本身之外的取代性管道或经验。阿尔托所要揭示的，是‘话语就是身体’、‘身体就是剧场’、‘剧场就是文本的存在’这样一些最普通的道理。这也就是说，所有的作品文本不再受原有文本或原有话语的支配。这样一种真正的剧场就是比剧场本身更古老的书写。”（Derrida，J. 1967：260—261）

德里达所说的“不再生产作品的艺术”，就是不再通过语言的通道而写出的“语言文本式的作品”。这些通过语言而写出的传统“语言文本式的作品”，不是真正的艺术品，而是用语言所表达出来因而也受语言本身的限制而被改造的艺术品。阿尔托等人在实际的自由创作过程中，痛切感到语言限制、曲解和扼杀其原初创作思想的痛苦。语言对于艺术自由创作的限制、曲解和扼杀，主要表现在：第一，语言本身作为符号体系本来就是真实对象和事物的替身，因此，语言无论如何精确，始终都是替身，而不是艺术所要表达的实际事物本身，也不是艺术本身。第二，语言作为表达意义的符号结构，其二元性始终只能包含，而不能超越“精确性/含糊性”和“一义性/歧义性”的矛盾。因此，语言所表达的意义本身始终包含着含糊性和不确定性。可是，传统语言几乎完全忽视语言意义表达中的含糊性和歧义性部分，并几乎武断地将语言意义表达性加以夸大，甚至达到崇拜和异化的程度。第三，语言在其表达过程中，始终受到意义表达结构的逻辑和理性中心主义的限制，以致使语言表达过程完全等同于理性化和逻辑化的过程。这对于原本与理性和逻辑不相干的艺术创作是一种带有根本性的破坏过程。第四，艺术创作一经语言和逻辑的加工，便自然纳入由理性主义基本原则所奠定的整个社会文化制度中，艺术也就不知不觉地受到各种社会文化制度，特别是权力运作和意识形态的干预。第五，由语言垄断的整个艺术创作过程，使艺术创作中的自由生命，随着语言结构和语言论述逻辑的固定化和僵化而丧失殆尽。原本多少对艺术创作自由带有限制意义的艺术形式，也在同语言表达方式的结合中，使艺术作品不可避免地所采用的艺术形式进一步成为语言扼杀艺术生命的同谋。第六，艺术的语言表达方式，一方面使艺术创作因语言文化的历史性而局限在特定的历史阶段，另一方面又使特定阶段内采用特定语言而创作的作者有可能通过僵化的语言而永远操纵和宰制艺术作品，使艺术作品沦落为特定作者的奴隶。最后，通过语言所表达的艺术作品，也造成艺术作品的读者、观看者和鉴赏者对于艺术作品文本及其作者的依赖性，从而剥夺了艺术生命发展中读者、观看者和鉴赏者参与艺术创作的权力。

所以，由阿尔托所开创而被贝克特等人所发展的艺术创作中的“语言叛逆”活动，是后现代反艺术将世界和艺术荒谬化并加以颠覆的最重要环节。关于这点，也是阿尔托为后现代反艺术树立了榜样。他在1948年临死前所做的一段录音《为了了断上帝的审判》（*Pour en Finir Avec le Jugenent de Dieu*），通过阿尔托本人填诗作词、朗诵、敲锣打鼓和编辑，也通过他本人亲自表演以及连同三位朋友的客串演出，大胆而赤裸裸地发出了对于神圣的上帝的尖叫和抗议，表达了他对于介入和控制艺术舞台的理性、语言及其神圣化身的叛逆。在这段录音中，阿尔托试图将语言和理性排除在艺术舞台之外，让失去理性和语言控制的阿尔托本人疯狂式的艺术创作本身直接地呈现出来。

在阿尔托和贝克特等人的带动下，后现代反艺术创作纷纷以“身体的叛乱”和“能指的叛乱”对抗语言和形而上学对于艺术的控制，以“无所谓美”的反艺术口号，直接同传统美学及其形而上学原则所控制的传统艺术分庭抗礼。

（二）生活中实际荒谬的极端化

作为后现代主义“反艺术”的基本范畴，“荒谬”，虽然伴随着世界和人生中的实际荒谬，但是，前者不但应该不同于而且应该高于后者。作为后现代主义“反艺术”的基本范畴，荒谬之所以不同并高于世界和生活中的荒谬，就在于它摆脱或超越了现实人生和世界的感性和理智的原则，因而也是一种超脱现实功利和具体目的的“无目的的合目的性”本身。作为后现代主义“反艺术”的基本范畴的荒谬，不但它的创造过程，而且它的成果，都已经超脱经验世界和理智世界的各种“他律”的约束，成为人类内在精神本身纯粹自由创造的主要活动原则之一。

作为后现代主义“反艺术”的基本范畴的荒谬，虽然在西方和人类艺术史和美学史上都早已存在和出现，但是，把它变成彻底颠覆传统艺术的一种“反艺术”的基本范畴，是只有在20世纪60年代出现的后现代主义那里才完成的。作为后现代主义“反艺术”的基本范畴，“荒谬”固然是第二次世界大战期间和以后发展起来的上述存在主义荒谬剧的理论加工，但它在实际上是人类文化历经几千年的实践和反省，通过对于传统艺术的集中批判而产生的崭新自由创造精神的象征。

作为后现代主义“反艺术”的基本范畴的“荒谬”，作为一种“反美学”的理论的核心部分，其本身又是反对传统艺术美标准和基本原则的创作实践。当传统美学将“美”树立为一切文学艺术创作的标准和灵魂的时候，实际上已经将艺术及其美学理论，奠定在传统形而上学和伦理学所确立的真假和善恶的二元对立区分模式基础上。所以，艺术和美学中的美丑概念是同形而上学的真假善恶概念相对应的。传统艺术和美学理论之所以确立美作为艺术的基本标准，显然是为了将艺术创作活动纳入整个传统文化体系之中，并受传统文化基本原则的支配。后现代反艺术创作为了颠覆传统原则，当然一方面要颠覆传统的形而上学和伦理原则，但另一方面也要同时在艺术创作领域中颠覆传统美学及其基本原则。所以，后现代反艺术的叛逆性创作，尤其是反语言和反理性的肉体叛逆和能指叛逆以及各种符号叛逆的实际创作活动，实际上就是反传统美学的活动，也就是反对以“美”作为艺术创作固定不变的唯一标准，而是倡导一种不受传统美标准限制的自由创作活动。“荒谬”在艺术中就是对抗美的原则的垄断和控制，就是主张抛弃美的唯一标准的自由艺术创作。这样一来，艺术创作也就成为真正本能性的、无意识的甚至是疯狂的自由创作游戏。在这个意义上说，荒谬作为后现代反艺术的基本范畴，就是主张艺术创作的无原则、无边界、无中心、无语言和无文本，甚至达到无固定作者的程度。这样一来，由荒谬基本范畴所指导的后现代反艺术创作，是由任何一个愿意创造和参与创作的自由分子所组成和展开的艺术游戏活动。在这里，艺术创作的作者、读者和欣赏者之间的差异，在自由游戏中以不确定的原则不断地发生延异和重组，而艺术本身又在这种游戏中不断地更新和再生产其生命。

后现代反艺术的荒谬原则，在某种意义上说，又不是完全等同于“乱来”，而是在艺术创作中摆脱理性和语言以及美的原则的创造活动。实际上，后现代反艺术作为一种艺术，它所遵循的荒谬原则，只有比生活中的荒谬更荒谬，只有将荒谬推进到极端，才能更深刻地表现人生和世界的荒谬，达到彻底批判荒谬的目的，显示“荒谬艺术”的艺术生命力，体现“荒谬艺术”

的艺术自由本质。

以皮兰代洛的荒谬剧为例，他用怪诞的手法对普通的题材加以处理，使得故事情节变得更加离奇古怪、变化莫测。夸张怪诞的剧情把各种人物放到令人难以置信的荒唐环境中，使他的戏剧具有强烈的感官上和思想上的双重刺激性。由他所表现出来的荒谬派戏剧，避免连贯的情节，排除各种解决矛盾冲突的公式，使剧情的发展无从推测。为了突显剧情的荒谬性，剧中人物往往尽可能少说话，其思想和行动均无逻辑性，只呈现出破碎凌乱的舞台形象。它依靠无限的夸张，使虚构和象征任意扩大，调动一切舞台手段进行极度渲染，造成强烈的戏剧效果，有时像幻觉，有时像梦境，有时像漫画，给人极为强烈的刺激。

显然，皮兰代洛通过文学手法，巧妙地把他在现代世界中所遭遇到的痛苦体验系统地加以整理，强调人本来就生活在虚假的世界里，人们的精神痛苦是无法避免的。他甚至认为人们的精神痛苦是与生俱来的。他说："我们痛苦的首要根源正是由于我们对生命的感知。……树木活着，但它们自己没有感觉。……而人，却相反，一生下来，就获得了知悉自己存在的痛苦性的可悲特权。"（Pirandello, L. 1920）于是，他们由此产生美妙的幻觉，把他自身内可变的和多样的生命感觉当做自身之外的一种现实。

其实，早在象征主义文学的阶段，其代表人物莫雷亚斯便在他起草的《象征主义宣言》中说："象征主义或印象主义的小说蔑视自然主义的陈腐方法而确信如下公理：客观指向艺术提供一个极端简明的起点，而象征主义将以主观变形来型构其作品。"（Moréas, J. 1886. In Moréas, J. 1976）他所说的"主观变形"就是一切艺术在自由创作中所采用的"夸大"手法。作为本质上是自由的艺术创作，本来就是要超脱现实的限制；而除了采取夸大手法以外，艺术不可能找到更有效的方法来同现实自我区分并逃脱现实的限制。所以，波德莱尔在《对几位同时代人的思考》中也说："极端，无限，是维克多·雨果的天然领域，他在其中活动如鱼得水。"因此，没有夸大便没有艺术。后现代反艺术进一步将夸大极端化，使夸大再夸大，达到颠覆现实的疯狂程度。这是后现代反艺术彻底摧毁传统艺术的基本策略。

文学创作中的荒谬精神心态，也早在卡夫卡的文学作品中明显地显露出来。在他的《饥饿艺术家》中，一位以饥饿为表演手段的艺术家，一心要把他的艺术推向"最高峰"，因此他决心无限期地挨饿下去。这就发生了矛盾，即他的精神追求的无限性与人的生理极限的有限性；换句话说，他要在艺术上达到“最高境界”，而他在肉体上就必须死亡。这篇小说也可以说是作者本人的自我描述和自我表白。卡夫卡本人为了充分地以艺术手法表达他的“广大的内心世界”，在艺术上不遗余力地追求完美，并为此而舍弃了婚姻、健康以及“生之欢乐所要求的一切”，真的把自己给“饿毙”了，“榨干”了。然而直到死为止，他仍不满意，认为自己艺术上未能成功，因此要把他的所有作品“付之一炬”。在去世前一个半月，当卡夫卡在病榻上校阅他的《饥饿艺术家》时，不禁泪流满面，尽管他亲身经历到了灵与肉不能两全的深深痛苦，亲历到一种荒谬的感受。

加缪对卡夫卡的这一艺术创作原则深为赞赏。他认为：“基本的双重意义就是卡夫卡的秘密之所在。自然性与异常性之间、个别性与普遍性之间、悲剧性与日常性之间、荒谬性与逻辑性之间的这种持续不断的摇摆抵消作用，贯穿着他的全部作品，并被赋予反响和意义。要理解荒谬作品，必须清理一下这些悖谬手法，必须使这些矛盾粗略化。”（Camus，A. 1965）

（三）通过艺术“色情化”达到荒谬化

严格地说，“色情”并不属于文化艺术的范畴，而是一种道德伦理概念。在最原始的自然状态中，根本不存在“色情”的概念。只是到了文明发展阶段，为了用道德伦理原则限制人的自然情欲和性活动，才提出了“色情”概念。因此，在有道德的社会中，“色情”隐含着两个基本因素：第一个因素显然是道德方面，指的是足以破坏道德伦理原则的各种“性”现象；第二个因素，是足以诱发性欲和情欲的各种“性”现象。实际上，将“性”的任何一种现象同道德伦理原则联系在一起，即使是在文明社会中，在很大程度上也仍然决定于特定的环境的脉络，特别是决定于人的精神状态。这也就是说，即使是在文明社会中，性的现象并不一定会导致道德伦理问题。更何况在艺术创作中，性的现象同道德伦理原则问题的关联，并不内在于艺术活动领域中，而是存在于并决定于环绕艺术活动的非艺术环境因素。因此，“性”的问题并不必然包含色情的因素。从社会生活的观点来看，“性”的现象，只要严格局限在私人生活范围内，只要限定在相关各方自由平等意愿的范围内，只要不妨碍和侵犯他人的生活，就不存在“色情”与否的问题。当涉及

“色情”问题时，除了涉及事件发生的环境和脉络以外，还关系到相关各方的情感和内在精神状态。因此，“色情”问题的发生也带有相当程度的主观意义。总的来说，“色情”的概念本身就是含糊的。把“色情”简单地归结为有可能导致“伤风败俗”的现象，是不合理的，也很容易引起各种混乱。“性”和两性问题在不妨碍社会生活正常秩序的限度内，无所谓“有伤风化”；反过来，有些伤风败俗的东西，从道德伦理原则来看，也不止于“色情”一种。

作为艺术创作因素的“性”，在艺术创作活动中的各种表现及其意义，应该完全纯然服从于艺术的自由创作原则，不应以艺术以外的其他范畴和原则来约束。所以，严格地说，在艺术创作中，即使是出现“性”的因素，也应该同具有浓厚道德伦理色彩的“色情”概念划清界限。后现代反艺术的自由创作，原本是为了将道德从艺术领域中彻底驱逐出去。不仅如此，后现代反艺术还要通过自身的自由创作，主动地向传统道德原则挑战。因此，后现代反艺术在其创作中往往集中选择传统道德设计禁忌最多的“性”领域，作为其自由创作和不断创新的主要场所和中心主题。

后现代反艺术在“性”问题上的自由创作，把反艺术的荒谬推向了极端，达到以艺术反文化、反美学和反道德的目的，从而也凸显了后现代反艺术自由创作的特色。

由日本舞蹈家永子（Eiko，1952—）和高丽（Koma，1948—）演出的《记忆》，是艺术家以本身肉体的赤裸裸表演所进行的艺术创作。当帷幕掀起，灯光集中在舞台中下区。赤裸的女体，脸朝下，双腿长短交叠俯身横在铁丝网前。在延续三分钟的时间寂静中，最低限度的无调音乐回旋于虚空中，女裸体以无比娇嫩和脆弱的呈现状态，表达出一种无法通过语言，本来也不应该通过语言所呈现的自然美。作为舞台背景，一个没有头的男人背脊缓缓移动，有如千山万水移动到铁丝网边，然后又缓缓以静坐姿态闻风不动地消失在黑暗中。就在这时候，女躯体缓缓从沉睡中苏醒，并显露臀部隆起的完整背影。她又缓缓以右肘撑地，仰头甩发于肩后，升起左手左脚，呈延伸状态，仿佛在召唤。接着，她又重新趴在地上，而铁丝网可怕的黑影，在她身上留下恐怖的条纹。但是，男子的裸背重新浮现在铁丝网上。男人似乎痛苦地转过头来，显示出一张扭曲的面孔。他赤手空拳地抓住铁丝网，精神痛苦地凝视横在面前的女性裸体。女裸体静止不动。呈现出的痛苦像虚无一样占领了整个舞台现场。男人颓废地松手，并在缓缓离去中，留下一个没有头而被铁丝网切割的背脊。一男一女坐着和卧着的裸体相互凝视，在虚无中呈现出天长地久的情爱状态。但是，音乐在不知不觉中消失于时空。女躯体翻身移位，肉虫似地移动到舞台前。她抬起上身，面向那漆黑的剧场。坐在幽暗的剧场上的观众看到了披头散发的女躯体渐渐离去，仿佛听到凄惨的无言呐喊，陷入无底的寂寞深渊。

整个舞蹈，始终都是一男一女裸体的表演。两性的肉体，在舞台上，靠肢体或整体的伸缩曲直及移动，来表现人体本身的各种可能状态。因此，整个表演成为纯粹身体符号的展现过程；但是，作为符号的身体又不表现符号和身体以外的其他东西，而是通过作为符号的身体的移动和变化，来表达符号的延长、伸缩和移动的时空结构，表达肉体自身在不同时间中创造空间的经验。后现代主义者对于身体运动在艺术创作中所创造的空间，给予极大的重视，因为只有这种纯粹的空间，才能完全摆脱语言及其意义体系的限制，才能显示艺术本身的生命和延异的可能性。这样的艺术，也就是通过肉体的赤裸裸表演而摆脱道德伦理的干预，进入一种后现代反艺术创作所追求的自由境界的。德里达指出："所谓'空间化'（espacement），指的是那种由任何一种话语所不能概括或理解的空间创造；通过这种空间创造，首先假定其自身的存在，同时也可以达到非语音线性的时间结构，达到一种新的空间概念和一种特别的时间概念。"（Derrida，J. 1967：348—349）在平常人看来容易导致伤风败俗的两性肉体裸体表演，在《记忆》中却表达了艺术创造摆脱道德伦理约束的愿望。

性的现象始终构成艺术创作的内在构成因素。"性"和艺术之间的密切关系，不是艺术家愿意不愿意承认或表现的问题，而是因为"性"同人类生活和人的生命活动有密切关系，因而也同作为生命本质的艺术活动存在密切关系。一般认为，所谓"色情"，指的是将正常情况下藏而不露的人体部分和性爱活动不加掩饰地暴露出来，以致有可能引起反道德的情欲和性欲。但是，究竟人体的哪些部分不该通过艺术表露出来？表露到什么样的程度？人的脸、颈项、胸部、腰部、阴部、腿部还是整个身体？人的性爱活动的哪些内容可以在艺术中表现出来？接吻、拥抱、抚摸或做爱行动？在艺术创作中，提出和讨论这些问题本身，就已经是一种限制，当然就直接关系到艺术创作的自由问题。后现代主义者为了排除传统文化和道德原则对于创作的干预，试图通过纯粹的肉体表演，当然包括最能表现性征的肉体部分的表演，呈现一种不受文化、不受语言文字和不受道德限制的时空创造。因此，在后现代主义的艺术创作中，根本不存在“色情”的禁忌。

虽然性的因素在艺术创作中早已出现，而且也构成艺术创作的重要组成部分，但是，只有到了现代性发生危机、后现代性开始萌芽的阶段，也就是到了19世纪中叶，才由尼采提出了以“性冲动的醉”作为艺术创作基本动力的创作原则。尼采最崇尚酒神精神。酒神的象征来源于古希腊的酒神祭，也就是对于狄奥尼索斯的祭礼。在这种崇拜仪式中，所有参加的男女都打破一切禁忌，返回到生命的原始自然状态，狂饮烂醉，放纵性欲和情欲，并通过仪式行为，在痛苦和狂喜相互交织的癫狂状态中，达到与世界本体融合为一的最高欢乐。

（四）反艺术荒谬创作的中介性和象征性

当代的后现代反艺术创作活动，并不是将世界和生活中的荒谬照搬到艺术作品中去，而是要求美学上的加工，通过修辞法、委婉表达法、比喻、隐喻、暗喻、借喻等艺术加工途径，也就是通过象征性艺术化的迂回、掩饰和歪曲，通过一种满足绝对自由的美感，实现艺术形式中介化的生产和再生产过程。

加缪说过：“最难理解的莫过于一部象征的作品。一个象征总是超越它的使用者，并使它实际说出的东西要比原作者有意表达的东西更多。”（Camus, A. L’espoir et l’absurde dans l’oeuvres de Franz Kafka）

柏拉图曾在《会饮篇》中讲到关于爱的本质的动人故事。人类原本是球形的有机体，后来因自身的强大想反叛至高无上的宙斯，而被宙斯劈成两半。每个人都是那分离着的“半个”，以致在每个人心灵深处埋藏着相爱的种子，渴望和期待着在机遇中同那被分割的另一半相重合，以满足破镜重圆的夙愿，使自己重新以美的整体而存在。永恒的爱就是那幻想中追求的“求全”心愿的流露。

艺术的象征性和形象化的无限力量以及在爱情中追求永恒的美的精神活动，在柏拉图的这个比喻中获得了最典型的表现机会。

伽达默尔由此获得了发展诠释学的灵感。他说：“对象征性的东西的感受，指的是这半片信物一样的个别的、特殊的东西，显示出同它的对应物相愈合而补全为整体的希望，而且，这为了整体而补全的是始终被寻找的作为其生命片段的另一部分。”因此，美的感受，特别是艺术意义上的美的感受，“是对一种可能恢复的永恒秩序的呼唤”（Gadamer，G. -H. 1977：397）。

那在艺术作品中散发出美的魅力的精神力量，乃是要重新认识、重新愈合的信息，是人的生命中不断超越，又不断试图再返回自身的美的追求力量，这是一种永不枯竭、永不泯灭的情火。这一神圣的情火在某一个艺术作品中象征性地、形象化地固定下来以后，便获得其独立的精神生命，像那作为恒星的太阳一样，由其发射的光芒和热，足以给世世代代的读者和鉴赏者提供丰富的新的启发。

每个象征性的愈合，就像每对真正的情人相会意愿的实现一样，都在这愈合中获得永生，获得其所以如此的根据，获得其独特的、不可取代的个性。谁说两个人的爱是可以取代的？谁说一部艺术作品的价值是可以取代的？如前所述，当一部作品作为游戏的最高结局而变形成为一种独特的形象的时候，它就具备了确定其自身特性的一种完整性。这种完整性的意义就在于其“与众不同”的个性。这种个性使它成为了它自身，而不是别的东西。当一个事物可以为其他事物所取代的时候，它就是一个不完整的东西，是没有个性的事物。游戏本身在游戏中达到了完整性，满足其愈合补全的向往，也就作为一个独立分子而自主了；游戏者本身不再是有意义的东西，他在游戏的过程中作为主体而消失，可是他在游戏中所消耗的一切精力都融化在游戏中，在游戏的最高艺术形象中潜伏着，随时都可能在被重新鉴赏中被呼唤出来而生龙活虎地运行。这一切，都是不可替代的，都具有可贵的唯一性。

实际上，一部艺术作品，始终都不应该被看做是“被鉴赏的对象”，不是一种单纯的人的鉴赏力的被动承受者，而是一个有积极向外扩展其威力的实实在在的“存在”本身。如前所述，艺术作品从“游戏”中获得了其个性，实际上也就产生了独立的“生命”。这一生命的特点，就是在作品中所倾注和冻结的游戏精神力量的复活和再生，它是随时会被读者的欣赏活动所唤起和激起的。这一艺术生命是永恒的。

也就是说，被艺术作品象征性地形象化的游戏精神，是永远活着的。无论经历几百、几千或几万年，只要这部艺术作品还存在，只要被旁观者所发现，它就一如既往和永远地发挥其艺术生命，并在同旁观者的交往中，不断地获得新生，不断地延伸其价值。试看，从远古到近代，中外艺术史上，不论是大还是小的作品，不管经历了多么久的岁月，都可以在旁观者的心目中激起无数次、无限形式的反响，并通过这一系列的新的交往活动，艺术作品的生命一再更新，注入新的血液。

艺术作品生命的永恒性和再生能力，是在艺术作品的“象征”形式和形象化中保存下来和发展起来的。“象征”并非单纯是显露与隐藏的对立，它并不是像死人的骷髅那样僵化地、不动地或消极被动地存在着，而是以其内在丰富的，又可以不断新生的完整精神力量，时时向外施展其威力的。在那表面看来的“象征”中，人们鉴赏到的是一种“真正总括的共同性”（Foucault, M. 1966：102）。它可以在与它相遇的人们的心灵中，拨起相遇者可以协调地接受的音波和交响乐，并持续地表演下去，直到相遇者的心灵门户不再启开为止。

这也就是说，“象征”不是一种外化的内在含义而已。譬如说，毕加索的名画《格尔尼卡》。这幅画于1937年的现代名画，固然“显露”了“隐含”的历史事件的意义，表现了作者对德国法西斯于1937年4月26日狂轰滥炸格尔尼卡村的强烈抗议，表现了格尔尼卡村及全世界正义人士同仇敌忾、保卫自由的决心，而且，更重要的是，这部作品的“存在”所具有的强大威力，具有一种普遍的、超历史和超国度的艺术生命力。当一个人站立在这幅大型油画的面前，仔细端详的时候，这幅画像一位巨人一样，以其严峻而沉重的威力，发出其不可战胜的震慑精神，持续不断地影响着其他的“存在”。这幅画的生命力是独立的，远远超出了格尔尼卡村被炸的历史内容，在任何地方和任何时候都可以其完整的“共同性”，唤起千千万万旁观者的思索和情波，默言着“无限多未言及的东西”。

世界是一个象征的整体。人之所以能够领悟那神秘的不可知物，是因为人们内心世界与外部世界之间存在着某种难以表达的“共通感”。不仅如此，人的各种感受之间也是相通的。诗人和艺术家与众不同之处，正在于他们善于使各种错综复杂的感情在长期、广泛和复杂的历史过程中交错起来，同时又能体验各种形式的情爱、痛苦和疯狂，从而获得异于常人的感知力，能够深入把握光怪陆离的自然和人生，达到物我和人我相通的境界，创造出神韵独特的艺术。

诗人保罗·威廉姆斯（Paul Williams, 1921—）指出：“灰色的歌曲最为可贵，因为其间模糊与精确相连。”以明确表达不明确，又以不明确隐含明确，妙趣恰在其中。马拉美也指出：“直陈其事，这就等于取消了诗歌三分之一的乐趣，而这种乐趣原是要一点一点去领会的。”艺术创作要曲径通幽，人们只有穿过象征和比喻的森林，才能领略艺术的真谛。正因为这样，在马拉美的诗歌中，他往往用各种象征和比喻，用各种破坏语言的方式，使语言超出负荷，用语言去表达比语言所能表达的更多的东西。

（五）以“嘉年华式”酒醉狂欢模式呈现荒谬

后现代的反艺术荒谬创作，将共时和历时的传统程序加以彻底颠倒和破坏，采用“嘉年华式”化装舞会的狂欢酒醉状态，作为无止境地进行艺术创造的一种基本活动模式，这也就是把一般的生活中的游戏加以提升和美化的结果。

英国哲学家罗素指出：“在沉醉状态中，肉体和精神方面都恢复了那种被审慎所摧毁了的强烈真实感情。人们觉得世界充满了欢愉和美；人们想象到从日常焦虑的监狱中解放出来的快乐。”（Russell, B. 1945）因此，酒神作为一种“醉”的精神状态的象征，标志着人性情绪欲望的尽情放纵，表达了人类本性的彻底还原，也表现了人的感性生命的高涨洋溢和个体身心的彻底自由。正因为这样，尼采才用“醉”的理念和情感表现人的生命的本质，也用来表达艺术的自由本质。

尼采作为“哲学家狄奥尼索斯的最后一位弟子”，认为艺术在本性上就是一种“醉”。他说：“为了使艺术能够存在，为了使任何一种审美行为或审美直观能够存在，有一种心理前提是不可或缺的，这就是醉。”（Nietzsche, F. 1888）尼采明确地说：“首先是性冲动的醉”，“这种醉是最古老、最原始的形式”（Ibid.）。在艺术中，性冲动是“最理想化的基本力量”（Ibid.）。艺术创作的完满程度，决定于肉体欲望本能的无限扩张，决定于敢于冲破一切障碍的强力泛滥。只有通过情欲和性欲的扩张和彻底暴露，才达到生命的高涨和艺术的成功。“每一种完美以及事物的完整的美，只有通过接触才会重新唤起性欲亢奋的极乐状态。对艺术和美的渴望是对性欲癫狂的间接渴望。”（Nietzsche, F. 1895）显然，尼采不但将性冲动的沉醉状态当做生命和艺术的基本动力，而且也是生命和艺术的主要内容和基本表现形式。尼采高度肯定性欲和情欲在艺术活动中的重要地位。他认为："艺术家如果要有所作为的话，就一定要在禀性和肉体方面强健，要精力过剩，像野兽一般，充满情欲。"（Nietzsche, F. 1895）他还说："艺术家按其本性来说恐怕难免是好色之徒。"（Ibid.）后现代主义的反艺术正是把尼采的观点彻底地加以贯彻，使艺术创作本身成为艺术突破传统限制并进入最高自由境界的途径。

符号和象征所赋予的精神力量，在于提供一个无限宽广的中介空间，从文本和艺术品所容许的虚空出发，通过同以往、现在和未来相贯连的虚幻，使历史再生，使受感染者"忘却"现实和历史中的条件，获得一种可以重复无数次的"再生"。

如果说游戏所展开的是艺术的虚空的空间结构，那么，"节日"是在一个突然静止了的瞬间以完满形式出现的"共同性"本身。伽达默尔把不同于普通时间的、与艺术的"节日性"有密切关系的时间，称为"实现了诺言的时间或特有的时间"（die erfüllte Zeit oder auch die Eigenzeit）。罗兰·巴特曾经历过这种艺术意义上的"特有时间"的经验。他说，有一次，他重读了托马斯·曼（Thomas Mann, 1875—1955）的小说《魔山》，这部小说把他熟悉的一种病，即结核病，搬进了情节。他说，在阅读中，他仿佛在意识中又经历了病症的三个阶段，即 1914 年战争以前的闲逸时期，1942 年左右的重病时期和现在。他说，他经过的结核病有点像《魔山》中的结核病，两种时刻融会在一起，距离他现在同样地遥远。罗兰·巴特由此吃惊地发现（只有显著的事件才使人惊奇），他的身体居然也是历史性的。从某种意义上说，他的身体同《魔山》的主人公汉斯·加斯托普是同时代的。

尽管《魔山》的主人公汉斯·加斯托普在 1907 年已经 20 岁了，而罗兰·巴特自己的肉体在当时还未出生，但巴特却如身临其境那样同汉斯·加斯托普来到"高原国家"住了下来。所以，巴特说："我的身躯比我要老得多，好像我们始终保持着可怕的社会恐惧年龄，这种年龄经历生活的风险，我们已经能觉察到了。如果我想活下去，我必须忘记我的躯体是历史性的。我必须把自己抛入一种幻觉之中；现在这个年轻的身躯是我的身躯，而过去的那个，则不是我的身躯。简单地说，我必须阶段性地再生，使我比现在更年轻。"（Barthes, R. 1995：295）

罗兰·巴特所说的其躯体的"历史性"，从一个侧面反映了艺术作品作为"节日"的特点。如前所述，艺术作品通过一个"共时性"的画面，把不同时代、不同人物的曲折经历、不同的历史事件、不同地点的情节，都“压扁”到一个可供观赏者“共时地”觉察到的作品中；艺术作品就像压缩饼干那样，可以使旁观者在某一瞬间同时地觉察到以往的历史，并使之与现在联系在一起。

由此可见，“节日”的时间性质是“被巡视遍的”，它不是被分解为互相脱节的时刻的延续。如果说，在日常生活中和在经验中，时间是以“被排遣”的形式而被感受到的话，节日中的时间是被压缩成一个“时间整体”的、不可计量的瞬间。这一节日瞬间可以任意地脱离现实的时间“顺序”而存在。尼采曾经描述那酒神节的情景：在寻欢作乐、如醉如痴和幸福无穷的节日时刻中，一切的一切，包括那分分秒秒而过的通常时间，都早已像梦幻、像缥缈多变的天上白云一样，在人的记忆中，在感受上，留下模糊不堪的、难以分辨的印象，有的却是混浊一片、不可区分的“一瞬”，即被压缩成毫无层次的“共时性”。

为了体会到这种“共时性”，不妨再回过头去体验日常生活中的“时间”，那延续成分分秒秒的、一系列有前后顺序的时间。在这种普通的时间中，人们可以体会到“被填充”或“泛泛而过”的无聊虚空两种形式；前者是在感受者不停地以具体的工作内容“填满”了前后相延续的时间才体会到的；后者则是当感受者无所事事地感到“无聊”时体会到的。这些对时间的经验体会，不同于艺术中的节日般的时间感。艺术上的时间感与此相反，乃是一种沉淀物，如同考古学家所发现的化石一样，在一块石头上，人们可以发现相隔几百、几千或甚至更长的时间间隔的不同时代的“沉淀物”。这种历史的化石，很形象地把不同时代的事件都压缩在一个“共时结构”中。

艺术作品的节日性质，就在于储藏着不可估量的“主体”的、不同时间的活动于一体，在那“特有时间”中，和盘托出某一个节日中的一切：不同人、不同地点、不同时刻的心态、活动及事件，给人以突然出现和同时出现的感受，给人以无限丰富的内容，同时又极其激动人心，令人陶然沉醉于“节日”中；这时，那普通的分分秒秒的时间顺序早已消失殆尽。因此，节日的时间并不是在均匀的间断瞬间系列中度过的，不是由感觉上无数个“同样长”的时间片刻拼凑而成的，而是在不可计数的中介过程中突然地消失的：给人以“成块的铁板”那样的印象，突如其来，又不知不觉地消失。这是一种巨大的时间流的沉积物，就像那堆积了数亿年的冰山，突然地在一瞬间倾泻而来，流逝过去，而其中隐含的时间则是难以计量的。正因为这样，伽达默尔说："艺术作品同样也不是通过其时间上延伸着的可计数的持续性，而是通过它自己的时间结构来规定的。"（Gadamer, H. -G. 1977：256）

艺术的节日性使艺术作品永远可以被旁观者感受为"现代"的时间流，给人以"亲临其境"感。伽达默尔指出，一切艺术作品"在任何一个'现在'都有当代性，它们永远地保存其功能"（Gadamer, H. -G. 1986：115）；艺术作品，不管是在任何时候，也不管是在博物馆或是在其他什么地方，永远都具有"现时感"。"它们永远是它们自身"，永远同一于它自身（Ibid.）；也就是说，艺术作品永远不会完全消失掉，"它永远不会消失其原本的功能"，而它"始终都不停地为其身建构一个起点"（Ibid.）。伽达默尔把艺术作品的这种特殊的时间性又称为"同时代性"。这种同时代性，一方面是基于普通事物的"时间性"，另一方面又与这"时间性"相对立；它是两者的辩证的统一，即历史性与超历史性的统一。

实际上，所谓艺术作品的特殊时间性，乃是基于游戏概念的。伽达默尔对此解释说，基于游戏的艺术作品的时间性，是同艺术作品之自我展示（Darstellung）性质、整体性及其形象之同一性紧密相连的。所谓自我展示，表明艺术作品无论怎样变化其形态都永远同一于其自身。这种永恒的、随时随地的自我同一性，就是艺术作为节日的特点的真正基础。节日的重复既非另一种节日的出现，也不是一种对原初节日的重新纪念。在重复着的节日中，时间的概念并非日常生活中的经验性的时间，而是一种"庆祝"，是一种不断更新的"现时"感的表现。

伽达默尔说："基于相联系的持续时间经验是难以把握庆祝的时间性的。"（Ibid.）

在庆祝节日时，在表面上人们似乎重复地纪念同一个节日，但同时，每次同样节日的庆祝活动都有所不同。所有这些观察，都是把节日看做对一种"历史事件"的纪念的结果。但是，作为节日的艺术是同任何一个历史事件无关的；或更确切地说，某一个具体的历史事件，只是节日的次要因素。从本质上说，节日并非某一个历史事件的重现。"节日只有在被庆祝时才存在"（Ibid.：118）；庆祝则总是变化着和回归着。但这并不意味着节日具有"主观性"，也不意味着节日的性质是由"庆祝者"的主观性所决定的。

在节日中，不是旁观者的主观性决定节日的内容，而是节日的进行同时地“唤起”旁观者的现时感及其丰富而深厚的特殊时间结构。伽达默尔说，他使用“召唤”概念，与克尔恺郭尔在他的《神学沉思录》中所使用的神学意义的“同时代性”概念不期而合。

所谓召唤，是某种存留着的东西。它的合法身份（或其合法性的确认）就在于它的第一个到来。正因为召唤留存着，所以它可以在任何时候都有效（Gadamer, H. -G. 1986：118）。

“召唤”，是一种随时都可以发出的呼唤，是第一个主动发出来的。但召唤并非本身是“确定不移的要求”，而且对召唤的满足也不是每次都是等同的。“召唤是一种不确定的要求权力的基础。”召唤的永恒有效性是同一种要求的具体化内容与形式相适应的。召唤的不确定性恰巧是其长存的可能性的根源。但召唤之所以可能，往往由于旁观者之“出席”或“在场”（Dabeisein）。

“出席”或“在场”就是“参与”；一切参与者都体验到实际发生的过程。因此，就一种偏离的意义而言，“参与”就是“出现于事实中”（bei-der-Sache-Sein）。所以，在观看一场戏剧的时候，观众之在场就是一种“参与”。这与古希腊所说的“神圣的相通”（或“灵通”，即所谓 theoros）是相像的。本来，Theoros 指的是参与被邀请的代表团的一个成员，而参与一个代表团的成员，其职责无非就是“出席”。正因为这样，古希腊的形而上学也往往把“灵通”或“奴斯”（nous）看做是“对真正的存在的纯粹参与”。在所有这些地方，“灵通”或“参与”，都与参与者的主观态度无关，它是一种“纯粹的”参与；与其说是一种行动，毋宁说是一种“受难”、“受罪”（pathos），即因参与某一件事而受罪，是一种由“凝视”之聚精会神而忘却一切的“沉落”。

在节日中，一切参与者都在上述“沉落”中忘却了一切。由此，参与者很自然地融合成一个不可分割的整体，互通灵感，无意识地共同动作起来。

艺术作品作为“节日”而为人们提供了无限地沉思和反思的可能，为人们重视一系列历史的时间沉积物，拨起心灵情弦的不断更新的交响乐。

（六）作为创作自由的反艺术荒谬原则

后现代的反艺术荒谬创作原则，隐含着人类达到绝对自由状态时所潜在的一切可能的思想感情，隐含着对于世界和人生以及人的最高自由本质的大彻大悟和大智大勇，并把所有这一切转化成为具有艺术创造生命力的幽默感。

阿多诺曾指出：“尽管荒谬艺术反映了人类进退两难的痛苦处境，它的纯粹存在作为这种痛苦的表现，却容忍了作为‘无差异状态’的现状的单纯延续。荒谬艺术由于给实在的苦难提供了幻想的避难所，即对‘未来救赎’的期待，所以，它已经变成了一种安抚。在艺术中令统治者如此恼怒的无用的东西，现在以转化为被普遍认同的否定性，或者转化为某种负面有用的东西，成为非真实的、专为愤世嫉俗者所准备的发汗药，从而也甚至成为现状秩序系统的润滑剂。”（Adorno，Th. W. 1986，Bd. 8：122）

第四节　从现代美学到后现代反美学的过渡

从现代美学到后现代反美学的转折，经历了一段曲折而混乱的过程。不只是从现代性美学到后现代反美学的历史转折过程本身充满着各种矛盾和含糊不确定的事件，而且在现代性美学同后现代反美学的理论论述方面实际上也难以找到明确的区分性原则。就连他们的理论家队伍也充满着混乱的局面，其中不管是哪一个人，往往在理论上表达出许多模棱两可的概念和观点，以致难以将他们当中的任何一个人确定地归类于某一种范畴。在现代性美学和后现代反美学之间的混乱性，表明了两者之间相互穿插性，但同时也表明两者都不同程度地隐含着矛盾和吊诡。在从现代性美学向后现代反美学的转折过程中，关键人物是本雅明和阿多诺。他们两人，有时最坚持传统原则，有时又最反传统；他们对于某些重要的艺术理论或美学观点，往往同时地表现出非常矛盾的立场。他们俩对于现代性和后现代性，都采取非常矛盾的态度：一方面坚持、赞颂和发扬现代性的艺术原则和美学理论，另一方面又不遗余力地批判现代美学和艺术原则，使他们在很大程度上成为后现代反文化、反艺术和反美学原则的启蒙者；然而，他们对于后现代反文化、反艺术和反美学的倾向，又进行尖锐的批判，并在批判中不断地倒退到现代美学的典范原则，使他们在许多时候成为传统文化和艺术原则的卫道者。不仅在理论原则上，而且也在艺术原则和美学理论的论述模式和表达形式方面，他们俩都表现出对于体系化形式的厌恶，表现出对于自由自在地表达思想的论述形式的无限向往。因此，他们有关美学和艺术原则的著作，其风格和论述表现形式，也体现出后来的后现代主义者的某些特征。他们身上，同时地集中体现了现代主义艺术的危机意识和后现代主义的自由游戏创作精神，也典型地表现了现代性和后现代性两者的自我矛盾性和吊诡性。在他们的身上，既可以看到现代性和后现代性之间相互穿插性，又可以看到现代性和后现代性本身各自内含的自我矛盾性。他们俩是不折不扣的"两性同体"的思想家。深入分析和比较这两位思想家的美学思想，不但可以生动地看到现代性和后现代性之间的相互穿插、相互混淆的复杂关系，同时又可以看到后现代反艺术思想观点究竟是如何从现代性中孕育出来的。

（一）本雅明的混沌美学

本雅明于1892年出生在柏林的一位犹太裔艺术品商人家庭里。他从小生活在艺术的世界中，又在充满着人文主义精神的高级中学受到教育，最后在柏林和弗赖堡大学的文学系和哲学系取得了博士学位。他的精神生命始终都混沌地充满着犹太教文化、人文主义、浪漫主义、马克思主义、现代性以及后现代性文化的因素。阿多诺曾经说，人们以为本雅明是一位评论家，也是《法兰克福报》和《文学世界》的一位成员，还有很多人把他当成普鲁斯特作品最优秀的翻译家，但是，他的更重要的意义却是"在另一方面"。阿多诺所说的"在另一方面"，指的是他作为一位哲学家所特有的思维方式，也就是自由自在，毫无拘束，根本就不以自己先前所创造的观念作为固定的教条性原则（Adorno, Th. W. 1986, Bd. 20. 1：169）。所以，阿多诺似乎同本雅明一样，宁愿以不断变化和不确定的"碎片式"表达形式，也不愿意追求固定不变的观念系统，更不愿意在系统的形式中牺牲自己的思想自由。

早在青年学生时代，本雅明就积极参与由古斯塔夫·维内肯（Gustav Wyneken，1875—1964）领导的青年运动。完成了在柏林和弗赖堡的哲学学习研究任务之后，他到瑞士伯尔尼集中撰写了《论德国浪漫主义中的艺术评论概念》（*Der Begriff der Kunstkritik in der Deutschen Romantik*）。本雅明高度赞扬以施莱格尔（Friedrich Schlegel，1772—1829）和诺瓦利斯（Friedrich von

Hardenberg Novalis, 1772—1801）为代表的德国浪漫主义文学和哲学。他一方面探讨了浪漫主义批判概念在费希特反思哲学中的理论根源，另一方面又指明了两者的区别。他认为，浪漫主义者正是在费希特的“自我”概念中找到了艺术的源泉，也同时为艺术的绝对性奠定了基础。所谓批判就是在艺术的中介中的反思。本雅明同时强调批判的创造精神，同时也揭露了浪漫主义者在这方面的局限性，特别是指明了浪漫主义者对于康德批判创造精神的忽视。在这部著作中，本雅明已经显示出辩证法的基本精神。他认为，认知和知识的对象，哪怕是自然界，也是自我反思的，因而，它们也同时是主体本身。对一个客体的认知和认识，同时也成为客体本身。认知的这种辩证法尤其集中表现在对于艺术的认知和知识上。所以，关于艺术的美学是应该以艺术创作的对象自身的自我反思性作为基本中心概念的。正因为这样，批判也就成为艺术创作的关键概念，因为只有通过批判才能最后完成艺术作品本身。任何一部作品，相对于艺术的绝对性，相对于艺术的绝对理念，都是未完成的。因此，本雅明主张艺术作品的一种内在的无止境的反思，以此同传统的各种教条主义的美学断绝关系。任何一部作品的形式，对于艺术来说始终是偶然的；而对于该艺术品的任何一个评论，又为该作品超越其界限而朝向艺术的无限理念发展提供了新的力量。按照这个标准，集中了小说各种形式的特征的散文，是最完备的浪漫主义文学形式。同时，本雅明在施莱格尔、诺瓦利斯和荷尔德林等浪漫主义作家关于近代的“节制”概念中，预见了由福楼拜（Gustave Flaubert, 1821—1880）和各种象征论作家心目中的意识流艺术的形象。本雅明在论述和分析浪漫主义艺术批评观的时候，比较了歌德（Johann Wolfgang von Goethe, 1749—1832）和耶鲁学派的不同观点。本雅明批判和反对歌德重内容、轻形式的评论观，捍卫和支持耶鲁学派重形式，并强调艺术评论创造性的评论观。在本雅明看来，只有通过艺术评论才能将艺术的形式解脱出来、获得高度的发展自由，从而也为艺术作品本身的自由发展提供了最广阔的可能性。

本雅明从伯尔尼返回德国以后，同犹太文化哲学家肖勒姆（Gershon Scholem, 1897—1982）和空想马克思主义哲学家布洛赫（Ernst Bloch, 1885—1977）相遇，并在一起从事研究。本雅明以从浪漫主义那里受到启发的文艺批评作为基本手段，对于歌德的选择性亲和力进行了研究。在他的《论歌德选择性亲和力》（*Goethes Wahlverwandtschaften*. 1924）的著作中，正如他在《德国悲剧的起源》（*Ursprung des Deutschen Trauerspiels.* 1928）一书中所表达的，本雅明以他从研究浪漫主义文化著作的活动中所得出的批判原则，探讨文化艺术的最基本的问题。他把施莱格尔对于歌德的《主人威廉》的文学评论当成模特儿，将神话、赎罪和希望所构成的复杂心态的三重结构，当做文化创作的主要灵感来源，在这里，本雅明明显地显露出文学评论中的神学和形而上学精神的高度结合，反对简单地依据作者生平的线索进行评论。所以，从一开始，本雅明就把文学评论当成艺术和哲学之间的中介，以便弥补神学、哲学和艺术的巧妙结合的艰难过程中所遭遇到的局限性。他认为，任何一种艺术作品，都同某种完美的理念存在着内在的深刻亲和力，而完美的理念又只能在多样的艺术作品中表现出来。文学评论就是要显露作品中内涵的真理内容，但真理又只能通过具体而特殊的艺术形式表现出来。显然，本雅明已经在艺术作品的美学价值中看到了真理的因素，并把美同真理的复杂关系体现在文学评论活动中。

本雅明在同一篇论文中也继续发展在《对于暴力的批判》（Zur Kritik der Gewalt. 1921）一文中所表达的基本概念，强调社会生活形式的神秘性。他认为，包括法制和道德等社会生活形式，都不可能真正地从自然、从其力的关系中以及从其本身所内在的精神力量中解脱出来。他对于社会生活形式神秘性的信念，也使他认为：艺术家以及其所创造出来的艺术作品都隐含着某种程度的神秘精神，而这种神秘精神是很难彻底地弄清楚的。不论是歌德，或者是歌德作品中的各种英雄人物，都具有某种神秘性。这种神秘性，例如在某一个人物中所体现的充满魅力的美，正因为其神秘性，完全摆脱语言的约束，简直成为一种纯粹的明显现象，在歌德的艺术作品中，经常出现这些纯粹的明显现象，体现了某种最天真无邪的含糊性，同时也体现出无法表达出来的崇高，才成为小说和艺术创作的某种精神动力。

为了取得大学教授职务，本雅明从 1925 年起动笔撰写《德国悲剧的起源》。这部本雅明生前唯一完整的作品，不论从语言还是风格方面，都显示出本雅明充满思想矛盾的特质。据说是因为这部著作不符合传统规则，行文过于抒情，自说自话，不受约束，他被法兰克福大学拒绝。在这部作品中，本雅明已经显示出对于现代性的高度兴趣，透露出他对现代性中充满思想矛盾的特征的向往。本雅明试图通过寓言式的风格表现出犹太教、马克思主义和现代性之间的混杂关系。他不愿意使自己的思想观念固定化和确定化，却又不放弃传统文化和马克思主义以及犹太教文化所规定的基本原则，使他的思想观念永远都是在确定和不确定、传统和反传统之间穿梭。其实，本雅明心目中所向往的理念，就是德国巴洛克戏剧所呈现的充满着废墟、死亡和灾难的混乱景象，并把世界的混乱性和人类自身在确定和又不确定的世界中的生活，当做创作灵感的一个源泉。

本雅明对卡夫卡非常敬佩，尤其追求他的那种“同时把握政治和神秘两个目标”的精神。其实，政治的和神秘的目标是一致的。所谓政治，本来就是将现实和可能灵巧地结合起来的一种艺术。真正的政治家必须善于估计现实中的哪些力量和因素是值得同未来起主导作用的力量相结合的。政治的目的是要在现实和可能的未来之间架起一座理想的桥梁，不但成为号召自身和社会为之奋斗的目标和通路，而且也成为同其他政治派别较量并玩弄计策谋略的一个手段。正是在估计和操纵现实同可能的相互关系时，政治显示出高于其他一切的优点。在现实和可能之间，存在着多种多样可选择的确定性和不确定性。因此，从事政治活动也成为个人自由创造发挥最大才能的一个领域，同时也是进行自由创作冒险和游戏活动的理想场所。在这个意义上说，真正的艺术创作也就是等同于政治。政治的上述特征显然具有神秘的性质，同时又集中表现出政治的两面性和吊诡性。本雅明对卡夫卡的“政治和神秘双重目标”的追求，正好显示出本雅明本人及其作品的特征。

当本雅明充满着理想而走上社会生活的时候，也正是德国和欧洲社会刚刚脱离第一次世界大战阴影而遭受重重危机的历史时代。时代的特征一方面为本雅明的创作设立了重重障碍，另一方面却为他提供了发挥才能的最好机会。充满着矛盾精神的本雅明，面对着动乱而充满风险的社会，把抓住“当下瞬时”当做基本指导原则，在当下瞬时中寻找从现实走到未来可能道路的各种可能性。本雅明急迫的创作思路，始终赶不上更急迫得多的法西斯政权的执政过程。从 1925 年撰写《德国悲剧的起源》到 1933 年希特勒正式上台，八年之间本雅明始终是在文学创作的高产活动中急喘度过的。他在这段时间里创作了大量的小品文、短篇论文以及各种翻译作品，尤其表现出对于法国现代性作家波德莱尔和普鲁斯特的钟爱。

同法国的马拉美等现代性作家一样，本雅明对于艺术、文学和语言之间的相互关系非常敏感，并作了深刻的反思。也许是他的犹太教传统的影响，使他对于寓言的表达形式深感兴趣。他在《德国悲剧的起源》中，严厉批判现代文学和艺术对于寓言式表达的扭曲。他认为，寓言是采取某种带驱动力的书写方式，寓言的使用不仅使创作者有可能表达出已经被驱动出来的思想情感，而且也有可能继续表达出尚待表达的那些精神创造力量，这种表达的持久性甚至可以延伸到作者本人已经消失或者已经停止创作。同样地，寓言还可以驱动面对著作者所驱动出来的精神力量的读者们，使他们继续未完成的创作活动。本雅明甚至认为寓言会带领作者和读者一起回溯各种意义的原初历史，找回由于主体性而丧失的各种意义。寓言不同于一般的象征，不仅具有多重的可能意义展现结构，而且可以持续地驱动历史的车轮，使由各种原因而破碎的或残缺的历史得以恢复，并因而可以弥补历史的痛苦。

本雅明对于艺术创作中的寓言形式的分析，后来成为后现代主义艺术创作原则的一个基础。但是，对于后现代艺术和反美学来说，本雅明的《技术复制时代的艺术作品》（*Das Kunstwerk im Zeitalter Seiner Technischen Reproduzierbarkeit*. 1935），更具有深刻的启蒙和指导意义。在这本作品中，本雅明开宗明义地揭示了时代转变的重要标志：技术对于艺术和文化的介入。资本主义的技术是随着现代生产力和知识的发展而产生出来的理性力量。当资本主义文化还停留在以生产力为中心的经济发展阶段，当知识还仍然被用来单纯地征服自然的时候，艺术可以作为一种独立的创作力量而避免经济和科学知识的干预，还保持其自律性。在这种情况下，在生产力发展和知识进步过程中所表现的理性工具化，仍然没有破坏艺术创作本身的自律。工具化的理性只是在征服自然的社会运作中发挥其异化的力量。也正因为这样，工具化理性的异化还主要限于控制自然的经济活动和各种社会功利活动中，对于人性的扭曲以及对于艺术创作的控制还在很大程度上只停留在狭小的范围内。当技术恶性膨胀而把生产力和知识的工具理性推动到登峰造极的时候，技术就不只是成为征服自然的主要工具，而且也成为征服人本身，特别是征服人的精神活动和创造精神的主要力量。因此，随着时代的转变而出现的技术对于艺术活动的干预，就成为艺术本身发生危机以及人性本身遭到彻底摧残的信号。

本雅明的这篇论文就是对于破坏艺术和破坏文化的技术力量的宣战，因而也是对于发生扭曲的社会力量的宣战。他认为，技术对于艺术和文化的摧残如同法西斯政治力量对于整个社会的迫害一样，他把这种历史的转折称为法西斯时代“政治的美学化”。

本雅明认为，随着技术的介入，现代美学和艺术中的创作、天才、永恒、风格、形式和内容的基本概念，统统都发生了根本的变化。由于技术力量的发展，依靠技术大量地和迅速地复制艺术作品的可能性和限制性空前地增长。这些现象意味着原来统治着现代艺术领域的“真实性”、“原作者”以及特定作品的特有传统的概念，都已经失效。为了分析技术力量的干预所引起的艺术创作环境的变化，本雅明进一步发展了他在 1931 年《摄影简史》（*Kleine Geschichte der Photographie*. 1931）一书中所提出过的“氛围”概念。

氛围是本雅明美学理论中的一个重要概念，用来表示一种既遥远又切近的某种独一无二的精神气氛。氛围源自拉丁文 aura，表示一种气氛，虽然看不见和无形，但实际地对于具有精神生命的人发生影响。氛围隐含着“吹拂”的意思，表示某种隐而不现却柔而有力的周围气氛。这是有别于物体实在的精神状态，而且它的存在及其创作效果，只有在创作者和鉴赏者充分意识到其所在的位置同传统、同人类文化整个历史保持着特定距离的时候，才能作为一种具有对比性的力量而呈现出来。要充分理解到氛围的意义及其对艺术创作和鉴赏的作用，按照本雅明的观点，必须对历史和文化有一种特殊而深刻的洞察力。因此，氛围的概念虽然属于本雅明美学的重要范畴，但它是立足于一种历史哲学和文化哲学之上的。

根据本雅明在 1940 年所写并在 1942 年发表的《论历史的概念》（*Über den Begriff der Geschichte*. 1940）的基本观点，人类历史是在某种断裂的和充满闪烁不休的时间片段结构中存在的。历史的展现，伴随着作为历史产物的个人所处的现实位置而呈现出不同程度的模糊性。因此，历史也伴随着观察者和思索者的不同现实位置而呈现出不同程度的透明性和可见性。本雅明的历史观点显然是建立在他的犹太教浓厚色彩的救世主观念的基础上的。按照犹太教的救世主义，时间往往在现实中充分地呈现出来，但又同时地同呈现过或未呈现过的时间以不同程度的模糊性并存着。犹太教救世主义的这种时间观，完全不同于近现代历史主义所想象的时间；其主要区别点，就在于否定历史连续性、虚空性和一线性，同时也反对“进步”过程所呈现的时间同构型。本雅明从犹太教救世主义的观点出发，把时间的断裂性和不连续性同人类文化和精神整体性紧密地结合起来。因此，尽管历史时间结构是断裂的和不连续的，但在本雅明看来，由于人类文化和人类精神的整体性，在不同历史瞬间的人，有充分可能通过人类精神本身的直观而抓住历史中某些具有特殊意义的片段。人的创作以及人在生活中所从事的各种活动，都离不开历史的脉络。但由于历史的上述特征，以及人类本身的精神和文化的特质，各个时代的人，有可能把其自身优先进入的历史瞬间同已经消失在模糊断裂结构中的时段连接起来。也正因为这样，具有创作能力的人，总是可以不同程度地，从其所占据的现实位置，感受到甚至看到具有不同明亮度的历史。人同历史之间的上述既真实而又神秘的关系，使任何时代的人和文化，都有可能接受和发扬在历史中所渗透的各种传统。在这个意义上说，传统虽然是在历史中存在的，但传统的呈现和发生作用，却需要历史同其接受者之间的某种关系。传统也因而是在历史同人的关系中时隐时现地发生作用。所谓氛围是始终伴随历史，并因而也伴随传统而存在的。本雅明说："过去的真正图像是飞掠而过的。只有当'过去'作为一种图像在某一个瞬间闪烁而现而同时又能被确认却看不到的时候，过去才能被把握。"（Benjamin，W. 1942）本雅明在这句话之后不远的地方，进一步指出：历史的过去的任何一个瞬间，虽然隐隐约约地闪烁在历史场合的某一段，但它始终同现实的人息息相关；只是当现实的人，由于其关切的方向和中心点，使过去了的瞬间重新地同作为关切者的现实主体发生关联。所以，只有当主体本身不再关心历史瞬间的时候，过去才在历史的黑洞中消失。本雅明在引述历史学家兰克（Leopold von Ranke，1795—1886）的话时说，恰当地评价和把握历史的过去，并不是要把它当成实际存在过，而是把它当做在一个危险时刻闪烁出现的记忆来把握。虽然本雅明在论述其独创而神秘的历史观时，一再地声称他的历史观是属于历史唯物主义的，但他显然是以犹太教的神秘观点看待历史。本雅明在讲"历史的过去"时，每当强调"过去瞬间"的价值的闪烁性时，一再表现出他对于威胁着历史和自由创作的"危险时刻"的敏感感受。把历史的存在及其作用同历史时时遭受威胁的可能性密切地关联起来的这种观点，就是犹太教救世主义的基本精神。但在本雅明那里，正是这种精神，又转化成为进行自由创作的一种动力；成为寻求自由的人，在历史茫茫传统长河中，探索克服威胁的开创性活动的一种精神支柱。本雅明并没有因为历史时时遭受威胁的状况而置自身于无奈，而是积极主动地去把握那些关于受威胁的历史瞬间的记忆闪现的时刻。历史的价值就在于：它经常无意地在某一个危险的时刻独一无二地向人们呈现历史的面貌。

本雅明之所以一再地将历史同危险的时刻联结在一起，主要是因为他自己已深感陷入在危险的历史时刻中。同时，本雅明也以其亲身经历，深深感受到历史的传统及其接受者都同时地在危险的时刻受到了威胁。他试图拯救传统，也同时地拯救受传统精神熏陶的现代文明，以免遭受猖獗一时的法西斯势力的破坏；但他并不消极地反抗，而是召唤新的自由创造力量向当代的统治势力挑战。本雅明坚信历史及运载在历史中的传统是一股不可战胜的力量，因此，他认为危险时刻中所呈现的邪恶势力终将会被毁灭。他引用布雷希特一篇歌剧中的诗句："认定黑暗和酷寒，在无底深渊中，伴随着贫困，时时回响。"（Brecht, B. The Threepenny Opera）本雅明对于历史瞬间中呈现的各种邪恶势力的确认，包含着他对战胜这种势力的坚强信心。但是，本雅明的坚强信心总是通过他对历史的悲哀情感而表现出来。本雅明对于悲哀的感情隐含着对于历史和文化力量的清醒估计，因为他清楚地意识到：真正的悲哀感情不是纯粹的悲观主义，而是能够导致宣泄智慧和勇气的暂时移情。在这点上，本雅明引用了法国作家福楼拜的深刻诗句："只有少数人，才真正猜测到：必须以何种程度的悲哀，才能把迦太基人激奋起来。"正是在历史文化的传统中隐含着暗示悲情和勇气之间的恰当比例。本雅明也正是在这个意义上将"氛围"同传统以及同对于传统的理解联结在一起。

氛围一方面是从事自由创作的历史文化脉络中所隐含的精神气质的表现，另一方面又是创作者本身浸透于历史精神的程度的标志，因而也是创作者同历史上过去和未来一切创作者相互沟通和相互交流的中介。氛围所包含的主客两方面的因素，永远都是相互影响和相互依赖的。现代技术及其复制能力极大地破坏了氛围，使现代人不愿意在特定的历史间隔中生存，不愿意在历史间隔的反复反思和创造活动中承受必要的悲哀和精神痛苦，更不愿享受必须付出巨大精神代价才能鉴赏的艺术唯一性之美。现代人受现代技术的扭曲，试图像享受快餐文化那样不费力气地立即把握艺术对象。技术产生了复制的能力，也导致现代人对于技术复制的迷信和崇拜，使艺术创作的氛围消失殆尽。本雅明认为现代电影就是最典型的"后氛围时代"的技术复制艺术。

本雅明的氛围概念，早在一百年前的法国诗人波德莱尔那里就已经提出来了。波德莱尔在《光环丧失》（*Perte D'auréole*）的诗文中已经深刻地揭示了现代氛围的没落。同本雅明一样，波德莱尔在使用氛围概念时也表现出含糊不清的态度。他一方面用氛围表现时代创作精神的堕落，另一方面又表现出氛围所表达的内容的彻底丧失。实际上，本雅明和波德莱尔都强调氛围本身的精神力量同对氛围进行反思的创作者之间的相互关系。在这个意义上说，氛围的概念隐含着主体间性相互关系的建构。因此，当代氛围的没落也意味着主体间性的衰落。当代氛围衰落的信号意味着彻底重建当代文学艺术的必要性，也意味着对传统进行彻底反思的时刻已经到来。

在《技术复制时代的艺术作品》一文中，本雅明进一步发展了浪漫主义的文学创作精神。他强调随着当代技术的发展而转变的人类感官能力，同时也进一步研究在技术时代中感官转变对于艺术创作的意义。当代技术的发展使原有的时间概念得以通过信息和媒体的多重象征性结构而包含着更大的延展性、凝缩性、共时性、多元性和交错性。时间再也不像古典自然科学和哲学那样，不只是具有单向性、一次性、不可重复性、不可逆性和连续性的特征，不只是一种孤立的流程和抽象的框架，而是同人们的行动及其成果相互包含、相互伴随和相互穿插，使时间更加显现出循环性、重复性、潜在性、穿梭性、凝缩性和延展性。技术的发展使时间不但成为各因素间有序、有向、有层和相互联结，又可以使之无序、无向、重叠、交错、无层和间隔起来。所以，时间不仅对于同一性质和同一系列的因素发生统一和标准化的效果，而且也可以对任何不相同甚至毫无关系的因素发生既统一又多元化的标准性效果。在现代技术条件下，时间固然是一切因素存在和发生作用的实际条件和基础，但同时更加是其可能的条件和基础。在这种情况下，时间作为可能性的条件而呈现出来，也使时间在艺术创作者和观赏者面前成为选择各种可能性的场所。换句话说，作为可能性的时间，可以包含一切可能的因素，也可以使一切可能的事物发生，又使一切已经实际存在和发生过的事物转变成为不可能性。这就迫使现代人和现代艺术家，必须在每个瞬间中迅速地作出选择，才能对于确定的和不确定的、可能的和不可能的、可见的和不可见的各种事物，进行鉴别和区分。这样一来时间也就变成了一种象征；而具有象征性的时间，实际上就是任何事物成为其他一切事物的象征性条件。由于穿过某个时间点或穿梭于某个时间脉络中的事件的多样性和穿插性，时间成为所有这些穿插于其中的事件转变成各种可能性的一个场所。当代时间结构的转变极大地影响着艺术家和艺术鉴赏者的视觉和其他感觉能力。本雅明观察到当代摄影和电影技术在改变时间结构方面所起的作用，例如通过电影和录像制作中的蒙太奇和各种剪裁技术的使用，使人类生活的节奏忽而加快、忽而减缓甚至凝滞，也使各种现实和历史的画面呈现出多维度的结构，变得片段化、不连贯化或秩序倒错。现代技术综合光线、色彩和声音的多种重合和分隔，也进一步改造了艺术家和鉴赏者的感官能力，有助于新类型的艺术作品的创作和流传。对于现代技术影响艺术创作和人们的感官能力的历史效果，本雅明给予了正面和反面两种评价。从正面意义说，本雅明充分肯定技术创造对于推进艺术创作多元化的正面作用，同时也肯定技术发展有利于在社会大众中推广艺术的历史作用。例如，本雅明高度评价当代电影艺术适应并改进群众艺术感官能力的意义；他把电影艺术的这种重要功能同建筑的发展及其推动建筑艺术的功能加以比较。在这个意义上说，本雅明肯定技术复制的艺术所提供的美学感官能力的正当性。但另一方面，本雅明也揭露了技术及其他现代文明中非艺术因素对于艺术创作的介入的消极意义。正如前述本雅明对于氛围的论述所指出的，技术复制能力的加强对于艺术创作所起的破坏作用主要表现在氛围的削弱和消失上。氛围，作为历史传统和艺术创作者对于历史传统的态度的表现，首先是一种联结历史文化力量和现实因素之间的关系性网络，同时又是艺术创作者同鉴赏者、同历史的因素之间的相互交往和相互影响的精神性桥梁。氛围的存在及其运作，保障了艺术创作和鉴赏过程中各个主体间的精神交流，也保障了任何时代艺术品同历史整体人类文化创作生命之间的密切联结。现代技术的复制能力对于艺术创作的介入，显然破坏了上述氛围运作中的各主体间的交流和创作循环。

本雅明也从犹太教关于救世的神秘观念出发，把氛围看做是某种神学的残留物。这样一来，艺术中的美，也被看做是世俗化的一种仪式，是在宗教迷信活动中的群众把握艺术品的一个程序。这样的理解是同上述对氛围的肯定性理解相联结的。本雅明实际上借用了艺术史和文化史上原始人通过宗教礼仪活动把握艺术的经验，去肯定现代技术在普及和推广艺术方面的功能。

在对于现代技术干预艺术创作的历史研究中，本雅明在立场上时时表现出两面性和变动性：从对于氛围消失的分析转变到对于艺术世俗化过程的肯定，从对于迷信的价值的肯定转变到对于艺术展览价值的肯定。

本雅明对于技术复制时代的艺术作品的研究，再次体现了本雅明美学理论的多元性和变动性，也体现出本雅明美学的高度灵活性和生产性。实际上，本雅明总是认为：任何一位具有创作精神的艺术家，不但必须是本人艺术作品的创作者，同时又必须是其自身创作力的不断生产者。他在《作为生产者的作者》一文中指出，艺术家不仅通过其作品外化其自身的创作精神，使自己成为内在的创作的生产者，而且也应该是直接地参与生产艺术作品的技术的推动者和生产者，使自己成为生产艺术的技术的生产者和改造者，使艺术因而也成为社会生产力的一部分。在这方面，本雅明比阿多诺更坚决地靠拢马克思主义的历史唯物论，企图使艺术生产纳入到社会总生产的体系中去，也使艺术成为推动社会生产力发展的一个动力。正因为这样，本雅明也主张让人民大众更多地和更方便地学会创造和鉴赏艺术，让人民大众直接参与艺术的生产活动。正是在这个背景下，本雅明肯定了现代技术复制文化的意义。但是，本雅明关于"生产者的作者"的基本观点，又隐含着鼓励艺术家直接参与改造艺术家同人民大众的社会关系的实际活动，使艺术不再成为少数艺术贵族和精英所垄断的"象牙之塔"。在本雅明看来，由技术发展所推动的大众艺术和文化，又将进一步加快艺术的政治化，有利于动员和组织人民大众发展反对法西斯势力的社会运动。但是，对于本雅明的上述观点，仍然不能用一种僵化的固定原则去看待。在哪怕是表现出激进马克思主义化的言辞中，都包含着本雅明相反的观点和风格。应该说，本雅明的这种充满着矛盾和充满着变动可能性的言论，正体现了他的美学理论的生命力。本雅明的任何一段论述，从来都不被他自己当成约束再创造的框架，而是成为再创造的出发点。因此，本雅明有关艺术创造的任何言论和观点，如果从回溯的观点来看，从来都找不到其前期的相同结构。这并不是他在理论上的不一贯性，而是他真正贯彻了"作为生产者的作者"的基本观点和原则，把自己和所有的艺术家都看成是不断创造，因而不可能重复以往任何一种观点的创作者。正是这种精神，使本雅明不但成为阿多诺的真正启蒙者，也成为后现代主义的理论开创者。

本雅明在其未完成的著作《途经巴黎著作残篇》（*Das Passagen-Werk*. 1927—1940）一书中，最典型地表现了他自由自在的创作风格。这本著作虽然是由几篇不完整的草稿所组成的，但表现了本雅明研究现代性文化的独创见解，同时也表达了突破现代性文化界限的某些后现代精神。其中的两篇重要文章分别写于1935年和1939年，对超现实主义的作品以及波德莱尔的现代性作品进行了深刻的分析。其中一篇《辩证的女神》（*Féerie Dialectique*）是阅读超现实主义作家阿拉贡作品《巴黎的农民》后所写的。他高度赞扬超现实主义，强调对于虚幻的幻想世界的想象的重要性。他虽然一方面坚持马克思主义的唯物史观，另一方面却强调作家在创作中突破现实事物界限的必要性。他认为，艺术创作所需要的，不是单纯对于现实的观察和理解，而是发挥主观想象力，在历史和文化的氛围中创造出像梦幻那样变化不定甚至含糊不清的图像，并超出现实各种逻辑关系，用虚幻的力量联结各种可能的因素。不仅如此，艺术的创作还需要一种同乐观并存的悲观精神，因为只有通过深层的悲观和焦虑，才表现出作者对于历史文化脉络中隐含的危机和罪恶力量的洞察，表现出作者在艺术创作中所贯彻的对人类命运的观测。本雅明的第一篇文章探讨了波德莱尔的诗歌，他赞扬波德莱尔创作思考中的含糊创作动机和理念，同时赞扬波德莱尔对于现代语言的批判。本雅明指出，各种比喻和象征性的文学语言，是用来彻底摧毁现代社会所假想出来的各种协调图像的有力武器，而且，通过对于语言的批判以及重新使用破碎了的语言碎片，可以更清楚和更深刻地表现出普通语言所无法表达的现代性真实意义。

因此，《途经巴黎著作残篇》直接成为阿多诺进一步发展现代性和后现代性双重文学特征的起点。

（二）阿多诺的“无调”美学的吊诡性

虽然阿多诺的创作起点可以一直上溯到他的青少年时代，但是，真正成为阿多诺自由创造的启蒙者的，正是本雅明。本雅明在1940年面临希特勒的迫害而绝望自杀时所留下的著作残篇，直接成为阿多诺从事艺术理论和美学创作的起点。对阿多诺来说，他最大的幸运就是成为本雅明遗著残篇的第一位继承人。阿多诺曾经谈到他在收到这部残篇时的精神激动状况：“本雅明丰富而灵活的思想以及他表达思想观点所采取的文风，给了我深刻的刺激，使我顿时开启了思路，同时也找到了表达思想最灵活而又隐含的方法。”（Adorno，Th. W. 1986，Bd. 20. 1. Hälfte）本雅明思想中根深蒂固的犹太教救赎主义使阿多诺也坚信：只有靠对于救赎的坚定信仰，才有勇气在充满黑暗和曲折的历史道路上进行沉思。他说：“在绝望面前，唯一可以尽责力行的哲学，就是站在救赎的立场上，按照它们自己将会呈现的那种样子去沉思一切事物。知识唯有通过救赎来照亮世界，除此之外都只是纯粹的技术与重建。必须形成这样的洞察力，置换或疏远这个世界，揭露它的裂缝、扭曲和贫困，就像它有朝一日将在救世主的祥光中所呈现的那样。”（Adorno，Th. W. 1986，Bd. 4）1941年阿多诺在南加利福尼亚与霍克海默和勃洛克相会，并从那时起开始起草《启蒙的辩证法》（*Dialektik der Aufklarung*，1947）。本雅明在晚期思考中所表现的犹太教神学主题以及悲观主义的含糊思维，给予阿多诺深刻的启发。在《启蒙的辩证法》中，阿多诺和霍克海默以一种晦暗的论述方式，时而借用马克思的语言，时而借用尼采和韦伯的概念，系统探讨了在当代文化危机中起着主导作用的理性的历史蜕化过程。他们认为，在德国古典哲学中与纯粹分析的理智或理解力相对的理性，由于工具化和主观意识的长期主宰，已经被淹没并大为逊色了。阿多诺对于理性的这种悲观估计是同本雅明的思想情感相一致的。

阿多诺从懂事的时候开始，便被深深染上悲观忧郁的生活和精神气息。用他的话来说，“忧郁的科学”时时伴随着他对“毁掉了的人生的反思”。他一生的思考和著作，尽管随着不同历史时代而呈现出不同的思想和表现风格，但始终都贯穿着他试图痛苦地诠释悲哀的社会文化历史命运的心路。他很喜欢引用流浪的爱尔兰后现代诗人贝克特的话：“无数的悲泣消融了盔甲，唯有脸上印着泪水的痕迹。”（Adorno，Th. W. 1986，Bd. 10. 1. Hälfte）

影响着阿多诺思考及表达风格的另一个重要因素是音乐和艺术。阿多诺对于音乐的天生爱好和艺术才能，可以说构成了他本人特殊生活和思考方式的一个推动力量，同时也是他实现知识上的早熟和型构对于社会文化真知灼见的精神基础。他从小就被爱好艺术并狂热地从事音乐活动的女人们所环绕。他的母亲是一位职业的歌唱家，到37岁时才生下他，使阿多诺从出生起就得到了母亲的倾心关注。而长期未婚的姨母又是一个有天赋的钢琴家，天天从旁亲切指导阿多诺弹钢琴，并一起上歌剧院鉴赏各种歌剧和音乐，使他在古典音乐的氛围中接受熏陶和成长。音乐不但使阿多诺练就了一身独特的文化精神，而且也使他学会了“音乐式”的思考和表达。

现代音乐大师勋伯格（Arnold Schoenberg，1874—1951）的创作风格给予了阿多诺深刻的影响。阿多诺曾说勋伯格的音乐所要求听众的并不只是沉思，而且还要体验。长期以来，阿多诺在其理论著作中所要表达的，不仅仅是读者可以在字里行间理解到的内容，而且还包含需要靠反复思考才能体会的深奥因素。他希望他的作品像勋伯格的乐曲一样，不只是让人们简单地理解到其中的部分内容，而且也体验到那些难以表达，甚至无法表达的思想感情。他喜欢讲的格言是:“眼前的玻璃碎片就是最好的放大镜。”他并不认为思想必须严格按照死板的逻辑,更不期望以语言表达的语法去约束思想观点的流露。在许多情况下,他反倒认为活泼的,甚至是放荡不羁的表达形式和风格才有可能深刻表达思想本身的自由创造精神。阿多诺宁愿使自己的论文和作品像神秘的乐曲那样,也不愿意为了投合读者而把自己的思想简单化。他的艺术家气质使他坚持认为任何思想观点都不能以简单方式表达出来。他在20年代在维也纳学习勋伯格现代音乐的生涯,使他也学会了采用“无调音乐”的方式表达自己的思想。

阿多诺15岁那年,在一位比他年长14岁的朋友克拉考尔(Siegfried Kracauer, 1889—1966)的引导下,开始每周阅读康德的《纯粹理性批判》。克拉考尔是魏玛共和国时代著名的建筑学家,早年攻读建筑、美学、哲学和社会学,曾是齐美尔的学生。1921年起,当他在《法兰克福报》主持文学评论时,与阿多诺、布洛赫、本雅明和弗洛姆(Erich Fromm, 1900—1979)结成深刻的友谊。克拉考尔以及本雅明和布洛赫等人,充满着激情、悲观、乌托邦幻想和艺术憧憬的精神气质,同阿多诺原有的性格自然地融合在一起,使他开始在哲学和音乐双轨道所铺陈的文化研究道路上迅速成长。对阿多诺来说,哲学和音乐一样,使他敏锐地感受到理论论述中所隐含的历史苦难,而哲学论述所采取的抽象表达结构,又给予他更多的反思的可能空间,如同无调音乐的乐曲提供了自由表达情感的维度一样。

阿多诺是在法兰克福和维也纳两个大学先后完成哲学和音乐的系统训练的。勋伯格的无调音乐以及其后期以12音阶为基础的新音乐,使阿多诺深受表现主义的影响。在阿多诺看来,音乐不只是人的复杂思想情感的产物,而且具有发展人的认知能力的功能,有助于深化人同社会及文化的相互渗透。在为勋伯格六十寿辰所写的《辩证的作曲家》(*Dialektische Komponist*)一文中,阿多诺赞颂勋伯格否定资产阶级调性原则,并认为勋伯格的新音乐有助于对资产阶级现代自然主义的批判。

希特勒上台前夕,阿多诺在法兰克福大学发表了题名为《哲学的现实性》的演讲,再次表现出本雅明对于他的思想和表达风格的影响。在这篇著作中,阿多诺表现了他在晚期所写的《否定的辩证法》(*Negative Dialektik*)一书中所坚持的原则。在法西斯的迫害下,阿多诺和本雅明等人流亡国外。他并不赞同霍克海默直接将法兰克福大学社会研究所迁移到美国的纽约。他对美国文化有一种特殊的反感：这种感情或偏见在他一生中几乎没有真正改变过，尽管后来他也不得不接受霍克海默的邀请而定居美国。

当1940年本雅明在流亡中自杀时，遗留下一组包括18篇文章的《哲学历史提纲》。本雅明对于马克思主义所提倡的历史进步概念提出了批评，他认为，只有通过"现时"的呈现（the presence of the Jetztzeit），才能拯救时时受威胁的历史。历史不是单一性质和单质结构，也不是由虚空的时间所构成的，而是由充满着生命力的现时所构成的。只有肩负着救世精神的革命英雄，才敢于面对来到面前的历史。阿多诺本来坚持黑格尔的辩证法，而且也不赞同本雅明的反个体主义，但他仍然赞同本雅明对于进步的历史主义的批判。阿多诺尤其是对本雅明的下述论断深表同情："任何一种文明的记录，同时也就是野蛮的记载。"阿多诺和本雅明一样，并不相信历史本身有一种客观的趋向进步的内在推动力量。历史和马克思、黑格尔的辩证发展的论断相反，不是必然地要经历各种预定的客观法则的各个阶段，而是充满着断裂和起伏，有时甚至是停止或倒退，也有时陷入灾难的旋涡中。贯穿于阿多诺思想中的悲观、否定、曲折和模糊不清的格调，使他在40年代批判美国文化工业和其他现代艺术的活动，表现出一种痛恨单调僵化的特质。他在文化工业的批判中，一再强调文学艺术创作的自由和多样性，反对因商业和技术力量的干预而导致艺术的单一化和标准化。他认为，因袭陈规、崇拜权威和玩世不恭，都具有反民主和反自由的性质。他在批判现代艺术的商品化和技术复制的同时，又坚定地捍卫音乐和艺术本身的自律性、复杂性、唯一性和精致性，反对通过技术和媒体的传播而简单地使艺术实现大众化，因为他认为任何真正的艺术总是免不了曲折甚至是神秘的创作过程的。

他在批判文化工业的过程中，始终伴随着对于音乐和各种艺术的密切关怀。在40年代所写的《新音乐哲学》（*Philosophie der Neuen Musik*）、《电影作曲》（*Komposition für den Film*）和《最低限度道德》（*Minima Moralia. Reflexionen aus dem Beschädigten Leben*）等著作中，一方面肯定勋伯格的现代性和后现代性创作风格，另一方面严厉批判斯特拉文斯基的复古式新古典主义，强调斯特拉文斯基醉心于主体性的牺牲所隐含的集权主义倾向。《最低限度道德》典型地表现了阿多诺的尼采主义风格。在这部著作中的153则格言，几乎以某种隐喻和反讽的形式曲折地表达了阿多诺对长期流亡生活的痛苦反思。这是对于被毁灭和被粉碎的人生的思索。他说："每一个移居国外的知识分子毫无例外地满身创伤；如果他希望保持自己的尊严的话，最好是对此有自知之明。”阿多诺痛恨系统性和整体性，就像他痛恨单一性和不变性一样。他说：“整体是虚伪的。”现代社会和文化的最大弊病，就在于盲目性、单一性和直接性。他对于现代文化的单一化倾向非常忧虑：“反讽的中介，也就是意识形态与现实之间的差异已经消失。……在现成秩序的山崖上已经不存在反讽家可以插手其中的裂缝。”（Adorno，Th. W. 1986，Bd. 4）在他看来，人的生命本来就是非同一的。生命的自由本质就在于它本身的永不停止的自我分化、自我差异化和自我更新。在每一个生命的瞬间，生命自己既是它本身，又不是它自己；不断地自我否定，不只是在时间连续结构上的先后自我否定，而且也包括同时刻的自我否定在内，这就构成生命存在的基本动力，也是生命在不断变化中，在每时每刻的不确定中，不断地表现出生命的唯一性本质。

阿多诺对于生命的不断自我否定性，导致在哲学上对于否定的辩证法的追求以及在音乐上对于不定型的无调中介音乐的追求。阿多诺在哲学和音乐方面的上述反思特质，实际上已经从精神上和风格上为60年代后的后结构主义哲学思考和反美学艺术创作思想作了准备。

早在40年代发表的《最低限度道德》中，他就已经在他的思考中极端重视各种逃离概念网而走漏出来的各种异质性思想观念片段。他认为，不是在严谨而形式化的逻辑框框中展现的思想观念，而是那些不时地偶然逃脱逻辑约束力量而表现出来的思想观念片段，才是人的生命不断追求自由的本质表现。他多次表示：那些呈破碎状态的自由观念所合成的大于总体的思想结构，才是比一个完整无缺的理论上的自由概念更加珍贵和更加真实的。

阿多诺晚年发表的否定辩证法，不但在观点和论证方法上，而且也在组织结构上，有意识地表现出对于传统的主体性和整体性的否定。他那种反形而上学、抵制任何终结和反对各种调和的基本精神，始终贯穿在他的否定的辩证法的论述过程中。在这本书中，阿多诺一方面显示出不断自我否定的自由生命力的不可抗拒性，表现出他对于各种不可能的因素和力量的坚定信念，表现出他对于死亡和永恒否定的期望；另一方面也表现出对于历史的和现实的哲学以及一切理论思考的绝望，表现出对于人类文明悲观前景的憧憬无可挽回的破灭。他说：“哲学似乎已经过时；但正是因为它的实现的时刻已经错过，哲学才有可能继续存在。”在哲学和理论领域中所遭遇到的一切绝望，只有在遭遇艺术的时候才出现了虚幻的希望。他说："艺术哪怕是在它的顶峰地位也不过是相似物。但是，艺术的相似，也就是它的不可被压制的那部分因素，正是由其并非相似的因素所提供的。艺术，特别是被斥责为虚无的艺术，当它避开各种判断的时候，它所说的正好就是判断每一件事都不是虚无。如果是这样，不管艺术是什么，它都将是苍白的、没有特色的和平庸的。只要不表现出超越性，就没有光芒照射在人类和事物身上。眼睛始终盯着褪色了的世界，并表现出一种抗拒，这就包含着对于可替换的交换世界的抗拒。相似就是非相似的一种希望。"（Adorno，Th W. 1986，Bd. 7）这就是说，阿多诺也在艺术的堕落中，在艺术不断地失去差异性的历史趋势中，看到了人类文化从自我否定的历史中可能获得的重建希望。

阿多诺的最后著作是《美学理论》（*Ästhetische Theorie*）。这在很大程度上象征性地表示阿多诺思想的顶峰的特质，也表明只有在探讨艺术和美学的问题时，阿多诺才有能力将他极为复杂的思想观念表达出来。他在这部著作中表现了思想的高度自由和自我矛盾，表现出自由思想展现过程中所可能采取的曲折而破碎不堪的途径和形式，表现出真正自由的思想不可能容忍前后一贯的严密体系化形式。

《美学理论》这本书当然是以探讨艺术创作及其社会功能为中心的。但是，正如康德在《判断力批判》一书中通过探讨艺术和美学问题而深刻地论述到人的自由本质一样，阿多诺也通过艺术的反思深刻而广泛地探讨了人本身和人的社会。他在这部著作中极力捍卫一种他称为"非审美化"的现代主义及其自我批判能力。在他看来，一种能够自觉地不断揭露其本身虚幻化的整体性要求的艺术，一种不断地进行自我否定的寻求达到自我完满的艺术，总是比一种保持其假象的艺术更具有否定现实的力量。

艺术在本质上是悲剧性的。这是因为所有的艺术都不可避免地要通过不停的自我否定而实现超越，实现其本身所追求的完美理念；但是，在不断自我超越和自我否定的过程中，艺术又何尝不逐步地意识到追求完满本身的虚幻性！明知自我否定和自我超越的结果必然导致虚幻的完满性，但艺术却又固执地不断在自我否定的道路上走下去。这就好像人类文化和人类历史本身永远都朝向更高的目标而自我否定，但其结果只有虚幻的完满性在不断地召唤罢了。艺术的自我否定性，正是通过其本身的虚幻性，显示出它对于现实的批判的无限性。因此，阿多诺高度肯定艺术对于哲学的优越性，肯定艺术自我否定的力量高于哲学的自我否定。

阿多诺对于艺术的赞扬，还隐含着他对艺术自我否定的非异化倾向的肯定。在阿多诺看来，同艺术相比，人类知识，特别是现代科学技术，过多地追求对于自然的征服，过多地追求主体性的实现。所有这一切，在真正的艺术创作中，是完全可以避免的。

阿多诺对于知识和技术以及各种权力的蔑视，以及他对于艺术的含蓄赞颂，再次表现出他的文化悲观主义精神。但是，如果认为阿多诺的思想只有悲观的一面，那未免过于简单化。他对于艺术的赞美和期望，尽管包含着虚幻的和悲观的精神，但像扔到茫茫大海中的瓶中信一样，可以指望总有一天未来的收信人的出现，尽管这位收信人的身份始终不明确。

在本雅明和阿多诺的思想表达和论述中所有那些前后矛盾和不明确的地方，正是后现代主义从中得到最深刻的启示的关键所在。

第五节　艺术的非定义和无定义

（一）后现代“反艺术”对艺术定义的探讨

后现代的“反艺术”，虽然以破坏和颠覆传统艺术为基本宗旨，但它也对艺术的根本性质感兴趣。然而，后现代的反艺术不同于传统美学，在探讨艺术的本性时，不是首先肯定艺术的“可定义性”，当然也不急于对艺术下什么定义。后现代反艺术在这个问题上所采取的基本态度是：以艺术“不可界定”为理由，首先强调艺术的“非定义性”和“无定义性”。换句话说，后现代反艺术恰好采用“不下定义”或“否定定义”的方式，对艺术下否定性的定义；或者，也可以说，后现代反艺术是在不断否定艺术本身的过程中而肯定艺术的生活价值的。

后现代反艺术对于艺术所下的否定性定义，首先是对抗和批判自柏拉图以来传统文化对艺术的定义；具有反形而上学、反逻辑、反语言和超语言的意义。同时，这一批判实际上也试图将艺术提升到人类精神活动的最高地位，使它位于哲学和科学之上，使艺术具有与人的生命攸关的本体论意义。

所以，后现代反艺术同时具有否定和肯定的两面。就否定的一面而言，它是反传统形而上学、逻辑中心主义和语音中心主义的必然表现和结果；就肯定的一面而言，它是将艺术从传统的定义中，也就是从理性中心主义和语音中心主义的牢笼中解脱出来而返回自然和生活中去，它是对于艺术的生活本体论意义的确认，也是艺术本身从自然界和人的生命活动中获取其生命力而同自然并存繁荣的保障。

德里达在《书写与延异》以及在他和德文宁合著的《论阿尔托：照片和图画》（*Artaud*：*Portraits*，*Dessins*. 1988）中对于传统艺术进行了彻底否定的批判。在德里达看来，经过传统形而上学、逻辑和语言的限定和表达的艺术，已经不是原原本本以自然面目呈现的艺术活动本身。在传统形而上学基础上，经逻辑的理性加工和清理，由传统语言的途径和形式所表达和表现的一切艺术，都是“神学性的”（théologique，Derrida，J. 1967：35）。他所说的艺术“神学性”，指的是艺术由于形而上学、逻辑中心主义和语音中心主义的介入而被神秘化，成为在艺术活动和作品中不在场的社会文化宰制者用以表达其理念和获取其利益的工具。就艺术的本来意义来说，艺术活动及其产品都是同形而上学、逻辑和语言毫不相干的。真正的原本意义的艺术，是人的思想情感及其各种身体活动的自我表现和艺术性表演，是人的思想情感和肉体表演的赤裸裸呈现，是身体和原初欲望的直接流露，是它们意欲突破和超越现实约束的本能性努力。艺术一旦被形而上学、逻辑和语言所介入和控制，在形而上学、逻辑和语言运作过程中所关联的一切社会和文化因素，都默默地和不自觉地潜入艺术中，破坏了艺术内部各内在构成部分之间的自然协调比例结构，同时也使艺术成为语言中一切不在场的力量的附属品。同时，艺术同艺术创作中紧密地与自然、与生活相关联的各种因素，也因形而上学和语言的介入而被排斥或被扭曲。这样一来，不但艺术中原本内在于艺术创作活动的自然生命被扼杀，同时，艺术创作中原本同人的整个生命活动相关联的因素也被改造和修正。所以，经过形而上学、逻辑和语言的改造的传统艺术，本来就已经不是艺术本身了。正如德里达所说：“西方戏剧的剧场——这也是它的本质力量——所作的一切努力，到头来只是为了磨灭舞台。”（Ibid.：347）换句话说，传统艺术在传统文化中的附属地位，特别是传统艺术长期被传统语言所控制的历史，已经“前结构地”决定了传统艺术必然采取语言表达和语言呈现的基本形式；而传统艺术中所表现出来的那些各种各样具有艺术特色和风格的所谓“艺术形式”，只不过成为艺术的语言表达形式的附属品。换句话说，传统艺术中的表达形式总是居于优先和决定性地位，具有方向性的指导意义；而艺术所表达的那些艺术形式，反而居于次要地位，处处被艺术的语言表达形势所操纵，并在很大程度上决定其实际意义。所以，在传统艺术的表达和呈现中，出现在读者和观众面前的艺术，只是以逻辑和语言形式所表达的那个隐藏于其背后的原本艺术形式的“替身”，只不过这种“替身”被传统文化和传统形而上学冒牌地称为“艺术”。关于这点，活跃于第二次世界大战及其后的法国诗人和剧作家阿尔托早就有所揭露。阿尔托在1938年所写的《戏剧及其副本》（*Le Théatre et son Double*）一书中，曾经提出过“残酷戏剧”（le théatre de la cruauté）的概念。阿尔托认为，戏剧应该通过舞台表演将人的自然生活赤裸裸地呈现出来，不需要经过“文本”或“台词”的表达或对话，而让演员的肉体表演自然地表达戏剧本身所要呈现的东西。阿尔托反对文本的语言、演员的对话话语以及在舞台之外的各种语言文字对于表演的干预。他认为，被剧作家的文本语言文字和思想所窃据和占领的舞台，由那些“听话的”演员和导演说出来的话所控制的剧情和舞台表演，都是非真正的舞台，都是远离真正舞台的本来面目的。正是由于西方传统形而上学和语音中心主义的统治，那些真正的舞台“替身”反而流行于戏剧表演中，它们的一再重复，使“替身”反而成为具有正当化地位的戏剧舞台。

其实，任何一个具有自由创造精神的作家和艺术家，都会在其艺术创作实践中感受到传统形而上学和语言的约束，都会感受到它们对于真正的艺术的排斥。因此，同阿尔托同时代的法国剧作家和导演查理·迪兰（Charles Dullin，1885—1949）也主张戏剧不能单纯搬用剧本，极力抵制剧本原作者文本对于舞台表演的干预。而对于传统语言干预的反抗，同时也在文学界和戏剧以外的其他领域积极展开（参见第六章第二节）。在文学界，对传统语言进行批判并力图使文学摆脱语言支配的叛逆活动，在这一时期，首先是由贝克特和热内等人带头发起的。在文学和艺术领域中，这股反语言的创作活动，实际上就是对于传统艺术定义的否定，也是后现代反艺术对于艺术反定义的表现。

给艺术下定义，就是用语言按照逻辑原则对艺术加以限定。但是，在第二次世界大战末期，首先是在法国文学艺术界，一批作家和艺术家强烈地感受到传统艺术受语言定义限制的痛苦。所以，在贝克特和热内的作品中，他们用传统语言去破坏传统语言，让传统语言本身在其内部结构及其运用中自相残杀，并显露传统语言本身的丑陋和矛盾，让传统语言在其荒谬的自我表演中显示其对于文学艺术无能为力的本性。

文学作品本来是要靠文学的语言来构成的。不存在没有语言的文学作品。所以，长期以来，文学是艺术中最受传统语言约束和干预的领域，也是传统语言高于艺术的最典型的场所。后现代主义者所思考的问题，正好是向传统文学和传统文学中的语言优先主义挑战，试图使文学的革命导致一种反文学的结果，以“反文学”来从事真正的文学创作活动，使文学创作活动获得新的生命。

显然，以反文学达到文学创作的自由活动，首先就是在文学创作中不断破坏传统语言的基本原则，使任何一个创作程序都变成为非语言、反语言和超语言的探索过程，使文学作品中隐藏的艺术生命，在超脱语言的升华中成为文学作品的灵魂。这样一来，文学创作，作为一种反文学，就变成为“在使用语言中不断破坏和超越语言”的过程。贝克特和热内作为反文学的先锋，写出了一系列用语言反语言和超语言的作品。

艺术的无定义和否定性定义，还意味着后现代反艺术对于传统美学的否定。正如本章第一节第三项所论述的，后现代反艺术早在荒谬剧创作阶段，就已经通过荒谬原则，将传统形而上学、理性、语言和美的原则从艺术创作中驱逐出去。到了后现代反艺术成熟阶段，对于传统美的标准和基本原则的批判进一步发展到了极端。不但艺术不应该以“美”作为基本标准和基本原则，而且，艺术本身在后现代主义者看来，根本就无所谓美不美的问题。艺术不是以美的原则作为定义标准，而是以艺术创作者和欣赏者的自由创造和自由鉴赏为基本原则的。只要艺术家本身及其鉴赏者认定其创作过程和作品本身的艺术性，艺术就直接地呈现出来。因此，艺术不但不需要定义，也不需要在艺术创作之外的任何一个他者的“核准”或“承认”。艺术是参与艺术游戏活动的一切参与者的生命，因此，艺术本身的存在及其生命就由一切相关的游戏者来确定和维持。

（二）艺术定义化的形而上学基础

早在苏格拉底和柏拉图的古希腊时代，为了确立语音中心主义和逻辑中心主义，这两位思想家都把具有本体论意义的哲学形而上学放在至高无上的地位。柏拉图在《美诺篇》中论述“形式”或“理念”的重要性时指出：对任何事物寻求定义，实际上就是寻求“形式”或“理念”。它们是属于最抽象和最一般层面的“相”。“相”的一般性质使它具有普遍性，也就是具有高于一切具体而特殊的事物的特性，因而也是产生和决定这些特殊事物的基础和根基。亚里士多德在《形而上学》第一卷谈到了苏格拉底和柏拉图有关“相”的优越性的论述。他说：“苏格拉底忙于研究伦理问题而忽略了作为整体的自然世界，只在伦理中寻求普遍的东西，开始专心致志寻求定义。柏拉图接受他的教导，但是认为不能将它应用于感性事物上，只能应用于另一类东西。他的理由是：可感觉的事物永远处在变动中，所以共同的普遍定义不能是任何感性事物的定义。这另一类东西柏拉图称之为‘相’。他说感性事物是依靠它们，并以它们为名的；而且众多事物是由‘分有’与其同名的‘相’而存在的。”（Aristotle，*Metaphysics*. 987a29—b14. In Aristotle 1981：700—701）亚里士多德在上段话中所说的“分有”，实际上也就是苏格拉底和柏拉图学派沿用普罗塔哥拉学派的“模仿”概念的结果。当柏拉图在其他著作中谈到音乐、图画和雕塑等艺术活动时，他进一步使用“模仿”的概念，从而将艺术及其产品当做是“模仿的模仿”，也就是比低于“相”的实际事物还低；因为柏拉图认为，世界上的各种事物是具有本体论性质的“相”的模仿，而艺术不过是对于“相”的“模仿的模仿”。柏拉图接着在《国家篇》和《巴门尼德篇》中进一步指出，只有神才能创造唯一的一张真正的床的“型”；也就是说，神由此制造了唯一的天然的床，也就是柏拉图所说的床的“型”。现实生活中的木匠制造了实在的床，而制造过程中，木匠是以床的“型”作为模本而模仿的。画家又以木匠所造的床为模型进行模仿而画出了床的画，因此，画家所画的只是床的型的模仿的模仿，它离开真实的床的“型”最远，也是最不真实的（Plato，*Republic*. 597c—d，598a—d. In Plato 1973：821—823）。柏拉图还在《国家篇》中进一步批评诗歌和艺术，认为诗人和艺术家，作为模仿者，是属于既无知识也无正确意见的人，他们只是同人的灵魂的最低下部分打交道。柏拉图认为人的灵魂分成三大部分：第一部分是理性，它是用来学习的，它所追求的是真理和智能；第二部分是激情，用来表现喜怒哀乐，而它所爱好的是名誉和胜利；第三部分是欲望，它所爱好的是利益和钱财。智慧和理性是最高的，只有哲学家才懂得真正的快乐和意义。所以，应该由哲学家统治城邦，正确地引导和教育人民大众。诗人和艺术家只是满足我们灵魂中的情感，激发爱和怒、苦和乐以及各种欲望。显然，他是抬高哲学而贬低艺术和诗歌的（Plato 1973：832—834）。

（三）贬低和扭曲艺术的传统艺术定义

由上可知，从柏拉图开始的西方传统文化，首先将艺术贬为最低级的人类活动，是受控和隶属于最高级的理性认知活动的。艺术的这种低劣地位成为传统文化为艺术下定义的出发点。

其次，传统文化并不满足于本体论论证中对于艺术的忽视和贬低，而是进一步运用理性的逻辑论证和语音中心主义的话语论述，对艺术进行宰制性和扭曲性的定义活动。在这方面，理性的逻辑中心主义所要求的有关普遍和特殊、一般和个别相互关系的基本原则，语音中心主义关于定义论述和表达的基本原则，都成为扼杀和扭曲艺术本性的重要手段。在传统文化的这些原则的操纵下，几千年来有关艺术的定义的各种争论，不但不能更深刻地理解艺术本身，反而使艺术这样一种最符合人类自然本性的创造活动，变成为越来越复杂而又难以理解的事情。

传统的艺术定义，实际上已经包含了将艺术贬在形而上学和科学认识活动之下的意涵。不仅如此，具有浓厚宗教神学意识的西方人，实际上也把艺术看做是低于、隶属于宗教神学的领域。而在传统的西方整个社会生活中，艺术活动和从事艺术活动的艺术家，都处在社会生活的底层，被整个社会所忽视。人们只有在进行享乐和生活有特殊需要的时候，才关心艺术，并把艺术召唤到生活台面上来。在这方面，越是在社会中占据优势地位的社会阶级，越会利用艺术的功能，为满足其无止境的欲望和享乐目标服务。因此，在西方文化史上，艺术的繁荣，不是由于艺术创作活动及从事艺术活动的艺术家占据社会的特殊崇高地位，而是由于社会生活的需要，特别是社会统治阶级的享乐和统治的需要。正因为这样，往往是在社会文化经济繁荣，而统治阶级有享乐和提升其精神生活需要的时候，艺术才找到繁荣的机会。例如，在罗马帝国时期，艺术活动和艺术家本来都是被人看不起的。但是，罗马帝国的一时繁荣以及罗马统治者的享乐需要，推动了艺术的发展，收买和动员大量的艺术家为皇帝和统治者创作各种艺术作品，并将这些艺术作品严格垄断在统治者手里，封闭在统治者的生活圈子里。同样地，在14、15世纪，法国的弗朗西斯一世利用当时经济的繁荣，招引大量天才的意大利艺术家和工匠，在巴黎枫丹白露建造华丽的宫殿，使艺术的文艺复兴成果得以集中在宫殿中。

事实上，人类一开始从事文化活动，就同时进行宗教神学、科学认知、艺术创造的思考和创作活动。这些精神和心灵方面的活动是紧密地同物质的生产劳动活动联系在一起的。哲学理论活动，包括形而上学的抽象理论思考，反而是在较晚的有文字记载的文明时代。因此，传统西方文化通过对于艺术的定义而对艺术加以贬低，是违反人类发展历史事实的。

(四) 艺术和生活一样是不可定义的

从人类学研究的数据可以看出，艺术是人的自然本性的一种表演活动，同时艺术又是紧密地同生活联系在一起的，以致可以说，原始的人类生活本来就带有艺术性，而艺术活动从一开始又是同生活实际活动相互渗透的。至于艺术的表达方式，从一开始也是成为人与人之间、人与自然之间相互沟通和相互理解的主要手段。艺术想象和创作活动是同维持人类生存的生产劳动活动同时发生和同步发展的。理性化的逻辑概念和文字化的各种语言论述，都是在艺术活动中萌生和发展出来的。因此，不是理性的逻辑思维和语音文字论述去决定和产生艺术，而是相反，是艺术的自然化和多样化及其不断再创造过程，才真正地成为理性思考和语言文字不断完善化和发展的基础。艺术同生活的关系，比哲学理论同生活的关系更紧密。

再次，艺术表达方式所具有的“含糊性”和“象征性”以及“自我再生产性”，不但符合自然世界的基本规律和内在本质，而且也符合人类本身最自然的思考模式和生活方式。艺术同自然、同生活的共在和同步发展，使艺术思考和创作的基本模式，同自然界的存在本身、同生活所采取的自然模式相类似。自然界的存在和人类生活的原始模式就是混沌，就是含糊性和象征性。自然界的规律性和秩序性是在自然界的不确定性、偶然性和混沌性中存在的，也就是说，自然界的规律性和秩序性原本内含于其不确定性、偶然性和混沌性。自然地呈现出来的自然界，是混杂不定而无从辨别的。因此，后现代主义者德勒兹等人坚持认为“混沌”原是自然的本来面目。混沌就是各种区别的共在，也是各种区别的延伸、更新和再生产，同时也是区别自身继续不断自我区别化的基础。区别只有在区别化的情况下才有可能发生，而区别自身也只有在混沌的情况下才有必要被提出来和被产生。混沌是自然界生命的基础和基本表现形式。正因为混沌，自然界中的各种复杂的内在构成因素之间，才因其内在区别而相互渗透和相互转化，才有生存的能量和发展的动力。发源于自然的人类生命及其生命活动形式，也是以混沌作为基本模式的。德勒兹把世界的混沌比喻成为相互重叠和相互穿插的无规律皱褶，他有时称之为“巴洛克式建筑”，有时称之为“千层物”，有时也借用福柯的语词，称混沌为“档案”。所谓巴洛克式建筑，是借助于巴洛克建筑所呈现的那种高低不平和千奇百怪的曲折图案重叠结构，来表现混沌的外在呈现形式。巴洛克式建筑是西方建筑艺术史上采取最花哨和凹凸不定图案呈现出来的建筑物。在谈到巴洛克建筑的比喻时，德勒兹又引用莱布尼茨的单子论，通过各自不同的“单子”之间的相互观看，通过单子间相互观看所产生的千层皱褶式的世界，他再次强调了世界本身的混沌性质以及隶属于这个世界的人的思想的混沌性。德勒兹引用莱布尼茨的“单子”以及单子所组成的世界来说明世界的混沌性，是意味深长的。这是一种比喻，当然就是后现代主义的一种思考模式，是后现代主义者为了对抗和破坏被传统形而上学和理性中心主义所规定的语言论述的一种抗议形式。在莱布尼茨那里，单子是一个个独立的实体。它们彼此间没有任何完全相同的性质和形式，而各个单子都以其自身特有的观看方式去面对整个世界和其他的单子。而且，用来观看世界和其他单子的那种观看器官，在单子那里，并不像人的双眼那样简单；不但它们的结构是相互区别的，而且它们观看世界的方式也始终都是非同一的。莱布尼茨把单子观看的器官比喻成为“窗户”。在这里，“窗户”只是作为单子将其自身同外在世界、同其他单子相互沟通的通道罢了。作为通道，这些窗户实际上又采取多种多样的形式和步骤进行沟通。单子的窗户也就成为单子间相互渗透和相互折叠的中介。所以，德勒兹在谈到由单子所构成的世界的混沌结构时说，世界“无非就是皱褶、反皱褶和再皱褶（Il s'agit toujours de plier, déplier, replier）”（Deleuze, G. 1988）。

德勒兹用“千层物”（mille plateaux）和福柯的“档案”（l'archive）的概念比喻混沌的世界和混沌的思想，也是意味深长的。如同上述借用“皱褶”、“巴洛克式建筑”和“单子”比喻混沌一样，千层物和档案作为两种比喻，都是为了避免传统语言和理性主义并对两者进行抗议的手段。在这种情况下，所谓“千层物”，并不像理性的人所制造的千层饼那样具有层层有规律又有明确相互区别性的层次结构，而是层次不清和不定，有时甚至层次间失去明显的界限而呈现多种模糊状态。至于“档案”，也不是像文明人所整理的档案那样井然有序、种类清晰并自成系统。被称为“档案”的那些东西，就像埋在地下千万年的古物陈迹那样，实际上是模糊不清，没有明确的界限，而各种事物又混杂在一起的。

后现代主义者用上述各种比喻说明世界、生活、思想、艺术和各种文化产品的混沌性。在后现代主义者看来，造成自然、世界、思想、艺术和各种文化产品丧失其原有混沌性而呈现有规律、有明确界限的表现形式的主要原因无非有三：第一，正是伴随西方传统文化产生和发展的语音中心主义和理性中心主义，将本来混沌的自然面目规律化、同一化，并在同一化基础上区别化，由此出发，然后再进行不断的自我区别化和再区别化，造成现代有秩序、分门别类而又高度专门化和统一化的社会世界和文化世界。生活于其中的人及其思考创作活动，也都服从上述规律化的程序。长此以往，规律化被不知不觉正当化和正常化，而原本的混沌反被当成“异常”。第二，正是伴随西方传统文化发展而被正当化的权力网络，将混沌的原本结构不断排斥出去，人为地确立和巩固了与混沌相反的各种社会文化“秩序”，才使世界和艺术同时丧失了混沌的原本结构，使整个世界和艺术纳入有规律的社会文化秩序之中而失去了其原有的生命。福柯在完成《性史》第一卷之后，越来越明确地揭露权力对于人及其创作和生活方式的干预，揭露权力通过改造“自身的实践”（la pratique de soi）的基本方式，将人及其创作和生活方式，也就是将人及其整个生活世界，都纳入符合权力运作需要的社会文化秩序中去。第三，正是被形而上学和统治者捧为最高优先地位的“知识”，不断地以所谓“客观”和“中立”的面目和方法，将作为主体的人和作为客体的世界，都纳入受知识论证并定位的现代生活世界中，从而使世界以及长期被贬低的艺术都从原本混沌的状态中被定义化。

德勒兹在谈到福柯对于传统文化和传统艺术的批判时，特别强调：为了揭露传统文化对于人和艺术的歪曲，福柯不惜从所谓“卑贱的人”（l'homme infame）开始谈起。所谓“卑贱的人”，当然是指原初未受传统文明道德约束的自然人，也是指那些抗拒传统道德文化约束的叛逆者。由此看来，为了揭示人和艺术的本质，揭露其本来面目，福柯首先向歪曲人和艺术的传统权力系统挑战，特别是向传统权力系统所维护的传统道德挑战，不惜以“反道德”或“不道德”的身份，进行他所说的那种“知识考古学”和“权力和道德系谱学”以及“自身的历史本体论”的揭露方式，论述人及其文化（包括艺术）的不确定性和无规则性，也就是其混沌性。德勒兹指出：“福柯为此长期地寻求和提供一种回答。这就是要逾越强力的界限，超越权力。而这就意味着展现权力，将权力按其自身运作的样式呈现出来，而不是以一种权力干预另一些权力的那些方式去展现权力的运作结构。这就意味着展现权力运作中的那种‘皱褶’；而这种皱褶，在福柯看来，就是权力对其自身的一种关系（un rapport de la force avec soi）。这就意味着权力自身的内在相互关系的不断重叠和重复，也就是权力对其自身的关系的复制。正是通过这个途径，福柯也找到了我们人自身抗拒权力，使我们超脱权力的控制并返回到自然的生与死之中的基本方式。在福柯看来，古代的希腊人所发明的无非就是这些。在这种情况下，就再也不是像知识中的那些被决定的形式，也不像在权力中所限定的那些规则，而是关系到随时可以任意选择的那些规则，这些永远有选择可能的规则产生并决定着艺术作品的存在，而且，这些可变的供选择的规则，同时又是伦理的和美学的，它们构成人类生命的存在和风格的基本模式，甚至也成为作为生活一部分的各种自杀的一种模式。这就是尼采发现的那种艺术家权力意志的运作模式，也就是他所发明的新‘生活多种可能性’。”（Deleuze, G. 1990：134—135）

由此可见，后现代主义者反艺术的艺术反定义，实际上是他们反传统文化及其核心的整个批判活动的组成部分。而所有这些，又决定于传统文化本身原本对艺术和整个文化所进行的形而上学化和语言化程序，也决定于权力和各种知识对于反艺术历史过程的整个干预方式。

艺术和生活，与世界一样都是以混沌的基本结构呈现出来的。因此，它们都是从本质上和基本结构方面不可界定的。对于艺术来说，不只是一般的艺术是不可界定的，而且，艺术中的各个领域也是不可界定的。说一般的艺术是不可界定的，这是由于一方面艺术同生活、同世界都一样是混沌的，是相互渗透的，另一方面是由于艺术本身的自由创作精神也决定了艺术活动及其产品的不确定性。说艺术中的各个领域同样都是不可界定的，是由于艺术创作的各个领域，如绘画、雕塑、舞蹈、音乐、戏剧、电影等，其本身也呈现出混沌不确定的结构，而且，它们之间往往需要通过相互渗透才能达到自我提升。

以美国后现代艺术家罗伯特·威尔逊（Robert Wilson，1941—）为例。他是一位摄影家、剧作家、戏剧和电影导演、舞蹈设计家和塑料艺术家。他的艺术创作实践及其作品，可以成为艺术及其内在各个领域的不可界定性的见证。作为一位后现代的艺术家，罗伯特·威尔逊并不是传统意义上的纯粹艺术家，而是一位在艺术创作中，通过其无限制的思考和探索，从事抽象形而上学理论探讨、艺术作品设计、艺术活动指导和组织以及艺术创造等“艺术/跨艺术/多学科”多元化不确定活动的人。在他的艺术生涯中，我们可以典型地看到艺术同生活、艺术同哲学、艺术同科学技术、艺术同工艺以及艺术同宗教相混淆而又相互补充的特征。为了探索艺术的生命和艺术的自由本质，罗伯特·威尔逊从观察和分析可以看得见、听得见和触摸得到的艺术形式入手，进一步探索支配着形式不断变化的艺术生命原动力。他认为，对艺术来说，时间比空间更重要；空间是在时间中移动和变化的。有了时间，才有生命，也才有艺术创作，才有艺术的不断更新和变化。因此，在罗伯特·威尔逊的剧作及其导演的戏剧舞台上，空间再也不区分为“点”，而是分割成“时刻”。整个艺术创作和艺术表演，就是时间的展示。时间为作者、读者、观众和欣赏者提供了在艺术面前和在艺术之中进行思考和创作的可伸缩的场域。整个艺术创作和表演的游戏必须在时间中展开，也在时间中不断地建构艺术形象和自我更新。时间不但没有给艺术创作限定界限，不但没有将艺术活动和作品封闭在一个疆界中，反而为其不断自我区分和自我延伸提供了多维度的可能性。意大利著名艺术评论家瓜塔里曾引用罗伯特·威尔逊的下述名言：“问题不在于延缓时间，而是一种自然的时间。在通常情况下，戏剧舞台总是被用来表现一种加快的时间，但对我来说，我使用典型的自然时间，在这种自然时间中，太阳降落、云彩不断改变，而白昼从黎明开始。我给予观众对其他事物进行思考的时间。我给予他们思考发生在舞台以外的其他事物的时间。”（Guadri，F. et alii. 1997：11）在这段话中，瓜塔里充分意识到罗伯特·威尔逊在戏剧和其他艺术创作活动中所遵循的指导思想。根据这个指导原则，在艺术创作和艺术表演的每一个时刻，演员和表演者要充分意识到他们自身的身体各个部分的活动，甚至细腻地意识到：在他们的脚触及地面以前的那一刹那，自己的脚是如何缓缓运动而准备迈步；细腻地体会当时的脚是如何悬挂在虚空中，又如何在极其短促的千分之一秒时刻中，从一个状态过渡到另一个状态。时间对于罗伯特·威尔逊来说是如此重要，以至于必须善于将时间在特定时刻内进行无限制的自由伸缩，以便为自由创作开辟和再开辟无限的活动空间。例如，一幅展现母亲抱起哭着的婴儿的图画，实际上表现了母亲在呈现这种动作以前和进行过程中的无限瞬间所发生的复杂情感。创作者和观众都可以面对这一动作而进行自由的想象，时间就是自由想象展示程度的基本条件；而想象到什么样的自由程度，就要看做者和观众如何去分享环绕这种动作所经历的时间结构。

罗伯特·威尔逊在时间的想象中所创作和导演的所有作品，都是没有规范和没有界限的节目。他从60年代初到1997年创作和导演了无数戏剧和舞蹈，其中没有一个节目是严格地按照传统艺术的定义制作的。他最著名的作品，包括《聋子的观看》（*Deafman Glance*）、《KA山和守卫者丹尼亚·德拉斯：关于一个家庭和变化中的人的故事》（*KA Mountain and Guard Denia Terrace. A Story about a Family and Some People Changing*）、《序曲》（*Overture*）、《国内战争》（*The Civil Wars*）以及《蝴蝶夫人》（*Madame Butterfly*）等。

（五）后现代反艺术对艺术定义的特殊态度

后现代主义者在批判传统文化的各种艺术定义的过程中，不再拘泥于下定义的恶性循环逻辑推理和分析活动，不再寻求什么“新定义”，而是从根本上否定给艺术下定义的必要性，也否定给艺术定义的可能性，从而使当代艺术真正地逃出各种定义的约束，而变成没有定义和反定义的最自由的创造活动。

正因为这样，阿多诺早在1969年出版其《美学理论》时，明确地指出：当代艺术的自明性和自身可理解性已经丧失殆尽。一切有关艺术的事情，例如艺术的内在生命、艺术同社会的关系以及艺术存在的权利等等，都成了问题。艺术所追求的绝对自由，处处与社会的约束和不自由相对抗。关于艺术在社会中的地位和功能的问题也变成不可确定的了（Adorno，Th. W. 1973：9—10）。

如前所述，阿多诺虽然不隶属于后现代主义的思想家，而且他的思想中有相当一部分保留和表现了现代古典美学的基本观点，但是，他和本雅明一样，往往在其古典美学观念的论述中，夹杂着许多属于后现代美学的思想观点；同时，他们俩的美学理论都明显呈现出含糊和不确定的特征。因此，阿多诺的上述有关艺术社会地位和功能不确定性的观点，就具有后现代主义反艺术美学的特征。

阿多诺在《美学理论》中还明确指出，从理论上探索艺术的“根源”或“起源”的问题，是没有意义的。他说：“艺术和它的概念，由于随着历史的发展而不断改变环绕着它们的各种组成因素，要作出定义是会受到挫折的。而且，为了寻求足以支持着它的其他因素的某些基本和主要的层面而试图返回到艺术的起源中去，并试图由此确定艺术的本质，是不可能的。”（Adorno，Th. W. 1973：11）显然，阿多诺反对追随传统形而上学，反对以所谓某种“最后原则”或“终极原则”作为艺术的本体论基础的。在这一点上，阿多诺的美学已经包含了后现代反艺术美学关于艺术不确定性的基本观点。正因为这样，后现代主义理论家詹姆森也指出“阿多诺是后现代主义的例证，或他至少有后现代主义的某些特点”（Jameson，F. 1998：229）。

和阿多诺一样，本雅明虽然深受法兰克福学派、新马克思主义和卢卡奇美学的影响，但也主张不从本体论“终极原则”的角度去探讨艺术的本质。本雅明在研究艺术的过程中，往往针对不同的问题而提出前后不一贯的观点，使他的美学始终呈现出含糊和不确定的特征。他的美学的含糊性和不确定性，正是源自关于艺术含糊性和不确定性本质的基本看法。他在一篇论卡夫卡的美学论文中强调：他所要把握的是资本主义危机时代的艺术的“政治和神秘的两面”。而他在《德国悲剧的起源》（*The Origin of German Tragic Drama*. 1977）一书中则强调运用寓言的模棱两可和象征的双重形式对待当代社会和艺术的各种神秘现象（Benjamin，W. 1977）。艺术和环绕着艺术创作的氛围都是含糊不清和不确定的，甚至含有某种神秘不可言说的性质。因此，不论是对艺术的本质，还是对艺术创作中的各种具体问题，都忌讳以僵化和确定不变的原则进行分析和研究。

后现代反艺术美学对于艺术的本质及其定义，也同样表现出模棱两可和含糊不清的态度。这是同后现代主义者主张艺术本质不确定性的基本观点紧密相关的。对于艺术这样一种以游戏形式进行的人类自由创作活动，只能采取同样带有游戏性的态度。因此，后现代反艺术美学对艺术的基本态度，就是以艺术的游戏性、不确定性、含糊性和不断自我再生产性的特征去对待艺术本身。

（六）艺术和自由一样都是不可界定的

关于艺术的自由本质，拙著《论后现代艺术的“不确定性”》已经进行了粗略的探究。实际上，艺术的不可界定性正是由于艺术本身的自由本质。作为人类最原始和最自然的自由创造活动的表现，艺术从一开始就最集中地表现了人的自由本质。人的自由本质决定了人的不断自我超越，使人永远不满足于生活在有限的感性经验世界中，不满足于现状，不满足于物质欲望的实现。这也就决定了人类在生活中自然地寻求自我超越，同时也不断地超越周围的感性经验世界，不断地寻求更高和更美好的理想。人的自我超越和对周围世界的超越导致对于各种超现实和虚幻世界的向往。艺术创作是带领人类不断进行自我超越和超越周围世界的活动，因而也是满足人类不断扩大自由的主要途径。

如果说，人类在现实生活中的自由追求是无止境的话，那么，在艺术中也很自然地表现出对于自由创作的无止境的追求。

艺术的自由本质及其同人的自由本质的紧密关系，决定了艺术在任何时候，不论就其内容、基本原则、基本手法和基本形式等方面，都不可能是确定不变的，也不可能存在最终目的和不变的最高标准。“人是目的自身”，人是唯一有能力，也有权力决定其自身自由的限度的生命体。在艺术创作中，作为目的自身的人，为了摆脱现实世界的各种约束，也为了摆脱其自身来自内部的各种约束，要千方百计地以各种最自由的虚构和臆想实现其追求的自由。同人的其他活动相比，艺术创造活动由于其特殊的表现形式，特别是由于艺术表现的自由特质，使艺术活动成为通往追求中的绝对自由的唯一方便途径。

毫无疑问，自由是人的本质。但作为人的本质，自由究竟是什么呢？人们只满足于一般地说“自由是人的本质”，却不愿或不得不回避进一步追问人的自由本质的真正含义。实际上，自由始终都是依据不同的条件而具有不同的性质和内容。一般的人，甚至是各个学科领域的不同理论家，往往都只满足于或只能从他们所经验到的条件，从他们所研究的领域去探讨自由，并因此把具有一定条件性的自由错误地或幻想地当做人的自由本质。其实，艺术家所追求的自由，应该不同于，甚至超越出一般人或各个学科的思想家所探讨的自由概念的界限。艺术作为生命的本质，它所追求的自由，不但应该不同于而且应该高于其他的一切自由。艺术家如果有什么高贵而伟大之处，正是在于他们比其他人更深刻地把握了人的自由本质。正如康德所指出的，艺术家以外的其他人，不能像艺术家那样，一方面超脱感性的经验世界和理智世界，另一方面又能在“目的的王国”中将感性的经验世界和理智世界和谐地在“艺术美”中结合起来，真正地实现最高的自由，实现“人是目的自身”的最高理想。所以，总的说来，一般的人和各个领域的科学家，充其量也只能探索“自然的自由”、“政治的自由”、“道德的自由”、“生活的自由”、“社会的自由”、“认识的自由”和“个人的自由”等各种有限的自由。

“自然的自由”指的是在自然界中依据自然事物间相互关系所客观决定的规律性。属于自然科学的各个学科，从各个方面试图寻求自然的自由的限度及其特征，所以，各种自然科学研究所能提供的人类活动的自由，也只能限于其研究的范围内。康德曾经深刻地指出：“人可以从两种观点来看待自己，同时也因此可以认识他的官能的活动规律以及他的所有行动的规律。首先，就其隶属于感性世界而言，人自身隶属于自然的规律（他律）；其次，就其隶属于智性世界而言，人又隶属于另一类规律，它们独立于自然，不是以经验为基础而是唯一地依据理性……”（Kant, I. 1977：197—198）人类认识和掌握的自然规律越多，他受制于自然规律的限度越小，人走出“他律”而走向自律的可能就越大，人的自由就越大。但是，不管怎样，自然科学所能开辟的人类面对自然的自由的限度，同人所追求的最高自由始终保持着相当大的距离。自然科学研究所要求的各种严格物质条件和艰苦的认知活动，使人类开辟自然的自由的限度比艺术中所能追求的最高创作自由要小得多，而且也是受限制得多。

同自然的自由一样，“政治的自由”、“道德的自由”、“生活的自由”、“社会的自由”、“认识的自由”、“个人的自由”等各种自由，都只是人类活动中所寻求的部分自由，也只能满足艺术创作中所寻求的最高自由的一部分。艺术创作所寻求的自由，之所以高于其他各种类型的因而是部分的自由的原因，就是因为艺术的自由最接近作为“目的自身”的人类所向往的自由理念。

艺术家所追求的人的最高自由是绝对自由。绝对自由是唯有在艺术想象的王国中才能实现的。因此，艺术家不但应该而且能够追求和实现绝对的自由。

后现代艺术的创作所追求的，与其说是艺术作品本身，不如说是艺术的创作中的自由。通过他们游戏式的无拘无束的创作，他们所要获得的，是一种从未尝试过的最新的自由。这种自由，作为追求中的最新的自由，是有待追求者在同未来所可能遭遇到的新世界的各种可能关联中去处理和面对的；它本来就是一种“可能性的总体”，不但是追求者主体，而且是连未来的环境也无法预先把握的。

艺术的自由是一种由其自身确定其方向的不确定性，因而也是一种自然而然地进行着自我确定的“不确定性”。所以，德里达强调：这是一种除自身之外无须以任何他物作为其底基的自由游戏，是由自身决定其意义的创造活动（Derrida，J. 1981：25—26）。伽达默尔也指出：“诚属游戏的活动决没有一个使它终止的目的，而只是在不断的重复中更新自身。”（Gadamer，H. -G. 1986. I：109）后现代艺术所寻求的，正是这种由其自身确定的、高度自由的不确定性。用德里达的话来说，这是一种由自身产生区别的游戏。他所强调的，是无须由它自身之外的任何“他者”，去为它自身的自由创造规定任何游戏“规则”；毋宁是由其自身的“不确定性”本身，产生出各种可能的“区别”，借此达到最高的自由（Derrida，J. 1967a；1981：25—26）。

投入游戏的艺术创作和艺术观赏，都具有着游戏本身的无目的地来回运动的性质。正因为游戏的主体是游戏本身，而游戏中的来回运动又是高度的无意识性和无目的性，并通过这种无目的性达到了各游戏者在游戏中的“被游戏”地位，才使得游戏中的来回运动轨迹变化不定，也使得游戏者始终处于不确定的地位。在游戏中陷入不确定的来回运动，不仅使游戏者完全达到精神的舒解，获得了游戏者自身并没有意识到或没有预期到的一种自由，而且这种超越了主观预期目的的人的新的自由、实际上将游戏者带进到新的天地，为游戏者提供了在新天地开创新自由的可能性。这种自由的非预期性，正是满足了游戏者探索新的可能性的无止境的欲望。因此，这种自由也是一种不断更新的自由、一种不断提供新希望的自由。新希望的内容越不确定，获得它的愉悦就越富有深度，越具有吸引力，因而也就越构成游戏者不断陷入游戏运动的动力。

后现代艺术在这里提出了艺术及其自由的界定的可能性的问题。

传统思想和方法论，无论遇到什么事情，无论探讨什么事物，劈头提出的首要问题，总是："它是什么?"于是，"什么东西（事物或人物）是什么"就成为探讨问题的出发点，也成为解答问题的预设框框。这在实际上已经限定了思考问题的自由。正如海德格尔所说："任何发问都是一种寻求。……发问作为'对……'的发问而具有'问之所问'（gefragtes）。一切'对……'的发问都以某种方式是'就……'的发问。发问不仅包含有问题之所问，而且也包含有被问及的东西（befragtes）。在探索性的问题亦即在理论问题中，问题之问应该得到规定而成为概念。此外，在问题之所问中还有问之何所问（erfragtes），这是真正的意图所在，发问到这里达到了目标。既然发问本身是某种存在者（发问者）的行为，所以发问本身就具有存在的某种本己的特征。"（Heidegger，M. 1927：5）

显然，传统思想和方法论所遵循的原则，是由古希腊苏格拉底和柏拉图所确定的"下定义"的原则以及它的"同一性"逻辑基础。这种传统思想和方法论的基本出发点，就是认为世界上的任何事物，作为人的认识对象，其本质是确定不变的、稳定的。人作为认识主体，为了把握事物对象，也必须保持在同一认识过程中的稳定不变，保持一种逻辑上的"同一性"（identity）。在这里，传统思想和方法论明显地将事物对象和主体本身统统纳入其所制定的认识论框架之中。事物对象和主体本身都一方面遭受了认识论的改造，另一方面也因而失去了原本其固有的自由。与传统文化相反，后现代艺术家对艺术的界定问题，采取了完全不同的态度。

对艺术的界定问题实际上涉及艺术的自由。对任何事物或人，不管是作为主体，还是作为客体，都不应随便地提出"界定"的问题，因为任何"界定"都免不了限定着自由。米歇·福柯一向反对向他提出"我是谁"的问题。他说："我一点都不知道我是谁。我根本就不知道我死亡的日期。"（Je ne sais rien de moi. Je ne sais meme pas la date de ma mort.）（Auzias，J.-M. 1986：11）在他看来，"我是谁"的问题的提出，从根本上侵犯了人权，剥夺了人的自由。在"我是谁"这个问题中，已经隐含了限定人的自由的意义。人不能像一般的东西那样，被界定为"是什么"。在米歇·福柯看来，只有警察才对"我是谁"的问题感兴趣。警察和统治阶级为了统治和宰制的利益，总是千方百计地寻求和界定各个人的"身份"，以此身份作为监视和宰制每个人的标准和目标。

在后现代艺术家看来，任何一种对于艺术的界定，都忽略、排除和破坏了艺术自身的自为的自律，因为任何界定都首先将艺术归结为知识问题，以一种外在于艺术创作活动的统一固定的“标准”来衡量。艺术的自由，作为艺术自身的自为的自律，作为艺术家自身唯一由其自身决定的自由，是不可界定的、不可化约的、不可替代的、不可让与的。

艺术的自由不同于认知的自由，它是以想象的自由为基础，而不是以理性为基础的。在这一点上，萨特作了深刻的说明和分析。他说：人是靠着想象的自由进行艺术创作的。想象在本质上是作为“虚无”的意识的一种“虚无化”活动。作为“虚无”的意识是绝对自由的，因为它本身是从“虚无”中产生“虚无”的“虚无”；任何虚无都是没有界限的，因而是超越一切的。艺术家以其想象的自由超越现实，在非实在的想象世界中进行创造。如果没有想象的这种对现实的自由的超越，就不会有任何艺术的创造。萨特认为，“正是由于人是超越的自由，因而他才能想象”（Sartre，J. -P. 1940：221）。

实际上，在艺术创造和鉴赏活动中，人陷入了高度自由的游戏；人作为游戏者，既不是主体，又不是游戏的工具，而是“陷入被动的主动”。这不是不自由的被动，而是一种通过自由的被动又终于获得自由的主动，是在自由的被动中冒险并靠自身的创造重获自由的主动。伽达默尔深刻地指出：“游戏在从事游戏活动的游戏者面前的优先性，也将被游戏者自身以一种独特的方式感受到；这里涉及了采取游戏态度的人类主体性的问题。……这样我们对某人或许可以说，他是与可能性或计划进行游戏的。我们以此所意指的东西是显而易见的，即这个人还没有被束缚在这样一种可能性上，犹如束缚在严肃的目的性上。他还有这样或那样去择取这一个或那个可能性的自由。”（Gadamer，H. -G. 1986. I：109）正因为这样，作为人的自由创造的艺术活动，其不可界定性正是体现了人的选择的自由以及这种自由选择的不可界定性。

如前所述，自由的本质，就是人的自在自为的自律，就是人为自身的存在所作的自我决定。后现代艺术所追求的创作自由，就是面对现实的世界的人，意识到寻求现实的自由的无奈，不得不通过艺术而为自身的存在所作的某种任意可能的自我决定。

我们以“机遇音乐”（Aleatory Music or Chance Music）为例。由美国后

现代音乐家凯奇所创立的“机遇音乐”（Aleatory Music），继承了勋伯格的“无调性”（Atonality）音乐的创造精神，成为后现代音乐的一个典范。

凯奇创造了一系列著名的“不确定乐曲”（Indeterminary）。他在1952年谱写出一首题名为《四分三十三秒》（*4′33″*）的钢琴曲。这部作品在演奏时，是一位身穿礼服的钢琴手走上台，安静地坐在钢琴前四分三十三秒，然后又一声不响地走下台。在这段时间里，没有任何“正常”的乐声发出。

凯奇的《四分三十三秒》这部作品的创作和演奏，是后现代音乐以其自身的自我表演去实现它对传统音乐的一种批判。

首先，它批判了传统的“音乐”概念本身。在20世纪以前，西方的音乐对声音的探索，基本上建立在对于“有规则”振动的“乐音”（tone）和不规则振动的“噪音”（noise）之间的区别的基础上。所谓音乐，就是依据有规则、有规律振动及其调和的原理，以乐音的高低、强弱、音色的“节奏”（rhythm）、“旋律”（melody）及“和声”（harmony）合理配合而成的一种艺术。因此，传统音乐把“节奏”、“旋律”及“和声”当成三大基本因素。

凯奇的《四分三十三秒》这部作品却没有出现任何乐音，更谈不上“节奏”、“旋律”及“和声”。凯奇的《四分三十三秒》这部作品所展现的，是一种非乐音的寂静及其时空结构。听众以期待的心情所盼望听到的“音乐”，不像传统音乐演奏那样出现。但正是在这种沉默期待过程中所经历的特定时空结构，以及表演者和听众在其中共时地分别偶发出来的“惊异”心情，通过众目睽睽和焦急期待的复杂心态的立体式交感，通过在各个不同听众与台上演奏者之间紧张而奇妙的互动关系网的持续，使《四分三十三秒》这部作品的演奏，从原来似乎毫无内容的一片空虚，顿时自然地演变成台上台下各个不同心灵的无形神秘交感曲，不但时时包含着无限丰富的多元化的可能的创造内容，而且，也时时可能引爆出导向一切维度的创作方向和趋势。也就是说，时时隐含着向新的创作转化的最大限度的可能性，时时孕育着最多样化的创作动力和能量，时时可能爆发出由不同心灵的激烈震撼所产生的奇特交响乐曲。因此，沉默的时空中的每一个片段，都是含苞待放的最美的音乐花朵，是构成音乐创作的最丰富潜能的取之不尽、用之不竭的精神发源地。

《四分三十三秒》所开辟的“寂静”时空提供了这样一个自由想象的世

界，使得作者、演奏者和听者三方，感受到在这个新的世界中“一切可能的事情都可以发生”。于是，这里提供的“寂静”时空，成为最大音乐创作和欣赏的时机总汇。

同时，《四分三十三秒》的演奏，也成为艺术家和鉴赏者通过艺术再次直接地面对世界和生活的一个珍贵时机。正如凯奇所期望的，在《四分三十三秒》的寂静中，艺术家和欣赏者开始聚精会神地注意到周在世界所发生的一切无目的的和偶发的声音——不管是其中迸发出来的某种咳嗽声、天花板被风吹产生的嘎嘎声，还是哪位不耐烦的听众移动脚步的声音，甚至是某位听众自己的耳鸣声，这一切都深深地感染着那些身临其境的人们，使他们再一次亲身经历了真正的世界本身——不过，这是在一次预想不到的“音乐”演奏中亲身经历的真正的世界。正如凯奇所说，他的作品无非是要人们“去认识我们现实的生活”，而且只是在艺术活动的本身范围内猛然发现自身所处的生活世界罢了！

后现代艺术家之所以重视不确定的原则，是为了实现不断创造中的高度自由。创造，就是生命，就是自由。自由，就其本义而言，就是不可界定的。但是，任何创造一旦形成产品，就势必以特定的形式固定下来，创造的精神也就凝结其中而告一段落，中止下来。这种以产品形式固定下来的创作过程，正是一切传统艺术的创作特点，因为在传统艺术看来，只有通过理想化和典范化的艺术形式才能表达和巩固一定的意义。传统艺术由此出发，总是追求完满的、理想的艺术产品形式。而且，传统艺术也由此把创造出各种好的艺术效果的艺术形式，当做其创作的主要奋斗目标。在传统艺术看来，经艺术创作，艺术家只要创造出一个特殊的、令艺术界瞻仰的作品形式，就算是成功地达到了艺术创作的目的。不仅如此，而且，凡是被传统艺术确认为有重大历史成果的经典作品，往往被推广成为同一时期，甚至今后长远时期同类艺术创作的典范。也正因为如此，人类艺术史经常被各种固定了的传统经典作品划分为各个主要历史阶段；这些作品也就成为各历史阶段艺术创作的基本标准和规范。于是，艺术创造出来的作品又通过其表现形式而转化成为艺术创作自由的约束性规范。

后现代艺术家所要打破的正是这种传统艺术史的发展逻辑。他们不愿意再看到艺术创造自由的限定和中止。他们所追求的不确定性就是不断创造的精神，就是在不断创造中的不确定的自由。其实，存在主义文学家萨特也一贯强调创作中的永无止境的自由。萨特在《什么是文学?》一文中，为了论述创作自由的无止境性质，一方面强调了作为创作主体的作者，反复探索和发挥其自身思想创作自由的最大限度，突破一切内外约束，实现自我超越；另一方面也强调了作者扩展和延续其创作自由的可能性，尤其是强调作者只有诉诸读者，诉诸最广阔的历史时空中的人民大众的创造性，从这种最富有生命力的创造性中吸取动力和再创造的智慧，才能达到作者个人创作自由同其广大读者的创造自由的互通和循环。因此，萨特认为，一个有创造使命感的作者，也就是一个不断创造，无止境地寻求创作自由的人，也就是深切关怀其读者的生命自由的人，也就是将自己的自由与人民大众的自由连成一体的人。只有这样，艺术家才有无限的创造动力，永远对自己的作品感到不满足，永远不以自己的作品作为自己和读者的自由的限制。因此，任何创作在实质上都是永无完结之日（Sartre, J. -P. 1947）。

萨特所追求的上述艺术自由，很快就被当时法国同欧洲各主要国家艺术家所赞赏。值得一提的是，被看做是后现代艺术的先驱之一的“新小说派”和“荒诞派戏剧”，实际上都是继承和发扬了萨特存在主义艺术自由观。深受萨特影响的荒诞派剧作家热内就是以这种极端的创作自由观而创作的。让·热内的许多作品，如《女仆人》、《黑人》、《阳台》和《屏风》等，不论就情节和结构而言，都大胆地突破传统，风格极为怪诞和夸张，给读者和观众以从未有过的特殊创造的深刻印象，表现出作者寻求最大限度创造自由的冒险精神，也满足了观众和读者探索新的创造自由的愿望，深受时代的欢迎和肯定。热内的荒诞戏剧在内容和形式方面的不确定性，为剧本上演中导演和演员的自由创造提供了最广阔和最大限度的可能性，从而也在实质上，为作者本人，通过导演和演员的自由创造作为中介，而实现最大限度的继续创造的自由。同样地，荒诞戏剧在内容和形式方面的不确定性，也为演出中的导演、演员和观众三方面的多元性、多面向和多维度的自由创造，提供了最大限度的可能性。

在后现代艺术看来，艺术之为艺术，其灵魂并非已经凝固成艺术作品的那种固定不变的外形和主题内容，而是艺术家在创作进行中的一切变动中的可能性因素。正是这些因素才体现出创作中的无限生命力，才是真正创造的潜在动力；因为只有可能性的因素，才是最千变万化的，才是最具丰富和长远的前瞻性的。只有在创作中的可能性因素，不管来自主观还是来自客观的，才是最有创造潜力的。

后现代艺术反对一切固定的秩序。后现代艺术不仅反对已有的和现成的传统所规定的种种秩序，也反对形成中的新秩序。因为在他们看来，一切新秩序也和旧秩序一样，无非都是限制创作自由的框框。新旧秩序作为“秩序”在本质上是同一的，是创作自由所要打破的目标。他们认为，艺术作品一旦形成“秩序”，便失去了它作为艺术品而继续存在的价值。艺术品要成为艺术品，艺术品要永远维持其本身的生命，不但在创作时不应以原有的传统秩序为依据，不应以形成和达致新秩序为目标，也不应以固定秩序般的规则去实现创作的过程。

在凯奇的《四分三十三秒》中，寂静的显现，正是为打破创作中一切秩序之可能条件，正是为了阻碍作品导向一个固定的新秩序，也正是为了防止创作中遵循固定不变的秩序般的“规则”。寂静使创作的空间和时间顿时开放敞开，让上、下、左、右、前、后、过去、现在和将来，统统解禁，霎时、可能性充满其间。正是要抓住这有限的四分三十三秒所提供的一切可能性，去达到千变万化的可能性。因此，这里所出现一切可能性，无一以达成现实性为目标，它们是永不向现实性转化的可能性，永远持续在可能性持续时空中的真正可能性。

由此可见，后现代艺术反传统之真正意义，正是为了将后现代艺术自身带领到其自身所追求的那种真正自由的可能性境界中，以便使其自身进入一种破除一切框框和规则的纯粹可能性领域之中，在自己开辟的广阔的可能性王国中施展其可塑性的创作才能。后现代艺术正是以自身之可能性身份以及其陷入可能性境界为目标的。在这个意义上说，一旦其创作活动所开创的可能性维度达到极限的时候，它作为艺术的真正生命也马上停止和丧失。为此，后现代艺术往往尽可能寻求某种延长其可能性的方法和程序，使其艺术作品本身随时可以在重演中再现可能性。凯奇的《四分三十三秒》之演奏正是可以达到这种“再现可能性”的目的，因为这部作品的寂静所呈现的“空白”，使每次演出再现了其创作时所追求的那种千变万化的场域。因此，凯奇的这部作品，为我们展现了后现代艺术尽量延续和再现其可能艺术生命之典范场面。

后现代思想家进一步发扬了这种寻求最大自由的创造精神。利奥塔在谈到后现代主义的基本原则时说：“后现代主义就是要寻求这样一种正义，就是敢于冒险去从事应该去做的那些假设……这类假设包含着一种绝不是经协调同意而产生的正义观念。”（Lyotard, J. -F. 1984）在同一本书里，利奥塔进一步明确地把后现代主义的基本精神归结为“永远保持初生状态”。他说：“一部作品之所以可以成为现代的，仅仅是因为它首先是后现代的。这样来理解的后现代主义，不是作为其终结的现代主义，而是处于其初生状态的现代主义（in the nascent state），而且这个初生状态是经久不变的。”（Ibid.：79）一种经久不变的“初生状态”，就是永远保持新的创造精神的那股生命力。

显然，所谓敢于冒险从事一切可能的事情，就是将后现代主义所追求的最大限度创作自由，归结为一种不计代价、不顾效果和没有目的的游戏。实际上，伽达默尔在《真理与方法》一书中论述游戏的自由性质的时候，也谈到了游戏中的冒险精神，他说：“游戏本身对游戏者来说，其实就是一种风险。我们只能与严肃的可能性进行游戏。这显然意味着，我们是在严肃的可能性能够超出和胜过某一可能性时才参与到严肃的可能性中去。游戏对游戏者所展现的魅力就存在于这种冒险之中，由此我们享受一种作出决定的自由，而这种自由同时又是要担风险的，而且是不可收回地被限制的。”（Gadamer, H. -G. 1986. I：111）接着，所谓“初生状态”，同样也是在突出一种冒险的、无止境的和无目标的自由追求。后现代所反对的，始终是那些扼制创造生命的各种固定形式。他们追求的，是生命创造活动本身，而不是这个创造活动的规矩和任何结果。

后现代艺术家之所以在其艺术创作中追求以“不确定性”作为基本形式的绝对自由，固然是因为他们已经对传统艺术所规定的各种确定性感到厌烦，而更重要的，是因为他们看到现实生活的不自由，又看到了现实生活中无法实现他们所追求的那种真正自由，感受到在现实生活中无法实现作为目的自身的人所追求的那种自由。因此，他们意识到只有在艺术创作中，在艺术活动作为一种最自然的游戏中，才能实现人的绝对自由的理想。换句话说，后现代艺术家诉诸艺术创作的自由，显示其对于人的自由的无限向往，固然是对于现实生活的否定和反叛，但同样也是在积极探索人的自由的最大可能性。

因此，在后现代艺术家看来，在艺术创作中追求不确定性的那种自由，并不是简单的是一种对现实生活的回避，并不是一种乌托邦式的避难行为，而是一种对于现实的挑战和批判，是在创造中寻求未来自由的可能性。这是一个对于过去、现在和未来，对理想和现实的反复反思的最高综合。人的自由只有在这种复杂的多维度的来回运动的游戏中，才能得到最高的实现。

追求最大限度的可能性，是永远不可完成的理想目标，但同时又是可以在现实创作中不断探索并不断扩大的创作过程本身。作为理想目标，它是符合西方传统的人文主义精神的；作为现实创作的永无止境的探索过程，则是后现代艺术家所着力加以发扬的。正是在这后一点上，后现代艺术家不相信任何界限，使他们有勇气在传统思想家认定“不可能”的领域中，去开辟新的可能性。这就是说，后现代思想家和艺术家所强调的不确定性，实质上就是向传统界定的“不可能性”挑战，向“一切禁忌”挑战。

后现代思想家所提出的不确定性，还有更深的人类学和人道主义的意义。在他们看来，人和人的自由，其珍贵之处，正是在于其不可界定性。这种不可界定性，把人和人的自由的不可化约性和不可替代性高度地结合起来，并提升到极为崇高的地位，从而也最大限度地体现了人是目的自身。

后现代艺术家在提倡其不确定性时，同样也意识到：人的自由必定是受到限制的，人在艺术创作中所追求的极大自由总要遇到种种困难。问题正是在于：后现代艺术家为了显示人的高贵的自由本质，偏要在不可能中和在现实中，去开创新的可能的自由，并以他们的实际创作去尝试这种新的可能性所可能开辟的程度。

如前所述，德里达的“解构”，并非单纯是一个理论的问题。“解构”的挑战性质，尤其在于其实践性。“解构”所要达到的，既然是彻底摧毁旧形而上学，它就不可避免地面临着要否继续沿用旧形而上学的概念及各种传统语词的问题。在这里，“解构”势必陷入矛盾中：它要继续沿用旧形而上学的概念及各种传统语词的话，就无法彻底完成其摧毁旧形而上学的任务；因为旧形而上学的精神就渗透在这些概念及各种传统语词中。但是，若不使用它们，又无法正确表达反旧形而上学的意义。这种不可克服的矛盾，正是“解构”的挑战性及其不可替代和不可逃遁的实践特性。它的彻底批判精神使它无法单纯靠理论上的批判，而只能在这种不可替代和不可逃遁的实践中，显示其自由之唯一性，显示其自由之突出冒险性。也就是说，“解构”只有在其实践中，才表现出其“在不可能中追求可能性”的自由特性。

可能与不可能的界限本来就是不确定的。这种界限不能单靠理论的探索去确定。历来的传统文化之所以将这种不可确定的界限武断地加以界定，一方面表现其不可救药的“理性中心主义”的倾向，另一方面则表现其意欲将已被正当化的艺术加以普遍化的企图。后现代艺术诉诸实践，尤其诉诸冒险性的游戏，正是因为他们坚信：唯有实践，唯有冒险性的游戏，才是确定上述不确定性的唯一场所。

这种“解构”的自由，作为实践的自由，实际上又是通过冒险而寻找时机的自由。时机只有在实践中才能出现。单纯停留在理论的探讨，单纯靠想象，时机永远是假设性的、预测性的和不确定的。为此，美国诗人罗伯特·克里利特别强调他的写作完全是机遇性和无法预测的；而这种机遇性又只能是写作实践中的机遇性。罗伯特·克里利在其名诗《濞尔（地狱女王）》（*Kore*, 1959）中所提出的首要问题，就是认为诗歌只是诗人所“可能说”的话的一种发现罢了。在这个意义上说，诗歌只是未知其本身命运的诗人发出惊讶的一种活动或形式，是诗人只有在其创作中偶然遇到的观念和情感。正如他在诗中所说：

当我漫步，	As I was walking
我来到了	I came upon
机遇在同一条路	chance walking
所走到的	
那个机遇上。	the same road upon.

（Creely, R. 1959. See in *Baym et Alii*. 1989: 2602）

在罗伯特·克里利看来，写诗宛如经常遭遇到各种无法预测的机遇那样。他在另一首诗《门》（*The Door*, 1959）中，不断地重复描述诗人追逐中然而又不停地任意运动的一位夫人。

他在诗中说：

那位夫人总是移动到另一座城市，
而你，也就只能在她之后，
偶尔遇见她。

(The lady was always moved to the next town, and you stumble on after her.)

……

但那位夫人是不可确定的，
她可能成为
通向阳光普照的花园的
那扇大门。
我愿时时地与她对话。
但我却永远地无法抵达那儿。
啊，夫人！想起我吧……

(Creely, R. 1959. See in *Baym et Alii*. 1989: 2604)

罗伯特·克里利和所有的后现代主义的诗人一样，把写作看做是作者语言的随时偶然的突现；不是作者预先想好的计划的实现，而是不可预测的机遇所决定的。罗伯特·克里利说："在这个意义上说，目前我所感兴趣的，除开我想写的以外，是那些被赋予的东西。我并不清楚在写作前我想写什么……"（Creeley, R. 1979: 15）"那些被赋予的东西"是什么呢？在罗伯特·克里利看来，那是在写作中偶发出来的东西，是连作者自己在写前和写作中都无法预想的东西。实际上，在写作中偶发出来的东西并非是不正常的；它们如同日常生活中的偶发事件一样，随时随地出现！

和后现代的诗歌一样，后现代的建筑也以"偶发性"和"机遇性"的概念为基础进行创作和设计。在后现代的建筑中，"偶发性"和"机遇性"的概念具体地体现为设计中的"不对称性"、"不和谐性"、"反二元性"、"反系统性"、"杂多性"、"不稳定性"和"隐喻性"等等。

后现代主义者所追求的"偶发性"和"机遇性"，不同于传统理论所讲的那种与"必然性"相对立的"偶然性"。因此，它不是如历史中心主义者所说的那样，是"有顺序的"、"以历史必然性为中心的"和"有起源的"。它毋宁是一种无所不在的、无中心的和分散的"存在"本身。它唯有在人的实际生存中才显示出来。如前所述，它是在生存实践中人们时时遇到的一种"生存本体论的基本结构"。海德格尔曾在《人，诗意地栖居》（Heidegger, M. 1950. *Dichtersch Wohnet der Mensch*）一文中说："人作为总有一死的人而存在。这就在于：人随时可能死。可能的死亡则意味着：作为死亡的死亡始终是可能的。只有当人诗人般地活着的时候，他才以可能的死亡态度而活着。因此只有当人诗人一般活着时，他才真正地活在这个世界上。荷尔德林把诗的特点看做是尺度的使用，而关于人的存在的尺度的使用，就是这样在诗一般地活着时被运用。”（Heidegger, M. 1954b: 235）

海德格尔进一步指出：诗人之所以懂得如何真正地生活在这个世界上，是因为他们唯一地把握了生活的真理：生活在现实的地球上，不仅意味着要脚踏实地面对现实，而且还要懂得善于测量从“地上”到“天底下”的一切事物，依据现实的各种条件去测量各种“可能性”。因此，对人来说，最要紧的，与其是老老实实地满足现状，不如尽一切可能去想象。尽一切可能去想象，也就是去想象一切可能的事情。时刻面对死亡的人，其对待生活的唯一正确的态度，就是在其有生之时，无时不在想象超越现实！诗人之伟大，就在于他们时时靠想象去生活。

罗伯特·克里利和所有的后现代主义的诗人就是这样依据海德格尔的理解去从事诗的创作的。

第六节　关于艺术的形式美

后现代反艺术对于艺术定义的否定及其一切反艺术的叛逆活动，使艺术的形式美的问题重新被尖锐地提出来。关于艺术的形式美，同艺术的其他基本问题一样，被后现代主义者以从未有过的方式重新加以探讨，使艺术的形式美问题完全超出传统艺术形式的范围。也就是说，后现代主义者是从否定传统艺术形式出发，从“反形式”的角度，探索在艺术自由创作中脱离形式约束以及进行形式游戏的问题。

传统艺术创作和美学总是把艺术说成为一种通过形式表达出来的美。因此，在某种意义上说，形式成为艺术存在的关键因素。后现代反艺术对于传统艺术的否定必然导致对于传统艺术形式的否定。但这样一来，后现代反艺术的艺术创作到底还要不要采取这样或那样的形式？在这个问题上，后现代反艺术的基本原则，首先是反对将形式当做艺术的外在表现形式，也就是反对将形式当做非艺术本身的外在因素，当做可以独立于艺术自由创作生命的某种“外壳”。其次，后现代反艺术从来不主张将艺术形式固定化和典范化，而是把艺术形式当做可以自由变化的不确定因素，当做非静止的运动表现本身。第三，后现代反艺术力图使艺术形式超脱传统空间概念的约束，而直接成为时间本身的自我呈现。这样一来，作为时间的艺术形式就自然地同作为艺术生命存在形式的时间本身相重复。最后，后现代艺术将艺术的形式从现实转化成为可能的领域，使任何一种有生命的艺术创作的形式都转化成为可能性中的形式。这样一来，形式也转化成为潜在的和待生的，从而也使形式具有自我更新和重生的生命力。

本来，艺术作品作为一种创造物，总是通过某种特定的形式作为一种中介，构成为每一次特定的创造活动有限地自我满足并因而暂时终结的表现，同时也构成为该创造物自我再生产和另一次新创造相互联结的中间形式。由此看来，艺术创造和任何一种艺术形式之间的关系是不可避免的。后现代反艺术的美学同传统美学争论的焦点之一，就是如何对待艺术创造活动同形式的相互关系。

为了寻求艺术创作的最大自由，后现代美学试图使艺术形式既附属于艺术创作活动，同时又赋予形式本身一种独立于创作活动的特殊生命力。这样一来，后现代艺术所追求的艺术形式美，就包含了双重的生命力：一方面在形式中包含了艺术家从事艺术创造时的那种原有创作生命力，另一方面又包含了已经获得独立存在的形式自身所固有的新生命力。两种生命力在艺术形式中的内在性，使艺术形式不再像传统美学家所做的那样成为创作活动终结的单纯表现，也不把艺术形式固定化，这就决定了作为艺术创作产品存在方式的艺术形式的不确定性。

任何艺术都免不了通过形式来表现。但传统艺术却把“形式”形式化。正如拙著《后现代艺术的不确定性》所指出的，后现代艺术为了彻底实现创造中的自由，并把这种自由变成一种具有无限潜力的最大可能性，必须从根本上颠覆作为形式的艺术本身，这也就是后现代的反艺术的真正意涵。

后现代艺术家和美学家在不断地摧毁艺术形式的时候，是否也寻求形式美呢？实际上，他们不断地在自由创作中所摧毁和颠覆的艺术形式美，只是被传统美学和传统艺术家典范化并僵化地固定了的形式美。作为艺术作品的本质的东西，是隐含于作品中的自由创造精神。同样地，形式作为艺术自由创作的一个内在因素，不应该脱离整个的艺术自由创作活动，也不应该自外于艺术创作的更新过程。传统艺术把形式当做艺术创作活动成果的表现，实际上就是把形式当做艺术创作活动的某个特定阶段的产品，也使形式限定和固定在相应的艺术创作阶段，从而使不同阶段的艺术创作成果的形式化从整个艺术创作生命活动中脱离开来，也同艺术创作的未来更新过程相割裂。在某种意义上说，传统美学的这种形式观，又同传统美学将艺术创作主体固定化、个体化和神圣化的原则相关联。也就是说，传统美学总是夸大艺术创作主体的作用，不但将艺术创作主体固定成一个一个孤立的"作者"个体，而且也往往将艺术创作特定阶段的成果形式当做该作者的创作标志，当做该作者垄断的个体性精神财产，当做其他人无权加以修正和更新的"作品"。

自尼采以来，一切反传统的艺术创作，都是优先地重视贯穿于艺术创作中的自由创作精神，而这种精神又集中在艺术家创作过程中的特殊情感。艺术创作中的特殊情感，既要通过艺术形式表达出来，又不能受艺术形式的约束，而且在实际上它也不能单靠某一种固定的艺术形式而淋漓尽致地表达出来。关于这一点，强调艺术的情感象征性的苏珊·朗格，正是看到了创作中的情感的复杂性和不可表达性，也看到了表达过程中语言的局限性和无能，因而诉诸变化多端和隐含无限更新可能性的象征形式。

因此，关于艺术作品的形式美，首先，后现代主义者强调其中所隐含的自由创作精神，强调这种创作精神的多变性、待发展性及其更新的生命力，也就是强调艺术形式本身的生命性，强调艺术形式内在的独立生命力，这就从根本上否定了将"形式"归结为艺术外在表现的传统形式观。第二，后现代主义者强调形式美本身的形式游戏性质，强调艺术的形式美的不拘形式性，也就是反对将艺术形式美加以形式化，反对将艺术形式美固定化和典范化。第三，后现代主义者反对将艺术形式美赋予某种"意义"。这在实际上是反对逻辑中心主义和理性主义对于艺术创作及其形式表达的干预。第四，后现代主义者主张艺术形式美在象征性表达过程中的开放性和不稳定性。因此，后现代主义者也反对任何一种采用语言表达的艺术形式美。

后现代主义者的不确定性原则旨在打破一切约束艺术创作自由的传统形式主义。但在他们看来，彻底打破约束自由的传统形式主义的唯一途径，恰恰就在于玩弄形式游戏本身。以形式游戏对抗形式的固定化；以形式游戏去破坏"中心"在运动中对于"边缘"的支配地位并使"中心"消融在"区分化"的连续运动中；以形式游戏潜入现实背后去寻求各种隐藏的、潜在的和偶发的可能性；以形式游戏将想象的世界引入并挑战性地呈现于现实世界；以形式游戏本身对抗形式从外部赋予思想内容的强制性的约束，打破形式自身的自我约束性和惰性；以形式游戏象征性地表达无法通过语言表达的自由。总之一句话，以形式游戏、在形式的任意变动中实现形式自身的自我超越，逃脱任何形式的约束，达到在固定的形式的范围内所无法达到的最大的自由。因此，也可以说，后现代主义者的形式游戏是在形式中纳入“反形式”的精神。

为了达到否定艺术创作的形式化的目的，后现代反艺术创作将艺术创作的形式表达过程本身改造成为一种“反形式”的过程。所以，反形式也就成为后现代反艺术创作的形式本身。1998 年夏秋间举行于台北市美术馆的荷兰科技艺术展生动地显示了后现代主义反艺术创作的反形式游戏。这场由荷兰媒体艺术研究院蒙德录像艺术中心组织的录像影像艺术展，展出了后现代主义艺术家谢斯·阿法杰斯（Kees Aafjes，1962—）、彼得·巴恩·米勒（Pieter Baan Müller，1957—）、彼得·博热（Peter Bogers，1956—）、鲍里斯·盖瑞兹（Boris Gerrets，1948—）、亚普·德·扬（Jaap de Jonge）、柯曼（A. P. Komen，1964—）、伯特·许特（Bert Schutter）、比尔·史宾荷本（Bill Spinhoven，1956—）、菲欧娜·塔恩（Fiona Tan，1966—）、斯坦纳·瓦苏卡（Steina Vasulka，1940—）、贝亚·德·菲瑟（Bea de Visser，1957—）以及克里斯蒂安·兹华尼肯（Christiaan Zwanikken，1967—）等人的作品。这些作品的特点是通过影像与电子科技器材的操作和实际表演，彻底否定传统艺术的形式美标准，表现出后现代反艺术创作的反形式游戏的主要形式。这些作品综合了绘画、舞蹈、雕塑和影像艺术的各种表现形式，并通过现代科技将原有的多种艺术表现形式活动化、多元化和不确定化，达到使艺术形式随着艺术展现过程而不断变化和更新的目的，同时也使这些活生生的形式表演变成艺术创作更新的过程，成为作者和参观者之间互动和沟通过程中实现再创作的重要手段。在这场展览中，艺术形式不再成为约束艺术创作和作品的外在框架，而是成为展览过程中重新创作的中介，成为艺术不断更新的生命历程中不可缺少的因素。

值得注意的是，在后现代的反形式创作过程中，时间成为反形式艺术创作的重要元素。形式的生命也存在和表现在时间中。时间成为艺术形式及其生命不断延异的基本条件。在展览中，荷兰艺术家们从他们一贯的冷静、精确风格与微观的观察角度出发，巧妙地结合时间的量化和质化程序，以各种虚拟的时空结构，利用表现速度感的动态画面和各种不同的计时工具设计，表现大自然和人的生命的艺术展现中所呈现的多种多样有形和无形的时间形式。后现代反艺术的反形式创作，就这样借助于本雅明所说的艺术科技化的途径达到了后现代形式游戏的目的。

第七节　在“反艺术”中实现后现代艺术的创新游戏

（一）在游戏中创作的后现代艺术

在后现代艺术所进行的形式游戏中，关键的因素是游戏。正是游戏，赋予了传统形式以新的活力和永恒的生命，使形式产生了克服其自身所固有的惰性的无穷力量，也使形式获得了不断更新的动力。

如前所述，传统创作的特点就在于其目的至上主义；而这种传统的目的至上主义的集中表现，就是将理想化和合理化的结果所采取的形式，通过使之固定化和典型化的途径加以推广，作为未来实践的普遍形式的标准。后现代主义者玩弄形式游戏的目的，正是要反传统之道而行，使上述传统艺术的目的至上主义不可能再借助于其目的的形式化及其固定化而普遍化。

（二）后现代艺术游戏的形式性及其超形式化

当然，就后现代主义者玩弄形式游戏而言，他们也是一种形式主义者，只不过他们是通过“反形式”，通过将形式加以非形式化，加以非固定化，或通过对于形式变化的绝对化，最终成为否定的形式主义者。这就像海德格尔那样，他坚决地反对和否定传统的形而上学，但他是以否定的形式反对传统的形而上学；他所追求的是一种反形而上学的“否定的形而上学”，一种关于“无”的形而上学。后现代艺术创作，由于把追求高度自由的不确定性作为基本目标，所以就导致了对于艺术创作形式的否定。如前所述，传统艺术总是通过标准化和典范化的形式作为艺术创作的基本规则的模式基础。通过对于典范化艺术形式的肯定，传统艺术试图给予不同时代的艺术创作者一种创作反思的空间，并由此达到艺术创作在不同历史阶段的相对稳定性，达到稳定性历史间隔中的艺术自我深化。但与此同时，传统艺术的这种借助于形式暂时固定化的艺术再生产规律，正好又为艺术以外的权力等社会因素对于艺术创作进行干预提供了机会。所以，艺术创作同形式之间的关系，造成了艺术创作中追求自由和限制自由的社会势力之间的矛盾。这种矛盾表面看来是属于艺术自身结构之外的社会因素所造成的；但是，在实际上，它仍然是艺术自身的结构所决定的。也就是说，艺术作为艺术需要达到其创作的自主性和自律化，但是艺术创作的原动力的非形式性和虚幻性，又要求艺术在社会中发挥其功能时非采取形式化不可。艺术如果不形式化，就会因其自身的虚幻化而脱离社会，因而也就不会在社会中存在，也就失去其存在的正当性。艺术的形式化是不得已的，这种不得已性又最终损害了艺术的自律性。后现代艺术创作的各种矛盾性，就是由艺术本身的这种自我矛盾所决定的。艺术的形式化破坏了艺术的生命，但艺术又不得不靠形式而在社会中和历史中存在。面对这种来自艺术本身的吊诡性，后现代艺术家也不得不从形式游戏的曲折弯路中达到否定形式的目的。只要不把形式绝对化，不在形式中自我毁灭，而是将艺术形式当成自由创作的策略，当做走向最终逃脱形式约束的中间过程，就可以同传统的形式主义区分开来。总之，诉诸形式只是为了否定形式本身。否定形式是为了通过牺牲形式而拯救形式中暂时隐含的自由。这一切决定了后现代艺术所表现的形式高度变动性和不确定性，他们试图通过艺术作品形式的不确定性，甚至通过艺术的反艺术形式，最终达到在艺术形式不确定的游戏中实现对于艺术自由的肯定。

（三）作者死亡化的创作游戏

后现代主义者在创作中所进行的上述形式游戏，使他们不再关心“作者”（l‘auteur; the author）的作用，以致使他们竟然宣称“作者之死”（the death of author, Foucault, M. 1994. Vol：I. 703）。

米歇·福柯等后现代主义者之所以否定作者的作用，是因为传统艺术和其他一切文化一样，都是通过作者在创作中的主体地位，也就是其中心地位，去实现各种论谈所要达到的宰制性的目的。米歇·福柯指出：任何作者都难于避免他的“论证事件”（événnements discursifs）进行过程中各种权力的干预。因此，作者的任何论述和论证，都只能是权力的干预的过程和结果。正因为这样，在作者的任何论述中，不但实现了各种权力通过作者对于读者的宰制，而且，更为可悲的是，一向以自己的作品的“主体”和“中心”为荣的作者本人，也不知不觉地陷入了论证过程中进行干预的各种权力的宰制，从而使作者自己从原有的主体地位变成了失去自由的附属品。

另一方面，对作者的否定也是后现代主义者玩弄形式游戏的宗旨所决定的。后现代主义者玩弄形式游戏的目的，是达到作者本身的彻底自我解脱，达到作者的绝对自由。也就是说，作者在其形式游戏中所追求的，并非游戏中呈现的形式，也不是作为游戏结果的固定形式，而是体现在游戏中的绝对自由以及在其形式中体现的象征性意义。

后现代思想家把艺术的本质归结为一种无目的的去中心化运动。从原始艺术开始，原始人就通过艺术创作中的无目的的不断超越活动，实现对于其生活环境和实际活动的限定性的否定，表现出原始人对于不断扩张无边界的活动范围的期望。原始艺术的这种朝向无边界扩展的超越性，显示了艺术创作同使用语言、进行思想想象活动以及使用工具而不断自我超越，对于人类自我发展和自我更新的决定性意义。人类的想象能力，虽然是在实际的生产和劳动活动中逐渐形成的，但是，它的自我发展的内在动力却深深地埋藏在人类心灵的最原始的想象能力之中。艺术的想象同实际的劳动都是同样重要的。劳动本身所决定的主体性只有在艺术创作的不断向外扩张的倾向中才能得到补偿。所以，人类学史和原始艺术史所展现的，正是劳动和原始艺术在主体化和反主体化的相互作用中的相互制约和相互渗透。也就是说，劳动的主体化在某种意义上要求人通过艺术的非主体化来补偿；反过来，人在艺术活动中的不断非主体化，又需要在劳动的主体化过程中找到立足点。艺术在本质上是一种非主体化的自我扩张运动。但是，正如前述艺术的各种吊诡性一样，艺术的非主体化往往又不得不通过暂时的主体化而实现。艺术在本质上是一种不断脱离主体而向外超越的创造力量，然而这种自我超越又伴随着艺术的永恒的回归的能力。艺术就是在去中心化的活动和永恒向主体回归的矛盾过程中实现其对于人的永恒的诱惑的。关于这一点，不论是古代的柏拉图，还是现代的伽达默尔，都有深刻的论述。伽达默尔在《真理与方法》中强调艺术经验中的美感的不断超越的层面，强调艺术所包含的对于真理的开放态度。艺术中所表现的对于真理的开放态度，始终隐含着超越的性质，但同时又包含着走出之后知道返回的那种经验。艺术就是不断地从创作主体和创作形式中走出又经过鉴赏者的反复品味和判断活动而知返的真理力量。艺术的不断超越而知返的永恒循环创作活动，构成为艺术生命的本质动力，也是艺术生命之无目的的和目的性的表现。任何艺术作品都是个别和一般、俗相和共相的高度统一，又是不断地破坏个别与一般的统一性的力量。艺术本身所隐含的统一性和对立性的结合，使艺术创作过程需要不断地打破原作者主体中心主义的约束，通过同鉴赏过程中无数个体的独立主体性的反复交流，通过同鉴赏者的主体性的消融过程，实现艺术本身向自身生命的回归。所以，艺术的发展过程就是无主体和去主体的游戏过程，也就是不断地从创作的主体、从作者本身的狭隘主体结构走脱出来，在同艺术鉴赏的游戏中的各个主体间的忘我来回运动中，实现对于艺术真理的领会。在这个意义上说，后现代主义者对于作者的否定打开了艺术生命游戏的广阔前景，也发掘了艺术向无限美的目标发展的真正动力。

（四）后现代艺术游戏的象征化

如同以下各节将要论述的，作为游戏结果的形式中体现的象征性意义，是走向绝对自由的又一个理想通道。在这个新开辟的通道中，不仅作者本人可以借助象征的层层延伸和变化而达到自我解脱，而且更为重要的是，作品的欣赏者和读者，也同样可以通过象征的层层不确定的双重结构而实现无止境的新的创造，并由此达到欣赏者和读者连同作者一起共同实现自我解脱。

后现代主义者对形式的上述态度，首先来源于他们对艺术的基本看法。如前所述，后现代主义者之所以崇尚艺术，是因为在他们看来，艺术是唯一可能向人类提供绝对自由的领域。艺术的这种独一无二的性质，决定于作为艺术的艺术之纯形式本质。艺术是一种玩弄形式游戏并通过玩弄形式游戏，通过对形式的不断的和无止境的否定，向人们提供美的享受的自由创造活动。

现实世界中的任何事物都是内容与形式的统一。这种内容与形式的统一，决定了其自由的有限性、相对性和暂时性。关于这一点，德国古典美学家席勒（Friedrich Schiller，1759—1805）早就有所洞察。埃克曼（Eckermann，1792—1854）曾经引用歌德的话说过："贯穿于席勒全部作品的，是自由这个理想。”（Eckermann，1836：48）席勒自己也说：“要把美的问题放在自由之前……因为正是通过美，人们才可以达到自由。”（Schiller，F. 1795：30）在席勒看来，人不仅是自然的生存物，而且是“自由理智”。因此，他深受康德的影响，把人性分割成两种对立的因素：一方面是人格（person），另一方面是状况（zustand）。人格就是自我、形式或理性，状况是自我的规定，也就是现象、世界、物质或感性。人格的基础是自由，状况的基础则是时间。这也就是说，人既有超时间的一面，又有受时间限制的一面。也正因为这样，人人都具有两种相反的欲求，构成行为的两种基本法则：一方面人的感性要求绝对的实在性，要把一切形式的东西转化为世界，把人的各种气质和秉性表现为现象，即把人的内在世界外化；另一方面人的理性又要求绝对的形式性，要把一切纯属世界的现象消除掉，赋予一切外在事物以形式。为了实现这两种要求，人感受到来自两种相反力量的推动：一种是来自人的感性的冲动，试图把人置于时间限制之中，使人成为物质的和肉体的生存物；另一种是来自人的理性的形式冲动，试图保持人格不变，扬弃时间和各种变化，追求永恒的真理和正义。完美的理想的人性就是上述两种冲动的和谐统一。然而，席勒感受到了现代人性的破坏。因此，席勒提出了第三种冲动，这就是游戏冲动。他认为唯有靠游戏冲动，才能恢复人性的完整。

席勒把美同游戏冲动联系起来。首先，在他看来，游戏就是相对于强制的力量，也就是一种自由。所谓游戏冲动就是把感性冲动和理性冲动结合起来的一种自由，通过它才能排除自我的主观性和周围世界的客观性，使人成为主动和被动的结合体，自由地实现自己的生存目标。因此，席勒也把游戏冲动看做是生命的活生生的形象。他说：“一块大理石，尽管是而且永远是无生命的，却能由建筑师和雕刻家把它变为活的形象。一个人尽管有生命和形象，却不因此就是活的形象。要成为活的形象，就需要使他的形象具有生命，而他的生命就是形象本身。只要我们只想到他的形象，那个形象就仍然是无生命的，因为他只是单纯的抽象。同样地，只要我们还只是感觉到他的生命，那个生命就仍然不具有形象，而是单纯的印象。因此，只有当他的形式活在我们的感觉里，而且他的生命又在我们的智性中取得形式的时候，他才是活生生的形象。”（Schiller，F. 1795：80）总的看来，席勒认为美来源于感性冲动和形式冲动的结合和互动，实质上也就是人性的完成，也就是自由的实现。因此，席勒得出结论说：“人应该同美一起单纯地游戏；人应该只是同美一起游戏。……只有当人在充分意义上成为人的时候，他才游戏；也只有当人游戏的时候，他才是完整的人。”（Schiller, F. 1795: 83）

在席勒的心目中，通过游戏冲动所达到的自由是在形式美中完成的。但他所说的形式，并非普通人所理解的形式。普通人总是把形式看做是有确定界限的固定空间。席勒所指的，却是一种想象中的不确定的形式。他曾经用“幻象”来表达这种形式美。席勒用 schein 这个词来表达。这个词本来的意思包含“形象”、“幻象”和“外观”的意思。由于席勒没有能够对这个概念作精确的说明，因此，引起了后人对这个概念的许多误解，从而模糊了其原有形式美的含义。中国大陆美学界一直将 schein 翻译成“外观”，这是不对的。因为外观只能够表示一种外在的固定界限，而且往往成为作为客体的美的对象的形式；但根据席勒的原意，这种幻象是人对最高自由的追求的精神活动的产物，是人的创造的理想典范。席勒所没有明确说明的，只是这种 schein 的不确定性的特质。

实际上作为一种幻象，特别是作为人的自由理想的形式美的目标，它本应该是具有某种普遍性的模糊图像。所谓普遍性，就是指它在创作过程中可能是这样，也可能是那样，全看创作中的自由需求而定。席勒所接受的传统文化的教育以及他的创作经验的限定，使他不能如此精确地说明 schein 的不确定性的特质。到了 20 世纪初的时候，法国后印象派的画家们才终于明确地提出了一种类似于席勒的幻象的模糊的形式美的概念。

后印象派的塞尚（Paul Cézanne, 1839—1906）、高更（Paul Gauguin, 1848—1903）、凡·高（Vincent Van Gogh, 1853—1890）和修拉（Georges Seurat, 1859—1891）等人，在绘画中强调形式美的创造的重要性。高更说：“我通过线条与色彩的安排而获得交响与和谐，但它并不表示普通人所理解的‘真实’。”接着他又说：“我并不想正确地重现我眼睛所看到的东西，而是想随意地运用色彩以便有力地表现我自己。”（Gregory, C./Lyon, S. 1988: 180—190）高更在这里所要突出表现的，正是在画家心目中内在地产生的一种不同于外在形式美的、类似于模糊的印象的形式美的雏形。它不是外界实物的形象，与现实界的任何外形毫无关系，而是一种艺术家内在精神世界所追求的绝对自由的理念的浓缩，只不过它表现为一种特殊的虚幻形式。所以，它不可能像外在客体的外观那样，可以描画出其明确的线条；或者，可以用传统绘画的线条那样清晰地勾画出来。借用席勒的“冲动游戏”概念，那么，作为精神自由活动的模式的形式美，也不可能像物质世界的外在形式美那样，表现出确定的图案分界线。它倒是应该同时借由具象和抽象的两种特点，表现出精神自由的最高目标的某种不可界定的、具有高度灵活和高度自律的性质。因此，塞尚就曾经声称要用某种抽象的圆柱体、球体和锥体等模糊形式，表现出画家本身内在精神创造所追求的想象中的美。同样地，高更也主张用最强烈的抽象性，去表现脑子里追求的近乎神秘的各种关系，表现一种无法用具体确定的形象所表达的虚幻式形式美。这种利用光、图、人物、景色、气氛和心情的模糊变幻进行创作的方法，也在凡·高和修拉的作品中明显地表现出来。

在后期印象派的创作经验的启发下，在20世纪初，英国美学界兴起了以贝尔（Clive Bell，1881—1964）和弗赖（Roger Fry，1860—1934）为代表的形式主义美学，把关于形式美的概念进一步提升成为艺术创作自由的核心。贝尔认为艺术作品的审美价值就在于它的“有意味的形式”本身。艺术作品以外的客观事物，包括自然、社会和各种实际人物，都不重要。有意味的形式是一种能够唤起审美情感的形式，因为它真正发自人的内心追求自由的无限愿望，它是随时依据人的内心活动而瞬时即变的高度自由的游戏的产物。因此，它不能由任何外在的标准去限定，也没有预定的所谓最后目标作为确定的方向；同时，连艺术家本人也无法预先加以安排和表达。贝尔说：“塞尚最强而有力的特点，就是坚持有意味的形式的至高无上的地位，而当我尚未明白这一特点的时候，我就已经在感情上被深深地打动了。”（Bell，C. 1914：41）贝尔所强调的是一种超功利的和独立自主的形式美。贝尔认为在各种艺术作品中，只有线条、形式和色彩的各种复杂关系，也就是说，某种不同于实际形式的抽象关系，作为一种纯粹的精神性的美的对象，才是最有价值的。形式以外的各种东西只能够激起我们对于现实世界的非审美的生活情感，却不能产生审美性艺术创造的自由情感。

实际上，关于人的精神活动的自由，不论就内容或形式而言，早在古希腊，柏拉图就已经深刻地进行了研究。柏拉图最早提出了“形式”（eidos）概念。在他看来，人的精神活动所创造出来的“形式”，对人的生活来说，具有优越的本体论地位。也就是说，时刻追求精神自由的人，是以精神创造的“形式”作为指导，作为原型和典范去认识这个世界，并且也以此作为真理的标准进行各种现实的活动的。值得注意的是，柏拉图在强调形式的本体论第一性意义的时候，是很重视形式美的。他在著名的《美诺篇》（*Meno*）中谈到美和美德的时候，论述了形式的本体论意义。

在《美诺篇》中柏拉图明确地指出，虽然美德可以是各种各样的，但决定着美德作为美德的东西的，是各种各样的美德所共有的那个共性，也就是形式。柏拉图是用 eidos 来表示形式的。在古希腊，eidos 来自动词 idein。idein 的意思是“看”，也就是人所见到的各种形状。但是，这里所说的形式又包含看不见的内在形式的意思，包含着一般所说的“种”和“类”以及“原型”，也包含文学上所说的各种“风格”。因此，不能把 eidos 狭隘地理解为几何学上所表达的外形。总而言之，当柏拉图用形式表示人的精神自由活动的目标和标准的时候，他是企图超越现实世界的外在感性形式，试图在一种不同于现实世界的彼岸世界中追求更高的目标来满足人的无止境的自由创造的欲望。当然，柏拉图所说的形式，包含着认识论的、本体论的和美学的不同含义。我们所感兴趣的，只是美学意义上的形式。后现代的艺术家们所提出的形式游戏，正是从柏拉图的形式美学意义出发的。正是在柏拉图的美学形式概念中，已经表现了这种形式美的两种突出特点：第一，它是含糊的、不确定的和可以随时被自由创造的美的目标；第二，它是具有普遍超时空、超功利和超经验的审美情感的标本和原型。后现代的艺术家们通过自己的创作经验，进一步发展了这种形式美的概念。

艺术的前述不可界定性，正是决定于艺术本身之异于思想观念、异于语言的独有特性。新康德主义文学批评家苏珊·朗格指出，艺术是人的情感的一种最优异的载体（a previleged vehicle of human feelings），而人的情感是客观地交织在艺术本身所关联的象征性的语言之中的。因此，艺术并非自我表现（is not self-expression），而是情感的象征化（the symbolization of emotion）。艺术不是有明确意识的自我的理性表现。作为情感的象征化，艺术无法以语言加以正确的表达，而只能象征地表达。苏珊·朗格说：“尽管一部艺术作品显示主体性的特征，但它自身本是客观的；其目的是将感情的生命加以客观化。”（Langer, S. K. K. 1953）接着，苏珊·朗格还说：“人的情感是一种交织而成但又不是含糊不清的一团堆积。它具有其自身复杂的动力模式，包含着可能的联结和新冒出的现象。它是一种有机地相互独立和相互决定的张力和方案的合成模式，是一种最无限复杂的主动行为和节奏的模式。……因此，艺术的表达性好像象征的表达性那样，但不像情感的征候表达性。”（Langer，S. K. K. 1962：80）苏珊·朗格所强调的，始终是艺术的象征结构的非语言模式表达性。艺术的象征结构一旦经语言表达出来，便即刻不再是原有的艺术象征结构，而变成了一种同靠语言表达的各种思想观念相混淆的一般结构，全然失去了其艺术象征结构的特征。艺术的这一特征使艺术注定无法以语言加以界定。

作为后现代美学家的苏珊·朗格明确地指出，艺术的本质就在于有意义的形式（significant form）的普遍存在（Langer，S. 1953：385）。

朗格在《情感与形式》一书中说：“艺术是情感的符号形式，而不是事实的符号。任何艺术作品的价值并不在于它所表现的对象是什么，而只是取决于它如何表现。”（Ibid.）苏珊·朗格在这里所说的“如何表现”，正好就是指艺术家如何创造出一种不同于客观事物的外在形式的内在形式美，也就是上述本质上不可确定的形式美。

因此，在后现代艺术家看来，艺术活动之所以提供了唯一最自由的人类创作天地，就在于艺术本身是唯一通过不确定的形式美的创造的精神活动领域。艺术不同于人类其他活动，最根本的就在于它是靠形式的自由创造去实现人的自由理想。任何艺术品，之所以能给人美的享受，最主要的是靠美的形式的创造。同样的一件实物，经艺术家的加工，可以成为各种不同的美的对象。一桩在原始森林中的枯树，只有当它被艺术家的自由创作加工以后，才变成为美的作品。艺术家的自由创作，在这里，丝毫都没有改变作为实物和内容的枯树本身；艺术家所做的，不过是它的精神创造中所表现的形式。形式赋予了枯树以一种特殊的美的生命，不仅使它具有了艺术价值，也使它在艺术王国中取得永恒存在的权力。

问题在于，后现代艺术家所说的形式游戏，并不同于传统美学的形式主义。如前所述，前者是通过否定形式本身实现形式游戏的；后者则将自己约束于形式，成为形式的奴隶。两者的区分最根本的，就在于是否把形式看做是外在的、客体的或事物的确定性的模样。后现代的艺术家的形式游戏，不仅是指游戏的不确定性，而且也是指形式本身的不确定性。形式本身的不确定性，决定于精神活动的自由形式对于外在形式的不断否定性，决定于其永恒的不满足性以及其绝对自律的不断超越的要求。这一切不可避免地回归到人的自由本质。

最后，值得指出的是，后现代艺术的形式游戏概念的核心部分是象征性的问题。如前所述，后现代艺术在创作中玩弄形式游戏的目的是很明确的：在形式游戏中超越形式的约束而获得自由。因此，他们通过游戏而把形式非形式化，通过游戏而把形式加以“解构”。在形式游戏中，形式丧失了其本性，因为游戏具有一种“魔力”，可以使陷于其中的一切因素，统统加以非主体化、非中心化和自我超越化。陷于游戏的形式完全失去其主体性和同一性，变成了游戏的象征性手段。游戏的逻辑使陷于游戏的形式象征化。

形式游戏一旦使陷于游戏的形式象征化，便使形式从僵死的形式中重获生命，形式本身也就只具有象征的意义罢了。所以，象征化的形式是后现代艺术不同于传统艺术的形式主义的关键之处。

后现代艺术把形式象征化，还包含着另一个重要意义。这就是一方面，后现代艺术通过形式游戏中的形式象征化，达到否定艺术的传统意义的目的；另一方面则由此真正地实现艺术的绝对自由——一种名副其实的不确定的自由。

传统文化一向认为：艺术之所以具有崇高价值，就是因为它包含着“意义”。将艺术意义化，就像将一切文化加以意义化一样，其目的是实现一种有利于统治阶级的“标准化”，借此完成统治阶级利益的正当化和普遍化。这就是说，传统文化之建构“意义”体系，无非是实现传统文化本身的正当化，并通过正当化而实现其固定化和永恒化。任何意义都是一种“价值”，其传播及其效用，是为了推广和巩固有利于统治的秩序。所以，传统文化把维护文化的“意义”体系看做是文化创作和再生产的基本原则。后现代艺术通过形式游戏把在形式中固定化和永恒化的“意义”体系加以破坏，完成其对于传统艺术的“解构”。形式一旦失去了其内含和负载的“意义”，其本身也就不同于传统的形式。后现代艺术通过对于传统艺术的如此“解构”，便剥夺了传统艺术形式的灵魂——其“意义”体系，后现代艺术的形式游戏也就彻底地同传统艺术的形式主义划清界限。

其次，在后现代艺术的形式游戏中，也隐含着对艺术本身的“意义”的彻底否定。在后现代艺术家看来，艺术活动本身不应该有任何“意义”。任何“意义”的声称和追求，都势必导致对自由的限定。如前所述，既然后现代艺术家把艺术的自由看做是不可界定的，他们就同样不能容忍那些将艺术赋予“意义”的任何传统原则。艺术只有在解脱了任何“意义”的约束之后，才能实现其自身所追求的绝对自由，而将形式象征化以便使艺术有可能从“意义”的约束中解脱出来。

另一方面，后现代艺术把形式象征化的结果，不仅使形式原来负载的“意义”模糊化，也使形式本身的固有结构不确定化。因此，形式象征化的结果，自然地导致了形式的自我否定。人们也由此可见，后现代的这种形式的自我否定，并非单纯地和消极地否定形式，而是赋予形式以更新的转机，同时又避免了传统形式的消极性。

反艺术为后现代艺术的自由创作开辟了最广阔的天地，因为通过反艺术本身的创作活动，后现代艺术可以跨越一切传统艺术的禁忌和界限而自由自在地进行创作，后现代的自由艺术创作也就可以达到反传统艺术和后现代自由创新的双重目的。由此可见，后现代反艺术自由创作总是包含两方面的意涵：一方面就其反传统艺术而言，它是无所顾忌和不受限制的；另一方面，就其自由创新而言也是没有界限和没有最终目的的。

在这方面，受到阿尔托的启发而创作的两位日本后现代舞蹈剧作家永子和高丽的后现代舞蹈剧《记忆》的创作和演出，典型地显示出后现代反艺术创新游戏的特征。

《记忆》的演出舞台是一个封闭的空间。这种封闭的空间，实际上，正如德里达在描述阿尔托的“残酷剧场”时所说的那样，它是“由它自己内部所产生，而不再是由另一个不在场、无所不在或看不到的乌托邦视角组织出来的”（Derrida，J. 1967：356）。

《记忆》的整场演出大约经历七十分钟，而整个舞台和观众席都笼罩在一片黑暗中。舞台舞蹈表演的配乐以德国音乐家多依德（Deuter，1945—）谱曲的“低限度”音乐（minimalist music）为主旋律。两位舞者以全裸身体的极端缓慢的动作表现一个原始的封闭空间的再现，呈现出作为生命本质的力量本身的原始表演形态。两位舞者试图通过看得见的生命肉体再现，显示对于长期以来统治传统舞台的看不见的话语的抗议。由于两位舞者的裸体自然表演始终不局限于固定的形式，也不围绕着某一个中心而旋转，人们感受到一种后现代的“能量剧场”（théatre de l’énergie）的生命力。这种后现代的能量剧场，由于不拘形式，表现出对限定艺术表演意义的特定形式的抗拒。正如利奥塔所指出的：“能量剧场的工作，并不是要提示这个那个意味着这个那个，更不是如布雷希特那样去讨论这个那个。能量剧场的主要任务是没有特定意图地呈现，只凭借能量本身的充裕或匮乏，在现有的可能中生产出最大限度的强烈感受。”（Lyotard，J. F. 1979：110）

由此可见，摆脱了语言和文本约束的后现代艺术，为其自身的自由创作游戏开辟了无限的前景。

后现代艺术所追求的基本目标是自由。什么是艺术的自由以及艺术如何达到真正的自由，本来就是艺术发展本身所一贯探讨的基本问题。后现代艺术所提出的自由目标，不同于传统艺术所追求的自由目标，在实际上，关系到对于“人”、“艺术”和“自由”的根本不同定义和基本观点。

传统西方文化把科学认识活动、哲学思考、宗教信仰和艺术都当做是人的最基本的活动类型。但是，传统西方文化又过分地区分上述人类四项基本活动类型，并把前两项活动类型提升为人类最基本的理性活动，列为人性的最高表现。现代性在其发展过程中，也特别将科学认识活动和哲学思考当成人类追求真理的最基本活动，是保障人类社会不断“进步”的主要推动力。后现代思想家反对把人类活动僵化地区分为上述四大类型，更不同意将科学认识活动列为首位，也不承认科学认识活动具有优先的特权地位。从人的不确定性出发，后现代主义者把人的自由列为首位，同时也把艺术活动的游戏本质和形式当成人的自由的最高表现。这就从根本上颠倒了艺术在人类基本活动中的地位，赋予艺术以人类追求自由最高表现的优先地位。后现代主义者将艺术的活动模式及其游戏性当成人的自由的基本表现形态。“艺术是什么”同“人是什么”，实际上是紧紧地联系在一起的两个基本问题。后现代主义者在两者的相互交错和相互渗透中，论述了人的自由的最高价值及其不确定性。

艺术，作为一种活动，是高度不确定的人所进行的高度不确定的创造活动。正是在艺术的不确定的创造活动中，一方面表现了人的活动的自由，表现了人的自由所能达到的一切可能境界，另一方面也表达了人的自由的不可取代性及其最高价值。正是从这个意义上说，论证艺术活动的自由本质，强调艺术创作过程中所表现的游戏形态，正是为了论证人的自由的高贵性及其不可确定性，显示人的自由的不可控制性、非规定性、非统一性和非抽象性。因此，有关艺术的自由游戏性质的论述，在后现代主义看来，具有重要的形而上学本体论性质，属于一种人生哲学。

艺术的自由不能脱离艺术的游戏活动形态。表现艺术的高度自由的各种基本性质，例如，艺术的不稳定性、无固定形式性、随意性、生活性、变动性以及各种可能性，都是为了凸显在艺术活动中所贯穿的人类基本生命活动的自由本质。因此，论证艺术的游戏性，成为后现代主义艺术理论和美学的中心任务。有关艺术的游戏性，当然同本章前几节所论述的艺术荒谬性相关联。但是，从根本上说，艺术的游戏性更深刻地把握了艺术的自由本质及艺术在形式上的高度灵活性。

论述艺术的游戏性不能只限于艺术领域本身，而是必须在同艺术与非艺术的相互关系中加以考察。这就是说，研究艺术的游戏性，不但要求对于艺术的内在开放性，而且也要求对于艺术的外在开放性进行全面的探讨。所谓艺术的内在开放性，指的是在艺术领域中所进行的各种创造活动的无限性及其相互转化的可能性。这不仅指艺术领域中不同艺术部门之间相互转化的可能性，而且也是指在同一艺术部门中进行深入创造的无限性，甚至可以说，在艺术部门中的各种自由创造不可能，也不应该有固定的界限和禁忌。但是，与此同时，任何艺术创造都是向内和向外同时双向无限进行的。所谓艺术的外在开放性，就是强调艺术同非艺术之间的界限的不确定性以及艺术同非艺术相互转换的可能性。

关于艺术内在和外在双向开放性的后现代概念，彻底打破了传统艺术的封闭和僵化概念，同时也使艺术活动更全面和更深刻地同人的自由本质联系在一起，有助于通过艺术研究进一步探讨人的自由的限度及其可能性。

探索艺术的游戏性，当然离不开对于艺术同语言的相互关系的研究，离不开对于语言游戏的研究。

研究艺术的游戏性，同样也离不开对生活的游戏性的研究。后现代美学和文学艺术理论高度重视艺术同生活的血肉关系，艺术的游戏性正是人的生活游戏性的典型表现。

艺术的游戏性势必导致艺术创作的多元性，并通过艺术创作多元性进一步表现后现代生活的多元性，表现后现代生活多元性中所表达的自由多元性的理念。

后现代的思想家们在批判传统的古典人道主义理论的时候，一方面不满于西方古典人道主义将人设定为认识和伦理行为的主体的局限性，揭露了将人加以主体化而导致对人的否定的各种传统论述，另一方面，却在康德的“人是目的自身”的命题中发现了拯救人的自由的转机，找到了把人彻底地从传统文化的枷锁中解放出来的关键途径。后现代的思想家德里达在对于西方传统文化进行“解构”的时候，另一位后结构主义思想家米歇·福柯在批判古典人文主义的时候，都肯定了康德的上述命题，并由此出发论述了后现代的基本“人观”。

后现代思想家之所以重视“人是目的自身”这个命题，正是因为在这个命题中集中地体现了人的自由本质。人是自由的，这个自由只有当人作为目的自身的时候才能真正实现。在70年代末至80年代初，后现代的思想家们经过反复讨论“人的目的”这个论题之后，出版了一本研讨会论文集《人的目的：从德里达的创作谈起》（Philippe Lacoue-Labarthe/Jean-Luc Nancy. 1981）。这本讨论集表明后现代的思想家们极端重视人的自由问题，并像康德那样，围绕着人的目的去探讨人的自由，而且也是在人的艺术创作活动中去寻求人的绝对自由的可能性。

在他们看来，艺术创造是人的自由的最理想的典范性场所。艺术创作和欣赏活动，作为无目的的合目的性，集中地体现了人的自由的最本质的内容和最高目标。正是在“无目的的合目的性”中，高度地表现了人的自由的自在自为的自律性。这是人为自身的存在而作的自我决定的自由，是为自身的存在而寻求最大限度的自由的表现。

但在后现代思想家看来，自在自为的自律就是无目的的不确定性（l'incertitude；uncertainty）。这是一种进行自由创造的“没有根基的”游戏活动。伽达默尔在《真理与方法》一书中称之为“人类世界经验的基本形式”，并通过艺术创造体现了人生在世不断追求自由的最高理想（Gadamer, H.-G. 1986. I：107—116）。德里达也高度赞扬艺术创作中的游戏活动，并将之描述为“一种产生区分的区分”（Derrida，J. 1967a）。

第八节 后现代艺术的正当化问题

（一）后现代艺术的“去正当化”性质

后现代艺术对于传统艺术的批判，实际上就是对传统文化正当化的“去神秘化”和“除魅化”。后现代艺术所倡导的各种“反文化”和“反艺术”

的口号及其实践，实际上就是对传统艺术的“除魅”，就是除去披在传统艺术身上的外衣之“魅”。

传统文化一向靠其自我正当化来实现对社会和人民大众的宰制和控制，也借此实现对一切非正统文化的排斥和压制。传统文化的正当化过程，首先无非就是通过其生产者正当身份的确立而完成的。从古以来，文化生产过程的实现都是以社会分工、以脑力劳动和体力劳动的分工和区分为基础的。所以，传统文化正当化的程序是同整个社会分工制度和区分化体系的正当化密切相关的。在这个意义上说，传统文化的正当化一方面依赖于整个社会分工和区分化制度的正当化过程，另一方面它又反过来促进和巩固社会分工和区分化制度。其次，文化生产过程本身也不断地确立其标准化和规范化的体系，并借助于这种文化生产自身的规范化和标准化，进一步实现和巩固文化生产的自我正当化过程。由此看来，文化生产的正当化也同整个社会制度的正当化一样，总是在正当化范围内，由正当化过程自身各组成因素之间所进行循环论证和循环正当化而完成。当然，这种在正当化范围内各组成因素之间的相互循环论证过程，不论在文化生产过程中，还是在社会制度整个体系中，都采取非常复杂的迂回和装饰的程序，也采取非常复杂和隐蔽的策略。文化生产过程的正当化，总是比一般社会制度的正当化，采取更复杂、更曲折、更隐蔽，甚至更客观中立的形式。正因为这样，后现代艺术对于传统文化正当化的批判和除魅，主要是采取曲折的语言游戏的策略，以便更集中地揭露传统文化正当化过程中所采用的修辞性语言游戏策略。法国著名的社会人类学家布尔迪厄曾经用“委婉表达法”表示文化生产正当化过程中的复杂掩饰方式。为此，后现代思想家也同样主张以委婉的修辞式语言游戏策略去对付传统文化的修辞式语言游戏。

其次，后现代艺术对于传统艺术的“去正当化”或“除魅”，除了采取后现代的语言游戏论述形式和策略以外，还更注重从后现代艺术的创作活动本身，以后现代的“反艺术”和“反文化”的实践活动去进行。后现代艺术以其反艺术的实践活动，直接地完成对于传统艺术的“去正当化”，同时也完成后现代艺术自身的自我正当化过程。

对于后现代艺术来说，不论是对传统艺术的“去正当化”，还是对于后现代艺术自身的自我正当化，都是主要依赖于后现代艺术的创作活动及其创作效果，主要靠后现代艺术家所创作出来的大量反文化和反艺术的作品，去消除和抵消传统文化和传统艺术在社会上的正当化地位。

（二）后现代艺术同“大众文化”的双重矛盾

后现代艺术同大众文化的相互关系，就如它同现代文化的相互关系一样是充满矛盾的。后现代艺术对传统美学原则的颠覆和彻底批判，在实际上是同现代社会中陆续兴起并迅速地蔓延开来的“大众文化”运动紧密相关的。后现代艺术同大众文化的关系可以说是互补互动的：一方面，后现代艺术对传统美学原则的颠覆和彻底批判，在理论上为大众文化运动的顺利展开铺平了道路（Nehring，N. 1997；Gibbins，J. R. 1999）；后现代艺术对传统美学原则的颠覆和彻底批判，不但为大众文化的发展扫除了理论原则上的障碍，而且也为大众文化提供了正当化的论证。但另一方面，大众文化的兴起和发展，又为后现代艺术的“反艺术”创作原则提供了丰富的实际经验，并同时验证了后现代艺术的“反艺术”创作原则的正当性（Strinati，D. 1996：228—239）。

严格地说，当代大众文化的发展同后现代艺术的发展是相辅相成的，而两者的发展对于传统艺术所产生的作用也包含着极其矛盾的双重意义。

首先，大众文化的发展，就其构成对传统艺术的抗议和反抗而言，实际上同后现代主义一样，在客观上起着一种对于传统艺术的“去正当化”的效果；甚至还可以说，大众文化的发展，也就是后现代主义反传统文化的理论活动和实践活动的一个强大社会推动力。反过来说，后现代主义的形成和发展，由于不断地削弱和否定传统文化的正当化地位，为大众文化的广泛传播打开了方便之门。在这个意义上说，大众文化的发展又是后现代主义发展的一个副产品。

大众文化在某种意义上说，往往是作为被边缘化或被排挤在中心位置之外的一般群众的文化创造活动，也是它们向传统文化挑战并宣示其自身独立性的一个表现。大众文化在创作过程中，经常不自觉地采用后现代反文化的原则，同传统文化分庭抗礼。正因为这样，大众文化的产生和发展，在客观上不但同后现代主义的发展相平行，而且也直接有利于后现代主义对于传统文化的批判。

然而，大众文化作为人民大众盲目进行自由创作的一种产物，又往往难以避免受到社会和文化总体结构中各种统治势力的宰制。大众文化之陷入社会统治势力网络的状况，又使大众文化在很大程度上脱离其创作初期的自律性和独立性，使大众文化在产生以后不由自主地成为传统文化的一个附属体。在晚期资本主义西方文化进入全球化的阶段，由于现代技术和各种媒体力量加强渗透，大众文化更无法逃脱被控制的命运。大众文化被控制和被宰制的状况，使它在性质上和创作方向方面发生了根本的变化。正是由于这种变化，使后现代主义进一步加强了对于大众文化的批判和警觉性。早在40年代后现代主义的某些原则还处于萌芽的阶段，特别是在阿多诺和本雅明的著作中所表现出来的，就已经对于大众文化中深受统治阶级权力运作宰制的性质进行了尖锐的批判。

严格地说，大众文化的发展首先模糊了社会和文化之间的区别。大众文化的泛滥，伴随着文化在社会各阶层中的渗透及其在各阶层社会活动中的渗透，使文化的因素无所不在地扩散到社会的各个领域，导致当代社会结构中文化因素的强化。其次，大众文化的发展进一步模糊了艺术本身各个层次的区别，模糊了专业性的精致高级文化同粗糙的大众文化之间的界限，也模糊了艺术作为整体同大众文化的界限。第三，大众文化的发展使当代社会和文化活动中的时间和空间结构发生了变化，也使两者的区别进一步模糊化。在多数情况下，大众文化的发展促使空间的进一步时间化，产生出时间结构的复杂化和凝缩化。反过来，时间结构的变化又为当代社会文化活动的复杂化提供了可能，特别是开辟了更多的可能性领域；时间越来越成为可能性因素潜藏和展现的领域。第四，大众文化的发展也导致后设叙述体系的崩溃，促进无中心和破碎化的叙述结构的蔓延，也导致了叙述在多元和多方向维度上的发展。最后，大众文化的发展也导致集体性和个人性的特质向不稳定化的方向发展，导致集体和个人特性的多元化倾向。所有这一切，在客观上正好同后现代艺术的发展相互促进，甚至有利于后现代主义的进一步发展。

不管怎样，后现代艺术的发展和大众文化在现阶段的发展，都同样地对于传统文化起了共同的批判和破坏作用。首先，两者的发展促使当代文化和艺术加速其生活化的过程，同时也加速其多元化的发展方向。当代后现代艺术和大众文化的发展，有利于当代文化自由创作活动进一步突破传统规则的约束，因而也有利于文化和艺术在更广阔的领域中进行自我更新。其次，两者的发展也同时地激化了现代性文化原有的内在矛盾，使现代性文化自身不断加深的危机进一步升级，导致现代性文化进入彻底的进行自我改造和自我更新的新阶段。最后，两者的发展也为艺术同社会的新关系的出现提供了广阔的可能性，有利于当代社会在新的文化再生产广阔维度内探索另类的发展方向。当然，后现代艺术和大众文化的发展，也为当代社会和文化在生产上增添了许多新的危机，甚至在某种意义上增添了空前未有的悲观因素。

从更全面和更长远的观察取向来分析，后现代艺术和大众文化的发展及其相互矛盾，包含着当代文化发展的新危机和新转机，同时也包含着文化发展本身始终无法逃避的悲剧性力量。然而，从本雅明和阿多诺的艺术理论来看，正是这些悲剧性的因素，有可能为改造整个人类文化带来真正的希望。

参考文献

Abrams, M. H.

1965 *Structure and Style in the Greater Romantic Lyric*, In F. W. Hilless and H. Bloom, Eds, *From Sensibility to Romanticism*. New York: Oxford University Press.

Adorno, Th. W.

1973 *Aesthetische Theorie*, Frankfurt am Main: Suhrkamp.

1988 *Theodor W. Adorno Gesammelte Schriften*, Hrg. von Rolf Tiedemann, 20 Bde. Frankfurt am Main: Suhrkamp.

1994 *Dialektik der Aufklärung*, *Philosophische Fragmente*, Mit M. Horkheimer, Frankfurt am Main: Fischer, Albistur, M./Armogathe, D.

1977 *Histoire du féminisme français du Moyen Age à nos jours*, Paris: Editions des Femmes.

Allen, G.

1999 *Intertextuality*, London: Routledge.

Altman, R.

1987 *The American Film Musical*, Bloomington: Indiana University Press.

Andrews, G.

1991 *Citizenship*, London: Lawrence and Wishart.

Apel, K. O.

1979 *Die Erklären Verstehen-Kontroverse in Transzendental-Pragmatischer Sicht*, Frankfurt am Main: Suhrkamp.

Ariés, Ph.

1975 *Essais sur l'histoire de la Mort en Occident*, Paris: Seuil.

Aristotle.

1981 *The Basic Works of Aristotle*, R. McKeon, ed, Chicago: Chicago University Press.

Armogathe, D.

1977 *Simone de Beauvoir*, *Le deuxieme sexe*, *Analyse Critique*, Paris: Hatier.

Arneil, B.

1999 *Politics and Feminism*: *An Introduction*, London: Blackwell.

Arnold, M.

1869 *Culture and Anarchy*, In *The Norton Anthology of English Literature*, eds, by Abrams et al, Fifth Ed, Vol. 2, pp. 1425—1432, New York: Norton & W. W. Company.

Ashenden, S./Owen, D.

1999 *Foucault Contre Habermas*, London: Sage.

Auzias, J.-M.

1986 *Michel Foucault*, *Qui Suis-je*? Paris: La Manufacture.

Bacchi, C. L.

1999 *Women*, *Policy and Politics*: *The Construction of Policy Problems*, London: Sage.

Bachrach, P./Baratz, M.

1970 *Power and Poverty*: *Theory and Practice*, New York: Oxford University Press.

Bacon, F.

1603 *The Advancement of Learning*, London.

1620 *Novum Organum*, London.

Bakhtin, M.

1981 *The Dialogic Imagination*. Trans. Caryl Emerson and M. Holquist, Austin: University of Texas Press.

Barrett, M.

1980 *Woman's Opression Today*, London: Verso.

Barrett, M./Mclntosh, M.

1980 *The Anti-Social Family*, London: Verso.

Barry, J./Brooks, C.

1995 *The Middling Sort of People, Culture, Society and Politics in England 1550-1800*, London: Macmillan.

Barthes, R.

1953 *Le Degré Zero de L'écriture*, Paris: Seuil.

1957 *Mythologies*, Paris: Seuil.

1959 *Langage et Vetement*, In Critique 142.

1967 *Système de la Mode*, Paris: Seuil.

1970a *S/Z*, Paris: Seuil.

1970b *L'empire des Signes*, Genève: Skira.

1977 *Image-Music-Text*, London: Fontana.

1985 *L'aventure Sémiologique*, Paris: Seuil.

1988 *The Semiotic Challenge*, Oxford: Blackwell.

1993 *Barthes Oeuvres Complètes, Tome* Ⅰ, Paris: Seuil.

1994 *Barthes Oeuvres Completes, Tome* Ⅱ, Paris: Seuil.

1995 *Barthes Oeuvres Complètes, Tome* Ⅲ, Paris: Seuil.

Bataille, G.

1929 *Architecture, In Oeuvres Complètes*, Vol. I. Paris: Gallimard.

1954 [1943] *L'Expérience Intérieure*, Paris: Gallimard.

1947 *L'Alleluiah, Catéchisme de Dianus*, Paris: Blaizot.

1949 *La Part Maudite, Essai D'économie Générale, I: La Consumation*, Paris: Minuit.

1957 *La Littérature et le Mal*, Paris: Gallimard.

1985 *Visions of Excess: Selected Writings* 1927-1939, Minnesota: University of Minnesota Press.

Baudelaire, C.

1976 *Le Peintre de la Moderne*. In *Eeuvres Complètes*, Paris: Gallimard.

Baudrillard, J.

1968 *Le Système des Objets*, Paris: Gallimard.

1970 *La Société Consommation*, Paris: Le Point, Denoel.

1976 *L'échange Symbolique et la Mort*, Paris: Gallimard.

1977a *Oublier Foucault*, Paris: Galilée.

1977b *L'effet Beaubourg*, Paris: Galilée.

1978a *A L'ombre des Majorités Silencieuses*, Paris: Cahiers d'Utopie.

1978b *Le PC ou les Paradis Artificiels du Politique*, Paris: Cahiers d'Utopie.

1979 *De la Séduction*, Paris: Galilée.

1981 *Simulacres et Simulation*, Paris: Galilée.

1983 *Les Stratégies Fatales*, Paris: Grasset.

1984 *La Gauche Divine*, Paris: Grasset.

1986 *Amérique*, Paris: Grasset.

1987a *L'autre Par Lui-meme*, Paris: Galilée.

1987b *Cool Memories*, Paris: Galilée.

1990 *La Transparence du Mal*, Paris: Galilée.

1997a *Le Crime Parfait*, Paris: Galilée.

1997b *Le Paroxyste Indifférent*, Paris: Grasset.

1998 *L'incertitude est-elle Notre Seule Certitude*? In *Le Nouvel Observateur*. N: 2802, mars 1998, Paris.

Bauman, Z.

1992 *Intimations of Postmodernity*, London: Routledge.

1993 *Modernity and Ambivalence*, Cambridge: Polity.

1997 *Postmodernity and Its Discountents*, Cambridge: Polity.

1998 *Culture as Praxis*, London: Sage.

Baym et al.

1989 *The Norton Anthology of American Literature*, Third Ed. Vol. 2, New York: W. W. Norton & Company.

Beauvoir, S. de.

1949 *Le Deuxieme Sexe*, 2 Vols, Paris: Gallimard.

1984 [1948] *Women and Creativity*, In Toril Mol. Ed., *French Feminist Thought: A Reader*, New York: Basil Blackwell.

Beck, U.

1986 *Risk Society: Towards a New Modernity*. London: Sage.

Bell, C.

1914 [1928] *The Art*, London.

Bell, D.

1973 *The Coming of Post-Industrial Society*, New York: Basic Books.

1976 *The Cultural Contradictions of Capitalism*, New York: Basic Books.

Benjamin, A.

1991 *Art, Mimesis and the Avant-Garde*, London: Routledge.

Benjamin, W.

1989—1992 *Walter Benjamin Gesammelte Schriften*, 7 Bde. hrgs. von Rolf Tiedemann und Hermann Schweppenhäuser, Frankfurt am Main: Suhrkamp.

Bennington, G/Derrida. J.

1991 *Jacqques Derrida*, Paris: Seuil.

Berger, P.

1987 *The Capitalist Revolution*, Aldershot: Wildwood House.

Berger, P./Berger, B.

1983 *The War Over the Family*, London: Hutcinson.

Berman, M.

1993 *Why Modernism Still Matters*, In Lash, S./Friedman, J. eds. 1993, *Modernity and Identity*. Oxford: Blackwell.

Bertens, H.

1995 *The Idea of the Postmodern: A History*, London & New York: Routledge.

Bevir, M.

1999 *The Logic of the History of Ideas*, Cambridge: Cambridge University Press.

Biemel, W.

1972 *Poetry and Language in Heidegger*, In *On Heidegger and Language*. pp. 70—71. Evanston: Northwestern University Press.

Block. F.

1987 *The Mean Season: The Attack on the Welfare State*, New York: Pantheon Books.

Blumberg, R. L.

1984 *A General Theory of Gender Stratification*, In Randall Collins Ed, *Sociological Theory*, San Francisco: Jossey-Bass.

Bonnell, V. E./Hunt, L.

1999 *Beyond the Cultural Turn: New Directions in the Study of Society and Culture*, Berkeley: University of California Press.

Bordo, S.

1993 *Unbearable Weight: Feminism, Western Culture and Body*, Los Angeles: University of California Press.

Bourdieu, P.

1960 *Algeria* 1960, Cambridge: Cambridge University Press.

1967 *Postface à E. Panofsky*, In *Architectaure Gothique et Pensée Scolastique*, Paris: Minuit.

1979 *Distinction*, Paris: Minuit.

1980 *Le Sens Pratique*, Paris: Minuit.

1989 *La Noblesse d'Etat*, Paris: Minuit.

1990 *The Logic of Practice*, Cambridge: Polity Press.

1991 *Language and Symbolic Power*, Cambridge: Polity Press.

1992 *Réponses, Pour une Anthropologie Réflexive*, Paris: Seuil.

1993 *The Field of Cultural Production*, Cambridge: Polity Press.

1994 *Raisons Pratiques, Sur la Théorie de l'action*, Paris: Seuil.

1998 *La Domination Masculine*, Paris: Seuil.

Braudel, F.

1949 *La Méditerrannée et le Monde à l'époque de Philippe II*, Paris: A. Colin.

1951 *Navires et Marchandises à l'entrée du Port de Livourne*, 1547－1611, Paris: A. Colin.

1979 *Civilisation Matérielle, Economie et Capitalisme, XV－XVIII Siècles.* Tome I, *Les Structures du Quotidien.* Tome II, *Les Jeux de l'échange.* Tome III, Le Temps du Monde, Paris: A Colin.

1985 *La Dynamique du Capitalisme*, Paris: Arthaud-Flammarion.

1986 *La Méditerannée*, Tome I, *L'espace et l'histoire*, Tome II, *Les Hommes et L'héritage*, Paris: Flammarion.

1969 [1990] *Ecrits sur l'histoire*. Paris: Arthaud-Flammarion,

Brooks, C.

1939 *Modern Poetry and the Tradition*, Standford: University of North Carolina Press.

Brown, R. H.

1994 *Rhetoric, Textuality and the Postmodern Turn in Social Theory*, In Seidman S. Ed., *The Postmodern Turn. New Perspectives On Social Theory*, Cambridge: Cambridge University Press.

Brown, T.

1995 *Notes on the Program of Trisha Brown Company*, Taipei: Art Formosa Company.

Brumberg, J. J.

1988 *Fasting Girls: The Emergence of Anorexia Nervosa as a Modern Disease*, Cambridge: Harvard University Press.

Brunt, R. /Rowan, C.

1982 *Feminism, Culture and Politics*, London: Lawrence and Wishart.

Buranen, L. /Roy, A. M.

1999 *Perspectives on Plagiarism and Intellectual Property in a Postmodern World*, New York: State University of New York Press.

Burtt, E. A.

1967 *The English Philosophers from Bacon to Mill*, New York: The Modern Library.

Butler, S. /Kondratis, A.

1987 *Out of the Poverty Trap: A Conservative Strategy for Welfare Reform*, New York: Free Press.

Cain, P. A.

1999 *Lesbian and Gay Rights: The Legal Controversies*, New York: Westview.

Caine, B.

1997 *English Feminism*, 1780—1980. Oxford: Oxford University Press.

Calvet, L. - J.

1990 *Roland Barthes*, Paris: Flammarion.

Cameron, D.

1985 *Feminism and Linguistic Theory*, London: Macmillan.

Camus, A.

1965 *Essais*, Paris: Gallimard.

Caramello, Ch.

1977 *On Styles of Postmodern Writing*, In M. Benamou and Ch. Caramello, Eds. *Performance in Postmodern Culture*, Madison: University of Wisconsin Press.

Chafetz, J. S.

1984 *Sex and Advantage: A Comparative, Macro-Structural Theory of Sex Stratification*, Totowa, N. J.: Rowman and Allanheld.

Chernin, K.

1981 *The Obsession: Reflections on the Tyranny of Slenderness.* New York: Harper and Row.

1985 *The Hungry Self: Women Eating and Identity*, New York: Harper and Row.

Chodorow, N.

1978 *The Reproduction of Mothering: Psychoanalysis and the Sociology of Gender*, Berkeley: University of California Press.

1990 *Feminism and Psychoanalytic Theory*, New Haven: Yale University Press.

Cixous, H.

1981 *The Laugh of the Medusa.* In Eaine Marks/lsabelle de Courtivron. Eds. *New French Feminisms*, New York: Schocken Books.

1989 *From the Scene of the Unconscious to the Scene of History.* In Ralph Cohen, Ed. *The Future of Literary Theory.* New York: Routledge.

Clarke, D. S.

1997 *Philosophy's Second Revolution*, Chicago: Open Court.

Cohen, I. L./Arato, A.

1992 *Civil Society and Political Theory*, Cambridge, MA and London: MIT Press.

Conger, J. A./Kanungo, R. N.

1998 *Charismatic Leadership in Organizations*, New York: Sage.

Cook, J. A./Fonow, M. M.

1999 *Knowledge and Women's Interests: Issues of Epistemology and Methodology in Feminist Sociological Research*, In *Qualitative Research*, Eds, Alan Bryman and Robert Burgess, Vol. 4. London: Sage.

Coote, A.

1992 *The Welfare of Citizens*, London: IPPR /Rivers Oram.

Coward, R.

1984 *Female Disire*, London: Paladin.

1985 *Are Woman's Novels Feminist Novels*? In Elaine Showalter. Ed. *The New Feminist Criticism*, New York: Pantheon Books.

Creeley, R.

1979 *Is It a True Poem*? California: Polinas.

Critchley, S.

1992 *The Ethics of Deconstruction*, Derrida and Levinas, Oxford: Blackwell.

Culler, J.

1982 *On Deconstruction: Theory and Criticism after Structuralism*, Ithaca: Cornell University Press.

1988 *Framing the Sign. Criticism and Its Institutions*, Oxford: Blackwell.

Dahl, R.

1957 *Who Governs*? Chicago: University of Chicago Press.

1958 *A Critique of the Ruling Elite Model*, In *American Political Science Review*. 52: 463—469.

Daly, M.

1979 *Gyn/Ecology*, London: The Woman's Press.

1984 *Pure Lust: Elementary Feminist Philosophy*, London: The Woman's Press.

1985 *Beyond God the Father: Towards a Philosophy of Woman's Liberation*.

London: The Woman's Press.

Darwin, Ch.

1859 *On the Origin of Species by Means of Natural Selection*, London: Macmillan.

Dauenhauer, B. P.

1980 *Silence*, Indianapolis: Indiana University Press.

Dean, M.

1999 *Governmentality: Foucault, Power and Social Structure*, London: Sage.

De Graef, O.

1992 *Serenity in Crisis: A Preface to Paul de Man*, 1939—1900, Louvain: University of Louvain.

Deleuze, G.

1986 *Foucault*, Paris: Minuit.

1988 *Le Pli: Leibniz et le baroque*, Paris: Minuit.

1990 *Pourparlers*: 1972—1990, Paris: Minuit.

1991 *Qu'est-ce que la Philosophie?* En collaboration avec Félix Guattari. Paris: Minuit.

1996 *Dialogues avec Claire Parnet*, Paris: Flammarion.

Deleuze, G./Guattari, F.

1972 *L'anti-Oedipe*, Paris: Minuit.

1980 *Mille-Plateaux*, Paris: Minuit.

Derrida, J.

1962 *L'origine de la Géométrie de Husserl* (trad. & intr.), Paris: P. U. F.

1967a *De la Grammatologie*, Paris: Minuit.

1967b *L'Ecriture et la Différance*, Paris: Seuil.

1967c *La Voix et le Phénomène*, Paris: P. U. F.

1968 *Sémiologie et Grammatologie*, *Entretiens avec Kristeva*. Paris: Seuil.

1972a *La Dissémination*, Paris: Seuil.

1972b *Marges-de la Philosophie*, Paris: Minuit.

1972c *Positions*, Paris: Minuit.

1973 *L'archéologie du Frivole, Lire Condillac.* Paris: Denoel-Gonthier.

1974 *Glas*, Paris: Galilée.

1978a *Eperons. Les Styles de Nietzsche*, Paris: Flammarion.

1978b *La Variété en Peinture*, Paris: Flammarion.

1979 *La Variété en Peinture*, Paris: Flammarion.

1981 *Positions.* English trans, Alan Bass. London: Athlone Press.

1980 *La carte postale, De Socrate à Freud et au-delà.* Paris: Flammarion.

1982 *L'Oreille de l'autre. Téxtes et Débats*, ed. C. Lévesque et C. McDonald, Montréal: VLB.

1983a *D'un ton Apocalyptique Adopté Naguère en Philosophie*, Paris: Galilée.

1983b *Signéponge/Signsponge* (bilingue), Columbia University Press, Paris: Seuil.

1984 *Otobiographies. L'enseignement de Nietzsche et la Politigue du Nom Propre*, Paris: Galilée.

1985 *Lecture de Droit de Regards*, ed. M.-F. Plissart, Paris: Minuit.

1986a *Forcener le subjectile. Etude pour les Dessins et Portraits d'Antonin Artaud.* Paris: Gallimard.

1986b *Mémoires-for Paul de Man*, New York: Columbia University Press.

1986c *Parages*, Paris: Galilée,

1987 *Women in the Beehive: A Seminar with Jacques Derrida, In Men in Feminism*, eds. Alice Jardine and Paul Smith, New York: Methuen.

1987 *Entretien, Le bon Plaisir de Jacques Derrida, France-Culture.* In *Digraphe*, No. 42, dec.

1987 *La Main de Heidegger (Geschlecht II)*, In *Psyche: Inventions de L'autre*, Paris: Galilée.

1987a *De L'esprit. Heidegger et la Question*, Paris: Galilée.

1987b *Psyche. Inventions de l'autre*, Paris: Galilée.

1987c *Ulysse Gramophone. Deux Mots pour Joyce*, Paris: Galilée.

1988 *Memoires-pour Paul de Man*, Paris: Galilée.

1988 *Limited Inc*, Evanston, Illinois: Northwestern University Press (éd, fr. En 1990, Paris: Galilée).

1990a *Du Droit à la Philosophie*, Paris: Galilée.

1990b *Mémoires D'aveugle*, *L'autoportrait et Autres Ruines*, Louvre: Réunion desmusées nationaux.

1990c [1953—1954] *Le Problème de la Genèse dans la Philosophie de Husserl*, Paris: P. U. F.

1990d *Heidegger et la Question*, *De l'esprit et Autres Essais*, Paris: Flammarion (coll. "Champs").

1991a *Choral Work* (avec Peter Eisenman), London: Architectural Association.

1991b *Acts of Literature*, London: Routledge.

1992 *The Other Heading*: *Reflections on Today's Europe*, Indiana University Press.

1992 *Entretiens*, In *The Economist*, 16.

1993 *Spectres de Marx*, Paris: Galilée.

1994a *Aporias*, Stanford University Press.

1994b *Given Time*: *I. Counterfeit Money*, University of Chicago Press.

1995a *Points*: *Interviews*, Stanford University Press.

1995b *The Gift of Death*, University of Chicago Press.

1995c *On the Name*, Stanford University Press.

1996 *Archive Fever*: *A Freudian Impression*, University of Chicago Press.

1997a *Responsabilities of Deconstruction*, University of Chicago Press.

1997b *The Politics of Friendship*, University of Chicago Press.

1998a *Derrida Reader*: *Writing Performances*, University of Nebraska Press.

1998b *Resistances of Psychoanalysis*, Stanford University Press.

1998c *Rights of Inspection*, Monacelli Press.

1998d *Monolingualism of the Other*: *or The Prosthesis of Origin*, Stanford: Stanford University Press.

Descartes, R.

1637 *Discours de la Méthode pour Bien Conduire sa Raison et Chercher la Vérité dans les Sciences. Plus la Dioptrique*, *les Météores et la Géométrie*, *Qui sont des Essais de Cette Méthode*, Leyde: J. Maire.

1641 *Méditations* (*Meditations de prima philosophia*), Paris: M. Soly.

Destut de Tracy, A.

1970 [1824—1825] *Eléments D'idéologie*. Réed, de l'ensemble, 4 vols. Paris: Mme, Lévi; réed. Des deux premières parties, avec intr. Et app. H. Gouhier, Paris: Vrin.

D'Hericourt, J.

1988 [1860] *La Femme Afranchie*, In *Corpus des Oeuvres philosophiques*, Paris: Fayard.

Diderot, D.

1746 *Pensées Philosophiques*, La Haye.

Douglas, M.

1973 [1970] *Natural Symbols*, Harmondsworth: Pelican Books.

1978 [1966] *Purity and Danger*, London: Routledge & Kegan Paul.

Eagleton, M.

1986 *Feminsit Literary Theory*, Oxford: Blackwell.

Eckermann.

1836—1848 *Gespraeche mit Goethe*, Hamburg: Wegener.

Eisenman, P.

1988 *Blue Line Text*. In *Architectural Design*, Vol. 58. No. 7/8, pp. 6—9.

Elam, D.

1994 *Feminism and Deconstruction*: *Ms. en Abyme*, London: Routledge.

Engels, F.

1985 [1884] *The Origin of the Family*, *Private Property and State*, London: Lawrence and Wishart.

Epstein, D. /Sears, J. T.

1999 *A Dangerous Knowing*; *Sexual Pedagogies and the "Master Narrative"*, London: Cassell.

Esping-Anderson, G.

1990 *The Three Worlds of Welfare Capitalism*, Cambridge: Polity Press.

Evans, M.

1986 *Simone de Beauvoir. A Feminist Mandarin*, New York: Tavistock.

Fast, J.

1978 *The Body Language of Sex, Power and Agression*, New York: Jove Books.

Featherstone, M/Hepworth, M/Turner, B. S.

1998 *The Body: Social Process and Cultural Theory*, London: Sage.

Federman, L.

1981 *Surpassing the Love of Man: Love Between Women from the Renaissance to the Present*, Londen: Virgo.

Feher, M.

1989 *Fragments for a History of the Body*, New York: Zone.

Feminist Anthology Collective.

1981 *No Turning Back*, London: The Women Press.

Ferguson, A.

1995 *An Essay on the History of Civil Society*, ed. by Fania Oz-Salberger, Cambridge: Cambridge University Press.

Feyerabend, P.

1975 *Against Method, Outline of An Anarchistic Theory of Knowledge*, London: New Review Edition.

1987 *Farewell to Reason*, New York: Routledge, Chapman & Hall.

Finkelstein, J.

1992 *The Fashioned Self*, Cambridge: Polity Press.

Firestone, S.

1972 *The Dialectic of Sex*, London: Paladin.

Firth, R.

1973 *Symbols: Public and Private*, London: Allen & Unwin.

Fiske, J.

1989 *Popular Television and Commercial Culture: Beyond Political Economy*, In G. Burns/R. Thompson, (eds), *Television Studies: Textual Analysis*, New York: Praeger.

Flynn, N.

1989 *The 'New Right' and Social Policy*, In *Policy and Politics*, 17 (2):

97—109.

Foreman, A.

1977 *Feminity as Alienation: Women and the Family in Marxism and Psychoanalysis*, London: Pluto.

Foster, H.

1983 *Postmodern Culture*. London: Pluto Press.

Foucault, M.

1954 *Maladie Mentale et Personnalité*, Paris: P. U. F.

1961a *Folie et Déraison. Histoire de la Folie à l'age Classique*, Paris: Plon.

1961b *L'Anthropologie de Kant* (thèse comppémentaire en 2 vol.; t. Ⅰ: Introduction; t. Ⅱ: Traduction et Notes), Paris: Bibliothèque de la Sorbonne.

1962 *Maladie Mentale et Psychologie*, Paris: P. U. F.

1963a *Naissance de la Clinique. Une Archéologie du Regard Médical*, Paris: P. U. F.

1963b *Raymond Roussel*, Paris: Gallimard.

1966 *Les Mots et les Choses, Une Archéologie des Sciences Humaines*, Paris: Gallimard, coll. *Bibliothèque des Sciences Humaines.*

1969 *L'Archéologie du Savoir*, Paris: Gallimard, coll. *Bibliothèque des Sciences Humaines.*

1969a Jean Hyppofite. 1907—1968, In *Revue de métaphysique et de morale* 74e année, No. 2, avril-juin, Paris.

1970 *La Folie et la Société*, Todia Kyoyogakububo, 20 novembre, repris in Watanabe (M.), *Kokan no Shinwagaku*, Tokyo, Asahi-Suppansha, 1978, pp. 64—76 (*Résumé de la Conférence de M. Foucault à la Faculté des Arts Libéraux de L'université de Tokyo*, 7 octobre 1970, établi par M. Watanabe).

1971a *L'Ordre du discours*. Paris: Gallimard, *Collection Blanche* (leçon inaugurale au College de France, 2 décembre 1970).

1971b *Le Groupe D'information sur les Prisons*, *J'accuse*, no. 2, 15 février-15 mars, p. 14 (texte signé par J. -M. Domenach, M. Foucault,

P. Vidal-Naquet).

1972a *Naissance de la Clinique, Une Archéologie du Regard Médical*, Paris: P. U. F.

1972b *Les Inteliectuels et le Pouvoir, Le Nouvel Observateur*, 391, 8－14 mai, pp. 68－70 (extraits de l'entretien avec Gilles Deleuze, 4 mars 1972).

1973a *Présentation*, in *Moi Pierre Rivière, Ayant Égorgé Ma mère, Ma Soeur et Monfrère*. Un cas de parricide au XIX siècle, Paris: Gallimard-Julliard, coll. 'Archives', 49, pp. 9－15.

1973b *Ceci n'est pas une Pipe*. Montpellier: Fata Morgana (rééd. De l'article des Cahiers du chemin, 2, 15 janvier 1968, pp. 79－105).

1975 *Surveiller et Punir. Naissance de la Prison*, Paris: Gallimard, coll. *Bibliothèque des Histoires*.

1976 *La Volonté de Savoir. Histoire de la Sexualité*, t. I. Paris: Gallimard, coll. *Bibliothèque des Histoires*.

1980 *Lettre. L'affaire Suffert, Le Nouvel Observateur*, 792, 14 － 20 janvier, p. 28.

1981 *L'évolution de la Notion Dindividu Dangereux dans la Psychiatrie Légale*. Déviance et Société, vol. 5, No. 4, pp. 403－422 (communication au Symposium de Toronto, '*Law and Psychiatry*', Clarke Institute of Psychiatry, 24－26 Octobre 1977, publiée d'abord dans *I'lnternational Journal of Law and Psychiatry*, vol. 1, 1978, pp. 1－18.

1981a *Est-il Donc Important de Penser*? In *Liberation*. 30 mai.

1982 *Le Désordre des familles. Lettres de cachet des archives de la Bastille* (présenté et édité par M. Foucault et A. Farge), Paris : Gallimard-Julliard, coll. 'Archives', No. 91.

1983 *Qu'est-ce qu'un Auteur*? Littoral. Revue de psychanalyse, n°9: La Discursivité, juin, pp. 3 － 32 (rééd. de la communication à la Société française de philosophie du 22 février 1969 publiée dans le Bulletin de la société française de philosophie, 63 année, No. 3, juillet-septembre 1969, pp. 73—104).

1984a *Histoire de la Sexualité*, t. II: *L'Usage des Plaisirs*. Paris: Gallimard, coll. *Bibliothèque des Histoires*.

1984b *Histoire de la Sexualité*, t. III: *Le Souci de Sot*. Paris: Gallimard, coll, *Bibliothèque des Histoires*.

1984c *Le Sexe Comme une Morale*, *Le Nouvel Observateur*, No. 1021, 1—7 juin, pp. 86 — 90 (entretien avec H. Dreyfus et P. Rabinow, université de Berkeley, avril 1983; version abrégée de *On the Genealogy of Ethics*: *An Overview of Work in Progress*, trad. J. Hess).

1986 *La Pensée du Dehors*, Montpellier: Fata Morgana (rééd. de l'article de Critique, No. 229, juin 1966, pp. 523—546).

1988 *Herméneutique du Sujet*, *Concordia. Revue internationale de philosophie*, No. 12, pp. 44—68 (extraits du cours du Collège de France, année 1981—1982, *L'herméneutique du su/et*, cours des 6, 13, 27 janvier, 3, 10, 17, 24 février etdu 10 mars 1982).

1989 *La Gouvernementalité*, *Le Magazine littéraire*, No. 269, september, pp. 97—103 (extrait du cours du Collège de France, année 1977—1978: Sécurité, *Territoire*, *Population*, cours du I février 1978).

1990 *Qu'est-ce que la Critique? Critique et Aufklärung*, *Bulletin de la Société Françalse de Philosophie*, 84 année, No. 2, avri-juin, pp. 35 — 63 (communication la Société française de philosophie, séance du 27 mai 1978).

1994 *Dits et Écrits*, Vol. I—IV, Paris: Gallimard.

Fouque, A.

1982 *Féminisme et/ou MLF*, *Mouvements Sociaux D ' aujourcl ' hui*, *Acteurs et Analystes*, (Colloque de Cérisy-la Salle, 1979). Paris: Ed. ouvrières.

Fraser, N/Nicholson, L.

1988 *Social Criticism without Philosophy*: *An Encounter between Feminism and Posmodernism*. In Victor E. Taylor J Charles E. Winquist, eds. *Postmodernism*, *Critical Concepts*, London: Routledge.

Freccero, C.

1999 *Popular Culture: An Introduction*, New York: New York University Press.

Freud, S.

1958 [1905] *Der Witz und Seine Beziehung Zum Unbewussten*, Frankfurt am Main: Fischer.

Friedman, L. M.

1999 *The Horizontal Society*, New Haven: Yale University Press.

Friedman, M.

1962 *Capitalism and Freedom*, Chicago: University of Chicago Press.

Friedman, M. /Friedman, R.

1980 *Free to Choose*, London: Penguin.

Gadamer, H. -G.

1977 *Die Aktualität des Schönen*, Stuttgart: Reclam.

1986 *Wahrheit und Methode: Grundzüge einer philosophischen Hermeneutik*, Tübingen: J. C. B. Mohr (Paul Siebeck).

Gamble, A.

1988 *The Free Market and the Strong State: The Politics of Thatcherism*, London: Macmillan.

Gardels, N. P.

1997 *At Century's End: Great Minds Reflect on Our Times*. New York: Alti Publishing.

Gauntlett, D. /Hill A.

1999 *TV Living: Television, Culture and Everyday Life*. London: Routledge.

Gellner, E.

1996 *Conditions of Liberty: Civil Society and Its Rivals*. Harmondsworth: Penguin.

Gibbins, J. R.

1999 *The Politics of Postmodernity*, London: Sage.

Gibbins, J. R. /Reimer, B.

1999 *The Politics of Postmodernity, An Introduction to Contemporary Politics and Culture*. London: Sage.

Giddens, A.

1971 *Capitalism and Modern Social Theory*, Cambridge: Cambridge University Press.

1990 *The Consequences of Modernity*, Stanford: Stanford University Press.

1991 *Modernity and Self-Identity: Self and Society in the Late Modern Age*, Cambridge: Polity Press.

Giddens, A./Beck, U./Lash, S.

1994 *Reflexive Modernization: Politics, Tradition and Aesthetics in the Modern Social Order*, Cambridge: Polity Press.

Gilbert, S. M /Gubar, S.

1978 *The Mad Women in the Attic: the Women Writer and the Nineteenth-Century Literary Imagination*, New Haven: Yale University Press.

Gilder, G.

1982 *Wealth and Poverty*, London: Buchan and Enright.

Goldfarb, J. C.

1998 *Civility and Subversion: The Intellectual in Democratic Society*, Cambridge: Cambridge University Press.

Georgin, R.

1983 *De Lévi-Strauss à Lacan*, Paris: Cistre.

Griffin, S.

1981 *Pornography and Silence: Culture's Revenge Against Nature*, London: The Women's Press.

1982 *Made and this Earth*, London: The Women's Press.

1984 *Women and Nature: The Roaring inside Her*, London: The Women's Press.

Grillo, R.

1988 *Pluralism and the Politics of Difference: State, Culture, and Ethnicity in Comparative Perspective*, London: Clarendon Press.

Greene, G G./Kahn, C.

1985 *Making a Difference*, London: Methuen.

Gregory, C./Lyon, S. Eds.

1988 *Great Artists of the Western World II: Post-Impressionism*, London: Marshall Cavendish Corporation.

Guirdham, M.

1999 *Communicating Across Cultures*, London: Macmillan.

Habermas, J.

1973 *Öffendichkeit*, In *Kultur und Kritik*, Frankfurt am Main: Suhrkamp.

1974 [1968] *Technik und Wissenschaft als 'ldeologie'*, Frankfurt am Main: Suhrkamp.

1976 *Zur Rekonstruktion des Historischen Materialismus*, Frankfurt am Main: Suhrkamp.

1981 *Theorie des Kommunikativen Handelns*, Frankfurt am Main: Suhrkamp.

1984 *Vorstudien und Ergänzungen zur Theorie des Kommunikativen Handelns*. Frankfurt am Main: Suhrkamp.

1985 *Der Philosophische Diskurs der Mocterne*, Frankfurt am Main: Suhrkamp.

1987 *The Philosophical Discourse of Modernity*, Cambridge: Polity Press.

1988 [1963] *Theorie und Praxis*, Frankfurt am Main: Suhrkamp.

1991 [1968] *Erkenntnis und Interesse*, Frankfurt am Main: Suhrkamp.

1993 [1962] *Strukturwandel der Öffentlichkeit*, Frankfurt am Main: Suhrkamp.

Hall, J. A.

1995 *Civil Society: Theory History Comparison*, Cambridge: Polity Press.

Handler, J./Hasenfield, Y.

1990 *The Moral Construction of Poverty: Welfare Reform in America*, London: Sage.

Hanson, P. S.

1977 *Introduction to the Twentieth Century Music*, Boston.

Haraway, D.

1988 *Situated Knowledge: The Science Question in Feminism and the Privi-*

lege of Partia/Perspective, In "*Feminist Studies*", 14: 576—600.

Harding, S.

1983 *Why Has the Sex/Gender System Become Visible only Now*? In S. Harding and M. Hintikka (eds), *Discovering Reality*: *Feminist Perspectives on Epistemology*, *Metaphysics*, *Methodology and Philosophy of Science*, Dordrecht: Reidel/Kluwer.

1986 *The Science Question in Feminism*, Ithaca: Cornell University Press.

1991 *Whose Science*? *Whose Knowledge*? *Thinking from Women's Lives*, Ithaca: Cornell University Press.

1992 *Rethinking Standpoint Epistemology*: *What Is "Strong Objectivity"*? In L. Alcoff and E. Potter (eds), *Feminist Epistemologies*, New York: Routledge.

1993 *The "Racial" Economy of Sdence*: *Toward a Democratic Future*, Bloomington: Indiana University Press.

1994 *Is Science Multicultural*? In "*Configurations*", 2 (2), and in David Theo Goldberg (ed.), *Multiculturalism*: *A Reader*, London: Blackwell.

1996 *Is Modern Science an EthnoscJence*? *Rethinking Epistemologica/verities*. In Terry Shinn Jack Spaapen, Rolaht Waast (eds), *Sociology of the Sciences Yearbook*: *Sciences and Technology for the South*, Dordrecht: Kluwer.

Hartman, G. H.

1980 *Criticism in the Wilderness*. New Haven: Yale University Press.

Hartsock, N.

1983 *The Feminist Standpoint*: *Developing the Ground for a Specifically Feminist Historical Meterialism*. In Harding, S./Hintikka, M eds. *Discovering Reality*: *Feminist Perspectives on Epistemology*, *Metaphysics*, *Methodology and Philosophy of Science*, Dordrecht: Reidel/Kluwer.

Harris, T.

1995 *Popular Culture in England*, 1500—1850. London: Macmillan.

Hassan, I.

1987 *The Postmodern Turn*, *Essays in Postmodern Theory and Culture*, Cincinnati: Ohio University Press.

Hegel, G. W.

1807 *System der Wissenschaft*. 1 er Teil, Die Phänomelogie des Geistes, Bamberg /Wurtzbourg: Goebhardt.

1929 [1830] *Phenomenologie des Geistes*, Stuttgart: Krockner.

Heidegger, M.

1947 *Ein Brief über den Humanismus*, Berne: Francke.

1950 *Holzwege*. Frankfurt am Main: Klosmann.

1954a *Vortraege UndAufsaetze*, Pfullingen: G. Neske.

1954b [1980] *Essais et Conferences*, Paris: Gallimard.

1957 *Identität und Differenz*, Pfullingen: G. Neske.

1959 *Unterwegs zur Sprache*, Pfunglingen: G. Neske.

1960 *Der Ursprung des Kunstwerks*, Stuttgart: Reclam.

1973 *Frühe Schriften*. Frankfurt am Main: Klosmann.

1979 [1927] *Sein und Zeit*, Tübingen: Max Neimeyer Verlag.

1989 Beiträge zur Philolosophie (Vom Ereignis), In *Gesamtausgabe*. Bd. 65, Frankfurtam Main: Klostermann.

Higgins, D.

1978 *A Dialectic of the Centuries*: *Note toward a Theory of the New Art*, New York: Printed Edtions.

Hitt, W. D.

1998 *The Global Citizen*, New York: Battelle Press.

Hobbes, T.

1651 *Léviathan. Traité de la Matière*, *cie la Forme et du Pouvoir de la République Ecclésiastique et Civile* (*Leviathan. or The Matter*, *Form and Power of a Common-Wealth Ecclesiastical and Civil*). London: W, Molesworth.

1655 *Elementorum Philosophiae Sectio Prima*, *De Corpore*, London: W. Molesworth.

Holstein, J. A. /Gubrium, J, F.

1999 *The Self We Live By: Narrative Identity in a Postmodern World*, New York: Open University Press.

Horkheimer, M.

1930 *Die Anfänge der Bürgerlichen Geschichtsphilosophie*, Frankfurt am Main: Fischer.

1932 *Hegel und das Problem der Metaphysik*, Frankfurt am Main: Suhrkarnp.

1944 *Dialektik der Aufklärung. Philosophische Fragmente*, Mit T. W. Adorno. Frankfurt am Main: Fischer.

1947 *Eclipse of Reason*. New York: Oxford University Press.

1968 *Traditionelle und Kritische Theorie*, Frankfurt am Main: Fischer.

1974 [1932] *Hegel et le Problème de la Métaphysioue*. In *Les Débuts de la Philosophie Bourgeoise de L'histoire*, Paris: Payot.

Howe, I.

1959 *Mass Society and Postmodern Fiction*, In *Partisan Review*, vol. 26, No. 3.

Hudnut, J.

1949 *Architecture and the Spirit of Man*, Cambridge: Macmillan.

Hume, D.

1739—1740 *A Treatise of Human Nature*. London: Longman.

1994 *Political Essays*, ed. by Knud Haakonssen, Cambridge: Cambridge University Press.

Huyssen, A.

1986 *After the Great Divide: Modernism, Mass Culture, Postmodernism*, Indianapolis: Indiana University Press.

Hyppolite, J.

1971 *Figures de la Pensée Philosophique*, 2 vols. Paris: P. U. F.

Infantino, L.

1998 *Individualism in Modern Thought: From Adam Smith to Hayek*, London: Routledge.

Irigaray, L.

1973 *Le Language des Déments*, La Haye: Mouton.

1974 *Speculum, de L'autre Femme*, Paris: Ed. de Minuit.

1977 *Ce Sexe qui N'en est pas un*, Paris: Ed. de Minuit.

1979 *Et l'un ne Bouge pas Sans l'autre*, Paris: Ed. de Minuit.

1980 *Amante Marine. De Friedrich Nietzsche*, Paris: Ed. de Minuit.

1981 *Le Corps à Corps Avec la Mère*, Montreal: La Pleine Lune.

1982 *Passions Élémentaires*, Paris: Ed. de Minuit.

1983a *L'oubli de L'air. Chez Martin* Heidegger. Paris: Ed. de Minuit.

1983b *La Croyance Meme*, Paris: Galilee.

1984 *L'éthique de la Différence Sexuelle*, Paris: Ed. de Minuit.

1985a *Parler n'est Jamais Neutre*, Paris: Ed. de Minuit.

1985b *This Sex Which Is not One*, trans. Catherine Porter with Carolyn Burke. Ithaca: Cornell Univ, Press.

1985—1986 *Language, Persephone and Sacrifice, Interview with Luce Irigaray, Conducted and Trans.* Heather Jon Maroney. *In* "*Borderlines*", 4 (Winter): 30—32.

1987a *Sexes et Parentés*, Paris: Ed. de Minuit.

1987b *Ouvrages Collectifs Publiés sous la Direction de Luce Irigaray*: "*Le sexelinguistique*", revue Language No. 89. Paris: Larousse.

1989 *Le Temps de la Différence*, Paris: Le Livre de Poche.

1990a *Je, tu, nous*, Paris: Grasset.

1990b *Sexes et Genres à Travers les Langues*, Paris: Grasset.

1992 *J'aime à Toi*, Paris: Grasset.

Iser, W.

1972 *Der Implizite Leser, Kommunikationsformen des Romans yon Bunyan bis Beckett*, Münich: W. Fink Verlag.

1974 *Die Appellstruktur der Texte. Unbestimmheit als Wirkungsbedingung Literarischer Prosa.* Constance: W. Fink Verlag.

1976 *Der Akt des Lesens*, Münich: W. Fink Verlag.

Iacobus, M.

1979 *Women Writing and Writing about Women*, London: Croom Helm.

1986 *Reading Woman: Essay in Feminist Criticism*, New York: Columbia University Press.

Jaggar, A.

1983 *Feminist Politics and Human Nature*, Brighton: Harvester.

Jameson, F.

1981 *The Political Unconscious: Narrative as a Socially Symbolic Act*, London: Methuen.

1991 *Postmodernism, or, the Cultural Logic of Late Capitalism*, Durham: Duke University Press.

1998 《快感：文化与政治》，王逢振等译，北京：中国社会科学出版社。

Jauss, H. R.

1955 *Zeit und Erinnerung in Prousts "A la Recherche du Temps Perdu"*, Heidelberg.

1964 *Asthetische Normen und Geschichtliche Reflexion in der Ouerelle des Anciens et des Modernes*, Münich.

1970 *Literaturgeschichte als Provokation*, Frankfurt am Main.

1977 *Asthetische Erfahrung und Literarische Hermeneutik*, Münich.

Jencks, Ch.

1987 *Postmodernism, The New Classicism in Art and Architecture*, London: Academy Editions.

Jervis, R.

1999 *System Effects: Complexity in Political and Social Life*, Princeton: Princeton University Press.

Jodidio, Ph.

1995 *Richard Meier*, Köln: Benedikt Taschen.

Johnson, B.

1987 *A World of Difference*, Baltimore: The John Hopkins University Press.

Johnson, P./Wrigley, M.

1988 *Deconstructivist Architecture*, New York: The Museum of Modern Art.

Jordan, B.

1987 *Rethinking Welfare*, Oxford: Blackwell.

1989 *The Common Good: Citizenship, Morality and Self-Interest* Oxford: Blackwell.

Kant, I.

1781 *Kritik der Reinen Vernunft (Critique of Pure Reason)*, Riga: Hartknoch.

1977 *The Philosophy of Kant*, Ed. with an introduction by Carl J. Friedrich, New York: Modern Library.

1977 *Metaphysical Foundation of Morals.* In *The Philosophy of Kant.* ed. by Card J. Friedrich. New York: Modern Liberary.

1991 *Political Writings*, ed. by Hans Reiss, Cambridge: Cambridge University Press.

Kanter, H. et ali.

1984 *Sweeping Statement*, London: Methuen.

Kaplan, E. A.

1983 *Women and Film*, London: Methuen.

Keller, E. F./Longino, H. E.

1996 *Feminism and Science*, Oxford: Oxford University Press.

Kemp, S./Squires, J.

1998 *Feminisms*, Oxford: Oxford University Press.

Kermode, F.

1968 *Objects, Jokes, and Art.* In 20th *Century Literary Criticism*, ed. by Lodge, D. London/New York: Longman.

Kierkegaard, S.

1846 *Post-scripture Definitif et non Scientifique aux Miettes Philosophiques par J. Climacus*, Paris: Vrin.

Koelb, C.

1990 *Nietzsche as Postmodernist*, New York: The State University of New York Press.

Kholstedt, S. G.

1999 *History of Women in the Sciences: Readings from Isis*, Chicago: University of Chicago Press.

Krieger, M.

1956 *The New Apologistis for Poetry*, Minneapolis: University of Minneapolis Press.

Kristeva, l.

1969 *Semeiotikè, Recherches pour une Sémanalyse*, Paris: Seuil.

1970 *Le Texte du Roman. Approche Sémiologique d'une Structure Discoursive Transformationnelle*, La Hayde: Mouton.

1974a *La Révolution du Langage Poétique, L'avant-garde à la Fin du XIX Siècle, Lautréarnont et Mallarmé*, Paris: Seuil.

1974b *Des Chinoises*, Paris: Ed. des Fernmes.

1975 *La Traversée des Signes* (coil.), Paris: Seuil.

1977 *Polylogue*, Paris: Seuil.

1979 *Folle Verite* (coll.), Paris: SeuiI.

1980 *Pouvoirs de l'horreur/Essai sur L'abjections*, Paris: Seuil.

1984 *Histoires D'amour*, Paris: Denoël.

1985 *Au Commencement Était l'arnour. Psychanalyse et Foi*, Paris: Hachette.

Kuhn, Thomas

1962 *The Structure of Scientific Revolution*, Chicago: Chicago University Press.

1976 *The Essential Tension: Selected Studies in Scientific Tradition and Change*, Chicago: Chicago University Press.

Labbé, Y.

1998 *Le noeud Syrnbolique*, Paris: Desclée de Brouwer.

Lacan, J.

1966 *Ecrits I*, Paris: Seuil.

1971 *Ecrits II*, Paris: Seuil.

1973 [1962] *Sérninaire, Livre XL: Les Quatre Concepts Fondarnentaux de la Psychanalyse*. Texte établi par Jacques-Alain Miller. Paris: Seuil.

1975c *De la Psychose Paranoiaque dans ses Rapports avec la Personnalité.* Texteétabli par Jacques-Alain Miller, Paris: Seuil.

1977 *Séminaire, Livre II: Sur le Moi.* Texte établi par Jacques-Alain Miller, Paris: Seuil.

1981 *Séminaire, Livre III: Sur les Psychoses.* Texte établi par Jacques-Alain Miller, Paris: Seuil.

1986 *Sérninaire, Livre VII: L'éthique de la Psychanalyse*, Texte établi par Jacques-A-lain Miller, Paris: Seuil.

1991a *Séminaire, Livre VIII: Le Transfert*, Texte établi par Jacques-Alain Miller. Paris: Seuil.

1991b *Sémianire, Livre XVII: L'envers de la Psychanalyse.* Texte etabli par Jacques -A-lain Miller. Paris: Seuil. Landes, J. B.

1998 *Feminism, the Public and the Private*, Oxford: Oxford University Press.

Langer, S. K. K.

1953 *Feeling and Form*, New York: Scribner's.

1962 *Philosophical Sketches*, Baltimore: The John Hopkins University Press.

Lara, M. P.

1998 *Moral Textures: Feminist Narratives in the Public Sphere*, Cambridge: Polity Press.

Laslett, B. et al.

1997 *History and Theory, Feminist Research, Debates, Contestations*, Chicago: The University of Chicago Press.

Leacock, E. B./Helen, I. S.

1986 *Women's Work: Development and the Division of Labor by Gender.* South Hadley, Mass.: Bergin and Garvey.

Lecercle, J. -J.

1985 *Philosophy through the Looking-Glass: Language, Nonsense, Desire*, London: Hutchinson.

Le Doeuff, M.

1989 *L'Etude et le Rouet*, Paris: Seuil.

Lehman, D.

1991 *Signs of the Times, Deconstruction and the Fall of Paul de Man*, New York: Poseidon Press.

Lenin, V. I.

1870—1924 *Development of Russian Capitalism*. Moscow: Foreign language Publisher.

Levin, H.

1966 [1960] *What Was Modernism?* In *Massachusetts Review*, vol. 1, No. 4. August.

Lévi-Strauss, C.

1962 *La pensée sauvage*, Paris: Plon.

1971 *Mythologiques*, Vol. IV. L'Homme nu Paris: Plon.

1977 [1963] *Structural Anthropology*. New York: Penguin Books.

1978 [1973] *Structural Anthropology II*. New York: Penguin Books.

Lévi-Strauss, C. /Eribon, D.

1988 *De Près et de Loin*, Paris: Odile Jacob.

Levitas, R.

1986 *The Ideology of the New Right*, Cambridge: Polity Press.

Lilar, S.

1970 *Le Mahlentendu du Deuxieme Sexe*, Paris: P. U. F.

Locke, J.

1690 *Two Treatises of Government*, London: A. Churchill.

1690a *An Essay Concerning Human Understanding*, London: Bassett.

Lodge, D.

1991 *20th Century Literary Criticism*, London/New York: Longamn.

Loney, M.

1987 *The State or the Market?* London: Sage.

Luhmann, N.

1982 *The Differentiation of Society*, New York: Columbia University Press.

Lukes, S.

1974 *Power: A Radical View*, London: Macmillan.

1979 *On the Relativity of Power*. In *Philosophical Disputes in the Social Sciences*. S. Brown, Ed. Sussex: The Harvester Press.

Lupton, D.

1999 *Risk*, London: Routledge.

Lyotard, J. -F.

1979 *La Condition Postmoderne*, Paris: Minuit.

1984 *The Postmodern Condition: A Report on Knowledge*, Manchester: Manchester University Press.

1985 *Retour au Postmoderne*. In *Magazine Littéraire*. Numéroé 5 Décembre, p. 43. Paris.

1988a *L'lnhumain*, *Causeries sur le Temps*, Paris: Galilee.

1988b *Le Postmoderne Expliqué aux Enfants*. Paris: Le livre de poche.

Machan, T. R.

1998 *Virtue in Civil Society*, New York: CATO Institute.

Man, Paul de

1971 *Blindness and Insight*, New York: Oxford University Press.

1982 *Sign and Symbo/in Hegel's Aesthetics*. In *Critical Inquiry*. No. 8.

1983 *Reply to Raymond Geuss*, In *Critical Inquiry*. No. 10.

1986 *The Resistance to Theory*, Minneapolis: University of Minnesota Press.

1989a *Allégories de la Lecture*, Paris: Galilée.

1989b *Critical Writings* 1953—1978, Minneapolis: University Minnesota Press.

Marcil-Lacoste, L.

1987 *La Raison en Procès*, *Essai sur la Philosophie et le Sexisme*. Montreal: HMH.

Marks, E. /de Courtivron, I.

1981 *New French Feminisms*, Brighton: Harvester.

Marx, K.

1843 *Kritik der Hegelschen Philosophie des Rechts*. 《马克思恩格斯全集》, 中文1版，第1卷，北京：人民出版社，1960。

1844 *Ökonomisch-philosophische Manuskripte*. 《马克思恩格斯全集》，中文1版，第42卷，北京：人民出版社，1979。

1848 *Manifest der Kommunistischen Partei*. London: Bildungsgesellschaft für Arbeter. 《共产党宣言》，见《马克思恩格斯全集》，中文 1 版，第 4 卷，北京：人民出版社，1958；《马克思恩格斯选集》，2 版，第 1 卷，北京：人民出版社，1995。

1852 《路易·波拿巴的雾月十八日》，见《马克思恩格斯全集》，中文 1 版，第 8 卷，北京：人民出版社，1961。

1857—1858 《〈政治经济学批判〉导言》，见《马克思恩格斯全集》，中文 1 版，第 12 卷，北京：人民出版社，1962。

1867 *Das Kapital*, *Kritik der politischen Ökonomie*, Erster Band. Hamburg.

1932 [1844] *Ökonomisch-philosophische Manuskripte*, Moscow: Foreign Language Publisher.

McGuigan, J.

1999 *Modernity and Postmodern Culture*, London: Open University Press.

McKie, L. et al.

1999 *Gender Power and the Household*, London: Macmillan.

Mead, L.

1986 *Beyond Entitlement*: *The Social Obligations of Citizenship*, New York: Free Press.

Merleau-Ponty, M.

1955 *Les Aventures de la Dialectique*, Paris: Galimmard.

1964 *L'oeil et l'esprit*, Paris: Gallimard.

Mill, J. S.

1975 [1869] *The Subjection of Women*. London: Blackwell.

Miller, J. H.

1982 *Fiction and Repetition*, Cambridge: Harvard University Press.

1985 *The Linguistic Moment. From Wordsworth to Stevens*, Princeton: Princeton University Press.

1987 *The Ethics of Reading*, New York: Columbia University Press.

1990a *Victorian Subjects*, Hemel Hempstead: Harvester-Wheatsheaf.

1990b *Tropes*, *Parables*, *Performatives*, *Essays in Twentieth Century Literature*, Hemet Hempstead: Harvester-Wheatsheaf.

1991 *Theory Now and Then*, London: Harvester-Wheatsheaf.

1992 *Ariadne's Thread*, *Story Lines*, New Haven: Yale University Press.

Millet, K.

1971 *Sexual Politics*. London: Virgao.

Mills, Ch. W.

1970 [1959] *The Sociological Imagination*. Harmondsworth: Pengiun.

Mishra, R.

1984 *The Welfare State in Crisis*, Brighton: Wheatsheaf.

Mitchell, J.

1975 *Psychoanalysis and Feminism*, New York: Vintage Books.

1984 *Women: The Longest Revolution*, London: Viargo.

Mitchell, L/Rose, J.

1982 *Feminist Sexuality*, *Jacques Lacan and the Ecole Freudienne*, London: Macmillan.

Moi, T.

1985 *Sexual/Textual Politics*, London: Methuen.

1987 *French Feminist Thought*, New York: Basil Blakwell.

Moréas, J.

1976 *Jean Moréas. Oeuvres Complètes*, Paris: Flammarion.

Morse, E.

1978 *Literary Women*, London: The Women's Press.

Moubachir, S.

1972 *Simone de Beauvoir ou le Souci de la Différence*, Paris: Seghers.

Mueller, H.-P.

1993 *Sozialstruktur und Lebensstile*, 2 Auflage, Frankurt am Main.

Murray, C.

1984 *Losing Ground: American Social Policy* 1950—1980, New York: Basic Books.

Nehring, N.

1997 *Popular Music*, *Gender and Postrnodernism*, London: Sage.

Nietzsche, F.

1872 *Die Geburt der Tragödie*, Berlin: De Gruyter.

1878—1879 *Menschliches Allzumenschfiches*, Berlin: De Gruyter.

1883—1885 *Also Sprach Zarathoustral*, Berlin: De Gruyter.

1886 *Jenseits yon Gut und Böse*, Berlin: De Gruyter.

1887 *Zur Genealogie der Mora*, Berlin: De Gruyter.

1887—1889 *Der Wille zur Macht*, Berlin: De Gruyter.

1888a *Götterdammerung*, Berlin De Gruyter.

1888b *Der Antichrist*, Berlin: De Gruyter.

1888—1889 *Dionysys-Dithyramben*, Berlin: De Gruyter.

1895 *Dionysos Dithyramben*, Bedim De Gruyter.

1966 [1886] *Beyond Good and Evil*. Trans. Waker Kaufmann, New York: Vintage Books.

1969 [1883] *Thus Spoke Zarathustra*, Trans. R. Hollingdale, Harmondsworth: Penguin Books.

1980 *Friedrich Nietzsche: Saemtliche Werke, Kritische Studienausgabe (KSA), Band*13. *Friedrich Nietzsche Nachgelassene Fragmente* 1887—1889. Herausgegebenvon Giorgio Colli und Mazzino Montinari, Frankfurt am Main: Deutscher Taschenbuch Verlag de Gruyter.

Norris, Ch.

1988 *Paul de Man. Deconstruction and Critique of Aesthetic Ideology*, London: Routledge.

Novak, M.

1987 *The New Consensus on Family and Welfare*, Washington, D. C.: American Enterprise Institute.

Nozick, R.

1974 *Anarchy, State and Utopia*, New York: Basic Books.

Nussbaum, M. C.

1999 *Sex and Social Justice*, Chicago: Chicago University Press.

Oakely, A.

1972 *Sex, Gender and Society*. Aldersot: Temple.

1999 *Interviewing Women: A Contradiction in Terms*, In *Qualitative Research*,

Eds. Alan Bryman and Robert Burgess, Vol. 4. London: Sage.

Often, K.

1986 *Sur l'origine des Mots "Féminisme" et "Féministe"*. In *Revue D'histoire Moderne et Contemporaine*.

Okin, S. M.

1978 *Woman in Western Political Thought*, Princeton: Princeton University Press.

Oniz, Federico de.

1934 *Antologia de la Poesia Espanola e Hispanoamericana*, XVIII. Madrid.

Orbach, S.

1986 *Hunger Strike: The Anorectic's Struggle as a Metaphor for Our Age*. New York: W. W. Norton.

Owen, D.

1997 *Sociology after Postmodernism*, London: Sage.

Pannwitz, R.

1917 *Die Krisis der Europäischen Kultur*, Werke, Bd. 2. Nürnburg.

Panofsky, E.

1957 *Gothic Architecture and Scholasticism*, New York.

Peterson, I. /Margaret, L.

1999 *The Elgar Companion to Feminist Economics*, London: Edward Elgar.

Philippe Lacoue-Labarthe/lean-Luc Nancy

1981 *Les Fins de l'homme: A Partir du Travail de Jacques Derrida*, Paris: Galilée.

Phillips, A.

1998 *Feminism and Politics*, Oxford: Oxford University Press.

Piercy, M.

1979 *Women on the Age of Time*, London: The Women's Press.

Pierson, Ch.

1991 *Beyond the Welfare State: The New Political Economy of Welfare*, Cambridge: Polity Press.

1998 *Conversations with Anthony Giddens: Making Sense of Modernity*, Cambridge: Polity Press.

Pirandello, L.

1920 *L'humour*. In *Luigi Pirandello Théatre Complet*, 2 vol., Paris: Gallimard.

Plant, R.

1992 *Citizenship, Rights and Welfare*. In A. Coote, ed. *The Welfare of Citizens*, London: IPPR/Rivers Oram.

Plato.

1973 *Plato, The Collected Dialogues*. E. Hamilton/H. Cairns, eds, Princeton: Princeton University Press.

Poulain de la Barre, F.

1984 [1673] *De l'egalite des Deux Sexes*, Paris: Fayard.

Popper, K. R.

1956 *The Open Society and Its Enemies*, London: Routledge & Kegan Paul.

Primoratz, I.

1999 *Ethics and Sex*, London: Routledge.

Prus, R.

1999 *Beyond the Power Mystique: Power as Intersubjective Accomplishment*, New York: State University of New York Press.

Radcliffe, R. J.

1982 *The Sceptical Feminist*, Harmondsworth: Penguin.

Ranson, J. C.

1937 *Criticism, Inc.* In *The World's Body*, New York: Scribner's.

Rich, A.

1977 *Of Woman Born: Motherhood as Experience and Institution*, London: Virago.

1980 *On Lies, Secrets, Silience*, London: Virago.

1978 *Compulsory Heterosexuality and Lesbian Experience*, London: Onlywomen Press.

Ricoeur, P.

1986 *Du Text à l'action, Esais D'herméneutique II*, Paris: Esprit/Seuil.

1991 *Lectures I*, *Autour du Politique*, Paris: Seuil.

Robins, K.

1999 *Times of the Technoculture*: *From the Information Society To the Virtual Life*, London: Routledge.

Roche, M.

1992 *Rethinking Citizenship*, Cambridge: Polity Press.

Rojek, Ch. /Turner, B. S.

1998 *Forget Lyotard*? London: Routledge.

Rousseau, J. J.

1762 *Du Contrat Social ou Principes du Droit Politique*, Amsterdam: Rey.

Rosaldo, M. Z. /Lamphere, L.

1974 *Women*, *Culture and Society*, Stanford: Stanford University Press.

Rose, H.

1983 *Hand*, *Brain and Heart*: *A Feminist Epistemology for the Natural Science*. In *Signs*, 9 (1), 70—90.

Rose, J.

1988 *Sexuality in the Field of Vision*, London: Verso.

Rossi, A. S.

1984 *Gender and Parenthood*. In *American Sociological Review*, 49: 1—19.

Royer, C.

1985 [1859] *Introduction à la Philosophie des Femmes*, Paris: La Découverte.

Russell, B.

1945 *A History of Western Philosophy*, London: Macmillan.

Saint Simon

1807—1808 *Introduction aux Travaux Scientifiques du XlXe Siècle*, Paris.

Sanderson, S. K.

1995 *Macrosociology*: *An Introduction to Human Societies*, New York: Harper Collins College Publishers.

Sartre, J. -P.

1938 [1982] *La Nausee*, Paris: Gallimard, Felio.

1947 *Ou'est-ce que la Littérature*? Paris: Gallimard.

1943 *L'Etre et le Néant*, Paris: Gallimard.

1940 *L'lmaginaire*, Paris: Gallimard.

1960 *Critique de la Raison Dialectique*, Vol. I. Paris: Gallimard Saussure, F. de.

1916 *Cours de Linguistique Générale*, Paris.

Sayers, J.

1982 *Biological Politics*, London: Tavistock.

Sayers, S.

1998 *Marxism and Human Nature*, London: Routledge.

Schiebinger, L.

1999 *Has Feminism Changed Science*? Cambridge: Harvard University Press.

Schiller, F.

1795 *Ueber die Aesthetische Erziehung des Menschen in Einer Reihe yon Briefen*.

Schneewind, J. B.

1998 *The Invention of Autonomy: A History of Modern Moral Philosophy*, Cambridge: Cambridge University Press.

Schoenberg, H. C.

1981 *The Lives of the Great Composers*, New York/London: W. W. Norton & Company, Inc. In association with Bookman Books, Ltd.

Schulze, G.

1992 *Die Erlebnisgesellschaft*, *Kultursoziologie der Gegenwart*, Frankfurt am Main.

Scott, A.

1990 *Ideology and the Social Movements*, London: Unwin Hyman.

Scott, I. W.

1996 *Feminism and History*, Oxford: Oxford University Press.

Seidman, S.

1994 *The Postmodern Turn*, New Perspectives on Social Theory Cambridge:

Cambridge University Press.

Shannon, C. E.

1949 *The Mathematical Theory of Communication*, With W. Weaver. Urbana: University of Illinois Press.

Shiach, M.

1998 *Feminism and Cultural Studies*. Oxford: Oxford University Press.

Showalter, E.

1977 *A Literature of Their Own: Women Novelists from Brontë to Lessing*, New Jersey: Princeton University Press.

1985 *The New Feminist Criticism*, London: Virago.

Smith, D.

1975 *An Analysis of Ideological Structures and How Women Are Excluded: Consideration for Academic Women*, In *Canadian Review of Sociology and Anthropology*, 12: 353—369.

1978 *A Peculiar Eclipsing. Women's Exclusion from Man's Culture*, In *Women's Studies International Quarterly*, 1: 281—295.

1979 *A Sociology of Women*. In J. A Sherman, and E. T. Beck (eds.), *The Prism of Sex: Essays in the Sociology of Knowledge*, Madison: University of Wisconsin Press.

1986 *Humanism and Anti-Humanism*, London: Hutchinson.

1987 *The Everyday World as Problematic: The Feminist Sociology*, Boston: Northeastern University Press.

1989 *Sociological Theory: Methods of Writing Patriarchy*, In R. A. Wallace, *Feminism and Sociological*, Theory Newbury Park, Calif.: Sage.

1990a *The Conceptual Practice of Power: A Feminist Sociology of Knowledge*, Boston: Northwestern University Press.

1990b *Texts, Facts and Femininity: Exploring the Relations of Ruling*. London: Routeledge and Kegan Paul, Soper, K.

1995 *The Everyday World as Problematic: A Feminist Sociology*, Boston: Northeastern University Press.

Sommervell, D. C.

1947 *Abridgement of Volumes I-VI of Toynbee's A Study of History*, Oxford.

Spanos, W. V.

1979 *Martin Heidegger and the Question of Literature, Toward a Postmodern Literary Hermeneutics*, Bloomington: Indiana University Press.

1987 *Repetitions: The Postmodern Occasion in Literature and Culture*. Baton Rouge: Louisana State University Press.

1993 *The End of Education: Toward Posthumanism*. Minneeapolis: University of Minnesota Press.

1993 *Heidegger and Criticism, Retrieving the Cultural Politics of Destruction*, Minnesota: University of Minnesota Press.

Spivak, G.

1982 *3 Women's Texts*. In *Critical Inquiry*, 12 (1), pp. 243—261, Chicago: University of Chicago Press.

Stanley, L/Wise, S.

1978 *Breaking Out: Feminist Consciousness and Feminist Research*, London: Routledge and Kegan Paul.

Stoppard, J. M.

1999 *Understanding Depression: Feminist Psychological Perspectives*, London: Routledge.

Strinati, D.

1996 *An Introduction to Theories of Popular Culture*. London: Routledge.

Strober, M. H./Chab, A. M. K.

1999 *The Road Winds Uphill All the Way: Gender, Work, and Family in the United States and Japan*. Cambridge: MIT Press.

Synnott, A.

1993 *The Body Social*, London: Routledge.

Taylor, V. E.

1998 *General Commentary*. In Victor E. Taylor & Charles E. Winquist. Eds. *Postmodernism*, Critical Concept, Vol. I. London and New York: Routledge.

Tillich, P.

1952 *The Courage to Be*, New Haven: Yale University Press.

1958 *The Dynamics of Faith*, New York: Harper & Brothers.

Tilly, L. A./Joan, W. S.

1978 *Women, Work and Family*, New York: Holt, Rinehart and Winston.

Tong, R. P.

1999 *Feminist Thought: A More Comprehensive Introduction*, London: Allen & Unwin.

Touraine, A.

1969 *La Societe Postindustrielle*. Paris: Denoel.

1976 *La Societe Invisible*, Paris: Seuil.

1984 *Le Retour de l'acteur*, Paris: Fayard.

1992 *Critique de la Modernitè*, Paris: Fayard.

1997 *Pourrons nous Vivre Ensemble? Egaux et Différents*, Paris: Fayard.

Turner, S. P.

1996 *Social Theory and Sociology*. London: Blackwell.

Tzonis, A./Lefaivre, L./Diamond, R.

1995 *Architecture in North America Since* 1960, Boston: Bulfinch.

Vail, J./Wheelock, J./Hill M.

1999 *Insecure Times: Living with Insecurity in Contemporary Society*, London: Routledge.

Vogel, U./Moran, M.

1991 *Frontiers of Citizenship*, London: Macmillan.

Voltaire,

1734 *Lettres Philosophiques*, Paris: L. Moland.

Wagner, P.

1995 *Soziologie der Moderne*, Frankfurt am Main.

Walby, S.

1990 *Theorizing Patriarchy*, Oxford: Basil Blackwell.

Ward, K.

1990 *Women Workers and Global Restructuring*, Ithaca, New York: Cornell University Press.

Weber. M.

1946 *Essays in Sociology*. Translated and edited with an introduction by H. H. Gerth and C. Wright Mills, New York: Oxford University Press.

1954 *Max Weber on Law in Economy and Society*. trans by Edward Shils, Cambridge: Harvard University Press.

Weedon, C.

1987 *Feminist Practice and Poststructuralist Theory*, London: Basil Blackwell.

Welsch, W.

1988 *Unsere Postmoderne Moderne*, Zweite Auflage, Weinheim: VCH, Acta Humaniora.

Wheeler, W.

1999 *A New Modernity? Reason and Passion at the Century's End*, London: Lawrence & Wishart. White, S. K.

1991 *Political Theory and Postmodernism*, Cambridge: Cambridge University Press.

Whitford, M.

1991 *Luce Irigaray*, London: Routledge.

Winquist, C. E./Taylor, V. E.

1998 *Postmodernism: Critical Concepts*, 4 Vols. , London: Routledge.

Wittgenstein, L.

1968 [1953] *Philosophical Investigations*, Oxford: Blackwell Press.

Wollstonecraft, M.

1975 [1792] *A Vindiction of the Rights of Woman*, London: Blackwell.

Woods, T.

1999 *Beginning Postmodernism*, Manchester: Manchester University Press.

Yeo, E./Yeo, S.

1981 *Popular Culture and Class Conflict* 1590—1914, Sussex: The Harvester Press.

Yonnet, P.

1985 *Jeux, Modes et Masses*, 1945—1985, Paris: Gallimard.

Young, J.

1999 *The Exclusive Society*, London: Sage.

Zephir, J. -J.

1981 *Le Néo-Féminisme de Simone de Beauvoir*, Paris: Denoel Gonthier.

2004年简体字版跋

中国的改革和开放，不可避免地卷入由西方所推动的现代化和全球化的进程。历史和社会发展的趋势，使越来越多的中国人，越来越意识到及时了解、掌握好预测西方思想文化的基本精神的必要性及其与中国思想文化传统相结合的重要意义。我想，就是在这种情况下，这本简体字版的出版正可以说是适逢其时。

这本书的最初撰写动机及其历史背景，我已经在本书的前言中有所交代。使我高兴的是，这本书的简体字版，正是在新的世纪刚刚起步以及中国的改革开放正迈向新历程的时候。我殷切希望《后现代论》简体字版的这本最新版，能够有助于中外文化在新的历史条件下的进一步交流。

最近两年，在阔别祖国25年之后，也是在从母校北京大学毕业40周年之后，我终于有机会在母校北京大学以及中国人民大学，讲授有关当代法国和西方思想文化的课程。同时，值今年北大哲学系欢度90周年系庆之际，我谨将此书献给养育我精神成长的师长们。

高宣扬于上海

同济大学法国思想研究中心

2004年9月20日

图书在版编目(CIP)数据

后现代论/高宣扬著．—2版．—北京：中国人民大学出版社，2016.7
(中国当代学术思想文库．高宣扬作品系列)
ISBN 978-7-300-18776-1

Ⅰ.①后… Ⅱ.①高… Ⅲ.①后现代主义-研究 Ⅳ.①B089

中国版本图书馆CIP数据核字（2014）第282679号

中国当代学术思想文库·高宣扬作品系列
后现代论（第2版）
高宣扬 著
Houxiandailun

出版发行	中国人民大学出版社		
社　　址	北京中关村大街31号	**邮政编码**	100080
电　　话	010－62511242（总编室）		010－62511770（质管部）
	010－82501766（邮购部）		010－62514148（门市部）
	010－62515195（发行公司）		010－62515275（盗版举报）
网　　址	http://www.crup.com.cn		
	http://www.ttrnet.com(人大教研网)		
经　　销	新华书店		
印　　刷	涿州市星河印刷有限公司	**版　　次**	2005年11月第1版
规　　格	170 mm×240 mm　16开本		2016年7月第2版
印　　张	36.75 插页4	**印　　次**	2016年7月第1次印刷
字　　数	601 000	**定　　价**	98.00元